CIENCIAS DE LA TIERRA

HOLT, RINEHART AND WINSTON

A Harcourt Classroom Education Company

Austin • New York • Orlando • Atlanta • San Francisco • Boston • Dallas • Toronto • London

Créditos del personal

Editorial

Robert W. Todd, Executive Editor
David F. Bowman, Managing Editor
Robert Tucek, Senior Editor
Leigh Ann Garcia, Timothy Pierce, Clay Walton, Robin Goodman (Feature Articles)

Annotated Teacher's Edition

Jim Ratcliffe, Bill Burnside, Kelly Graham

Ancillaries

Jennifer Childers, Senior Editor
Erin Bao, Kristen Karns, Andrew Strickler, Clay Crenshaw, Wayne Duncan, Molly Frohlich, Amy James, Monique Mayer, Traci Maxwell

Copyeditors

Steve Oelenberger, Copyediting Supervisor
Brooke Fugitt, Tania Hannan, Denise Nowotny

Editorial Support Staff

Christy Bear, Jeanne Graham, Rose Segrest, Tanu'e White

Editorial Permissions

Cathy Paré, Permissions Manager
Jan Harrington, Permissions Editor

Art, Design, and Photo

Book Design

Richard Metzger, Art Director
Marc Cooper, Senior Designer
David Hernandez, Designer
Alicia Sullivan (ATE), Cristina Bowerman (ATE), Eric Rupprath (Ancillaries)

Image Services

Elaine Tate, Art Buyer Supervisor
Erin Cone, Art Buyer

Photo Research

Jeannie Taylor, Senior Photo Researcher
Andy Christiansen, Photo Researcher

Photo Studio

Sam Dudgeon, Senior Staff Photographer
Victoria Smith, Photo Specialist

Design New Media

Susan Michael, Art Director

Design Media

Joe Melomo, Art Director
Shawn McKinney, Designer

Production

Mimi Stockdell, Senior Production Manager
Beth Sample, Production Coordinator
Suzanne Brooks, Sara Carroll-Downs

Media Production

Kim A. Scott, Senior Production Manager
Nancy Hargis, Production Supervisor
Adriana Bardin, Production Coordinator

New Media

Jim Bruno, Senior Project Manager
Lydia Doty, Senior Project Manager
Jessica Bega, Project Manager
Armin Gutzmer, Manager Training and Technical Support
Cathy Kuhles, Nina Degollado

Design Implementation and Production

Mazer Corporation

For permission to reprint copyrighted material, grateful acknowledgment is made to the following source: *sci*LINKS is owned and provided by the National Science Teachers Association. All rights reserved.

Printed in the United States of America
ISBN 0-03-064756-8

2 3 4 5 6 7 048 05 04 03 02 01

Reconocimientos

Chapter Writers

Kathleen Meehan Berry
Earth Science Teacher
Canon-McMillan Senior High School
Canonsburg, Pennsylvania

Robert H. Fronk, Ph.D.
Chair of Science and Mathematics Education Department
Florida Institute of Technology
West Melbourne, Florida

Kathleen Kaska
Life and Earth Science Teacher
Lake Travis Middle School
Austin, Texas

Linda Ruth Berg, Ph.D.
Adjunct Professor–Natural Sciences
St. Petersburg Junior College
St. Petersburg, Florida

William G. Lamb, Ph.D.
Science Teacher and Dept. Chair
Oregon Episcopal School
Portland, Oregon

Peter E. Malin, Ph.D.
Professor of Geology
Division of Earth and Ocean Sciences
Duke University
Durham, North Carolina

Robert J. Sager
Chair and Professor of Earth Sciences
Pierce College
Tacoma, Washington

Lab Writers

Kenneth Creese
Science Teacher
White Mountain Junior High School
Rock Springs, Wyoming

Linda A. Culp
Science Teacher and Dept. Chair
Thorndale High School
Thorndale, Texas

Bruce M. Jones
Science Teacher and Dept. Chair
The Blake School
Minneapolis, Minnesota

Shannon Miller
Science Teacher
Llano Junior High School
Llano, Texas

Robert Stephen Ricks
Special Services Teacher
Alabama State Department of Education
Montgomery, Alabama

James J. Secosky
Science Teacher
Bloomfield Central School
Bloomfield, New York

Academic Reviewers

Mead Allison, Ph.D.
Assistant Professor of Oceanography
Texas A & M University
Galveston, Texas

David M. Armstrong, Ph.D.
Professor of Biology
Department of EPO Biology
University of Colorado
Boulder, Colorado

Alissa Arp, Ph.D.
Director and Professor of Environmental Studies
Romberg Tiburon Center
San Francisco State University
Tiburon, California

Paul D. Asimow, Ph.D.
Postdoctoral Research Fellow
Lamont-Doherty Earth Observatory
Columbia University
Palisades, New York

Russell M. Brengelman, Ph.D.
Professor of Physics
Morehead State University
Morehead, Kentucky

John A. Brockhaus, Ph.D.
Associate Professor
Department of Geography and Environmental Engineering
United States Military Academy
West Point, New York

Peter E. Demmin, Ed.D.
Former Science Teacher and Department Chair
Amherst Central High School
Amherst, New York

Roy Hann, Ph.D.
Professor of Civil Engineering
Texas A & M University
College Station, Texas

Frederick R. Heck, Ph.D.
Professor of Geology
Ferris State University
Big Rapids, Michigan

Richard N. Hey, Ph.D.
Professor of Geophysics
Hawaii Institute of Geophysics and Planetology
University of Hawaii
Honolulu, Hawaii

John E. Hoover, Ph.D.
Associate Professor of Biology
Millersville University
Millersville, Pennsylvania

Robert W. Houghton, Ph.D.
Professor
Lamont-Doherty Earth Observatory
Columbia University
Palisades, New York

John L. Hubisz, Ph.D.
Professor of Physics
North Carolina State University
Raleigh, North Carolina

Steven A. Jennings, Ph.D.
Assistant Professor
Department of Geography & Environmental Studies
University of Colorado
Colorado Springs, Colorado

Eric Lee Johnson, Ph.D.
Assistant Professor of Geology
Central Michigan University
Mount Pleasant, Michigan

John Kermond, Ph.D.
Visiting Scientist
NOAA–Office of Global Programs
Silver Spring, Maryland

Zavareh Kothavala, Ph.D.
Postdoctoral Associate Scientist
Kline Geology Laboratory
Yale University
New Haven, Connecticut

Valerie Lang, Ph.D.
Project Leader of Environmental Programs
The Aerospace Corporation
Los Angeles, California

Duane F. Marble, Ph.D.
Professor Emeritus
Department of Geography and Natural Resources
Ohio State University
Columbus, Ohio

Joseph A. McClure, Ph.D.
Associate Professor
Department of Physics
Georgetown University
Washington, D.C.

Frank K. McKinney, Ph.D.
Professor of Geology
Appalachian State University
Boone, North Carolina

Joann Mossa, Ph.D.
Associate Professor of Geography
University of Florida
Gainesville, Florida

LaMoine L. Motz, Ph.D.
Coordinator of Science Education
Department of Learning Services
Oakland County Schools
Waterford, Michigan

Reconocimientos (continuación)

Barbara Murck, Ph.D.
Assistant Professor of Earth Science
Erindale College
University of Toronto
Mississauga, Ontario
CANADA

Hilary C. Olson, Ph.D.
Research Associate
Institute for Geophysics
The University of Texas
Austin, Texas

John R. Reid, Ph.D.
Professor Emeritus
Department of Geology and Geological Engineering
University of North Dakota
Grand Forks, North Dakota

Gary Rottman, Ph.D.
Associate Director
Laboratory for Atmosphere and Space Physics
University of Colorado
Boulder, Colorado

Dork L. Sahagian, Ph.D.
Professor
Institute for the Study of Earth, Oceans, and Space
University of New Hampshire
Durham, New Hampshire

Jack B. Swift, Ph.D.
Professor of Physics
The University of Texas
Austin, Texas

Lynne D. Talley, Ph.D.
Professor and Research Oceanographer
Scripps Institution of Oceanography
University of California, San Diego
La Jolla, California

Glenn Thompson, Ph.D.
Scientist
Geophysical Institute
University of Alaska
Fairbanks, Alaska

Martin VanDyke, Ph.D.
Professor of Chemistry Emeritus
Front Range Community College
Westminister, Colorado

Mollie Walton, Ph.D.
Scientist
U.S. Dept. of Agriculture–ARS
Jornada Experimental Range
Las Cruces, New Mexico

Thad A. Wasklewicz, Ph.D.
Assistant Professor of Geography
Colgate University
Hamilton, New York

Hans Rudolf Wenk, Ph.D.
Professor of Geology and Geophysical Sciences
University of California
Berkeley, California

Lisa D. White, Ph.D.
Associate Professor of Geosciences
San Francisco State University
San Francisco, California

Lorraine W. Wolf, Ph.D.
Associate Professor of Geology
Auburn University
Auburn, Alabama

Charles A. Wood, Ph.D.
Chairman and Professor of Space Studies
University of North Dakota
Grand Forks, North Dakota

Safety Reviewer

Jack Gerlovich, Ph.D.
Associate Professor
School of Education
Drake University
Des Moines, Iowa

Teacher Reviewers

Barry L. Bishop
Science Teacher and Dept. Chair
San Rafael Junior High School
Ferron, Utah

Daniel L. Bugenhagen
Science Teacher and Dept. Co-chair
Yutan Junior & Senior High School
Yutan, Nebraska

Yvonne Brannum
Science Teacher and Dept. Chair
Hine Junior High School
Washington District of Columbia

Kenneth Creese
Science Teacher
White Mountain Junior High School
Rock Springs, Wyoming

Linda A. Culp
Science Teacher and Dept. Chair
Thorndale High School
Thorndale, Texas

Alonda Droege
Science Teacher
Pioneer Middle School
Steilacom, Washington

Rebecca Ferguson
Science Teacher
North Ridge Middle School
North Richland Hills, Texas

Laura Fleet
Science Teacher
Alice B. Landrum Middle School
Ponte Vedra Beach, Florida

Jennifer Ford
Science Teacher and Dept. Chair
North Ridge Middle School
North Richland Hills, Texas

C. John Graves
Science Teacher
Monforton Middle School
Bozeman, Montana

Janel Guse
Science Teacher and Dept. Chair
West Central Middle School
Hartford, South Dakota

Gary Habeeb
Science Teacher
Sierra–Plumas Joint Unified School District
Downieville, California

Dennis Hanson
Science Teacher and Dept. Chair
Big Bear Middle School
Big Bear Lake, California

Norman Holcomb
Science Teacher
Marion Local Schools
Maria Stein, Ohio

Roberta Jacobowitz
Science Teacher
C.W. Otto Middle School
Lansing, Michigan

Tracy Jahn
Science Teacher
Berkshire Junior–Senior High School
Canaan, New York

David D. Jones
Science Teacher
Andrew Jackson Middle School
Cross Lanes, West Virginia

Howard Knodle
Science Teacher
Belvidere High School
Belvidere, Illinois

Michael E. Kral
Science Teacher
West Hardin Middle School
Cecilia, Kentucky

Kathy LaRoe
Science Teacher
East Valley Middle School
East Helena, Montana

Scott Mandel, Ph.D.
Director and Educational Consultant
Teachers Helping Teachers
Los Angeles, California

Jason Marsh
Science Teacher
Montevideo High and Country School
Montevideo, Minnesota

Reconocimientos continúan en la página 616

Contenido general

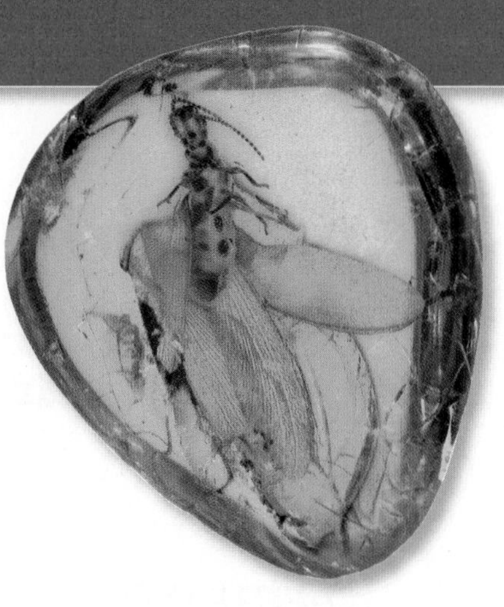

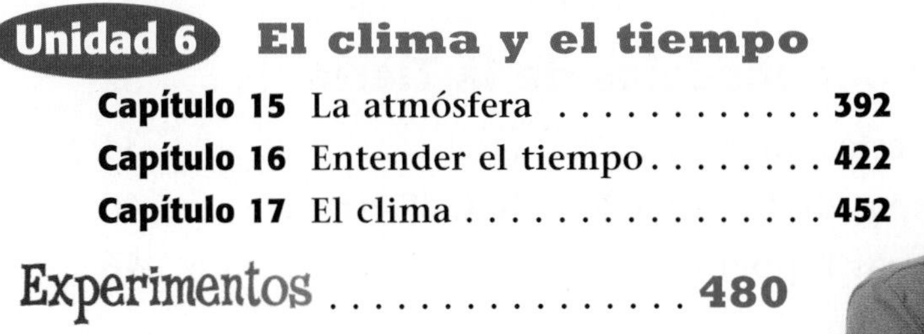

Contenido

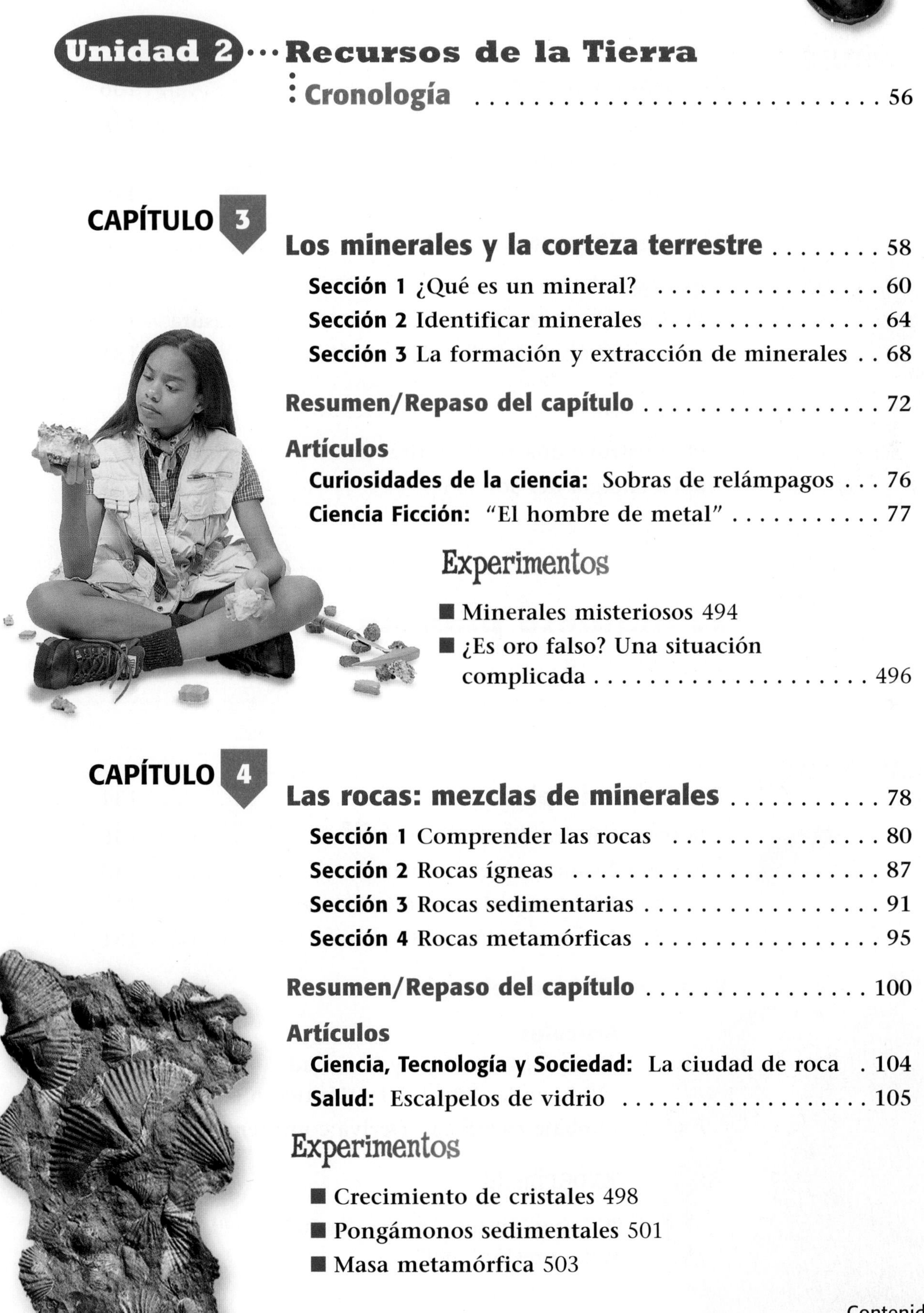

Unidad 2 ··· Recursos de la Tierra

CAPÍTULO 5

CAPÍTULO 6

CAPÍTULO 11

CAPÍTULO 12

Unidad 5 ··· Oceanografía

CAPÍTULO 13

CAPÍTULO 14

Unidad 6 ··· El clima y el tiempo

CAPÍTULO 15

CAPÍTULO 16

CAPÍTULO 17

Experimentos

Cuantos más experimentos realicemos, ¡mejor!

Revisa la sección "**Experimentos**" que se encuentra al final de este libro. Encontrarás interesantes experimentos que te permitirán experimentar la ciencia directamente. Pero, no se te olvide tomar en cuenta la seguridad. Lee la sección "¡La seguridad manda!" antes de cualquier experimento.

CAPÍTULO 10
El flujo de agua dulce

CAPÍTULO 11
Erosión y sedimentación

CAPÍTULO 12
Interacciones de los seres vivos

CAPÍTULO 13
Explorar los océanos

CAPÍTULO 14
El movimiento del agua de los océanos

CAPÍTULO 15
La atmósfera

CAPÍTULO 16
Entender el tiempo

CAPÍTULO 17
El clima

¡Ahora es el mejor momento para investigar!

La ciencia es un proceso en el que la investigación nos lleva a la información y entendimiento. La sección "**¡Investiga!**" al inicio de cada capítulo te permite entender el tema desde el punto de vista científico a través de experiencias prácticas.

Laboratorio

No todas las investigaciones de laboratorio son largas y complicadas.

Para llevar a cabo las secciones "**Laboratorio**" que se encuentran a lo largo de este libro, no se necesita mucho tiempo ni mucho equipo. Pero sólo porque son actividades rápidas, no dejes de seguir las pautas de seguridad.

÷ 5 ÷ Ω ≤ ∞ + Ω √ 9 ∞ ≤ Σ 2 +

¡MATEMÁTICAS!

Las ciencias y las matemáticas van una junto a la otra.

Las secciones **"!Matemáticas!"** al margen de los capítulos te muestran muchas formas en que las matemáticas se aplican directamente a las ciencias y viceversa.

APLICA

Las ciencias son muy útiles en la vida real.

Es interesante aprender cómo la información científica se utiliza en la vida real. Compruébalo por ti mismo en las secciones "**Aplica**". También se te pedirá que apliques tus propios conocimientos. ¡Esta es una buena manera de aprender!

Conexiónes

astronomía
CONEXIÓN

química
CONEXIÓN

oceanografía
CONEXIÓN

física
CONEXIÓN

a través de las ciencias
CONEXIÓN

Una ciencia lleva a otra.

Puede ser que no te des cuenta al principio, pero las diferentes áreas de las ciencias están relacionadas unas con otras de muchas formas distintas. Cada sección **"Conexión"** explora un tema desde el punto de vista de otra disciplina científica. Así, las áreas de las ciencias se unen para mejorar tu entendimiento del mundo que te rodea.

ciencias del medio ambiente
CONEXIÓN

ciencias biológicas
CONEXIÓN

tiempo
CONEXIÓN

Artículos

¡Artículos para todos!
Las ciencias y la tecnología nos afectan de distintas maneras. Los siguientes artículos te darán una idea de qué tan interesantes, extrañas, útiles o emocionantes son las ciencias y la tecnología. Al final de cada capítulo encontrarás dos artículos. Léelos y te sorprenderás de lo que aprendes.

Profesiones

A través de las ciencias

Ciencia, tecnología y sociedad

Ventana al medio ambiente

¡Lo encontré!

Salud

Debate científico

Ciencia ficción

Curiosidades de la ciencia

CRONOLOGÍA

UNIDAD 1

Introducción a las ciencias de la Tierra

En esta unidad llevarás a cabo tu propia investigación acerca del planeta Tierra y el espacio que lo rodea, pero primero debes aprender acerca de las herramientas y métodos que usan los científicos de la Tierra. No es fácil estudiar algo tan grande como la Tierra o tan lejano como Venus. Sin embargo, eso es lo que hacen los científicos de la Tierra. La cronología que vemos aquí muestra algunos eventos que nos han ayudado a comprender nuestro planeta.

1669

Nicolaus Steno describe en forma precisa el proceso de fosilización de los organimos vivos.

1758

El cometa Halley vuelve a aparecer, confirmando así la predicción hecha por Edmond Halley en 1705. Desgraciadamente, el cometa volvió a aparecer 16 años después de su muerte.

1943

El volcán Paricutín alcanza una altura de más de 150 m durante los primeros seis días de erupción.

1960

Los Estados Unidos lanzan el primer satélite de observación meteorológica, el *Tiros I*.

1962

Al alcanzar una altitud de 95 km, el *X-15* se convierte en el primer avión de ala fija en llegar al espacio exterior.

1896

Se realizan los primeros Juegos Olímpicos modernos en Atenas, Grecia.

1899

Se descubre la piedra de Rosetta en Egipto, la cual permitió que los sabios descifraran los jeroglíficos egipcios.

1906

Roald Amundsen determina la posición del polo norte magnético.

1922

Roy Chapman Andrews descubre huevos fosilizados de dinosaurio en el desierto de Gobi. Es la primera vez que se encuentra este tipo de huevo.

1970

Los Estados Unidos celebran el primer Día de la Tierra el 22 de abril. Más de 20 millones de personas participan en manifestaciones pacíficas para demostrar su preocupación por el medio ambiente.

1990

Se coloca en órbita el telescopio espacial Hubble. Tres años después, se realiza una caminata espacial para reparar unos lentes defectuosos.

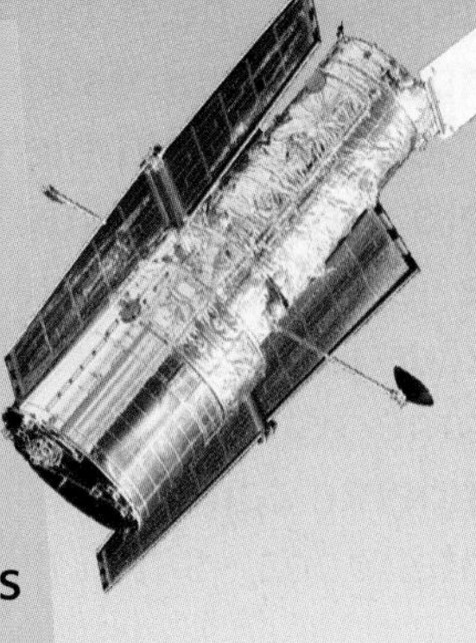

1997

China comienza la construcción de la Represa de las Tres Gargantas, la más grande del mundo. Diseñada para controlar el río Yangtze, proporcionará 84 mil millones de kilovatios–hora de energía hidroeléctrica al año.

CAPÍTULO 1

El mundo de las ciencias de la Tierra

¡Esto realmente sucedió!

En el año de 1979, en una meseta calurosa y azotada por el viento del noroeste de Nuevo México, dos excursionistas iban camino a ver unas esculturas de piedra indoamericanas de 1,000 años de antigüedad. Sin embargo, justo antes de llegar, se encontraron con una serie de enormes huesos semienterrados. ¿A qué tipo de animal podrían pertenecer? Por su tamaño, pensaron que probablemente habían pertenecido a un dinosaurio, pero no se dieron cuenta de lo importante que este dinosaurio resultaría ser.

Este descubrimiento fue una casualidad, pero sirve para ilustrar algunas cualidades de los científicos de la Tierra. Primero, los excursionistas hicieron una observación. Como estaban prestando atención, no únicamente caminaron sobre los huesos semienterrados, sino que los observaron. La observación es una herramienta importante para los científicos. Los excursionistas se preguntaron de qué tipo de animal serían esos huesos. Los científicos también se hacen preguntas acerca de cosas que no entienden. A los excursionistas se les ocurrió un tipo de animal al que podían pertenecer los huesos. Los científicos hacen conjeturas informadas para responder las preguntas que se hacen. La conjetura de un científico se llama *hipótesis.*

En este capítulo aprenderás cómo investigan el mundo los científicos de la Tierra. Tú también puedes hacer lo mismo al aventurarte en el mundo de las ciencias de la Tierra.

¿Tú qué piensas?

Usa tus conocimientos para responder a las siguientes preguntas en tu cuaderno de ciencias:

1. ¿Cuántos tipos de científicos de la Tierra hay?
2. ¿Qué es el método científico?
3. ¿Cuál es la diferencia entre un modelo físico y un modelo matemático?

Un poquito de ciencia

Estás a punto de viajar por el mundo de las ciencias de la Tierra. Los científicos se encuentran con preguntas y problemas que intentan responder y resolver. Frecuentemente, se apoyan en mediciones indirectas y herramientas con las que detectan cosas que están fuera del alcance de los sentidos. En esta actividad, descubrirás cómo nuestros sentidos limitan nuestra capacidad de aprender.

Procedimiento

1. Ponte un par de guantes de látex o **plástico**. Asegúrate de que sean de la talla adecuada.
2. Tu maestro o maestra te entregará una **lata de café** a la que se le ha **pegado** un calcetín. No mires dentro de la lata.
3. Introduce la mano enguantada dentro del calcetín y dentro de la lata. Podrás sentir varios objetos dentro de la lata.
4. Trata de determinar qué objetos son tocándolos, moviéndolos, etc. No puedes mirar dentro de la lata.
5. En tu cuaderno de ciencias haz una lista de los objetos que crees que hay en la lata. Indica algunas razones para tus decisiones.
6. Finalmente, vierte el contenido de la lata en tu escritorio y observa lo que había.

Análisis

7. ¿Adivinaste qué había en la lata?
8. ¿Qué objetos te confundieron? ¿Por qué?
9. ¿Qué características de los objetos no pudiste identificar mientras estaban dentro de la lata? ¿Cuál de los cinco sentidos necesitabas para identificar cada característica?
10. ¿Qué representa el guante entre tu mano y el objeto? Explica.
11. ¿Cómo se compara esta actividad con la forma en que los científicos deben estudiar la Tierra?

Profundizar

Piensa en los tipos de cosas que estudia un científico de la Tierra. ¿Tendría alguna vez ese científico la oportunidad de "abrir la lata"? Explica.

Sección 1

Ramas de las ciencias de la Tierra

VOCABULARIO

geología
oceanografía
meteorología
astronomía
ecosistema

OBJETIVOS

- Enumera las principales ramas de las ciencias de la Tierra.
- Identifica las ramas de las ciencias de la Tierra que se relacionan con otras áreas de las ciencias.
- Describe las profesiones asociadas con las diferentes ramas de las ciencias de la Tierra.

¡El planeta Tierra! ¿Cómo se puede estudiar algo tan grande y complicado como nuestro planeta? Una forma es dividir su estudio en partes. Es más fácil estudiar algo grande y complicado si lo divides en partes pequeñas. Los científicos dividen el estudio físico del planeta Tierra en tres categorías: *geología, oceanografía* y *meteorología.* La *astronomía* es el estudio de todos los objetos físicos que están más allá de la Tierra. Vamos a ver más de cerca cada una de estas ciencias y a conocer a algunas de las personas que trabajan en ellas. Luego veremos otras áreas de las ciencias relacionadas.

La geología: ciencia que no deja piedra sin mover

La **geología** es el estudio de la Tierra sólida. Cualquier cosa que tenga que ver con la Tierra sólida es parte de la geología. La mayoría de los geólogos se especializan en algún aspecto de la Tierra.

¿Te gustaría ponerte un traje termoaislado y caminar por el borde de una piscina de lava a 1,000°C? Si la respuesta es sí, podrías ser un *vulcanólogo,* un geólogo que estudia los volcanes. ¿Prefieres los terremotos? Podrías ser un *sismólogo,* un geólogo que estudia los terremotos. ¿Qué tal desenterrar dinosaurios? Podrías ser un *paleontólogo,* un geólogo que estudia los fósiles. Éstas son sólo algunas de las profesiones que podrías tener como geólogo. El geólogo Robert Fronk, del Instituto Tecnológico de Florida, explora el subsuelo de la Tierra buceando en cuevas submarinas en Florida y las Bahamas. Fronk dice: "En las Bahamas, las cuevas del fondo del mar se conocen como 'hoyos azules'. Desde la superficie se ven generalmente de color azul marino, rodeados de arena blanca". Las cuevas submarinas a menudo evidencian que el nivel del mar era mucho más bajo que ahora. Contienen *estalagmitas* y *estalactitas,* como se muestra en la **Figura 1.** Estas formaciones se desarrollan a partir de los minerales del agua que gotea en las cuevas llenas de aire. Al ver estos tipos de formaciones, Fronk sabe que las cuevas estuvieron alguna vez sobre el nivel del mar.

Figura 1 *Las estalagmitas crecen hacia arriba desde el suelo de las cuevas y las estalactitas crecen hacia abajo desde el techo de las mismas. Ambas formaciones tardan millones de años en desarrollarse en cuevas llenas de aire.*

La oceanografía: agua por todas partes

La **oceanografía,** o estudio del océano, a menudo se divide en cuatro áreas: oceanografía física, oceanografía biológica, oceanografía geológica y oceanografía química. Los oceanógrafos físicos estudian fenómenos como las olas y las corrientes de los océanos. Los oceanógrafos biológicos estudian las plantas y los animales que viven en el océano. Los oceanógrafos geológicos estudian el fondo del mar. Los oceanógrafos químicos estudian las substancias químicas naturales y las que producen la contaminación del océano.

No hace mucho tiempo, los océanos se estudiaban sólo desde la superficie, pero con ayuda del progreso tecnológico, científicos e ingenieros han construido minisubmarinos para facilitar la investigación. Ahora, los oceanógrafos pueden llegar a cualquier parte del océano. A continuación, el oceanógrafo John Trefry habla sobre un viaje que hizo en el minisubmarino *Alvin.*

> *"Atravesamos la obscuridad del océano Pacífico a una profundidad de casi una milla y media [2.2 km], con las luces del sumergible reflejadas en las rocas lisas y negras que conforman la corteza oceánica nueva. Luego, en un momento mágico, podemos observar por la ventanilla una chimenea de humo negro a 300°C [572°F] rodeada por un oasis de formas de vida exóticas y hermosas. Lo que presenciamos nos produce una euforia increíble y nos hace sentir que los largos años de estudios de oceanografía han valido la pena. ¡Qué hermosa es la Tierra! ¡Y qué maravillosa es nuestra profesión!"*

Trefry y otros oceanógrafos han realizado uno de los hallazgos más emocionantes en la oceanografía del siglo veinte: el mundo de las *chimeneas de humo negro.* Dichas chimeneas son conductos de roca en el fondo del mar que expulsan nubes negras de minerales. Son un tipo de *chimenea hidrotérmica,* es decir, una grieta en el fondo del océano que libera agua muy caliente desde debajo de la superficie terrestre. Los minerales y el agua caliente de estas chimeneas mantienen una comunidad biológica única en la Tierra, que no depende de la luz solar. Algunos animales de esta comunidad son los *Riftia pachyptila* (gusanos tubulares) que miden 3.5 m de largo, las almejas con un diámetro de 30 cm y los cangrejos blancos ciegos.

Laboratorio

¿Qué tanto calor hace a 300°C?

1. Con un **termómetro,** mide la temperatura ambiente de tu salón de clases en grados Celsius. Registra tu lectura.
2. Sostén el termómetro cerca de una **fuente de calor** del salón, como un foco o un sistema de calefacción. Ten cuidado de no quemarte. Registra tu lectura.
3. ¿Cómo se comparan las temperaturas que registraste con la temperatura de 300°C del agua de una chimenea de humo negro? Escribe tus respuestas y observaciones en tu cuaderno de ciencias.

La meteorología: ¡la atmósfera!

Figura 2 *Esta fotografía tomada por satélite del huracán Andrew muestra la tormenta en tres distintas posiciones. Se puede rastrear el camino de Andrew desde el océano Atlántico (derecha) hacia el golfo de México (izquierda).*

Figura 3 *¿Demasiado cerca? Esto no les importa a Howard Bluestein y su equipo de persecución de tornados. Ellos arriesgan sus vidas para reunir información.*

Es posible que pienses que la meteorología estudia los meteoros. No es un mal razonamiento, pero no es correcto. Los *meteoros* son los destellos de luz que se ven cuando caen objetos del espacio a la atmósfera. Sin embargo, la **meteorología** es el estudio de toda la atmósfera.

Cuando te preguntas: "¿Irá a llover hoy?", estás haciendo una pregunta meteorológica. Una de las profesiones más comunes es la de pronosticar el tiempo. A veces, nuestra vida depende de estos pronósticos.

Huracanes En 1928, un gran huracán azotó la Florida y le quitó la vida a 1,836 personas. En contraste, un huracán de similar magnitud, el huracán Andrew que se muestra en la **Figura 2,** azotó la Florida en 1992, quitándole la vida sólo a 48 personas. ¿Por qué hubo menos muertes en 1992? Dos razones importantes fueron el rastreo de huracanes y el pronóstico del tiempo.

Los meteorólogos comenzaron a rastrear el huracán Andrew el lunes 17 de agosto. El siguiente domingo, la mayoría de las personas del sur de la Florida habían abandonado la costa porque el Centro Nacional de Huracanes les había avisado que Andrew iba en esa dirección. El huracán azotó el sur de la Florida la mañana del lunes 24 de agosto. Causó muchos daños, pero mató a pocas personas gracias a esta advertencia.

Tornados Otros elementos peligrosos son los tornados. Cada año, un promedio de 780 tornados azotan los Estados Unidos. ¿Qué opinas de los meteorólogos que persiguen tornados? Howard Bluestein hace exactamente eso. Él predice dónde es más probable que se formen tornados y luego se dirige a un lugar que esté a unos cuántos kilómetros del sitio para reunir información, como se muestra en la **Figura 3.** Así, los científicos esperan entender mejor los tornados y predecir mejor cómo se comportarán estas tormentas violentas.

Astronomía: lejos, muy lejos...

¿Cómo se puede estudiar lo que está lejos de nosotros en el espacio? La **astronomía** es el estudio de todas las cosas físicas que se encuentran más allá de la Tierra. Los astrónomos estudian las estrellas, los asteroides, los planetas y todo lo que hay en el espacio.

Las cosas del espacio están muy lejos, por lo que los astrónomos dependen de la tecnología para estudiarlas. Los telescopios ópticos se han utilizado por cientos de años; Galileo, por ejemplo, construyó uno en 1609. Los astrónomos aún los usan para observar el espacio, pero también usan otros tipos de telescopios. Por ejemplo, los radiotelescopios que se muestran en la **Figura 4** les permiten a los astrónomos estudiar objetos que están demasiado lejos como para ser observados con telescopios ópticos o que no emiten luz visible.

Los astrónomos han calculado que hay miles de millones de estrellas en el cielo. ¡Qué cantidad tan grande! Intenta resolver el problema de ¡Matemáticas! a la derecha para darte una idea de cuántas estrellas hay.

La estrella más conocida en el universo es el Sol, que es la estrella más cercana a la Tierra. Los astrónomos han estudiado el Sol más que cualquier otra estrella. También han estudiado los planetas. La **Figura 5** ilustra el Sol, la Tierra y algunos planetas cercanos. ¿Puedes nombrar esos planetas?

Figura 4 *Estos radiotelescopios reciben radioondas del espacio. Las computadoras convierten las radioondas en datos visibles que los investigadores pueden estudiar.*

÷ 5 ÷ Ω ≤ ∞ + Ω √ 9 ∞ ≤ Σ 2

¡MATEMÁTICAS!

¡Cuántos ceros!

Los astrónomos calculan que hay más de 100 trillones de estrellas en el cielo. ¿Te imaginas? Mil millones se escriben así:

1,000,000,000

1. ¿Cuántos ceros necesitarás para escribir 100 trillones en números? Para averiguarlo, multiplica 1,000 millones por 1,000 millones y luego por 100. Cuenta los ceros que quedaron en el resultado.
2. Mide el tiempo que te toma contar hasta 100. ¿Qué tanto tiempo te tomaría contar hasta 100 un trillón de veces?

Figura 5 *Los astrónomos saben más sobre el Sol y otros objetos cercanos que lo que saben sobre otros objetos más lejanos del espacio.*

Ramas especiales de las ciencias de la Tierra

Figura 6 *Debido a que los castores pasan en el agua el mismo tiempo que en la tierra, comparten su ecosistema con muchas plantas y animales, tales como peces, tortugas, cañas y árboles.*

Además de las principales ramas de las ciencias de la Tierra, hay ramas que dependen más de otras áreas de las ciencias. Los científicos que estudian la Tierra a menudo se dedican a profesiones que se apoyan en las ciencias biológicas, la química, la física y muchas otras áreas de las ciencias. Observemos algunas de las profesiones de las ciencias de la Tierra que se relacionan con otras.

Ecología Es difícil comprender el comportamiento de ciertos organismos sin estudiar las relaciones entre éstos y su entorno. Los ecologistas estudian los ecosistemas, como el de la **Figura 6.** Un **ecosistema** es una comunidad de organismos y su ambiente inerte. Los principios de la ecología sirven para muchos campos relacionados, como el manejo de la fauna silvestre, agricultura, silvicultura y conservación. La ciencia de la ecología requiere personas entrenadas en muchas disciplinas, como biología, geología, química, climatología, matemáticas y tecnología de la computación.

¿Hay agua en Marte? Pasa a la página 31 para saber cómo lo averiguará un geofísico.

Geoquímica Como su nombre lo indica, la geoquímica combina la geología y la química. Los geoquímicos, como el de la **Figura 7,** se especializan en la química de las rocas, los minerales y el suelo. Estudian la química de estos materiales para determinar su valor económico, interpretar cómo era el ambiente cuando éstos se formaron y aprender qué les ha sucedido desde que se formaron.

Figura 7 *Esta geoquímica está tomando muestras de rocas de un terreno para realizar análisis químicos en su laboratorio.*

Ciencias del medio ambiente Recientemente, hemos comenzado a examinar con mayor profundidad nuestra relación con el entorno o *medio ambiente.* El estudio de cómo los seres humanos interactúan con el ambiente se llama *ciencias del medio ambiente.* Como se muestra en la **Figura 8,** una tarea común de un científico ambiental es averiguar si los humanos están provocando daños al medio ambiente. La contaminación del aire, el agua y la tierra perjudica los recursos naturales, como la vida silvestre, el agua potable y la tierra. Las ciencias del medio ambiente ayudan a conservar los recursos de la Tierra.

Figura 8 *Este científico ambiental investiga los efectos de la industria en el ambiente.*

Geografía y cartografía Los geógrafos estudian las características de la superficie de la Tierra, y los cartógrafos hacen mapas de esas características. ¿Te has preguntado por qué nuestras ciudades están ubicadas donde están? La geografía de una ciudad puede determinar su ubicación. Muchas ciudades, como la de la **Figura 9,** se construyeron cerca de ríos, lagos u océanos porque antes se usaban botes como transporte. Los ríos y lagos también suministran a las comunidades agua potable y el agua necesaria para la agricultura y la crianza de animales. Hacemos mapas para registrar la geografía del mundo. Los mapas nos ayudan a rastrear los recursos naturales y navegar por la superficie de la Tierra.

Figura 9 *El río Mississippi contribuyó a que St. Louis se convirtiera en la gran ciudad que es hoy en día.*

REPASO

1. Nombra las tres ramas principales de las ciencias de la Tierra.
2. Nombra dos ramas de las ciencias de la Tierra que se apoyen fuertemente en otras áreas de las ciencias. Explica de qué manera lo hacen.
3. Menciona y describe tres profesiones basadas en las ciencias de la Tierra.
4. **Deducir relaciones** Si fueras un *hidrogeólogo,* ¿en qué consistiría tu trabajo?

Explora

Recorta un artículo del periódico sobre un tema de las ciencias de la Tierra. Después de leerlo, clasifícalo de acuerdo con una de las siguientes áreas: geología, meteorología, oceanografía o astronomía.

Sección 2

El método científico en las ciencias de la Tierra

VOCABULARIO

método científico
observación
hipótesis

OBJETIVOS

- Explica el método científico y cómo lo usan los científicos.
- Aplica el método científico a una investigación de las ciencias de la Tierra.
- Identifica la importancia de comunicar los resultados de una investigación científica.
- Describe cómo las investigaciones científicas a menudo conducen a nuevas investigaciones.

Imagínate que estás parado en un bosque espeso a la orilla de un río. El Sol brilla a través de las ramas de los árboles. Te fijas que a medida que te acercas al río la vegetación se hace más escasa y que la tierra es mucho más abierta. Los insectos producen sonidos, pero no hay pájaros porque todavía no existen. Estás en el período Jurásico, hace 150 millones de años.

Caminando entre el agua, hay varios dinosaurios de cuellos largos que mastican plantas en silencio. Mientras observas entre los árboles, ves un tipo diferente de dinosaurio que está buscando una presa. Mide alrededor de 12 m de largo y parece pesar unas 4 toneladas. Es un alosaurio, el depredador carnívoro más común en está época.

De pronto, sientes que el suelo empieza a moverse. Los temblores son suaves al principio, pero se hacen más fuertes. Comienzas a escuchar un sonido retumbante junto con los temblores. El alosaurio se detiene y mira en la dirección de donde viene el sonido. Pterosaurios asustados y reptiles con alas pasan volando en medio de un terrible escándalo. El sonido retumbante y los temblores se vuelven más intensos.

De repente, te das cuenta de que se acerca la cabeza de una criatura por los árboles. La cabeza es tan alta que su cuello debe medir unos 20 m. Luego, ves el animal completo y por fin te explicas por qué se mueve el suelo. El animal es un *Seismosaurus hallorum*, apodado "el terremoto". ¡Estás frente a uno de los dinosaurios más grandes de la historia!

Seismosaurus hallorum

Esta escena que presenciaste no se basa sólo en la imaginación. Los científicos han estudiado los dinosaurios por muchos años. En función de la información que recopilan sobre los dinosaurios y su ambiente, los científicos recrean cómo se podría haber visto la Tierra hace 150 millones de años. Pero, ¿cómo diferencian los científicos una especie de dinosaurio de otra? ¿Cómo saben si han descubierto una nueva especie? Las respuestas a estas preguntas se relacionan con los métodos que los científicos usan.

Distintas especies de dinosaurios se han asignado como las más grandes. Así que, ¿cuál es realmente la más grande? Un buen científico observa la información disponible cuidadosamente y saca sus propias conclusiones.

Pasos del método científico

Cuando los científicos observan el mundo natural y se encuentran con una pregunta o problema, no dan respuestas al azar. Ellos siguen una serie de pasos llamados el *método científico*. El **método científico** es una serie de pasos que los científicos usan para responder preguntas y resolver problemas. Los pasos más elementales se ilustran en la **Figura 10.**

A pesar de que el método científico tiene varios pasos distintos, no es un procedimiento rígido. Los científicos pueden usar todos los pasos o sólo algunos de ellos. Incluso podrían repetir algunos de los pasos o utilizarlos en un orden diferente. La meta del método científico es obtener respuestas y soluciones confiables. Siempre que los científicos usan el método científico eficazmente, el resultado general es el mismo y, así, pueden profundizar más en los problemas que investigan.

Figura 10 *El método científico se ilustra en el siguiente diagrama de flujo. Fíjate que hay varias formas de seguir los pasos.*

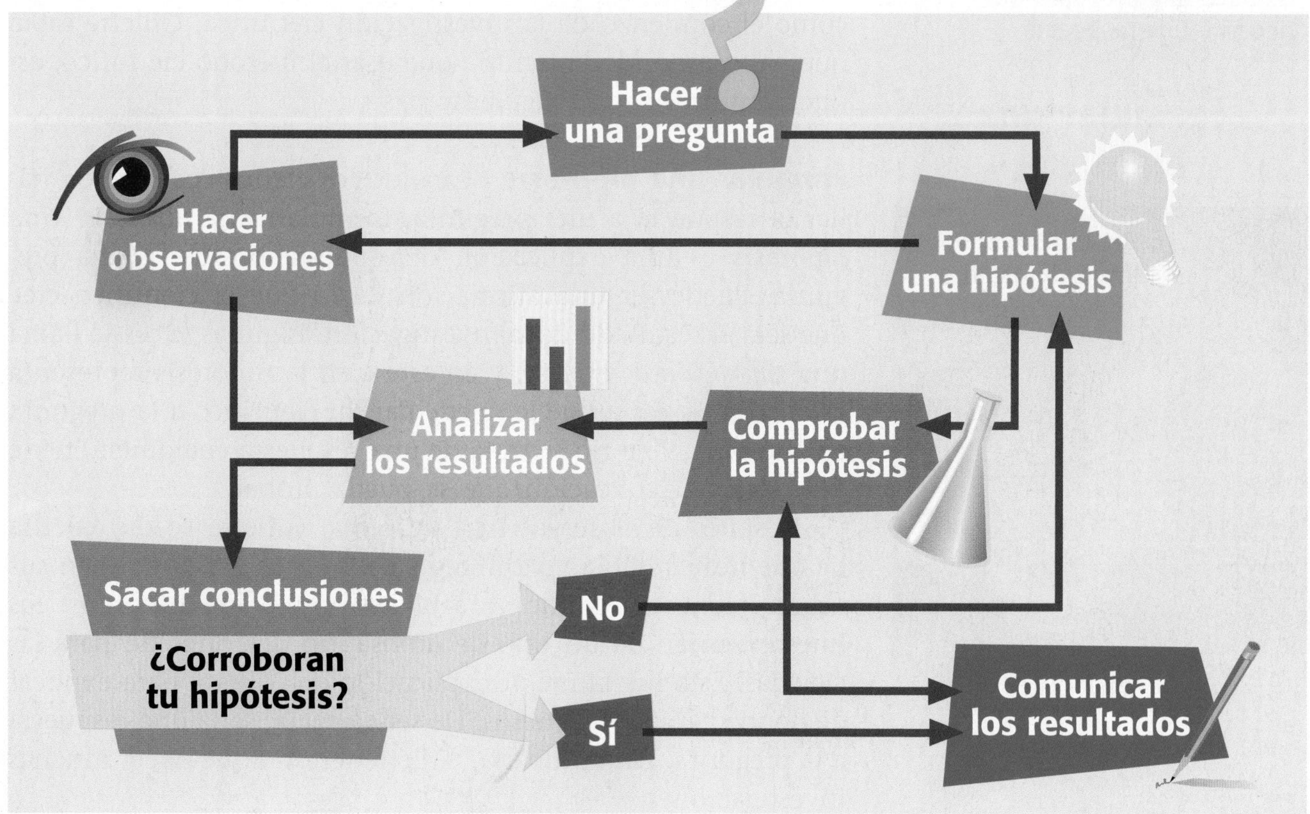

El descubrimiento de un dinosaurio: un caso para el método científico

Una de las primeras cosas que un científico hace, incluso antes de empezar una investigación, es observar. **Observar** consiste en utilizar los sentidos para reunir información. Las observaciones de objetos y eventos de la naturaleza se pueden hacer en cualquier momento y conducen a investigaciones científicas.

¿Recuerdas a los excursionistas del comienzo de este capítulo y su descubrimiento de los huesos de dinosaurio en el desierto? Es posible que esos excursionistas fueran los primeros en examinar los huesos, pero no fueron los últimos. En mayo de 1985, el paleontólogo David D. Gillette visitó el lugar. Impresionado por lo que vio, Gillette comenzó a preguntarse de qué tipo de dinosaurio vendrían estos enormes huesos. Como verás, esto fue lo que lo llevó por el camino del método científico.

Hacer una pregunta Cuando los científicos hacen observaciones, generalmente se hacen preguntas que les gustaría poder responder. Un buen científico reconoce estas preguntas como el principio potencial de una investigación. Cuando los científicos tratan de responder estas preguntas, pasan de ser sólo observadores a ser investigadores activos.

Es posible que Gillette se haya preguntado: "¿De qué tipo de dinosaurio vendrán estos huesos?" Y esta pregunta le sirvió como el comienzo de la investigación científica. Gillette sabía que para responderla tendría que usar el método científico, así que continuó con el siguiente paso.

Formular una hipótesis Cuando los científicos quieren hallar la respuesta a una pregunta, formulan una *hipótesis*. Una **hipótesis** es una explicación o respuesta posible a una pregunta. Puede ser una afirmación de lo que el científico cree que será el resultado de la investigación. Algunas veces se llama una *suposición de experto,* y en este caso la hipótesis representa la mejor respuesta que le puede dar un científico a la pregunta en cuestión. Pero no se trata de una respuesta cualquiera; tiene que ser una explicación que se pueda probar.

Despues de observar más de cerca, Gillette se dio cuenta de que nunca había visto huesos como esos. Basándose en sus observaciones y lo que ya sabía, formuló una hipótesis: los huesos venían de un tipo de dinosaurio desconocido para las ciencias. Esta fue la mejor explicación de Gillette para explicar de donde venían los huesos. De ser correcta, sería una respuesta a la pregunta. Para probarla, Gillette tendría que hacer muchas investigaciones.

Hacer una pregunta

Se hace una pregunta que necesite una respuesta.

Formular una hipótesis

Se propone una posible respuesta.

Los científicos que exploran la costa del golfo en el estado de Texas han descubierto artefactos indoamericanos de miles de años de antigüedad. Lo extraño es que los artefactos estaban enterrados en el fondo del mar a muchos metros bajo el nivel del mar. Estos artefactos no se habían movido desde que fueron enterrados originalmente. La *observación* es que hay artefactos indoamericanos varios metros bajo el nivel del mar, y la *pregunta* es: "¿Por qué están ahí?" Tu trabajo es *formular una hipótesis* que responda la pregunta. Recuerda que debes formular una hipótesis que se pueda probar por el método científico.

Comprobar la hipótesis Una vez que se ha formulado una hipótesis, se debe comprobar. Los científicos comprueban las hipótesis reuniendo información que pueda ayudarles a determinar si las hipótesis son válidas. Generalmente los científicos realizan varios experimentos con este propósito.

Para comprobar una hipótesis, un científico debe realizar un experimento controlado. En un *experimento controlado* se prueba un factor a la vez. Al cambiar sólo un factor (la *variable*), los científicos pueden ver los resultados que produce ese cambio. Los experimentos a menudo se hacen en laboratorios, donde las condiciones son más fáciles de controlar. Los científicos que estudian la Tierra, sin embargo, se apoyan más en las observaciones para comprobar sus hipótesis. El laboratorio de este tipo de científico es la misma Tierra, donde las variables no se pueden controlar fácilmente. En vez de tratar de controlar la naturaleza, éstos científicos observan más a menudo la naturaleza y reúnen gran cantidad de información para comprobar sus hipótesis. Para comprobar su hipótesis, Gillette reunió toda la información que encontró. Hizo cientos de mediciones de huesos, registrando detalladamente su tamaño y forma. Después, comparó sus mediciones con las de los huesos de dinosaurios conocidos. Visitó museos y habló con otros paleontólogos. Se demoró más de un año en terminar sus pruebas.

Analizar los resultados Cuando los científicos terminan sus pruebas, deben analizar los resultados. En este paso, los científicos generalmente crean tablas y gráficas para organizar la información. Cuando Gillette analizó los resultados de las comparaciones de huesos, encontró que los huesos del misterioso dinosaurio eran muy grandes o de forma muy distinta como para haber pertenecido a los dinosaurios en que basó su comparación.

Comprobar la hipótesis

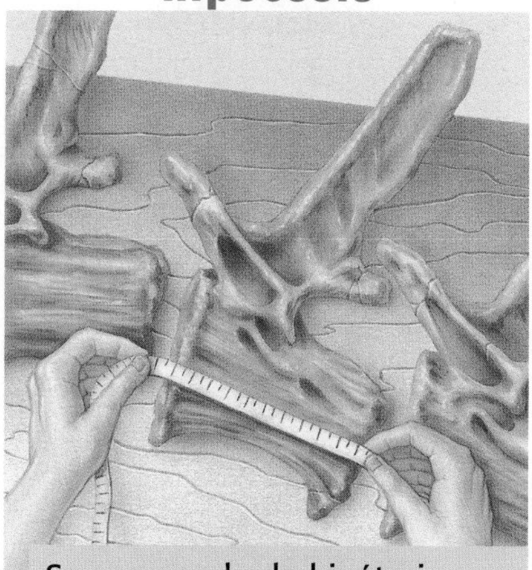

Se comprueba la hipótesis con observaciones o experimentos.

Analizar los resultados

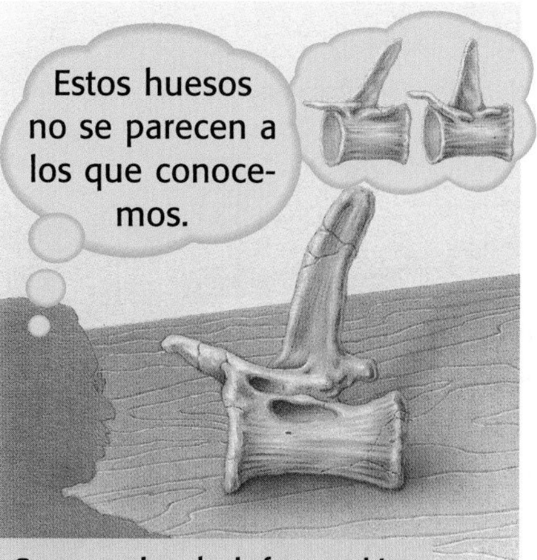

Se examina la información y se buscan patrones.

Sacar conclusiones

Se decide si la hipótesis original se corrobora.

Comunicar los resultados

Se comparten los descubrimientos con otros científicos.

Sacar conclusiones Finalmente, después de analizar cuidadosamente los resultados de las pruebas, los científicos deben sacar conclusiones y determinar si los resultados corroboraron la hipótesis. Si no fue así, pueden repetir la investigación para revisar los errores o pueden hacer nuevas preguntas y formular una nueva hipótesis.

Basándose en todos sus análisis, Gillette concluyó que los ocho huesos encontrados en Nuevo México sí eran de una especie de dinosaurio recién descubierta que probablemente medía 45 m y pesaba al menos 100 toneladas. La criatura ciertamente se ajustaba al nombre que Gillette le dio: *Seismosaurus hallorum,* "el terremoto".

Comunicar los resultados Después de terminar la investigación, los científicos comunican sus resultados. De esta forma, comparten lo que han aprendido con otros científicos, los cuales quizás repitan la investigación para ver si obtienen los mismos resultados. Las ciencias dependen de la información que se comparte.

Los científicos comparten información publicando informes en revistas científicas o en la Internet. También ofrecen conferencias sobre los resultados de sus investigaciones y asisten a seminarios u otras reuniones de profesionales. Este método es interesante porque les permite a otros científicos hacerle preguntas directas al científico que realizó la investigación.

Figura 11 *Esta reconstrucción del esqueleto del* Seismosaurus hallorum *se basa en la investigación de Gillette. Los huesos más obscuros son los que se han identificado hasta ahora.*

Gillette comunicó sus resultados en una conferencia de prensa que se realizó en el Museo de Ciencias e Historia Natural de Nuevo México. Ahí anunció su descubrimiento del *Seismosaurus,* respondió preguntas y defendió su investigación. Después, le envió un resumen a la revista *Journal of Vertebrate Paleontology* (Paleontología de Vertebrados). Después de dos años de revisiones detalladas de otros científicos, la revista publicó el informe de Gillette.

¿Se cerró el caso?

Todos los huesos de *Seismosaurus* que Gillette encontró se han desenterrado, pero el projecto *Seismosaurus* continúa en la fase de laboratorio, en donde se siguen estudiando los restos de uno de los dinosaurios más grandes de la historia. Como muchas otras investigaciones científicas, el trabajo de Gillette condujo a nuevos problemas que se deben estudiar con el método científico.

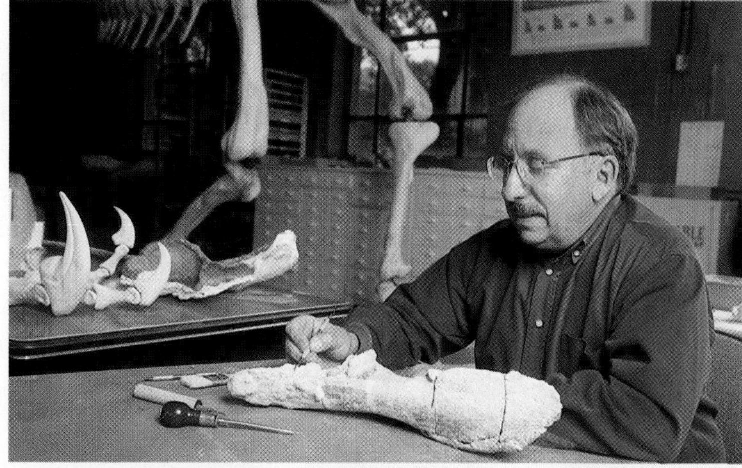

Figura 12 *David Gillette continúa estudiando los huesos del* Seismosaurus *para entender mejor el pasado.*

REPASO

1. ¿Qué es el método científico? ¿Cómo lo usan los científicos?
2. Después de observar ocho huesos, Gillette formuló la hipótesis de que eran de una especie de dinosaurio recién descubierta. ¿En qué se basó su hipótesis?
3. ¿Por qué los científicos comunican los resultados de sus investigaciones?
4. **Aplicar conceptos** ¿Por qué es posible que dos científicos desarrollen diferentes hipótesis aunque se basen en las mismas observaciones?

Experimentos

Para probar por ti mismo el método científico, pasa a la página 486.

Sección 3

La vida en un mundo más caluroso: un modelo de ciencias de la Tierra

VOCABULARIO

calentamiento global
modelo
teoría

OBJETIVOS

- Demuestra cómo se usan los modelos en las ciencias.
- Compara los modelos matemáticos con los físicos.
- Determina las limitaciones de los modelos.

Últimamente, se ha hablado mucho sobre los cambios en el clima de la Tierra. Algunos creen que el planeta se está calentando demasiado; otros dicen que es un ciclo natural. ¿Qué pasaría si la temperatura promedio del aire de la superficie aumentara sólo unos pocos grados? Observa la **Figura 13.**

Un aumento mundial en la temperatura se llama **calentamiento global.** ¿Realmente está ocurriendo? ¿Cuál será la causa? Para responder esto, se está estudiando el concepto de calentamiento global. Una forma de estudiarlo es por medio de un modelo.

Figura 13 *Un aumento en la temperatura promedio del aire de la superficie podría afectar el mundo de muchas formas.*

¡No más hielo! Temperaturas más altas significarían que gran parte del hielo del mar que está cerca de los polos Norte y Sur se derretiría. Algunas zonas de la Tierra cuyo suelo está congelado en forma permanente, como algunas regiones subpolares y montañosas, se descongelarían.

Restos en descomposición La tasa de descomposición de los restos vegetales y animales aumentaría si la temperatura de la Tierra aumentara. Esto aumentaría la cantidad de dióxido de carbono (CO_2) que se libera a la atmósfera. Más adelante verás que ésta es una preocupación importante.

Agua por todos lados Al aumentar la temperatura, el volumen de los océanos se expandiría, lo cual causaría un aumento en el nivel del mar. El derretimiento del hielo también agregaría agua, haciendo que el nivel del mar creciera aún más. En estados como la Florida y Nueva York, millones de personas viven en ciudades cerca de la costa a una altura de 8 m o menos sobre el nivel del mar. Si el nivel del mar creciera sólo 8 m, ¡esas ciudades quedarían bajo el agua!

¡Que pare de llover! En general, llovería más debido a que el aire más caliente causaría más evaporación de los océanos, lagos y ríos. El aumento de vapor de agua en la atmósfera provocaría más lluvia. Algunas áreas del mundo podrían beneficiarse con la lluvia adicional, pero otras áreas podrían sufrir inudaciones y perder sus suelos fértiles.

Tipos de modelos científicos

Es posible que conozcas muchos tipos de modelos: de barcos, autos, aviones, edificios y otros objetos. Los **modelos** son representaciones de objetos o sistemas. Se usan para representar cosas que son demasiado pequeñas o demasiado grandes, como los átomos, la Tierra o el Sistema Solar. También se pueden usar para explicar el pasado y el presente, y para predecir el futuro. Hay tres tipos principales de modelos científicos.

La Tierra es un imán. Pasa a la página 30 para aprender sobre el campo magnético de la Tierra.

Modelos físicos Los modelos físicos son modelos que puedes tocar, como los modelos de aviones, carritos de juguete y muñecas. Deben verse y comportarse exactamente como el objeto real. Por ejemplo, los ingenieros ponen modelos muy precisos de aviones nuevos en túneles de viento, como se muestra en la **Figura 14,** para ver cómo se comportan dentro del mismo. Es más seguro y menos costoso trabajar con modelos que con aviones reales.

Figura 14 *Los modelos de aviones se prueban en modelos de viento, como se muestra aquí con un jet prototipo dentro de un túnel de viento.*

Modelos matemáticos Una forma de predecir el tiempo es creando modelos climáticos, porque los patrones del tiempo son parte de los sistemas climáticos de la Tierra. Sin embargo, los modelos climáticos no son representaciones físicas del clima sino modelos matemáticos. Un modelo matemático está hecho de ecuaciones matemáticas e información. Algunos son tan complejos que sólo una supercomputadora puede manejarlos. Los modelos climáticos incluyen información de meteorólogos, oceanógrafos y ecólogos. Estos modelos son complicados.

Modelos conceptuales El tercer tipo es el modelo conceptual o sistema de ideas. Estos modelos se representan con teorías. Una **teoría** es una explicación unificada para un amplio rango de hipótesis y observaciones que han sido corroboradas por medio de pruebas. La Teoría Atómica y la teoría de la Gran Explosión se podrían considerar modelos conceptuales. Los modelos conceptuales están compuestos de muchas hipótesis, las cuales se han corroborado por medio del método científico.

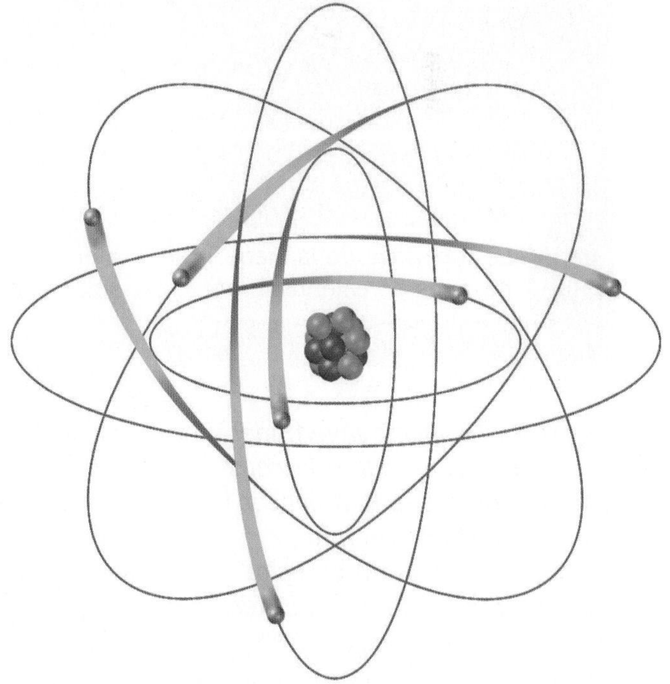

Figura 15 *Los átomos realmente no están hechos de bolitas de colores, pero el uso de un modelo así les ayuda a los científicos a entenderlos.*

El efecto invernadero como pieza del modelo de calentamiento global

Todos los modelos tienen piezas. Un modelo de barco, por ejemplo, podría contener cientos de piezas pegadas. Los modelos matemáticos también tienen piezas. Las piezas son los números que representan fragmentos de información que describen eventos reales. Se podrían usar miles de estas piezas en un sólo modelo. El modelo de calentamiento global es un modelo matemático que depende de esta información. Una de las piezas que se usan en el modelo climático de calentamiento global es el *efecto invernadero.*

Un invernadero es un edificio hecho principalmente de vidrio donde crecen plantas. Generalmente, hace más calor adentro que afuera de él. Esto sucede porque la luz solar no sólo calienta directamente el invernadero después de atravesar el vidrio, sino que también se refleja en la superficie de la Tierra, haciendo que el calor se mantenga atrapado en el invernadero. El efecto invernadero, que se muestra en la **Figura 16,** funciona de manera muy similar a un invernadero de vidrio.

ciencias del medio ambiente CONEXIÓN

La destrucción de los bosques tropicales se ha relacionado con el aumento del efecto invernadero. Los árboles tienen un papel vital al sacar el dióxido de carbono del aire, almacenarlo y liberar oxígeno al aire. Sin árboles, más dióxido de carbono permanecería en el aire, lo cual aumentaría el efecto invernadero y posiblemente contribuiría al calentamiento global.

Figura 16 *El efecto invernadero será mayor si aumenta la cantidad de gases que lo provocan en la atmósfera. Cuando aumenta la cantidad de estos gases, también aumenta la temperatura de la Tierra.*

Probar el modelo de calentamiento global

Los modelos se usan para tratar de explicar el presente. Pero, ¿como sabemos si los modelos son precisos? Los modelos físicos, matemáticos y conceptuales se pueden probar. Por ejemplo, podemos comparar el modelo de un auto con un auto real. De forma similar, podemos comparar la predicción del clima de la Tierra de nuestro modelo climático con el clima real de la Tierra. Si el modelo explica en forma precisa el presente, entonces tenemos más seguridad de que predecirá mejor el futuro.

Los científicos han calculado la cantidad de dióxido de carbono que se ha agregado a la atmósfera en los últimos 100 años. Por lo tanto, el modelo debería predecir qué tan caliente está la atmósfera hoy comparada con la de hace 100 años. La mayoría de los modelos climáticos nos dicen que durante los últimos 100 años, en general, el calentamiento global por el aumento de los gases que provocan el efecto invernadero debería estar entre 0.5 °C y 1.5 °C. Ahora viene la prueba: ¿cuánto calentamiento global se ha producido realmente? La respuesta es 0.5 °C. ¡Por ahora vamos bien!

Usar el modelo de calentamiento global

Los modelos se usan para predecir el futuro. Nos sirven para preguntarnos: "¿Qué pasaría si...?"

Este es el tipo de preguntas que les preocupa a muchos países en el comienzo del nuevo milenio. El modelo climático de calentamiento global puede darles las respuestas, pero ¿serán precisas estas respuestas? Mientras más complicados son los modelos, más cautelosos deben ser los científicos al usarlos para hacer predicciones. Los modelos climáticos son extremadamente complicados, así que los cientificos generalmente usan palabras como *posible* y *probable* al hacer predicciones climáticas. La única prueba cierta de estos modelos es la prueba del tiempo.

REPASO

1. ¿Cómo podría un científico usar un modelo para probar un nuevo diseño de avión?
2. ¿De qué forma están limitados los astrónomos cuando diseñan modelos del universo?
3. **Analizar relaciones** Di una ventaja de los modelos físicos y una ventaja de los modelos matemáticos.

Explora

Una científica que vive en la estación de investigación de la Antártica ha enviado a su universidad un registro diario de actividades del invierno. Todos los días durante varios meses, observó que el Sol no se veía en el cielo.

1. Con un globo terráqueo (un modelo de la Tierra), demuestra por qué el polo Sur tiene noches invernales tan largas.
2. Mientras el polo Sur tenía noches largas, ¿qué sucedía en el polo Norte?
3. Explica por qué un globo terráqueo funciona como un modelo.

Sección 4

Medidas y seguridad

VOCABULARIO

metro
masa
volumen
temperatura

OBJETIVOS

- Explica la importancia del Sistema Internacional de Unidades.
- Determina las unidades apropiadas para hacer ciertas mediciones.
- Identifica los símbolos de seguridad del laboratorio y determina su significado.

Hace cientos de años, cada país usaba un sistema de medición distinto. Estos sistemas se desarrollaron por costumbres locales y generalmente no eran intercambiables. Hubo un tiempo en que, en Inglaterra, el patrón para una pulgada consistía en tres granos de cebada puestos uno al lado del otro. Otras medidas estandarizadas del sistema inglés moderno, que se usan en los Estados Unidos, se basaban en partes del cuerpo, como el pie. Estas medidas no eran precisas porque se basaban en objetos cuyo tamaño variaba.

Por eso era necesario crear un sistema único de medidas que fuera simple y preciso. A fines del siglo XVIII, la Academia Francesa de las Ciencias se propuso desarrollar ese sistema. En los siguientes 200 años, se perfeccionó el sistema métrico, que ahora se llama Sistema Internacional de Unidades (SI).

Utilizar el mismo sistema

Hoy en día, la mayoría de los científicos y casi todos los países usan el Sistema Internacional de Unidades. Una ventaja de las medidas del SI es que les ayudan a los científicos a comparar observaciones y resultados. Otra ventaja es que todas las unidades se basan en el número 10, que es un número fácil de usar para hacer cálculos. La tabla de la **Figura 17** contiene las unidades del SI de uso común de longitud, volumen, masa y temperatura.

Figura 17 *Se usan prefijos junto a las unidades del SI para convertirlas en unidades más grandes o más pequeñas. Por ejemplo,* kilo *indica 1,000 veces y* mili *indica 1/1,000 veces. El prefijo que se usa depende del tamaño del objeto que se va a medir.*

Unidades comunes del SI		
Longitud	**metro (m)**	
	kilómetro (km)	1 km = 1,000 m
	decímetro (dm)	1 dm = 0.1 m
	centímetro (cm)	1 cm = 0.01 m
	milímetro (mm)	1 mm = 0.001 m
	micrómetro (µm)	1 µm = 0.000001 m
	nanómetro (nm)	1 nm = 0.000000001 m
Volumen	**metro cúbico (m^3)**	
	centímetro cúbico (cm^3)	1 cm^3 = 0.000001 m^3
	litro (L)	1 L = 1 dm^3 = 0.001 m^3
	mililitro (mL)	1 mL = 0.001 L = 1 cm^3
Masa	**kilogramo (kg)**	
	gramo (g)	1 g = 0.001 kg
	miligramo (mg)	1 mg = 0.000001 kg
Temperatura	**kelvin (K)**	
	Celsius (°C)	0°C = 273 K 100°C = 373 K

Longitud ¿Cuál es el grosor de la lámina de hielo de la **Figura 18?** Para describir esta medida, un científico probablemente usaría los metros (m). El **metro** es la unidad básica de longitud del SI. Un metro se divide o multiplica por potencias de 10 para producir las otras unidades de longitud del SI. Si divides 1 m en 100 partes, cada parte es igual a 1 cm. En otras palabras, 1 cm es una centésima parte de un metro. Si divides 1 m en 1,000 partes, cada parte es igual a 1 mm. Esto significa que 1 mm es una milésima parte de un metro. Para describir la longitud de objetos microscópicos se usan los micrómetros (µm) o los nanómetros (nm). En la otra dirección, 1,000 m es igual a un kilómetro. La **Figura 19** muestra la relación de las unidades de longitud con varios objetos.

Figura 18 *Esta científica está midiendo el grosor de una lámina de hielo. ¿Qué unidad de longitud describirá mejor su grosor?*

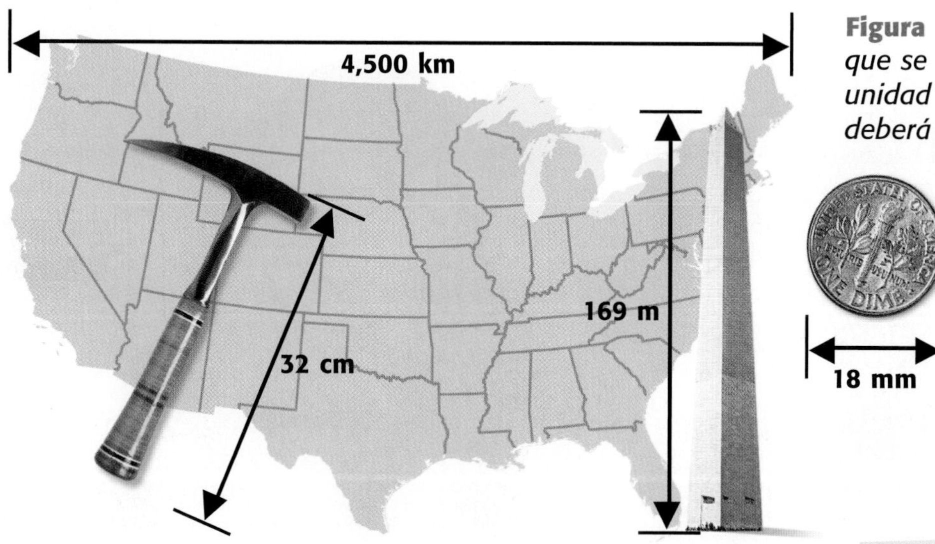

Figura 19 *El tamaño del objeto que se mide determina qué unidad de longitud del SI se deberá utilizar.*

Volumen Imagina que eres un científico que lleva fósiles a un museo. ¿Cuántos fósiles cabrán en un paquete? Esto depende del volumen del paquete y de los fósiles. El **volumen** es la cantidad de espacio que ocupa o contiene algo.

El volumen de un líquido generalmente se expresa en litros (L). Los litros se basan en el metro. Un metro cúbico (m^3) es igual a 1,000 L. En otras palabras, 1,000 L de líquido cabrán en una caja que mida 1 m por lado. Es posible que conozcas las botellas de soda de 2 L. El litro se puede dividir en unidades más pequeñas. Un mililitro (mL) es la milésima parte de un litro y es igual a un centímetro cúbico (1 cm^3). Un microlitro (µL) es la millonésima parte de un litro. Para medir el volumen de los líquidos se utilizan cilindros graduados.

Explora

Mide el ancho de tu escritorio, pero no uses una regla ni una cinta métrica. Elige un objeto que usarás como unidad de medida, como un lápiz, tu mano o cualquier otra cosa. Averigua cuántas de estas unidades mide tu escritorio de ancho y compara tu medición con las de tus compañeros. En tu cuaderno de ciencias explica por qué es importante usar medidas estándar.

Figura 20 *El volumen del paquete que esta científica escogió es justo del tamaño del fósil que tiene en sus manos.*

El volumen de un objeto sólido grande se da en metros cúbicos (m^3). El volumen de objetos más pequeños, como el paquete de la **Figura 20,** se puede dar en centímetros cúbicos (cm^3) o en milímetros cúbicos (mm^3). Para calcular el volumen de un objeto con forma de caja, multiplica la longitud del objeto por su ancho y su altura.

Los objetos como los fósiles y las rocas tienen formas irregulares. Si sólo multiplicaras su longitud, ancho y altura, no obtendrías una medida muy precisa de su volumen. Una forma de determinar el volumen de un objeto de forma irregular es medir cuánto líquido desplaza. La estudiante de la **Figura 21** está midiendo el volumen de una roca poniéndola dentro de un cilindro graduado que contiene una cantidad determinada de agua. La roca hace que el nivel de agua suba. Así, ella puede averiguar el volumen de la roca restándole el volumen del agua sola al volumen del agua con la roca.

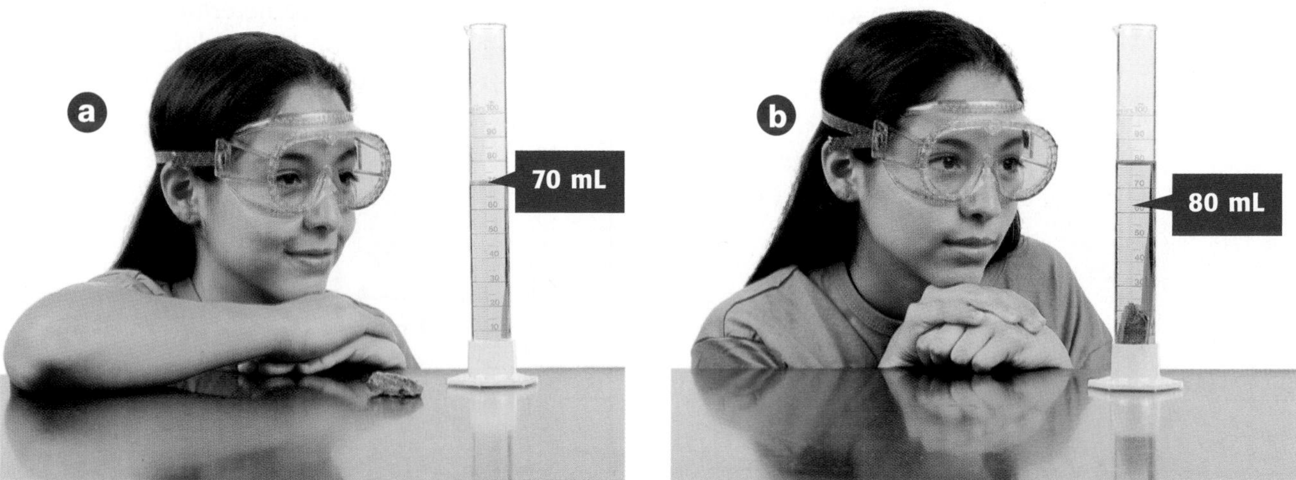

Figura 21 *Este cilindro graduado contiene 70 mL de agua. Después de agregar la roca, el nivel de agua subió a 80 mL. Debido a que la roca desplazó 10 mL de agua y debido a que 1 mL = 1 cm^3, sabemos que el volumen de la roca es 10 cm^3.*

Masa ¿De qué tamaño será la piedra más grande que puede transportar un río? Eso depende de la energía del río y de la masa de la piedra. La **masa** es la cantidad de materia de la cual está hecha algo. El kilogramo (kg) es la unidad básica de masa y se usa para describir la masa de cosas como las piedras. Sin embargo, muchos objetos que encontramos a diario no son tan grandes. Los gramos (un milésimo de un kilogramo) se usan para describir la masa de objetos más pequeños. Una manzana de tamaño mediano, por ejemplo, tiene una masa de unos 100 g. La masa de objetos muy grandes se da en toneladas métricas. Una tonelada métrica es igual a 1,000 kg.

Temperatura ¿Qué tan caliente es una corriente de lava? Para responder esta pregunta, un científico necesitaría medir la temperatura de la lava. La **temperatura** mide qué tan caliente o frío está algo. Probablemente estás acostumbrado a describir la temperatura en grados Fahrenheit (°F). Los científicos usan los grados Celsius (°C) y kelvin; estos últimos son las unidades del SI para medir la temperatura. El termómetro de la derecha muestra la relación entre °F y °C.

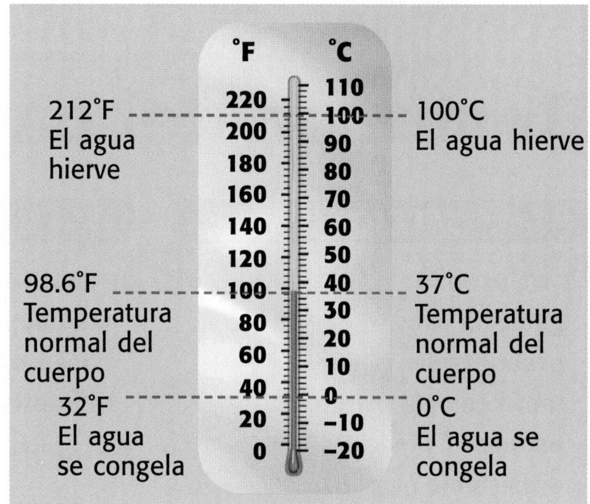

¡La seguridad manda!

Las ciencias de la Tierra son emocionantes, pero también pueden ser peligrosas. Así que, ¡no te arriesgues! Sigue siempre las instrucciones de tu maestro o maestra y no intentes saltarte pasos, incluso cuando creas que no hay peligro.

Antes de comenzar una investigación científica, pídele permiso a tu maestro y lee los procedimientos de laboratorio atentamente. La siguiente tabla muestra los símbolos de seguridad que se utilizan en este libro. Apréndete estos símbolos y su significado. Lee la información de seguridad que comienza en la página 482. **¡Esto es muy importante!** Pregúntale a tu maestro o maestra si no estás seguro de lo que significa un símbolo.

Experimentos

Cuídate, leyendo la información de seguridad de la página 482. **¡Esto es indispensable antes de realizar cualquier actividad científica!**

Símbolos de seguridad		
Protección de los ojos	Protección de la ropa	Protección de las manos
Cuidado con el calor	Cuidado con la electricidad	Cuidado con los objetos punzantes
Cuidado con las substancias químicas	Seguridad de los animales	Seguridad de las plantas

REPASO

1. ¿Cuáles son las ventajas del Sistema Internacional de Unidades?
2. ¿Qué unidad del SI describe mejor el volumen de la gasolina de un auto?
3. **Calcular** ¿Cuál es la longitud y ancho mínimos (en metros) de una caja que puede contener un objeto de 56 cm de ancho y 843 mm de largo?

Resumen del capítulo

SECCIÓN 1

Vocabulario

geología *(pág. 6)*
oceanografía *(pág. 7)*
meteorología *(pág. 8)*
astronomía *(pág. 9)*
ecosistema *(pág. 10)*

Notas de la sección

- Las ciencias de la Tierra se dividen en tres categorías generales: geología, oceanografía y meteorología.
- La astronomía es el estudio de los elementos físicos que están más allá del planeta Tierra.
- Las profesiones relacionadas con las ciencias de la Tierra generalmente exigen conocimientos de otras ciencias.

SECCIÓN 2

Vocabulario

método científico *(pág. 13)*
observación *(pág. 14)*
hipótesis *(pág. 14)*

Notas de la sección

- El método científico es indispensable para realizar una investigación científica correcta.
- Es posible que cada científico use el método científico de manera distinta.
- El descubrimiento de un nuevo tipo de dinosaurio, el *Seismosaurus hallorum,* se hizo por medio del método científico.
- Cuando los científicos terminan sus investigaciones, es importante que les comuniquen los resultados a otros científicos.

Experimentos

Usar el método científico
observación (pág. 486)

Comprobar destrezas

Conceptos de matemáticas

CONVERSIÓN DE MEDIDAS DEL SISTEMA INTERNACIONAL DE UNIDADES (SI) Vuelve a mirar el cuadro del SI de la página 22. Las unidades del SI en la mayoría de las categorías, como longitud y masa, se expresan en términos de una sola unidad. Por ejemplo, la unidad *centímetro* se expresa en términos de la unidad *metro.* Para expresar 50 cm en términos de metros, divide 50 entre 100 (hay 100 cm en 1 m).

$$50\ \cancel{\text{cm}} \times \frac{1\text{ m}}{100\ \cancel{\text{cm}}} = 0.5\text{ m}$$

Comprensión visual

¿QUÉ PIENSAS QUE DEBES HACER? Examina el diagrama de flujo de la página 13. El método científico puede utilizarse de distintas formas. Por ejemplo, un científico podría realizar observaciones antes de hacer una pregunta o después de formular una hipótesis.

SECCIÓN 3

Vocabulario

calentamiento global *(pág. 18)*
modelo *(pág. 19)*
teoría *(pág. 19)*

Notas de la sección

- En las ciencias se usan modelos para representar los objetos y sistemas físicos.
- Generalmente, los modelos físicos representan objetos y los modelos matemáticos representan sistemas.
- Los modelos climáticos son modelos matemáticos muy complicados.
- El modelo del calentamiento global es un modelo climático matemático.
- El efecto invernadero es una parte importante del modelo del calentamiento global.
- Los científicos usan los modelos tanto para explicar el pasado y el presente como para predecir el futuro.
- La única forma de determinar qué tan preciso es un modelo climático es comparando las predicciones que se hicieron en función del modelo con los hechos de la realidad.

SECCIÓN 4

Vocabulario

metro *(pág. 23)*
volumen *(pág. 23)*
masa *(pág. 24)*
temperatura *(pág. 25)*

Notas de la sección

- El Sistema Internacional de Unidades (SI) ayuda a los científicos a compartir y comparar su trabajo.
- Las unidades básicas de longitud, volumen y masa del SI son el metro, el metro cúbico y el kilogramo, respectivamente.
- Para describir la temperatura, los científicos usan grados Celsius (°C) y kelvin (K). Estos últimos son las unidades de temperatura del SI.

internet

VISITA: go.hrw.com

Visita el sitio web de HRW para encontrar una serie de herramientas de aprendizaje relacionadas con este capítulo. Sólo tienes que escribir la palabra clave:

PALABRA CLAVE: HSTWES

VISITA: www.scilinks.org

Visita el sitio web de la **Asociación Nacional de Maestros de Ciencias** (***National Science Teachers Association***) para encontrar recursos de Internet relacionados con este capítulo. Sólo escribe el **ENLACE DE CIENCIAS** para obtener más información sobre el tema:

TEMA: Ramas de las ciencias de la Tierra — **ENLACE:** HSTE005
TEMA: Profesiones relacionadas con las ciencias de la Tierra — **ENLACE:** HSTE010
TEMA: Uso de modelos en las ciencias de la Tierra — **ENLACE:** HSTE015
TEMA: Sistemas de medida — **ENLACE:** HSTE020

Repaso del capítulo

UTILIZAR EL VOCABULARIO

Escribe una oración con los siguentes términos para demostrar que conoces su significado:

1. hipótesis, método científico
2. meteorología, modelo
3. geología, ecosistema
4. calentamiento global, oceanografía

COMPRENDER CONCEPTOS

Opción múltiple

5. Las ciencias de la Tierra se dividen en tres categorías generales: meteorología, oceanografía y
   - a. geografía.
   - b. geología.
   - c. geoquímica.
   - d. ecología.

6. La ciencia que estudia los fósiles es
   - a. la paleontología.
   - b. la ecología.
   - c. la sismología.
   - d. la vulcanología.

7. La meteorología es el estudio de
   - a. los meteoros.
   - b. los meteoritos.
   - c. la atmósfera.
   - d. los mapas.

8. La hipótesis de Gillette
   - a. fue corroborada por sus resultados.
   - b. no fue corroborada por sus resultados.
   - c. se basaba sólo en observaciones.
   - d. se basaba sólo en lo que él ya sabía.

9. Dos de los gases más comunes causantes del efecto invernadero son el vapor de agua (H_2O) y
   - a. el dióxido de carbono (CO_2).
   - b. el criptón (Kr).
   - c. el radón (Rn).
   - d. el neón (Ne).

10. En los últimos 100 años, la temperatura promedio de la atmósfera terrestre ha aumentado en
    - a. 10°C.
    - b. 5°C.
    - c. 1°C.
    - d. 0.5°C.

11. El efecto invernadero ayuda a explicar
    - a. los volcanes.
    - b. los terremotos.
    - c. la fosilización.
    - d. el calentamiento global.

12. El calentamiento global provocaría
    - a. que parte del hielo polar se derritiera.
    - b. más lluvia.
    - c. un aumento general del nivel del mar.
    - d. Todas las anteriores

13. Un ecosistema comprende
    - a. plantas y animales.
    - b. el tiempo y el clima.
    - c. seres humanos.
    - d. Todas las anteriores

Respuesta breve

14. ¿Cómo determinó Gillette que el dinosaurio que había encontrado era desconocido para la ciencia?

15. ¿Cómo y por qué usan modelos los científicos?

16. ¿Por qué la temperatura del interior de un invernadero es generalmente más alta que la del exterior?

Organizar conceptos

17. Usa los siguientes términos para crear un mapa de ideas: ciencias de la Tierra, modelo, el método científico, geología, hipótesis, meteorología, oceanografía, observación, Sistema Internacional de Unidades.

RAZONAMIENTO CRÍTICO Y RESOLUCIÓN DE PROBLEMAS

Escribe una o dos oraciones para responder las siguientes preguntas:

18. Una roca que contiene conchas de mar fosilizadas puede ser estudiada por científicos de por lo menos dos ramas de las ciencias de la Tierra. Nombra esas ramas. ¿Por qué escogiste esas dos?

19. ¿Por qué dos científicos que trabajan en el mismo problema sacan diferentes conclusiones?

20. El método científico comienza con la observación. ¿Cómo limita la observación lo que los científicos pueden estudiar?

21. ¿Por qué los científicos son tan cautelosos al hacer predicciones a partir de ciertos modelos, como los climáticos?

LAS MATEMÁTICAS EN LAS CIENCIAS

22. Los científicos a menudo construyen modelos a partir de leyes científicas. Según la ley de Boyle, por ejemplo, si aumentas la presión afuera de un globo, éste se hará más chico. Esta ley se expresa con la siguiente fórmula:

$$P_1 \times V_1 = P_2 \times V_2$$

Si la presión de un globo (P_1) es de una atmósfera (1 atm) y el volumen de aire en el globo (V_1) es de un litro (1 L), ¿cuál será el volumen (en litros) si se aumenta la presión a 3 atm?

INTERPRETAR GRÁFICAS

Examina esta gráfica y responde las siguientes preguntas.

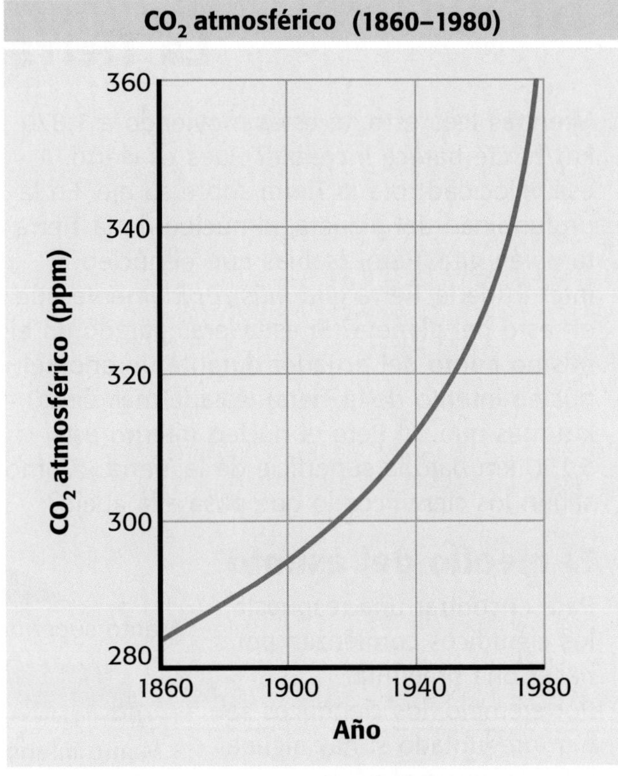

23. ¿Ha aumentado o disminuído la cantidad de CO_2 en la atmósfera desde 1860?

24. La línea de la gráfica es curva. ¿Qué significa esto?

25. ¿Fue la tasa de cambio del nivel de CO_2 entre 1940 y 1960 mayor o menor que entre 1880 y 1900? ¿Cómo lo sabes?

AHORA, ¿qué piensas?

Revisa tus respuestas a las preguntas de la página 5 que escribiste en el cuaderno de ciencias. ¿Han cambiado tus respuestas? Si es necesario, corrige tus respuestas basándote en lo que has aprendido en este capítulo.

La Tierra es un imán

Mientras lees esto, te estás moviendo a 1,670 km/h. ¿Te parece increíble? Pues es cierto. A esa velocidad rota la Tierra sobre su eje. En la profundidad del planeta, el núcleo de la Tierra también gira. Pero, ¿sabías que el núcleo interno de la Tierra gira *más rápidamente* que el resto del planeta? Si estuvieras parado en el mismo punto del ecuador durante un año, ¡el núcleo interno de la Tierra viajaría más de 20 km más que tú! Pero el núcleo interno está 5,150 km bajo la superficie de la Tierra. ¿Como saben los científicos lo que pasa allá abajo?

El meollo del asunto

Para encontrar una respuesta, los científicos comienzan por hacer una pregunta.
Por ejemplo, los científicos se han preguntado si hay alguna relación entre el núcleo y el campo magnético de la Tierra. Para desarrollar su hipótesis, los científicos comenzaron con lo que ya sabían: la Tierra tiene un núcleo interno denso y sólido y un núcleo externo fundido. Luego, crearon un modelo por computadora para simular cómo se genera el campo magnético de la Tierra. El modelo predijo que el núcleo interno de la Tierra giraría en la misma dirección que el resto de la Tierra, pero a una velocidad ligeramente mayor que la superficie. Si esa teoría es correcta, explicaría cómo se genera el campo magnético de la Tierra. Pero, ¿de qué forma comprobaron los investigadores esta teoría?

Como los científicos no podían perforar la Tierra hasta llegar al núcleo, tuvieron que obtener la información de manera indirecta. Decidieron investigar las ondas sísmicas que creaban los terremotos.

Agarra la onda

Los científicos analizaron la información sísmica recopilada durante 30 años. Sabían que las ondas sísmicas que se trasladan a través del núcleo interno de Norte a Sur lo hacen más rápidamente que las ondas que se trasladan de Este a Oeste. Los científicos analizaron la información sísmica para averiguar si la orientación de la "ruta rápida" de las ondas sísmicas había cambiado con el tiempo. Se dieron cuenta de que, en efecto, esto era lo que había sucedido en los últimos 30 años. Esto sugiere que el núcleo de la Tierra se mueve más rápidamente que la superficie y refuerza la teoría de que la rotación del núcleo crea el campo magnético de la Tierra.

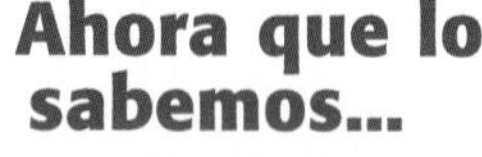

Ahora que lo sabemos...

Este hallazgo resultará en más investigaciones sobre cómo cambia el campo magnético de la Tierra y cómo se "desplazan" e incluso a veces se invierten los polos Norte y Sur. Con esta información podríamos entender mejor el flujo del calor planetario que mueve las placas tectónicas de la superficie de la Tierra.

Escribe sobre lo que aprendiste

▶ Imagina lo que pasaría si los polos magnéticos se invirtieran repentinamente o si su magnetismo desapareciera por completo. ¿En qué te afectaría? ¿Cómo afectaría a nuestra civilización? Escribe un cuento divertido acerca de un mundo sin magnetismo.

PROFESIONES

GEOFÍSICO

Bob Grimm busca agua en Marte. Grimm es un geofísico, es decir, un científico que usa la física para estudiar la estructura y la atmósfera de la Tierra. Algunos geofísicos tratan de responder preguntas sobre el origen e historia de la Tierra, mientras que otros usan sus conocimientos de la Tierra para responder preguntas sobre otros planetas. Una de esas preguntas es si hay agua en Marte.

No es probable que los humanos vivan en Marte en un futuro cercano. Entonces, ¿para qué tratar de encontrar agua ahí? Bob Grimm explica la importancia de su trabajo: "La búsqueda de agua en Marte es en realidad la búsqueda de la vida. ¿Habrá microorganismos, algas u otras formas de vida primitiva bajo la superficie? Al encontrar agua líquida, sabremos dónde buscar vida".

Sondeos en Marte

Grimm no viaja a Marte en persona. Él y su equipo trabajan en el desarrollo de instrumentos que enviarán a Marte para buscar agua debajo de la superficie del planeta. Estos instrumentos funcionan mediante la lectura de patrones de ondas electromagnéticas que reflejan las formaciones debajo de la superficie. Cuando las ondas electromagnéticas golpean algo que conduce electricidad bajo la superficie, el patrón de las ondas cambia. Al mirar los patrones de las ondas cuando se reflejan en el equipo, Grimm y otros podrán "ver" lo que hay debajo de la superficie de Marte. Si hay agua submarina en Marte, se verá un cambio en los patrones de las ondas.

Mientras tanto, en la Tierra...

Los mismos procedimientos que Grimm usa para encontrar agua en Marte se pueden usar para ubicar objetos, tales como minas explosivas enterradas bajo el suelo en la Tierra. Los detectores de metal estándar son útiles, pero no diferencian una mina de un trozo de chatarra de metal. Junto con los impulsos electromagnéticos, Grimm usa tecnologías de imágenes similares a los aparatos médicos de escáner para crear imágenes de objetos enterrados bajo la superficie. Una vez que se detectan, las minas se pueden retirar o detonar en forma segura.

Una profesión interesante

Ser geofísico ha sido muy satisfactorio para Grimm. "La exploración me atrae mucho", explica. "Es como una cacería: trato de entender algo para unir los cabos sueltos y, de repente... ¡tengo una historia para contar!"

▲ *La superficie de Marte*

Reflexiona

▶ Piensa en formas para ubicar objetos enterrados a más de 2 m bajo la superficie. ¿Se podría usar sonido, luz, rayos X o alguna otra cosa? ¿Qué problemas tendrías que resolver para construir un detector útil para enviar a Marte?

CAPÍTULO 2

Los mapas como modelos de la Tierra

Imagínate...

Unos amigos de la escuela vienen a visitarte a tu casa. No quieres que se pierdan, así que les haces un mapa. ¿Cómo harías un mapa del lugar donde vives? ¿Incluirías todo lo que hay en tu vecindario? ¿De qué material lo harías?

Probablemente, los primeros cartógrafos usaban palos para dibujar mapas en la arena. Uno de los mapas más antiguos que existen es el de la antigua ciudad de Mesopotamia, que se encontraba en el país que hoy es Iraq. El mapa, que tiene casi 5,000 años, se grabó en una tabla de arcilla. El primer mapa de papel se imprimió en China alrededor del año 1155 d.C. En la época medieval, los mapas que elaboraban los europeos generalmente se basaban en la imaginación, conjeturas y relatos de los viajeros. Europa estaba en el centro de la Tierra. Las áreas que aún no habían sido visitadas y exploradas a veces estaban llenas de escenas de lugares y monstruos míticos.

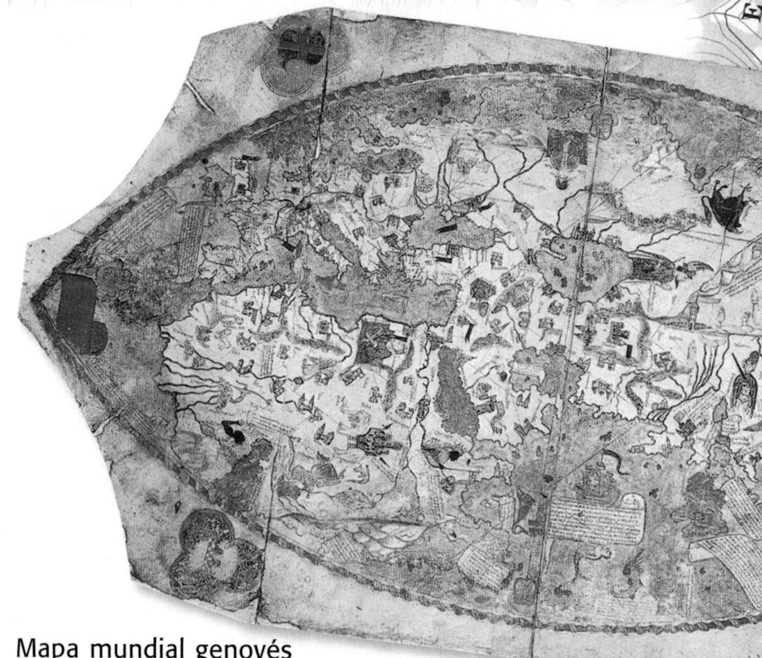

Mapa mundial genovés de Toscanelli, siglo XV d.C.

Plano babilonio del mundo, siglo VII a.C.

Hoy, con la tecnología de la computación y las imágenes por satélite, podemos elaborar mapas extremadamente precisos. En este capítulo aprenderás acerca de diferentes tipos de mapas, cómo se representan y qué se requiere para hacerlos.

¿Tú qué piensas?

Usa tus conocimientos para responder a las siguientes preguntas en tu cuaderno de ciencias:

1. ¿Representan todos los mapas el mundo en forma precisa?
2. ¿Cómo se muestra la información en los mapas?
3. ¿Qué información debe contener un mapa?

No te salgas del camino

¿Te has perdido alguna vez? ¿Te habría servido tener un mapa? Los mapas son las herramientas básicas para presentar visualmente una ubicación. Son una parte necesaria de nuestra vida cotidiana. Varían desde el diagrama de asientos de tu clase hasta el mapa de los Estados Unidos que está colgado en tu salón. En esta actividad dibujarás e intercambiarás mapas con un compañero o compañera. Al hacerlo, no solamente aprenderás a leer mapas sino que también harás uno que otra persona pueda leer.

Procedimiento

1. Con **lápices de colores** y **papel,** haz un mapa que muestre cómo llegar desde tu salón de clases a otro lugar de la escuela, como el baño o el gimnasio. Incluye toda la información que haga falta para que alguien que no conozca la escuela encuentre el camino.
2. Cuando termines el mapa, intercámbialo con el de un compañero o compañera. Estudia el mapa de tu compañero y trata de entender a dónde te lleva. Fíjate qué aspectos del mapa facilitan o dificultan su lectura.

Análisis

3. ¿Es tu mapa una representación precisa de la escuela? Explica por qué.
4. ¿Cómo podrías mejorarlo? ¿Qué crees que falta?
5. Compara tu mapa con el de tu compañero. ¿En qué se parecen? ¿En que se diferencian? ¿Qué símbolos tienen en común tu mapa y el de tu compañero o compañera?

Profundizar

Realiza la misma actividad, pero ahora recorre el camino antes de hacer el mapa y memoriza los puntos más importantes y las distancias entre las cosas que encuentres en el camino. ¿Cómo mejoró esto tu mapa? ¿Qué otras cosas podrían facilitar la lectura del mapa?

Sección 1

Tú estás aquí

VOCABULARIO

mapa
punto de referencia
puntos cardinales
norte geográfico
primer meridiano
declinación magnética
ecuador
latitud
longitud

OBJETIVOS

- Describe puntos en un globo terráqueo.
- Explica cómo se puede usar una brújula magnética para orientarse en la Tierra.
- Diferencia el norte geográfico del norte magnético.
- Diferencia las líneas de latitud y de longitud en un globo terráqueo o en un mapa.
- Explica cómo se pueden usar la latitud y la longitud para ubicar lugares en la Tierra.

Cuando caminas por la superficie de la Tierra, ésta no parece ser curva, sino plana. En el pasado, había varias creencias sobre la forma de la Tierra. Los mapas reflejaban el conocimiento y las perspectivas que se tenían acerca del mundo, así como la tecnología de la época. Un **mapa** es un modelo o representación de la superficie de la Tierra. Si observas el mapa mundial de Tolomeo del siglo II, que se representa en la **Figura 1**, probablemente no reconozcas lo que ves. Hoy en día, los satélites en órbita nos dan imágenes precisas de la Tierra. No se trata de conjeturas. En esta sección, aprenderás cómo los antiguos científicos concluyeron que la Tierra era redonda, sin contar con fotografías por satélite. También aprenderás cómo determinar la ubicación y la orientación en la superficie terrestre.

¿Qué apariencia tiene en realidad la Tierra?

Los griegos concluyeron que la Tierra era una esfera casi 2,000 años antes del viaje de Cristóbal Colón en 1492. Creían que la esfera era la forma más perfecta y, por lo tanto, la Tierra tenía que ser una esfera. Las pruebas que obtuvieron por medio de la observación corroboraron su idea. La observación de que, al alejarse, los barcos se hunden en el horizonte confirmó la idea de que la Tierra era redonda. Si la Tierra fuera plana, un barco se vería cada vez más pequeño al alejarse. Actualmente, sabemos que la Tierra no es una esfera perfecta.

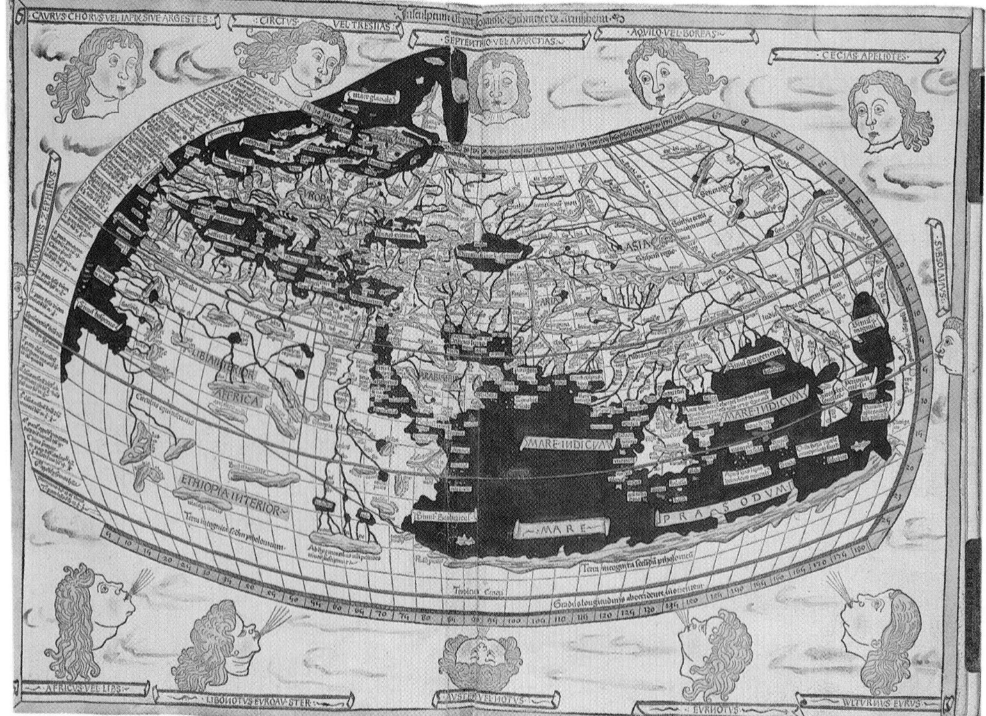

Figura 1 *Este mapa representa cómo las personas se imaginaban el mundo en el siglo II d.C. ¿Reconoces algún continente u océano?*

Eratóstenes, un matemático griego, quiso averiguar el tamaño de la Tierra. Alrededor del año 240 a.C., calculó la circunferencia de la Tierra por medio de la geometría y la observación del Sol. Ahora sabemos que su cálculo estaba equivocado por sólo 6,250 km, un error del 15 por ciento. ¡Nada mal para alguien que vivió hace más de 2,000 años, en una época donde no había computadoras ni satélites!

Orientarse en la Tierra

¿Cómo le darías a alguien instrucciones para llegar a tu casa? Podrías indicar un punto de referencia, como un almacén o un restaurante. Un **punto de referencia** es un lugar fijo en la superficie de la Tierra a partir del cual se puede describir la orientación y la ubicación.

Debido a que la Tierra es redonda, no tiene una cima, base o lados que las personas puedan usar como puntos de referencia para determinar lugares en su superficie. Sin embargo, la Tierra gira sobre su propio eje, que es una línea imaginaria que la atraviesa. En cada extremo del eje hay un polo geográfico. Los polos Norte y Sur, como se muestra en la **Figura 2**, se usan como puntos de referencia cuando se describe una orientación y ubicación en la Tierra.

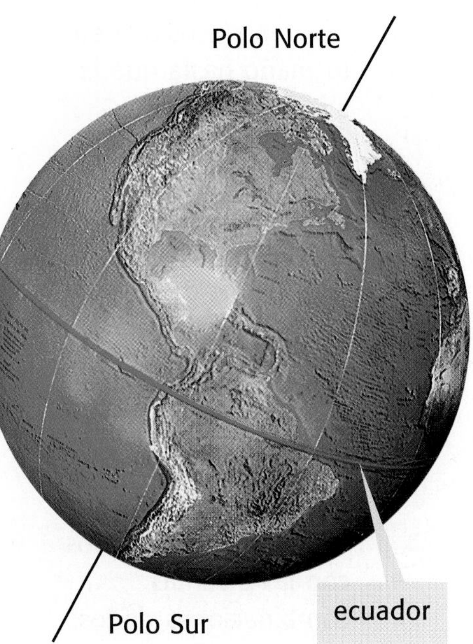

Figura 2 *Al igual que los polos, el ecuador también se puede usar como punto de referencia. El ecuador es un círculo que se encuentra entre los polos y divide la Tierra en los hemisferios Norte y Sur.*

Puntos cardinales El Norte, el Sur, el Este y el Oeste se llaman **puntos cardinales.** La **Figura 3** muestra los puntos cardinales básicos y las combinaciones de estas orientaciones. Usar estos puntos es mucho más preciso que usar instrucciones como "dobla a la izquierda, sigue derecho y luego dobla a la derecha". Desgraciadamente, la mayoría de las personas necesitan una brújula para hacer uso de los puntos cardinales.

Figura 3 *Una rosa de los vientos te permite a orientarte en un mapa.*

Laboratorio

Orientarse con una brújula

1. Este experimento debe hacerse al aire libre. Toma una **brújula** y manténla acostada en tu mano hasta que la aguja se detenga. Gira el dial de la brújula hasta que la letra *N* se alinee con el extremo coloreado de la aguja.
2. Mantén la brújula estable e identifica objetos que se alineen con cada punto cardinal. Enuméralos en tu cuaderno de ciencias.
3. Trata de ubicar objetos con las distintas combinaciones de los puntos cardinales, como SO o NE. Anota tus observaciones en tu cuaderno de ciencias.

Usar una brújula Una forma de determinar el Norte es usando una brújula magnética. La brújula usa el magnetismo natural de la Tierra para indicar la orientación. La aguja de una brújula apunta al polo norte magnético. La Tierra tiene dos grupos diferentes de polos: los polos geográficos, que aprendiste en la página anterior, y los polos magnéticos. Como ves en la **Figura 4** los polos magnéticos tienen una ubicación ligeramente distinta a la de los polos geográficos.

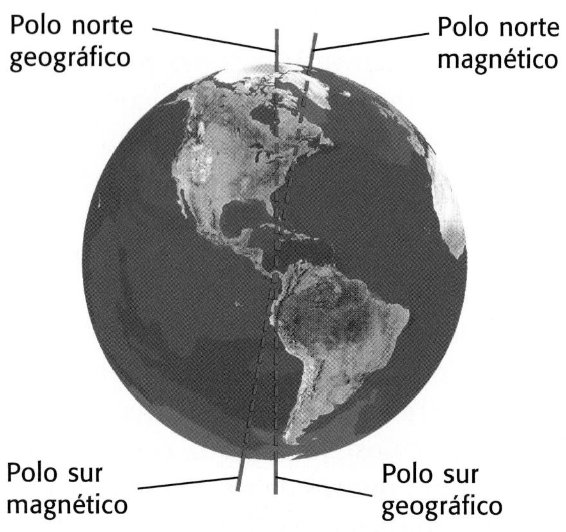

Figura 4 *A diferencia de los polos geográficos, que siempre están en el mismo lugar, los polos magnéticos han cambiado de ubicación a lo largo de la historia de la Tierra.*

Autoevaluación

¿Rota la Tierra alrededor de los polos geográficos o de los polos magnéticos? *(Consulta la página 564 para comprobar tu respuesta.)*

Norte geográfico y declinación magnética El polo norte geográfico nunca cambia y se llama **norte geográfico.** La diferencia de ubicación del norte geográfico y del polo norte magnético nos lleva al siguiente paso en el uso de una brújula. Recuerda: una brújula apunta al norte magnético, no al norte geográfico. Así que, cuando uses una brújula para explorar la superficie de la Tierra, necesitas hacer un ajuste en función de la diferencia entre el norte geográfico y el norte magnético. Este ángulo de corrección se llama **declinación magnética** y se mide en grados este u oeste del norte geográfico.

Se ha determinado la declinación magnética para diferentes puntos de la superficie de la Tierra. Una vez que conoces la declinación de tu área, puedes usar una brújula para determinar el norte geográfico.

Experimentos

¡Esto es mejor que una carrera de observación! ¿Te interesa? Pasa a la página 490.

Este ajuste es como el que le harías al manubrio de una bicicleta que tiene la rueda delantera torcida. Tienes que girar el manubrio para que la bicicleta vaya derecho.

En la **Figura 5,** la aguja de una brújula en Pittsburgh, Pennsylvania, indica 5° al oeste del norte geográfico. En Savannah, Georgia, la aguja se alinea con el norte geográfico, por lo tanto la declinación es 0°. En San Diego, California, la aguja indica 15° al este del norte geográfico.

Hay otras formas para encontrar el norte sin ayuda de una brújula. En la mañana, el Sol sale por el Este. Al anochecer, se pone por el Oeste. Si apuntas con la mano derecha hacia donde viste el Sol salir en la mañana y la izquierda hacia donde se pone en la noche, el Norte estará frente a ti. "Derecha por donde sale, izquierda por donde se pone" es una frase que te ayudará a recordar no sólo donde están el Este y el Oeste, sino también el Norte.

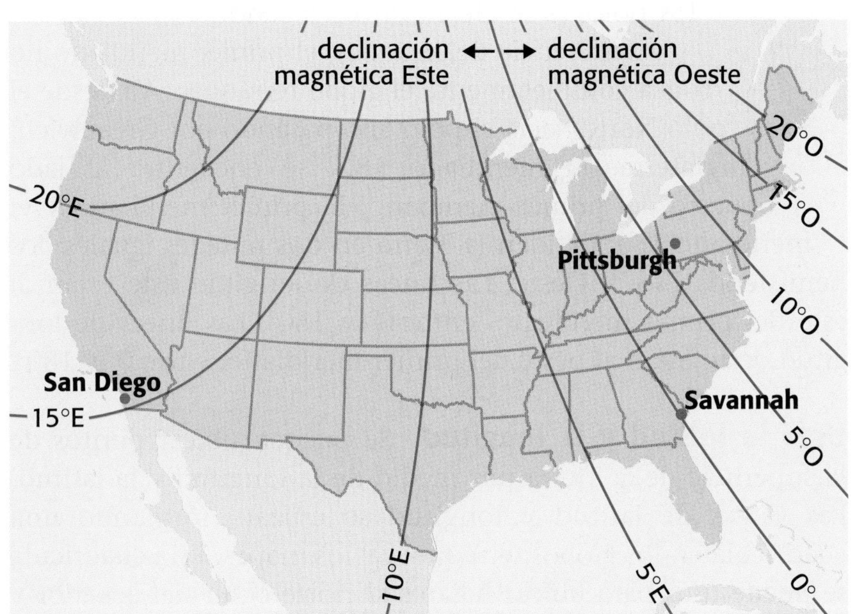

Figura 5 *Las líneas rojas en un mapa conectan los puntos que tienen la misma declinación magnética.*

Ubicar lugares en la Tierra

Las direcciones de las casas y edificios de tu vecindario identifican su ubicación. Pero, ¿cómo encontrarías la ubicación de algo mucho más grande en la superficie de la Tierra, como una ciudad o una isla? Es posible darles una "dirección" a estas cosas por medio de la *latitud* y la *longitud*. Las líneas de latitud y longitud son líneas de un globo terráqueo o mapa que se intersectan y te permiten encontrar ubicaciones exactas. Se usan juntas para crear direcciones globales.

Latitud Las líneas imaginarias dibujadas alrededor de la Tierra y paralelas al ecuador se llaman líneas de latitud o *paralelos*. El **ecuador** es un círculo que se encuentra a una distancia equidistante de los polos, que divide la Tierra en los hemisferios Norte y Sur, y representa 0° de latitud. La **latitud** es la distancia al norte o al sur del ecuador medida en grados, como se muestra en la **Figura 6.** El polo Norte está a 90° latitud norte y el polo Sur está a 90° latitud sur.

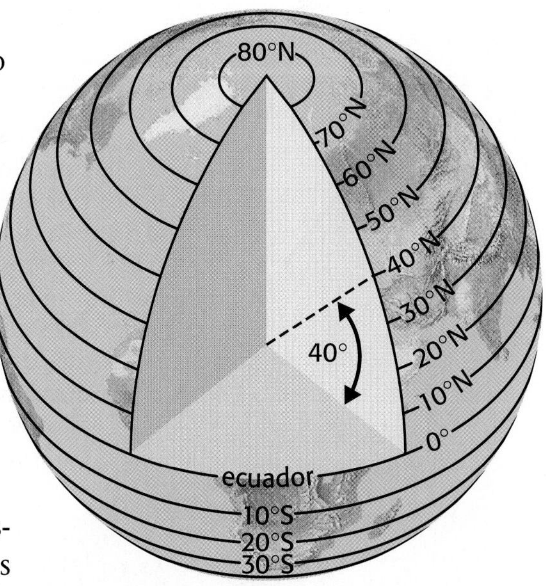

Figura 6 *La medida en grados de la latitud es el ángulo que crean el ecuador, el centro de la Tierra y un punto determinado de la superficie de la Tierra.*

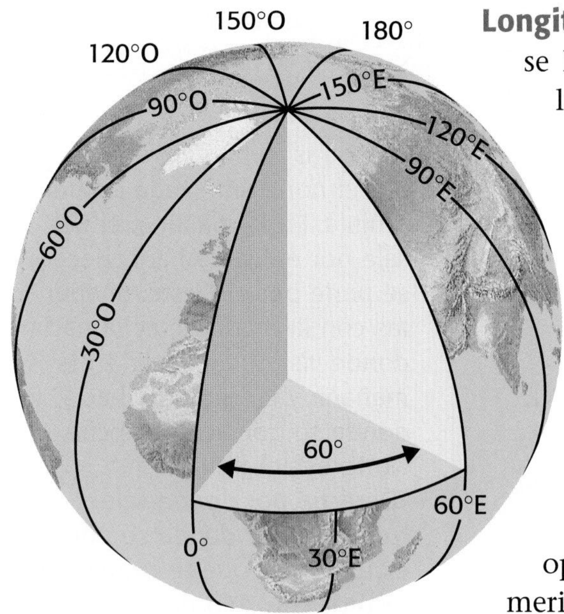

Figura 7 *La medida en grados de la longitud es el ángulo que crean el primer meridiano, el centro de la Tierra y un punto determinado de la superficie de la Tierra.*

Longitud Las líneas imaginarias que atraviesan los polos se llaman líneas de longitud o *meridianos.* La **longitud** es la distancia al este y al oeste del primer meridiano que se mide en grados, como se muestra en la **Figura 7.** Por acuerdo internacional, se determinó un meridiano a 0°. El **primer meridiano,** que pasa por Greenwich, Inglaterra, es la línea que representa la longitud 0°. A diferencia de las líneas de latitud, las líneas de longitud no son paralelas, sino que se juntan en los polos y se alejan en el ecuador.

A diferencia del ecuador, el primer meridiano no rodea completamente el globo terráqueo. Va desde el polo Norte hacia el polo Sur, pasando por Greenwich, Inglaterra. El meridiano 180° se encuentra al lado opuesto del primer meridiano. El primer meridiano y el meridiano 180° dividen la Tierra en dos mitades iguales: los hemisferios Este y Oeste. Las líneas de longitud este están al este del primer meridiano, entre 0° y 180°. Las líneas de longitud oeste están al oeste del primer meridiano, entre 0° y 180°.

Usar la latitud y la longitud Se pueden ubicar puntos de la superficie de la Tierra por medio de la longitud y la latitud. Las líneas de latitud y longitud se cruzan, formando una cuadrícula en los globos terráqueos y los mapas. Esta cuadrícula se puede usar para ubicar lugares al norte o sur del ecuador y al este u oeste del primer meridiano.

Encuentra el camino

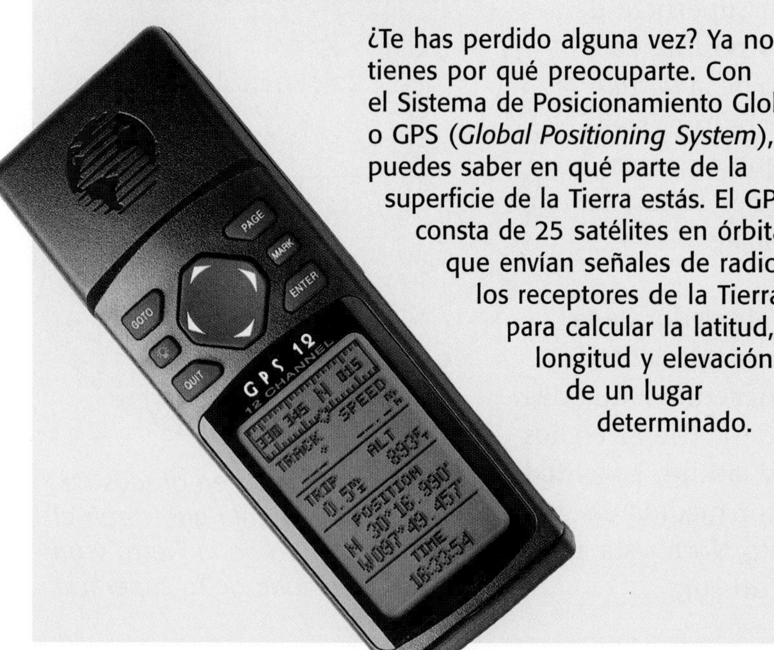

¿Te has perdido alguna vez? Ya no tienes por qué preocuparte. Con el Sistema de Posicionamiento Global, o GPS (*Global Positioning System*), puedes saber en qué parte de la superficie de la Tierra estás. El GPS consta de 25 satélites en órbita que envían señales de radio a los receptores de la Tierra para calcular la latitud, longitud y elevación de un lugar determinado.

El Ministerio de Defensa de los Estados Unidos creó el GPS en la década de 1970 para uso militar. Durante los últimos 20 años, esta tecnología se ha incorporado a la vida de muchas personas. Hoy, el GPS se usa de muchas formas: los pilotos de aviones y barcos lo usan para navegar y, a nivel industrial, se usa para detectar recursos y minas, así como para la planificación ambiental. Incluso algunos automóviles tienen una unidad de GPS que muestra la ubicación específica del vehículo en una pantalla de computadora en el tablero.

La **Figura 8** muestra cómo usar la latitud y la longitud para encontrar la ubicación de la capital de tu estado. Primero, ubica el símbolo de estrella que representa la capital en el mapa correspondiente. Busca las líneas de latitud y longitud más cercanas. Ahora puedes calcular la latitud y la longitud aproximadas de esa ciudad.

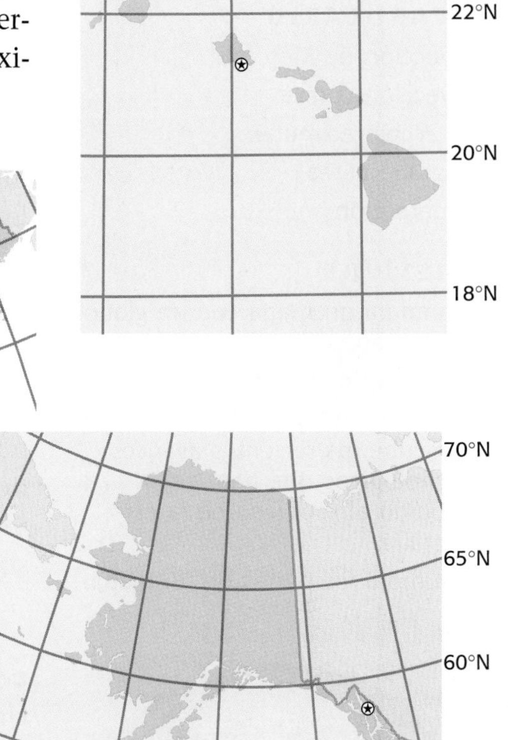

Figura 8 *La cuadrícula formada por las líneas de latitud y longitud te permite ubicar cualquier lugar de la superficie de la Tierra.*

REPASO

1. Explica la diferencia entre el norte geográfico y el norte magnético.
2. Al usar una brújula para trazar un área, ¿por qué es importante saber la declinación magnética del área?
3. ¿Cuáles son las tres diferencias entre el ecuador y el primer meridiano?
4. ¿Cómo te ayudan las líneas de latitud y longitud para encontrar lugares en la superficie de la Tierra?
5. **Aplicar conceptos** Al escarbar en un antiguo baúl, encuentras el mapa de un tesoro. El mapa muestra que el tesoro está enterrado a 97° norte y 188° este. Explica por qué esto es imposible.

Explora

Usa un atlas o un globo terráqueo para encontrar la latitud y la longitud de las siguientes ciudades:
Nueva York, Nueva York
Sao Paulo, Brasil
Roma, Italia
Sydney, Australia
Madrid, España
Reykjavík, Islandia
El Cairo, Egipto

Sección 2

Mapas de la superficie de la Tierra

VOCABULARIO

proyección de Mercator
proyección cónica
proyección acimutal
fotografía aérea
teledetección

OBJETIVOS

- Compara un mapa con un globo terráqueo.
- Describe los tres tipos de proyecciones de mapas.
- Describe los recientes avances tecnológicos que han contribuido al progreso de la cartografía.
- Enumera las partes de un mapa.

Los modelos se usan para representar objetos. Los arquitectos usan modelos para darles a sus clientes una idea de la apariencia de un edificio antes de su construcción. De la misma manera, los científicos de la Tierra hacen modelos de la Tierra. Estos modelos son los globos terráqueos y los mapas.

Debido a que un globo terráqueo es una esfera, probablemente sea el modelo más preciso de la Tierra. Un globo terráqueo representa los diferentes tamaños y formas de los continentes y océanos y su relación entre sí. Pero no siempre es el mejor modelo cuando se estudia la superficie de la Tierra, pues es muy pequeño para mostrar detalles, como caminos y ríos. Es más fácil mostrar detalles en los mapas. Pero, ¿cómo se puede representar la superficie curva de la Tierra en una superficie plana? Sigue leyendo para averiguarlo.

¿Es plana una esfera?

Un mapa es una representación plana de la superficie curva de la Tierra. Cuando transfieres información desde una superficie curva a una plana, pierdes precisión. Se producen distorsiones en las formas y tamaños de las masas terrestres y los océanos. Las masas terrestres pueden aparecer más grandes de lo que en realidad son. La orientación y la distancia también pueden distorsionarse. Observa el ejemplo de la naranja de la **Figura 9.**

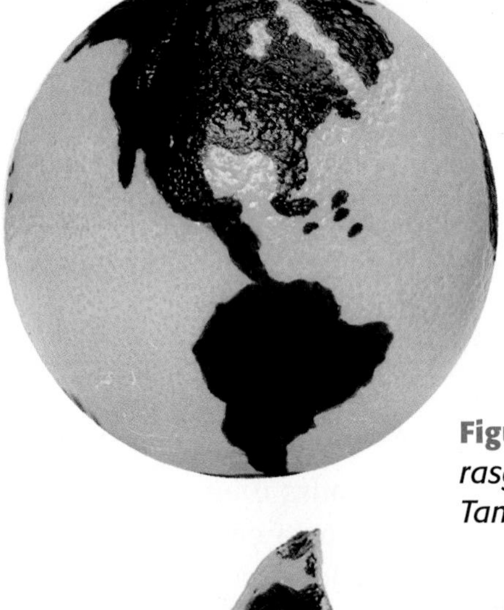

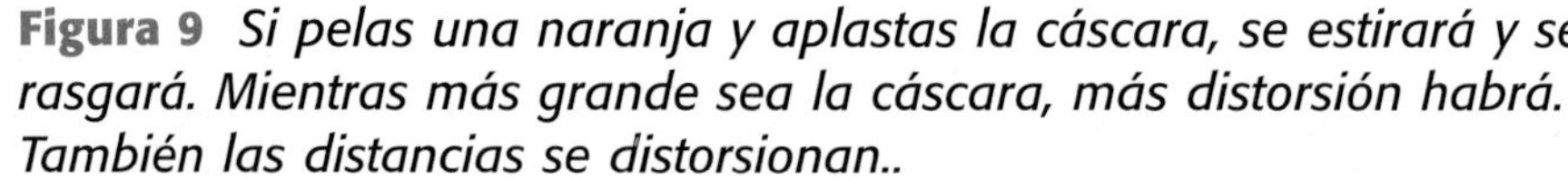

Figura 9 *Si pelas una naranja y aplastas la cáscara, se estirará y se rasgará. Mientras más grande sea la cáscara, más distorsión habrá. También las distancias se distorsionan..*

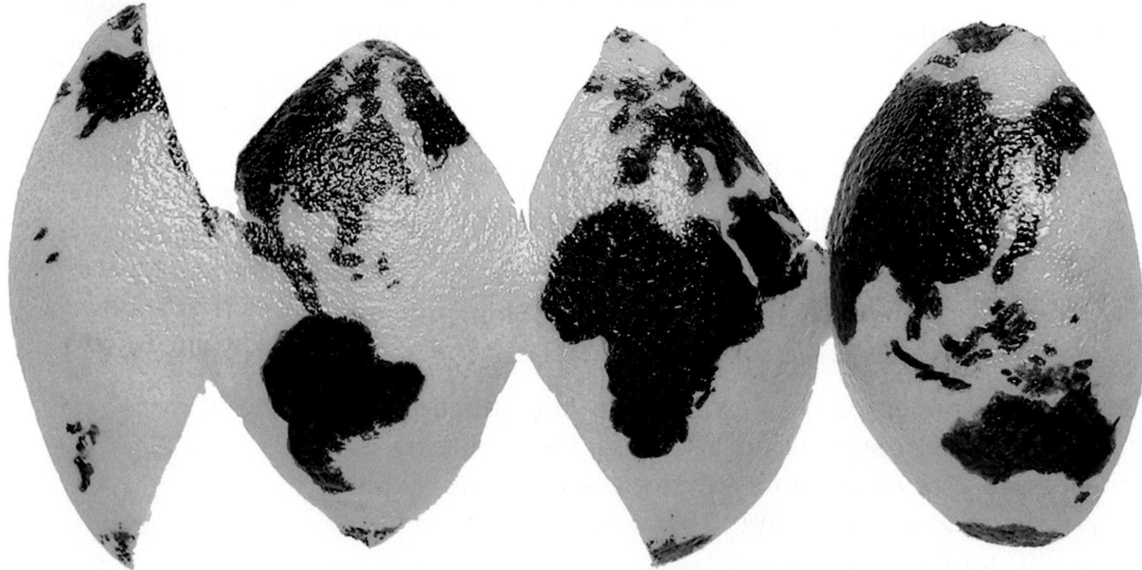

Los cartógrafos usan proyecciones de mapas para transferir imágenes de la superficie curva de la Tierra a una superficie plana. Ninguna proyección de la Tierra representa exactamente la superficie de una esfera. Todos los mapas planos tienen alguna distorsión. Un mapa de un área pequeña, como una ciudad, contiene mucha menos distorsión que un mapa de un área mayor, como el mundo entero.

Para comprender cómo se hacen las proyecciones, imagina que la Tierra es un globo transparente con una luz adentro. Si sostienes una hoja de papel alrededor del globo, aparecen sombras en el papel que muestran las marcas del globo, como los continentes, los océanos y las líneas de latitud y longitud. La forma en que se sostiene el papel contra el globo determina el tipo de proyección que se logra. Las proyecciones de mapas más comunes se basan en tres figuras geométricas: cilindros, conos y planos.

Proyección de Mercator Una **proyección de Mercator** se hace cuando los contenidos del globo se transfieren a un cilindro de papel, como se representa en la **Figura 10.**

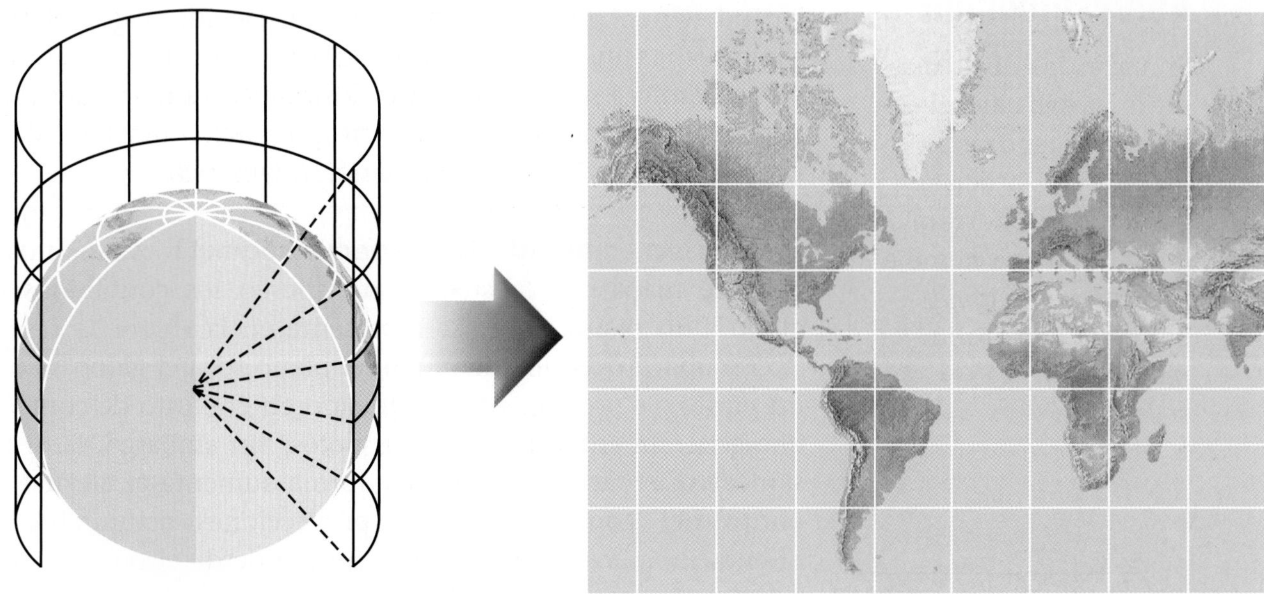

Figura 10 *Una proyección de Mercator, a pesar de que es precisa cerca del ecuador, distorsiona las distancias entre las regiones y también los tamaños de las áreas cerca de los polos.*

La proyección de Mercator muestra la latitud y la longitud de la Tierra como líneas paralelas y rectas. Las líneas de longitud se trazan con el mismo espacio entre cada línea. Las líneas de latitud están más separadas al norte y sur del ecuador. Esto facilita la determinación de la orientación y la medición de la latitud y logitud con una regla. Pero no te olvides de que en un globo terráqueo, las líneas de longitud no son paralelas sino que se juntan en los polos. Las líneas paralelas ensanchan y alargan el tamaño de las áreas cerca de los polos. En la proyección del mapa de arriba, Groenlandia se ve casi tan grande como África pero, en realidad, África es 15 veces más grande que Groenlandia.

Proyección cónica Una **proyección cónica** es una proyección de mapas que se hace al transferir los contenidos del globo a un cono, como en la **Figura 11.** Después, el cono se desenrrolla para formar un plano.

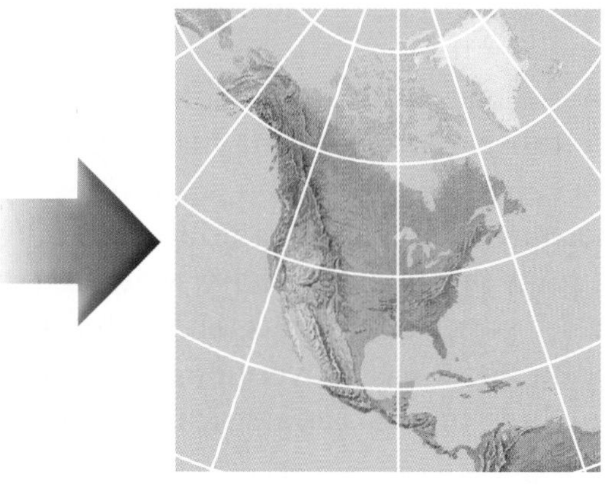

Figura 11 *Se puede usar una serie de proyecciones cónicas para hacer un mapa de un área extensa. Debido a que cada cono toca el globo en una latitud diferente, se reduce la distorsión.*

El cono toca el globo en cada línea de longitud pero sólo en una línea de latitud. No hay distorsión en la línea de latitud donde el globo toca el cono. Las áreas cerca de esta línea de latitud tienen una distorsión mínima. Debido a que el cono toca muchas líneas de longitud y sólo una de latitud, las proyecciones cónicas son mejores para los mapas de masas terrestres que tienen un área mayor de Este a Oeste, como los Estados Unidos, que de Norte a Sur, como Sudamérica.

Autoevaluación

Si mides las distancias entre varias ciudades, ¿cómo obtendrás mediciones precisas: con un globo terráqueo o con un mapa mundial? *(Consulta la página 564 para comprobar tu respuesta.)*

Proyección acimutal Una **proyección acimutal** es una proyección de mapas en la cual se transfieren los contenidos del globo a un plano, como se representa en la **Figura 12.**

En una proyección acimutal, el plano toca el globo sólo en un punto. Se produce poca distorsión en el punto de contacto, que generalmente es uno de los polos. Sin embargo, la distorsión de orientación, distancia y forma aumenta al alejarse del punto del contacto. En las proyecciones acimutales, las orientaciones verdaderas se representan desde el punto central a todos los otros puntos.

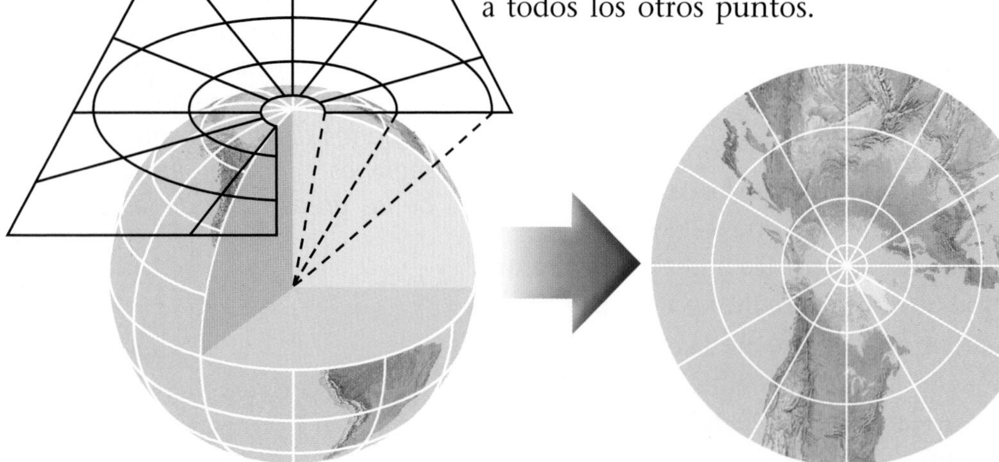

Figura 12 *Esta proyección acimutal se produce cuando los puntos del globo se proyectan a una hoja de papel que toca el polo Norte.*

Cartografía moderna

La cartografía ha cambiado más desde principios del siglo XX que en cualquier otra época de la historia. Esto se ha debido a los avances tecnológicos del siglo XX, como el avión, la fotografía, las computadoras y la exploración espacial.

Aviones y cámaras El desarrollo del avión y los adelantos en la fotografía son los elementos que más han revolucionado la cartografía moderna. Los aviones nos proporcionan una "vista de pájaro" de la superficie de la Tierra. Los adelantos en las cámaras nos han permitido fotografiar la Tierra desde arriba. Las fotografías tomadas desde el aire se llaman **fotografías aéreas** y son importantes porque les ayudan a los cartógrafos a hacer mapas precisos. La **Figura 13** es un ejemplo de una fotografía aérea.

Figura 13 *¿Qué muestra esta fotografía aérea?*

Teledetección El uso combinado de aviones y fotografías dio como resultado la ciencia de la teledetección. La **teledetección** permite reunir información acerca de algo sin necesidad de estar ahí. La teledetección puede incluir algo tan básico como poner cámaras en los aviones o tan sofisticado como los satélites con sensores que detectan y registran lo que nuestros ojos no pueden ver. Las imágenes de teledetección les permiten a los cartógrafos hacer mapas más precisos de la superficie de la Tierra.

Para aprender más acerca de los recientes avances en la cartografía, pasa a la página 55.

Sólo vemos una pequeña parte de la radiación del Sol. La radiación se desplaza en ondas de diferentes longitudes. La parte de la radiación que vemos se llama luz visible. Los teledetectores de los satélites pueden detectar longitudes de onda más largas y más cortas que la luz visible. Los satélites no utilizan película fotográfica como las cámaras. Un satélite reúne información sobre la energía de la superficie de la Tierra y la devuelve a las estaciones receptoras terrestres. Después, se usa una computadora para procesar la información y crear una imagen que podamos ver, como la que se representa en la **Figura 14.**

Figura 14
Los satélites pueden detectar objetos del tamaño de un estadio de béisbol. El satélite que tomó esta fotografía estaba, ni más ni menos, ¡a 220 km sobre la superficie de la Tierra!

Información de los mapas

Como ya sabes, hay muchas formas diferentes de hacer mapas. También es cierto que hay muchos tipos de mapas. Es posible que ya conozcas algunos, como los mapas de caminos o los mapas políticos de los Estados Unidos. Pero no importa de qué tipo de mapa se trate, todos deben contener la información que se presenta en la **Figura 15.**

Figura 15 Mapa de carreteras de Los Angeles

El **título** te dice qué representa el mapa. Te explica qué área se representa en el mapa o te da información acerca del tema del mapa.

La **escala de un mapa** muestra la relación entre las distancias en la superficie de la Tierra y las distancias del mapa. Hay tres tipos de escalas de mapas: escala verbal, escala gráfica y fracción representativa.

Una **escala gráfica** es como una regla. La distancia en la superficie de la Tierra se representa con una gráfica de barras que representa las unidades de distancia.

Una **escala verbal** se expresa en palabras. Es una frase que describe la medida de distancia en el mapa en relación con la distancia en la superficie de la Tierra.

Una **fracción representativa** es una fracción que muestra la relación entre las distancias en el mapa y las distancias en la superficie de la Tierra. No utiliza unidades, es decir, queda igual sin importar las unidades de medición que uses. Por ejemplo, en un mapa con una escala de fracción representativa de 1:24,000, si mides la distancia en el mapa en centímetros, 1 cm en el mapa representa 24,000 cm en la superficie de la Tierra. Si la medida es en pulgadas, entonces 1 pulgada en el mapa representaría 24,000 pulgadas en la superficie de la Tierra.

Imagina que estás organizando un viaje para un club de automovilistas. Llega una pareja que desea viajar de Santa Ana, California, a Alhambra, California. Con el mapa de la Figura 15, describe la ruta más corta que les sugerirías. Enumera los caminos, la dirección que deben tomar y los pueblos por donde pasarán. Usa la escala del mapa para determinar aproximadamente cuántas millas hay entre Santa Ana y Alhambra.

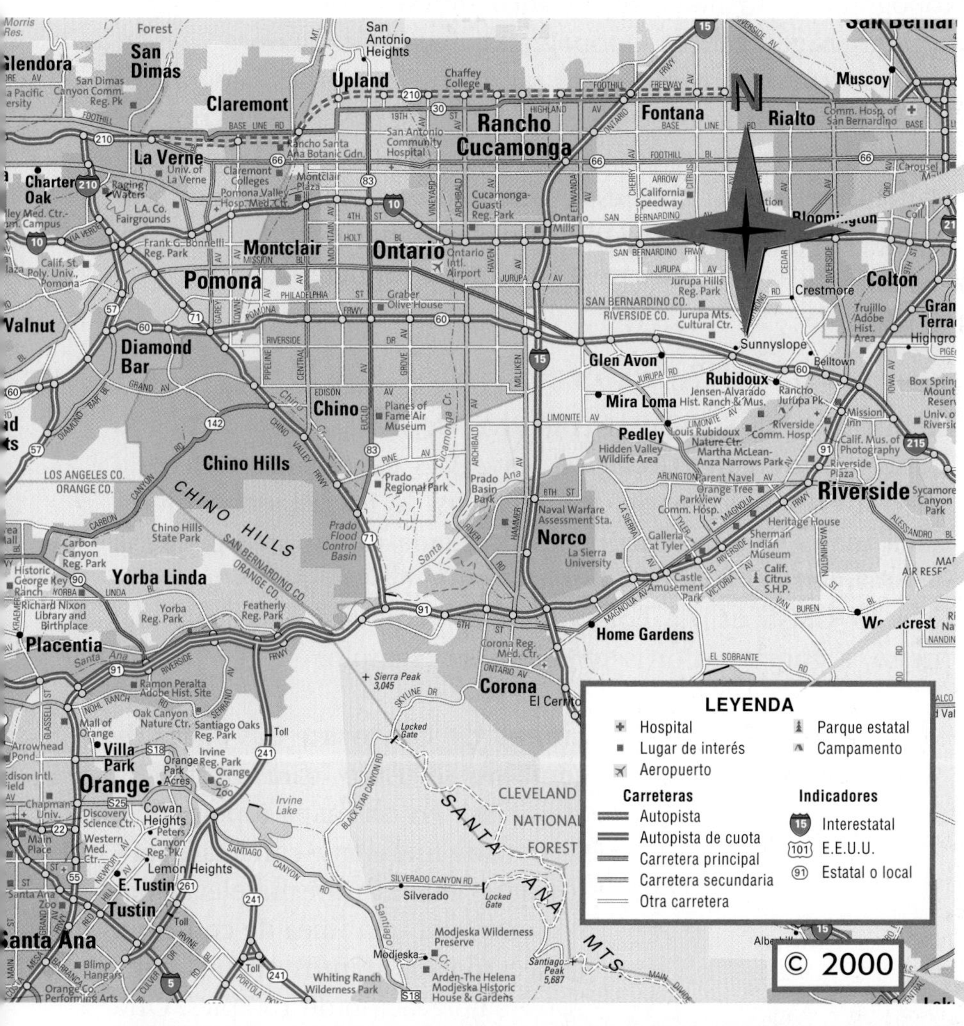

Es importante saber la orientación en el mapa. Una forma de averiguarla es mirar la rosa de los vientos de la brújula. La **flecha que indica el Norte** muestra cómo se ubica el mapa en relación con el norte geográfico.

Generalmente, los mapas usan símbolos para indicar elementos como carreteras y ríos. Una **leyenda** es una lista de los símbolos que se usan en el mapa y su descripción.

La **fecha** de un mapa es importante porque nos dice el momento en que la información era precisa. Elementos como caminos o edificios cambian o se agregan continuamente.

REPASO

1. Un globo terráqueo es un modelo bastante preciso de la Tierra, pero tiene algunas fallas. Nombra una de ellas.
2. ¿Qué es la distorsión en un mapa y por qué se produce?
3. ¿Qué es la teledetección? ¿Cómo ha afectado la cartografía?
4. **Resumir información** Nombra cinco elementos de los mapas. Explica cuál es la importancia de cada elemento en la lectura de un mapa.

Sección 3

Mapas topográficos

VOCABULARIO

mapa topográfico
elevación
líneas de contorno
intervalo de contorno
relieve
curva de nivel indicador

OBJETIVOS

- Describe cómo las líneas de contorno muestran la elevación y las formas terrestres en un mapa.
- Enumera las reglas de las líneas de contorno.
- Interpreta un mapa topográfico.

Imagina que estás en un viaje al aire libre. El objetivo del viaje es mejorar tus destrezas de supervivencia al viajar por territorios vírgenes con sólo una brújula y un mapa. ¿Qué mapa usarás? No será un mapa de caminos, pues no habrá muchos caminos. Necesitarás un mapa topográfico. Un **mapa topográfico** muestra los accidentes geográficos, o topografía, de la Tierra. Los mapas topográficos muestran tanto los accidentes geográficos naturales (ríos, lagos y montañas) como los creados por los seres humanos (ciudades, caminos y puentes). También muestran la **elevación,** que es la altura de un objeto respecto al nivel del mar. La elevación al nivel del mar es 0. En esta sección aprenderás a interpretar un mapa topográfico.

Elementos de elevación

El Instituto de Estudios Geológicos de los Estados Unidos, o USGS (*United States Geological Survey*) es un organismo federal que ha elaborado mapas topográficos de los Estados Unidos. Cada mapa es una descripción detallada de un área pequeña de la superficie terrestre. Debido a que en los mapas topográficos el USGS utiliza como medida la pulgada en lugar del metro, a continuación seguiremos su ejemplo.

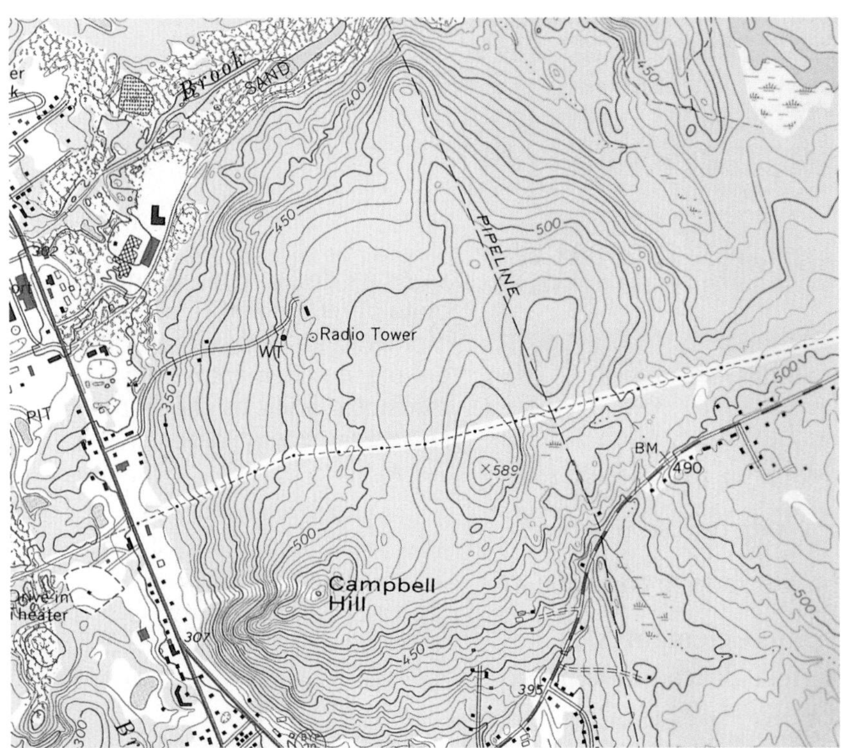

Líneas de contorno Las **líneas de contorno** se usan para mostrar la elevación en un mapa topográfico. Se trata de líneas que conectan puntos que tienen la misma elevación. Por ejemplo, una línea de contorno conectaría los puntos en un mapa con una elevación de 100 pies. Otra línea conectaría los puntos con una elevación de 200 pies. La **Figura 16** ilustra cómo aparecen las líneas de contorno en un mapa.

Figura 16 *Debido a que las líneas de contorno conectan puntos de la misma elevación, su forma indica la forma de la Tierra.*

Intervalo de contorno La diferencia en elevación entre una línea de contorno y otra se llama **intervalo de contorno.** Por ejemplo, un mapa con un intervalo de contorno de 20 pies tendrá líneas de contorno cada 20 pies de cambio en elevación (0 pies, 20 pies, 40 pies, 60 pies, etc.) Un cartógrafo elige un intervalo de contorno basándose en el relieve del área. El **relieve** es la diferencia en elevación entre los puntos más altos y los más bajos del área que se va a trazar en un mapa. Debido a que el relieve de un área montañosa es alto, podría representarse en un mapa con un intervalo de contorno amplio, como 100 pies. Un área plana tiene un relieve bajo y se podría representar con un intervalo de contorno pequeño, como 10 pies.

El espacio entre las líneas de contorno también indica la pendiente, como se muestra en la **Figura 17.** Las líneas de contorno que tienen poco espacio entre ellas generalmente indican una pendiente empinada. Las que están muy separadas a menudo representan una pendiente suave.

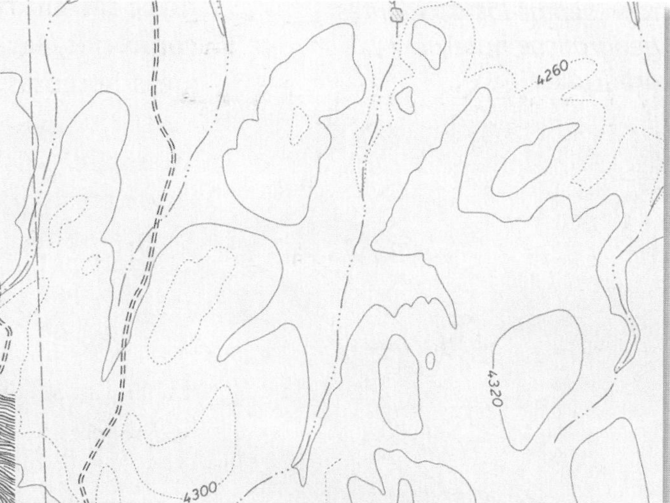

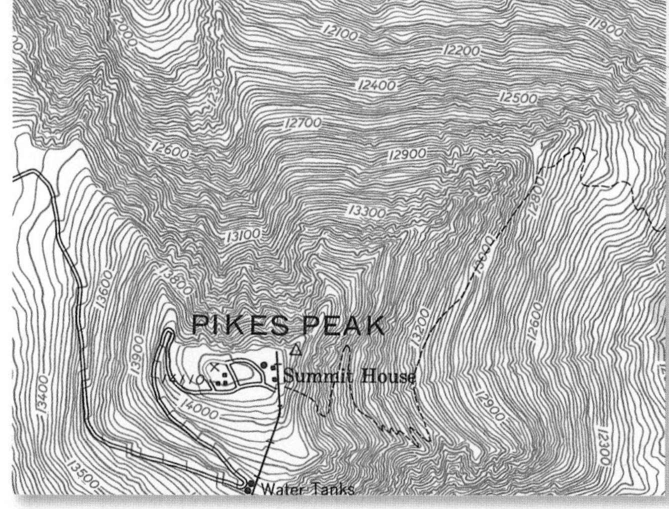

Figura 17 *La porción del mapa topográfico de la izquierda muestra el pico Pikes, en Colorado. Fíjate lo cerca que están las líneas de contorno. El mapa de arriba muestra un valle del Parque Estatal* Big Bend Ranch, *en Texas. Fíjate en lo separadas que están las líneas de contorno.*

Curva de nivel indicador En muchos mapas topográficos, el cartógrafo usa una curva de nivel indicador para facilitar la lectura del mapa. Una **curva de nivel indicador** es una línea de contorno más obscura y más gruesa que generalmente se da cada quinta línea y está marcada por la elevación. Encuentra una curva de nivel indicador en los dos mapas topográficos anteriores.

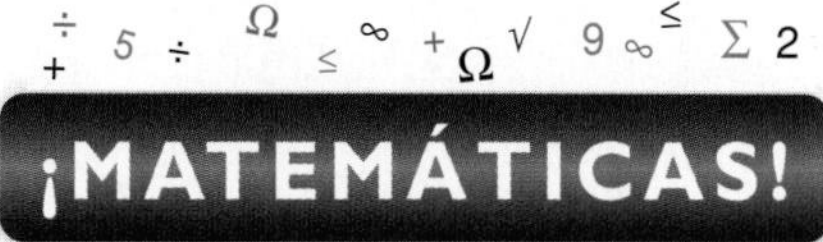

Calcular contornos

Calcula el intervalo de contorno para el mapa de la Figura 16 de la página anterior. (Pista: encuentra la diferencia entre dos líneas gruesas que aparezcan juntas. Resta la elevación inferior de la elevación superior. Divide entre 5.)

Autoevaluación

Si la elevación no está marcada en un mapa, ¿cómo puedes saber si el área es empinada o no? ***(Consulta la página 564 para comprobar tu respuesta.)***

Leer un mapa topográfico

Los mapas topográficos, al igual que otros mapas, usan símbolos para representar partes de la superficie terrestre. La leyenda del mapa topográfico del *USGS* de la **Figura 18** muestra algunos de los símbolos comunes que se usan para representar ciertos accidentes geográficos.

También se usan colores diferentes para representar los accidentes geográficos de la superficie terrestre. En general, los edificios, caminos, puentes y vías férreas se muestran en negro; las líneas de contorno son cafés; las carreteras principales son rojas; las ciudades y pueblos son rosados; las masas de agua, como ríos, lagos y océanos se representan en color azul, y las áreas boscosas van en color verde.

Figura 18 *Todos los mapas topográficos del USGS usan la misma leyenda para representar los accidentes geográficos naturales y artificiales.*

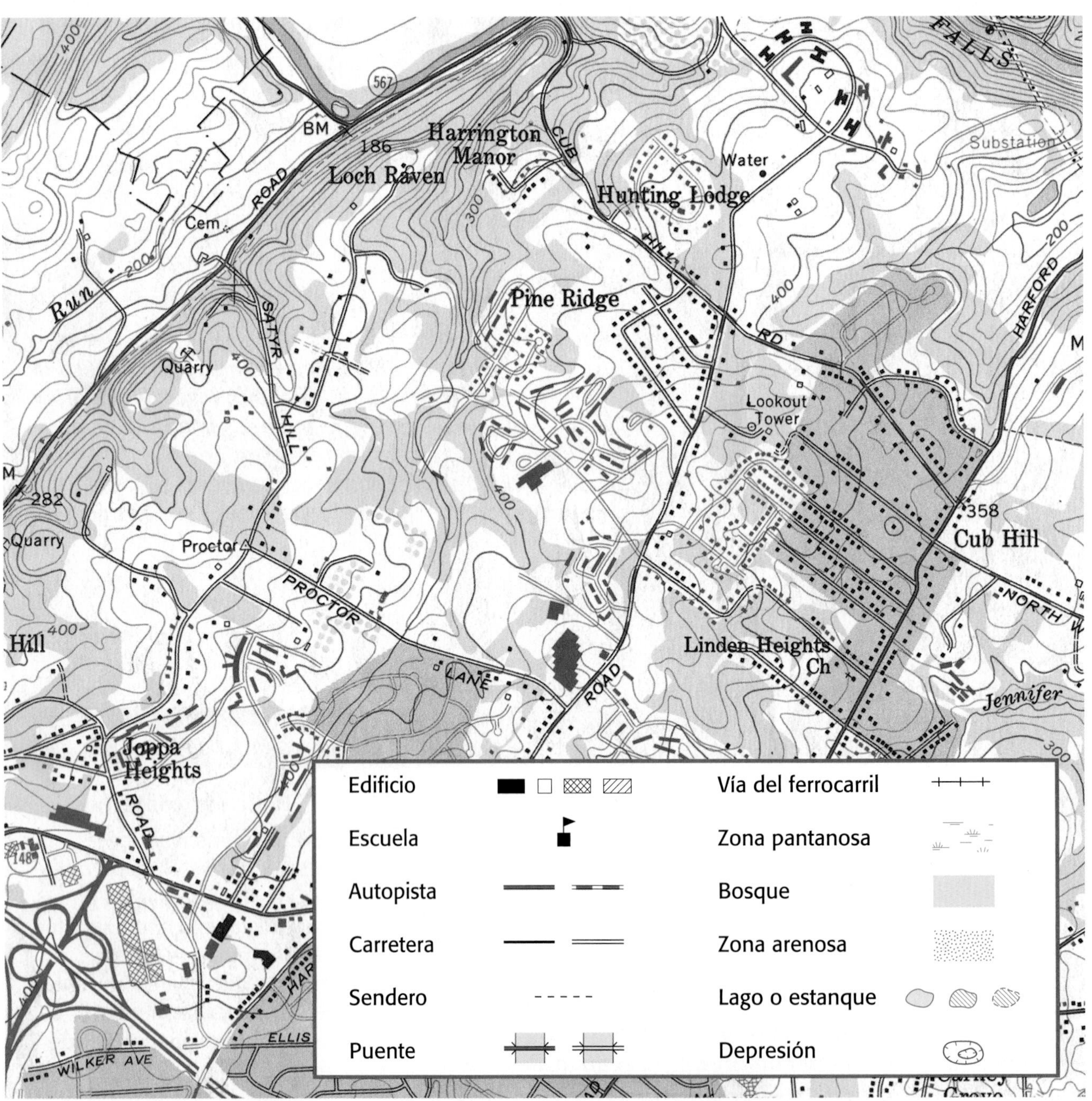

Las reglas de oro de las líneas de contorno Las líneas de contorno son la clave para interpretar el tamaño y forma de los accidentes geográficos en un mapa topográfico. Para leer mapas topográficos en forma precisa se necesitan estudios y práctica. Las siguientes reglas te ayudarán a leerlos:

1. Las líneas de contorno nunca se cruzan. Todos los puntos a lo largo de una curva de nivel representan la misma elevación.

2. El espaciamiento de las líneas de contorno depende de las características de la pendiente. Curvas de nivel muy juntas representan una pendiente empinada. Curvas de nivel muy espaciadas representan una pendiente suave.

3. Las líneas de contorno que atraviesan un valle o una corriente fluvial tienen forma de V. La V apunta hacia la zona de mayor elevación. Si un arroyo o un río fluye a través del valle, la V apunta río arriba.

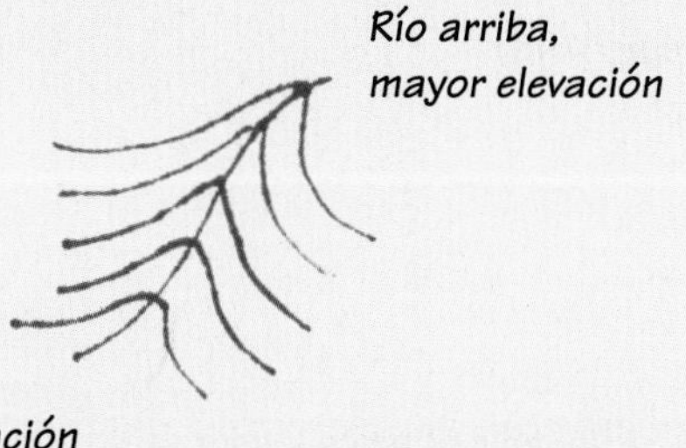

4. Las líneas de contorno forman círculos cerrados alrededor de la cima de colinas, montañas y depresiones. Las colinas se diferencian de las depresiones en que las depresiones se representan por medio de líneas rectas cortas encerradas dentro del círculo y apuntando hacia el centro de la depresión.

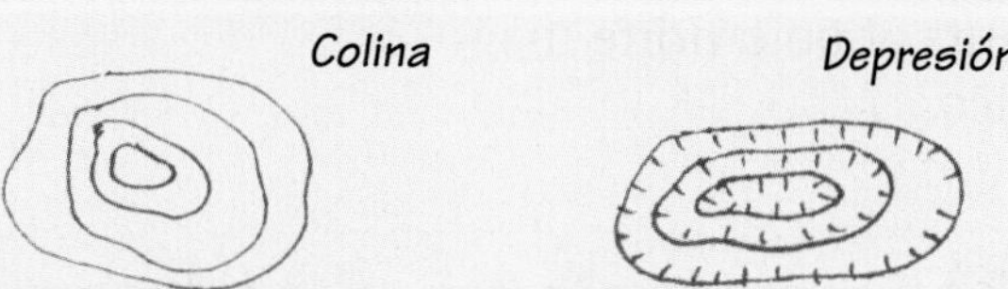

ciencias del medio ambiente
CONEXIÓN

Los organismos estatales, como los Parques de Texas y el Departamento de Fauna Silvestre (*Wildlife Department*), usan mapas topográficos para trazar la distribución y existencia de especies animales y vegetales en peligro de extinción. Al marcar la ubicación de las especies en peligro de extinción en un mapa, estos organismos registran y protegen sus hábitats.

REPASO

1. ¿Cómo representan los mapas topográficos la superficie de la Tierra?
2. Si un mapa topográfico contiene ríos, ¿puedes saber dónde está el suelo más alto incluso si se quitan todos los números?
3. ¿Por qué las líneas de contorno no se pueden cruzar?
4. **Sacar conclusiones** ¿Por qué el punto más alto de una montaña no se representa con una línea de contorno?

Resumen del capítulo

SECCIÓN 1

Vocabulario

mapa *(pág. 34)*
punto de referencia *(pág. 35)*
puntos cardinales *(pág. 35)*
norte geográfico *(pág. 36)*
declinación magnética *(pág. 36)*
ecuador *(pág. 37)*
latitud *(pág. 37)*
longitud *(pág. 38)*
primer meridiano *(pág. 38)*

Notas de la sección

- Los polos Norte y Sur se usan como puntos de referencia para describir la orientación y ubicación en la Tierra.
- Los puntos cardinales (Norte, Sur, Este y Oeste) se usan para describir la orientación.
- La brújula sirve para determinar la orientación en la superficie de la Tierra. La aguja del Norte de la brújula apunta al polo norte magnético.
- Como el polo norte geográfico nunca cambia de ubicación, se le llama norte geográfico. Los polos magnéticos son diferentes de los polos geográficos de la Tierra y han cambiado de ubicación a través del tiempo.
- La declinación magnética es el ajuste o diferencia entre el norte magnético y el norte geográfico.
- La latitud y la longitud son líneas que se intersectan y nos ayudan a encontrar ubicaciones en un mapa o globo terráqueo. Las líneas de latitud van de Este a Oeste. Las líneas de longitud cruzan los polos de Norte a Sur.

Experimentos

¿Redonda o plana? *(pág. 488)*
¡Oriéntate! *(pág. 490)*

SECCIÓN 2

Vocabulario

proyección de Mercator *(pág. 41)*
proyección cónica *(pág. 42)*
proyección acimutal *(pág. 42)*
fotografía aérea *(pág. 43)*
teledetección *(pág. 43)*

Notas de la sección

- La esfera es la representación más precisa de la superficie de la Tierra.
- Los mapas tienen distorsiones porque se pierde información cuando los cartógrafos transfieren las imágenes de una superficie curva a un plano.

Comprobar destrezas

Conceptos de matemáticas

FRACCIÓN REPRESENTIVA Un tipo de escala de mapa es una fracción representativa. Es una fracción o cociente que muestra la relación entre la distancia en el mapa y la distancia en la superficie de la Tierra. No tiene unidades, es decir, queda igual sin importar las unidades de medición que uses. Por ejemplo, digamos que estás usando un mapa con una fracción representativa de 1:12,000. Si mides la distancia en el mapa en centímetros, 1 cm en el mapa representa 12,000 cm en la superficie de la Tierra. Una medida de 3 cm en el mapa representa $12{,}000 \times 3$ cm = 36,000 cm en la superficie de la Tierra.

Comprensión visual

LOS POLOS La Tierra tiene dos grupos diferentes de polos: los geográficos y los magnéticos. Observa la Figura 4 de la página 36 para repasar en que se diferencian.

INFORMACIÓN DE LOS MAPAS Estudia la Figura 15 de las páginas 44 y 45 para revisar la información que debe contener cada mapa.

SECCIÓN 2

- Los cartógrafos usan proyecciones para transferir imágenes de la superficie curva de la Tierra a una superficie plana.
- Las proyecciones más comunes se basan en tres figuras geométricas: cilindros, conos y planos.
- La teledetección ha permitido a los cartógrafos hacer mapas más precisos.
- Todos los mapas deben tener título, fecha, escala, leyenda y una flecha que indique el Norte.

SECCIÓN 3

Vocabulario

mapa topográfico *(pág. 46)*
elevación *(pág. 46)*
líneas de contorno *(pág. 46)*
intervalo de contorno *(pág. 47)*
relieve *(pág. 47)*
curva del nivel indicador *(pág. 47)*

Notas de la sección

- Los mapas topográficos usan líneas de contorno para mostrar la elevación de un área y la forma y tamaño de los accidentes geográficos.
- La forma de las líneas de contorno reflejan la forma del terreno.
- El intervalo de contorno y los espacios de las líneas de contorno indican la pendiente.
- Los mapas topográficos usan símbolos para representar las características de la superficie de la Tierra.
- Las líneas de contorno nunca se cruzan. Las líneas de contorno que cruzan un valle o río tienen forma de V. Las líneas de contorno forman círculos cerrados alrededor de las cimas de los cerros, montañas y depresiones.

Experimentos

Tubérculo topográfico *(pág. 492)*

internet

VISITA: go.hrw.com

Visita el sitio web de **HRW** para encontrar una serie de herramientas de aprendizaje relacionadas con este capítulo. Sólo tienes que escribir la palabra clave:

PALABRA CLAVE: HSTMAP

VISITA: www.scilinks.org

Visita el sitio web de la **Asociación Nacional de Maestros de Ciencias** (*National Science Teachers Association*) para encontrar recursos de Internet relacionados con este capítulo. Sólo escribe el **ENLACE DE CIENCIAS** para obtener más información sobre el tema:

TEMA: Encontrar lugares en la Tierra **ENLACE:** HSTE030
TEMA: Latitud y longitud **ENLACE:** HSTE035
TEMA: Cartografía **ENLACE:** HSTE040
TEMA: Mapas topográficos **ENLACE:** HSTE045

Repaso del capítulo

UTILIZAR EL VOCABULARIO

Explica la diferencia entre los siguientes pares de palabras:

1. norte geográfico/norte magnético
2. latitud/longitud
3. ecuador/primer meridiano
4. proyección de Mercator/proyección acimutal
5. intervalo de contorno/curva de nivel indicador
6. elevación/relieve

COMPRENDER CONCEPTOS

Selección múltiple

7. Un punto cuya latitud es 0° está ubicado en el
   a. polo Norte. **c.** polo Sur.
   b. ecuador. **d.** primer meridiano.

8. La distancia en grados este u oeste del primer meridiano es la
   a. latitud. **c.** longitud.
   b. declinación. **d.** proyección.

9. La aguja de una brújula magnética apunta hacia
   a. los meridianos.
   b. los paralelos.
   c. el polo norte geográfico.
   d. el polo norte magnético.

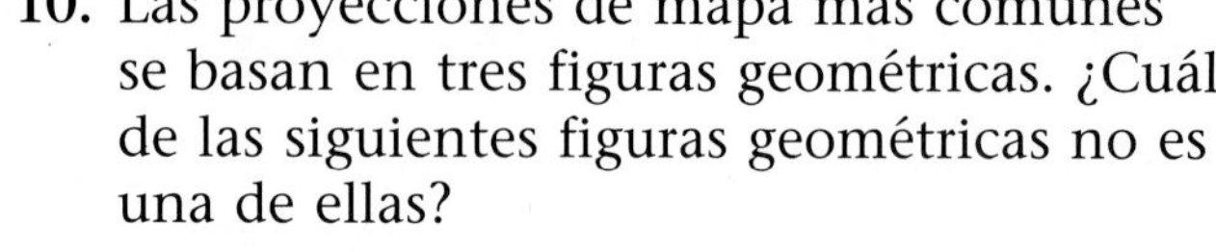

10. Las proyecciones de mapa más comunes se basan en tres figuras geométricas. ¿Cuál de las siguientes figuras geométricas no es una de ellas?
    a. cilindro **c.** cono
    b. cuadrado **d.** plano

11. Una proyección de Mercator está distorsionada cerca de

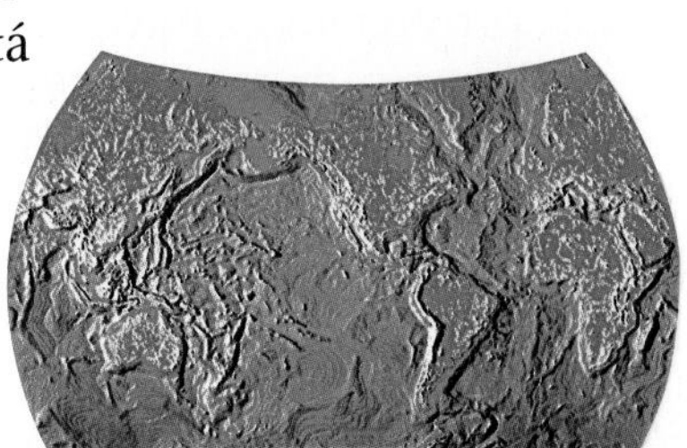

    a. el ecuador.
    b. los polos.
    c. el primer meridiano.
    d. la línea de cambio de fecha.

12. ¿Qué tipo de escala de mapa se representa por una gráfica de barras que muestra las unidades de distancia?
    a. gráfica
    b. verbal
    c. fracción representativa
    d. cociente

13. ¿Cómo se llama la relación entre la distancia en un mapa y la distancia real en la Tierra?
    a. leyenda
    b. elevación
    c. relieve
    d. escala

14. La latitud del polo Norte es
    a. 100° norte. **c.** 180° sur.
    b. 90° norte. **d.** 90° sur.

15. Líneas de contorno muy separadas indican
    a. una pendiente fuerte.
    b. una pendiente suave.
    c. un cerro.
    d. un río.

16. ______ es la altura de un objeto sobre el nivel del mar.
   a. Intervalo de contorno
   b. Elevación
   c. Declinación
   d. Curva de nivel indicador

Respuesta corta

17. ¿Cómo usarías una brújula magnética para orientarte en la superficie de la Tierra?

18. ¿Por qué es importante la leyenda de un mapa?

19. ¿Por qué Groenlandia parece ser tan grande en un mapa de proyección de Mercator?

20. ¿Cuál es la función de las líneas de contorno en un mapa topográfico?

Organizar conceptos

21. Usa los siguientes términos para crear un mapa de ideas: mapas, leyenda, proyección de mapas, partes de un mapa, escala, cilindro, título, cono, plano, fecha, flecha del Norte.

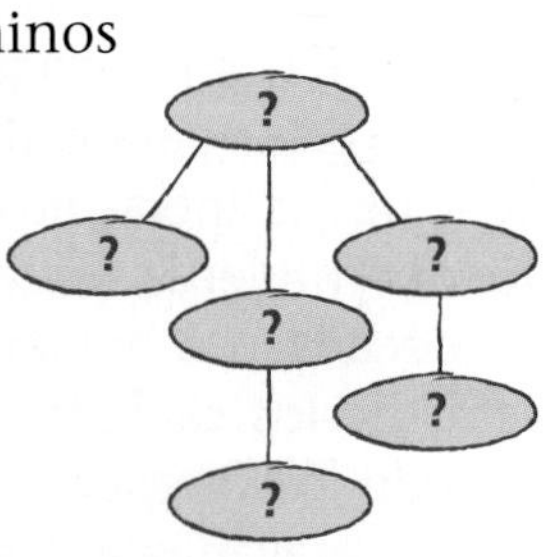

RAZONAMIENTO CRÍTICO Y RESOLUCIÓN DE PROBLEMAS

Escribe una o dos oraciones para responder a las siguientes preguntas:

22. ¿Por qué es importante la fecha en un mapa?

23. Un cartógrafo tiene que hacer un mapa para tres países diferentes que no tienen una medida en común. ¿Qué tipo de escala usaría este cartógrafo? ¿Por qué?

24. ¿Cómo se diferenciaría un mapa topográfico de las Montañas Rocallosas de un mapa topográfico de las Grandes Llanuras?

LAS MATEMÁTICAS EN LAS CIENCIAS

25. Un mapa tiene una escala verbal en la que 1 cm es igual a 200 m. Si la distancia real entre dos puntos es de 12,000 m, ¿a qué distancia aparecerán en el mapa?

26. En un mapa topográfico, el intervalo de contorno es de 50 pies. El pie de una montaña comienza con una línea de contorno marcada con un valor de 1,050 pies. La cima de la montaña está dentro de una línea de contorno que está 12 líneas más arriba que el pie de la montaña. ¿Cuál es la elevación de la cima de la montaña?

INTERPRETAR GRÁFICAS

Usa el siguiente mapa topográfico para responder las preguntas.

27. ¿Cuál es el cambio de elevación entre dos líneas adyacentes de este mapa?

28. ¿Qué tipo de relieve tiene esta área?

29. ¿Que características de superficie se representan en este mapa?

30. ¿Cuál es la elevación de la cima del Monte Ore?

AHORA, ¿qué piensas?

Revisa tus respuestas a las preguntas de la página 33 que escribiste en el cuaderno de ciencias. ¿Han cambiado tus respuestas? Si es necesario, corrige tus respuestas basándote en lo que has aprendido en este capítulo.

Ciencia, Tecnología y Sociedad

La ciudad perdida de Ubar

¿Te imaginas si la savia fuera más valiosa que el oro? Bueno, hace cerca de 2,000 años, un tipo de savia, llamada olíbano, lo era. El olíbano se usaba para curar enfermedades y para perfumarse. Para las civilizaciones antiguas, desde Roma hasta la India, era un tesoro. Por muchas generaciones se supo que el centro de producción y exportación del olíbano era la ciudad de Ubar, pero había un problema: ¡nadie sabía dónde quedaba Ubar! El nombre Ubar proviene del árabe, pero la ubicación de la ciudad fue un misterio por más de 1,500 años. Ahora, el misterio se ha resuelto. Mediante la teledetección, los científicos han encontrado pistas ocultas bajo las dunas del desierto.

▲ *Los senderos y caminos aparecen en líneas púrpura en esta teleimagen por computadora.*

Ojos en el cielo

El proceso de teledetección utiliza satélites para fotogafiar áreas extensas de terreno. El satélite registra imágenes que guarda en forma de conjuntos de datos que envía a un receptor en la Tierra. Una computadora procesa los datos y muestra las imágenes. Estas teleimágenes se pueden usar para revelar las diferencias que no podemos ver a simple vista.

Las teleimágenes muestran caminos modernos y rutas antiguas de caravanas que se esconden bajo las dunas del desierto del Sahara. Pero, ¿cómo pueden diferenciarlos los investigadores? Todo en la Tierra refleja o irradia energía. El suelo, la vegetación, las ciudades y los caminos emiten una longitud de onda única. El problema es que a veces es difícil diferenciar los caminos modernos de los antiguos. Se pueden observar las diferencias de objetos similares asignando colores a cada una de las áreas y luego visualizándolas en una pantalla de computadora. Los investigadores usaron las diferencias de color para distinguir los caminos de Ubar de los modernos. Los neumáticos no pueden moler la tierra y la roca en unas cuantas décadas de la manera como lo hicieron las patas de los camellos a lo largo de los siglos. Cuando los investigadores encontraron las rutas de las caravanas y descubrieron que todas se unían en un punto, ¡supieron que habían encontrado la ciudad perdida de Ubar!

Nuevos hallazgos

Los arqueólogos siguen investigando la región que rodea Ubar. Se cree que la gran ciudad pudo haberse hundido en una caverna de caliza que se encontraba bajo sus cimientos.

¡Piénsalo!

▶ ¿Valoran las civilizaciones modernas ciertos productos o recursos tanto como para crear rutas comerciales para su transporte? Si es así, ¿por qué son tan valiosos estos productos? Anota tus ideas en el cuaderno de ciencias.

PROFESIONES

PROYECTISTA DE CUENCAS

¿Alguna vez te has preguntado si el agua que bebes es potable y cómo podrías asegurarte de que siga así? Como proyectista de cuencas, **Nancy Charbeneau** identifica y resuelve los problemas del uso de la tierra que podrían afectar la calidad del agua.

Nancy Charbeneau aprovecha su experiencia en la enseñanza y estudios de biología y paisajismo en su profesión de proyectista de cuencas. Una cuenca es un área de tierra donde el agua desemboca en un arroyo, río, lago o el mar. Charbeneau se dedica a la publicación y desarrollo de programas para explicar los efectos que la tierra tiene en la calidad del agua.

En áreas urbanas, la tierra se destina a la construcción de edificios y vías de transporte. En áreas rurales, se destina a la agricultura, la ganadería y la perforación. Esto crea efectos negativos en el agua. Charbeneau produce materiales educativos para informar al público sobre estas amenazas.

Detectar los problemas

Charbeneau usa los mapas del Sistema de Información Geográfica, o GIS (*Geographic Information System*) para determinar los tipos de vegetación y las funciones de la tierra en un sector. El GIS es una herramienta computacional que permite almacenar y mostrar la información geográfica reunida por medio de teledetección, sistemas de posicionamiento global y otras fuentes. Los mapas y los sistemas cartográficos indentifican las áreas con problemas de agua. Las fotografías aéreas, junto con las imágenes infrarrojas y por satélite, proporcionan información de la topografía, las condiciones del suelo, la vegetación y la contaminación.

A través de los mapas, Charbeneau detecta problemas de erosión que amenazan la calidad del agua. El tipo de suelo tiene un papel importante en la erosión. Un suelo fino o arenoso no retiene el agua, lo cual permite la erosión. Un suelo plano con mucha vegetación retiene más agua y es menos propenso a la erosión.

Comprender su importancia

Charbeneau desea crear conciencia sobre la relación que hay entre el uso de la tierra y la calidad del agua. Muchas personas que poseen terrenos no se dan cuenta de que la manera en que usan la tierra, afecta el agua que beben. Si se introduce una substancia nociva en una cuenca, podría contaminar un acuífero o un pozo. Según Charbeneau: "La mayoría de las personas quieren hacer lo correcto, pero necesitan ayuda para identificar y desarrollar prácticas de explotación de la tierra que protejan la calidad del agua y que, a la vez, les permitan ganarse la vida con su terreno".

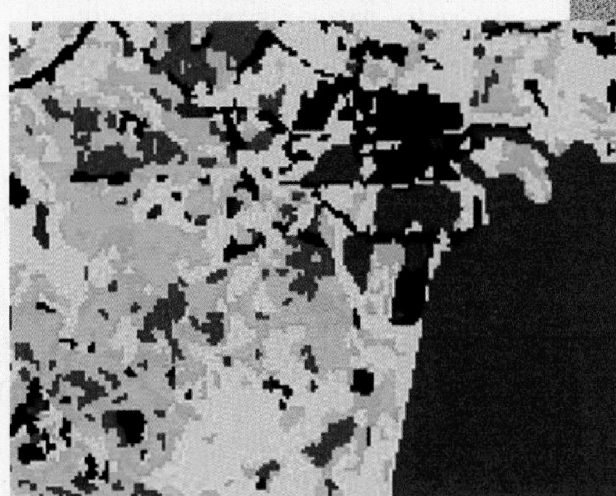

▲ *Este mapa del GIS muestra la ubicación del agua en azul.*

Determinar las posibilidades

▶ Haz un mapa de una cuenca cercana. ¿Existe alguna fuente potencial de contaminación?

CRONOLOGÍA

UNIDAD 2

Recursos de la Tierra

En esta unidad aprenderás los componentes básicos de la parte sólida de la Tierra: las rocas y los minerales que las forman. La tierra debajo de tus pies es un tesoro de materiales valiosos. También esconde en sus profundidades los secretos del pasado. Esta cronología muestra algunos de los eventos que han ocurrido a lo largo de la historia a medida que los científicos han ido comprendiendo mejor nuestro planeta.

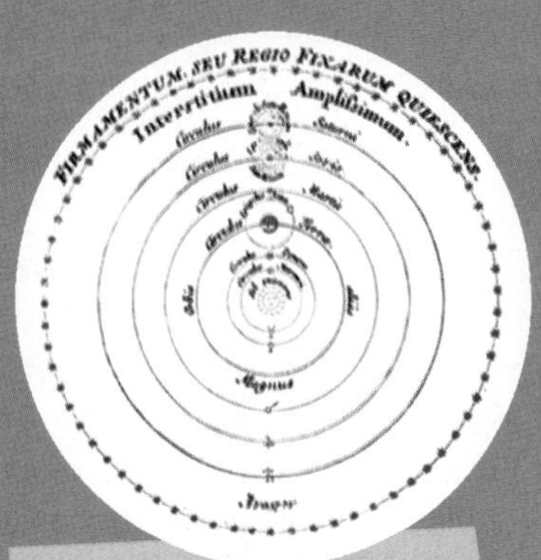

1533

Nicolás Copérnico sostiene que el Sol es el centro del universo, y no la Tierra, como se creía antiguamente, pero no publica sus hallazgos hasta 10 años más tarde.

1680

El dodó, un ave incapaz de volar, se extingue en manos de los cazadores. Es la primera extinción de una especie de que se tiene noticia.

1955

Bajo una presión de un millón de libras y temperaturas de más de 3,000 °F, General Electric crea el primer diamante artificial a partir del grafito.

1969

Los astronautas del *Apolo 11,* Neil Armstrong y Edwin "Buzz" Aldrin, traen 20 kg de rocas lunares a la Tierra.

1975

Junko Tabei se convierte en la primera mujer en escalar el monte Everest. 22 años antes Edmund Hillary y Tenzing Norgay conquistaron la montaña por primera vez en 1953.

1735

George Brandt identifica un nuevo elemento y lo denomina cobalto. Es el primer metal en ser descubierto desde la antigüedad.

1848

Se descubre oro en California. Los buscadores de la fiebre de oro del año siguiente son apodados "los cuarenta y nueves".

1861

Se descubren en Alemania restos de fósiles del *Archaeopteryx,* un posible eslabón entre los reptiles y las aves.

1936

Se termina la construcción de la presa Hoover. Esta enorme presa hidroeléctrica, de una altura de más de 72 pisos, requirió 450,000 camiones de concreto para su construcción.

1946

Willard F. Libby desarrolla un método de datación para objetos prehistóricos mediante el uso de carbono radioactivo.

1984

Un grupo de ingenieros rusos perfora un pozo de 12 km en la corteza terrestre; tres veces más profundo que el pozo minero más profundo.

1997

Sojourner, una sonda móvil instalada en Marte, estudia un bloque mineral marciano apodado Yogi.

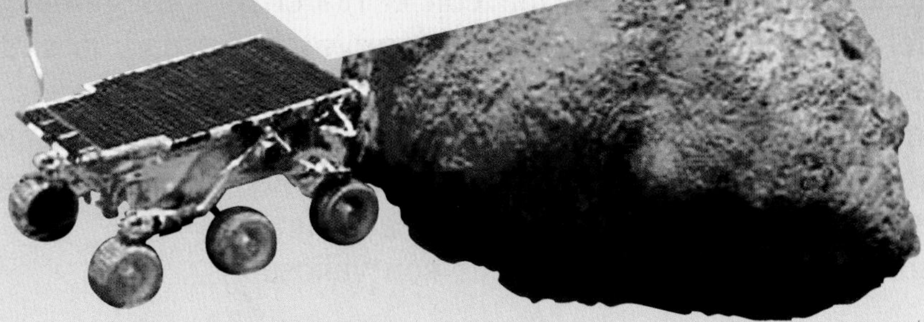

CAPÍTULO 3

Los minerales y la corteza terrestre

Imagínate...

Si fueras el dueño de las joyas que aparecen en esta página, serías millonario. Estas gemas preciosas (diamantes, rubíes, zafiros y esmeraldas) están valoradas entre $1,000 y $50,000 por quilate (1 quilate = 200 mg).

¿Sabías que el valor de estas gemas no tiene casi ninguna relación con el material del que están hechas? Por ejemplo, los rubíes y los zafiros son dos variedades del mismo mineral que se utiliza para hacer papel de lija. Por otra parte, los diamantes están hechos del mismo material que el grafito de tu lápiz. Las gemas son valiosas, pero no por los elementos que contienen sino por la disposición de sus átomos. Bajo ciertas condiciones, los átomos comunes se disponen en formas cristalinas excepcionales. Las gemas son escasas porque las condiciones que las producen sólo se dan en unos pocos lugares del mundo. Los cristales que forman las gemas son apreciados por su durabilidad, la sutileza de sus colores y su calidad translúcida. Cuando se cortan y pulen adecuadamente, como en los ejemplos presentados aquí, las gemas resplandecen.

¿Tú qué piensas?

Usa tus conocimientos para responder a las sigiuentes preguntas en tu cuaderno de ciencias:

1. ¿Qué es un mineral?
2. ¿Cómo se forman los minerales?

¿Animal, Vegetal o Mineral?

Las gemas que aparecen en la página anterior son *minerales.* En la Tierra se forman más de 3,000 minerales diferentes. ¿Qué es un mineral? Realiza la siguiente investigación para averiguarlo.

Procedimiento

1. En tu cuaderno de ciencias dibuja dos columnas: una para los minerales y otra para los no minerales. Clasifica *todos* los materiales que aparecen en esta página como derivados de minerales o de no minerales según la información que ya sabes sobre los minerales.
2. Pregúntales a tus compañeros y compañeras acerca de los materiales que componen una motocicleta. Agrega la información a tu lista.

Análisis

3. Según tu lista, ¿qué tipo de materiales componen la mayor parte de la motocicleta: minerales o no minerales?
4. ¿De dónde crees que provienen los minerales que componen las partes metálicas de la motocicleta?

Sección 1

¿Qué es un mineral?

VOCABULARIO

mineral
elemento
átomo
compuesto
cristal
silicato
mineral no silíceo

OBJETIVOS

- Explica las cuatro características de un mineral.
- Clasifica los minerales de acuerdo a los dos grupos de composición principales.

No todos los minerales se parecen a las gemas. La mayoría de ellos parecen rocas. ¿En qué se diferencian los minerales de las rocas? En primer lugar, las rocas están compuestas de minerales, pero los minerales no se componen de rocas. Entonces, ¿qué es un mineral? Hacer las siguientes preguntas te ayudará a determinar si algo es un mineral:

¿Es un sólido? Los minerales no pueden ser gases o líquidos.

¿Se forma en la naturaleza? Los materiales cristalinos hechos por el ser humano no se consideran minerales.

¿Presenta una estructura cristalina? Los minerales son cristales cuya estructura interna se repite y, a menudo, se refleja en la forma del cristal. Por lo general, los minerales presentan la misma composición química en todas sus partes.

¿Es un material inerte? Un mineral es inorgánico, lo que significa que no está compuesto por materia viva.

Un **mineral** es un sólido inorgánico de estructura cristalina que se forma naturalmente. Si no es posible responder afirmativamente a las cuatro preguntas antes mencionadas, lo que tienes no es un mineral.

Minerales: desde el interior

Quizás tres de las cuatro preguntas sean fáciles de responder. La de la estructura cristalina puede ser más difícil. Para entender la estructura cristalina, debes saber un poco más acerca de los elementos que componen los minerales. Los **elementos** son substancias que no pueden descomponerse en formas más simples por medios químicos ordinarios. Todos los minerales contienen uno o más de los 92 elementos que están presentes en la corteza terrestre.

Cada elemento está compuesto por soló un tipo de átomo. Como recordarás, un **átomo** es la parte más pequeña de un elemento que contiene todas las propiedades de dicho elemento. Al igual que otras substancias, los minerales están compuestos por átomos provenientes de uno o más elementos. La mayoría de los minerales están hechos de compuestos de varios elementos diferentes. Un **compuesto** es una sustancia compuesta por dos o más elementos que se han unido o enlazado químicamente. La halita, por ejemplo, es un compuesto de sodio y cloro, como se muestra en la **Figura 1.** Unos pocos minerales, tales como el oro y la plata, están compuestos de un solo elemento. Por ejemplo, el oro puro está compuesto de un sólo tipo de átomo: oro. Los átomos de un mineral están dispuestos en patrones específicos, tal como se muestra en la **Figura 2.** Cuando los átomos se disponen conforme a un patrón forman cristales.

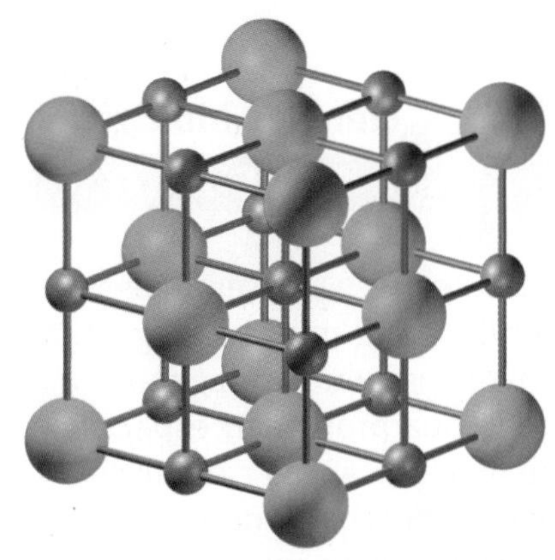

Figura 1 *Los átomos de sodio y cloro se unen en un compuesto comúnmente conocido como sal de roca, o el mineral halita.*

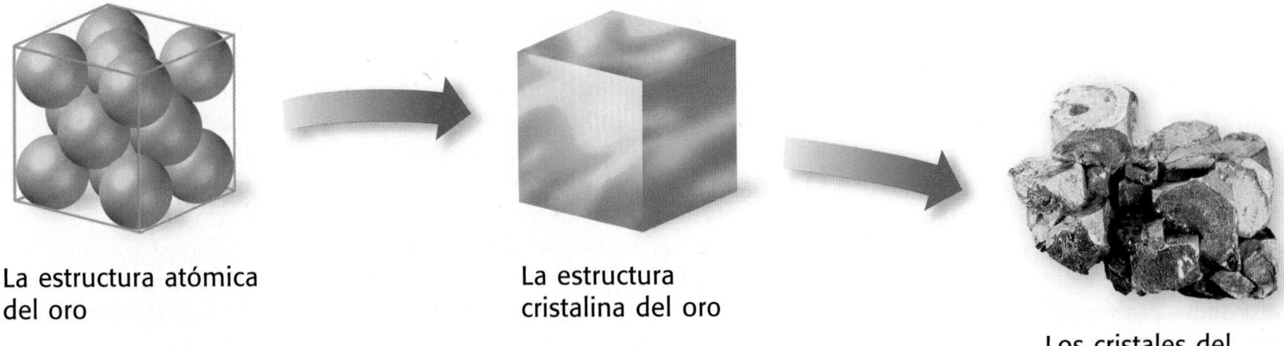

Figura 2 *El mineral oro está compuesto por átomos de oro dispuestos en una estructura cristalina.*

Un mineral está compuesto por uno o más cristales. Los **cristales** son formas sólidas y geométricas de minerales producidas por un patrón de átomos que se repite y que se encuentra presente en todas las partes del mineral. La forma de un cristal está determinada por la disposición de sus átomos. A su vez, la disposición de los átomos está determinada por los tipos de átomos que componen el mineral. Cada mineral tiene una estructura cristalina definida. Todas estas estructuras pueden agruparse en seis clases principales según los tipos de cristales que forman. A continuación se muestra un diagrama con las seis clases cristalinas principales.

Clases cristalinas

Isométrica	Hexagonal	Tetragonal	Ortorrómbico	Monoclínico	Triclínico

Varias especies de animales contienen el mineral magnetita en su cerebro. La magnetita tiene una propiedad especial: es magnética. Los científicos han comprobado que ciertos tipos de peces pueden percibir campos magnéticos porque tienen magnetita en sus cerebros. La magnetita da al pez un sentido de dirección.

Tipos de minerales

Los minerales pueden clasificarse según numerosas características diferentes. La clasificación más común de los minerales se basa en su composición química. Los minerales se dividen en dos grupos, según los elementos que los componen. Dichos grupos son los silicatos y los minerales no silíceos.

Los silicatos El silicio y el oxígeno son los dos elementos más comunes en la corteza de la Tierra. Los minerales que contienen una combinación de estos dos elementos se denominan **silicatos.** Los silicatos constituyen más del 90 por ciento de la corteza de la Tierra y el porcentaje restante está compuesto de minerales no silíceos. Generalmente, el silicio y el oxígeno se combinan con otros elementos, como el aluminio, el hierro, el magnesio y el potasio, para formar silicatos. Algunos de los silicatos más comunes se ilustran en la **Figura 3.**

Feldespato El grupo de silicato más común en la corteza terrestre es el feldespato. Los feldespatos constituyen alrededor de la mitad de la corteza y son el componente principal en la mayoría de las rocas de la superficie terrestre. Contienen los elementos silicio, oxígeno aluminio, potasio, sodio y calcio. Los cristales rosados en la muestra de abajo son feldespatos.

Mica Las micas son brillantes y suaves, y al romperse se separan en láminas delgadas. Podrás observar una variedad de micas en la muestra de granitos. Los dos minerales más comunes en las micas son la *muscovita* y la *biotita.* La muscovita generalmente es de color verde pálido, rojo pálido o transparente, mientras que la biotita es marrón o negra.

Cuarzo El cuarzo (sílice, SiO_2) es el componente básico de la mayoría de las rocas. Si observas el trozo de granito más de cerca, podrás ver los cristales de cuarzo. Aunque existen muchas formas distintas de cuarzo, todas tienen la misma composición química.

Figura 3 *El granito es una roca que está compuesta de varios minerales, entre ellos el feldespato, la mica y el cuarzo.*

Minerales no silíceos Los minerales que no contienen una combinación de silicio y oxígeno forman un grupo denominado **minerales no silíceos.** Algunos de éstos están compuestos de elementos como carbón, oxígeno, hierro y azufre. A continuación se encuentran numerosas categorías de minerales no silíceos.

Los elementos naturales son minerales que se componen de un solo elemento. Aproximadamente 20 minerales son elementos naturales. Entre ellos: oro (Au), platino (Pt) y diamante (C).

Cobre natural

Los carbonatos son minerales que contienen combinaciones de carbón y oxígeno en sus estructuras químicas. La calcita ($CaCO_3$) es un mineral carbonatado. Se utilizan en el cemento, las piedras de construcción y los fuegos artificiales.

Calcita

Los halogenuros son compuestos que se forman cuando se combinan átomos de fluoro (F), cloro (Cl), yodo (I) o bromo (Br) con sodio (Na), potasio (K) o calcio (Ca). La halita (NaCl) es conocida como sal de roca. La fluorita (CaF_2) puede ser de muchos colores. Los minerales haloideos se usan para elaborar fertilizantes.

Fluorita

Los óxidos se forman cuando elementos como el aluminio o el hierro se combinan químicamente con el oxígeno. El corindón (Al_2O_3) es un mineral óxido. La magnetita (Fe_3O_4) es una fuente de hierro. Los minerales óxidos se utilizan en abrasivos y piezas de aeronaves y para dar color natural a los dientes falsos.

Corindón

Los sulfatos contienen azufre y oxígeno (SO_4). El yeso ($CaSO_4 \cdot 2H_2O$) es un sulfato común. Compone las arenas blancas del Monumento Nacional de Arenas Blancas, en Nuevo México. Los sulfatos se utilizan en cosméticos, pastas de dientes y pinturas.

Yeso

Los sulfuros son minerales que contienen uno o más elementos, tales como el plomo, el hierro o el níquel combinados con azufre. La galena (PbS) es un sulfuro. Los sulfuros se usan para hacer baterías, medicamentos y piezas electrónicas.

Galena

REPASO

1. ¿Qué diferencia hay entre los átomos, los compuestos y los minerales?
2. ¿Qué elementos se encuentran en los minerales?
3. ¿En qué se diferencian los silicatos de los minerales no silíceos?
4. **Hacer deducciones** Explica por qué no son minerales los siguientes: un pastel, agua, dientes, oxígeno.

Sección 2

Identificar minerales

VOCABULARIO

brillo	fractura
dureza	raya
clivaje	densidad

OBJETIVOS

- Clasifica los minerales mediante técnicas comunes de identificación.
- Explica las propiedades especiales de los minerales.
- Describe qué es lo que hace que un cristal mineral sea una gema.

Si encontraras estas dos muestras de minerales, ¿cómo podrías averiguar si son del mismo mineral?

A partir de la fotografía, puedes ver las similitudes físicas entre los dos cristales. Pero, ¿cómo puedes saber si se trata del mismo mineral? Y, ¿cómo puedes identificar la identidad de un mineral? En esta sección aprenderás las distintas propiedades que sirven para identificarlos.

Diagrama de brillo

Metálico

Submetálico

No metálico

Vítreo vidrioso, brillante

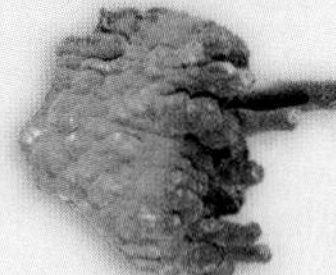

Sedoso arremolinado, fibroso

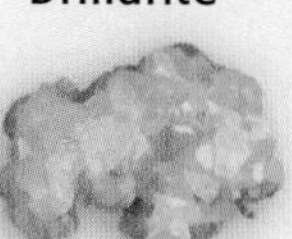

Resinoso plástico

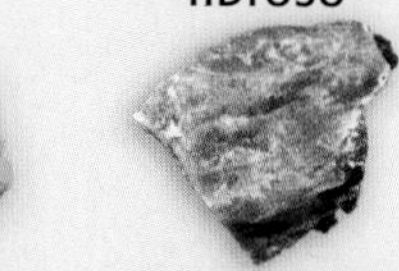

Ceroso graso, aceitoso

Nacarado cremoso

Térreo áspero, opaco

Color

Cuando observas un mineral, es probable que el *color* sea lo primero que notes. Los minerales son de distintos colores y matices. Un mismo mineral puede tener diferentes colores. El cuarzo, en su estado más puro, es translúcido. Sin embargo, los cuarzos que contienen pequeñas cantidades de impurezas pueden ser de varios colores. El cuarzo rosado debe su color a impurezas. La amatista, otra variedad de cuarzo, es púrpura debido a que contiene otros tipos de impurezas.

Existen otros factores que alteran el aspecto de los minerales. La pirita, a menudo denominada oro falso, normalmente es de color dorado. Sin embargo, si se expone a la intemperie durante un largo período de tiempo, se vuelve negra. Debido a factores tales como los agentes atmosféricos y las impurezas, por lo general no se considera que el color sea un indicador confiable de la identidad de un mineral.

Brillo

La manera en que una superficie refleja la luz se denomina **brillo.** El brillo de los minerales es metálico, submetálico o no metálico. Si un mineral es brillante, su brillo puede ser de tipo vidrioso o métalico. Si el mineral es opaco, su brillo puede ser submetálico o no metálico. Los distintos tipos de brillo se ilustran en el diagrama que aparece a la izquierda.

Raya

El color de un mineral en polvo se denomina **raya.** Para obtener la raya de un mineral, se debe frotar el mineral contra un trozo de porcelana deslustrada denominada lámina de raya. La marca que deja el mineral sobre la lámina es la raya. El color de la raspadura de un mineral no es siempre el mismo que el de la muestra del mineral, tal como se muestra en la **Figura 4.** A diferencia de la superficie del mineral, los agentes atmosféricos no afectan a la raya. Es por esto que la raya es un indicador más confiable que el color para identificar un mineral.

Figura 4 *El color del mineral hematita puede variar, pero su raya siempre será de color marrón rojizo.*

Clivaje y fractura

Los distintos tipos de minerales se rompen de maneras diferentes. La manera en que se rompe un mineral está determinada por la disposición de sus átomos. El **clivaje** es la tendencia de algunos minerales a romperse a lo largo de superficies planas. Los lapidarios aprovechan el clivaje natural de ciertos minerales, tales como los diamantes y los rubíes, para eliminar fallas y para convertirlas en piedras preciosas. La **Figura 5** muestra minerales con distintos patrones de clivaje.

La **fractura** es la tendencia de algunos minerales a romperse a lo largo de superficies encorvadas o irregulares. El diagrama siguiente muestra minerales que presentan fracturas.

Figura 5 *El clivaje varía según e tipo de mineral. La mica se rompe fácilmente en láminas distintas. La halita se rompe en ángulos de 90° en tres direcciones. El diamante se rompe en cuatro direcciones distintas.*

Fractura

Experimentos

Cuando hayas aprendido las propiedades de los minerales, ¡pon tus conocimientos en práctica! Para averiguar cómo hacerlo, pasa a la página 494.

Laboratorio

Prueba de rayado

1. Necesitarás una **moneda,** un **lápiz** y tu **propia uña.** ¿Cuál de los siguientes tres materiales es el más duro?
2. Intenta raspar el grafito de la punta de un lápiz con una uña.
3. Ahora intenta raspar la moneda con tus uñas. ¿Cuál de los tres es más duro?

Dureza

La **dureza** se refiere a la resistencia de un mineral a ser rayado. Si intentaras rayar un diamante, tendrías dificultades porque el diamante es el mineral más duro. El talco, por el contrario, es uno de los minerales más blandos. Para determinar la dureza de los minerales, los científicos utilizan la *escala de dureza de Mohs,* que se muestra a continuación. Observa que al talco le corresponde una clasificación de 1, mientras que el diamante tiene una clasificación de 10. Hay otros minerales cuya dureza se incrementa gradualmente.

Para identificar un mineral mediante la escala de Mohs, intenta raspar su superficie con el borde de uno de los 10 minerales de referencia. Si consigues raspar el mineral con el mineral de referencia es porque el mineral de referencia es más duro. Sigue raspando hasta encontrar un mineral de referencia que no logre raspar tu mineral. Si ninguno de los dos consigue raspar el otro, es porque tienen la misma dureza.

Escala de dureza de Mohs

1 Talco
2 Yeso
3 Calcita
4 Fluorita
5 Apatita
6 Ortoclasa
7 Cuarzo
8 Topacio
9 Corindón
10 Diamante

Densidad

Si levantas una pelota de golf y una pelota de tenis de mesa, ¿cuál de las dos será más pesada? A pesar de que las pelotas tienen tamaños similares, la pelota de golf es más pesada porque es más densa, tal como se muestra en la **Figura 6**. La **densidad** es la medida de la cantidad de materia que hay en un espacio dado. La densidad es la relación entre la masa de un objeto y su volumen. Por lo general, la densidad se mide en gramos por centímetro cúbico. Debido a que el agua tiene una densidad de 1 g/cm^3, se utiliza como punto de referencia para otras sustancias. La relación entre la densidad de un objeto y la densidad del agua se denomina *densidad relativa.* Por ejemplo, la densidad relativa del oro es 19. Esto significa que el oro tiene una densidad de 19 g/cm^3. En otras palabras, hay 19 veces más materia en 1 cm^3 de oro que en 1 cm^3 de agua. La mayoría de los minerales no metálicos tienen una densidad relativa de entre 2.5 y 4. La densidad relativa puede utilizarse para determinar la identidad de un mineral.

Figura 6 *Debido a que las pelotas de golf son más densas que las de tenis de mesa, se requieren más pelotas de tenis de mesa para equilibrar la balanza.*

Propiedades especiales

Algunas propiedades son específicas de unos pocos tipos de minerales. Las propiedades enumeradas a continuación te ayudarán a identificar los minerales que aquí aparecen. Sin embargo, para identificar algunas propiedades necesitarás equipos especializados.

Propiedades especiales de algunos minerales

Fluorescencia La calcita y la fluorita brillan bajo la luz ultravioleta. A continuación se presenta la misma muestra de fluorita bajo luz ultravioleta y luz blanca.

Reacción química Una gota de ácido débil colocada sobre la calcita provoca efervescencia.

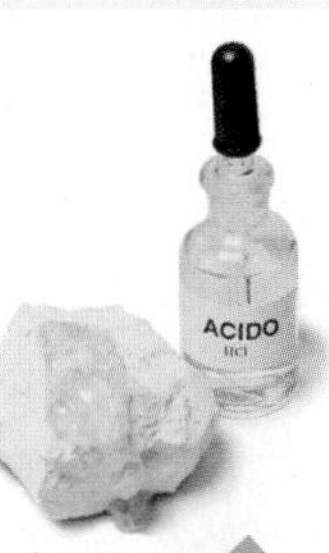

Propiedades ópticas Un trozo delgado de calcita colocado sobre una imagen hace que ésta se vea doble.

Gusto La halita tiene un sabor salado.

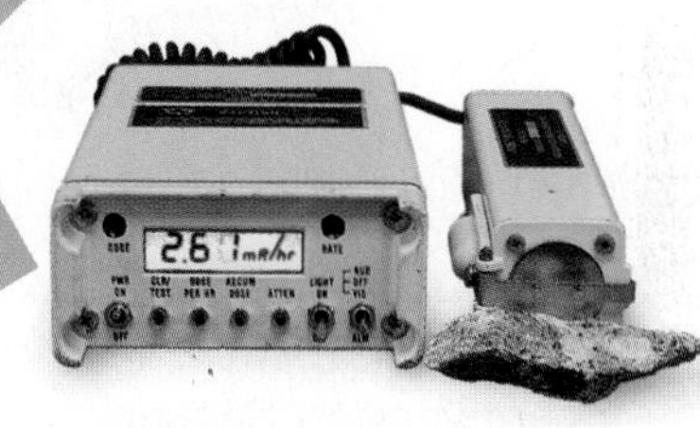

Radioactividad Los minerales que contienen radio y uranio se pueden detectar con un contador de Geiger.

Magnetismo La magnetita y la pirrotita son imanes naturales que atraen el hierro.

REPASO

1. ¿Cómo puedes determinar la raya de un mineral?
2. ¿Qué diferencia hay entre el clivaje y la fractura?
3. ¿Cómo podrías identificar la dureza de una muestra de un mineral desconocido?
4. **Aplicar conceptos** Imagina que tienes dos minerales que presentan la misma dureza. ¿Qué otras propiedades minerales podrías utilizar para determinar si las muestras son del mismo mineral?

Para obtener una lista de minerales y de sus propiedades, pasa a la página 588.

Sección 3

La formación y extracción de minerales

VOCABULARIO

veta

recuperación

OBJETIVOS

- Describe los ambientes en que se forman los minerales.
- Compara y contrasta los diferentes tipos de minería.

Casi todos los minerales que se conocen se pueden encontrar en la corteza terrestre. Se forman en una gran variedad de ambientes, bajo distintas condiciones físicas y químicas. El ambiente en que un mineral se forma determina sus propiedades. Los minerales se pueden formar tanto en las profundidades de la superficie terrestre como sobre la superficie o cerca de ella.

Cuando se seca una extensión de agua salada, como un lago o un mar, minerales tales como el yeso, el anhídrido y la halita se quedan ahí. Cuando se evapora el agua dichos minerales se cristalizan dejando pruebas de que una vez existió una extensión de agua salada en ese lugar.

El agua que existe debajo de la tierra se denomina agua subterránea. El agua superficial y subterránea transportan materiales disueltos a los lagos y los mares, en donde se cristalizan. Los minerales que se forman en estos ambientes incluyen la calcita y la aragonita.

Las condiciones cambiantes debajo de la superficie terrestre pueden alterar la composición mineral de una roca ya existente. Cuando los cambios en la presión, la temperatura o la composición química alteran una roca, ocurre el metamorfismo. Los minerales que se forman en una roca metamórfica incluyen la calcita, el granate, el grafito, la hematita, la magnetita, la mica y el talco.

Calor y presión

Autoevaluación

¿Dónde se forman los minerales tales como el yeso, el anhídrido y la halita? *(Consulta la página 564 para comprobar tu respuesta.)*

El agua subterránea que se filtra a través de las grietas de las rocas exteriores se calienta mediante el magma. Luego, reacciona con los minerales que se encuentran en las paredes de las grietas para formar una solución líquida caliente. Los metales disueltos y otros elementos se cristalizan a partir del fluido caliente para formar nuevos minerales. El oro, el cobre, el azufre, la pirita y la galena se forman en ambientes similares a éste.

A medida que el magma sube, llena los espacios de la roca ya existente, creando formaciones en forma de lágrimas denominadas pegmatitas. A medida que el magma se enfría, los minerales se cristalizan. La presencia de fluidos calientes hace que los cristales minerales se vuelvan extremadamente grandes, alcanzando en ocasiones muchos metros de ancho. Muchas piedras preciosas y minerales raros, tales como el topacio y la turmalina, forman pegmatitas

Al subir a través de la corteza, el magma a menudo se detiene antes de alcanzar la superficie y se enfría lentamente, formando millones de cristales minerales. Los cristales que se forman son relativamente grandes porque tienen mucho tiempo para crecer a medida que se enfría el magma. Finalmente, toda la masa de magma se solidifica formando un plutón. La mica, el feldespato, la magnetita y el cuarzo son algunos de los minerales que se forman a partir del magma.

÷ 5 ÷ Ω ≤ ∞ + Ω √ 9 ∞ ≤ Σ 2

¡MATEMÁTICAS!

¿Qué tan puro es puro?

El oro de 24 quilates es 100 por ciento oro. El oro de 18 quilates está compuesto por 18 partes de oro y 6 partes de otro metal similar. Por lo tanto, se puede decir que es 18/24 o 3/4 puro. ¿Qué porcentaje de pureza tiene el oro de 18 quilates?

Minería

Se deben explotar muchos tipos de rocas y minerales para extraer los elementos valiosos que contienen. Los geólogos utilizan el término **veta** para describir un depósito de minerales lo suficientemente grande y puro como para que se explote con el propósito de obtener ganancias. Las rocas y los minerales se pueden extraer de la tierra mediante uno de los siguientes métodos: explotación a cielo abierto o explotación en profundidad. El método que eligen los mineros depende de la profundidad en donde se encuentra el mineral y del valor de la veta. Estos dos tipos de métodos se ilustran a continuación.

La explotación a cielo abierto es la extracción de minerales y otros materiales en la superficie terrestre o cerca de ella. Los tipos de explotación a cielo abierto incluyen los fosos descubiertos, minas a cielo abierto y canteras. Los materiales que se explotan mediante este método incluyen el mineral de cobre y la bauxita, una mezcla de minerales ricos en aluminio.

La explotación en profundidad es la extracción de minerales y otros materiales en las profundidades de la Tierra. Es necesario excavar pozos, túneles y otros pasajes para alcanzar la veta. La extracción de diamantes y carbón generalmente requiere este tipo de explotación.

El valor de los minerales

Muchos metales que conoces provienen originalmente de vetas. Es posible que no conozcas los minerales, pero seguramente podrás reconocer los metales que han sido extraídos de ellos. La tabla de la derecha enumera algunas vetas y algunos de los metales más conocidos que han sido extraídos de ellas.

Usos comunes de los minerales		
Mineral	**Metal**	**Usos**
Calcopirita	cobre	monedas, cables eléctricos
Galena	plomo	pilas, pinturas
Berilo	berilio	bicicletas, aviones
Cromita	cromo	acero inoxidable, hierro fundido, curtido de cuero

Como has visto, muchos de los minerales son altamente valorados por su belleza y no por su utilidad. Los cristales minerales llamativos y escasos se denominan gemas o piedras preciosas. Un ejemplo de una gema se muestra en la **Figura 7.** Las gemas deben ser lo suficientemente duras como para ser cortadas y pulidas.

Figura 7 *El diamante Cullina es el más grande que se ha encontrado. Antes de que el mayor fragmento del mismo fuera insertado en el cetro real de las joyas de la corona británica, tenía un masa de 3,106 quilates.*

Minería responsable

La minería nos provee de los minerales que necesitamos, pero también genera problemas. Puede destruir o perturbar los hábitats de las plantas y los animales. Los desechos generados por la minería pueden ingresar a fuentes de agua, contaminando tanto las aguas superficiales como las subterráneas.

Una forma de reducir los efectos dañinos de la minería es mediante la restauración de la tierra a su estado original, una vez que se finaliza un proyecto de minería. Este proceso se denomina **recuperación**. La recuperación de tierras públicas se ha exigido por ley desde mediados de la década de 1970. Sin embargo, la recuperación es un proceso costoso que requiere mucho tiempo. Otra forma de reducir los efectos de la minería es mediante la disminución de la demanda de minerales. Esto se puede llevar a cabo mediante el reciclaje de los productos minerales que actualmente utilizamos, tales como el aluminio y el hierro. Los minerales son recursos no renovables; por lo tanto, cuanto más reciclemos, más minerales tendremos en el futuro.

REPASO

1. Describe cómo se forman los minerales debajo de la tierra.
2. ¿Cuáles son los dos tipos de minería?
3. **Analizar ideas** ¿De qué manera protege la recuperación el ambiente alrededor de una mina?

Tanto los zafiros como los rubíes se forman a partir del mineral corindón. La diferencia en el color de las gemas se debe a pequeñísimas cantidades de metales en la estructura cristalina del corindón. Los zafiros son azules debido a la presencia de hierro y titanio. Los rubíes son rojos debido a la presencia de cromo

Resumen del capítulo

SECCIÓN 1

Vocabulario

mineral *(pág. 60)*
elemento *(pág. 60)*
átomo *(pág. 61)*
compuesto *(pág. 61)*
cristal *(pág. 61)*
silicato *(pág. 62)*
mineral no silíceo *(pág. 63)*

Notas de la sección

- Un mineral es un sólido inorgánico formado naturalmente por una estructura cristalina definida.
- Un átomo es la unidad más pequeña en la que se puede dividir un elemento sin perder sus propiedades.
- Un compuesto se forma cuando dos o más elementos se enlazan químicamente.
- Cada mineral tiene una estructura cristalina única. La clase cristalina a la cual pertenece un mineral está directamente relacionada con la composición química del mineral.
- Los minerales se clasifican en silicatos o no silíceos. Cada grupo contiene distintos tipos de minerales.

SECCIÓN 2

Vocabulario

brillo *(pág. 64)*
raya *(pág. 65)*
clivaje *(pág. 65)*
fractura *(pág. 65)*
dureza *(pág. 66)*
densidad *(pág. 66)*

Notas de la sección

- El color no es un indicador confiable para identificar minerales.
- El brillo de un mineral puede ser metálico, submetálico o no metálico.
- La raya de un mineral no corresponde necesariamente al color de su superficie.
- La manera en que se rompe un mineral puede utilizarse para determinar su identidad. El clivaje y la fractura son dos de las maneras en que el mineral puede romperse.

☑ Comprobar destrezas

Conceptos de matemáticas

LA PUREZA DEL ORO El quilate es la unidad que mide la pureza del oro. El oro de 24 quilates es 100 por ciento oro. Pero el oro de menos de 24 quilates está mezclado con otros elementos, de modo que contiene menos del 100 por ciento de oro. Si tienes una pepita de oro de 16 quilates, 16 de cada 24 partes son de oro puro; las 8 partes restantes están compuestas de otros elementos.

24 quilates= 100% oro
16 quilates = 24 quilates − 8 quilates
$\frac{16}{24} = \frac{2}{3} = 0.67 = 67\%$ oro

Comprensión visual

ESTRUCTURA ATÓMICA Esta ilustración de la estructura atómica del mineral halita demuestra que dicho mineral está compuesto de dos elementos: sodio y cloro. Las esferas de mayor tamaño representan los átomos de cloro y las más pequeñas representan los átomos de sodio. Las barras entre los átomos representan los enlaces químicos que los mantienen unidos.

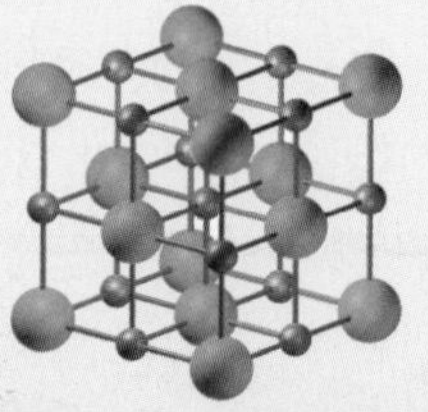

SECCIÓN 2

- La escala de dureza de Mohs proporciona una clasificación númerica para la dureza de los minerales.
- Se puede utilizar la densidad de un mineral para identificarlo.
- Algunos minerales tienen propiedades especiales que pueden utilizarse para identificarlos rápidamente.

Experimentos

Minerales misteriosos *(pág. 494)*

¿Es oro falso? Una situación densa *(pág. 496)*

SECCIÓN 3

Vocabulario

veta *(pág. 70)*

recuperación *(pág. 71)*

Notas de la sección

- Los minerales se forman tanto en ambientes subterráneos como superficiales.
- Los dos tipos de minería principales son la explotación a cielo abierto y la explotación en profundidad.
- La recuperación es el proceso de volver la tierra a su condición original una vez completada la explotación minera.

internet

VISITA: go.hrw.com

Visita el sitio web de HRW para encontrar una serie de herramientas de aprendizaje relacionadas con este capítulo. Sólo tienes que escribir la palabra clave:

PALABRA CLAVE: HSTMIN

VISITA: www.scilinks.org

Visita el sitio web de la **Asociación Nacional de Maestros de Ciencias (*National Science Teachers Association*)** para encontrar recursos de Internet relacionados con este capítulo. Sólo escribe el **ENLACE DE CIENCIAS** para obtener más información sobre el tema:

TEMA: Gemas — **ENLACE:** HSTE055

TEMA: Piedras natalicias — **ENLACE:** HSTE060

TEMA: Identificar minerales — **ENLACE:** HSTE065

TEMA: Minerales de explotación — **ENLACE:** HSTE070

Repaso del capítulo

UTILIZAR EL VOCABULARIO

Explica la diferencia entre los siguientes pares de palabras:

1. fractura/clivaje
2. elemento/compuesto
3. color/raya
4. densidad/dureza
5. silicato/mineral no silíceo
6. mineral/átomo

COMPRENDER CONCEPTOS

Opción múltiple

7. En la escala de dureza de Mohs, ¿cuál de los siguientes minerales es más duro que el cuarzo?
   a. talco **c.** yeso
   b. apatita **d.** topacio

8. La raspadura de un mineral
   a. es más confiable que su color para su identificación.
   b. revela la densidad relativa de un mineral.
   c. equivale a una prueba de brillo.
   d. revela la estructura cristalina del mineral.

9. ¿Cuál de los siguientes factores **no** es relevante en la formación de minerales?
   a. el calor
   b. la actividad volcánica
   c. la presencia de aguas subterráneas
   d. el viento

10. ¿Cuál de los siguientes términos **no** se utiliza para describir el brillo de un mineral?
    a. nacarado **c.** opaco
    b. ceroso **d.** hexagonal

11. ¿Cuál de las siguientes se considera una propiedad especial que sólo se aplica a unos pocos minerales?
    a. color **c.** raya
    b. brillo **d.** magnetismo

12. ¿Cuál de las siguientes propiedades físicas puede expresarse en números?
    a. brillo **c.** color
    b. dureza **d.** reacción al ácido

13. ¿Cuántas clases cristalinas básicas existen?
    a. 3 **c.** 5
    b. 10 **d.** 6

14. ¿Cuál de los siguientes minerales puede rayar la fluorita?
    a. talco **c.** yeso
    b. cuarzo **d.** calcita

Respuesta breve

15. Define el término *mineral* en no más de 25 palabras.

16. En una sola oración, describe cómo se utiliza la densidad para identificar un mineral.

17. ¿Qué métodos de identificación de minerales son los más confiables? Explica por qué.

Organizar conceptos

18. Usa los siguientes términos para crear un mapa de ideas: minerales, óxidos, minerales no silíceos, carbonatos, silicatos, hematita, calcita, cuarzo.

?
? ? ?
? ?

RAZONAMIENTO CRÍTICO Y RESOLUCIÓN DE PROBLEMAS

Escribe una o dos oraciones para responder a las siguientes preguntas:

19. Tienes tres anillos, cada uno con una gema diferente. Uno tiene un diamante, otro una amatista (cuarzo púrpura) y otro un topacio. Envías los tres anillos a una amiga que vive a cinco estados de distancia. Cuando llegan a su destino, dos de las gemas están dañadas. Una gema, sin embargo, está mucho más dañada que la otra. ¿Que razón científica puedes dar para explicar la diferencia entre los daños?

20. Para determinar la identidad de un mineral, decides realizar una prueba de rayado. Frotas el mineral contra la lámina, pero ésta no deja rayadura alguna. ¿Significa esto que fracasó la prueba? Explica tu respuesta.

21. Imagina que trabajas en una joyería y alguien viene a vender unas "pepitas de oro". La persona sostiene que un antiguo buscador de oro las encontró durante la fiebre del oro en California. No estás seguro de que sean auténticas. ¿Qué pruebas de identificación te ayudarían a determinar la identidad de las pepitas?

22. Imagina que encuentras un cristal de mineral del mismo tamaño que tú. ¿Qué tipos de condiciones ambientales favorecerían la formación de un cristal como éste?

LAS MATEMÁTICAS EN LAS CIENCIAS

23. El oro tiene una densidad relativa de 19. La densidad relativa de la pirita es 5. ¿Cuánto más denso es el oro que la pirita?

24. En un cristal de cuarzo existe un átomo de silicio por cada dos átomos de oxígeno. Esto significa que la relación entre los átomos de silicio y los de oxígeno es de 1:2. Si hubiera 8 millones de átomos de oxígeno en una muestra de cuarzo, ¿cuántos átomos de silicio habría?

INTERPRETAR GRÁFICAS

Imagínate que recibiste una muestra de feldespato y que la analizaste para averiguar de qué estaba hecho. A continuación se presentan los resultados de tu análisis.

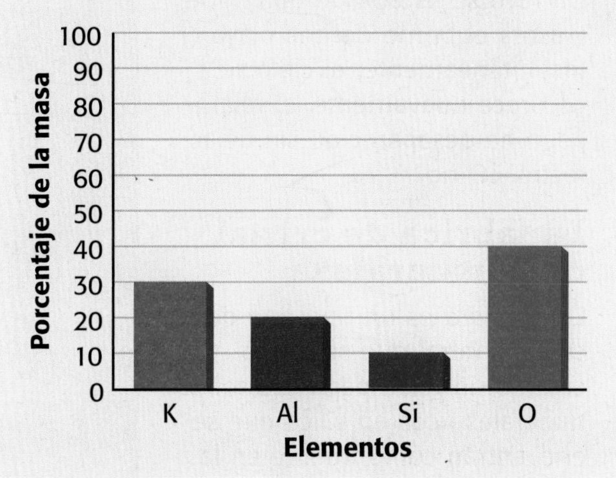

25. Tu muestra consiste de cuatro elementos. ¿Qué porcentaje de cada elemento conforma tu muestra?

26. Si tu muestra de mineral tiene una masa de 10 g, ¿cuántos gramos de oxígeno contiene?

27. Haz un diagrama circular para ilustrar la proporción de cada uno de los cuatro elementos que contiene el feldespato. (Podrás encontrar ayuda sobre cómo hacer diagramas en el Apéndice de este libro.)

AHORA, ¿qué piensas?

Revisa tus respuestas a las preguntas de la página 59 que escribiste en el cuaderno de ciencias. ¿Han cambiado tus respuestas? Si es necesario, corrige tus respuestas basándote en lo que has aprendido en este capítulo.

Curiosidades de la

CIENCIA

SOBRAS DE RELÁMPAGOS

Un rayo se escapa de una nube y azota el borde de una playa. Instantáneamente, el cielo se oscurece nuevamente, el relámpago ha desaparecido sin dejar rastro. ¿O no?

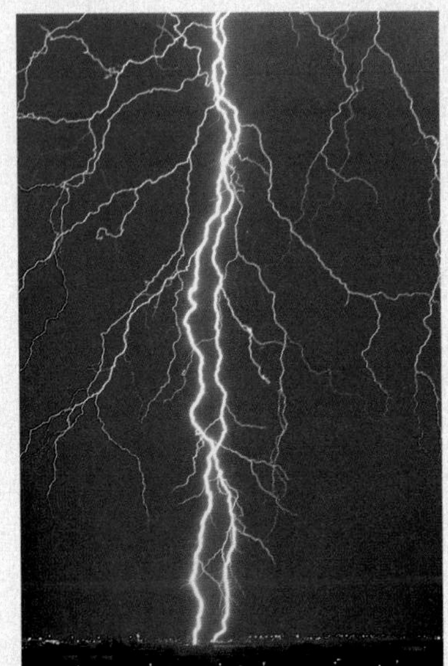

La fabrica de cristal de la naturaleza

La *fulgurita* es un tipo raro de cristal natural que se forma cuando un relámpago cae sobre minerales ricos en sílice que se encuentran comúnmente en la arena, la tierra y algunas rocas. Las *fulguritas tubulares* se hallan en áreas donde hay abundante sílice, como playas o desiertos. El relámpago crea una fulgurita tubular cuando el rayo penetra en la arena, derrite la sílice y la convierte en líquido. La sílice líquida se enfría y se endurece rápidamente, dejando un tubo vítreo delgado, generalmente con una superficie externa áspera y una superficie interna suave. Bajo la superficie, la fulgurita puede tener la forma de las raíces de un árbol. Se ramifica en muchos brazos que dibujan la ruta del rayo en zig zag. Algunas fulguritas son tan cortas como tu dedo meñique, mientras que otras se extienden 20 metros bajo la tierra.

Rompecabezas subterráneo

¿Es fácil encontrar una fulgurita en la playa? Científicos investigadores deben explorar mucho en busca de las formaciones de vidrio obscuro. Aun cuando se encuentran es muy difícil extraerlas en una sola pieza. El grosor de sus paredes no es mayor que 1 ó 2 mm. Algunas de las fulguritas más grandes se extraen de la tierra en muchos pedazos que luego se unen.

Fulguritas pétreas

Las *fulguritas pétreas* son muy raras y se encuentran en las cimas de montañas altas. Se crean cuando el relámpago azota la superficie de una roca con un alto contenido de sílice. A menudo, una fulgurita pétrea se parece a un envase de vidrio de un espesor de entre 1 y 3 mm que envuelve la roca. El relámpago se desplaza alrededor de la roca y funde los minerales de sílice de su superficie. El color de una fulgurita pétrea varía según los minerales que se funden: puede ser de color negro vidrioso, gris claro o inclusive amarillo encendido.

Averiguar más

▶Averigua cómo los científicos que estudian la formación de fulguritas conducen los rayos a un lugar preciso para crear una nueva fulgurita. Quizás quieras investigar si hay empresas dispuestas a crear una fulgurita ¡sólo para ti!

◀ *Una fulgurita tubular*

Ciencia Ficción

"El hombre de metal"

por Jack Williamson

En un oscuro rincón del Museo de la Universidad de Tyburn se erige la estatua de un hombre de tamaño real. A excepción de su extraño color verdoso, la estatua parece bastante normal. Sin embargo, al observarla más de cerca uno queda maravillado ante los perfectos detalles del cabello y la piel. También se observa una marca extraña sobre el pecho de la estatua: una figura de seis lados de color púrpura obscuro.

Nadie sabe cómo la estatua llegó al rincón obscuro del museo. Todos creen que el Hombre de Metal es, o fue alguna vez, el Profesor Thomas Kelvin del Departamento de Geología. El profesor Kelvin pasó muchos veranos explorando la costa del Pacífico de México en busca de radio. Hasta que una vez no regresó a Tyburn después de sus vacaciones. Había acumulado más exito del que esperaba y se había hecho muy rico. Pero al encontrarse en las montañas, hizo otro hallazgo.

Sólo existe una persona que sabe lo que realmente le ocurrió al profesor Kelvin; dicha persona es la que relata la historia del profesor en "Hombre de Metal", de Jack Williamson. El cuento relata la expedición de Kelvin en busca de la fuente del Río de la Sangre y del radio que hace que este río sea radiactivo. ¿Lo encontró? ¿Es eso lo que hizo a Kelvin millonario? ¿Y qué más halló el profesor Kelvin en aquel lejano valle? Lee tú mismo la historia del profesor Kelvin y el Hombre de Metal en la *Antología Holt de Ciencia Ficción.*

CAPÍTULO

4 Las rocas: mezclas de minerales

Imagínate...

Imagina que eres un arquitecto que acaba de ser contratado para diseñar un anfiteatro. La clienta quiere que sea lo suficientemente grande para realizar grandes conciertos. De hecho, ella quiere que el anfiteatro tenga una capacidad de 9,200 asientos. También quiere una excelente acústica (calidad del sonido) y no quiere que esté techado para que los asistentes puedan disfrutar el aire libre. Además, quiere que la audiencia se maraville de dos formaciones de arenisca roja que se elevarán 122 m sobre el escenario.

Piensas en el diseño y tu plan requiere un mínimo de 400 billones de toneladas métricas de arenisca roja para los muros y el piso. También calculas que la formación de esa cantidad de arenisca roja demoraría alrededor de 12 millones de años. ¿Te suena ridículo? Bueno, en realidad existe un anfiteatro como éste.

Bienvenido al Anfiteatro Red Rocks en las afueras de Denver, Colorado. Como ves, este anfiteatro es una creación de la naturaleza y no de los seres humanos. Es un lugar perfecto para un concierto de rock y también para comenzar a estudiar las rocas. La exploración de las rocas te permitirá comprender mejor el mundo de la naturaleza. Por ejemplo, ¿qué es una roca exactamente? Y ¿por qué son importantes las rocas para el estudio de las ciencias de la Tierra? Podrás responder a estas preguntas a medida que lees este capítulo.

¿Tú qué piensas?

Usa tus conocimientos para responder a las siguientes preguntas en tu cuaderno de ciencias:

1. ¿Qué diferencia existe entre una roca y un mineral?
2. ¿Cuáles usos modernos de las rocas podrías mencionar?
3. ¿Cómo se forman las rocas?

Girar y girar

El tipo de roca que puedes ver en el Anfiteatro Red Rocks es uno de los tres tipos principales de rocas que hay en la Tierra. En las páginas siguientes, aprenderás los nombres de estos tipos de rocas y cómo se forman realmente. Pero primero realiza esta actividad para demostrar una de las ideas más importantes acerca de las rocas.

Procedimiento

1. Con varios trozos de **arcilla** de diferentes colores, forma todas las bolitas que puedas con cada trozo. Éstas representarán pequeños trozos de roca o arena.
2. Reúne todas las bolitas de arcilla en un montón. Con la mano, presiona suavemente la arcilla hasta que las bolitas se junten. Esta mezcla de minerales representará una *roca sedimentaria.* En tu cuaderno de ciencias, describe las propiedades de la nueva "roca". ¿En qué se diferencia de las bolitas de arcilla originales?
3. Ahora presiona la arcilla un poco más fuerte para aplastar las bolitas. Dobla la arcilla por la mitad y presiónala un poco más. Este es el segundo tipo de roca. Esta nueva "roca" representará una *roca metamórfica.* En tu cuaderno de ciencias, describe cómo se formó.
4. Ahora presiona la arcilla y estírala sobre tu escritorio. Amásala hasta que se convierta en un trozo grande de un solo color. Si la amasas por mucho tiempo, empezarás a sentirla un poco caliente. En este estado, la arcilla representa un material de roca líquido y caliente.
5. Después de que la arcilla se vuelva caliente y suave, forma una figura redonda y déjala enfriar y endurecer. Ahora la arcilla representa una *roca ígnea.* Describe las diferencias entre esta "roca" y las primeras dos que hiciste.
6. Finalmente, saca trozos de la "roca" y forma bolitas de arcilla. Si tienes tiempo, vuelve al paso 2.

Análisis

7. Revisa las descripciones de cada tipo de "roca" en tu cuaderno de ciencias. ¿Cuál "roca" crees que se parece a la roca que se forma por la erupción de volcanes?
8. En el paso 6 se te pidió que volvieras al paso 2. Explica cómo se asemeja esta actividad al ciclo de las rocas.

Sección 1

Comprender las rocas

VOCABULARIO

roca
ciclo de las rocas
magma
roca sedimentaria
roca metamórfica
roca ígnea
lava
composición
textura

OBJETIVOS

- Describe dos formas en que los seres humanos primitivos usaron las rocas y dos formas en que se usan hoy en día.
- Describe cómo cada roca se transforma en otra al avanzar por el ciclo de las rocas.
- Enumera dos características de las rocas que se usan para clasificarlas.

La corteza terrestre está compuesta principalmente por rocas. Pero, ¿qué son exactamente las rocas? Una **roca** es una mezcla sólida de cristales de uno o más minerales. Algunos tipos de rocas, como el carbón, están compuestos por materiales orgánicos. Hay rocas de todos los tamaños: desde guijarros hasta formaciones de miles de kilómetros.

El valor de las rocas

Las rocas son un recurso natural importante. Los humanos primitivos usaban las rocas como martillos para fabricar otras herramientas, como puntas de flechas y de lanzas, cuchillos y raspadores con pedernales, cuarzos y obsidianas. Observa la **Figura 1.** Estas rocas se modelaron para producir bordes y puntas muy afilados. Hasta hoy, la obsidiana se usa para hacer escalpelos especiales, como se ve en la **Figura 2.**

Las rocas también se han usado para construir edificios, caminos y monumentos. La **Figura 3** muestra algunos usos ingeniosos de las rocas. Se han hecho edificios de mármol, granito, arenisca, piedra caliza y pizarra. Las rocas son un ingrediente importante del concreto que se usa en los edificios modernos. El concreto es uno de los materiales de construcción más comunes hoy en día.

Figura 1 *Esta herramienta de piedra se hizo y usó hace más de 5000 años.*

Figura 2 *Esta herramienta de piedra ha sido fabricada recientemente. Es un escalpelo de obsidiana que se usa en operaciones delicadas.*

Figura 3 *Estas fotografías muestran algunos ejemplos de estructuras construidas con rocas. Esta página incluye estructuras construidas por civilizaciones antiguas, mientras que la siguiente página muestra ejemplos más modernos.*

Pirámides de Giza, Egipto (3000 a.C.)

Machu Picchu, Perú (600 d.C.)

Los humanos llevan mucho tiempo usando las rocas. Ciertos tipos de rocas nos han ayudado a sobrevivir y desarrollar las civilizaciones. Las rocas son muy importantes para los científicos. El estudio de las rocas ayuda a responder preguntas sobre la historia de la Tierra y nuestro Sistema Solar. Las rocas proporcionan una descripción de la apariencia de la Tierra y otros planetas antes de la aparición de fuentes escritas.

Los fósiles contenidos en algunas rocas también ofrecen pistas acerca de formas de vida que existieron hace miles de millones de años, antes de que los dinosaurios habitaran la Tierra. La **Figura 4** muestra cómo las rocas pueden registrar pruebas de la existencia de una vida extinguida hace mucho tiempo. Sin estos fósiles, los científicos sabrían muy poco de la historia de la vida en la Tierra. Las respuestas que obtenemos al estudiar las rocas nos llevan a formular aún más preguntas.

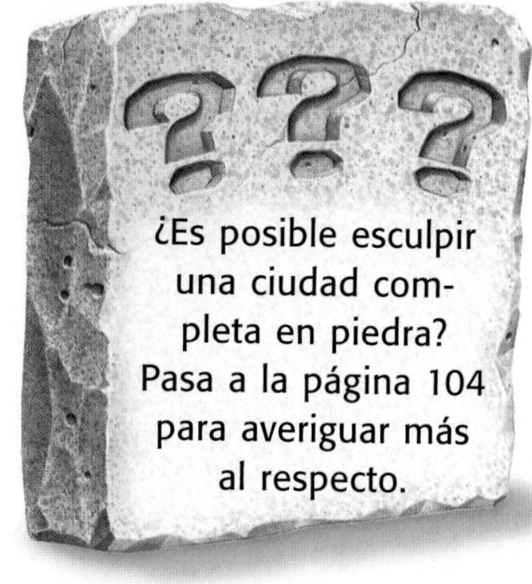

Figura 4 *Estos restos fosilizados de braquiópodos se encontraron en la cima de una montaña. Su presencia indica que la cima de una montaña actual en algún momento fue el fondo de un mar de poca profundidad.*

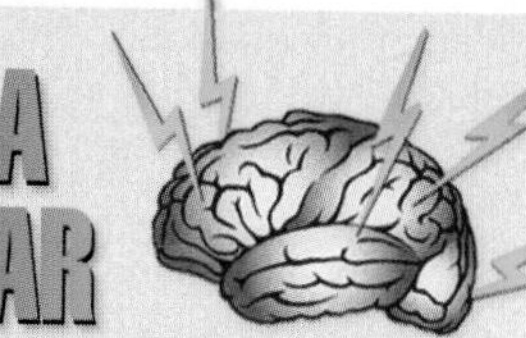

Algunos meteoritos son en realidad rocas provenientes de otros planetas. A continuación verás una imagen microscópica de un meteorito proveniente de Marte. Las estructuras diminutas podrían indicar que alguna vez existió vida microscópica en Marte.

Catedral de Exeter, Exeter, Inglaterra (1120-1520 D.C.)

LBJ Biblioteca, Austin, Texas (1972)

El ciclo de las rocas

Las rocas de la corteza terrestre cambian constantemente. Las rocas cambian de forma y composición de muchas maneras. La manera en que se forma una roca determina el tipo de roca que es. Los tres tipos principales de rocas son *ígneas, sedimentarias* y *metamórficas.* Cada tipo de roca es parte del *ciclo de las rocas.* El **ciclo de las rocas** es el proceso por el cual un tipo de roca se transforma en otro. Sigue el diagrama para ver una de las maneras en que los granos de arena pueden cambiar al atravesar el ciclo de las rocas.

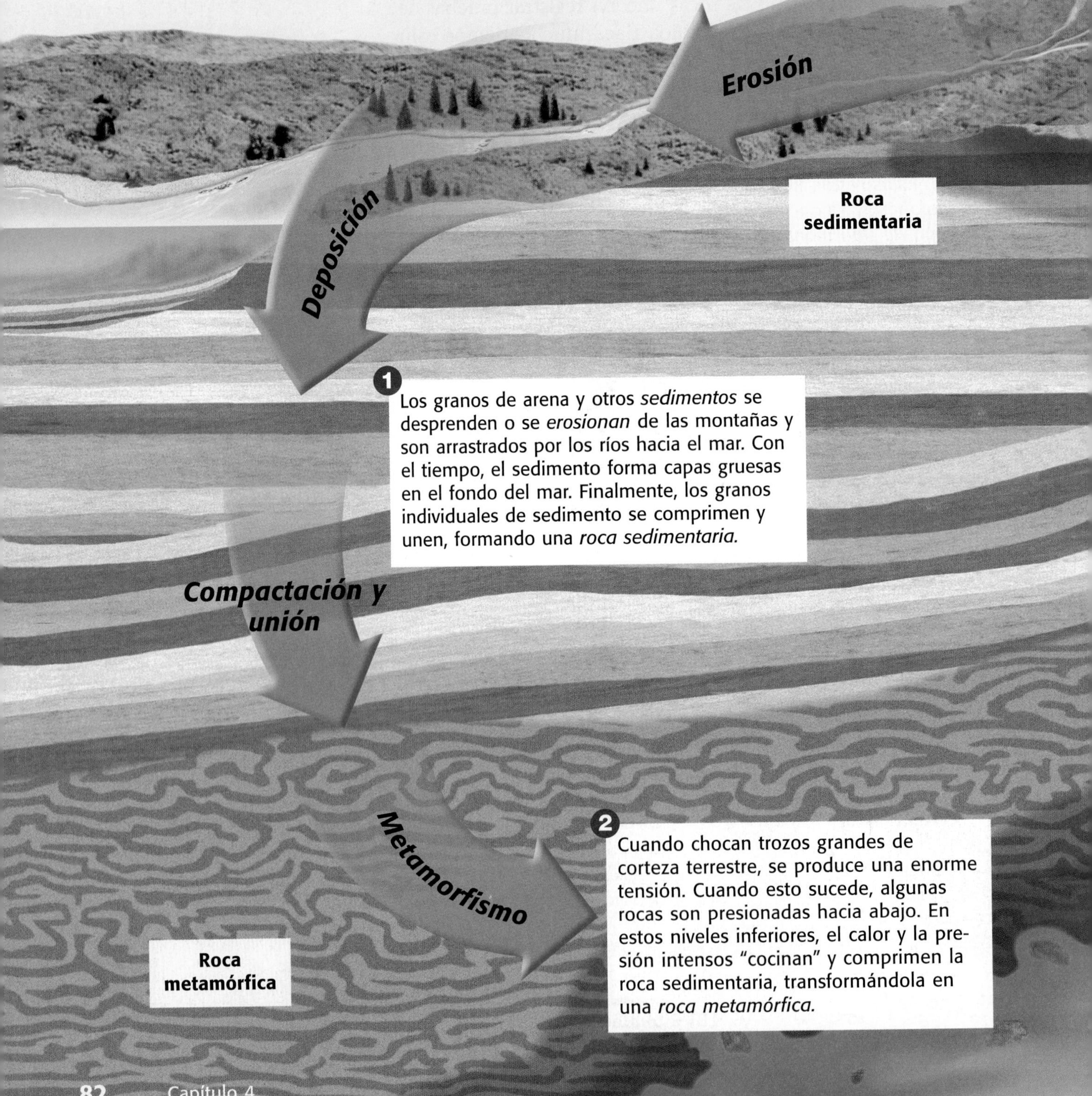

1 Los granos de arena y otros *sedimentos* se desprenden o se *erosionan* de las montañas y son arrastrados por los ríos hacia el mar. Con el tiempo, el sedimento forma capas gruesas en el fondo del mar. Finalmente, los granos individuales de sedimento se comprimen y unen, formando una *roca sedimentaria.*

2 Cuando chocan trozos grandes de corteza terrestre, se produce una enorme tensión. Cuando esto sucede, algunas rocas son presionadas hacia abajo. En estos niveles inferiores, el calor y la presión intensos "cocinan" y comprimen la roca sedimentaria, transformándola en una *roca metamórfica.*

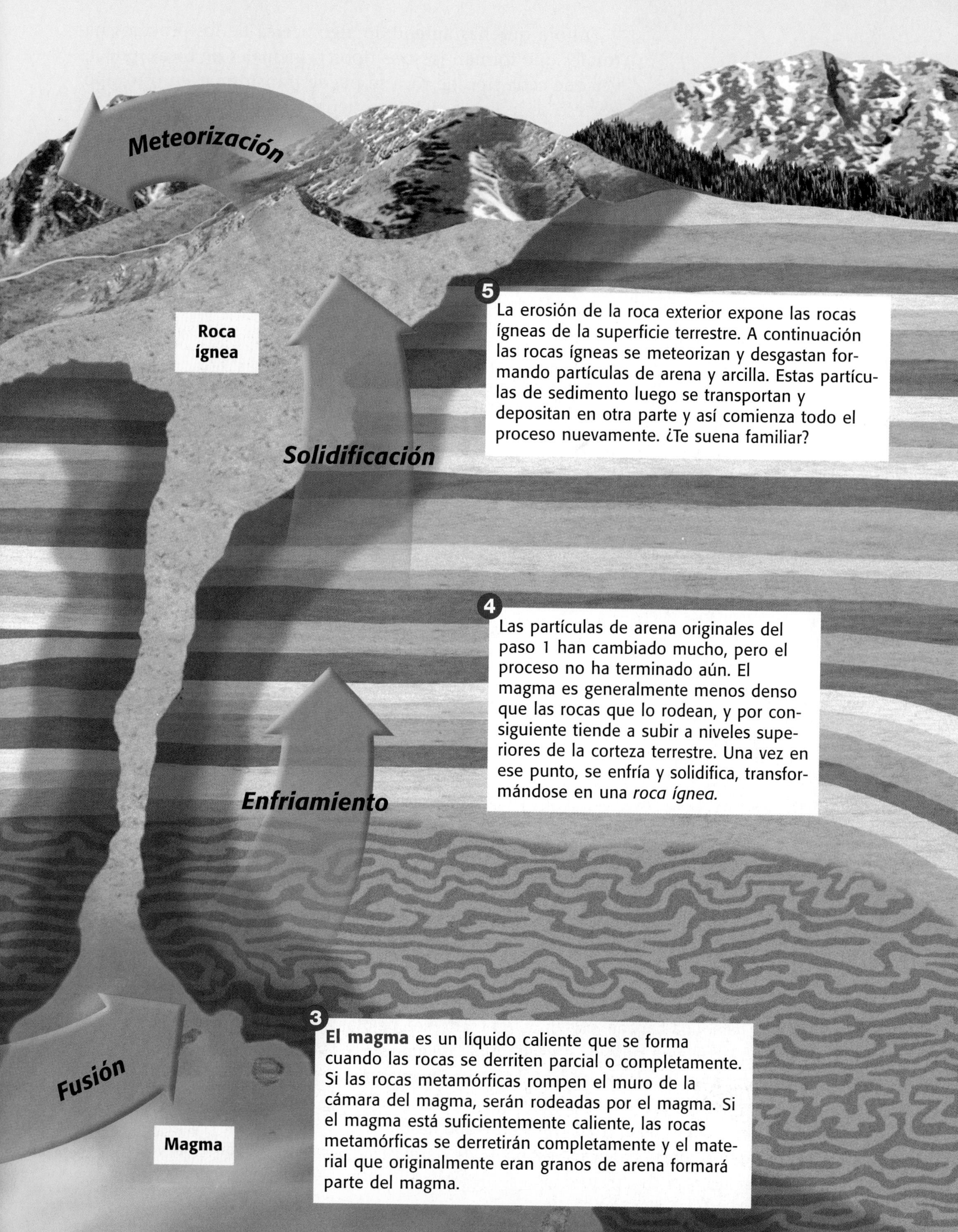

5 La erosión de la roca exterior expone las rocas ígneas de la superficie terrestre. A continuación las rocas ígneas se meteorizan y desgastan formando partículas de arena y arcilla. Estas partículas de sedimento luego se transportan y depositan en otra parte y así comienza todo el proceso nuevamente. ¿Te suena familiar?

4 Las partículas de arena originales del paso 1 han cambiado mucho, pero el proceso no ha terminado aún. El magma es generalmente menos denso que las rocas que lo rodean, y por consiguiente tiende a subir a niveles superiores de la corteza terrestre. Una vez en ese punto, se enfría y solidifica, transformándose en una *roca ígnea.*

3 **El magma** es un líquido caliente que se forma cuando las rocas se derriten parcial o completamente. Si las rocas metamórficas rompen el muro de la cámara del magma, serán rodeadas por el magma. Si el magma está suficientemente caliente, las rocas metamórficas se derretirán completamente y el material que originalmente eran granos de arena formará parte del magma.

Ahora que has aprendido algo acerca de los procesos naturales que forman los tres tipos principales de rocas, puedes ver que cada tipo de roca se puede transformar en otro tipo. Por eso se le llama ciclo, no tiene principio ni fin. Todas las rocas se encuentran en alguna etapa de este ciclo y se pueden transformar en otros tipos diferentes de rocas. La **Figura 5** muestra cómo los tres tipos de rocas cambian de forma.

Figura 5 El ciclo de las rocas

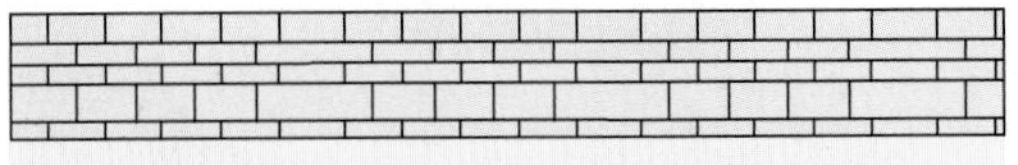

Las rocas sedimentarias se forman cuando los sedimentos se comprimen y unen. Los sedimentos que forman las rocas sedimentarias provienen de la meteorización y erosión de las rocas ígneas, metamórficas o incluso de otras rocas sedimentarias.

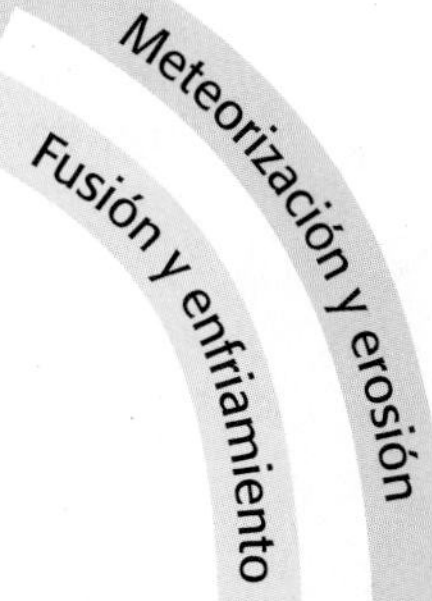

Las rocas metamórficas se forman cuando la textura y composición de rocas preexistentes cambian debido a la presión o el calor subterráneos. Las rocas ígneas y sedimentarias pueden volverse rocas metamórficas y las rocas metamórficas se pueden convertir en otras del mismo tipo.

Las rocas ígneas se forman debido al enfriamiento del *magma.* Cuando el magma se enfría y se solidifica, forma rocas ígneas. El magma se forma en la corteza terrestre inferior y el manto superior. Cuando el magma fluye hacia la superficie terrestre, se llama **lava.**

APLICA

Imagina que tienes una manzana, un tomate, un melocotón, un kiwi, una piña, una banana, un limón, un cacto, una pelota azul, un coco, un ladrillo, un cubo de azúcar, un par de anteojos para el sol y una manguera. Usa tu imaginación para inventar tres formas diferentes de clasificar tres objetos en grupos de características similares. Puedes tener desde un solo grupo hasta catorce. ¿Qué criterios usaste para cada esquema de clasificación? ¿Qué criterios usarías para clasificar rocas?

El meollo de la clasificación de las rocas

Ya sabes que los científicos clasifican las rocas en tres tipos principales, según la manera en que se han formado. Pero, ¿sabías que cada tipo de roca se divide en grupos más pequeños? Estos grupos también se basan en las maneras en que se forman las rocas. Por ejemplo, todas las rocas ígneas se forman cuando el líquido caliente se enfría y solidifica: algunas rocas ígneas se forman cuando la lava se enfría en la superficie terrestre y otras cuando el magma se enfría debajo de la superficie. Por lo tanto, las rocas ígneas se dividen en dos grupos más pequeños, según el lugar y manera en que se forman. Las rocas sedimentarias y metamórficas también se dividen en grupos más pequeños. ¿Cómo saben los científicos cómo clasificar las rocas? Las estudian en detalle según dos criterios importantes: *composición* y *textura*.

MATEMÁTICAS

¿Que hay en las rocas?

Imagina que una roca de granito que estás estudiando está compuesta de 30 por ciento de cuarzo, 55 por ciento de feldespato y el resto de mica negra. ¿Qué porcentaje de la roca es mica negra?

Composición Los minerales que forman una roca determinan su **composición**. Así, una roca que está hecha principalmente de cuarzo tendrá una composición muy similar al cuarzo. Una roca que esté hecha de 50 por ciento de cuarzo y 50 por ciento de feldespato tendrá una composición general muy diferente. Con esta idea, compara los ejemplos de la **Figura 6.**

Figura 6 *La composición general de una roca depende de los minerales que contiene.*

Textura La **textura** de una roca está determinada por el tamaño, forma y posición de las partículas que la conforman. Las rocas que están hechas completamente de partículas pequeñas, como partículas de sedimento o arcilla, tienen una textura de *grano fino*. Las rocas que están hechas de partículas grandes, como los guijarros, tienen una textura de *grano grueso*. Las rocas que tienen una textura entre grano fino y grueso tienen una textura de *grano medio*. Algunos ejemplos de estas texturas se muestran en la **Figura 7**.

Figura 7 *Estas tres rocas sedimentarias están compuestas de partículas de diferentes tamaños. ¿Puedes ver las diferencias en sus texturas?*

Grano fino

Limo

Grano medio | **Grano grueso**

Arenisca | Conglomerado

Cada tipo de roca tiene una textura diferente. La textura de una roca es una buena pista para saber cómo y dónde se formó. Por ejemplo, las dos rocas de la **Figura 8** tienen texturas que reflejan su formación. Tanto la textura como la composición son características importantes que los científicos usan para comprender el origen e historia de las rocas. Recuerda estas características mientras sigues leyendo este capítulo.

Figura 8 *La historia se registra en la textura de la roca.*

Esta arenisca estratificada se formó en el fondo de un río. Puedes ver que los sedimentos que la componen se sedimentaron en capas.

Esta roca volcánica se formó por una erupción violenta. Los fragmentos de roca angulares se desprendieron de un volcán durante su erupción.

REPASO

1. Cita dos formas en que las rocas son importantes para las personas hoy en día.
2. Menciona los tres tipos principales de rocas y explica cómo se pueden transformar de un tipo en otro.
3. ¿En qué se diferencia la lava del magma?
4. **Comparar conceptos** Explica la diferencia entre textura y composición.

Sección 2

Rocas ígneas

VOCABULARIO

intrusiva

volcánica

OBJETIVOS

- Explica cómo la velocidad de enfriamiento del magma afecta a las propiedades de las rocas ígneas.
- Distingue las rocas ígneas que se enfrían en lo más profundo de la corteza de las que se enfrían en la superficie.
- Identifica las formaciones de rocas ígneas más comunes.

La palabra *ígneo* viene del latín y significa "fuego". El magma se enfría y forma varios tipos de rocas ígneas según la composición del magma y el tiempo que se demora éste en enfriarse y solidificarse. Como el resto de los otros tipos, las rocas ígneas se clasifican de acuerdo a su composición y textura.

Orígenes de las rocas ígneas

El magma y la lava se solidifican de la misma manera en que el agua se congela. Cuando el magma o la lava se enfrían lo suficiente, se solidifican o "congelan" para formar rocas ígneas. La única diferencia entre la congelación del agua y del magma es que el agua se congela a 0°C y el magma y la lava entre 700°C y 1250°C.

Existen tres formas en que se puede formar el magma. cuando las rocas se calientan, cuando se libera presión o cuando las rocas cambian de composición. Para ver cómo sucede esto, observa la **Figura 9.**

Figura 9 *Existen tres formas en que una roca se puede derretir.*

Temperatura Un aumento en la temperatura en lo más profundo de la corteza terrestre puede causar que los minerales de una roca se derritan. Los minerales se derriten a distintas temperaturas. Por consiguiente, dependiendo de la temperatura que alcance una roca, algunos minerales se pueden derretir y otros permanecer sólidos.

Presión La alta presión de lo más profundo de la Tierra obliga a los minerales a permanecer en estado sólido, mientras que en otras condiciones se derretirían por el calor intenso. Cuando las rocas calientes suben a niveles más superficiales, la presión se libera finalmente y los minerales se pueden derretir.

Composición A veces los fluidos como el agua y el dióxido de carbono entran en una roca que está por alcanzar su punto de fusión. Cuando estos fluidos se combinan con la roca, pueden bajar su punto de fusión lo suficiente para que se derrita y convierta en magma.

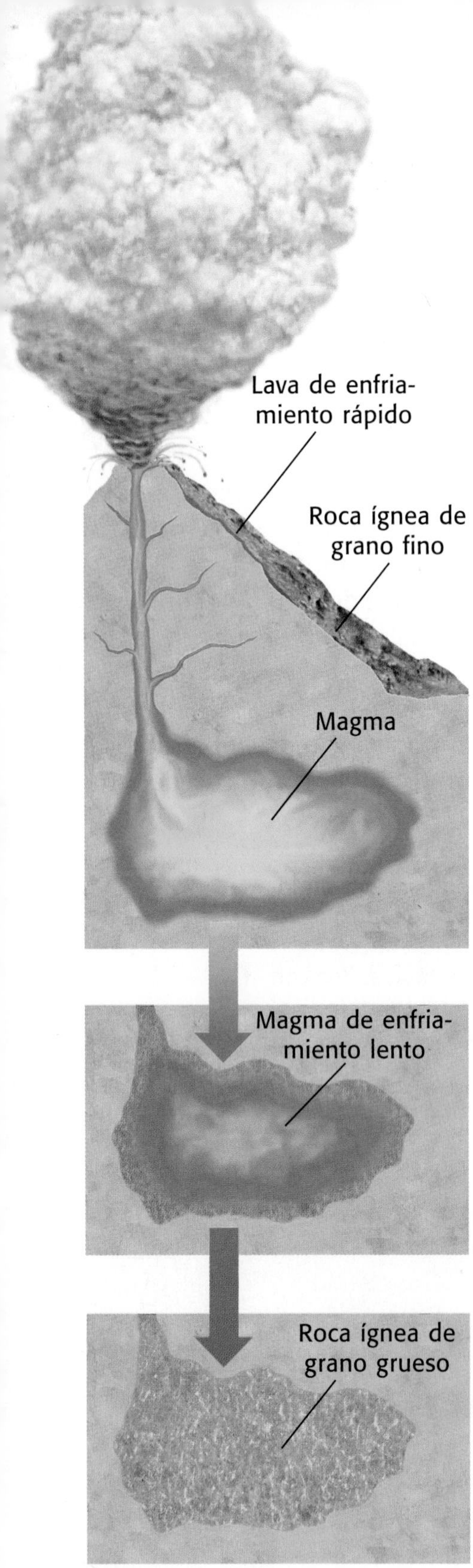

Composición y textura de las rocas ígneas

Observa las rocas en la **Figura 10.** Todas estas son rocas ígneas, aunque parezcan muy diferentes. Estas rocas se diferencian por su composición y su velocidad de enfriamiento. Recuerda que las rocas ígneas son simplemente rocas que se forman cuando el magma o lava se enfrían. Están compuestas por muchos minerales comunes.

Las rocas de colores claros son más livianas. Estas rocas contienen elementos como silicio, aluminio, sodio y potasio en abundancia. Estas rocas livianas se llaman *félsicas.* Las rocas más oscuras son más pesadas que las rocas félsicas. Estas rocas son ricas en hierro, magnesio y calcio y se llaman *máficas.*

Figura 10 *Las rocas ígneas de colores claros generalmente tienen una composición félsica. Las rocas ígneas de colores obscuros generalmente tienen una composición máfica.*

	Grano grueso	Grano fino
Félsica	 Granito	 Riolita
Máfica	 Gabro	 Basalto

Ahora observa la **Figura 11.** Esta ilustración muestra lo que le sucede al magma cuando se enfría a diferentes velocidades. Mientras más se demoren el magma o la lava en enfriarse, más tiempo tienen los cristales minerales para desarrollarse. Y mientras más tiempo de desarrollo tengan los cristales, más gruesa será la textura de la roca ígnea resultante.

Figura 11 *El tiempo que se demore el magma o la lava en enfriarse determina la textura de las rocas ígneas.*

Autoevaluación

Ordena las rocas de la Figura 10 según su velocidad de enfriamiento. Pista: Presta atención a su textura. *(Consulta la página 564 para comprobar tu respuesta.)*

Formaciones de rocas ígneas

Tal vez has visto formaciones rocosas ígneas producidas al enfriarse la lava en la superficie terrestre. Pero no todo el magma alcanza la superficie: una parte se enfría y solidifica en lo más profundo de la corteza terrestre.

Roca ígnea intrusiva Cuando el magma se enfría debajo de la superficie terrestre, la roca resultante se llama **intrusiva.** Estas rocas casi siempre tienen textura de grano grueso, ya que están aisladas por las rocas circundantes y se enfrían muy lentamente.

Las formaciones de rocas intrusivas se llaman así por su tamaño y la forma en que presionan y se introducen en la roca circundante. *Los plutones* son formaciones intrusivas grandes con forma de globo que se consolidan cuando el magma se enfría a gran profundidad. Como los plutones son las intrusiones más comunes, a menudo se denomina a las rocas intrusivas *rocas plutónicas.* La **Figura 12** muestra una formación intrusiva expuesta a la superficie terrestre. Algunas formaciones de rocas intrusivas comunes aparecen en la **Figura 13.**

Figura 12 *La Roca Encantada, cerca de Llano, Texas, es un plutón expuesto compuesto por granito.*

Figura 13 *Las formaciones de rocas ígneas intrusivas ocurren en muchas formas y tamaños diferentes. Los diques, plutones y batolitos atraviesan las formaciones rocosas y las láminas intrusivas y lacolitos se introducen entre las capas de formaciones rocosas existentes. Los batolitos son las formaciones ígneas de mayor tamaño.*

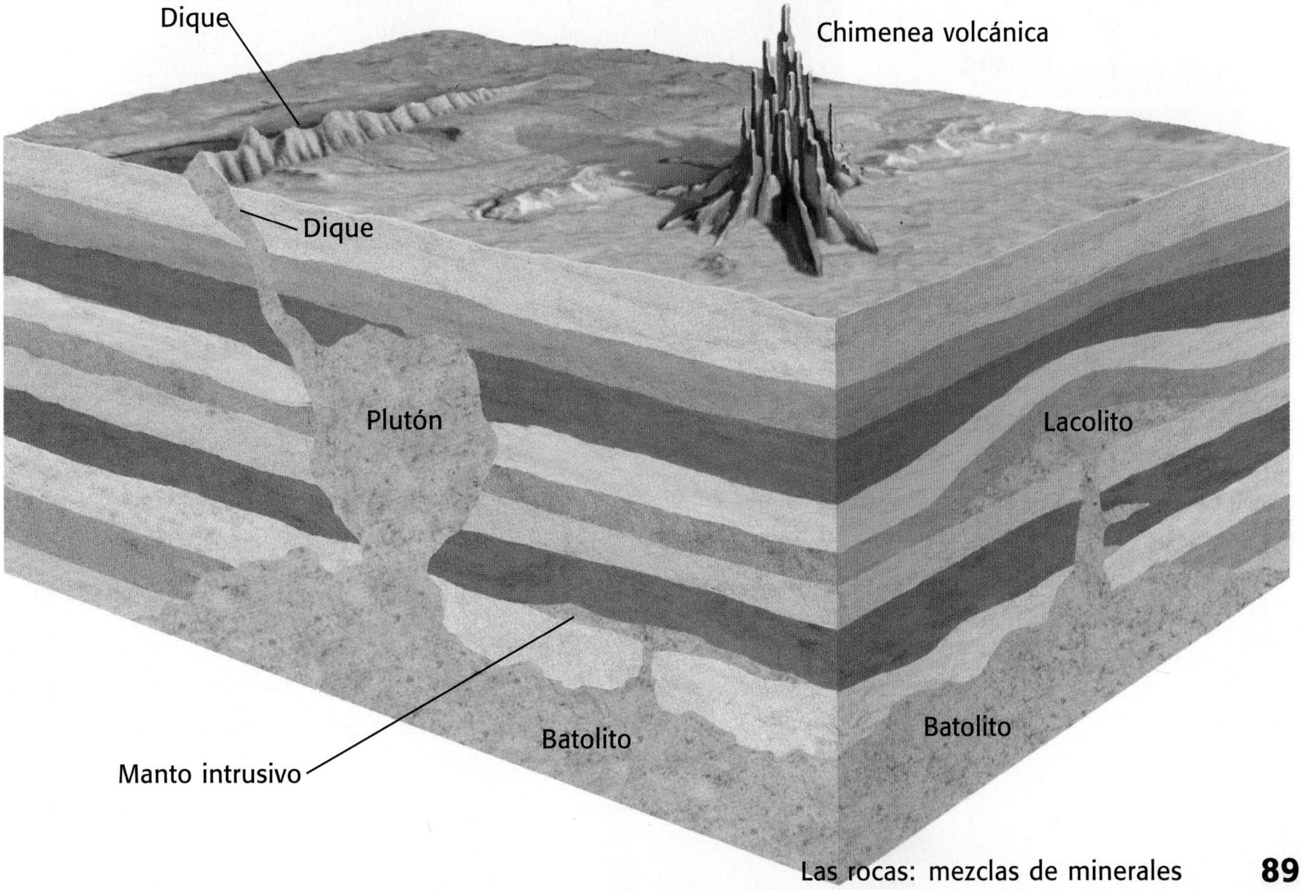

PARA PENSAR

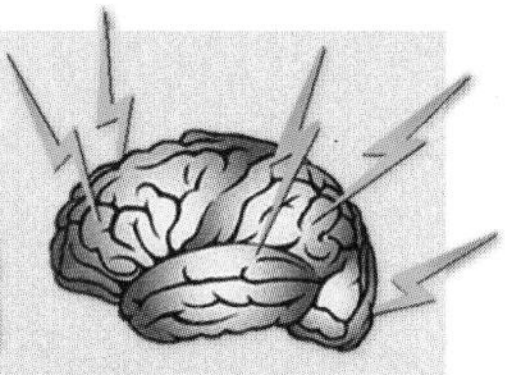

Las erupciones volcánicas violentas a veces producen una roca porosa llamada piedra pómez. La piedra pómez está llena de pequeños orificios que estuvieron llenos de gases atrapados. Según el espacio que ocupen estos orificios, a veces una piedra pómez puede flotar.

Piedra Pómez

Obsidiana

Basalto

Figura 14 *Éstas son algunas rocas ígneas extrusivas comunes. Las tres se formaron por erupciones volcánicas.*

Experimentos

¡Creación de cristales! Para averiguar cómo hacerlo, pasa a la página 498.

Rocas ígneas volcánicas Las rocas ígneas que se forman en la superficie terrestre se llaman **extrusivas.** La mayoría de las rocas volcánicas son extrusivas. Se enfrían rápidamente en la superficie y contienen cristales muy pequeños o ninguno. En la **Figura 14** hay muestras de rocas extrusivas comunes.

Cuando brota lava de un volcán, se produce un *derrame de lava.* Puedes ver un flujo de lava activo en la **Figura 15.** Sin embargo, la lava no siempre proviene de los volcanes. A veces brota de grietas elongadas de la superficie terrestre llamadas *fisuras.* Cuando se derrama gran cantidad de lava de una fisura, puede cubrir un área extensa que forma una planicie llamada *meseta de lava.* A menudo las formaciones de rocas ígneas extrusivas esconden los accidentes geográficos preexistentes.

Figura 15 *Abajo se muestra un derrame basáltico activo. Cuando se expone a las condiciones de la superficie, la lava se enfría y solidifica rápidamente.*

REPASO

1. Nombra las dos propiedades que se usan para clasificar las rocas ígneas
2. ¿Cómo afecta la velocidad de enfriamiento de la lava o el magma a la textura de una roca ígnea?
3. **Interpretar ilustraciones** Usa el diagrama de la Figura 13 para comparar un manto intrusivo con un dique. ¿En qué se diferencian?

Sección 3

Rocas sedimentarias

VOCABULARIO

estratos

estratificación

OBJETIVOS

- Describe cómo se forman las rocas sedimentarias.
- Explica cómo las rocas sedimentarias registran la historia de la Tierra.

El viento, el agua, el hielo, la luz solar y la gravedad pueden provocar que las rocas se *meteoricen* en fragmentos. La **Figura 16** muestra cómo se forman algunas rocas sedimentarias. A través del proceso de erosión, los fragmentos de roca, llamados sedimentos, se transportan de un lugar a otro. Finalmente, los sedimentos se depositan en capas. Luego se forman las rocas sedimentarias al compactarse y consolidarse los sedimentos.

Figura 16 Un ciclo de rocas sedimentarias

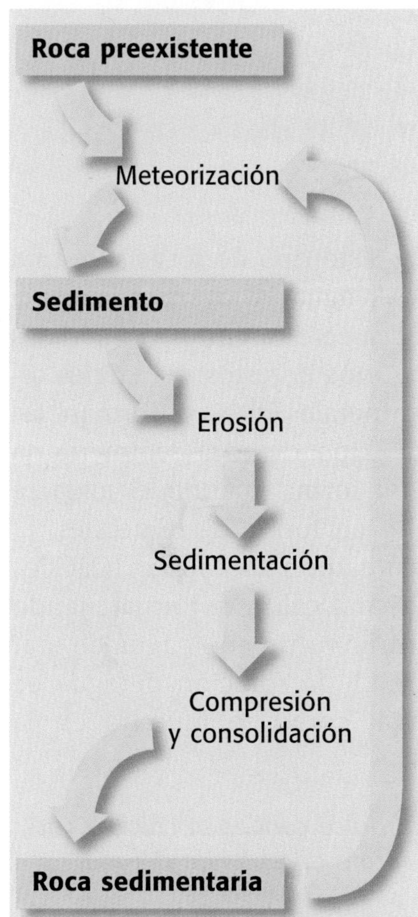

Orígenes de las rocas sedimentarias

Al depositarse nuevas capas de sedimento, las capas finalmente se comprimen o se unen. La precipitación de nuevos minerales forma un cemento natural que une los sedimentos para formar una roca sedimentaria. Este tipo de roca se forma en la superficie terrestre o cerca de ésta, sin la presión o calor necesarios en la formación de las rocas ígneas y metamórficas. Las características físicas de las rocas sedimentarias cuentan parte de su historia. La característica más notable de este tipo de roca sedimentaria son sus capas o **estratos.** Los cortes de caminos y zonas de construcción son buenos lugares para observar las formaciones de rocas sedimentarias y, como verás en la **Figura 17,** los cañones formados por los ríos proporcionan una vista espectacular.

Figura 17 *Millones de años de erosión por el Río Colorado han revelado los estratos de rocas de las paredes del Gran Cañón. En algunas partes del cañón, el río ha penetrado a una profundidad de 1.6 km de la orilla.*

Composición de las rocas sedimentarias

La rocas sedimentarias también se clasifican por la manera en que se forman. Hay dos categorías principales de rocas sedimentarias: clásticas y químicas. Las *rocas clásticas* se forman cuando los fragmentos de rocas o minerales, llamados clastos, se unen. Las *rocas químicas* se forman cuando los minerales se cristalizan a partir de una solución, como el agua de mar, para convertirse en rocas.

Rocas sedimentarias clásticas Estas rocas están constituidas de fragmentos de otras rocas y minerales. Como verás en la **Figura 18,** el tamaño y forma de los fragmentos de roca que conforman las rocas sedimentarias clásticas influyen en sus nombres.

Figura 18 *Las rocas sedimentarias clásticas se clasifican según el tamaño de los fragmentos que las componen.*

Rocas sedimentarias químicas Este tipo de rocas se forma a partir de *soluciones* de minerales y agua. Al avanzar la lluvia lentamente hacia el océano, disuelve algunos materiales rocosos por los que atraviesa. Algunos de estos materiales disueltos finalmente forman los minerales que conforman las rocas sedimentarias químicas. Un tipo de roca sedimentaria química, la sal de roca (NaCI), se forma cuando el agua se evapora y deja el material disuelto en forma de minerales.

La piedra caliza está hecha de carbonato cálcico ($CaCO_3$) o el mineral calcita. Un tipo de piedra caliza se forma cuando el calcio y el carbonato se concentran tanto en el agua de mar que la calcita se cristaliza a partir de la solución de agua de mar para formar la piedra caliza, como se muestra en la **Figura 19.**

Figura 19 *Tanto el agua salada como el agua dulce contienen calcio y carbonato disueltos. La piedra caliza química se forma en el fondo del mar.*

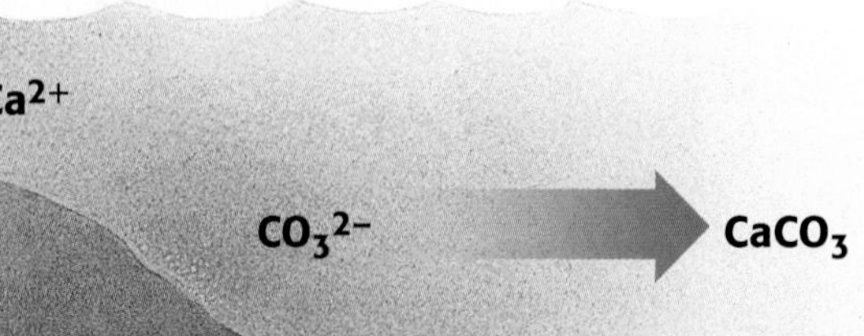

La piedra caliza se forma principalmente a partir de restos de organismos, como las conchas de almejas y los esqueletos de organismos diminutos llamados corales, que vivían en el fondo de mares poco profundos. Las conchas o esqueletos de estos organismos están compuestos por carbonato de calcio, que proviene del agua de mar. Este tipo de roca sedimentaria química se forma incluso hoy en día. Los restos de estos animales marinos se acumulan continuamente en el fondo del mar. Con el tiempo, estos restos de animales se consolidan para formar *caliza fosilífera*.

Figura 20 *Un miembro de una colonia de corales es muy pequeño (izquierda), pero una colonia de corales (centro) ¡es enorme! Las colonias de corales crearon la Gran Barrera de Coral, la cual se puede ver desde satélites en órbita como una banda delgada y azul (derecha).*

Los fósiles son los restos o vestigios de plantas y animales que se han preservado en la roca sedimentaria. Los fósiles nos suministran una gran cantidad de información sobre las formas y modos de vida antiguos. La mayoría de los fósiles provienen de animales que vivieron en los océanos. Otro tipo de caliza orgánica, como la de la **Figura 21,** se forma a partir de organismos que dejan sus conchas en el lodo del fondo del mar.

Figura 21 *Los moluscos, como las almejas (izquierda), obtienen el calcio para sus conchas del agua de mar. Cuando estos organismos mueren, sus conchas se juntan en el fondo del mar, para convertirse finalmente en roca (centro). Con el tiempo, se crean formaciones rocosas enormes (derecha).*

Estructuras de rocas sedimentarias

Muchos rasgos de las rocas sedimentarias hablan de su formación. La característica más notable de este tipo de roca es la **estratificación** o formación de capas. Los estratos se diferencian entre sí por el tipo, tamaño y color de sus sedimentos. La velocidad de sedimentación también puede afectar el espesor de las capas. Las rocas sedimentarias a veces registran el movimiento del viento y las olas del agua en lagos, mares, ríos y dunas. Algunos de estos rasgos se pueden ver en las **Figuras 22** a **24.**

Figura 22 *Cuando el agua y el viento transportan y depositan los sedimentos, se desarrollan unos patrones únicos,y* se forman *huellas de ondulación, provocadas por el flujo de agua, que se preservan cuando los sedimentos se convierten en roca sedimentaria.*

Figura 23 *Cuando el fondo de un lago está compuesto de sedimentos de grano fino como la arcilla, el sedimento se agrieta al secarse y forma figuras geométricas. Cuando el nuevo sedimento llena las grietas y se convierte en roca,* las grietas de desecación *se mantienen.*

Figura 24 *Los estratos no son siempre paralelos como las capas de un pastel. Algunos estratos están inclinados. El viento produjo estos sedimentos inclinados, llamados* estratificación entrecruzada, *pero el agua también los puede causar.*

REPASO

1. Describe el proceso por el cual se forman las rocas sedimentarias clásticas.
2. Enumera tres estructuras de rocas sedimentarias y explica cómo registran los procesos geológicos.
3. **Analizar relaciones** Tanto las rocas sedimentarias clásticas como las químicas se clasifican según la textura y composición. ¿Qué propiedad es más importante para cada tipo de roca sedimentaria? Explica por qué.

Sección 4

Rocas metamórficas

VOCABULARIO

esquistocidad

no foliada

OBJETIVOS

- Describe dos formas en que una roca puede experimentar metamorfismo.
- Explica cómo cambia la composición de las rocas al experimentar metamorfismo.
- Describe la diferencia entre las texturas de esquistocidad y no foliada de una roca metamórfica.

La palabra *metamórfica* proviene de *meta,*que significa "cambiado" y *morfo,* que significa "forma". Recuerda, las rocas metamórficas son aquéllas cuya estructura, textura o composición ha cambiado. Las rocas pueden sufrir metamorfismo por la acción del calor o presión por separado o al combinarse ambos. Los tres tipos de rocas (ígneas, sedimentarias e incluso las metamórficas) se pueden transformar en rocas metamórficas.

Tal vez te preguntes cómo una roca metamórfica se puede transformar en otra roca metamórfica. La respuesta es que hay diferentes tipos de metamorfismo. Una roca metamórfica puede cambiar nuevamente cuando se aplica aún más calor y presión. Aprenderás más acerca de esto a medida que sigas leyendo.

Orígenes de las rocas metamórficas

La textura o la composición mineral de una roca pueden cambiar cuando su entorno cambie. Si la temperatura o presión del nuevo entorno es diferente del entorno en que se formó la roca, ésta sufrirá metamorfismo.

La mayoría de los cambios metamórficos se producen por un aumento de presión a profundidades mayores de 2 km. A profundidades mayores de 16 km, ¡la presión puede ser 4,000 veces mayor que la presión de la atmósfera! Observa la **Figura 25.** Esta roca, llamada esquisto granate, se formó a una profundidad de alrededor de 30 km. Otros tipos de esquistos se forman a profundidades mucho menores.

El metamorfismo ocurre a temperaturas que oscilan entre los 50°C y los 1000°C. A temperaturas superiores a 1,000°C, la mayoría de las rocas se derriten. El metamorfismo no derrite las rocas—cuando una roca se derrite, se convierte en magma y después en roca ígnea. En la **Figura 26** puedes ver que esta roca se deformó debido a una presión intensa.

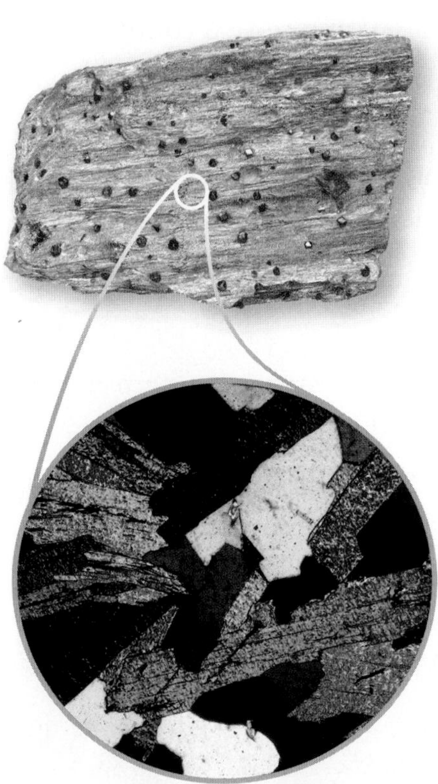

Figura 25 *Las rocas metamórficas generalmente se ven como si se hubieran cocinado y comprimido. Arriba se muestra una roca metamórfica llamada esquisto granate. Abajo se muestra una imagen microscópica de una lámina delgada de esquisto granate.*

Figure 26 *En este afloramiento, puedes ver un ejemplo de cómo se deformó una roca sedimentaria al sufrir metamorfismo.*

Laboratorio

Elongación

¿Cómo hace la presión que el granito sufra metamorfismo? Intenta esto:

1. Dibuja tu versión de una roca de granito en una **hoja de papel** con una **pluma de tinta negra.** Incluye los contornos de la roca y llénala de formas de cristales.
2. Coloca una pasta de **masilla plástica** sobre el "granito" y despréndela lentamente.
3. Asegúrate de que los contornos del "granito" se han transferido a la masilla, presiona y tira la masilla. ¿Qué sucedió con los "cristales"? ¿Qué sucedió con el "granito"?

Una de las formas en que una roca puede sufrir metamorfismo es entrar en contacto con el magma. Cuando el magma se mueve a través de la corteza, su calor fluye hacia las rocas circundantes y las "cuece". El calor y los fluidos del magma transforman algunos de los minerales de las rocas circundantes en otros minerales. El mayor cambio ocurre cuando el magma entra en contacto directo con las rocas circundantes. El efecto del calor disminuye lentamente al distanciarse del magma. Como ves en la **Figura 27**, *el metamorfismo por contacto* sólo sucede cerca de las intrusiones ígneas, así que afecta a pequeñas cantidades de rocas.

Las rocas también pueden sufrir *metamorfismo regional* cuando se crea una enorme presión en la roca que está enterrada profundamente bajo otras formaciones rocosas o cuando chocan trozos grandes de la corteza terrestre. La presión y el aumento de temperatura que se produce bajo estas condiciones provoca que las rocas se deformen y sufran cambios químicos. Este tipo de roca metamórfica está debajo de la mayoría de las formaciones rocosas continentales, como se ve a continuación.

Autoevaluación

¿Cómo podría una roca sufrir tanto el metamorfismo por contacto como el regional? *(Consulta la página 564 para comprobar tu respuesta.)*

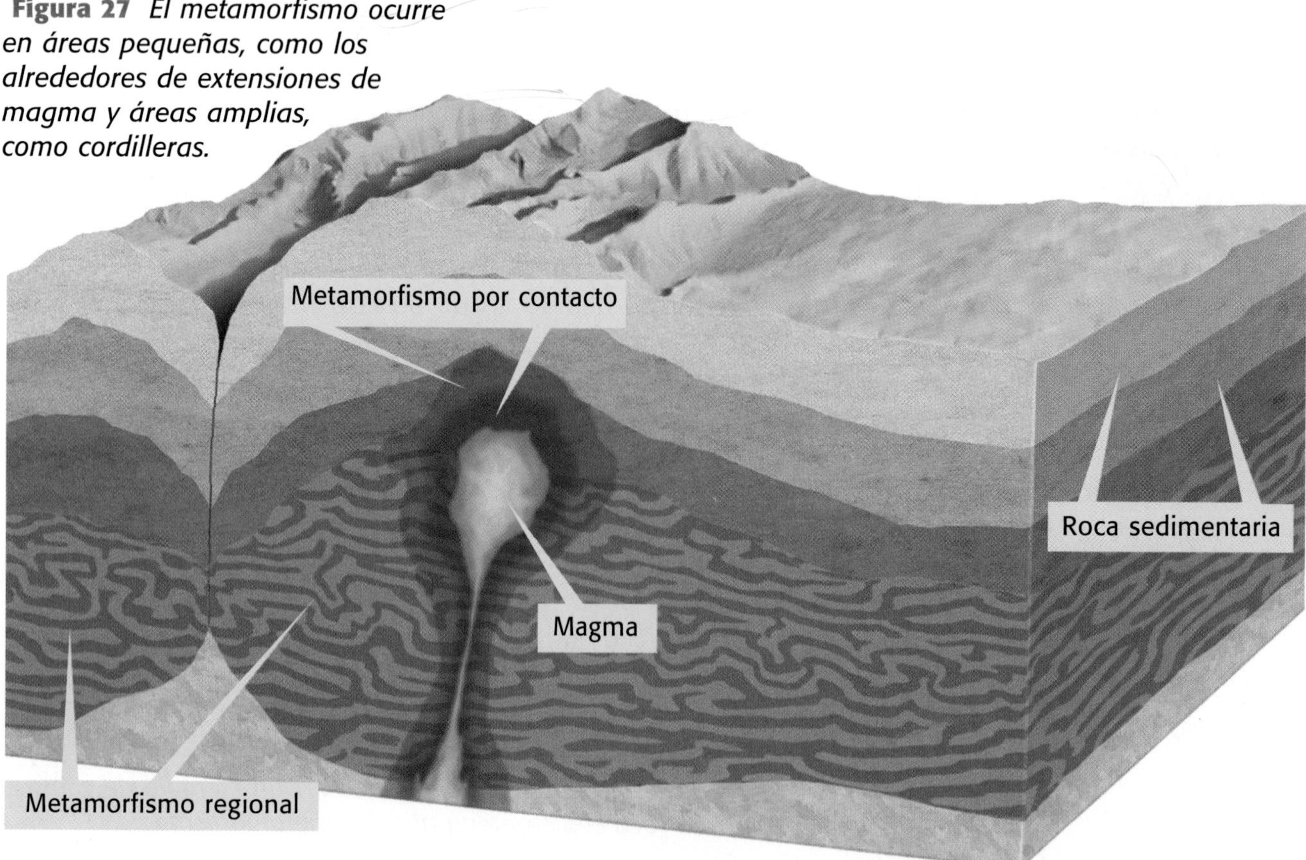

Figura 27 *El metamorfismo ocurre en áreas pequeñas, como los alrededores de extensiones de magma y áreas amplias, como cordilleras.*

Composición de las rocas metamórficas

Cuando cambian las condiciones de la corteza terrestre debido a las colisiones entre continentes o la intrusión del magma, cambia la temperatura y presión de las rocas existentes. Los minerales que estuvieron presentes en la formación de las rocas puede que ya no sean estables en el nuevo entorno. Los minerales originales se transforman en minerales que son más estables bajo las nuevas condiciones de temperatura y presión. Observa la **Figura 28** para ver cómo sucede esto.

Calcita

Cuarzo

Hematita

+

Calor y presión

=

Granate

Figura 28 *Los minerales calcita, cuarzo y hematita se combinan y vuelven a cristalizar para formar el mineral metamórfico granate.*

> **Explora**
>
> ¿Sabías que tienes una piedra de nacimiento? Las piedras de nacimiento son gemas o cristales minerales. Hay una o dos piedras de nacimiento para cada mes. Investiga cuál ó cuales son tus piedras de nacimiento en la biblioteca de la escuela o en Internet. Los nombres de las piedras de nacimiento casi nunca son sus nombres minerales reales. Averigua qué mineral es tu piedra de nacimiento. ¿En qué tipo de rocas encontrarás tu piedra de nacimiento? ¿Por que?

Muchos de estos minerales nuevos sólo aparecen en rocas metamórficas. Como se ve en la **Figura 29,** diferentes minerales metamórficos reflejan las diferentes condiciones de temperatura y presión en el momento en que se formaron. Al conocer la temperatura y presión a la que se forman los minerales metamórficos, los científicos pueden determinar la profundidad y temperatura en que una roca expuesta recientemente sufrió metamorfismo.

Figura 29 *El metamorfismo puede ocurrir en muchos entornos diferentes. Las condiciones de temperatura y presión, así como también la composición de la roca, determinan qué minerales metamórficos se formarán.*

Texturas de las rocas metamórficas

Como sabes, la textura ayuda a clasificar las rocas ígneas y sedimentarias. Lo mismo sucede con las rocas metamórficas. Todas las rocas metamórficas tienen una de dos texturas: *esquistosa* o *no foliada*. **Esquistocidad** La roca metamórfica con esta textura consta de minerales que están alineados como las páginas de un libro. **No foliada** Esta textura no parece tener ninguna estructura regular. Estudiemos más profundamente cada uno de estos tipos de rocas metamórficas para averiguar cómo se forman.

Figura 30 *Los efectos del metamorfismo dependen de la cantidad de calor y presión que se aplican a la roca. Mientras más calor y presión se apliquen, más intensos serán los efectos del metamorfismo. Aquí puedes ver lo que sucede con el esquisto cuando se expone a más y más calor y presión.*

Roca metamórfica con esquistocidad Contiene granos minerales alineados por presión. Las rocas con mucha esquistocidad casi siempre contienen materiales planos, como la mica negra. Observa la roca metamórfica con esquistocidad pizarra y la roca sedimentaria original esquisto de la **Figura 30.** El esquisto está formado por capas de minerales arcillosos.

Al someterse a bajo calor y baja presión, estos minerales se transforman en minerales de mica y el esquisto se convierte en una roca metamórfica de grano fino y con esquistocidad llamada pizarra. ¿Qué sucede si a la pizarra después se le aplica más calor y presión?

Las rocas metamórficas se convierten en otras rocas metamórficas si el entorno cambia nuevamente. Con más calor y presión, la pizarra se convierte en filita, otra roca metamórfica. Cuando ésta se expone a calor y presión, se convierte en una roca metamórfica llamada esquisto.

Al aumentar el grado de metamorfismo, cambia la disposición de los minerales de las rocas. Con calor y presión adicionales, los minerales de grano grueso se separan en bandas para formar una roca metamórfica llamada *gneis*.

Experimentos

¿Te gustaría hacer tu propia roca con esquistocidad? Pasa a la página 503 para averiguar cómo.

Roca metamórfica no foliada Puedes ver las rocas metamórficas no foliadas en la **Figura 31.** ¿Crees que falta algo? La falta de granos minerales alineados significa que son no foliadas. Son rocas compuestas por un solo mineral o por sólo unos pocos.

La arenisca es una roca sedimentaria hecha de granos de arena y cuarzo. Pero cuando la arenisca se somete al calor y la presión del metamorfismo, desaparecen los espacios entre los granos de arena al volver a cristalizarse y se forma la cuarcita. La cuarcita es brillante y resplandeciente. Aunque está compuesta por cuarzo, los granos de minerales son más grandes. Cuando la piedra caliza sufre metamorfismo, sucede el mismo proceso con el mineral calcita y la piedra caliza se convierte en mármol. El mármol tiene cristales de calcita de mayor tamaño que la piedra caliza. Probablemente has visto mármol en edificios y estatuas.

El término *metamorfosis* significa "cambio de forma". Cuando ciertos animales sufren un cambio drástico en la forma de su cuerpo, se dice que sufrieron una metamorfosis. Como parte de su ciclo de vida natural, las polillas y mariposas pasan por cuatro etapas. La primera etapa es cuando están en el huevo. Después de salir del huevo, pasan a la etapa larvaria, la forma de una oruga. En la siguiente etapa forman un capullo o se vuelven crisálidas en respuesta a las reacciones químicas de su cuerpo. Esto se llama la etapa de pupa. Finalmente salen de la etapa de pupa y entran a la etapa adulta de su vida, icompletamente equipadas con alas, antenas y patas!

Figura 31 *El mármol y la cuarcita son rocas metamórficas no foliadas. Como ves en las imágenes microscópicas, ningún cristal de mineral está alineado.*

REPASO

1. ¿Qué factores ambientales causan que las rocas sufran metamorfismo?
2. ¿Qué diferencia existe entre una roca metamórfica con esquistocidad y una no foliada?
3. **Hacer deducciones** Si tuvieras dos rocas metamórficas, una con cristales de granate y la otra con cristales de clorita, ¿cuál se habría formado en un nivel más profundo de la corteza terrestre? Explica por qué.

Resumen del capítulo

SECCIÓN 1

Vocabulario

roca *(pág. 80)*
ciclo de las rocas *(pág. 82)*
magma *(pág. 83)*
roca sedimentaria *(pág. 84)*
roca metamórfica *(pág. 84)*
roca ígnea *(pág. 84)*
lava *(pág. 84)*
composición *(pág. 85)*
textura *(pág. 86)*

Notas de la sección

- La humanidad ha empleado rocas durante miles de años y hoy en día siguen siendo igualmente valiosas.
- Las rocas se clasifican en tres tipos principales: ígneas, sedimentarias y metamórficas según la manera en que se han formado.
- El ciclo de las rocas describe el proceso mediante el cual una roca se puede transformar en otro tipo de roca.
- Los científicos además clasifican las rocas según dos criterios: composición y textura.
- El material ígneo fundido crea formaciones rocosas tanto bajo la tierra como sobre su superficie.

SECCIÓN 2

Vocabulario

intrusiva *(pág. 89)*
volcánica *(pág. 90)*

Notas de la sección

- La textura de una roca ígnea se determina mediante la velocidad a que se enfría. Mientras más lentamente se enfríe el magma, más grandes serán los cristales.
- Las rocas ígneas félsicas son livianas y de colores claros, mientras que las rocas ígneas máficas son pesadas y de colores oscuros.
- El material ígneo que se solidifica en la superficie terrestre se llama volcánico y el que se solidifica en el interior de la corteza se llama intrusivo.

Experimentos

Crecimiento de cristales
(pág. 498)

☑ Comprobar destrezas

Conceptos de matemáticas

COMPOSICIÓN DE MINERALES Las rocas se clasifican no sólo por los minerales que contienen, sino también por las cantidades de esos minerales. Imagina que un tipo particular de granito esté hecho de feldespato, mica negra y cuarzo. Si sabes que el feldespato ocupa el 55 por ciento de la roca y la mica negra el 15 por ciento, entonces el 30 por ciento restante debe ser cuarzo.

55% feldespato + 15% mica negra + 30% cuarzo = 100% de granito	o	100% de granito 55% feldespato - 15% mica negra = 30% cuarzo

Comprensión visual

GRÁFICA CIRCULAR Las gráficas circulares de la página 85 te ayudan a representar mentalmente las cantidades relativas de minerales en los diferentes tipos de rocas. El círculo representa la roca íntegra o el 100%. Cada parte o "porción" del círculo representa una fracción de la roca.

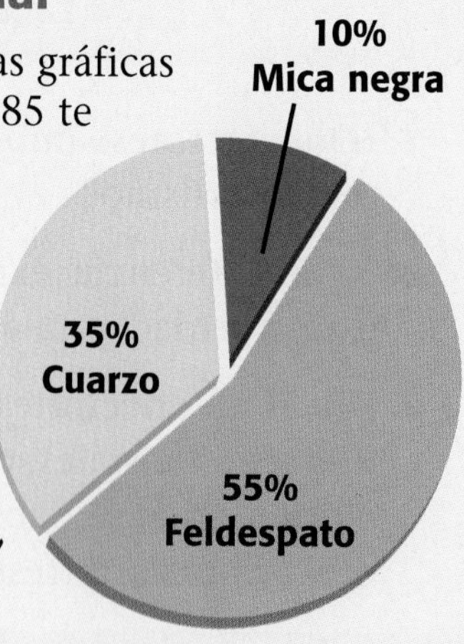

SECCIÓN 3

Vocabulario

estratos *(pág. 91)*
estratificación *(pág. 94)*

Notas de la sección

- Las rocas sedimentarias clásticas están hechas de fragmentos de roca y minerales que se compactan y unen. Las rocas sedimentarias químicas se forman cuando los minerales disueltos se cristalizan.
- Las rocas sedimentarias registran la historia de su formación en sus características. Algunas de las más comunes son los estratos, huellas de ondulación, grietas de desecación y fósiles.

Experimentos

Pongámonos sedimentales*(pág. 501)*

SECCIÓN 4

Vocabulario

esquistocidad *(pág. 98)*
no foliada *(pág. 98)*

Notas de la sección

- Un tipo de metamorfismo se produce cuando el magma calienta pequeñas áreas de rocas cercanas y cambia así su textura y composición.
- El metamorfismo se produce principalmente cuando el calor y la presión actúan en regiones amplias de la corteza terrestre.
- La composición de los minerales de una roca cambia cuando los minerales que la conforman se vuelven a cristalizar para formar nuevos minerales. Estos nuevos minerales son más estables bajo mayores niveles de temperatura y presión.
- La roca metamórfica que contiene granos minerales alineados se llama esquistosa o foliada y la roca que no contiene granos minerales alineados se llama no foliada.

Experimentos

Masa metamórfica *(pág. 503)*

internet

VISITA: go.hrw.com

Visita el sitio web de HRW para encontrar una serie de herramientas de aprendizaje relacionadas con este capítulo. Sólo tienes que escribir la palabra clave:

PALABRA CLAVE: HSTRCK

VISITA: www.scilinks.org

Visita el sitio web de la **Asociación Nacional de Maestros de Ciencias** *(National Science Teachers Association)* para ver los recursos de Internet relacionados con este capítulo. Sólo escribe el **ENLACE DE CIENCIAS** para obtener más información sobre el tema:

TEMA: Las rocas y la historia de la humanidad	**ENLACE:** HSTE080
TEMA: Las rocas en la arquitectura	**ENLACE:** HSTE085
TEMA: Composición de las rocas	**ENLACE:** HSTE090
TEMA: Formaciones rocosas	**ENLACE:** HSTE095
TEMA: Petra: La ciudad de roca	**ENLACE:** HSTE100

Repaso del capítulo

UTILIZAR EL VOCABULARIO

Escoge el término correcto para completar las siguientes oraciones:

1. La roca ígnea __?__ tiene más probabilidades de tener una textura granulada que la roca ígnea __?__. *(volcánica/intrusiva o intrusiva/volcánica)*

2. La textura de la roca metamórfica __?__ comprende granos minerales paralelos y alineados. *(esquistosa o no foliada)*

3. Las rocas sedimentarias __?__ se forman cuando los granos de arena se unen. *(clásticas o químicas)*

4. El (La) __?__ se enfría rápidamente en la superficie terrestre. *(lava o magma)*

5. Los estratos se ubican en las rocas __?__. *(ígneas o sedimentarias)*

COMPRENDER CONCEPTOS

Opción múltiple

6. Un tipo de roca que se forma en las profundidades de la Tierra cuando el magma se solidifica se denomina
   a. sedimentaria. **c.** orgánica.
   b. metamórfica. **d.** ígnea.

7. Un tipo de roca que se forma bajo temperaturas y presiones altas, pero que no se expone al calor lo suficiente para derretirse es la roca
   a. sedimentaria. **c.** orgánica.
   b. metamórfica. **d.** ígnea.

8. Luego de ser depositados, los sedimentos, tales como la arena, se convierten en roca sedimentaria al ser compactados y
   a. unidos.
   b. metamorfizados.
   c. derretidos.
   d. meterorizados.

9. Una roca ígnea con una textura de grano áspero se forma cuando
   a. el magma se enfría muy lentamente.
   b. el magma se enfría muy rápidamente.
   c. el magma se enfría rápidamente y luego lentamente.
   d. el magma se enfría lentamente y luego rápidamente.

10. La formación de capas que ocurre en las rocas sedimentarias se denomina
   a. esquistocidad. **c.** estratificación.
   b. huellas de ondulación. **d.** compactación.

11. Un ejemplo de una roca sedimentaria clástica es
   a. la obsidiana. **c.** la piedra caliza.
   b. la arenisca. **d.** el mármol.

12. Una estructura común de roca sedimentaria es
   a. una lámina intrusiva. **c.** una lámina cruzada.
   b. un plutón. **d.** un flujo de lava.

13. Un ejemplo de roca ígnea máfica es
   a. el granito. **c.** la cuarcita.
   b. el basalto. **d.** la piedra pómez.

14. Las rocas sedimentarias químicas se forman cuando
   a. el magma se enfría y solidifica.
   b. los minerales se organizan de otra forma.
   c. minerales se cristalizan a partir de una solución.
   d. los granos de arena se unen.

15. ¿Cuál de las siguientes opciones es una roca metamórfica esquistosa?
   a. la arenisca **c.** el esquisto
   b. el gneis **d.** basalto

Respuesta breve

16. En no más de tres oraciones explica el ciclo de las rocas.

17. ¿En qué se diferencian las areniscas de las piedras de sedimento? ¿En qué se asemejan?

18. En una o dos oraciones explica cómo la velocidad de enfriamiento del magma influye en la textura de la roca ígnea que se forma

Organizar conceptos

19. Utiliza los siguientes términos para crear un mapa de ideas: rocas clásticas, metamórfica, no foliada, ígnea, intrusiva, química, esquistosa, volcánica, sedimentaria.

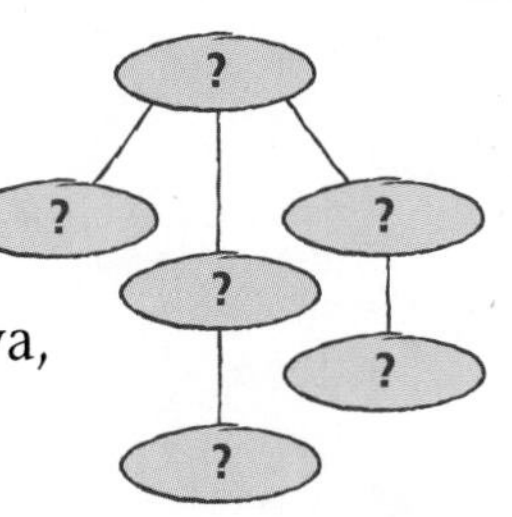

RAZONAMIENTO CRÍTICO Y RESOLUCIÓN DE PROBLEMAS

Escribe una o dos oraciones para responder a las siguientes preguntas:

20. La roca sedimentaria coquina está compuesta por fragmentos de conchas. ¿A cuál de los dos tipos de roca sedimentaria corresponderá esta roca? Explica por qué.

21. Si estuvieses buscando fósiles en las rocas alrededor de tu casa y las más cercanas fueran metamórficas, ¿encontrarías muchos fósiles? ¿Por qué?

22. Imagina que estás escribiendo un libro acerca de otro planeta. En tu libro mencionas que el planeta no tiene atmósfera ni clima. ¿Qué tipo de roca no encontrarías en ese planeta? Explica por qué.

23. Imagina que quieres extraer granito. Cuentas con todo el equipo, pero necesitas un sitio en donde hacerlo. Tienes dos terrenos entre los que puedes elegir. Un terreno contiene batolito de granito y el otro contiene láminas intrusivas de granito. Si ambos cuerpos plutónicos se encuentran a la misma profundidad, ¿cuál de los dos sería el más valioso? Explica tu respuesta.

LAS MATEMÁTICAS EN LAS CIENCIAS

24. Si se descompone una roca de granito de 60 kg en granos de arena y si la masa está compuesta por un 35 por ciento de cuarzo, ¿cuántos kilogramos de la arena corresponderán a granos de cuarzo?

INTERPRETAR GRÁFICAS

La curva roja de la siguiente gráfica muestra cómo cambia el punto de fusión de una roca al aumentar la temperatura y presión. Utiliza la gráfica para contestar las siguientes preguntas.

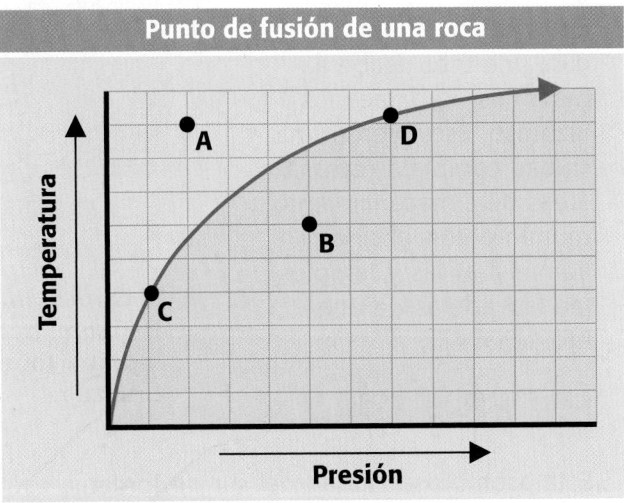

25. ¿Qué tipo de material, líquido o sólido, se encontraría en el punto A? ¿Por qué?

26. ¿Qué encontrarías en el punto B?

27. ¿Por qué esta roca tiene una temperatura de fusión más elevada en el punto D que en el punto C?

AHORA, ¿qué piensas?

Revisa tus respuestas a las preguntas de la página 79 que escribiste en el cuaderno de ciencias. ¿Han cambiado tus respuestas? Si es necesario, corrige tus respuestas basándote en lo que has aprendido en este capítulo.

Ciencia, Tecnología y Sociedad

La ciudad de roca

Cuando excavamos una ladera para construir una carretera o un edificio, usamos maquinaria pesada y explosivos. ¿Te imaginas hacer el mismo trabajo con un martillo y un cincel? Entre el año 300 a.C. y 200 d.C., una tribu árabe llamada los "nabataeanos" hizo eso. Esculpieron una ciudad completa (casas, áreas de almacenamiento, monumentos, oficinas administrativas y templos) ¡en las laderas de una montaña!

▲ *El edificio más famoso de Petra, el Tesoro, apareció en la película* Indiana Jones y la Última Cruzada.

La ciudad roja y rosada

Esta asombrosa ciudad del sur de Jordania es Petra (nombre que le dio el emperador romano Adriano durante su visita del año 131 d.C. Un poeta describió Petra como "la ciudad roja y rosada" porque todos los edificios y monumentos se esculpieron en las montañas de arenisca rosada que rodeaban Petra.

Con esta piedra rojiza, los nabataeanos trazaron la calle principal en el centro de la ciudad con columnas altas de piedra. La calle termina en lo que fuera el pie de la montaña pero que ahora se conoce como el Gran Templo, ¡un complejo religioso de piedra de dos pisos, más grande que una cancha de fútbol!

El Alto Lugar de Sacrificio, otro sitio cerca del centro de la ciudad, era la cima de una montaña. Los nabataeanos nivelaron la cima y crearon un lugar de adoración a más de 1,000 m sobre el valle. Hoy los visitantes suben escaleras hasta la cima. En el recorrido, pasan por docenas de tumbas esculpidas en los muros de roca rosada.

Tumbas y más tumbas

Hay más de 800 tumbas cavadas en las laderas de Petra y sus alrededores. Una de ellas, el Tesoro (creado para un gobernante nabataeano), ¡está a más de 40 m de altura! Es un espléndido edificio con una elaborada fachada. Junto a él, los nabataeanos esculpieron un amplio cuarto y dos más pequeños en las profundidades de la montaña.

Petra en decadencia

Los nabataeanos gobernaron desde Petra hasta Damasco. Adquirieron riqueza y poder mediante el control de importantes rutas de comercio cerca de Petra. Pero su riqueza atrajo al Imperio Romano y en el año 106 d.C., Petra se convirtió en una provincia romana. A pesar de que la ciudad prosperó bajo el Imperio Romano casi otro siglo, la decadencia del poder nabataeano había comenzado. Las rutas de comercio terrestres que los nabataeanos controlaron por siglos fueron abandonadas y reemplazadas por una ruta a través del mar Rojo. Los habitantes se trasladaron y la ciudad comenzó a desaparecer. En el siglo VII, quedaban de Petra sólo estructuras vacías.

¡Piénsalo!

► A veces se habla de Petra como una ciudad "hecha con magia". ¿Por qué una ciudad asi nos parecería "mágica"? ¿Qué motivaría a los nabataeanos a construir esta ciudad? Comparte tus ideas con una compañera o un compañero.

Escalpelos de vidrio

¿Te gustaría que tu cirujano usara un escalpelo de miles de años de antigüedad? Probablemente no, a menos que fuera una hoja de cuchillo de obsidiana, un vidrio volcánico natural. Nuestros ancestros usaron esas hojas y puntas de flechas por casi 18,000 años. Recientemente, los médicos han encontrado un nuevo uso para estas herramientas de la Edad de Piedra. Las hojas de obsidiana, que alguna vez se usaron para cazar mamuts lanudos, ahora se usan como escalpelos en el quirófano, la sala de operaciones.

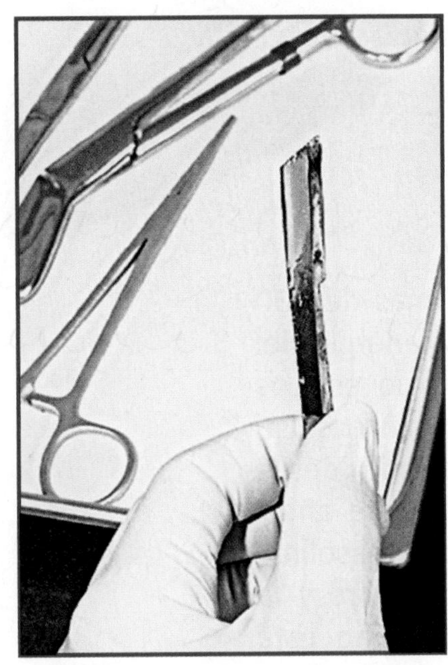

▲ *Un escalpelo de obsidiana puede tener un filo del espesor de una sola molécula.*

¿Obsidiana o acero inoxidable?

Tradicionalmente, los médicos han usado escalpelos de acero inoxidable de bajo costo para los procedimientos quirúrgicos. Los escalpelos de acero cuestan alrededor de $2 cada uno y los cirujanos los usan sólo una vez y los desechan. Los escalpelos de obsidiana son más caros, alrededor de $20 cada uno, pero pueden usarse muchas veces antes de que pierdan su filo. Además, los escalpelos de obsidiana pueden ser hasta 100 veces más afilados que los escalpelos tradicionales.

Los escalpelos de acero rasgan la piel durante la cirugía. Los escalpelos de obsidiana dividen la piel y causan mucho menos daño. Algunos cirujanos plásticos usan hojas de obsidiana para hacer incisiones finísimas que casi no dejan cicatrices. Una incisión con escalpelo de obsidiana cicatriza más rápidamente porque la hoja causa menos daño a la piel y otros tejidos.

Muchos pacientes tienen reacciones alérgicas a ciertos componentes minerales de las hojas de acero. Por lo general, estos pacientes no tienen estas reacciones cuando se usan escalpelos de obsidiana. Con todas estas ventajas, no es extraño que algunos médicos hayan adoptado los escalpelos de obsidiana.

Una larga tradición

Los antiguos indígenas estadounidenses fueron de los primeros pueblos en notar que la obsidiana tallada tiene bordes muy afilados. Ellos fabricaban puntas de flechas y hojas de cuchillos de obsidiana tallando a mano la roca. Hoy en día los escalpelos de obsidiana se labran de forma muy similar por un *picapedrero,* una persona que fabrica herramientas de piedra a mano. Ellos usan la misma técnica básica que se ha usado por miles de años para hacer hojas de obsidiana y otras herramientas de piedra.

Descúbrelo tú mismo.

▶ La fabricación de hojas de obsidiana y otras herramientas de piedra requiere mucha destreza. Averigua los pasos que un picapedrero sigue para crear una herramienta de piedra. Busca un trozo de roca e intenta seguir los pasos para crear tu propia herramienta de piedra. Procura no golpearte los dedos y utiliza anteojos protectores.

CAPÍTULO

5 Recursos energéticos

Imagínate. . .

Te desplazas por la carretera a más de 100 km/h sólo con el impulso de la energía del Sol. ¿Suena imposible? Pues no lo es. Los automóviles solares, que funcionan exclusivamente con electricidad obtenida de la energía del Sol, han existido durante años. A diferencia de los automóviles de gasolina, estos vehículos no contaminan el aire y la disponibilidad de la energía solar no está limitada como la gasolina. ¡Los científicos esperan que el Sol emita energía por miles de millones de años! La gasolina, por otro lado, proviene del petróleo que se cree que comenzará a escasear en el siglo XXI.

Entonces, ¿por qué no hay automóviles solares por las calles de tu ciudad? Principalmente, porque la tecnología tiene todavía un largo camino por recorrer para que estos automóviles sean prácticos. Pero está avanzando y quizá pronto los automóviles solares sean una opción para los automovilistas. Observa estos automóviles solares y prepárate para aprender cómo la energía solar se integra a nuestra gran variedad de recursos energéticos.

En todo el mundo, las empresas automotrices, universidades y tecnólogos experimentales están constantemente desarrollando automóviles solares más eficientes.

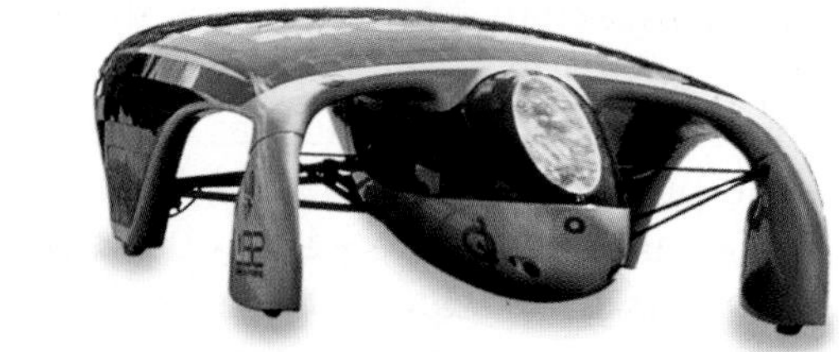

¿Cuál es el color favorito del Sol?

¿Existen colores que absorban mejor la energía solar? Si es así, ¿cómo se podría relacionar esto con la obtención de energía solar? Para responder estas preguntas, trata de hacer la siguiente actividad.

Procedimiento

1. Consigue al menos cinco **globos** del mismo tamaño y forma. Un globo debe ser blanco y el otro negro. El resto puede ser de cualquier color.
2. Con un par de **tijeras** corta al menos la mitad del cuello de los globos.
3. Coloca un **cubo de hielo grande** o varios cubos pequeños en cada globo. Cada globo debe tener la misma cantidad de hielo.
4. Alinea los globos en una superficie plana de un solo color que reciba luz solar directa. Asegúrate de que todos los globos reciban la misma cantidad de luz solar y que sus orificios no estén orientados directamente hacia el Sol.

¿Tú qué piensas?

Usa tus conocimientos para responder a las siguientes preguntas en tu cuaderno de ciencias:

1. Enumera cuatro recursos no renovables.
2. ¿De qué recurso energético dependen más los seres humanos actualmente?
3. ¿Qué diferencia existe entre una célula solar y un panel solar?

5. Anota cuánto tiempo demora el hielo en derretirse completamente en cada globo. Puedes saber cuánto hielo se ha derretido al pinchar el orificio del globo y luego oprimir suavemente el globo.

Análisis

6. ¿En qué globo se derritió primero el hielo? ¿Por qué?
7. ¿De qué color pintarías un dispositivo utilizado para obtener energía solar?

Sección 1

Recursos naturales

VOCABULARIO

recurso natural
recurso renovable
recurso no renovable
reciclaje

OBJETIVOS

- Determina cómo usamos los recursos naturales.
- Compara los recursos renovables con los no renovables.
- Explica cómo podemos conservar los recursos naturales.

La Tierra es un sistema gigante que mantiene la vida de toda la humanidad. La atmósfera, el agua y la corteza sólida de la Tierra nos proporcionan casi todo lo necesario para sobrevivir. La atmósfera proporciona el aire para respirar, distribuye el calor para mantener la temperatura del aire y produce lluvia. Los océanos y otras formaciones de agua de la Tierra proporcionan alimentos y fluidos. La parte sólida de la Tierra proporciona nutrientes y minerales.

La interacción entre los sistemas de la Tierra puede producir cambios en sus ambientes. Los organismos deben adaptarse a estos cambios para sobrevivir. Los humanos han ideado formas de supervivencia usando los recursos naturales que les permiten cambiar sus entornos. Un **recurso natural** es cualquier substancia, organismo o forma de energía natural que usen los seres vivos. Pocos recursos naturales de la Tierra se utilizan en su estado natural, la mayoría se convierten en productos que permiten a las personas vivir más cómoda y convenientemente, como se muestra en la **Figura 1.**

Figura 1 *La madera, la gasolina y la electricidad son productos que provienen de los recursos naturales.*

Recursos renovables

Algunos recursos naturales son renovables. Un **recurso renovable** es un recurso natural que se puede usar y reemplazar en un período de tiempo relativamente corto. La **Figura 2** muestra varios ejemplos de recursos renovables. Aunque muchos recursos son renovables, a menudo los gastan antes de que se puedan reemplazar. Los árboles, por ejemplo, son renovables, pero a veces se talan tan rápidamente que no alcanzan a crecer otros árboles para reemplazarlos.

Figura 2 *El agua dulce, los peces y los árboles son sólo algunos de los recursos renovables disponibles en la Tierra.*

Recursos no renovables

No todos los recursos naturales de la Tierra son renovables. Un **recurso no renovable** es un recurso natural que no se puede reemplazar o que sólo puede reemplazarse después de miles o millones de años. Algunos ejemplos de recursos no renovables se muestran en la **Figura 3.** La cantidad de recursos no renovables de la Tierra está limitada por su disponibilidad para su uso por los humanos. Cuando se agoten los recursos no renovables, dejarán de estar disponibles. Por ejemplo, el petróleo y el gas natural existen en cantidades limitadas. Cuando estos recursos comiencen a escasear, tendremos que encontrar otros recursos para reemplazarlos.

Figura 3 *Cuando se hayan agotado los recursos no renovables, como el carbón, el gas natural y el mineral de hierro sólo se podrán reemplazar después de miles o millones de años.*

Encuentra cinco productos en tu hogar que procedan de recursos naturales. Enumera el recurso o los recursos utilizados para fabricar cada producto. Clasifica cada recurso como renovable o no renovable. ¿Los productos están hechos principalmente de recursos renovables o no renovables? ¿Los recursos renovables son abundantes en la Tierra? ¿Los humanos utilizan dichos recursos renovables más rápidamente de lo que se pueden reemplazar? ¿Qué puedes hacer para contribuir a la conservación de los recursos renovables y no renovables que se estén volviendo escasos?

Figura 4 *Puedes reciclar muchos artículos domésticos para contribuir a la conservación de los recursos naturales.*

Conservar los recursos naturales

Debemos ser cuidadosos al utilizar los recursos renovables y no renovables. Para conservar los recursos naturales, tratemos de usarlos sólo cuando sea necesario. Por ejemplo, dejar la llave abierta mientras te lavas los dientes desperdicia agua limpia. Si cierras la llave y sólo la abres para enjuagar tu cepillo, ahorrarás agua que tú y otras personas necesitan para otros usos.

Otra forma de conservar los recursos naturales es mediante el reciclaje, como se muestra en la **Figura 4. El reciclaje** es el uso de materiales usados o desechados para elaborar nuevos productos. El reciclaje permite a los fabricantes volver a usar los recursos naturales para hacer nuevos productos. Esto reduce la cantidad de recursos naturales que se extraen de la Tierra. Por ejemplo, el reciclaje de latas de aluminio para fabricar más latas reduce la cantidad de aluminio que se tendría que obtener de la corteza terrestre.

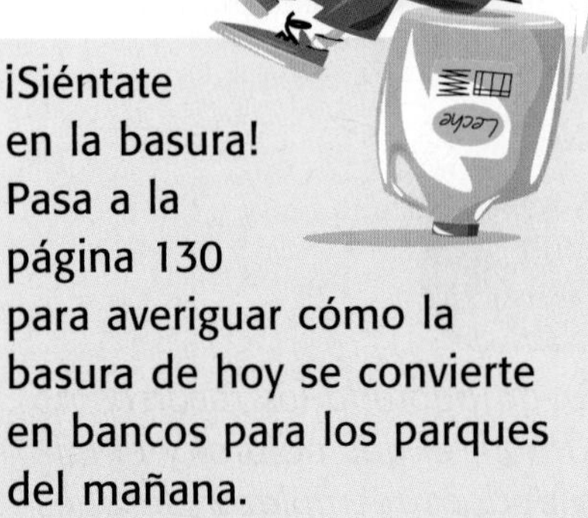

¡Siéntate en la basura! Pasa a la página 130 para averiguar cómo la basura de hoy se convierte en bancos para los parques del mañana.

REPASO

1. ¿Cómo usan los humanos la mayor parte de los recursos naturales?
2. ¿Cuál es la diferencia entre los recursos renovables y los no renovables?
3. Nombra dos maneras de conservar los recursos naturales.
4. **Aplicar conceptos** Enumera tres recursos renovables que no se hayan mencionado en esta sección.

Sección 2

Combustibles fósiles

VOCABULARIO

recurso energético	carbón
combustible fósil	minería a cielo abierto
petróleo	lluvia ácida
gas natural	esmog

OBJETIVOS

- Clasifica las diferentes formas de combustibles fósiles.
- Determina cómo se forman los combustibles fósiles.
- Identifica dónde se encuentran combustibles fósiles en los Estados Unidos.
- Explica cómo se obtienen los combustibles fósiles.
- Identifica problemas relacionados con los combustibles fósiles.
- Enumera formas de tratar los problemas relacionados con los combustibles fósiles.

Los **recursos energéticos** son recursos naturales que usamos para producir energía. Toda la energía liberada de estos recursos proviene del Sol. Actualmente, los recursos energéticos de los que dependemos son los combustibles fósiles. Los **combustibles fósiles** son recursos energéticos no renovables que se forman en la corteza terrestre durante millones de años a partir de los restos enterrados de organismos. Hay combustibles fósiles en forma de líquidos, gases y sólidos y todos liberan energía al quemarse. Hay varios métodos para obtenerlos y procesarlos dependiendo del tipo, el lugar en que se encuentre y cómo se haya formado. Desgraciadamente, estos métodos pueden tener un impacto negativo en el ambiente.

Combustibles fósiles líquidos: el petróleo

El **petróleo,** o petróleo crudo, es una mezcla oleosa de compuestos orgánicos inflamables de donde se derivan los combustibles fósiles líquidos y otros productos como el asfalto. Las refinerías separan los componentes combustibles fósiles y otros productos derivados del petróleo, como se ilustra en la **Figura 5.** Combustibles como la gasolina, el combustible de reactor, el diesel y el aceite de petróleo son derivados del petróleo.

Figura 5 *Los combustibles fósiles y otros productos se extraen del petróleo en un proceso llamado* fraccionamiento. *En este proceso, el petróleo se calienta gradualmente en una torre de modo que los distintos componentes hiervan y se evaporen a diferentes temperaturas. Los componentes más livianos se evaporan primero y se acumulan en la parte superior de la torre, mientras que los componentes más pesados se evaporan al último y se acumulan en la parte inferior de la torre.*

El petróleo y el gas natural están hechos de componentes denominados hidrocarburos. Un *hidrocarburo* es un compuesto orgánico que sólo contiene carbono e hidrógeno.

Combustibles fósiles gaseosos: el gas natural

Los combustibles fósiles gaseosos se clasifican como **gas natural.** El gas natural se utiliza en la calefacción y generación de electricidad. Muchos vehículos motorizados, como la vagoneta de la **Figura 6,** utilizan gas natural licuado. Esos vehículos contaminan menos la atmósfera que los vehículos de gasolina.

El metano es el componente principal del gas natural y se pueden extraer y utilizar otros de sus componentes, como el butano y el propano. El butano se usa en los hornillos de campamento y el propano en la calefacción y para cocinar, especialmente en las parrillas para exteriores.

Figura 6 *Los vehículos que funcionan con gas natural licuado se están volviendo cada vez más comunes.*

Figura 7 *El carbón se reúne para quemarlo en la central energética que se ve al fondo. Al quemar carbón se produce energía que puede ser convertida en electricidad.*

Combustibles fósiles sólidos: el carbón

El combustible fósil sólido que usamos más frecuentemente es el carbón. El **carbón** es un combustible fósil que se forma debajo de la tierra a partir de material vegetal enterrado y descompuesto. Es el único combustible fósil rocoso y fue la fuente principal de energía en los Estados Unidos. Las personas quemaban carbón con fines de calefacción y transporte. Muchos trenes del siglo XIX y principios del XX funcionaban con locomotoras de vapor que quemaban carbón. Ahora se usa menos porque contamina y porque hay mejores recursos energéticos. Pero muchas centrales eléctricas, como la de la **Figura 7,** lo usan para producir electricidad.

¿Cómo se forman los combustibles fósiles?

Los combustibles fósiles se forman de distintas maneras, de restos de organismos antiguos. El petróleo y el gas natural se forman principalmente de restos de vida marina microscópica. Cuando estos organismos mueren, sus restos quedan en el fondo del mar donde se descomponen y se vuelven parte del sedimento oceánico. Con el tiempo, el sedimento se transforma en roca y atrapa los restos descompuestos. Millones de años de cambios químicos y físicos convierten los restos en petróleo y gas. Poco poco se forman otras rocas sobre las que contienen los combustibles fósiles. La presión de las rocas y del sedimento superpuesto, exprimen los combustibles fósiles de las rocas madres y los introducen en rocas permeables. Como se ve en la **Figura 8,** estas rocas permeables se convierten en yacimientos petrolíferos y de gas natural. La formación de petróleo y gas natural es un proceso constante. Es probable que parte de los restos de la vida marina actual se conviertan en petróleo y gas natural dentro de millones de años.

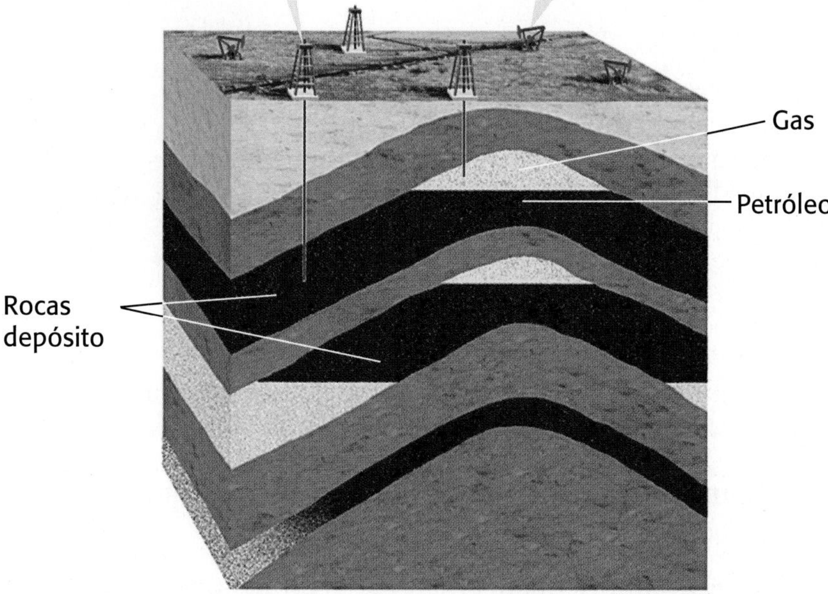

Figura 8 *El petróleo y el gas suben desde la roca madre a la roca depósito. A veces la roca superpuesta, que es impermeable, atrapa los combustibles. Las rocas que están plegadas hacia arriba son excelentes trampas de combustibles fósiles.*

Pasa a la página 131 para leer acerca de la "fiebre del petróleo" del siglo XIX en los Estados Unidos.

Laboratorio

Esponja de roca

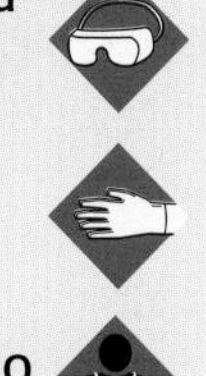

¿Qué propiedades de la roca depósito permiten que el petróleo y el gas sean extraídos fácilmente? Investiga esta cuestión, realizando la siguiente actividad:

1. Coloca muestras de **piedra arenisca, piedra caliza** y **esquisto** en diferentes **recipientes de Petri.**
2. Agrega 5 gotas de **aceite fluido para maquinaria** en cada una de las muestras de rocas.
3. Observa y registra el tiempo necesario para que cada muestra absorba el aceite.
4. ¿Qué roca absorbió el aceite más rápidamente? ¿Por qué?
5. Según tus descubrimientos, describe una propiedad de la roca depósito que permita extraer fácilmente los combustibles fósiles. Escribe tus respuestas y observaciones en tu cuaderno de ciencias.

El carbón se forma de manera distinta que el petróleo y el gas natural. Se forma durante millones de años debajo de la tierra a partir de plantas descompuestas que se depositan en el fondo de los pantanos. Allí comienza su formación, que se ilustra abajo. Observa cómo aumenta el porcentaje de carbono en cada etapa. Mientras mayor sea el contenido de carbono, más fácilmente se quemará el material; pero todos los grados de carbón contaminan el aire al quemarse.

REPASO

1. Nombra un combustible fósil sólido, uno líquido y otro gaseoso.
2. ¿Qué componente del material orgánico que forma el carbón aumenta en cada paso de la formación del carbón?
3. **Comparar conceptos** ¿Qué diferencia existe entre el material orgánico del cual se forma el carbón y el que sirve para formar el petróleo y el gas natural?

¿Dónde se encuentran los combustibles fósiles?

Hay combustibles fósiles en la tierra y debajo del océano. Como se ve en la **Figura 9,** los Estados Unidos tiene grandes reservas de petróleo, gas natural y carbón. Sin embargo, importamos casi la mitad de nuestro petróleo y sus derivados del Oriente Medio, Sudamérica y África.

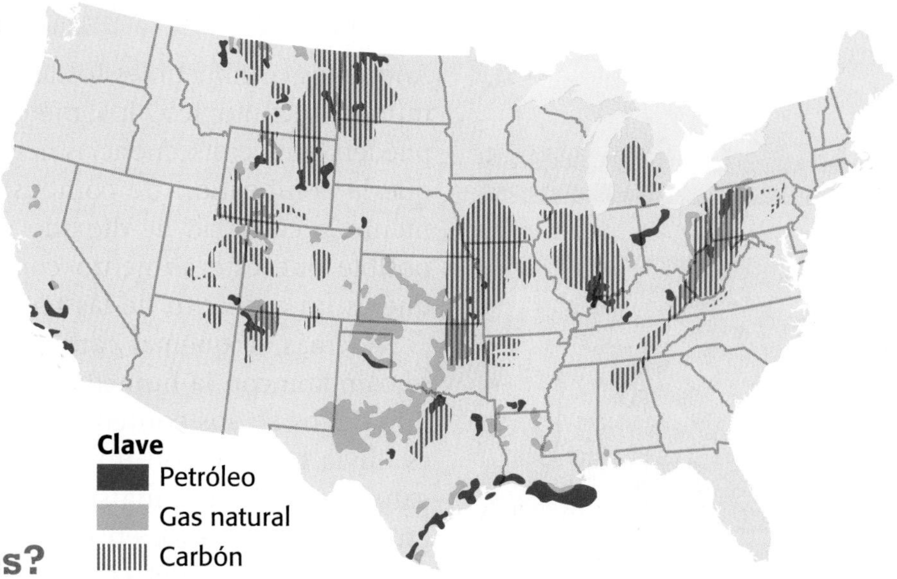

Clave
Petróleo
Gas natural
Carbón

Figura 9 *Los yacimientos de carbón de los Estados Unidos varían desde unos pocos centímetros a casi 50 m de ancho. La mayoría del petróleo y el gas producidos en los Estados Unidos provienen de California, Louisiana y Texas. También existen grandes reservas de petróleo y gas en Alaska y fuera de las costas del golfo de México.*

¿Cómo obtenemos combustibles fósiles?

Hay varios métodos para extraer combustibles fósiles de la corteza terrestre, dependiendo del tipo de combustible que se desee obtener y su ubicación. El petróleo y el gas natural se extraen perforando pozos en las rocas que los contienen. Hay pozos de petróleo en tierra y en el océano. En mar abierto, los ingenieros montan perforadoras sobre plataformas que se fijan sobre el suelo oceánico o flotan en la superficie. La **Figura 10** muestra una plataforma marina de prospección petrolífera.

El carbón se obtiene mediante la perforación profunda de la superficie terrestre o la minería a cielo abierto. En la **minería a cielo abierto** se arranca la roca y la tierra de la superficie para exponer los materiales como en yacimientos de carbón de poca profundidad. La **Figura 11** muestra una mina de carbón a cielo abierto.

Figura 10 *Grandes plataformas marinas de prospección petrolífera operan en mar abierto en lugares como el Golfo de México y el Mar del Norte. Algunas exceden los 300 m de altura.*

Figura 11 *Los mineros en minas a cielo abierto usan explosivos para explotar la roca y la tierra para así exponer el material que se va a extraer.*

Figura 12 *La lluvia ácida puede presentarse como lluvia, nieve, neblina o cualquier otra forma de precipitación. La lluvia ácida puede disolver partes de estatuas (arriba) y matar árboles (abajo).*

Problemas relacionados con los combustibles fósiles

Anque los combustibles fósiles proporcionan energía a nuestro mundo tecnológico, los métodos para obtenerlos y usarlos pueden tener consecuencias negativas. Algunos científicos creen que la combustión de combustibles fósiles aumenta notablemente la cantidad de dióxido de carbono en la atmósfera. Es posible que este aumento contribuya al *calentamiento global,* que es un aumento de las temperaturas mundiales promedio.

Además, al quemar carbón se libera dióxido de azufre. Éste se combina con la humedad del aire y produce ácido sulfúrico, uno de los ácidos contenidos en la lluvia ácida. La **lluvia ácida** es lluvia o nieve con un alto contenido de ácidos. Afecta negativamente a la fauna silvestre, las plantas, los edificios y las estatuas, como se ve en la **Figura 12.**

La extracción del carbón también puede crear problemas ambientales. La minería a cielo abierto saca la tierra que las plantas necesitan para crecer y que algunos animales necesitan para refugiarse lo cual puede causar la destrucción de los hábitats. Las minas de carbón muy profundas, como la de la **Figura 13,** pueden ser peligrosas para las personas que trabajan allí. La extracción de petróleo también puede causar problemas ambientales. En 1989, el barco tanque *Exxon Valdez* derramó cerca de 260,000 barriles de petróleo crudo en el agua al encallar en las costas de Alaska. El petróleo mató millones de animales y perjudicó a la industria pesquera local.

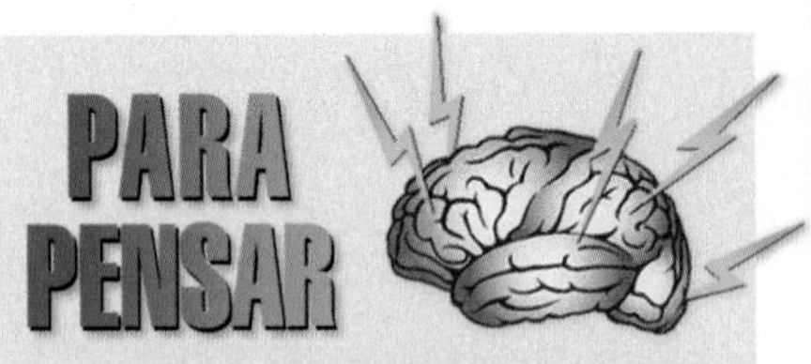

Aunque algunos países han reducido el uso de carbón, las reservas de carbón no durarán más de 250 años si se mantiene la actual tasa de consumo.

Figura 13 *El polvo de carbón puede dañar el sistema respiratorio humano. Además, debido a que este polvo es inflamable, aumenta el peligro de incendio y explosión en las minas.*

Además de contribuir al calentamiento global, la combustión de productos de petróleo causa un problema ambiental denominado esmog. El **esmog** es una niebla fotoquímica producida por la reacción de la luz solar y los contaminantes del aire. El esmog es un problema serio en Denver y Los Angeles. En estas ciudades, el Sol brilla casi siempre, hay millones de automóviles y las montañas cercanas obstaculizan el viento que podría alejar a los contaminantes. La **Figura 14** muestra una ciudad con esmog. Los niveles de esmog en ciudades como Denver y Los Ángeles han comenzado a disminuir en los últimos años.

Figura 14 *El esmog reduce la visibilidad y es peligrosa para el sistema respiratorio humano.*

Cómo tratar los problemas asociados con los combustibles fósiles

Entonces, ¿qué se puede hacer para resolver los problemas asociados con los combustibles fósiles? Obviamente no podemos dejar de usar los combustibles fósiles, pues dependemos mucho de ellos. Pero existen medidas que podemos tomar para reducir sus efectos negativos: viajar en automóviles sólo cuando sea indispensable, compartir un vehículo, andar en bicicleta, caminar y usar el transporte público ayuda a reducir la cantidad de automóviles en las calles y así se reducen los efectos negativos de los combustibles fósiles, aunque no se eliminan. Sólo con ciertos recursos energéticos alternativos (que conocerás en la próxima sección) podremos eliminarlos.

Figura 15 *Al usar el transporte público u otros medios de transporte podremos reducir la contaminación del aire debida a los combustibles fósiles.*

REPASO

1. Nombra un estado que tenga reservas de petróleo, gas natural y carbón.
2. ¿Cómo obtenemos petróleo y gas natural? ¿Cómo obtenemos carbón?
3. Nombra tres problemas asociados con los combustibles fósiles y tres formas de reducir sus efectos negativos.
4. **Hacer deducciones** ¿Por qué los Estados Unidos importa petróleo de otras regiones aunque tiene sus propias reservas?

Sección 3

Recursos alternativos

VOCABULARIO

energía nuclear
energía solar
energía eólica
energía hidroelectrica
biomasa
gasohol
energía geotérmica

OBJETIVOS

- Describe alternativas para reemplazar los combustibles fósiles.
- Enumera las ventajas y desventajas del uso de recursos energéticos alternativos.

Las necesidades energéticas de la industria, el transporte y la vivienda se satisfacen cada vez más mediante la electricidad. Pero la mayor parte de la electricidad proviene de combustibles fósiles, recurso no renovable que contamina al ser utilizado. En el pasado, se encontraron nuevas reservas para compensar las que se consumían. Pero esto no puede continuar por siempre. Para mantener nuestro estilo de vida actual, debemos buscar nuevos recursos energéticos.

Dividir el átomo

La **energía nuclear** es un recurso energético alternativo que proviene del núcleo de los átomos. Casi siempre se produce mediante un proceso denominado *fisión.* La fisión es un proceso por el cual se separa el núcleo de los átomos radioactivos para liberar energía, tal como se muestra en la **Figura 16.** Las plantas de energía nuclear usan como combustible átomos radioactivos, como el uranio-235. La energía se utiliza para producir vapor que hace funcionar los generadores en la planta.

Existen más de 400 plantas de energía nuclear alrededor del mundo. Cerca del 75 por ciento de la electricidad de Francia proviene de la energía nuclear, pero menos del 10 por ciento de la utilizada en los Estados Unidos proviene de esta fuente.

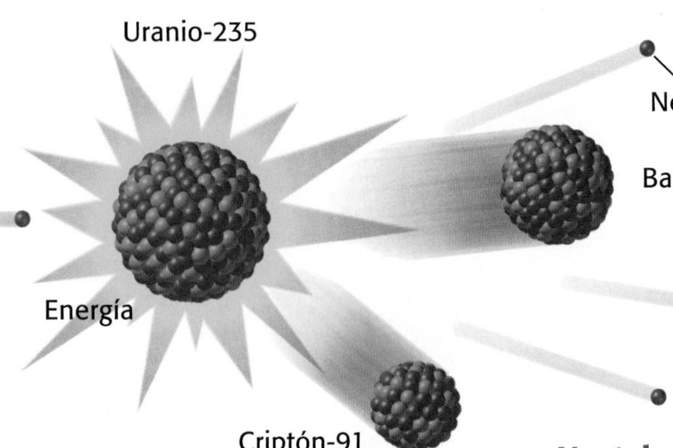

Figura 16 *El proceso de fisión genera una enorme cantidad de energía.*

Ventajas y desventajas Las centrales de energía nuclear proveen recursos energéticos alternativos sin las complicaciones asociadas con los combustibles fósiles. Entonces, ¿por qué no utilizamos energía nuclear en vez de combustibles fósiles? Las centrales de energía nuclear producen desechos peligrosos pues son radioactivos. Los desechos que aparecen en la **Figura 17** deben ser eliminados de las plantas y almacenados hasta perder su radioactividad. Pero los desechos nucleares pueden permanecer radioactivos durante miles de años. Se debe encontrar un lugar apropiado para almacenarlos de modo que no se escape la radiación al medio ambiente.

Figura 17 *El símbolo de este barril de desechos tóxicos representa la radioactividad. No debes acercarte a aquellas áreas u objetos que lleven este símbolo sin antes adoptar las medidas apropiadas.*

Como las centrales de energía nuclear generan mucho calor, se utilizan grandes cantidades de agua en torres de enfriamiento, como las que aparecen en la **Figura 18,** para enfriar las plantas. Si el sistema de enfriamiento de una planta dejara de funcionar, la central se sobrecalentaría y se podría derretir su reactor. Una gran cantidad de radiación se escaparía al medio ambiente, tal como sucedió en Chernobyl, en Ucrania, en 1986.

Pero existe otro tipo de energía nuclear que es tan abundante que se podría considerar inagotable. Dicha energía se produce mediante la *fusión.* La fusión es la unión de núcleos de pequeños átomos para formar átomos más grandes. Se cree que este es el mismo proceso que produce energía en el Sol.

La ventaja principal de la fusión, comparada con la fisión, es que la fusión produce pocos desechos peligrosos. La desventaja principal de la fusión es que se requieren altísimas temperaturas para que se produzca la reacción. No se conoce ningún material que pueda resistir temperaturas tan altas, de modo que la reacción debe ocurrir en un entorno especial, tal como un campo magnético. Hasta ahora, la fusión se ha limitado a los experimentos de laboratorio.

Figura 18 *Las torres de enfriamiento representan sólo uno de los mecanismos de seguridad de las centrales nucleares. Su propósito es prevenir el sobrecalentamiento de la central.*

Sentados al Sol

Cuando los rayos solares caen sobre tu piel, el calor que sientes procede de la energía solar. La **energía solar** es la energía proveniente del Sol. Todos los días, la Tierra recibe una cantidad suficiente de energía para cumplir con todas nuestras necesidades energéticas. Además, debido a que la Tierra recibe energía solar continuamente, este es un recurso renovable.

Existen dos formas comunes de utilizar la energía solar. Es posible que el uso más común sea su conversión directa a electricidad. La luz solar se puede convertir en electricidad mediante el uso de celdas solares. Quizás alguna vez has utilizado una calculadora, como la que se muestra en **Figura 19,** que funcione con celdas solares.

Figure 19 *Esta calculadora solar recibe toda la energía que requiere a través de cuatro celdas solares colocadas sobre su pantalla.*

a través de las ciencias CONEXIÓN

¿Sabías que la energía proveniente del petróleo, el carbón y el gas natural es en realidad una forma de energía solar almacenada? En definitiva, todos los organismos obtienen su energía de la luz solar y la almacenan en sus células. Cuando los organismos ancestrales murieron y quedaron atrapados en el sedimento, parte de su energía quedó almacenada en los combustibles fósiles que se formaron en el sedimento. De modo que la gasolina que hace funcionar a los automóviles modernos contiene energía de la luz solar que cayó sobre la Tierra hace millones de años.

Una sola celda solar produce una pequeña cantidad de electricidad. En pequeños dispositivos electrónicos, tales como las calculadoras, esto no presenta un problema ya que se puede obtener suficiente energía con unas pocas celdas. Pero para proveer electricidad a objetos de mayor tamaño, tales como una casa, se requieren miles de celdas. ¿Alguien lo ha intentado? Por supuesto que sí. Muchas casas y negocios utilizan paneles solares sobre sus techos para obtener gran parte de la electricidad que requieren. Los paneles solares son paneles grandes compuestos de muchas celdas conectadas entre sí. La **Figura 20** muestra un edificio con paneles solares.

Figure 20 *Aunque su instalación sea costosa, los paneles solares son una buena inversión a largo plazo.*

Figure 21 *Es posible que hayas visto paneles solares utilizados de esta forma en tu ciudad.*

Las celdas solares son seguras, no emiten ruido, no tienen partes móviles y pueden durar muchos años con poco mantenimiento. No producen ningún tipo de contaminación durante su uso y la contaminación generada durante su fabricación es mínima.

Entonces, ¿por qué no utilizamos celdas solares? La respuesta es el costo. Mientras que la energía solar es gratis, la fabricación de la celdas solares es relativamente costosa. En una casa que cuenta con suficientes paneles solares para proveer toda la electricidad necesaria, el costo del sistema de energía solar podría equivaler a un tercio del costo total de la casa. Pero en áreas remotas donde los cables eléctricos son difíciles y costosos de instalar, los sistemas de energía solar podrían ser una opción realista. Hoy día en los Estados Unidos, miles de hogares utilizan paneles solares para producir electricidad.

¿Puedes recordar otros lugares donde hayas visto paneles solares? Observa la **Figura 21.** Incluso existen aviones y vehículos solares en fase experimental, tales como los automóviles sobre los cuales leíste al comienzo de este capítulo.

Otro uso de la energía solar es la calefacción directa mediante colectores solares. Los colectores solares son cajas obscuras con tapas de vidrio o plástico. El Sol brilla a través de estas cajas y aumenta la temperatura interior. Las cajas contienen tubos llenos de líquido. A medida que el líquido se mueve dentro de la caja, éste aumenta de temperatura. Uno de los usos comunes de los colectores solares es el calentamiento de agua, como se muestra en la **Figura 22.**

Al igual que las celdas solares, el problema de los colectores solares es su costo. Sin embargo, vale la pena invertir en ellos pues el calentamiento de agua es uno de los usos principales de la electricidad en los hogares estadounidenses. Además, los colectores solares se pueden utilizar para generar electricidad.

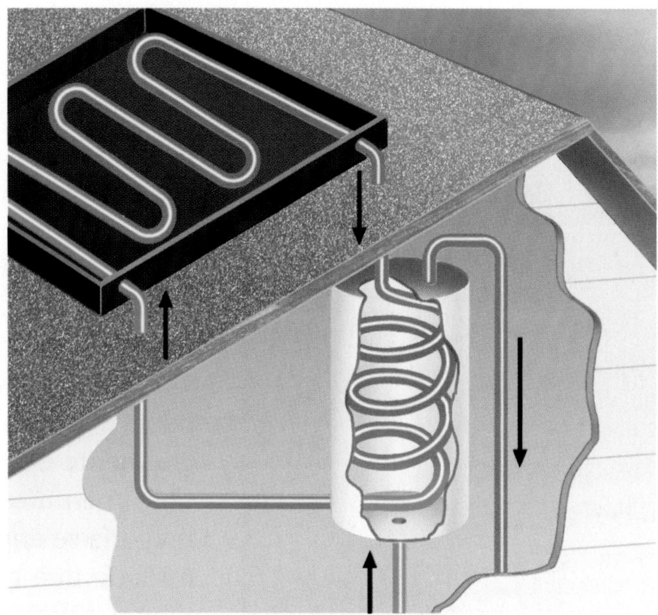

Figure 22 *Una vez que el Sol calienta el líquido en los colectores, éste se bombea a través de los tubos dentro de un calentador de agua que aumenta la temperatura del agua.*

Energía solar a gran escala Hasta ahora has visto cómo las celdas y los paneles solares pueden generar electricidad para un edificio u otro objeto aislado. Pero, ¿se puede proveer energía solar a objetos múltiples? Los establecimientos de energía solar experimentales, tales como el que aparece en la **Figura 23,** han demostrado que se puede. Los establecimientos como éste están diseñados para utilizar espejos que reflejan la luz solar sobre cañerías revestidas de acero llenas de aceite sintético. La luz solar calienta el aceite y luego se utiliza para calentar el agua. El agua líquida calentada se convierte en vapor, que luego se utiliza para impulsar generadores eléctricos.

Experimentos

Pasa a la página 506 para calcular la magnitud de la energía solar

Un diseño alternativo utiliza espejos que reflejan la luz solar sobre un receptor que se encuentra en una torre central. El receptor captura la energía solar y la almacena en tanques de sal derretida. Luego, ésta se utiliza para generar vapor, que impulsa una turbina en un generador eléctrico. *Solar Two,* diseñado de esta forma, puede generar suficiente energía para proveer energía a 10,000 hogares en el sur de California.

Figure 23 *Esta planta solar en el desierto de Mojave tiene 1,926 espejos que siguen los rayos solares denominados* helióstatos.

Captura el viento

Figure 24 *Molinos de viento como éste aún son comunes en las áreas rurales de los Estados Unidos.*

El viento se crea indirectamente por la energía solar mediante el calentamiento desigual del aire. Existe una enorme cantidad de energía en el viento denominada **energía eólica.** Puedes ver los efectos de esta energía en un huracán o tornado. La energía eólica puede hacer girar un molino de viento, como el que se muestra en la **Figura 24,** que bombea agua o genera electricidad. Desde la década de 1920, pequeños molinos de viento han generado electricidad en los Estados Unidos.

Hoy, campos de modernas turbinas eólicas generan cantidades significativas de energía. Los conjuntos de turbinas generalmente se denominan granjas de viento. Estas granjas se ubican en áreas donde los vientos son fuertes y constantes. La mayoría se encuentran en California. Los científicos han determinado que ciertas áreas de 37 estados de los Estados Unidos tienen suficiente viento para mantener granjas de viento comerciales.

Existen muchas ventajas en el uso de la energía eólica. La energía eólica es renovable. Las granjas de vientos se pueden construir en sólo 3–6 meses. Las turbinas eólicas no producen dióxido de carbono u otros contaminantes durante su funcionamiento. El terreno utilizado para las granjas de viento también puede cumplir otros propósitos, tales como tierra de pastoreo, como se muestra en la **Figura 25.** Pero el viento sopla con la fuerza y continuidad suficiente para producir electricidad a gran escala sólo en ciertos lugares. Actualmente, la energía eólica representa sólo un pequeño porcentaje de la energía utilizada en los Estados Unidos.

Figure 25 *Las turbinas de viento ocupan una pequeña porción de suelo. Esto permite que la tierra de las granjas de viento se utilice con más de un propósito.*

REPASO

1. Describe brevemente dos formas en que se puede utilizar la energía solar.
2. Además de turbinas múltiples, ¿qué se requiere para producir electricidad a gran escala a partir de la energía eólica?
3. **Analizar Métodos** Las centrales de energía nuclear se encuentran en muchos lugares de los Estados Unidos. Pero pocas veces se encuentran en desiertos o en áreas extremadamente secas. ¿Por qué?

Energía hidroeléctrica

La energía de los saltos de agua se ha usado por miles de años. Las ruedas hidráulicas, como la que aparece en la **Figura 26,** han existido desde tiempos ancestrales. En los primeros años de la Revolución Industrial, las ruedas hidráulicas proveían energía a muchas industrias. Recientemente, la energía de los saltos se ha empezado a utilizar para generar electricidad. Esta electricidad se denomina **energía hidroeléctrica.**

Figura 26 *Los saltos de agua hacen girar las ruedas hidráulicas que, a su vez, hacen girar enormes piedras para moler granos y hacer harina*

La energía hidroeléctrica es barata, produce poca contaminación y es renovable ya que el agua se recicla constantemente desde el mar al aire, a la tierra y nuevamente al mar. Pero, al igual que la energía eólica, no está disponible en todas partes. Sólo se puede producir en lugares donde se pueden obtener grandes volúmenes de agua en pendiente. Se deben construir grandes presas, como la que aparece en la **Figura 27.** Existen muchas presas hidroeléctricas alrededor del mundo, pero la producción de energía hidroeléctrica se puede aumentar más aún. Existen muchos lugares en el mundo cuyas grandes caídas de agua no se están utilizando para generar electricidad.

Un aumento en el uso de energía hidroeléctrica podría reducir la demanda de combustibles fósiles, pero existen algunas desventajas. La construcción de grandes presas a menudo destruye otros recursos, tales como bosques y hábitats de vida silvestre. Por ejemplo, las presas hidroeléctricas en los ríos de Lower Snake y Columbia en Washington, interfieren en las trayectorias migratorias de poblaciones locales de salmón y truchas arco iris. Una gran cantidad de estos peces muere cada año debido a las alteraciones en sus ciclos de vida. Las presas también pueden disminuir la calidad del agua y crear problemas de erosión.

Figure 27 *La caída de agua hace girar las enormes turbinas dentro de las presas hidroeléctricas, lo cual genera electricidad para millones de personas.*

Experimentos

Pasa a la página 504 para construir tu propia rueda hidráulica.

Autoevaluación

¿En qué se parecen las ruedas hidráulicas a las presas hidroeléctricas? *(Consulta la página 564 para comprobar tu respuesta.)*

Plantas poderosas

Las plantas son similares a los colectores solares pues absorben la energía proveniente del Sol y la almacenan. Hojas, madera y otras partes de las plantas contienen la energía almacenada. Incluso el estiércol de los animales herbívoros tiene un alto contenido de energía. Dichas fuentes de energía se denominan biomasa. La **biomasa** es materia orgánica que contiene energía almacenada.

La energía de la biomasa se puede liberar de muchas formas. El método más común es por combustión. Casi el 70 por ciento de las personas que viven en países en vías de desarrollo calientan sus hogares quemando leña o carbón; en los Estados Unidos lo hace sólo el 5 por ciento. La quema de leña y estiércol de animal representa cerca del 14 por ciento del uso de energía a nivel mundial.

Figura 28 *En muchas partes del mundo en donde la leña es escasa, las personas deben quemar estiércol para obtener energía. Esta mujer está preparando estiércol de vaca que será secado y utilizado como combustible.*

El material vegetal también puede ser convertido en combustible líquido. Las plantas que contienen azúcar o almidón, por ejemplo, pueden ser convertidas en alcohol. El alcohol se quema como combustible o se mezcla con gasolina para obtener una mezcla de combustible denominada **gasohol.** Un acre de maíz puede producir más de 1,000 L de alcohol. Pero en los Estados Unidos utilizamos mucho combustible en los automóviles. Se necesitaría alrededor del 40 por ciento de todo el maíz cosechado en los Estados Unidos para producir suficiente alcohol para obtener sólo el 10 por ciento del combustible que utilizamos.

La biomasa es una fuente de energía renovable, pero su producción requiere tierra para el cultivo de alimentos. Además, se requiere de 10 veces más tierra para cultivar combustible de biomasa de la que requieren las celdas solares para producir la misma cantidad de electricidad.

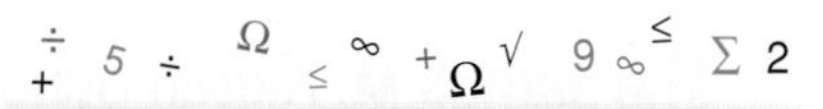

¡MATEMÁTICAS!

Millas por acre

Imagina que eres el dueño de un automóvil que funciona con alcohol proveniente del maíz que cultivas. Conduces tu automóvil aproximadamente 15,000 millas al año y obtienes 240 galones de alcohol por cada acre de maíz que procesas. Si el automóvil rinde 25 mi/gal, ¿cuántos acres de maíz tendrías que cultivar para abastecer a tu automóvil por un año?

Calor intenso

Imagina que eres capaz de obtener energía de la Tierra. Esto es posible en algunos lugares. Este tipo de energía se denomina energía geotérmica. La **energía geotérmica** es la que genera el calor en el interior de la corteza terrestre.

En algunos lugares, la lluvia penetra las rocas porosas cerca de una fuente de magma. El calor del magma calienta el agua y la convierte en vapor. El vapor y el agua caliente se escapan a través de las chimeneas naturales, como la que aparece en la **Figura 29**, o a través de pozos que han sido perforados en la roca. El vapor y el agua contienen energía geotérmica. Algunas centrales geotérmicas, tales como *The Geysers*, en el norte de California, utilizan vapor para generar electricidad. Este proceso se ilustra en la **Figura 30.** La energía geotérmica también se puede utilizar como una fuente directa de calor. En este proceso, el agua caliente y el vapor se utilizan para calentar un líquido que se bombea a través de un edificio para calentarlo. Los edificios en Islandia se calientan de esta forma, utilizando las plantas geotérmicas del país.

Figure 29 *Agujeros naturales en la superficie terrestre permiten que el agua caliente y el vapor escapen de la corteza terrestre.*

Figure 30 Cómo funcionan las centrales geotérmicas

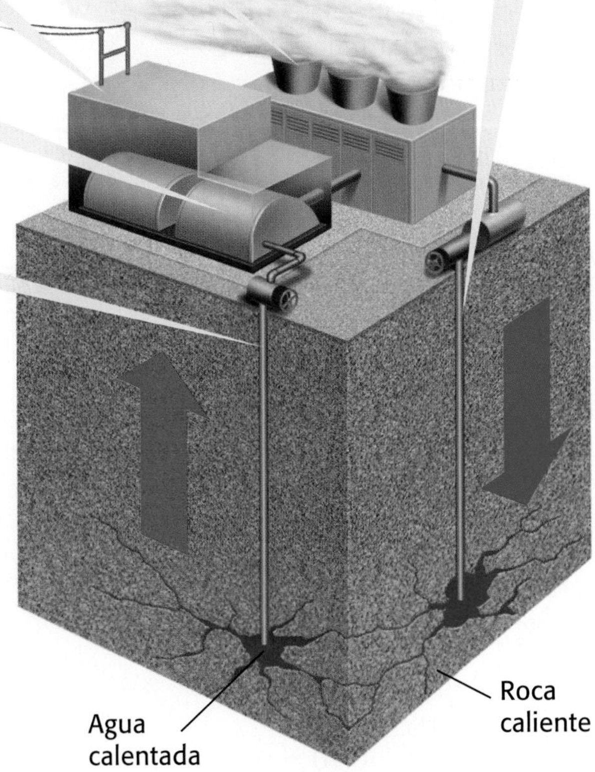

REPASO

1. ¿Dónde resulta práctica la producción de energía hidroeléctrica?
2. Nombra dos formas de liberar la energía de la biomasa.
3. Describe dos formas de utilizar la energía geotérmica.
4. **Resumir información** Nombra cuatro alternativas energéticas para reemplazar al combustible fósil y cita una ventaja y una desventaja para cada una de ellas.

Resumen del capítulo

SECCIÓN 1

Vocabulario

recurso natural *(pág. 108)*
recurso renovable *(pág. 109)*
recurso no renovable *(pág. 109)*
reciclaje *(pág. 110)*

Notas de la sección

- Los recursos naturales incluyen todo aquello que no está hecho por los humanos y que puede ser utilizado por los organismos.
- Los recursos renovables, como los árboles y el agua, pueden ser reemplazados en un período relativamente corto.
- Los recursos no renovables no se pueden reemplazar o lleva mucho tiempo hacerlo.
- El reciclaje reduce la cantidad de recursos naturales que se obtienen de la Tierra.

SECCIÓN 2

Vocabulario

recurso energético *(pág. 111)*
combustible fósil *(pág. 111)*
petróleo *(pág. 111)*
gas natural *(pág. 112)*
carbón *(pág. 112)*
minería a cielo abierto *(pág. 115)*
lluvia ácida *(pág. 116)*
esmog *(pág. 117)*

Notas de la sección

- Los combustibles fósiles, entre ellos el petróleo, el gas natural y el carbón, se forman a partir de restos enterrados de organismos que existieron antiguamente.
- El petróleo y el gas natural se forman principalmente a partir de restos de vida marina microscópica.
- El carbón se forma a partir de plantas descompuestas y su calidad varía según su porcentaje de carbono.
- El petróleo y el gas natural se obtienen mediante perforación, mientras que el carbón se obtiene a través de la minería.
- La obtención y la utilización de combustibles fósiles puede causar problemas ambientales, entre ellos la lluvia ácida, la contaminación del agua, el esmog y la emisión del exceso de dióxido de carbono.

Comprobar destrezas

Conceptos de matemáticas

EL CONTENIDO DE CARBONO DEL CARBÓN Regresa a la página 114 para estudiar el proceso de formación del carbón. Fíjate que en cada etapa un 10% más del material orgánico se convierte en carbono. Para calcular el porcentaje de carbono presente en la etapa siguiente, sólo agrega un 10% o 0.10. Por ejemplo:

turba → lignito
60% → 70%
$0.60 + 0.10 = 0.70$, ó 70%

Comprensión visual

SIN CONTACTO DIRECTO Observa nuevamente la Figura 22 de la página 121. Es importante darse cuenta de que el líquido caliente dentro de los tubos del colector solar nunca entra en contacto directo con el agua del tanque. El agua fría entra en el tanque, recibe calor del tubo caliente en espiral y sale del tanque cuando alguien abre la llave del agua caliente.

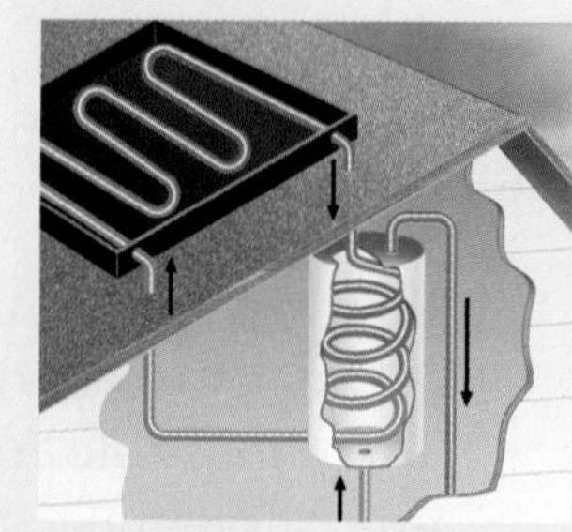

SECCIÓN 3

Vocabulario

energía nuclear *(pág. 118)*

energía solar *(pág. 119)*

energía eólica *(pág. 122)*

energía hidroeléctrica *(pág. 123)*

biomasa *(pág. 124)*

gasohol *(pág. 124)*

energía geotérmica *(pág. 125)*

Notas de la sección

- La energía nuclear generalmente se produce por fisión.
- Los desechos radioactivos y la amenaza de sobrecalentamiento en las centrales nucleares son unos de los mayores riesgos asociados con el uso de la energía nuclear.
- La energía solar se puede convertir en electricidad mediante el uso de celdas solares.
- La energía solar se puede utilizar para calefacción directa mediante el uso de colectores solares.
- La energía solar se puede convertir en electricidad en gran y en pequeña escala.
- A pesar de que sólo es práctico utilizar la energía eólica en ciertas áreas, el proceso no produce contaminantes del aire y el terreno de las granjas de viento se puede utilizar con más de un propósito.
- La energía hidroeléctrica es económica, renovable y produce poca contaminación. Sin embargo, las presas hidroeléctricas pueden perjudicar los hábitats de fauna silvestre, crear problemas de erosión y disminuir la calidad del agua.
- El material vegetal y el estiércol de animales (que contiene material vegetal) se pueden quemar para liberar energía.
- Algunos materiales vegetales se pueden convertir en alcohol, el cual se puede mezclar con gasolina para elaborar una mezcla de combustible llamada gasohol.
- La energía geotérmica se puede obtener de agua caliente y del vapor proveniente de ventilaciones naturales o de pozos perforados en la corteza terrestre. Dicha energía se puede usar para calefacción directa o se puede convertir en electricidad.

Experimentos

Construye una rueda hidráulica *(pág. 504)*

Energía solar *(pág. 506)*

internet

VISITA: go.hrw.com

Visita el sitio web de HRW para encontrar una serie de herramientas de aprendizaje relacionadas con este capítulo. Sólo tienes que escribir la palabra clave:

PALABRA CLAVE: HSTENR

VISITA: www.scilinks.org

Visita el sitio web de la **Asociación Nacional de Maestros de Ciencias** *(National Science Teachers Association)* para encontrar recursos de Internet relacionados con este capítulo. Sólo escribe el **ENLACE DE CIENCIAS** para obtener más información sobre el tema:

TEMA: Recursos naturales — **ENLACE:** HSTE105

TEMA: Recursos renovables — **ENLACE:** HSTE110

TEMA: Recursos no renovables — **ENLACE:** HSTE115

TEMA: Combustibles fósiles — **ENLACE:** HSTE120

Repaso del capítulo

UTILIZAR EL VOCABULARIO

Explica la diferencia de entre los siguientes pares de palabras:

1. recurso natural/recurso energético
2. lluvia ácida/ esmog
3. biomasa/gasohol
4. energía hidroeléctrica/ energía geotérmica

COMPRENDER CONCEPTOS

Opción múltiple

5. ¿Cuál de las siguientes opciones es un recurso renovable?
   a. carbón
   b. árboles
   c. petróleo
   d. gas natural

6. ¿Cuál de las siguientes opciones no es un derivado del petróleo?
   a. combustible de reactor
   c. queroseno
   b. lignito
   d. aceite de petróleo

7. ¿Cuáles de los siguientes son componentes del gas natural?
   a. gasohol
   b. metano
   c. queroseno
   d. gasolina

8. La turba, el lignito y la antracita son etapas en la formación de
   a. petróleo.
   b. gas natural.
   c. carbón.
   d. gasohol.

9. ¿Cuál de los siguientes factores contribuye al problema de la niebla tóxica?
   a. grandes cantidades de automóviles
   b. mucha luz solar
   c. montañas que rodean las áreas urbanas
   d. todas las anteriores

10. ¿Cuál de los siguientes recursos produce la menor cantidad de contaminación?
   a. energía solar
   b. gas natural
   c. energía nuclear
   d. petróleo

11. Las centrales nucleares utilizan un proceso denominado ___?___ para producir energía.
   a. fisión
   b. fusión
   c. fraccionamiento
   d. ninguna de las anteriores

12. Una calculadora solar utiliza
   a. colectores solares.
   b. paneles solares.
   c. espejos solares.
   d. celdas solares.

13. ¿Cuál de los siguientes es un problema asociado con el uso de la energía eólica?
   a. contaminación atmosférica
   b. la cantidad de terreno requerido para las turbinas de viento
   c. escasez de lugares para las granjas de viento
   d. ninguna de las anteriores

14. El estiércol es un tipo de
   a. energía geotérmica.
   b. gasohol.
   c. biomasa.
   d. ninguna de las anteriores

Respuesta breve

15. Si los recursos renovables se pueden reemplazar, ¿por qué debemos conservarlos?

16. ¿Cómo se forma la lluvia ácida?

17. Si la luz solar es gratis, ¿por qué es costosa la electricidad de las celdas solares?

Organizar conceptos

18. Usa los siguientes términos para crear un mapa de ideas: combustibles fósiles, energía eólica, recursos energéticos, biomasa, recursos renovables, energía solar, recursos no renovables, gas natural, gasohol, carbón, petróleo.

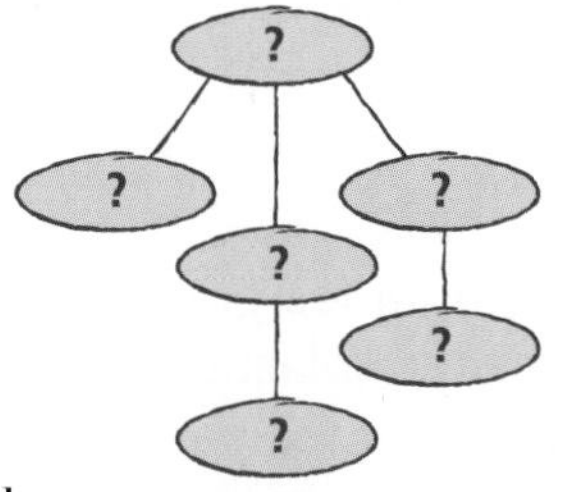

RAZONAMIENTO CRÍTICO Y RESOLUCIÓN DE PROBLEMAS

Escribe una o dos oraciones para responder a las siguientes preguntas:

19. ¿Cómo cambiaría tu vida si todos los combustibles fósiles desaparecieran repentinamente?

20. ¿Los combustibles fósiles realmente son no renovables? Explica por qué.

21. ¿Qué soluciones existen para afrontar los problemas asociados con los residuos nucleares?

22. ¿Cómo se podrían solucionar los problemas asociados con las presas de Washington y las poblaciones locales de peces?

23. ¿Qué límites podrían existir en la productividad de una central geotérmica?

LAS MATEMÁTICAS EN LAS CIENCIAS

24. Imagínate que estás diseñando un automóvil solar. Si colocas celdas solares debajo y encima del automóvil (para el contacto directo con la luz solar) y sabes que se requieren cinco veces más celdas debajo del automóvil para generar la misma cantidad de electricidad obtenida en la parte superior, ¿qué porcentaje de la luz solar se refleja del pavimento?

INTERPRETAR GRÁFICAS

El siguiente diagrama muestra cómo varios recursos energéticos satisfacen las necesidades energéticas del mundo. Usa el diagrama para responder a las siguientes preguntas:

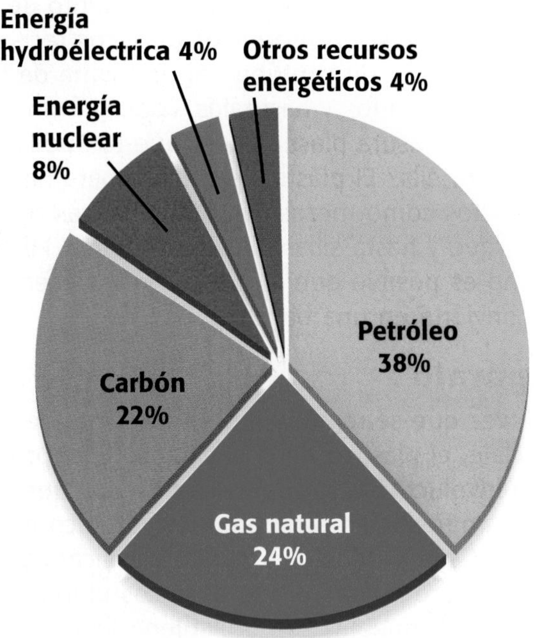

25. ¿Qué porcentaje de la necesidad energética del mundo se satisface con el carbón, con el gas natural y con la energía eléctrica?

26. ¿Qué porcentaje de la necesidad energética del mundo se satisface con los combustibles fósiles?

27. ¿En cuánto supera el petróleo al gas natural para satisfacer las necesidades energéticas del mundo?

AHORA, ¿qué piensas?

Revisa tus respuestas a las preguntas de la página 107 que escribiste en el cuaderno de ciencias. ¿Han cambiado tus respuestas? Si es necesario, corrige tus respuestas basándote en lo que has aprendido en este capítulo.

VENTANA AL MEDIO AMBIENTE

Sentarse en la basura

¿Sabías que una persona produce cerca de 2 kg de desechos por día? Casi el 7 por ciento de estos desechos son productos plásticos reciclables. En vez de contribuir al problema de los rellenos sanitarios y basurales, ¿por qué no reciclar la basura plástica para que te puedas sentar en ella? El plástico se recicla para hacer productos como mesas de picnic, bancas para el parque y hasta sillas altas para bebés. Pero, ¿cómo es posible que el plástico que desechas se convierta en una banca?

Sepáralo

Una vez que se reúne y lleva a la planta de reciclaje, el plástico debe separarse. Este proceso involucra los símbolos codificados que están impresos en cada producto plástico reciclable. Cada producto se puede clasificar como: *polietileno* o *polímero.* Los plásticos utilizados para hacer muebles son polietileno llamado *polietileno de alta densidad,* o HDPE y el *polietileno de baja densidad* o LDPE. Esos artículos son los envases de leche, las botellas de detergente las bolsas plásticas.

Triturar y lavar

El reciclaje de HDPE y de LDPE es muy simple. Al llegar a la planta procesadora, el plástico HDPE se tritura hasta formar pedacitos de alrededor de 1 cm de diámetro. En el caso del plástico LDPE, que es una película delgada, se utiliza una trituradora especial para molerlo. De ahí en adelante, el reciclaje de LDPE y de HDPE es muy parecido. Luego, los trozos se lavan con agua caliente y detergente. En este paso, se eliminan la suciedad y otros elementos tales como las etiquetas. Después, los pedacitos se secan con aire caliente.

¡Recicla!

Algunas plantas de reciclaje venden los pedacitos reciclados y hay otras que vuelven a calentarlos, cambian su color con un pigmento y luego ponen el material en una *granuladora.* Después, una empresa compra los gránulos y modela trozos de madera plástica que se usan para fabricar floreros, botes para la basura, caños, mesas, bancas para parques, juguetes, tapetes y ¡muchos otros productos!

¿Lo puedes reciclar?

▶ El símbolo de un plástico indica qué tipo de plástico es, pero no significa que puedas reciclarlo en tu área. Averigua qué tipos de plásticos puedes reciclar.

De desechos...

a madera plástica...

a ¡una banca de parque!

¡Lo encontré!

"La fiebre del petróleo"

Quizá hayas oído hablar de la gran fiebre del oro de California. En 1849, miles de personas se mudaron al Oeste con la esperanza de encontrar oro. Pero es probable que no sepas de otra fiebre que sucedió 10 años más tarde. ¿Qué atrajo a la gente al noroeste de Pennsylvania en 1859? ¡La emoción de descubrir petróleo!

Demanda de petróleo

Las personas comenzaron a usar el petróleo en el año 3000 a.C. y desde entonces ha sido una substancia muy valiosa. En Mesopotamia, lo usaban para impermeabilizar barcos. Los egipcios y los chinos lo usaban como medicina. Se empezó a usar como combustible a fines del siglo XVIII y principios del XIX. Se usaba para iluminar hogares y fábricas.

Obtención de petróleo

¿Qué sucedió con el petróleo del noroeste de Pennsylvania? ¿Se utilizaba antes de la fiebre de 1859? Los indígenas estadounidenses fueron los primeros en cavar pozos para obtener petróleo cerca de Titusville, Pennsylvania. Los colonos lo usaban como medicina y como combustible para iluminar sus hogares, pero sus métodos de obtención eran muy ineficaces.

El primer pozo de petróleo

En 1859, el "Coronel" Edwin L. Drake descubrió un método para obtener petróleo: perforaciones petroleras. Contrató perforadores de pozos de sal para cavar hasta el lecho de roca donde yacía el depósito de petróleo pero los esfuerzos no fueron exitosos debido a filtraciones de agua que provocaron el derrumbe de los pozos. Drake tuvo una idea original que lo haría muy rico. Sugirió que metieran una tubería de hierro hasta el lecho de roca a 21.2 m bajo la superficie. Luego podrían perforar por la tubería. A la mañana siguiente, la tubería ¡estaba llena de petróleo!

Ciudad de petróleo

A los 3 meses, casi 10,000 personas se habían apresurado a la Ciudad del Petróleo, Pennsylvania, en busca de la riqueza que prometía. En dos años, la pequeña aldea se convirtió en un bullicioso pueblo petrolero de 50,000 personas. En 1861, el primer pozo surtidor se perforó y casi 3,000 barriles de petróleo chorreaban diariamente. Cuatro años después, el primer oleoducto transportaba petróleo crudo a una distancia de 8 km.

Descúbrelo tú mismo.

▶ El pozo de Drake fue el primero en extraer petróleo de la tierra. Investiga los pozos de petróleo actuales. ¿En qué se parecen al pozo de Drake?

▲ *Edwin Drake (derecha) y su amigo Peter Wilson (izquierda) frente al pozo de petróleo de Drake, cerca de Titusville, Pennsylvania*

CRONOLOGÍA

UNIDAD 3

El inquieto planeta Tierra

En esta unidad, estudiarás la estructura interna de la Tierra. Muchos misterios permanecen sin resolver porque no podemos ver su interior. Las excavaciones más profundas apenas raspan la superficie del planeta. Si fuera una naranja, las excavaciones no atravesarían ni siquiera la cáscara. Para conocer su interior, los científicos estudian los terremotos y los volcanes. Esta cronología muestra algunos eventos que nos han ayudado a comprender nuestro planeta.

1864

Se publicó *Viaje al centro de la Tierra* de Julio Verne. En este cuento de ciencia ficción, los héroes entran y salen de la Tierra a través de volcanes.

1883

La erupción del Krakatau causa la muerte de 36,000 personas.

1966

Se establece una red mundial de sismógrafos.

1979

Se descubren volcanes en Io, una de las lunas de Júpiter.

1980

Hace erupción el Monte St. Helens

1896

Henry Ford construye su primer automóvil.

1906

San Francisco se incendia a consecuencia de un terremoto.

1912

Alfred Wegener propone su teoría de la deriva continental.

1935

Charles Richter crea un sistema para medir la intensidad de los terremotos.

1951

Se introduce la televisión en color en los Estados Unidos.

1982

Se lanzan al mercado los discos compactos (CD) y lectores para estos discos.

1994

Un robot de ocho patas llamado *Dante II* desciende al cráter de un volcán activo en Alaska.

1997

La población de la isla caribeña Montserrat disminuye a menos de la mitad de su cantidad original debido a las frecuentes erupciones del volcán de *Soufriere Hills*, que obligan a evacuar la isla.

CAPÍTULO

6 Tectónica de placas

¡Esto realmente sucedió!

Subir hasta la cima del Monte Everest fue agotador. La temperatura era inferior a 0°C y la nieve dificultaba la vista. Estas condiciones y la altitud extrema hacen que el Monte Everest sea una de las montañas más difíciles de escalar. Esto no detuvo a un escalador llamado Wally Berg. Estaba en una misión científica que había planeado durante años.

En la cima de la montaña más alta del mundo, a unos 8,848 m de altura, Wally perforó un orificio en la roca. A esta altitud, el aire es tan delgado que incluso las tareas más fáciles se vuelven difíciles. Wally llevaba botellas de oxígeno para facilitar la respiración.

¿Por qué hizo Wally un orificio en el Monte Everest? Lo necesitaba para instalar un artefacto que recibe y registra las señales de una red de satélites denominada Sistema de Posicionamiento Global (GPS).

El GPS detecta la ubicación exacta de estos receptores durante largos períodos de tiempo. Al analizar los datos del GPS, los científicos descubrieron que el Monte Everest no sólo se mueve, sino que además se vuelve más alto cada año. En un año, se mueve hacia el noreste alrededor de 27 mm y su altitud aumenta de 3 a 5 mm.

¿Por qué se mueve y crece esta montaña? La respuesta es la *tectónica de placas.* La tectónica de placas también es la causa de gran cantidad de terremotos en California y de la existencia de volcanes alrededor de la costa del océano Pacífico. Prepárate para aprender más acerca de la tectónica de placas en este capítulo.

¿Tú qué piensas?

Usa tus conocimientos para responder a las siguientes preguntas en tu cuaderno de ciencias:

1. ¿Por qué se mueven cadenas montañosas completas?
2. ¿Cómo se forman las montañas?

Colisiones continentales

Aunque te parezca imposible, los continentes no sólo se mueven sino que a veces chocan entre ellos. En los últimos 40 o 60 millones de años, el subcontinente indio ha estado chocando con el continente eurasiático. A medida que estos continentes se empujan, se encorvan y se doblan. Como resultado, los Montes Himalayas, donde se ubica el Monte Everest, aún están en formación. En esta investigación crearás una maqueta que te ayudará a explicar como se formaron los Montes Himalayas.

Procedimiento

1. Haz una ranura de 7 cm de largo en un trozo grande de **cartón** a 6 cm del borde del cartón. Haz la ranura lo suficientemente ancha para que una tira de 50 cm de largo de **papel para sumadoras** quepa a través de ella.
2. Con **cinta adhesiva** pega un **cubo de madera** pequeño junto a la ranura, entre ésta y el borde del cartón. Pega otro **cubo de madera** pequeño a un extremo del papel para sumadoras. Los cubos deben quedar paralelos entre sí.
3. Corta ocho tiras idénticas de alrededor de 8 cm de ancho y 15 a 20 cm de largo de varias **servilletas de papel.**
4. Coloca las tiras de servilletas una sobre la otra.
5. Coloca las tiras de servilletas sobre el papel para sumadoras junto al cubo de madera.
6. Fija las tiras de servilletas al papel para máquina sumadora con dos **pasadores para cabello,** uno en cada extremo de las tiras.
7. Introduce el extremo del papel para máquina sumadoras en la ranura del cartón hasta que las tiras de servilletas queden apoyadas sobre el cubo de madera que pegaste al cartón. Sostén el cartón a la altura de tus ojos y tira suave y lentamente la tira de papel hacia abajo.

Análisis

8. ¿Qué sucede a medida que las tiras de servilletas entran en contacto con el cubo de madera?
9. ¿Qué sucede al continuar tirando hacia abajo de la tira de papel?
10. ¿De qué manera representa este modelo lo que sucede entre la India y Eurasia?

Sección 1

El interior de la Tierra

VOCABULARIO

corteza
manto
núcleo
litosfera
placas tectónicas
astenosfera
mesosfera
núcleo externo
núcleo interno

OBJETIVOS

- Identifica y describe las capas de la Tierra según su composición.
- Identifica y describe las capas de la Tierra según sus propiedades físicas.
- Define *placas tectónicas.*
- Explica cómo los científicos estudian la estructura interna de la Tierra.

La Tierra no es sólo una bola de roca sólida. Está compuesta de varias capas con diferentes propiedades físicas y composición. Como aprenderás, hay dos aspectos que los científicos consideran acerca de las capas de la Tierra: su *composición* y sus *propiedades físicas.*

Las capas de la Tierra están compuestas de diferentes mezclas de elementos. A esto se refieren las diferencias en composición. Muchas capas de la Tierra también tienen diferentes propiedades físicas. Las propiedades físicas son, entre otras, la temperatura, la densidad y la capacidad de fluir. Observemos la composición de la Tierra.

La composición de la Tierra

La Tierra se divide en tres capas: *corteza, manto* y *núcleo* según la composición de cada uno. Los materiales más ligeros conforman la capa exterior y los más densos las capas interiores. Esto se debe a que los materiales más ligeros tienden a flotar y los más pesados a hundirse. Primero observemos la capa exterior: la corteza terrestre.

La corteza La **corteza** es la capa exterior de la Tierra. Su grosor varía de 5 a 100 km y por esto también es la capa terrestre más delgada. Debido a que es la capa sobre la cual vivimos, sabemos más sobre ella que sobre las otras dos.

Hay dos tipos de corteza: continental y oceánica. La *corteza continental* tiene una composición similar al granito. Tiene un grosor promedio de 30 km. En algunas áreas montañosas esta corteza tiene un grosor de hasta 100 km. La *corteza oceánica* tiene una composición similar al basalto. Generalmente tiene un grosor de 5 a 8 km. Debido a que el basalto es más denso que el granito, la corteza oceánica es más densa que la continental.

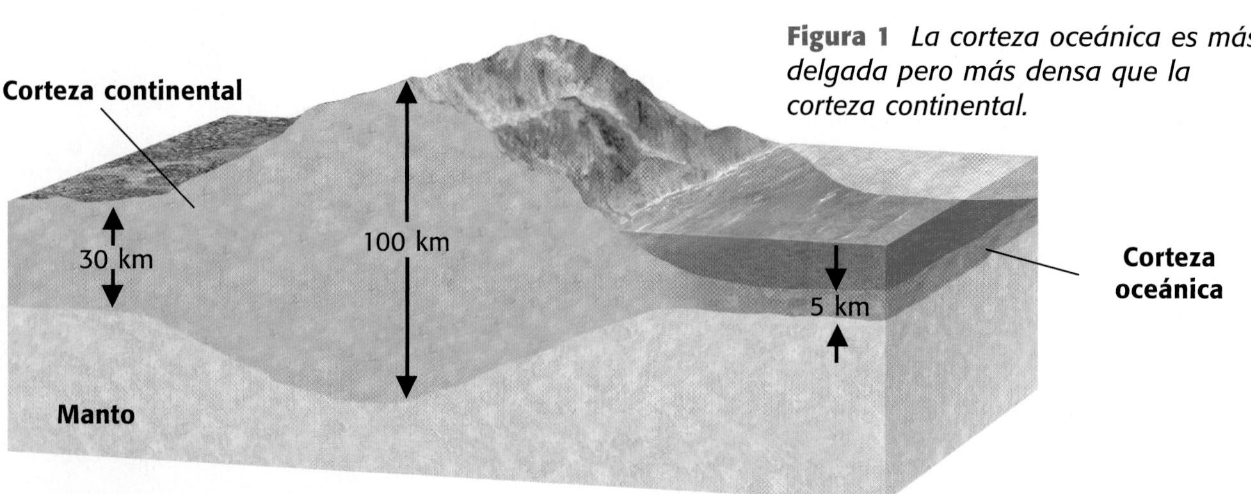

Figura 1 *La corteza oceánica es más delgada pero más densa que la corteza continental.*

El manto El **manto** es la capa terrestre que está entre la corteza y el núcleo. Comparado con la corteza, el manto es muy grueso. Su grosor es de cerca de 2900 km y contiene la mayor parte de la masa terrestre.

Nadie ha logrado ver el manto. Está demasiado profundo para perforar y extraer una muestra. Los científicos deducen la composición y otras características del manto de sus observaciones de la superficie terrestre. En algunos lugares, las rocas del manto han sido empujadas hasta la superficie por fuerzas tectónicas, lo que ha permitido observar la roca directamente.

Figura 2 *Las chimeneas volcánicas del fondo del mar, como ésta frente a la costa de Hawai, permiten que el magma escape del manto que está debajo de la corteza oceánica.*

Como podrás ver en la **Figura 2,** los científicos observan el fondo del mar, porque ahí se derrama roca fundida del manto de volcanes activos. Estos volcanes submarinos son como ventanas de la corteza que permiten ver el manto. Estas "ventanas" nos han brindado pistas importantes sobre la composición del manto. Los científicos han aprendido que la composición del manto es similar a la del olivino, que tiene grandes cantidades de hierro y magnesio en comparación con otros minerales comunes.

El núcleo Al estudiar las capas que forman la Tierra, los geólogos pueden averiguar los elementos que las componen. Se cree que el *núcleo* se compone principalmente de hierro, con cantidades más pequeñas de níquel y posiblemente un poco de azufre y oxígeno. El **núcleo** se extiende desde el fondo del manto hasta el centro de la Tierra. Su diámetro es de más o menos 6,856 km. Como ves en la **Figura 3,** con 6,787 km, el diámetro de Marte es ligeramente más pequeño que el del núcleo de la Tierra.

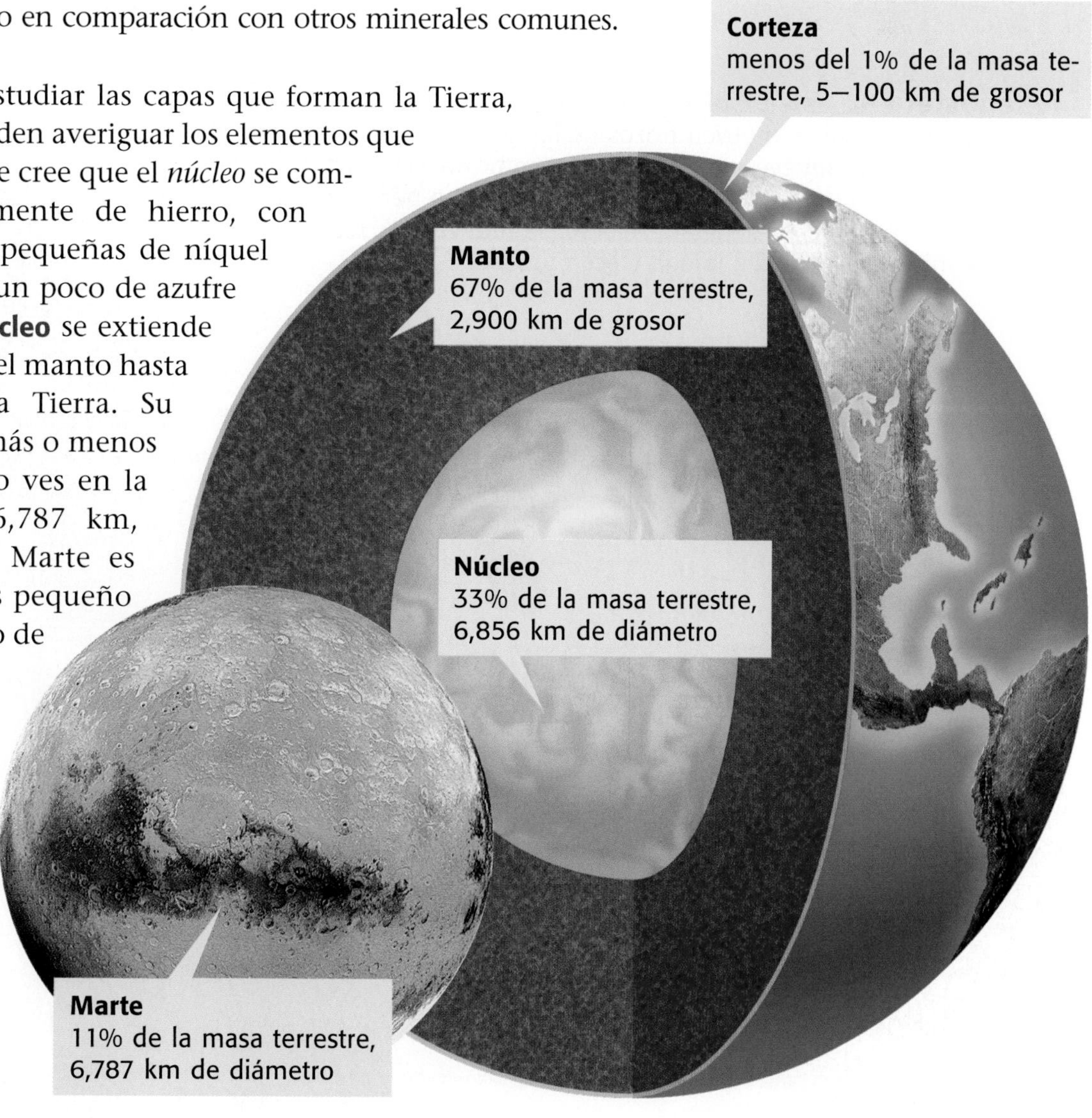

Corteza
menos del 1% de la masa terrestre, 5–100 km de grosor

Manto
67% de la masa terrestre, 2,900 km de grosor

Núcleo
33% de la masa terrestre, 6,856 km de diámetro

Marte
11% de la masa terrestre, 6,787 km de diámetro

Figura 3 *La Tierra está compuesta de tres capas, como se muestra aquí. La capa interior, llamada* núcleo, *¡es sólo un poco más grande que Marte!*

La estructura de la Tierra

Hasta ahora hemos hablado de la composición de la Tierra. Otra forma de observar la composición de la Tierra es examinando las propiedades físicas de sus capas. La Tierra se divide en cinco capas físicas principales: *litosfera, astenosfera, mesosfera, núcleo externo* y *núcleo interno*. Como se observa a continuación, cada capa tiene su propio conjunto de propiedades físicas.

¡MATEMÁTICAS!

Usar modelos

Imagina que vas a construir un modelo de la Tierra con un radio de 1 m de diámetro. Si el radio promedio de la Tierra es 6378 km y el grosor de la litosfera es alrededor de 150 km. ¿Qué porcentaje del radio de la Tierra corresponde a la litosfera? ¿Cuál sería el grosor (en centímetros) de la litosfera de tu modelo?

Litosfera La capa exterior rígida de la Tierra se llama **litosfera** ("esfera de roca"). La litosfera está compuesta por dos partes: la corteza y la capa rígida superior del manto. A diferencia de las otras capas físicas, la litosfera no es una sola capa sólida. En cambio, está compuesta por trozos llamados *placas tectónicas.*

Astenosfera La **astenosfera** ("esfera débil") es una capa suave del manto sobre la cual se mueven trozos de la litosfera. Está compuesta de roca sólida que se mueve muy lentamente, como masilla. Las rocas de baja resistencia como las de la astenosfera tienden a perder su forma al recibir presión. Como el alquitrán caliente, se mueven muy lentamente, casi a la misma velocidad a la que crecen tus uñas.

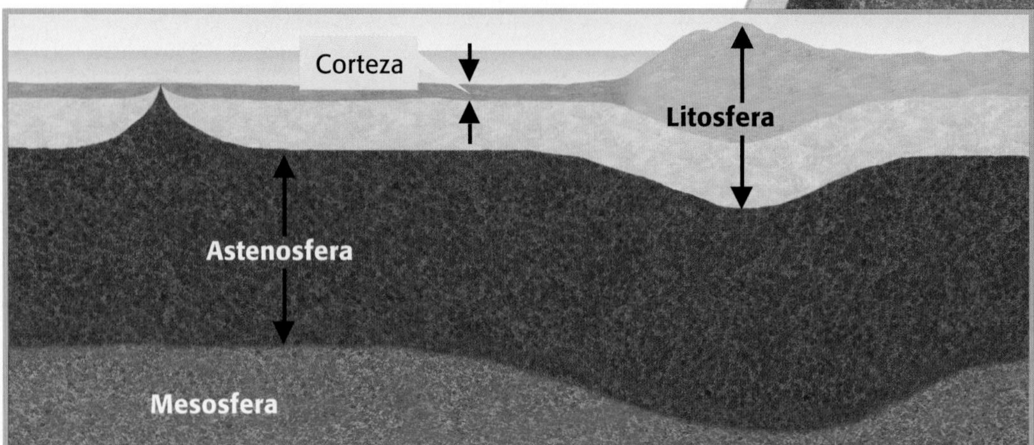

Los científicos llaman *biosfera* a la parte de la Tierra donde es posible la vida. La biosfera es la capa de la Tierra arriba de la corteza y debajo de la porción superior de la atmósfera. Incluye los océanos, el área continental y la región inferior de la atmósfera.

Mesosfera Debajo de la astenosfera está la capa inferior más resistente del manto, llamada **mesosfera** ("esfera del medio"). La mesosfera se extiende desde el fondo de la astenosfera hasta el núcleo de la Tierra.

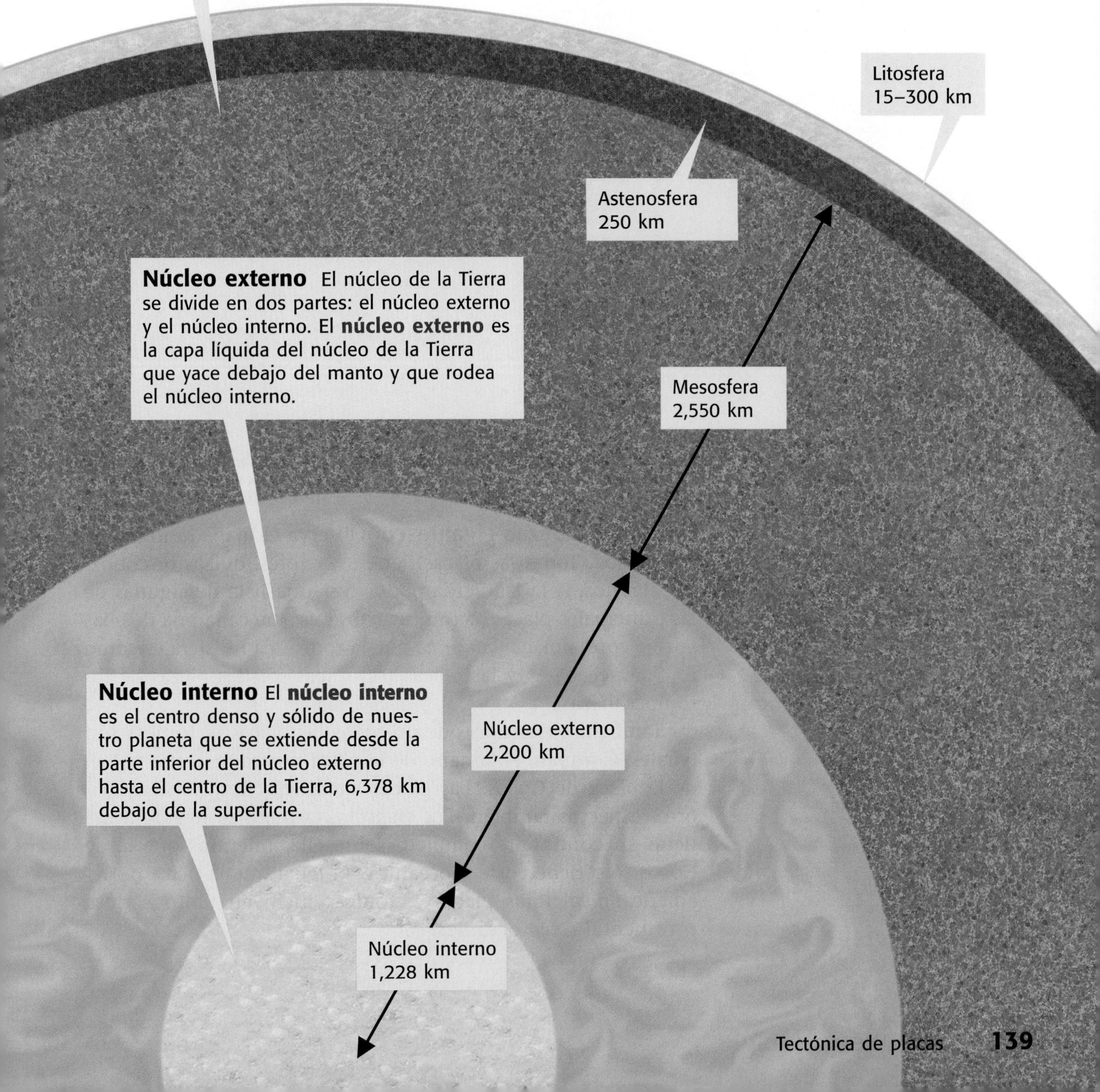

Litosfera
15–300 km

Astenosfera
250 km

Núcleo externo El núcleo de la Tierra se divide en dos partes: el núcleo externo y el núcleo interno. El **núcleo externo** es la capa líquida del núcleo de la Tierra que yace debajo del manto y que rodea el núcleo interno.

Mesosfera
2,550 km

Núcleo interno El **núcleo interno** es el centro denso y sólido de nuestro planeta que se extiende desde la parte inferior del núcleo externo hasta el centro de la Tierra, 6,378 km debajo de la superficie.

Núcleo externo
2,200 km

Núcleo interno
1,228 km

Placas tectónicas

Las **placas tectónicas** son trozos de la litosfera que se desplazan sobre la astenosfera. Pero, ¿qué apariencia tiene una placa tectónica? ¿De qué tamaño son las placas tectónicas? ¿Cómo y por qué se desplazan? Para responder a estas preguntas, comienza imaginándote la litosfera como un rompecabezas gigantesco.

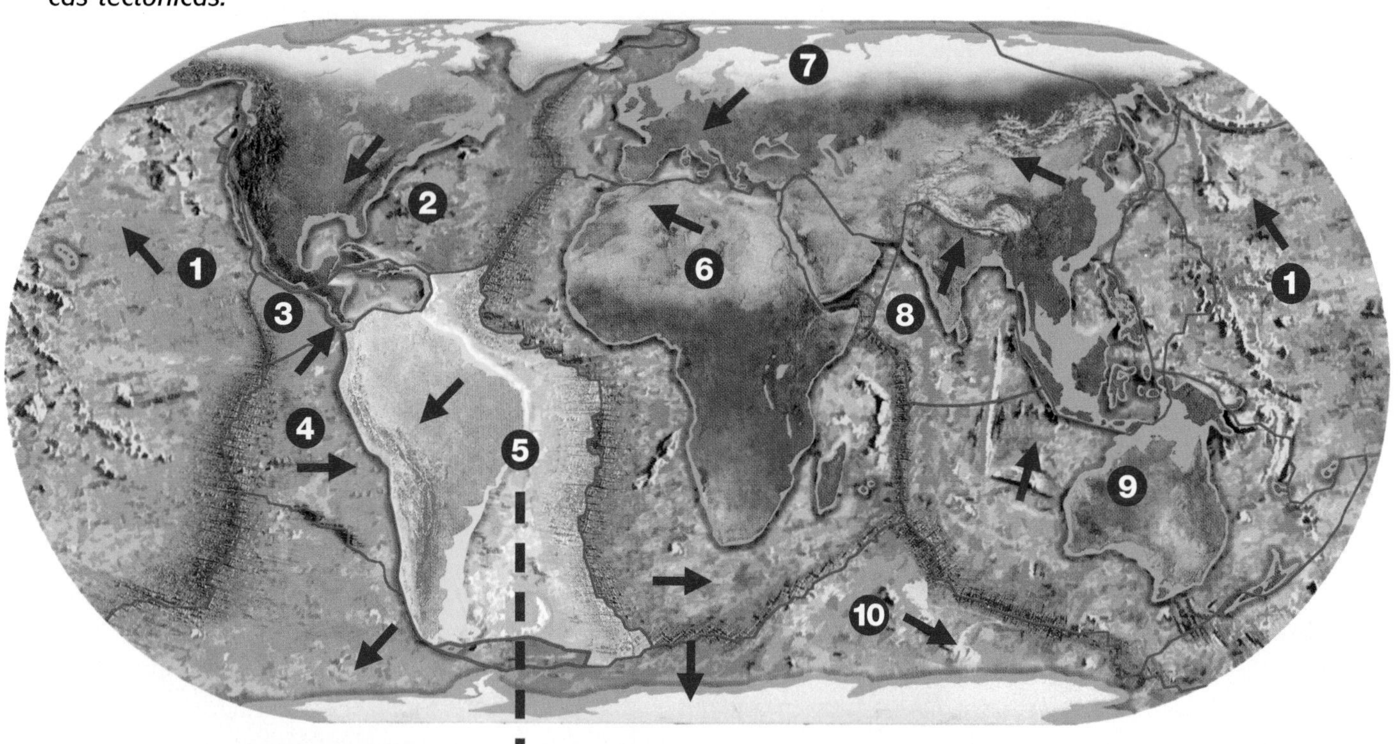

Figura 4 *Las placas tectónicas encajan como las piezas de un rompecabezas. En este mapa se muestran los movimientos relativos de las principales placas tectónicas.*

Principales placas tectónicas

1. Placa del Pacífico
2. Placa norteamericana
3. Placa de Cocos
4. Placa de Nazca
5. Placa sudamericana
6. Placa africana
7. Placa eurasiática
8. Placa de la India
9. Placa australiana
10. Placa antártica

Un rompecabezas gigantesco Observa el mapa mundial de más arriba. Todas las placas tienen nombres, quizás tú conozcas algunos. A la izquierda podrás ver una lista de algunas de las principales placas tectónicas. Observa que cada una de ellas encaja con la placa tectónica que la rodea. La litosfera es como un rompecabezas y las placas tectónicas son las piezas de un rompecabezas.

También observarás que no todas las placas tectónicas son iguales. Compara el tamaño de la placa norteamericana con el de la placa de Cocos. Las placas tectónicas se diferencian en otros aspectos también. Por ejemplo, la placa norteamericana tiene un continente completo sobre ella, mientras que la de Cocos sólo tiene corteza oceánica. Al igual que la placa norteamericana, algunas placas tectónicas incluyen tanto corteza continental *como* oceánica.

Primer plano de las placas tectónicas ¿Cómo se vería una placa tectónica si la pudieras alzar? La **Figura 5** muestra cómo se vería la placa sudamericana si lo pudieras hacer. Fíjate que esta placa tectónica consiste tanto en corteza oceánica como continental, como la placa norteamericana.

La parte más gruesa de esta placa tectónica está en el continente sudamericano, bajo la cordillera de los Andes. La parte más delgada de esta placa está en la sorsal del Atlántico medio.

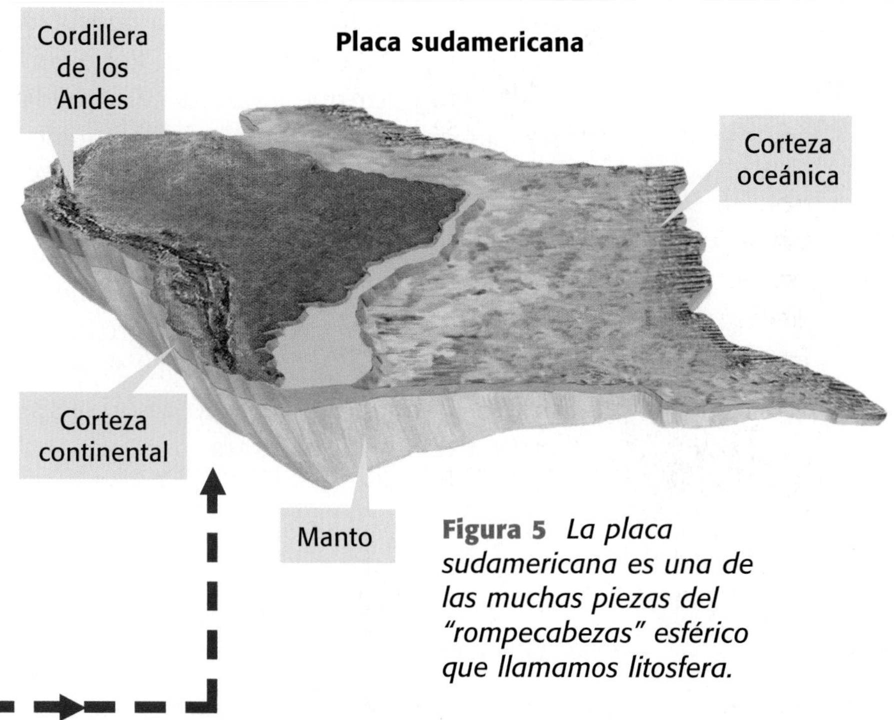

Figura 5 *La placa sudamericana es una de las muchas piezas del "rompecabezas" esférico que llamamos litosfera.*

La punta del iceberg Si vieras una placa tectónica de costado, observarías que las cordilleras son como las puntas de los iceberg: hay mucho más material debajo de la superficie que sobre ella. Las cordilleras que se producen en la corteza continental tienen raíces muy profundas en relación con su altura. Por ejemplo, las Montañas Rocosas (Rocky Mountains) se elevan a menos de 5 km sobre el nivel del mar, pero sus raíces llegan hasta aproximadamente 60 km *bajo* el nivel del mar.

Si la corteza continental es mucho más gruesa que la corteza oceánica, ¿por qué no se hunde debajo de la corteza oceánica? Recuerda la diferencia entre corteza continental y oceánica. La corteza continental está a mayor altura que la oceánica porque es más gruesa y menos densa. Ambas cortezas son menos densas que el manto y "flotan" sobre la astenosfera, como flota el hielo sobre el agua.

Laboratorio

Montañas flotantes

1. Toma un **cubo** de madera grande y colócalo en un **recipiente** de plástico transparente. El cubo de madera representa la parte del manto de la litosfera.
2. Llena el recipiente con **agua** hasta por lo menos 10 cm. El agua representa la astenosfera. Con una regla, mide la distancia entre la parte superior del cubo de madera y la superficie del agua.
3. Ahora coloca varios **objetos de madera sobre el cubo,** cada uno de diferente peso. Estos objetos representan las cantidades de material de corteza que hay sobre la litosfera durante la formación de las montañas. Mide la profundidad de hundimiento del bloque bajo diferentes pesos.
4. ¿Qué conclusión sacarías sobre el comportamiento de las placas tectónicas ante el aumento de peso del material de la corteza?
5. ¿Qué pasa con una placa tectónica cuando se quita el material de la corteza?

Mapas del interior de la Tierra

¿Cómo sabemos todo esto sobre las profundidades de la Tierra si nunca nadie ha estado allí? Los científicos nunca han perforado la corteza, que sólo es una piel delgada de la superficie de la Tierra. Entonces, ¿cómo sabemos tanto acerca del manto y el núcleo?

¿Te sorprendería saber que las respuestas provienen de los terremotos? Cuando se produce un terremoto, se producen vibraciones llamadas ondas sísmicas. Las *ondas sísmicas* son vibraciones que viajan a través de la Tierra. Las ondas sísmicas viajan a diferentes velocidades, según la densidad y resistencia del material que atraviesen. Por ejemplo, una onda sísmica que atraviese roca sólida irá más rápido que una que atraviese un líquido. Cuando se produce un terremoto, los *sismógrafos* miden y registran la diferencia en las horas de llegada de las ondas. Entonces los sismólogos pueden usar estas medidas para calcular la densidad y grosor de cada capa física de la Tierra. La **Figura 6** muestra cómo viaja un tipo de onda sísmica a través de la Tierra.

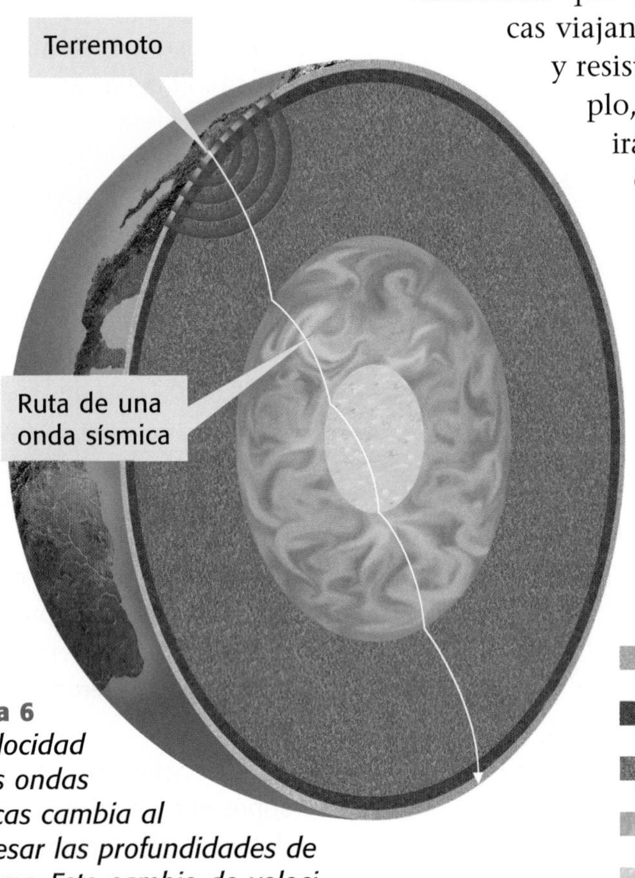

Capa	Velocidad
Litosfera	7 a 8 km/segundo
Astenosfera	7 a 11 km/segundo
Mesosfera	11 a 13 km/segundo
Núcleo externo	7 a 10 km/segundo
Núcleo interno	11 a 12 km/segundo

Figura 6 *La velocidad de las ondas sísmicas cambia al atravesar las profundidades de la Tierra. Este cambio de velocidad provoca que sus rutas se curven, especialmente al pasar de una capa de la Tierra a otra.*

REPASO

1. ¿Cuál es la diferencia entre corteza continental y oceánica?
2. ¿En qué se diferencia la litosfera de la astenosfera?
3. ¿Cómo investigan los científicos la estructura interna de la Tierra? Explica por qué.
4. **Analizar relaciones** Explica la diferencia entre la corteza y la litosfera.

Sección 2

Continentes inquietos

VOCABULARIO

deriva continental
expansión de fondos marinos

OBJETIVOS

- Describe la teoría de Wegener sobre la deriva continental y explica por qué no fue aceptada inicialmente.
- Explica de qué manera la expansión de fondos marinos proporciona una forma de movimiento a los continentes.
- Describe cómo se forma una nueva corteza oceánica en las dorsales oceánicas medias.
- Explica cómo las inversiones magnéticas ofrecen pruebas de la expansión de los fondos marinos.

Observa la **Figura 7.** Muestra cómo encajarían los continentes si quitaras el océano Atlántico y unieras la tierra. ¿Es sólo una coincidencia que las costas encajen tan bien? ¿Es posible que los continentes en realidad hayan estado unidos en el pasado?

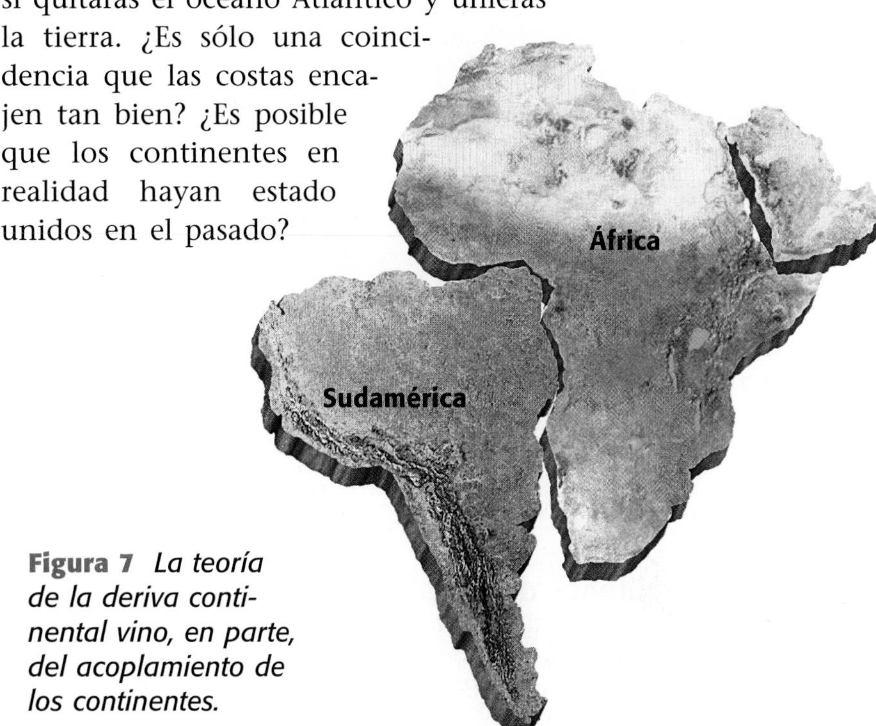

Figura 7 *La teoría de la deriva continental vino, en parte, del acoplamiento de los continentes.*

La teoría de la deriva continental de Wegener

Alfred Wegener fue un científico que observó las piezas de este rompecabezas. A principios del siglo XX, Wegener publicó su teoría de la *deriva continental.* La **deriva continental** sostiene que los continentes pueden separarse entre sí y que lo han hecho en el pasado. Esta teoría explicaba las misteriosas observaciones, incluso el acople casi perfecto de algunos continentes.

La deriva continental también explicaba por qué hay fósiles de las mismas especies de animales y plantas a ambos lados del Océano Atlántico. Muchas de ellas no podrían haber cruzado el Océano Atlántico. Como ves en la **Figura 8,** sin deriva continental sería difícil explicar estos descubrimientos de fósiles. Además de los fósiles, se encontraron tipos similares de rocas y evidencias de las mismas condiciones climáticas en varios continentes.

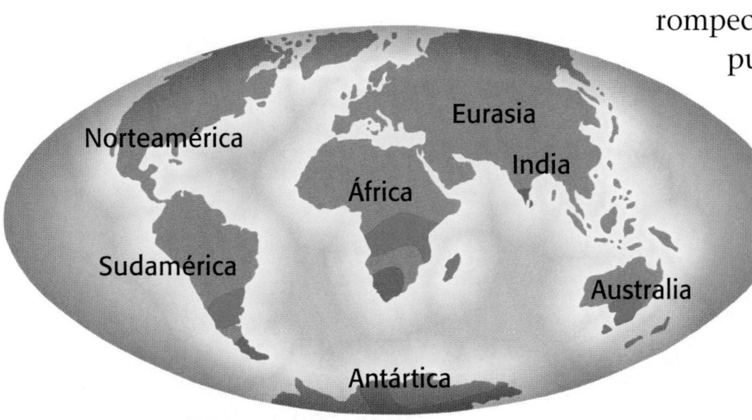

Mesosaurus

Figura 8 *En varios continentes se han encontrado fósiles de* Mesosaurus, *un reptil pequeño y acuático y de* Glossopteris, *una especie de planta.*

La deriva continental también explica las huellas dejadas por los glaciares antiguos. Los glaciares abrieron grietas en el suelo que indican la dirección en que se movían. Cuando observas la posición actual de los continentes, esta actividad de los glaciares no parece estar relacionada. Pero cuando pones todas estas piezas continentales en su lugar original, ¡las grietas glaciares encajan! La **Figura 9** muestra cómo se verían. Imagina una lámina de hielo gigante que se extiende en todas direcciones desde el centro de esta gran masa continental.

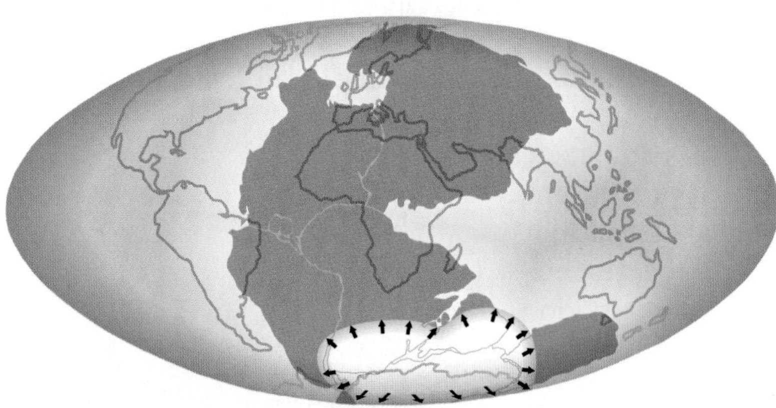

Figura 9 *Las flechas muestran la dirección en que los glaciares antiguos se trasladaban cuando los continentes estaban unidos.*

La separación de Pangea

Wegener hizo muchas observaciones antes de formular su teoría de la deriva continental. Él pensaba que todos los continentes actuales en otro tiempo estuvieron unidos en una gran masa continental llamada *Pangea,* que proviene del griego y significa "toda la tierra". Como se ve en la **Figura 10,** hace 245 millones de años casi todas las masas continentales del planeta estuvieron unidas en un continente gigantesco.

Hace 245 millones de años Pangea existió cuando algunos de los primeros dinosaurios rondaban la Tierra. Estaba rodeada de un mar llamado *Panthalassa,* que significa "todo el mar".

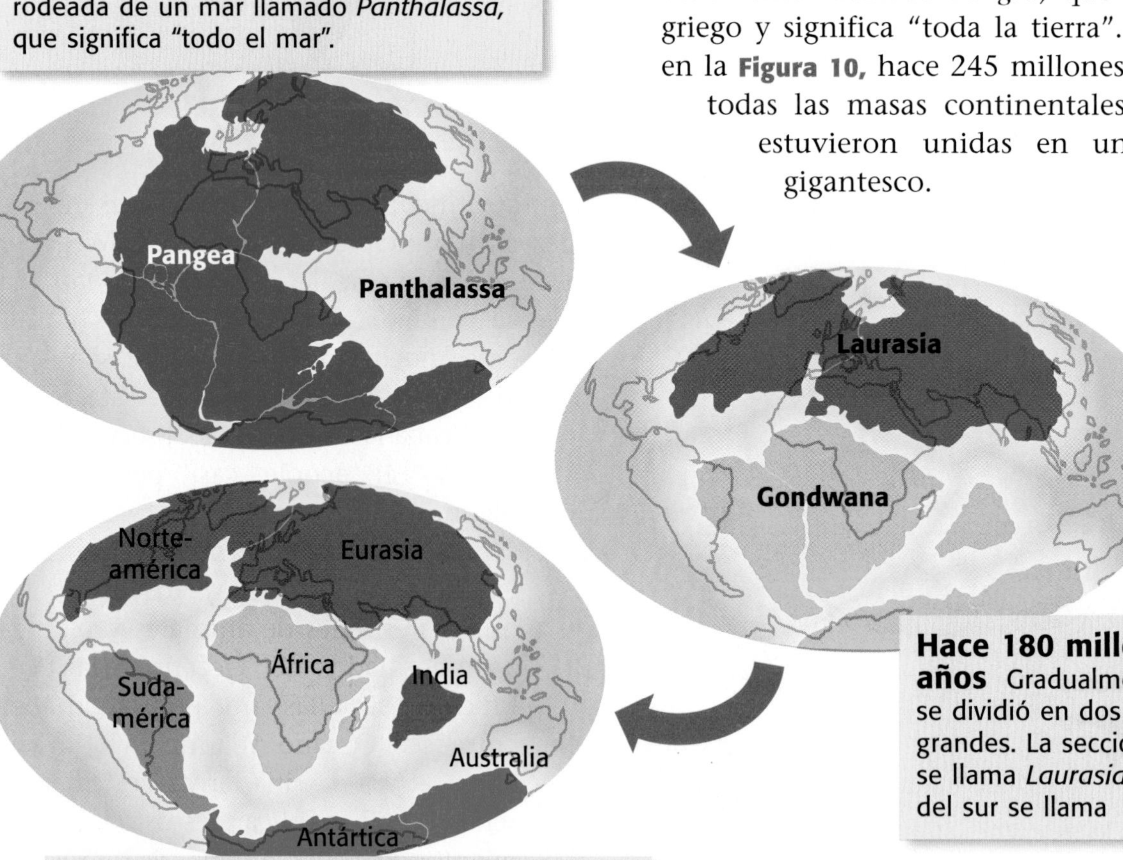

Hace 180 millones de años Gradualmente Pangea se dividió en dos secciones grandes. La sección del norte se llama *Laurasia.* La sección del sur se llama *Gondwana.*

Hace 65 millones de años Cuando los dinosaurios se extinguieron, Laurasia y Gondwana se habían dividido en trozos más pequeños.

Figura 10 *Con el tiempo, los continentes de la Tierra han cambiado de forma y han recorrido grandes distancias.*

Expansión de los fondos marinos

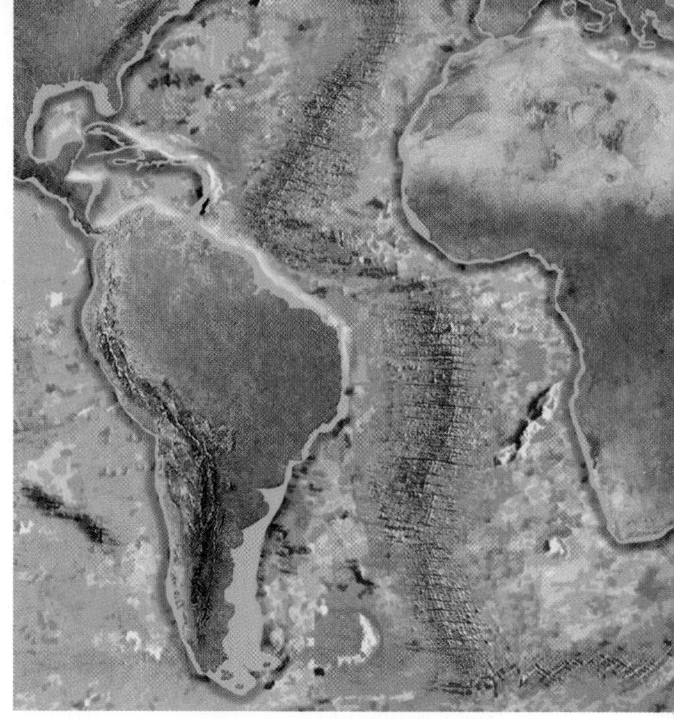

Figura 11 *La dorsal del Atlántico medio es parte de la cadena montañosa más larga del mundo.*

Cuando Wegener propuso su teoría de la deriva continental, muchos científicos no la aceptaron. "¿Qué fuerza de la naturaleza podría mover los continentes completos?", se preguntaron. Nadie lo sabía. Pasó mucho tiempo antes de tener algunas pruebas.

En la **Figura 11** verás una cadena de montañas sumergidas que atraviesa el centro del océano Atlántico. La cadena se llama dorsal del Atlántico medio, que es parte del sistema mundial de dorsales oceánicas. Las dorsales oceánicas medias son cadenas montañosas submarinas que atraviesan las cuencas oceánicas de la Tierra.

Las *dorsales oceánicas medias* son lugares donde se lleva a cabo la expansión de los fondos marinos. La **expansión de fondos marinos** es el proceso por el cual se crea una litosfera oceánica nueva mientras los materiales antiguos se separan. A medida que las placas tectónicas se alejan entre sí, el fondo marino se expande y el magma sube para llenar el espacio vacío. Fíjate que en la **Figura 12** la corteza aumenta su edad al alejarse de la dorsal oceánica media. Esto se debe a que se forma corteza nueva continuamente a partir de material derretido de la dorsal. La corteza más antigua del océano Atlántico se encuentra en los bordes de los continentes. Se remonta a la época de los dinosaurios. La corteza más nueva está en el centro del océano. ¡Esta corteza se ha formado recientemente!

Figura 12 *La expansión de fondos marinos crea litosfera oceánica nueva en las dorsales oceánicas medias.*

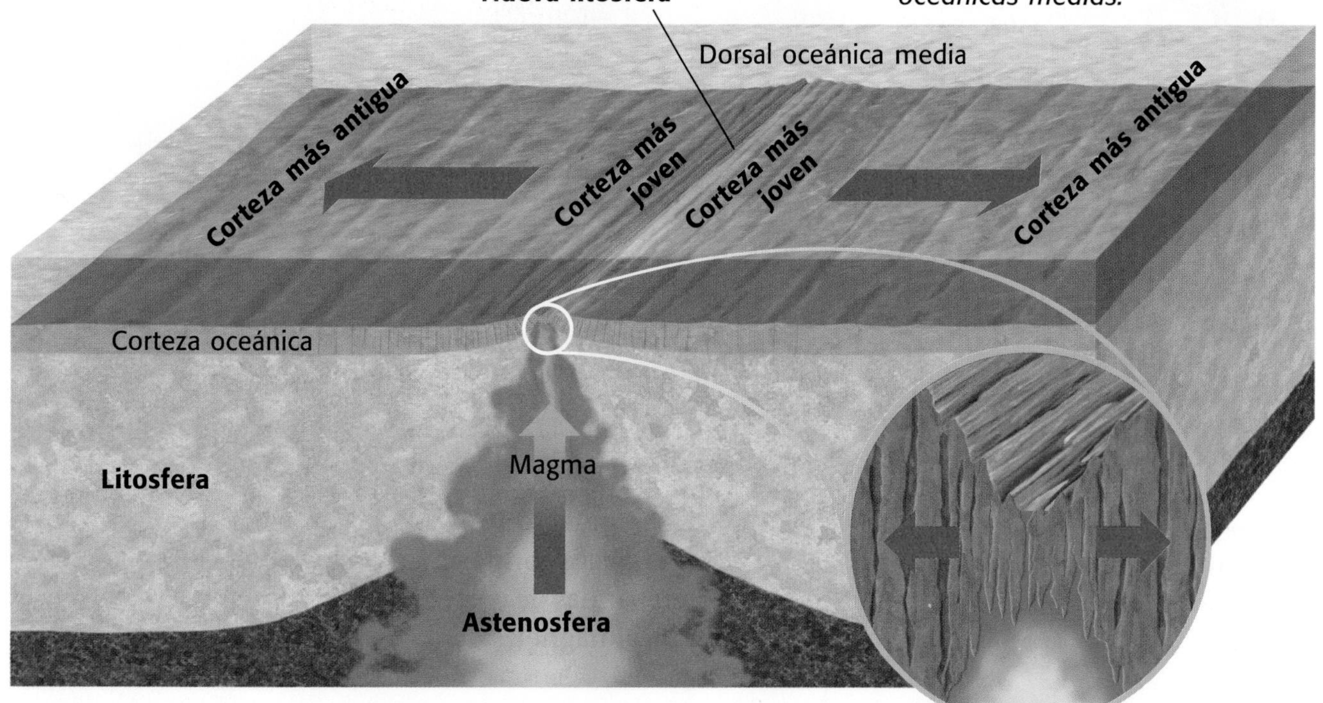

física CONEXIÓN

Quizás ya sepas cómo funcionan los imanes: si colocas el polo norte de un imán cerca del polo norte de otro imán, los dos imanes se repelen. Lo que quizás no sepas es que toda la materia tiene magnetismo, aunque en muchos casos sea muy débil comparado con el de los imanes. Esto explica por qué los investigadores han logrado que una rana levite mediante la creación de un campo magnético muy poderoso debajo de ella.

Inversión magnética

La prueba más importante de la expansión de los fondos marinos proviene de la inversión magnética registrada en el fondo del mar. A través de la historia de la Tierra, los polos magnéticos del norte y del sur han cambiado de posición muchas veces. Cuando los polos magnéticos de la Tierra cambian de posición, se habla de *inversión magnética.*

Las rocas derretidas de las dorsales oceánicas medias contienen pequeños granos de minerales magnéticos. Estos granos minerales actúan como brújulas. Se alinean con el campo magnético de la Tierra. Cuando las rocas derretidas se enfrían, el registro de estas pequeñas brújulas queda grabado en la roca para siempre. Este registro después se desplaza lentamente del centro de expansión a medida que se lleva a cabo la expansión de fondos marinos. Como ves en la **Figura 13,** cuando los campos magnéticos de la Tierra se invierten, se crea una nueva banda y ahora los granos minerales apuntan en la dirección opuesta. La nueva roca registra la dirección del campo magnético de la Tierra. Este registro de la inversión magnética fue la prueba final de la expansión de los fondos marinos.

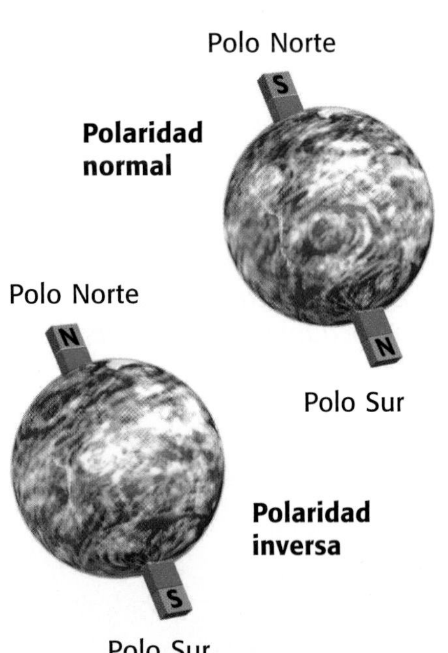

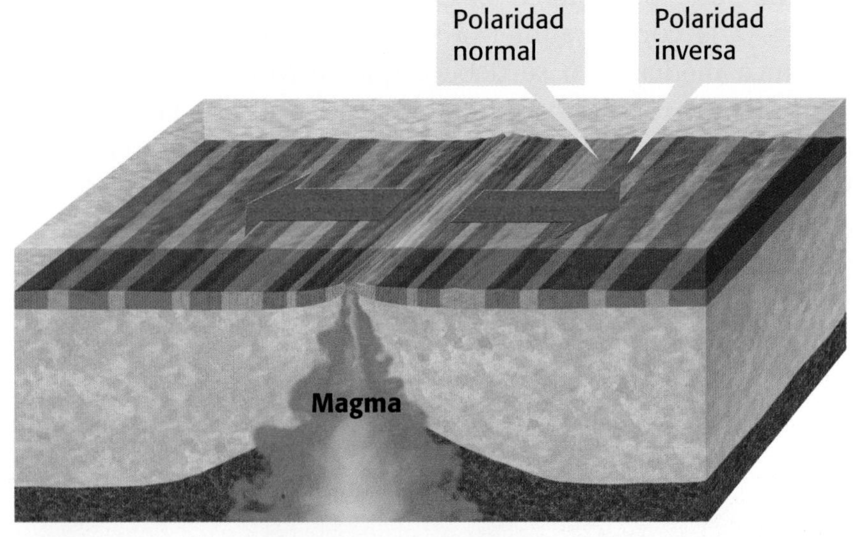

Figura 13 *La inversión magnética de la corteza oceánica se muestra aquí en celeste y azul. Las líneas en azul representan períodos en que el norte magnético fue el norte geográfico. Las líneas celestes representan períodos en que el norte magnético estuvo en el polo Sur.*

REPASO

1. Enumera tres hechos misteriosos que la teoría de la deriva continental ayudó a explicar y describe cómo los explica.
2. Explica por qué la teoría de Wegener sobre la deriva continental no tuvo aceptación inicialmente.
3. **Identificar relaciones** Explica cómo los procesos de expansión de los fondos marinos y la inversión magnética producen bandas de corteza oceánica que tienen diferentes polaridades magnéticas.

Sección 3

La teoría de la tectónica de placas

VOCABULARIO

tectónica de placas
límite convergente
zona de subducción
límite divergente
límite de transformación

OBJETIVOS

- Describe las tres fuerzas que, según se cree, mueven las placas tectónicas.
- Describe los tres tipos de límites de placas tectónicas.
- Explica cómo los científicos miden la velocidad a que se mueven las placas tectónicas.

La comprobación de la expansión de los fondos marinos confirmó la idea de Wegener. Como la corteza continental y la oceánica parecen moverse, se creó otra teoría para explicar la deriva continental y la expansión de los fondos marinos: la teoría de la **tectónica de placas,** que explica que la litosfera de la Tierra se divide en placas tectónicas que se mueven sobre la astenosfera. ¿Qué hace que las placas tectónicas se muevan?

Causas posibles del movimiento de placas tectónicas

Se requiere una cantidad de energía para mover algo tan grande como una placa tectónica. No sabemos exactamente por qué las placas tectónicas se mueven como lo hacen, pero los científicos han planteado respuestas, como se ve en la **Figura 14.** Observa cómo afecta la fuerza de gravedad a las tres placas.

Figura 14 Tres posibles fuerzas directrices de la tectónica de placas

Impulsión de dorsales En las dorsales oceánicas medias, la litosfera oceánica es más alta que cuando se hunde bajo la litosfera continental. *La impulsión de dorsales* es el proceso por el cual se desliza una placa oceánica por la pendiente del límite de la litosfera y astenosfera.

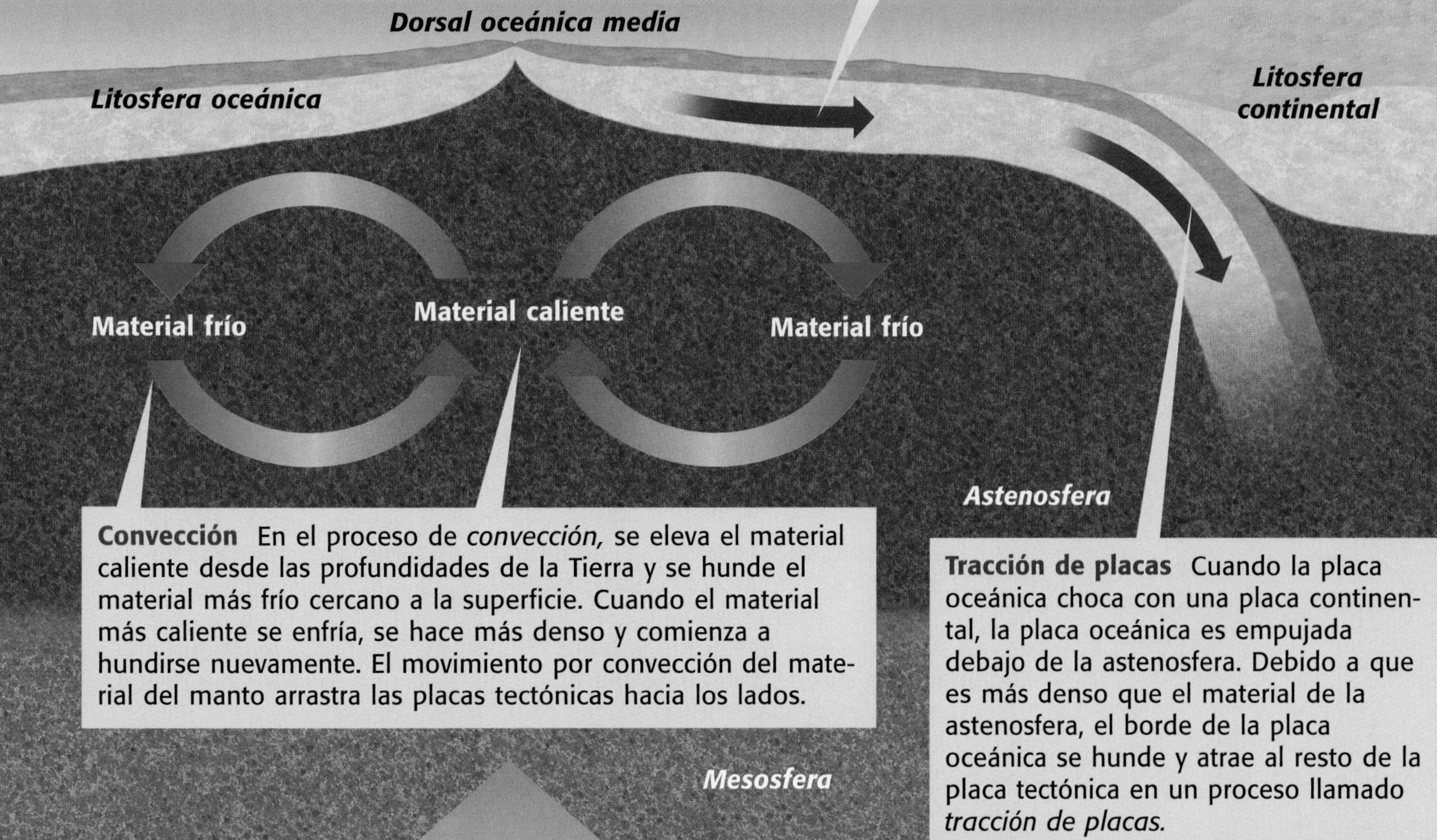

Convección En el proceso de *convección,* se eleva el material caliente desde las profundidades de la Tierra y se hunde el material más frío cercano a la superficie. Cuando el material más caliente se enfría, se hace más denso y comienza a hundirse nuevamente. El movimiento por convección del material del manto arrastra las placas tectónicas hacia los lados.

Tracción de placas Cuando la placa oceánica choca con una placa continental, la placa oceánica es empujada debajo de la astenosfera. Debido a que es más denso que el material de la astenosfera, el borde de la placa oceánica se hunde y atrae al resto de la placa tectónica en un proceso llamado *tracción de placas.*

Límites de las placas tectónicas

Todas las placas tectónicas lindan con otras placas tectónicas. Estos límites se dividen en tres tipos principales según el movimiento de las placas tectónicas en relación con las otras. Las placas tectónicas chocan, se separan o se deslizan. La **Figura 15** muestra ejemplos de límites de placas tectónicas.

Límites convergentes Cuando dos placas tectónicas chocan, el límite donde se unen se llama **límite convergente.** Lo que sucede en un límite convergente depende del tipo de corteza, continental u oceánica, que tiene el borde colindante de cada placa tectónica. Como ves, hay tres tipos de límites convergentes: continental/continental, continental/oceánico y oceánico/oceánico.

Figura 15 *Este diagrama muestra cinco límites de placas tectónicas. Cada par de flechas muestra el movimiento relativo de las placas tectónicas. Fíjate que hay tres tipos de límites convergentes.*

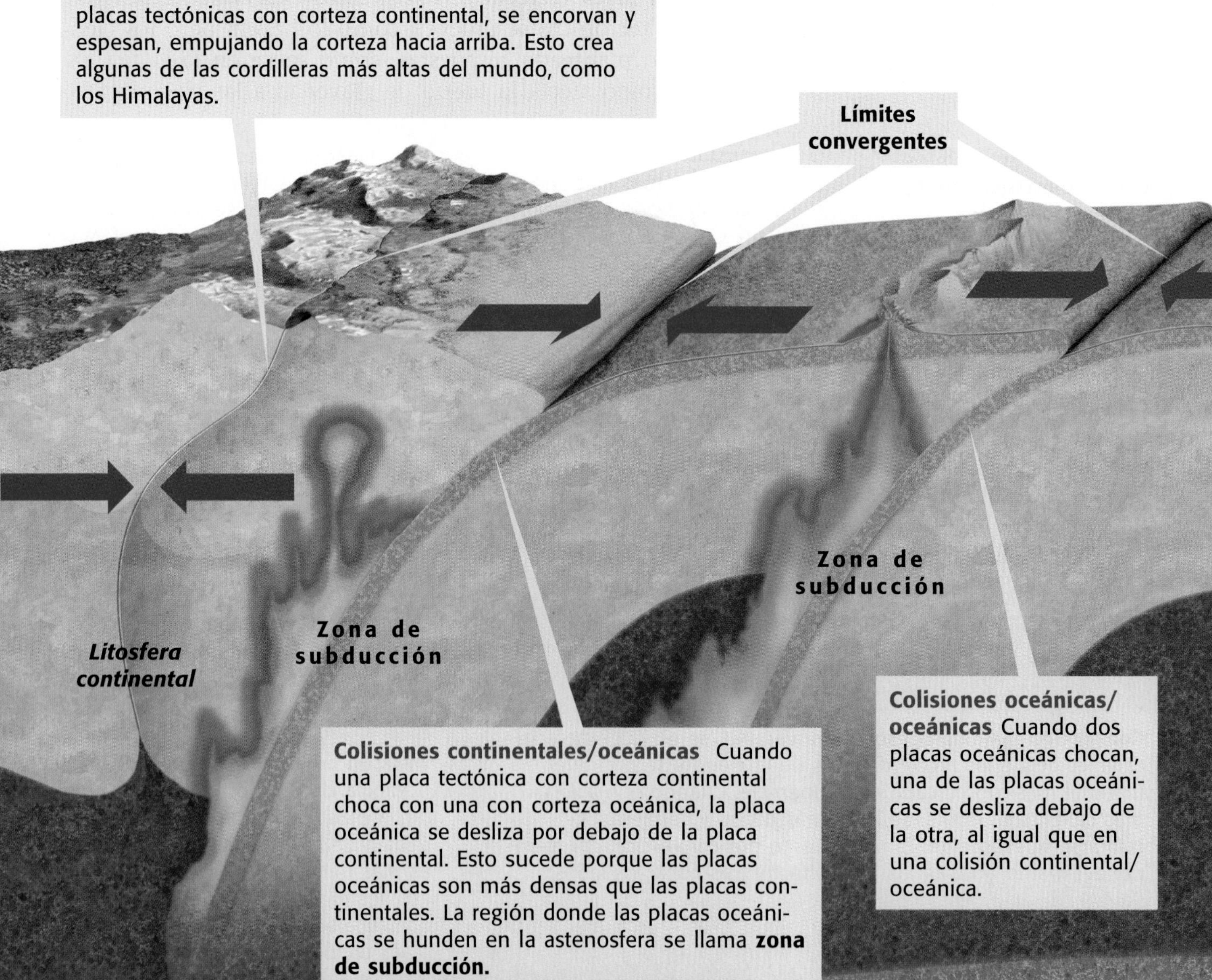

Límites divergentes Cuando dos placas tectónicas se separan, el límite entre ellas se llama **límite divergente.** ¿Recuerdas la expansión de fondos marinos? Las dorsales oceánicas medias que indican los centros de expansión son el tipo más común de límite divergente. Recuerda, los límites divergentes están donde se forma la nueva litosfera oceánica.

Límites de transformación Cuando dos placas tectónicas se deslizan horizontalmente, el límite entre ellas se llama **límite de transformación.** La falla de San Andrés, en el sur de California, es un buen ejemplo de un *límite de transformación.* Esta falla indica el lugar donde la placa del Pacífico y la norteamericana se deslizan.

¿Cómo es la vida arriba de un centro de expansión oceánica media? Para averiguar cómo afectan las placas tectónicas a los islandeses, pasa a la página 162.

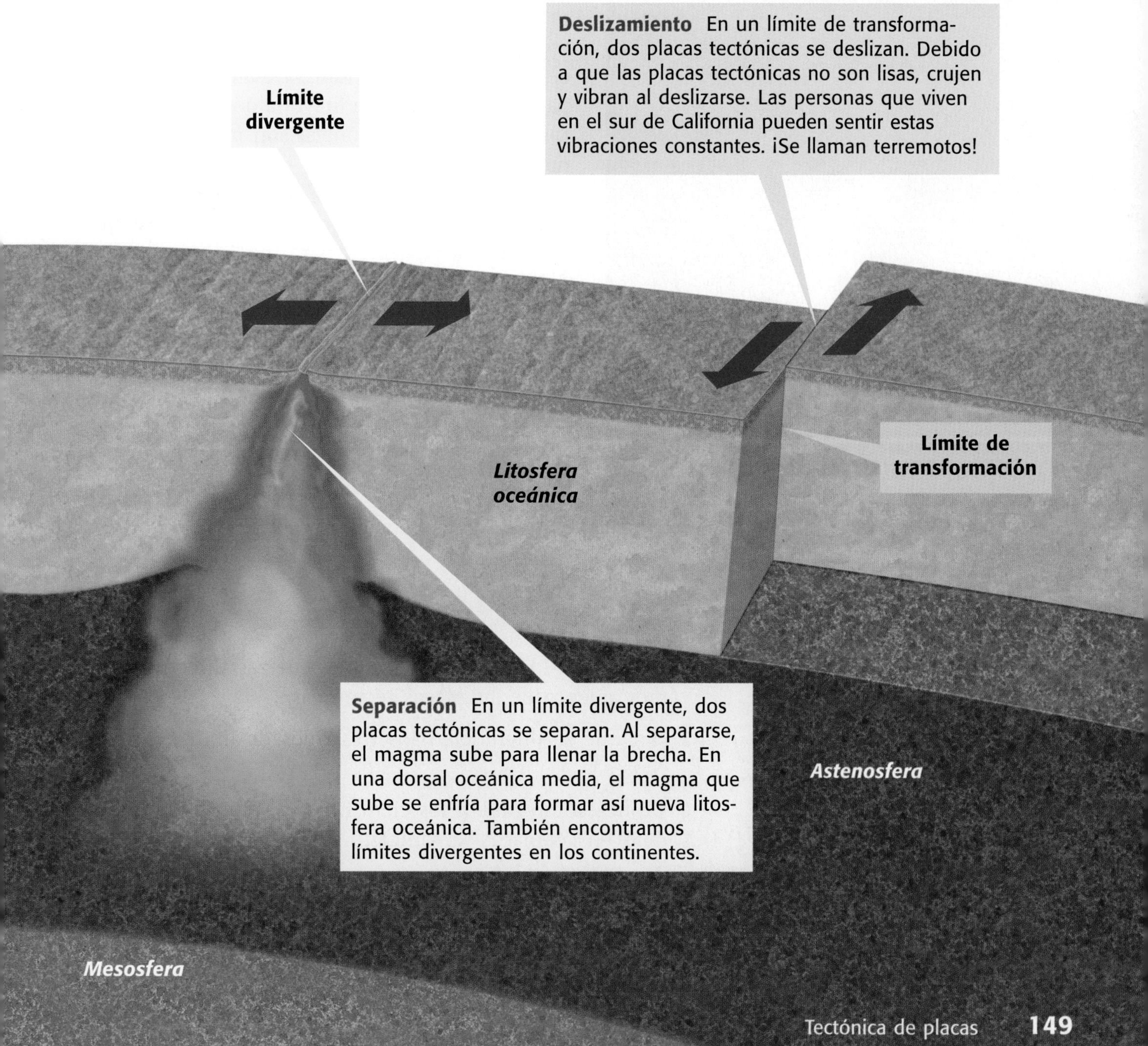

Límite divergente

Deslizamiento En un límite de transformación, dos placas tectónicas se deslizan. Debido a que las placas tectónicas no son lisas, crujen y vibran al deslizarse. Las personas que viven en el sur de California pueden sentir estas vibraciones constantes. ¡Se llaman terremotos!

Litosfera oceánica

Límite de transformación

Separación En un límite divergente, dos placas tectónicas se separan. Al separarse, el magma sube para llenar la brecha. En una dorsal oceánica media, el magma que sube se enfría para formar así nueva litosfera oceánica. También encontramos límites divergentes en los continentes.

Astenosfera

Mesosfera

Rastrear el movimiento de las placas

¿A qué velocidad se mueven las placas tectónicas? La respuesta depende de muchos factores, como el tipo de placa tectónica, su forma y cómo interactúa con las demás placas tectónicas. Por lo general, los movimientos tectónicos son tan lentos y graduales que no se pueden sentir o ver, se miden en centímetros por año.

Una excepción a esta regla es la falla de San Andrés, en California. Esta falla es parte del límite de transformación entre la placa del Pacífico y la norteamericana. Las dos placas no se deslizan de manera suave o continua, sino que vibran y se sacuden. Las secciones de la falla de San Andrés se mantienen inmóviles por años y repentinamente se desplazan varios metros, lo cual provoca terremotos. En la superficie, se pueden medir los grandes desplazamientos que ocurren en la falla de San Andrés. Desafortunadamente para los científicos, la mayoría de los movimientos de las placas tectónicas son muy difíciles de medir.

Ellos usan una red de satélites llamada *Sistema de Posicionamiento Global* (GPS), que se ve en la **Figura 16** para medir la velocidad del movimiento de estas placas. Los satélites emiten continuamente señales de radio a las estaciones terrestres de GPS que registran la distancia exacta entre los satélites y la estación. Con el tiempo, estas distancias cambian levemente. Al registrar el tiempo que tardan las estaciones terrestres de GPS en desplazarse cierta distancia, los científicos pueden medir la velocidad del movimiento de cada placa tectónica.

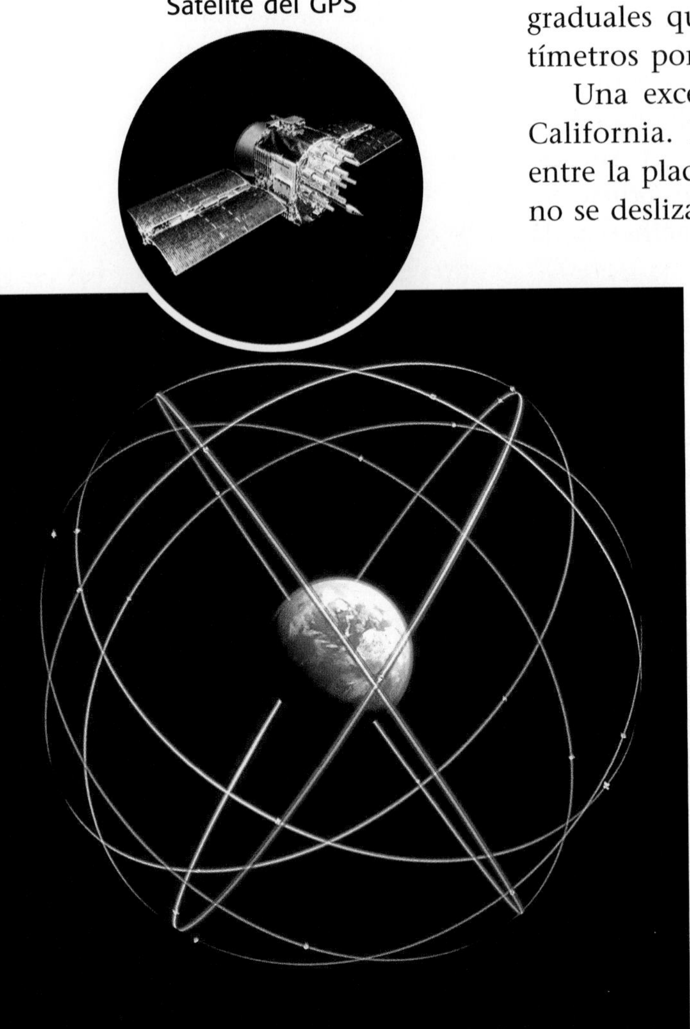

Figura 16 *Esta imagen muestra las órbitas de los satélites del GPS. Conocido como una "constelación", este grupo de satélites ayuda a medir el movimiento de las placas tectónicas de la Tierra.*

REPASO

1. Enumera y describe tres posibles fuerzas directrices del movimiento de las placas tectónicas.
2. ¿En qué se diferencian los tres tipos de límites convergentes?
3. Explica cómo miden los científicos la velocidad a que se mueven las placas tectónicas.
4. **Identificar relaciones** Cuando se lleva a cabo la convección en el manto, ¿por qué el material más frío se hunde y el material más caliente se eleva?

Sección 4

Deformación de la corteza terrestre

VOCABULARIO

presión
compresión
tensión
falla
plegamiento
falla normal
falla inversa
falla de deslizamiento longitudinal

OBJETIVOS

- Describe los tipos principales de pliegues.
- Explica en qué se diferencian los tres tipos principales de fallas.
- Nombra y describe los tipos más comunes de montañas.
- Explica cómo se forman diversos tipos de montañas.

¿Alguna vez has intentado doblar algo sólo para ver si se rompe? Intenta esto: toma un fideo largo y crudo y dóblalo sólo un poco muy lentamente. Luego, dóblalo nuevamente, pero con más fuerza y más rápido. ¿Qué sucedió la segunda vez? ¿Por qué el mismo material se puede doblar una vez y romperse la siguiente? La respuesta es que la *presión* que ejerciste fue diferente. La **presión** es la cantidad de fuerza por unidad de superficie que se ejerce sobre un material determinado. El mismo principio funciona para las rocas de la corteza terrestre. Las condiciones bajo las cuales se ejerce presión sobre una roca determinan su comportamiento.

Las rocas reciben presión

Cuando la roca cambia de forma por la presión, esta reacción se llama *deformación*. En el ejemplo, viste como el fideo se deforma de dos maneras diferentes: al doblarse y al romperse. Lo mismo sucede en las capas de rocas. Estas capas se pueden doblar cuando están expuestas a ciertos tipos de presión. Pero cuando están expuestas a otros tipos de presión, se rompen. Las rocas se pueden deformarse por las fuerzas de la tectónica de placas.

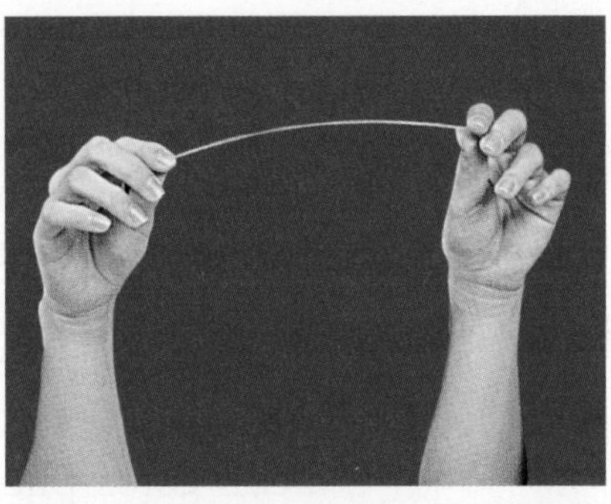

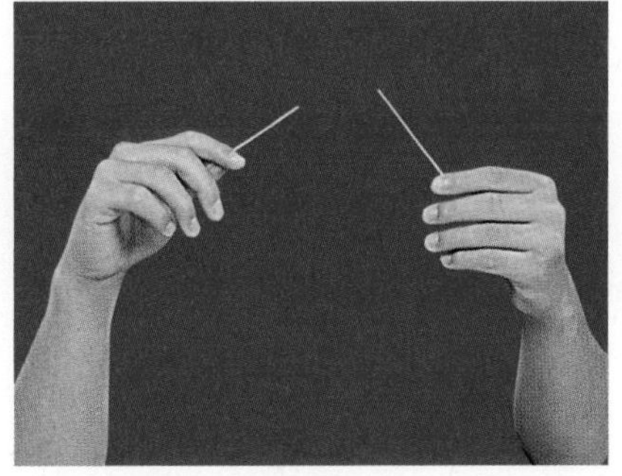

Figura 17 *Los materiales reaccionan a diferentes tipos de presión en formas diferentes.*

La ejercida cuando un objeto se comprime, como cuando dos placas tectónicas chocan, se llama **compresión.** La compresión puede tener algunos resultados espectaculares. Las Montañas Rocosas *(Rocky Mountains)* y la cordillera *Cascade Range* son ejemplos de compresión en un límite convergente de placas.

Otra forma de presión es la *tensión*. La **tensión** es la presión que ocurre cuando se aplica fuerza para estirar un objeto. Como te puedes imaginar, la tensión ocurre en límites divergentes de placas cuando dos placas tectónicas se separan. En las páginas siguientes aprenderás cómo estas dos fuerzas tectónicas, compresión y tensión, doblan y rompen las rocas para formar algunos de los accidentes geográficos que ya conoces.

Experimentos

Después de leer cómo las fuerzas tectónicas causan el plegamiento y la ruptura de rocas, quizá quieras crear presión por ti mismo. Para averiguar cómo hacerlo, pasa a la página 509.

Plegamiento

El **plegamiento** ocurre cuando las capas de rocas se doblan por la presión de la corteza terrestre. Suponemos que todas las capas de rocas sedimentarias eran inicialmente capas horizontales. Así que cuando veas un pliegue, sabrás que ha ocurrido una deformación. Dependiendo de la manera en que las capas de rocas se deformen, se forman diferentes tipos de pliegues. La **Figura 18** muestra los dos tipos más comunes de pliegues: *anticlinal* y *sinclinal*.

Otro tipo de pliegue es el *monoclinal*. En el monoclinal, las capas se doblan de manera que ambos extremos del pliegue mantienen su forma horizontal. Imagina que tomas una pila de papeles y la pones sobre una mesa. Piensa que cada hoja de papel es una capa diferente de roca. Ahora coloca un libro bajo un extremo del montón. Puedes ver que ambos lados de las hojas siguen horizontales, pero todas las hojas están dobladas en el centro.

Los pliegues pueden ser grandes o pequeños. Observa la **Figura 19.** Los pliegues más grandes se miden en kilómetros. Pueden conformar todo el costado de una montaña. Otros pliegues son obvios pero mucho más pequeños. Fíjate en el tamaño de la navaja de la fotografía más pequeña. Ahora observa los pliegues más pequeños. Para medir estos pliegues, deberías usar centímetros.

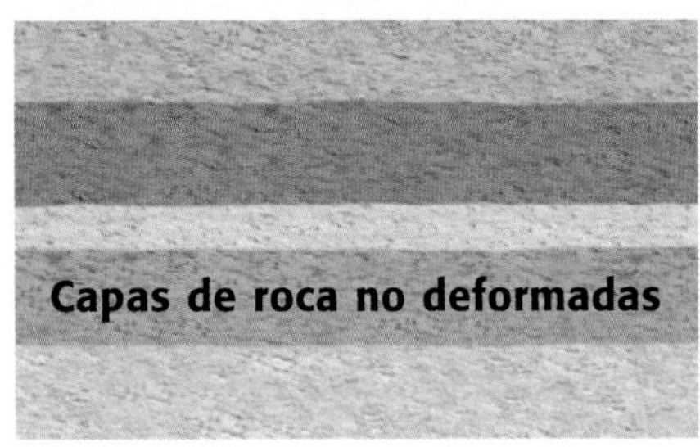

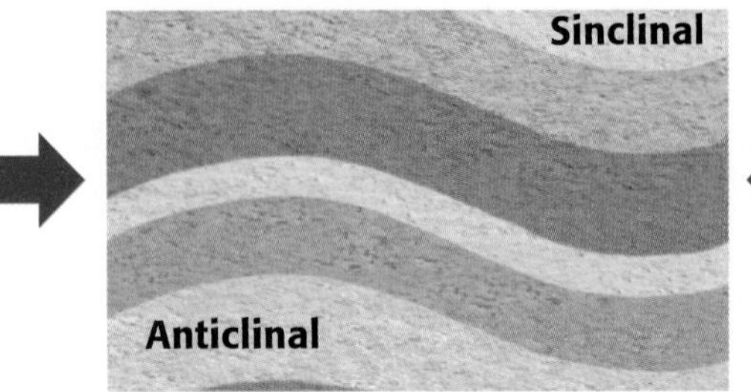

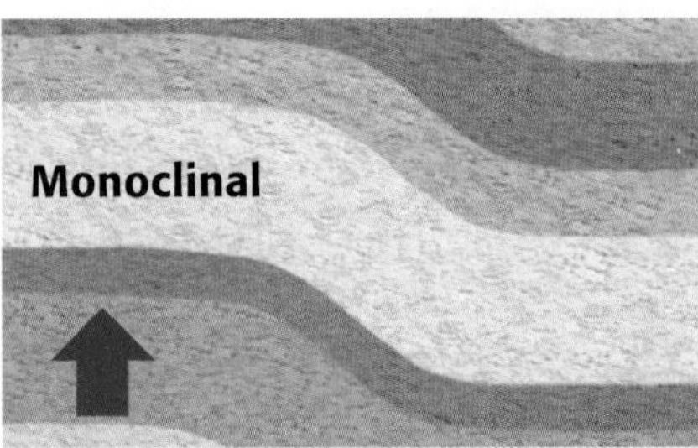

Figura 18 *Cuando dos fuerzas tectónicas comprimen las capas de roca, hacen que las capas se doblen y se plieguen. Los* anticlinales *y* sinclinales *se forman cuando se ejerce una presión horizontal sobre la roca. Los monoclinales se forman cuando se ejerce una presión vertical sobre la roca.*

Figura 19 *Los pliegues varían de acuerdo con sus tamaños. La fotografía de la izquierda muestra los pliegues del tamaño de las Montañas Rocosas* (Rocky Mountains).

Formación de fallas

Mientras que algunas capas se doblan y pliegan si se les aplica presión, las capas de roca se rompen bajo otras condiciones. Al principio, las rocas sólo se doblarán levemente. Pero si la presión es suficientemente alta, las rocas se rompen. La superficie a lo largo de la cual se rompen y se deslizan las rocas se llama **falla.** Los bloques de corteza a cada lado de la falla se llaman *bloques de falla.*

Si una falla no es vertical, es útil poder distinguir sus dos lados: la *pared colgante* y el *muro de falla.* La **Figura 20** muestra la diferencia entre una pared colgante y un muro de falla. El tipo de falla que se formará dependerá del movimiento relativo de la pared colgante y el muro de falla.

Figura 20 *La posición de un bloque de falla determina si es una pared colgante o un muro de falla.*

Fallas normales Se muestra una *falla normal* en la **Figura 21.** El movimiento de una **falla normal** hace que la pared colgante se mueva hacia abajo con respecto al muro de falla. Las fallas normales generalmente ocurren cuando las fuerzas tectónicas producen una tensión que separa las rocas.

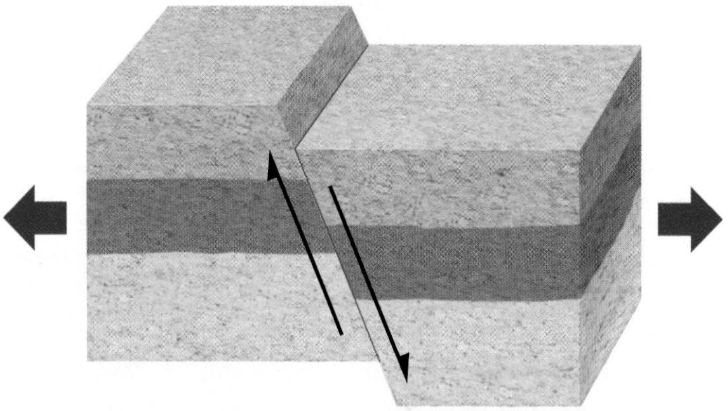

Falla normal

Figura 21 *Cuando las rocas se separan debido a la tensión, a menudo se producen fallas normales.*

Fallas inversas Se muestra una *falla inversa* en la **Figura 22.** El movimiento de una **falla inversa** provoca que la pared colgante se mueva hacia arriba con respecto al muro de falla, en sentido "inverso" al de una falla normal. Las fallas inversas casi siempre se forman cuando las fuerzas tectónicas producen una compresión que une las rocas.

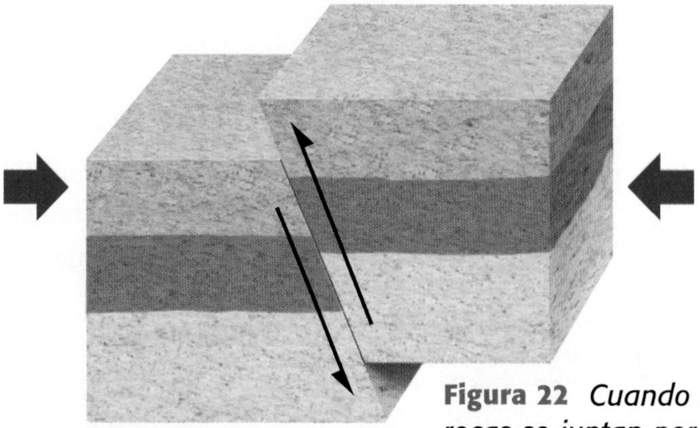

Falla inversa

Figura 22 *Cuando las rocas se juntan por compresión, a menudo se producen fallas inversas.*

Autoevaluación

¿En qué se diferencia el plegamiento de la formación de fallas? *(Consulta la página 564 para comprobar tu respuesta.)*

Figura 23 *La fotografía de la izquierda muestra una falla normal. La fotografía de la derecha muestra una falla inversa. ¿Podrías especificar qué tipo de presión tectónica (compresión o tensión) debe haberse aplicado en las rocas de ambas fotografías?*

Distinguir Es fácil distinguir entre una falla normal y una inversa en los diagramas con flechas. Pero, ¿qué opinas de las fallas de la **Figura 23**? ¿Cuál es normal y cuál es inversa? En la fotografía superior izquierda, está claro que un lado se ha movido. Puedes ver que ésta es una falla normal observando la secuencia de las capas de rocas sedimentarias. Según las posiciones relativas de las dos capas obscuras, se nota que la pared colgante se ha movido hacia abajo en relación con el muro de falla.

Falla de deslizamiento longitudinal

Se muestra un tercer tipo principal de falla en la **Figura 24.** Las **fallas de deslizamiento longitudinal** ocurren cuando fuerzas opuestas hacen que las rocas se rompan y se muevan horizontalmente. Si estuvieras parado a un costado de la falla de deslizamiento longitudinal mirando hacia el lado opuesto mientras se mueve la falla, el suelo del lado opuesto parecería moverse hacia tu derecha o izquierda.

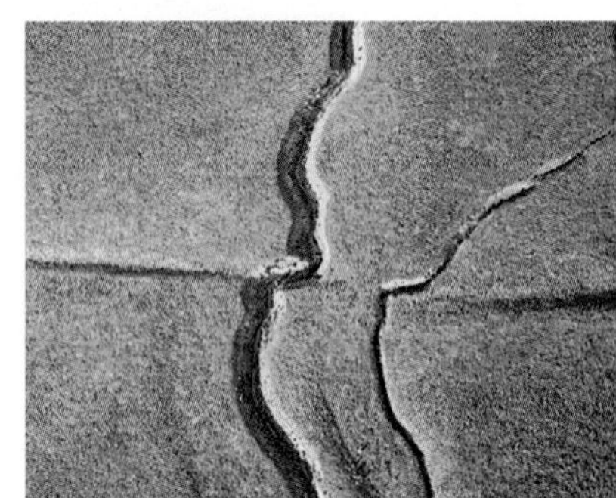

Figura 24 *En esta fotografía de la falla de San Andrés, puedes ver cómo el cauce de dos ríos cambió cuando la falla se movió. El terreno de arriba se desplazó hacia la derecha con respecto al de abajo.*

El gas natural se usa en muchos hogares y fábricas como fuente de energía. Algunas empresas exploran fuentes de gas natural al igual que otras empresas buscan petróleo y carbón. Como el petróleo, el gas natural se eleva a través de las capas de rocas hasta llegar a una capa que no pueda atravesar y queda atrapado. Imagina que buscas depósitos de gas natural atrapado. ¿Esperarías encontrar estos depósitos relacionados con anticlinales, sinclinales o fallas? Explica tu respuesta en tu cuaderno de ciencias. Incluye dibujos para ayudarte con la explicación.

Tectónica de placas y formación de montañas

Acabas de aprender varias formas en que cambia la corteza terrestre debido a la tectónica de placas. Cuando las placas tectónicas chocan, los accidentes geográficos que al principio eran pliegues y fallas pueden convertirse en grandes cordilleras. Las montañas existen porque las placas tectónicas se mueven y chocan entre sí continuamente. Como ves en la **Figura 25,** la mayoría de las principales cordilleras se forman en los bordes de las placas tectónicas.

Cuando las placas tectónicas sufren compresión o tensión, forman montañas de varias maneras. Observemos los tres tipos más comunes de montañas: *montañas de plegamiento, montañas de bloque de falla* y *montañas volcánicas*.

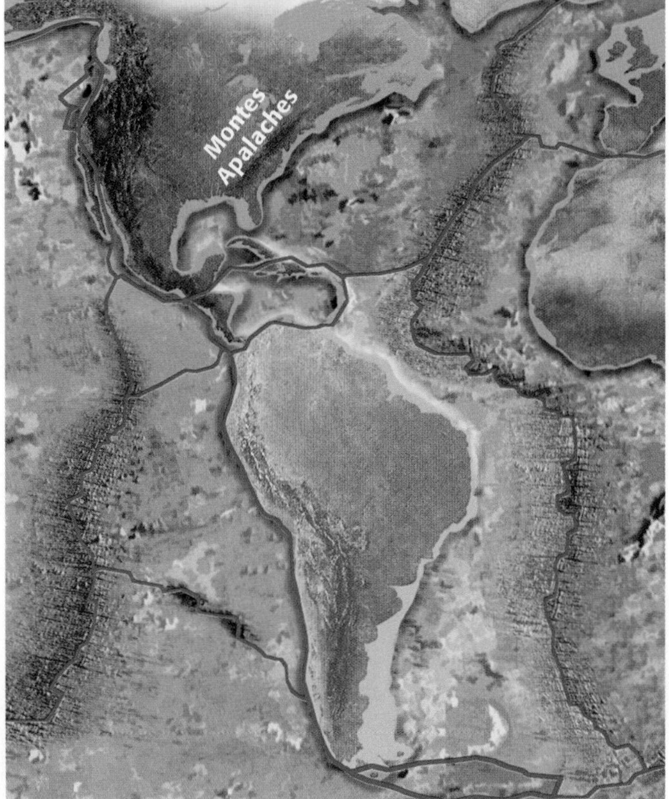

Figura 25 *Muchos de las cordilleras del mundo se forman en los límites de las placas tectónicas. Pero los Montes Apalaches están en medio de la placa norteamericana.*

Montañas de plegamiento

Las montañas de plegamiento se forman cuando las capas de rocas se comprimen y son empujadas hacia arriba. Si colocas un montón de papel sobre una mesa y presionas los lados opuestos del montón, verás cómo se forma una montaña de plegamiento. En la **Figura 18** viste cómo se aplastan estas capas. La **Figura 26** muestra una cordillera de plegamiento formada en un límite convergente.

Figura 26 *En otro tiempo tan imponentes como los Himalayas, los Apalaches se han desgastado debido a cientos de millones de años de meteorización y erosión.*

La tectónica de placas es la fuerza que crea las montañas más altas del mundo. ¿Sabías que también es responsable de la creación de algunos de los lugares más bajos de la Tierra? Cuando una placa tectónica se desliza por subducción bajo otra, en el límite se forma un valle profundo llamado *fosa*. La fosa de las Marianas es el punto más profundo de los océanos: ¡11,033 m bajo el nivel del mar!

La formación de los Apalaches

Vuelve a la Figura 25. Los Apalaches están en medio de la placa norteamericana. ¿Cómo puede ser esto posible? ¿No deberían estar en el borde de una placa tectónica? Sigue este diagrama para encontrar la respuesta.

1 Hace más o menos 500 millones de años, las masas de tierra que se convertirían en Norteamérica y África iban a chocar.

Hace 500 millones de años

Europa

Norteamérica

África

Hace 390 millones de años

Montes Apalaches

2 Hace aproximadamente 390 millones de años, estas placas tectónicas chocaron y la corteza entre ellas se encorvó y se plegó, formando los Apalaches.

Hace 65 millones de años

3 Hace aproximadamente 208 millones de años, Norteamérica y África comenzaron a separarse y se formó la dorsal oceánica media entre ellas. Hace 65 millones de años se había formado tanta litosfera nueva entre las dos placas tectónicas que los Apalaches ya no estaban en el borde de una placa tectónica, ¡estaban en medio de la placa norteamericana!

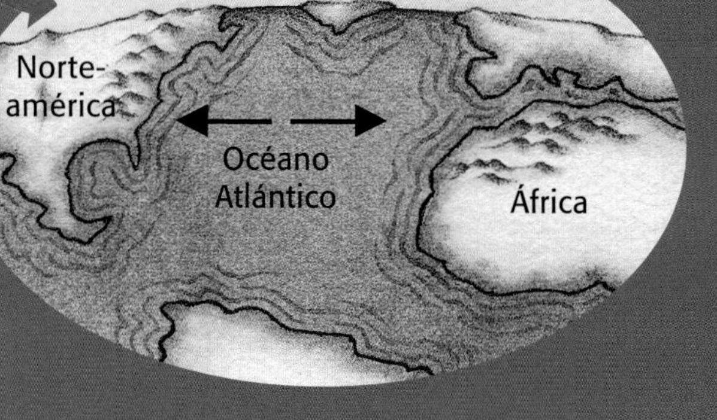

Figura 27 *Cuando la corteza se somete a tensión, la roca se puede romper a lo largo de una serie de fallas normales, lo cual da como resultado montañas de bloque de falla.*

Montañas de bloque de falla

Se pueden formar una gran cantidad de fallas normales donde las fuerzas tectónicas apliquen suficiente tensión en la corteza terrestre. *Las montañas de bloque de falla* se forman cuando las fallas hacen que bloques de corteza terrestre se hundan. La **Figura 27** muestra una forma en que esto puede suceder.

Cuando las capas de rocas sedimentarias se inclinan hacia arriba debido a la formación de fallas, se pueden producir montañas con picos dentados y puntiagudos. Como ves en la **Figura 28**, los Tetons del oeste de Wyoming son un ejemplo espectacular de este tipo de montaña.

Figura 28 *Los Tetons se formaron como resultado de las fuerzas tectónicas que estiraron la corteza terrestre, haciendo que se rompiera en una serie de fallas normales. Compara esta fotografía con la ilustración de la Figura 27.*

Montañas volcánicas Muchas de las principales montañas volcánicas del mundo están en límites convergentes. La mayoría se forma en los límites convergentes que incluyen zonas de subducción. Hay tantas montañas volcánicas cerca de la costa del Océano Pacífico que los primeros exploradores lo llamaron el *Anillo de Fuego*. La **Figura 29** muestra un volcán activo del Anillo de Fuego.

Las *montañas volcánicas* se forman cuando se derrama roca fundida sobre la superficie terrestre. A diferencia de las montañas de plegamiento y de bloque de fallas, las montañas volcánicas se forman con el nuevo material que se agrega a la superficie terrestre.

Figura 29 *Una corriente de lodo y cenizas reciente se destaca contra el Monte St. Helens, una montaña que se formó por actividad volcánica. Muchas de las montañas de la cordillera* Cascade Range *se formaron de esta forma.*

REPASO

1. ¿Qué diferencia existe entre un anticlinal y un sinclinal?
2. ¿Qué diferencia existe entre una falla normal y una falla inversa?
3. Nombra y describe el tipo de presión tectónica que forma las montañas de plegamiento.
4. Nombra y describe el tipo de presión tectónica que forma las montañas de bloque de falla.
5. **Hacer predicciones** Si se produce una falla en un área donde las capas de roca se han plegado, ¿qué tipo de falla puede ser? ¿Por qué?

Resumen del capítulo

SECCIÓN 1

Vocabulario

corteza *(pág. 136)*
manto *(pág. 137)*
núcleo *(pág. 137)*
litosfera *(pág. 138)*
astenosfera *(pág. 138)*
mesosfera *(pág. 139)*
núcleo externo *(pág. 139)*
núcleo interno *(pág. 139)*
placas tectónicas *(pág. 140)*

Notas de la sección

- La Tierra está compuesta por tres capas básicas: la corteza, el manto y el núcleo.
- La Tierra está compuesta por cinco capas estructurales principales: litosfera, astenosfera, mesosfera, núcleo externo y núcleo interno.
- Las placas tectónicas son trozos de la litosfera que se desplazan sobre la superficie terrestre.
- El conocimiento de la estructura de la Tierra proviene del estudio de las ondas sísmicas provocadas por los terremotos.

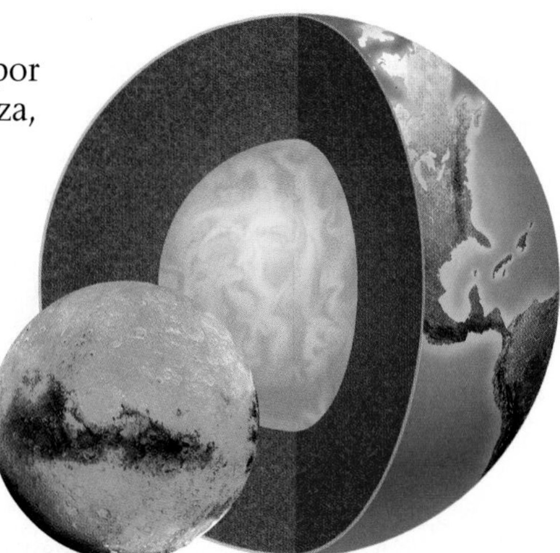

SECCIÓN 2

Vocabulario

deriva continental *(pág. 143)*
expansión de fondos marinos *(pág. 145)*

Notas de la sección

- La teoría de Wegener acerca de la deriva continental explica muchos hechos misteriosos, entre ellos la antigua unión entre las costas atlánticas de Sudamérica y África.
- Los continentes actuales estaban originalmente unidos en el antiguo continente de Pangea.
- La prueba más importante de la expansión de los fondos marinos proviene de la inversión magnética registrada en el fondo del mar.

☑ Comprobar destrezas

Conceptos de matemáticas

CONSTRUIR MAQUETAS Imagina que construyes una maqueta de la Tierra con un radio de 100 cm (diámetro de 200 cm). El radio de la Tierra real es de 6378 km y el grosor de su núcleo externo es de 2200 km. ¿Qué porcentaje del radio de la Tierra corresponde al núcleo externo? ¿De qué grosor sería el núcleo externo de tu modelo?

$$\frac{2{,}200 \text{ km}}{6{,}378 \text{ km}} = 0.34 = 34\%$$

$$34\% \text{ de } 100 \text{ cm} = 0.34 \times 100 \text{ cm} = 34 \text{ cm}$$

Comprensión visual

EXPANSIÓN DE FONDOS MARINOS Este panorama en primer plano de una dorsal oceánica media muestra cómo se forma nueva litosfera oceánica. A medida que dos placas tectónicas se separan, el magma llena las grietas que se abren entre ellas. Cuando se solidifica este magma, se convierte en la parte más nueva de la placa oceánica.

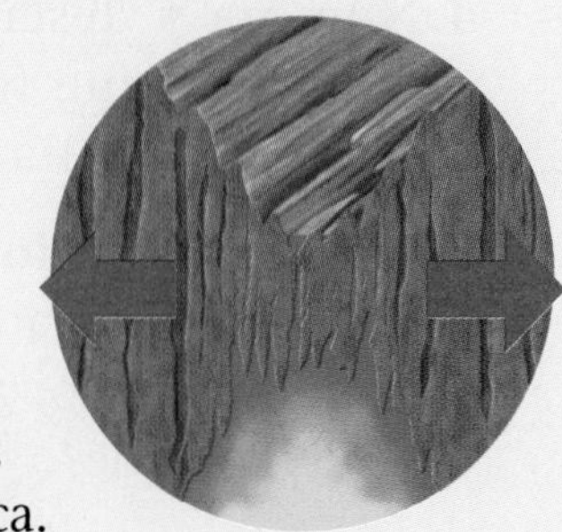

SECCIÓN 3

Vocabulario

placas tectónicas *(pág. 147)*
límite convergente *(pág. 148)*
zona de subducción *(pág. 148)*
límite divergente *(pág. 149)*
límite de transformación *(pág. 149)*

Notas de la sección

- Los procesos de empuje dorsal oceánico, convección y tracción de placas les dan fuerzas a las placas tectónicas.
- Los límites de las placas tectónicas pueden ser convergentes, divergentes o de transformación.
- La información de los satélites indica que algunas placas tectónicas se mueven un promedio de 3 cm por año.

Experimentos

Conexión de convección *(pág. 508)*

SECCIÓN 4

Vocabulario

presión *(pág. 151)*
compresión *(pág. 151)*
tensión*(pág. 151)*
plegamiento *(pág. 152)*
falla *(pág. 153)*
falla normal *(pág. 153)*
falla inversa *(pág. 153)*
falla de deslizamiento longitudinal *(pág. 154)*

Notas de la sección

- Al acercarse y colisionar las placas, se ejerce una gran presión en las rocas limítrofes.
- El plegamiento ocurre cuando las capas de rocas se doblan por causa de la presión.
- La formación de fallas ocurre cuando las capas de rocas se fracturan por la presión y luego se mueven hacia uno de los lados de la fractura.
- Las montañas se clasifican en montañas de plegamiento, de bloque de falla o volcánicas, según la manera en que se han formado.
- La formación de montañas se debe al movimiento de las placas tectónicas. Los diferentes tipos de movimientos forman diferentes tipos de montañas.

Experimentos

¡La presión! *(pág. 509)*

internet

VISITA: go.hrw.com

Visita el sitio web de HRW para encontrar una serie de herramientas de aprendizaje relacionadas con este capítulo. Sólo tienes que escribir la palabra clave:

PALABRA CLAVE: HSTTEC

VISITA: www.scilinks.org

Visita el sitio web de la **Asociación Nacional de Maestros de Ciencias** *(National Science Teachers Association)* para encontrar recursos de Internet relacionados con este capítulo. Sólo escribe el **ENLACE DE CIENCIAS** para obtener más información sobre el tema:

TEMA: La composición de la Tierra	**ENLACE:** HSTE155
TEMA: La estructura de la Tierra	**ENLACE:** HSTE160
TEMA: Placas tectónicas	**ENLACE:** HSTE165
TEMA: Fallas	**ENLACE:** HSTE170
TEMA: Formación de montañas	**ENLACE:** HSTE175

Repaso del capítulo

UTILIZAR EL VOCABULARIO

Explica la diferencia entre los siguientes pares de palabras:

1. corteza oceánica/corteza continental
2. litosfera/astenosfera
3. límite convergente/límite divergente
4. plegamiento/falla
5. corteza oceánica/litosfera oceánica
6. falla normal/falla inversa

COMPRENDER CONCEPTOS

Opción múltiple

7. ¿Cuál es la parte líquida de la Tierra?
   a. la corteza
   b. el manto.
   c. el núcleo externo
   d. el núcleo interno

8. ¿Cuál es la parte de la Tierra donde las placas tectónicas se pueden mover?
   a. la litosfera
   b. la astenosfera
   c. la mesosfera
   d. la zona de subducción

9. ¿Cómo se llama el continente antiguo que comprendía todas las masas terrestres?
   a. Pangea
   b. Gondwana
   c. Laurasia
   d. Panthalassa

10. ¿Cómo se llama el límite que hay entre dos placas tectónicas en colisión?
    a. divergente
    b. de transformación
    c. convergente
    d. normal

11. ¿Cuál es el tipo de límite de placa tectónica que a veces comprende una zona de subducción?
    a. divergente
    b. de transformación
    c. convergente
    d. normal

12. La falla San Andrés es un ejemplo de limite
    a. divergente.
    b. transformación.
    c. convergente.
    d. normal.

13. ¿Cómo se le llama a un pliegue cuando tiene forma de arco con el pliegue hacia arriba?
    a. monoclinal
    b. anticlinal
    c. sinclinal
    d. declinación

14. ¿Cómo se llama el tipo de falla donde la pared colgante se mueve hacia abajo con respecto al muro de falla?
    a. deslizamiento longitudinal
    b. inversa
    c. normal
    d. de bloque de falla

15. ¿Cuál es el tipo de montaña en el cual enormes porciones de la corteza terrestre se empujan hacia arriba en anticlinales y sinclinales?
    a. montaña de plegamiento
    b. montaña de bloque de falla
    c. montaña volcánica
    d. montaña de deslizamiento longitudinal

16. ¿Con qué limites se asocia comúnmente a las cordilleras continentales?
    a. divergentes
    b. de transformación
    c. convergentes
    d. normales

17. ¿Con qué limites se asocian las dorsales oceánicas medias?
    a. divergentes
    b. de transformación
    c. convergentes
    d. normales

Respuesta corta

18 ¿Qué es una placa tectónica?

19. ¿Cuál era el mayor problema en la teoría de Wegener acerca de la deriva continental?

20. ¿Por qué hay presión en la corteza terrestre?

Organizar conceptos

21. Usa los siguientes términos para crear un mapa de ideas: expansión de fondos marinos, límite convergente, límite divergente, zona de subducción, límite de transformación, placas tectónicas.

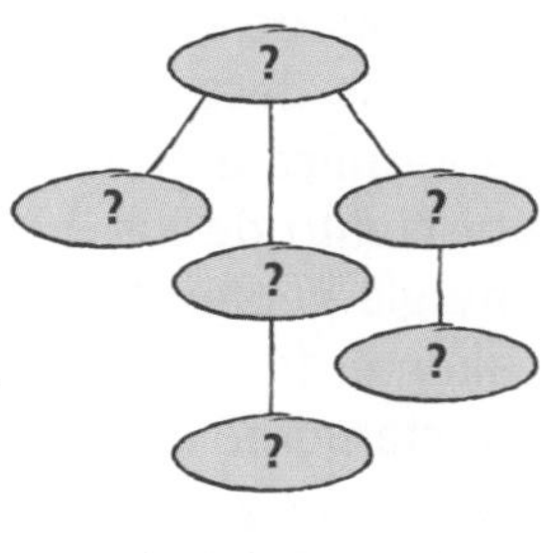

RAZONAMIENTO CRÍTICO Y RESOLUCIÓN DE PROBLEMAS

Escribe una o dos oraciones para responder a las siguientes preguntas:

22. ¿Por qué es necesario pensar en las diferentes capas de la Tierra según su composición y según sus propiedades físicas?

23. Las montañas de plegamiento casi siempre se forman en el borde de una placa tectónica. ¿Cómo puedes explicar que haya cordilleras de plegamiento en medio de una placa tectónica?

24. El material de las placas tectónicas se forma continuamente en los límites divergentes. Éste también se destruye continuamente en las zonas de subducción de los límites convergentes. ¿Crees que la cantidad total de litosfera formada en la Tierra sea aproximadamente la misma que la cantidad destruida? ¿Por qué?

LAS MATEMÁTICAS EN LAS CIENCIAS

25. Imagina que hay una placa oceánica muy pequeña entre una dorsal oceánica media al oeste y una zona de subducción al este. En la dorsal, la placa oceánica crece a una velocidad de 5 km por cada millón de años. En la zona de subducción, la placa oceánica se destruye a una velocidad de 10 km cada millón de años. Si la placa oceánica tiene 100 km, ¿en cuántos millones de años desaparecerá?

INTERPRETAR GRÁFICAS

Imagina que puedes viajar al centro de la Tierra. Usa el siguiente diagrama para responder a las preguntas.

Composición	Estructura
Corteza (50 km)	Litosfera (150 km)
Manto (2,900 km)	Astenosfera (250 km)
	Mesosfera (2,550 km)
Núcleo (3,428 km)	Núcleo externo (2,200 km)
	Núcleo interno (1,228 km)

26. ¿A qué profundidad bajo la superficie terrestre tendrías que llegar para encontrar el material líquido del núcleo terrestre?

27. ¿A qué profundidad encontrarías el material del manto en la litosfera?

AHORA, ¿qué piensas?

Revisa tus respuestas a las preguntas de la página 135 que escribiste en el cuaderno de ciencias. ¿Han cambiado tus respuestas? Si es necesario, corrige tus respuestas basándote en lo que has aprendido en este capítulo.

Ciencia, Tecnología y Sociedad

Vida en la dorsal del Atlántico medio

Imagina que vives a cientos de millas de otras personas en un afloramiento glacial de roca volcánica rodeado por el frío océano Atlántico Norte. ¿Cómo te abrigarías? Para los habitantes de Islandia, ésta es una pregunta importante que afecta su vida diaria. Islandia es una isla volcánica situada en la dorsal de Atlántico medio, justo al sur del Círculo Polar Ártico. La expansión de los fondos marinos produce volcanes activos, terremotos, aguas termales y géisers que hacen parecer la vida en esta isla un poco inestable. La misma fuerza volcánica que amenaza la civilización proporciona el calor necesario para la vida diaria. Los islandeses usan la energía geotérmica que proporciona su entorno en formas que te sorprenderían.

▲ *La Laguna Azul de Islandia es el resultado de la producción de energía hidráulica.*

¡Volvámonos geotérmicos!

Geotérmico significa "calor de la tierra," *geo* significa "tierra" y *térmico*, "calor." Alrededor del siglo IX d.C., los primeros colonos islandeses aprovecharon el calor natural de la Tierra para plantar cultivos. Esto estimuló el rápido crecimiento de plantas y cosechas. En 1928, Islandia construyó su primera planta geotérmica de servicio público: un orificio perforado en la Tierra para bombear agua de un manantial. Después de la crisis petrolera de la década de 1970, se desarrollaron proyectos de energía geotérmica a gran escala. Actualmente, el 85 por ciento de los hogares islandeses usan la energía geotérmica para calefacción. El agua caliente de los pozos subterráneos se bombea directamente a los hogares, pasa a través de radiadores y suministra calor. Esta fuente natural satisface todas las necesidades de agua caliente de la ciudad de Reykjavik, que tiene una población de alrededor de 150,000 personas.

El agua también se usa para calentar 120 albercas públicas. ¡Imagínate nadando al aire libre en agua naturalmente caliente en pleno invierno! Los invernaderos, donde se cultivan frutas y verduras, reciben calor de esta agua. La industria pesquera de Islandia no sería posible sin calor geotérmico que modere la temperatura del agua. En otras industrias, esta energía se usa para secar madera, lana y algas marinas.

Producción de energía

Aunque la energía hidroeléctrica es la principal fuente de electricidad de Islandia, también se usa la energía geotérmica. El agua que tiene temperaturas de 300 a 700°C se bombea a un embalse, en donde se convierte en vapor que permite accionar las turbinas. Su movimiento giratorio genera electricidad. La producción de energía a partir de fuentes geotérmicas sólo tiene de un 5 a un 15 por ciento de eficiencia y se derrama una gran cantidad de agua. En la central de energía Svartsengi, este derrame de agua ha creado una hermosa alberca que los nadadores llaman Laguna Azul.

Profundizar

▶ Nombra otros recursos energéticos abundantes y limpios. ¿Cómo podríamos aprovecharlos?

Deriva continental

Cuando Alfred Wegener propuso su teoría de la deriva continental a principios del siglo XX, muchos científicos se burlaron de la idea. Debido a que muchos consideraron su teoría ridícula, a Wegener, un profesor universitario, ¡se le hizo difícil encontrar trabajo! La teoría de Wegener sacudía los cimientos de la geología.

Teoría de Wegener

Wegener usó pruebas geológicas, fósiles y glaciares que reunió en ambas costas del Océano Atlántico para apoyar su teoría de la deriva continental. Descubrió similitudes geológicas entre los Montes Apalaches, del este de Norteamérica y las Tierras Altas de Escocia; y también entre los estratos rocosos de Sudáfrica y Brasil. Creía que estas similitudes se podrían explicar sólo si estas características geológicas hubiera sido alguna vez parte del mismo continente.

Propuso que debido a su menor densidad, los continentes flotaban sobre las rocas más densas del fondo del mar. Aunque la deriva continental explicaba muchas de sus observaciones, no encontró evidencia científica para desarrollar una explicación completa del movimiento de los continentes.

Alfred Wegener (1880–1930)

Los críticos

Muchos científicos no creían la teoría de Wegener y la descartaron por considerarla una tontería. Algunos críticos se apoyaron en teorías antiguas acerca de unos puentes de tierra gigantes que explicarían las similitudes entre los fósiles de Sudamérica y África. Otros argumentaron que la teoría de Wegener no explicaba las tremendas fuerzas requeridas para mover los continentes tan lejos. Wegener creía que estas fuerzas eran las mismas que provocaban terremotos y erupciones volcánicas.

Las pruebas

En las décadas de 1950 y 1960, el descubrimiento de la expansión de los fondos marinos y la inversión magnética proporcionó las pruebas que necesitaba la teoría de Wegener y condujo a la teoría de la tectónica de placas. Esta teoría describe cómo se mueven los continentes. Hoy, los geólogos reconocen que los continentes son partes de placas tectónicas en movimiento que flotan en la astenosfera, una capa de roca parcialmente fundida.

Como los logros de tantos científicos, los de Wegener no fueron reconocidos hasta años después de su muerte. Cuando escuches una teoría científica que suene muy extraña, no la subestimes. ¡Quizá resulte ser correcta!

También astrónomo y meteorólogo

Wegener tenía antecedentes muy diversos en las ciencias. Obtuvo su doctorado en astronomía en la Universidad de Berlín. Se interesó en la geofísica y la meteorología. Su interés en la geofísica lo condujo a su teoría sobre la deriva continental. Su interés en la meteorología lo llevó a la muerte. Murió en Groenlandia al regresar de una misión de rescate para llevar alimentos a unos meteorólogos.

Averígualo tú mismo

▶ Fotocopia un mapa mundial. Con cuidado, corta los continentes del mapa. Corta por la línea donde el agua se encuentra con la tierra. Desliza los continentes como un rompecabezas. ¿Cómo se relaciona esto con las placas tectónicas y la deriva continental?

CAPÍTULO 7

Terremotos

¡Afírmate!

Imagina que estás visitando Kobe, Japón. La fecha es el 17 de enero de 1995. Es muy temprano en la mañana, exactamente las 5:46 A.M. y te encuentras en un taxi en la autopista elevada Hanshin, construida sobre una larga fila de grandes columnas de apoyo. De repente, sientes que el taxi tiembla. El conductor reduce la velocidad. Observas cómo un camión les adelanta. Al parecer está fuera de control. De repente… ¡el camión desaparece! El taxi se detiene. Miras por la ventana para ver qué está sucediendo. La autopista se retuerce como una serpiente migigante. El temblor dura menos de un minuto. Al parecer, el lado de la carretera sobre el que te encuentras está intacto, pero casi media milla de autopista se ha derrumbado ante tus ojos. Es como si algo hubiera sacudido la tierra debajo de la autopista y hubiera quebrado las columnas de apoyo como si fueran las ramas de un árbol. Ya sabes por qué desapareció el camión y te sientes muy afortunado de que el taxi se detuviera a tiempo.

Tokio

Kobe

El evento que acabas de imaginar fue el gran terremoto de Hanshin. Causó 5,500 muertes y dejó a 300,000 personas sin hogar. Al menos 200,000 edificios quedaron destruidos. En menos de un minuto, causó terribles desastres. Las de gas natural y las estufas de queroseno destruidas provocaron grandes incendios. Las cañerías que suministraban el agua para apagar los incendios se rompieron y los incendios continuaron durante días. Kobe quedó en ruinas; los daños superaron los 100 mil millones de dólares. En este capítulo, aprenderás qué causa los terremotos, cómo actúan e influyen en nuestras vidas. Estudiar los terremotos es muy útil. Mientras estudias uno de los fenómenos más poderosos de la naturaleza, piensa en lo que podrías hacer con estos conocimientos.

¿Tu qué piensas?

Usa tus conocimientos para responder a las siguientes preguntas en tu cuaderno de ciencias:

1. ¿Qué causa los terremotos?
2. ¿Por qué algunos terremotos son más fuertes que otros?
3. ¿Por qué algunos edificios resisten los terremotos mientras que otros no?

Doblar, quebrar o temblar

¿Si estuvieras en un edificio durante un terremoto, cómo querrías que el edificio respondiera a los movimientos de la tierra? ¿De qué material querrías que estuviera hecho el edificio? ¿Cómo querrías que estuviera construido?

Para responder a estas preguntas debes saber cómo se comportan los materiales de construcción durante un terremoto. ¿Acaso reaccionan de manera diferente a los movimientos de la tierra? Haz esta actividad para descubrirlo.

Procedimiento  

1. Reúne todos (o casi todos) los siguientes artículos: un trozo de **cuerda** o **cordel** de 30 cm de longitud, **un palo de madera** del tamaño de un lápiz, un **sujetador de papel grande,** una **cuchara plástica,** una **percha de ropa de alambre,** una **percha de ropa de plástico** y un **resorte.**
2. Utiliza el borde recto de un **transportador** para dibujar una línea recta sobre una hoja de **papel.** Mide los ángulos de 20°, 45° y 90° a partir de la línea y dibújalos sobre el papel.
3. Colócate los anteojos protectores y los guantes. Utiliza los ángulos que dibujaste como guía para intentar doblar cada artículo 20° y luego soltarlo (debes retener el artículo en tus manos al dejar de doblarlo). ¿Qué sucede? ¿Se quiebra? Si el artículo se dobla, ¿qué sucede cuando dejas de doblarlo? ¿Permanece doblado? ¿Retorna a su forma natural? Anota tus observaciones en tu cuaderno de ciencias.
4. Repite el paso 3, pero dobla cada artículo 45°. Repite la prueba, doblando los artículos 90°.
5. Haz tres listas en tu cuaderno de ciencias: una para los que se quebraron, otra para los que permanecieron doblados y otra para los materiales que se doblaron y luego volvieron a su forma original.

Análisis

6. ¿Cómo reaccionaron los materiales?
7. En zonas sísmicas, los ingenieros usan materiales de construcción que se mueven con la tierra cuando tiembla pero ni se doblan ni se quiebran. Según esto, ¿qué material del experimento es el más apropiado en construcción de edificios? ¿Cuál es el menos apropiado? Explica por qué.

Profundizar

Nombra materiales de construcción que podrían comportarse como cada uno de los materiales del experimento. Por ejemplo, las vigas de madera se comportan como el palo de madera.

Sección 1

¿Qué son los terremotos?

VOCABULARIO

sismología
falla
deformación
rebote elástico
ondas sísmicas
Ondas P
Ondas S

OBJETIVOS

- Determina el origen de los terremotos y qué los provoca.
- Identifica diversos tipos de terremotos.
- Describe cómo se propagan los terremotos por la Tierra.

La palabra *terremoto* se define por sí misma. Sin embargo, un terremoto es más que un simple temblor de tierra. De hecho, existe una rama de las ciencias de la Tierra que está dedicada a los terremotos denominada sismología. La **sismología** es el estudio de los terremotos. Los terremotos son complejos y son fuente de interrogantes para los *sismólogos,* los científicos que las estudian. A pesar de que se conoce poco acerca de los terremotos, los sismólogos han encontrado algunas respuestas a las siguientes preguntas.

¿Dónde ocurren los terremotos?

La mayoría de los terremotos ocurren cerca de los bordes de las placas tectónicas. *Las placas tectónicas* son masas gigantes de roca sólida que constituyen la capa exterior de la Tierra. La **Figura 1** muestra las placas tectónicas de la Tierra y la ubicación geográfica de los terremotos recientes que han sido registrados por los científicos. Observa el gran número de terremotos cerca de los límites de las placas.

Las placas tectónicas se mueven en diferentes direcciones y a distintas velocidades. Dos placas pueden presionarse una contra la otra, o bien separarse una de la otra. También pueden deslizarse una junto a la otra, al igual que trenes lentos viajando en direcciones opuestas. Como consecuencia de estos movimientos surgen en la corteza terrestre las fallas. Una **falla** es una abertura en la corteza terrestre a lo largo de la cual bloques de la corteza se deslizan una con respecto a otra. Debido a este deslizamiento, los terremotos ocurren a lo largo de las fallas. Hay fallas en muchos lugares, pero son más comunes cerca de los bordes de las placas tectónicas, donde forman los límites a lo largo de los cuales se mueven las placas. Por esto, los terremotos son comunes cerca de los límites de las placas.

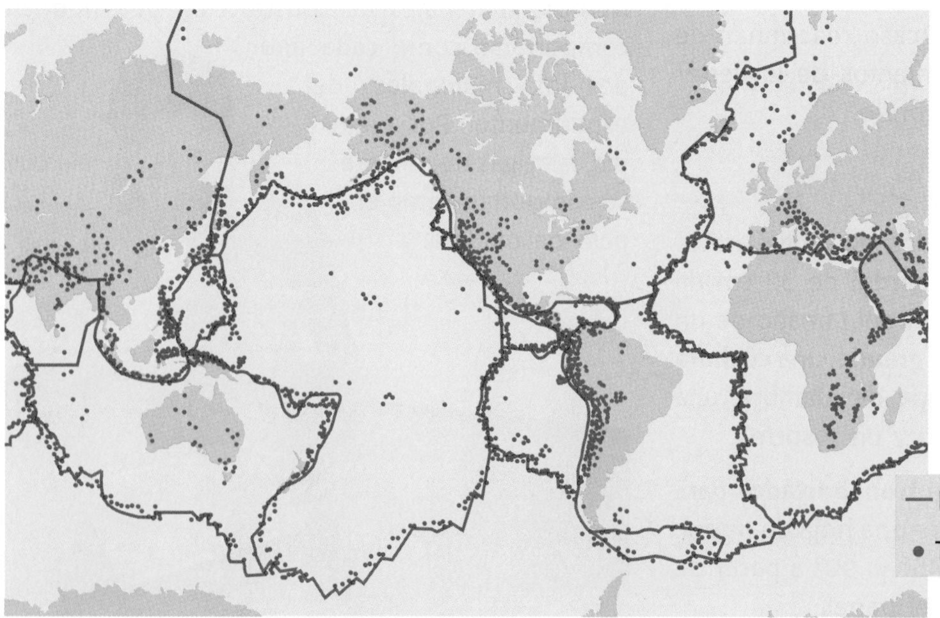

Figura 1 *La zona sísmica más grande y más activa se encuentra a lo largo de los límites de las placas que rodean el océano Pacífico.*

¿Qué provoca los terremotos?

A medida que las placas tectónicas se empujan, se separan o se raspan una contra la otra, se va generando fatiga a lo largo de las fallas, cerca de los bordes de las placas. En respuesta a esta fatiga, la roca de las placas se deforma. La **deformación** es el cambio en la forma de las rocas en respuesta a la fatiga que reciben. Las rocas a lo largo de una falla se deforman principalmente de dos maneras: en forma plástica, como un pedazo de greda moldeada, o de manera elástica, como una cinta de goma. La deformación plástica, mostrada en la **Figura 2**, no causa terremotos.

Figura 2 *Esta fotografía, tomada en Hollister, California, ilustra cómo la deformación plástica a lo largo de la falla Calaveras dobló un muro de forma permanente. No han ocurrido grandes terremotos desde que el muro fue construido.*

La deformación elástica, en cambio, sí provoca terremotos. A pesar de que la roca puede estirarse más que el acero sin romperse, llega un punto en el que sí se rompe. Piensa que una roca deformada en forma elástica es como una cinta de goma estirada. Sólo es posible estirar una cinta de goma hasta cierto punto; luego se rompe. Cuando una cinta de goma se rompe, libera energía; luego los pedazos rotos retornan a su forma original.

De manera similar a un elástico que vuelve a su estado original, el **rebote elástico** es el repentino retorno al estado original de rocas deformadas elásticamente. El rebote elástico ocurre cuando se aplica a la roca más fatiga de la que ésta puede resistir. Durante un rebote elástico, la roca libera energía que provoca un terremoto, tal como se muestra en la **Figura 3**.

Figura 3 *El rebote elástico libera energía que provoca terremotos.*

1 La roca a lo largo de la falla no recibe ningún tipo de fatiga.

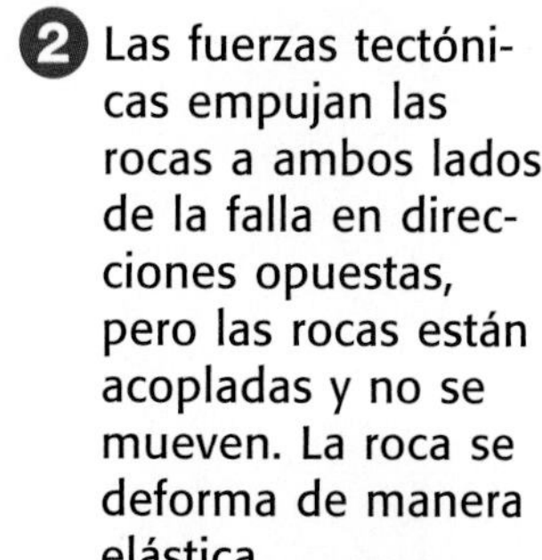

2 Las fuerzas tectónicas empujan las rocas a ambos lados de la falla en direcciones opuestas, pero las rocas están acopladas y no se mueven. La roca se deforma de manera elástica.

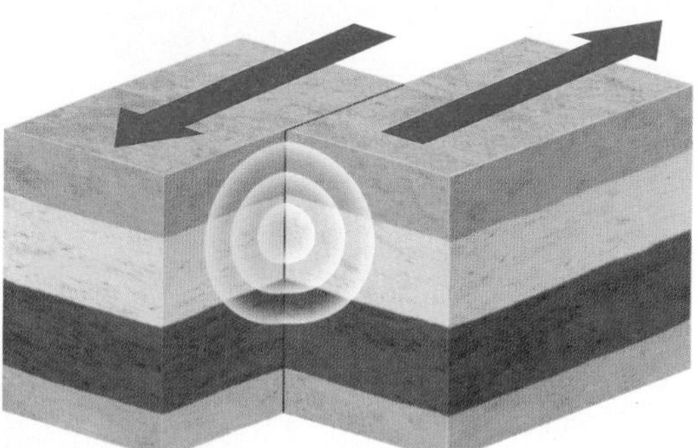

3 Al aplicarse fatiga suficiente, la roca se desliza a lo largo de la falla y libera energía que se propaga en forma de ondas sísmicas.

¿Acaso son todos los terremotos iguales?

Los terremotos difieren en intensidad y en la profundidad en que comienzan. Estas diferencias dependen del tipo de movimiento de las placas tectónicas que produce el terremoto. Examina el diagrama y la gráfica siguientes para aprender en qué se diferencian los terremotos.

Movimiento de placas	Tipo de falla prominente	Características de los terremotos
Transformación	falla de deslizamiento longitudinal	moderado, a poca profundidad
Convergente	falla inversa	fuerte, profunda
Divergente	falla normal	débil, de poca profundidad

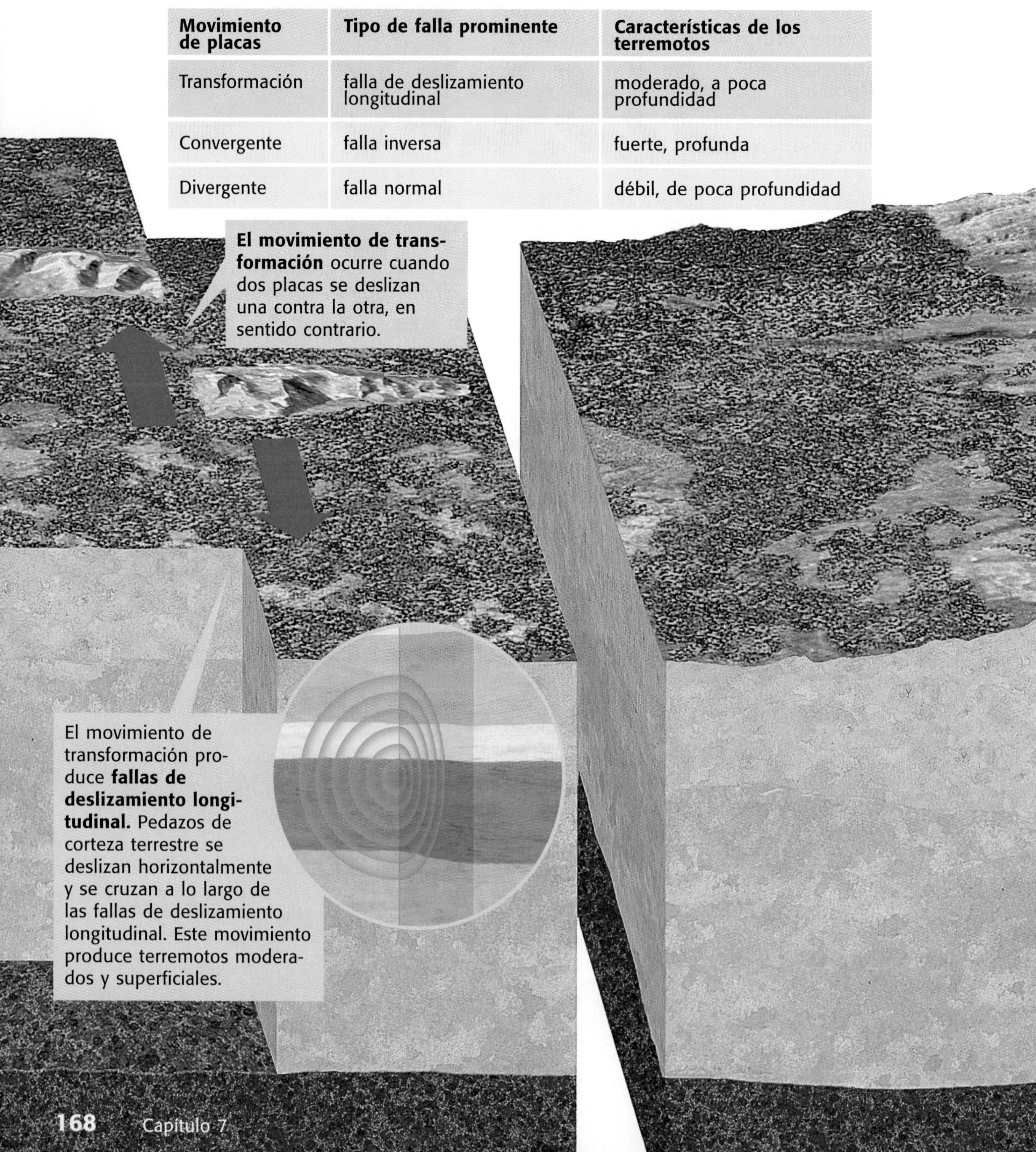

Autoevaluación

Menciona dos diferencias entre un movimiento convergente y uno divergente. *(Consulta la página 564 para comprobar tu respuesta.)*

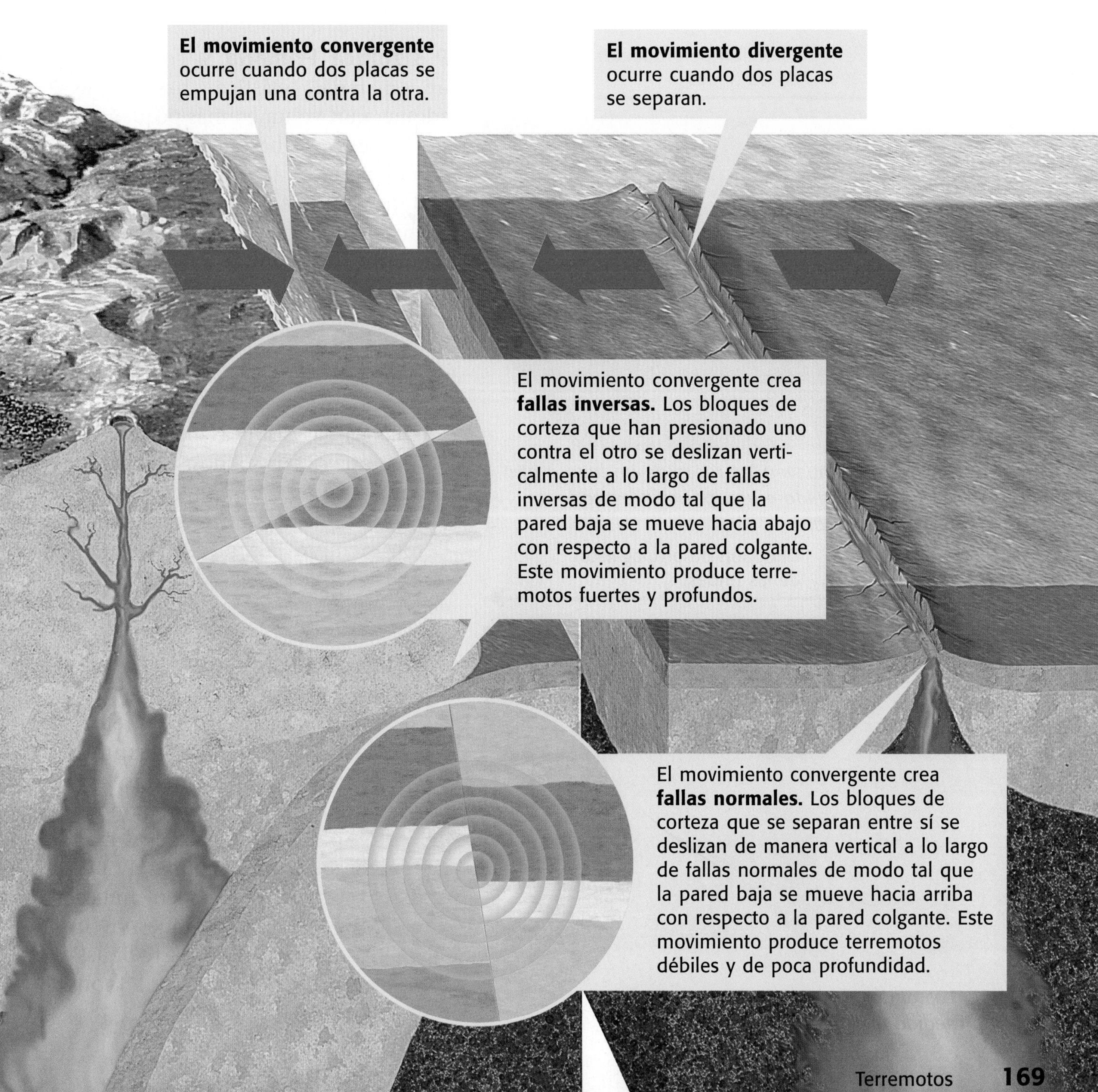

Todos los tipos de onda comparten características básicas. Si comprendes una, como la onda sísmica, podrás entender muchas otras. Otras ondas pueden ser las ondas luminosas, las ondas sonoras y las olas de agua.

¿Cómo se propagan los terremotos?

Recuerda que las rocas liberan energía cuando vuelven a su estado normal después de haber sufrido una deformación. Esta energía se propaga en forma de ondas sísmicas. Las **ondas sísmicas** son ondas de energía que se propagan a través de la Tierra. Las ondas sísmicas que se propagan a través del interior de la tierra se denominan *ondas internas.* Existen dos tipos de ondas internas: Las ondas P y las ondas S. Las ondas sísmicas que se propagan a lo largo de la superficie terrestre se denominan *ondas superficiales.* Todas las ondas sísmicas se trasladan a velocidades diferentes y desplazan los materiales por los que atraviesan de manera distinta.

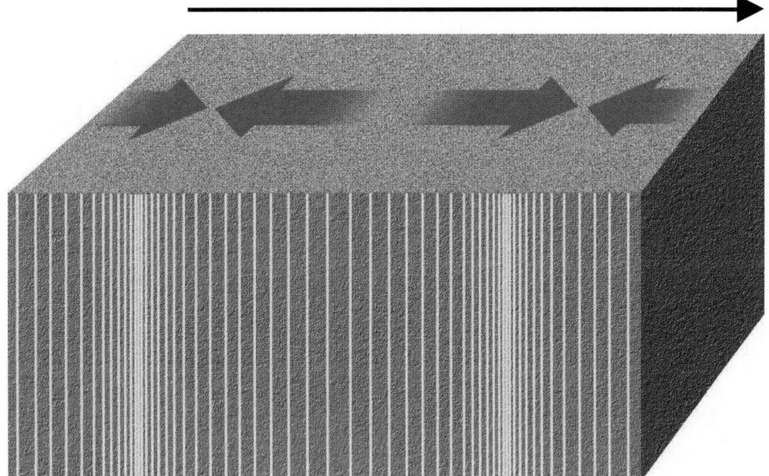

Figura 4 *Las ondas P mueven las rocas de un lado a otro de una posición comprimida a una posición estirada a medida que las atraviesan.*

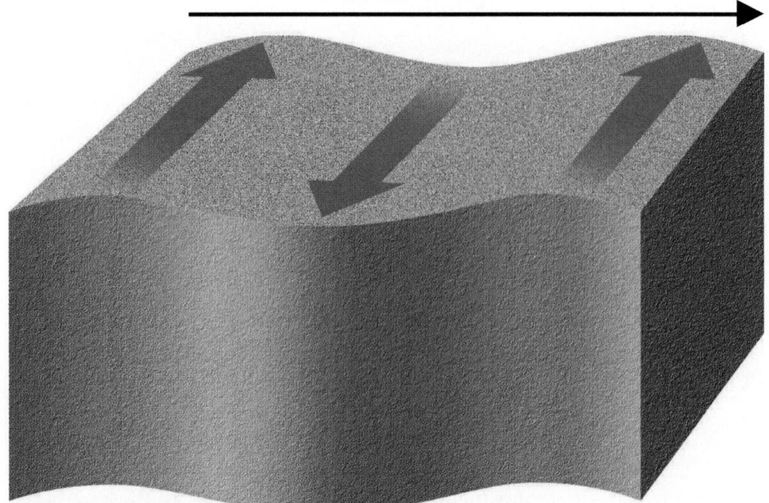

Figura 5 *Las ondas S cortan las rocas en ambas direcciones a medida que las atraviesan.*

P significa Primaria Si comprimes un material elástico hasta que adquiera un volumen más pequeño o si lo estiras hasta alcanzar un volumen mayor, la presión dentro del material cambia. Si dejas de comprimir o de estirar el material repentinamente, se contrae y se afloja brevemente varias veces antes de retornar a su estado original. Esta es la forma como las ondas P (ondas de presión) afectan a las rocas, tal como se ilustra en la **Figura 4.** Las **ondas P** son las ondas sísmicas más rápidas porque atraviesan sólidos, liquidos y gases, y se propagan primero que las otras ondas sísmicas. Como las ondas P son siempre las que se detectan primero también se las denomina *ondas* primarias.

S significa Secundaria Las rocas también pueden deformarse de lado a lado. Cuando las rocas retornan a su estado original después de haber sido deformadas, se crean ondas S. Las **ondas S,** u ondas de corte, son las ondas sísmicas más rápidas después de las ondas P. Las ondas S cortan las rocas en ambas direcciones, tal como se muestra en la **Figura 5.** *El corte* estira parte de las rocas en forma horizontal con respecto a otras partes.

A diferencia de las ondas P, las S no pueden atravesar las partes líquidas de la Tierra. Son más lentas que las P y llegan en segundo lugar; por ende, se denominan ondas *secundarias*. La gráfica de la **Figura 6**, *gráfica de tiempo y distancia,* compara las velocidades de las ondas P y las S.

Gráfica de tiempo y distancia

Tiempo transcurrido después de iniciado el terremoto (min)

25
20
15
10
5
0

S
P

2,000 4,000 6,000 8,000 10,000

Distancia del terremoto (km)

Figura 6 *Como puedes apreciar, las ondas S se demoran aproximadamente 20 minutos en trasladarse 7,000 km, mientras que las ondas P se demoran menos de 11 minutos en cubrir la misma distancia.*

Ondas superficiales Las ondas superficiales mueven el suelo hacia arriba y hacia abajo en círculos a medida que se propagan hacia la superficie, como se ilustra en la **Figura 7**. Muchas personas tienen la sensación de haber subido a una montaña rusa durante un terremoto debido a las ondas superficiales que se propagan hacia la superficie terrestre. Éstas se mueven más lentamente que las internas, pero son más destructivas. La mayor parte del daño que ocurre durante un terremoto se debe a ellas, pues pueden literalmente sacar la tierra de debajo de los edificios.

Figura 7 *Las ondas superficiales mueven la tierra casi de la misma manera en que el oleaje del océano mueve las partículas del agua.*

REPASO

1. ¿Dónde ocurren los terremotos?
2. ¿Qué causa un terremoto?
3. Clasifica los tipos de terremotos causados por los tres tipos de movimiento de placas tectónicas según su intensidad (de más débil a más fuerte).
4. **Utilizar gráficas** Vuelve a la Figura 6. ¿Cuánto se demora una onda S en trasladarse 1,500 km?

Laboratorio

¿Ondas sísmicas en clase?

1. Estira un **resorte** en sentido horizontal encima de una **mesa.**
2. Sujeta un extremo del resorte mientras un compañero o compañera sostiene el otro. Empuja tu extremo hacia el de tu compañero o compañera, y observa lo que ocurre.
3. Repite el paso 2, pero esta vez sacude el resorte de un lado a otro.
4. ¿Qué onda sísmica se representa en el paso 2? ¿Y en el paso 3?

Sección 2

Cómo medir un terremoto

VOCABULARIO

sismógrafo
sismograma
epicentro
foco sísmico

OBJETIVOS

- Explica cómo se detectan los terremotos.
- Demuestra como ubicar terremotos.
- Describe cómo se mide la intensidad de un terremoto.

Después de un terremoto, los sismólogos tratan de averiguar cuándo y dónde comenzó. Los detectores de terremotos registran y miden las ondas sísmicas. Estas medidas indican la distancia alcanzada por las ondas sísmicas y también muestran qué tanto se movió la tierra. Los sismólogos con esta información detectan el lugar donde comenzó el terremoto y la magnitud de su intensidad.

Cómo ubicar terremotos

¿Cómo saben los sismólogos cuándo y dónde comienzan los terremotos? Utilizan instrumentos detectores de terremotos denominados sismógrafos. Los **sismógrafos** son instrumentos que colocados sobre o cerca de la superficie terrestre registran ondas sísmicas. Cuando una onda alcanza un sismógrafo, éste crea un sismograma como el de la **Figura 8.** Un **sismograma** es el trazado del movimiento de un terremoto creado por un sismógrafo.

Figura 8 *La línea de un sismograma traza el movimiento del suelo mientras éste tiembla. Cuanto más se mueve el suelo, más pronunciadas son las oscilaciones de la línea.*

Los sismólogos utilizan los sismogramas para calcular el momento en que se inician los terremotos. Un terremoto comienza cuando la roca se desliza lo suficiente dentro de una falla para generar ondas sísmicas. ¿Recuerdas el diagrama de tiempo y distancia de la Figura 6? Los sismólogos determinan cuando comenzó un terremoto comparando los sismogramas con el diagrama de tiempo y distancia para detectar diferencias en los tiempos de llegada de las ondas P y las ondas S. También utilizan sismogramas para hallar el **epicentro** de un terremoto. El epicentro es el punto de la superficie terrestre ubicado exactamente arriba del punto donde comienza un terremoto. El **foco sísmico** es el punto del interior de la Tierra donde comienza un terremoto. La **Figura 9** muestra la relación entre el epicentro de un terremoto y su foco sísmico.

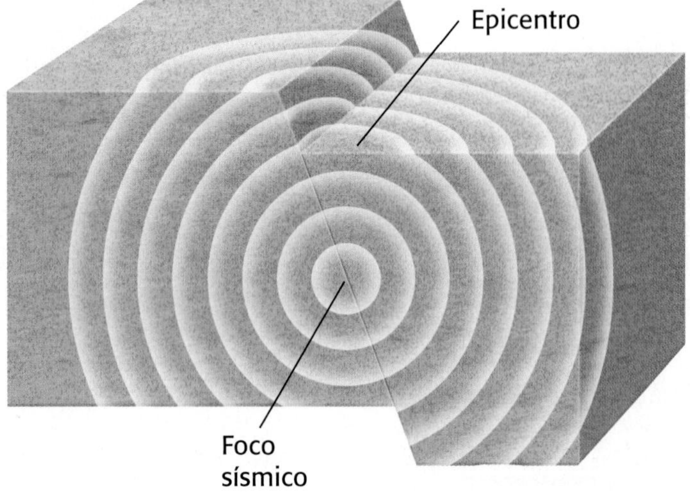

Figura 9 *El epicentro de un terremoto se encuentra exactamente arriba del foco sísmico, sobre la superficie terrestre.*

Quizás el método más comúnmente utilizado por los sismólogos para hallar el epicentro de un terremoto es el *método S-P.* Al utilizar el método S-P, los sismólogos primero colectan sismogramas del mismo terremoto tomados de diferentes lugares. Luego, colocan los sismogramas en la gráfica de tiempo y distancia de manera que las primeras ondas P queden alineadas con la curva de onda P y las primeras ondas S queden alineadas con la curva de onda S. Esto se ilustra en la **Figura 10.**

Una vez que se han colocado los sismogramas en el diagrama, los sismólogos pueden ver la distancia que hay entre el terremoto y cada estación simplemente leyendo el eje de la distancia. Una vez que los sismólogos determinan las distancias, pueden averiguar el epicentro del terremoto como se muestra a continuación.

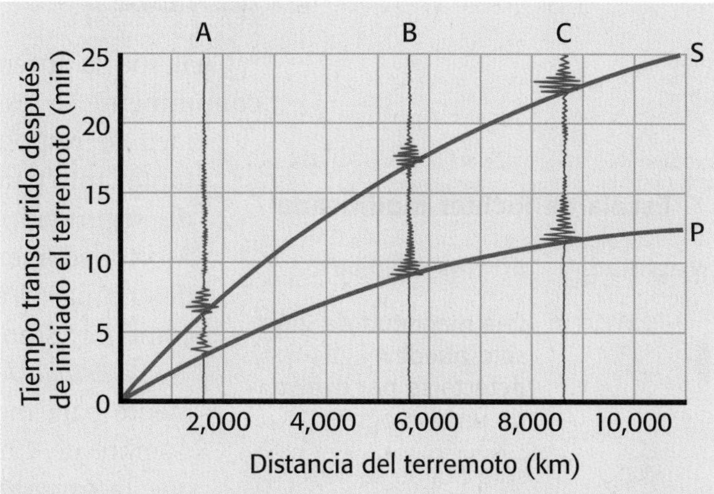

Figura 10 *Los sismogramas se alinean de modo tal que la primera onda P y la primera onda S queden alineadas con las curvas correspondientes. Los sismólogos deben restar el tiempo de propagación de una onda (leer eje vertical) del momento en que dicha onda se registró. Esto determina cuándo comenzó un terremoto. La distancia entre las estaciones y el epicentro se lee en el eje horizontal.*

Cómo encontrar el epicentro de un terremoto

1. Se traza un círculo alrededor de la estación sismográfica. El radio del círculo es equivalente a la distancia entre el sismógrafo y el epicentro. (Esta distancia se obtiene con ayuda del diagrama de tiempo y distancia)

2. Al trazar un segundo círculo alrededor de otra estación sismográfica, éste cae sobre el primer círculo en dos lugares. Uno de ellos es el epicentro del terremoto.

3. Al dibujar un tercer círculo alrededor de una tercera estación sismográfica, los tres círculos intersectan en un solo lugar. Éste es el epicentro del terremoto.

Cómo medir la intensidad de un terremoto

"¿Cuál fue la intensidad del terremoto?" es la pregunta que comúnmente se les hace a los sismólogos. No es una pregunta fácil de responder. Sin embargo, es una pregunta importante tanto para las autoridades públicas, las organizaciones de seguridad, las empresas como para los sismólogos. Afortunadamente, los sismogramas no sólo se utilizan para determinar el epicentro de un terremoto y la hora en que comenzó; sino también para detectar su intensidad.

La *escala de Richter* es la herramienta utilizada comúnmente para medir la intensidad de un terremoto. Lleva el nombre de Charles Richter, un sismólogo estadounidense que la inventó en la década de 1930. Richter utilizó un mismo tipo de sismógrafo para registrar sismogramas de numerosos terremotos. Luego trazó una gráfica con la altura máxima de cada sismograma y encontró que las alturas variaban significativamente. La altura más pequeña que podía medir era entre 0.1 mm y 0.3 mm, y la altura máxima que lograba medir era superior a 100 mm. Luego de varios intentos fallidos, Richter creó la escala que luego se bautizaría con su nombre. A la izquierda se muestra una versión modificada de la escala de Richter. Existe un patrón en la escala de Richter que establece una relación entre la magnitud de un terremoto y la cantidad de energía que libera. Cada vez que la magnitud aumenta una unidad, la cantidad de energía liberada aumenta 31.7 veces. Por ejemplo, un terremoto de una magnitud de 5.0 en la escala de Richter libera 31.7 veces más energía que un terremoto de una magnitud de 4.0 en la misma escala. Un terremoto de una magnitud de 6.0 libera 31.7×31.7, o aproximadamente 1,000 veces más energía que un terremoto de una magnitud de 4.0. Intenta realizar el ejercicio de ¡Matemáticas! de la izquierda para ver si entiendes la relación entre la intensidad y la magnitud en la escala de Richter.

Escala de Richter modificada

Magnitud	Efectos estimados
2.0	una magnitud de 2.0 sólo puede detectarse por medio de un sismógrafo.
3.0	sólo puede sentirse en el epicentro
4.0	la mayoría de las personas del área lo sienten
5.0	causa daños en el epicentro
6.0	causa daños extensos
7.0	causa daños grandes y extensos

¡MATEMÁTICAS!

Ascender por la escala

Si la cantidad de energía liberada por un terremoto de una magnitud de 2.0 en la escala de Richter es de *n*, ¿qué cantidad de energía liberarían los terremotos de las siguientes magnitudes en términos de *n*? 3.0, 4.0, 5.0 y 6.0 (Pista: La energía liberada por un terremoto de una magnitud de 3.0 es de 31.7*n*)

REPASO

1. ¿Cuál es la diferencia entre un sismograma y un sismógrafo?
2. ¿Cuántas estaciones sismográficas se necesitan para utilizar el método de tiempo S-P? ¿Por qué?
3. **Calcular** Si la cantidad de energía liberada por un terremoto de una magnitud de 7.0 en la escala de Richter es de *x*, ¿qué cantidad de energía descargaría un terremoto de una magnitud de 6.0 en términos de *x*?

Sección 3

Los terremotos y la sociedad

VOCABULARIO

hipótesis de brecha

brecha sísmica

OBJETIVOS

- Explica el riesgo de un terremoto.
- Compara métodos de pronóstico de terremotos.
- Enumera maneras de proteger edificios contra terremotos.
- Enumera procedimientos de seguridad en caso de terremoto.

Los terremotos constituyen una parte fascinante de las ciencias de la Tierra, pero son muy peligrosos. Los sismólogos han tenido un éxito moderado en la predicción de terremotos, pero no basta con estar al tanto de los terremotos. Es importante que las personas que habitan áreas sísmicas estén preparadas.

Riesgo de terremoto

El índice de riesgo sísmico indica la probabilidad de que se produzcan terremotos en un área determinada en el futuro. El nivel de riesgo de terremoto que presenta un área se determina por sus actividades sísmicas pasadas y presentes. Observa cuidadosamente el mapa de la **Figura 11.** Como puedes ver, algunas áreas de los Estados Unidos presentan un nivel de riesgo de terremoto más alto que otras. Esto se debe a que algunas áreas tienen más actividad sísmica que otras. Por ejemplo, la Costa Oeste presenta un nivel de riesgo de terremoto más elevado porque tiene mucha actividad sísmica. Áreas tales como la Costa del Golfo o el mediooeste tienen niveles de riesgo de terremoto menores debido a que no tienen tanta actividad sísmica.

¿Puedes ubicar en el mapa el área donde vives? ¿Qué nivel o niveles de riesgo de terremoto presenta tu área? Observa los niveles de riesgo de las áreas cercanas. ¿En qué se diferencian los niveles de riesgo de esas áreas con la tuya? ¿Cómo se podrían explicar los niveles de riesgo sísmico de tu área y los de las áreas cercanas?

Figura 11 *Este es un mapa de los niveles de riesgo del área continental de los Estados Unidos. Muestra los niveles de riesgo sísmico para las distintas áreas del país.*

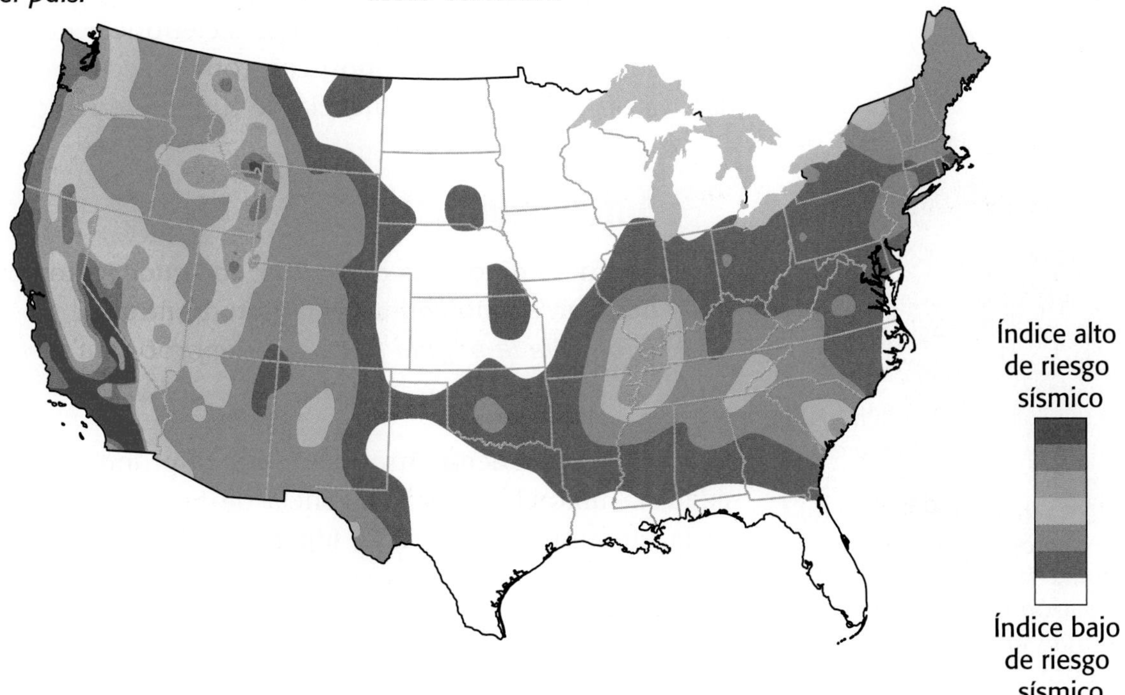

Pronóstico de terremotos

Es muy difícil predecir cuándo y dónde ocurrirá un terremoto y con qué magnitud. Quizás los terremotos sean el elemento de las ciencias de la Tierra más difícil de pronosticar. Sin embargo, al monitorear las fallas activas y otras áreas de actividad sísmica, los sismólogos han descubierto algunos patrones que les permiten realizar algunos pronósticos.

Frecuencia de terremotos en todo el mundo (Según observaciones realizadas desde 1900)

Descriptor	Magnitud	Promedio de eventos anuales
Muy grandes	8.0 y más	1
Grandes	7.0-7.9	18
Intensos	6.0-6.9	120
Moderados	5.0-5.9	800
Leves	4.0-4.9	aprox. 6,200
Menores	3.0-3.9	aprox. 49,000
Muy pequeños	2.0-2.9	aprox. 365,000

Figura 12 *Por lo general, al bajar un nivel en la magnitud de los terremotos, la cantidad de terremotos que ocurren por año es aproximadamente 10 veces mayor.*

Intensidad y frecuencia Como ya sabes, los terremotos varían en intensidad. Te habrás dado cuenta de que los terremotos no ocurren según un programa establecido. Lo que probablemente no sabes es que la intensidad de los terremotos está relacionada con la frecuencia con la que ocurren. El diagrama de la **Figura 12** brinda más detalles a este respecto.

La relación entre la intensidad y la frecuencia de los terremotos puede observarse en una escala local. Cada año ocurren aproximadamente 10 terremotos en el área de Puget Sound en Washington de una magnitud de 4 en la escala de Richter. En este mismo período, se producen aproximadamente 100 terremotos en la misma área de una magnitud de 3. Esto significa que hay 10 veces más terremotos de una magnitud de 3 en esta área que terremotos de una magnitud de 4. Los científicos utilizan estas estadísticas para hacer pronósticos con respecto a la intensidad, la ubicación y la frecuencia de futuros terremotos.

Autoevaluación

Según el diagrama de arriba, ¿cuántos terremotos ocurren al año con una magnitud entre 6.0 y 6.9? *(Consulta la página 564 para comprobar tu respuesta.)*

Hipótesis de brecha Otro método para pronosticar la intensidad, la ubicación y la frecuencia de los terremotos se basa en la hipótesis de brecha. La **hipótesis de brecha** sostiene que es probable que algunas secciones de una falla activa en que se han experimentado relativamente pocos terremotos se produzcan fuertes terremotos en el futuro. Estas áreas se denominan **brechas sísmicas.**

¿Pueden los animales predecir los terremotos? Para formar tu propia opinión, pasa a la página 188 para leer acerca de la relación entre el comportamiento de los animales y los terremotos.

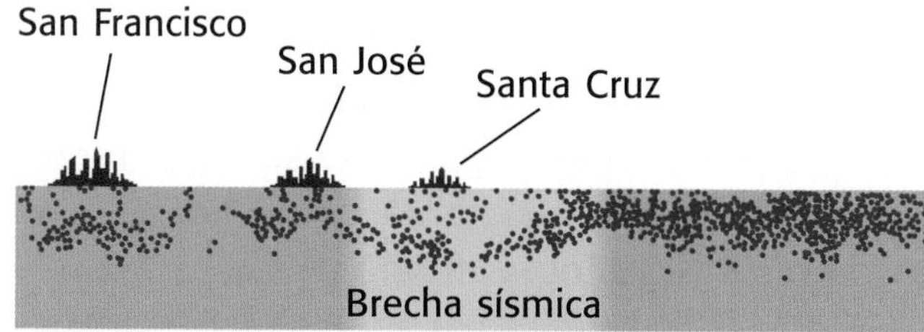

Antes del terremoto de 1989

- Terremotos previos al terremoto de 1989
- el terremoto principal y los terremotos secundarios de 1989

Después del terremoto de 1989

Figura 13 *Esta diagrama presenta una vista transversal de la falla de San Andrés. Fíjate en la brecha sísmica antes del terremoto de 1989. Observa cómo el terremoto de 1989 y sus temblores secundarios (terremotos más débiles que se producen después del terremoto principal) llenaron la brecha.*

La hipótesis de brecha permitió a los sismólogos pronosticar el momento, la intensidad y la ubicación aproximadas del terremoto de Loma Prieta de 1989 en el área de la Bahía de San Francisco. La brecha sísmica que identificaron aparece ilustrada en la **Figura 13**. En 1988, los sismólogos pronosticaron que había un 30% de probabilidades de que un terremoto de una magnitud de al menos 6.5 llenara esta brecha sísmica dentro de los próximos 30 años. ¿Estaban en lo cierto? El terremoto de Loma Prieta, que llenó la brecha sísmica de 1989, midió 7.1 en la escala de Richter. Fue un pronóstico muy acertado, considerando lo complejo que es pronosticar un terremoto.

Los terremotos y los edificios

De la misma manera como un maestro de judo derriba a su oponente, los terremotos sacuden el suelo y derriban edificios y puentes. Una vez que el centro de gravedad de una estructura ha sido desplazado suficientemente de su base de apoyo, la mayoría de las estructuras simplemente se derrumban.

La **Figura 14** muestra lo que le puede ocurrir a un edificio durante un terremoto. Estos edificios no fueron diseñados o construidos para soportar la intensidad de un terremoto. Lo mismo puede suceder con puentes, pasos superiores de carreteras, tuberías de gas y de agua y represas.

Figura 14 *Estos autos están enterrados debajo de los edificios de departamentos al lado de los cuales habían sido estacionados. Un terremoto sacó el primer piso de abajo del segundo, lo cual provocó el derrumbe.*

Explora

Investiga un edificio alto para averiguar cómo está reforzada su estructura. ¿Acaso los refuerzos del edificio lo protegerán contra un terremoto? ¿Ha habido algún terremoto en el área del edificio desde que fue construido? De ser así, ¿cómo resistió el edificio el temblor?

De hecho, se ha aprendido mucho con las fallas de las edificaciones durante los terremotos. Los arquitectos y los ingenieros utilizan la tecnología más moderna para diseñar y construir edificios y puentes que puedan resistir terremotos con más eficiencia. Estudia este diagrama con cuidado para aprender algunas de estas tecnologías modernas.

El **amortiguador en masa** es un peso que se coloca en el techo de un edificio. Los sensores de movimiento detectan el movimiento del edificio durante un terremoto y envían mensajes a una computadora. Luego, la computadora envía señales de control al techo para desplazar el amortiguador en masa para contrarrestar el movimiento del edificio.

Se colocan riostras **de acero** entre los distintos niveles. Estas riostras contrarrestan la presión que empuja y tira a los costados de un edificio durante un terremoto.

El **sistema activo de cables de acero pretensados** cumple una función parecida al sistema de amortiguador en masa en el techo. Los sensores notifican a una computadora sobre la presencia de movimiento en el edificio. Luego la computadora activa dispositivos que desplazan un gran peso para contrarrestar el movimiento.

El uso de cañerías flexibles ayuda a prevenir que se rompan las tuberías de agua y de gas. Los ingenieros diseñan las cañerías con uniones flexibles de modo que puedan torcerse y doblarse sin romperse durante un terremoto.

Los aisladores de base actúan como amortiguadores durante un terremoto. Están hechos de muchas capas de goma y de acero que envuelven un núcleo de plomo. Los aisladores de base absorben las ondas sísmicas, y así evitan su propagación a través del edificio.

¿Estás preparado para un terremoto?

Si vives en un área sísmica o piensas visitar una, existen muchas medidas que puedes tomar para protegerte y salvaguardar tus pertenencias durante un terremoto. Prepárate con antelación para saber qué hacer antes, durante y después. Sigue tu plan al pie de la letra.

Experimentos

Pasa a la página 512 para construir tu propio edificio antisísmico.

Antes que comience el temblor Protege tu casa contra el terremoto colocando todos los objetos pesados en repisas inferiores de modo que no caigan sobre una persona. Habla con los adultos para reforzar tu casa. Ponte de acuerdo con otras personas (tu familia, vecinos o amigos) para encontrarse en algún lugar después de un terremoto; así alguien sabrá que estás a salvo. Durante el terremoto, es posible que se dañen las tuberías de agua, los cables de electricidad y las carreteras. Almacena alimentos no perecederos, agua, un extinguidor de fuego, una linterna con pilas y un botiquín de primeros auxilios en un lugar al que puedas acceder después de un terremoto.

Figura 15 *Las precauciones simples, tales como guardar objetos pesados en repisas inferiores, pueden reducir enormemente las probabilidad de sufrir una lesión durante un terremoto.*

Cuando comienza el temblor Si estás dentro de una vivienda agáchate y tiéndete boca abajo debajo de una mesa o escritorio en el centro de la habitación, como se muestra en la **Figura 16.** Si te encuentras en el exterior, debes tenderte en el suelo lejos de edificios, cables de electricidad y árboles, y cubrirte la cabeza con las manos. Si estás en un vehículo en una carretera abierta, debes detener el vehículo y quedarte dentro.

Finalmente puedes asistir a un partido de la Serie Mundial, pero se cancela antes de terminar. ¿Estará lloviendo? No. Pasa a la página 189 para averiguar qué sucede.

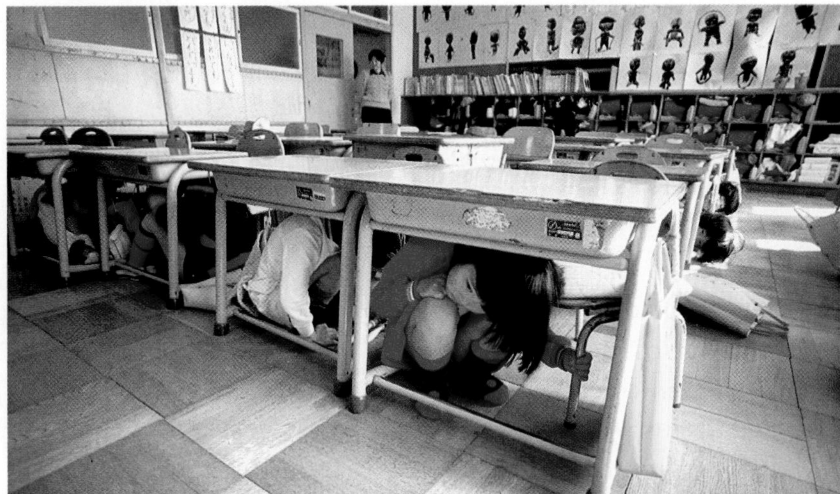

Figura 16 *Estos estudiantes están participando en un simulacro de terremoto. Si un terremoto ocurre durante una clase, estos alumnos sabrán qué hacer.*

Cuando termina el temblor Presenciar un terremoto es una experiencia aterradora. Luego del terremoto, no debes sorprenderte si tú y otras personas se encuentran un poco confundidas con respecto a lo que ha sucedido. Debes tratar de tranquilizarte, armarte de valor y salir de los lugares de peligro, cerca de cables caídos, vidrios rotos e incendios. Debes tener en cuenta que puede haber temblores secundarios. Recuerda tu plan para terremotos y síguelo.

REPASO

1. ¿Cómo se determina el nivel de peligro de un área?
2. ¿Qué pronóstico de terremoto predice una ubicación más precisa, un pronóstico basado en la relación entre la intensidad y la frecuencia o un pronóstico basado en la hipótesis de brecha?
3. Describe dos formas en que se puede reforzar un edificio contra terremotos.
4. Nombra cuatro artículos que debes almacenar por si hubiera un terremoto.
5. **Utilizar gráficas** ¿Es la calle que se muestra en la fotografía de la izquierda un lugar seguro durante un terremoto? ¿Por qué, o por qué no?

Estás en casa leyendo las noticias. Lees un artículo del centro de sismología local. Los científicos pronostican que habrá un terremoto en tu área en un futuro próximo y no estás preparado.

Haz una lista de cómo te puedes preparar y proteger tu casa contra posibles terremoto. Luego escribe una lista de procedimientos de seguridad que puedes seguir durante un terremoto. Cuando hayas terminado, intercambia tu trabajo con un compañero o compañera. ¿En qué se diferencian tus planes de los de tus compañeros? ¿Cómo pueden trabajar en conjunto para mejorar tus planes de seguridad para un terremoto?

Sección 4

Descubrimientos a lo largo y a lo ancho

VOCABULARIO

discontinuidad de Mohorovičić

zona de sombra

OBJETIVOS

- Describe cómo los estudios sísmicos han contribuido al conocimiento del interior de la Tierra
- Haz un resumen de los descubrimientos en otros cuerpos celestes

El estudio de los terremotos ha dado lugar a descubrimientos importantes acerca del interior de la Tierra. Los sismólogos estudian el interior de la Tierra observando cómo las ondas sísmicas se propagan a su través. Además, el estudio de las ondas sísmicas de otros cuerpos celestes les ha permitido conocer mejor el interior de dichos cuerpos.

El interior de la Tierra: descubrimientos

¿Has visto la curvatura de la luz en el agua? Si sumerges parte de tu lápiz en agua y lo miras desde cierto ángulo, se ve doblado. Ello se debe a que las ondas luminosas que rebotan sobre el lápiz se curvan al pasar a través de la superficie del agua y hacia tus ojos. Así se curvan las ondas sísmicas cuando se propagan a través de la rocas. Los sismólogos han aprendido mucho acerca del interior de la Tierra al estudiar cómo se curvan las ondas sísmicas.

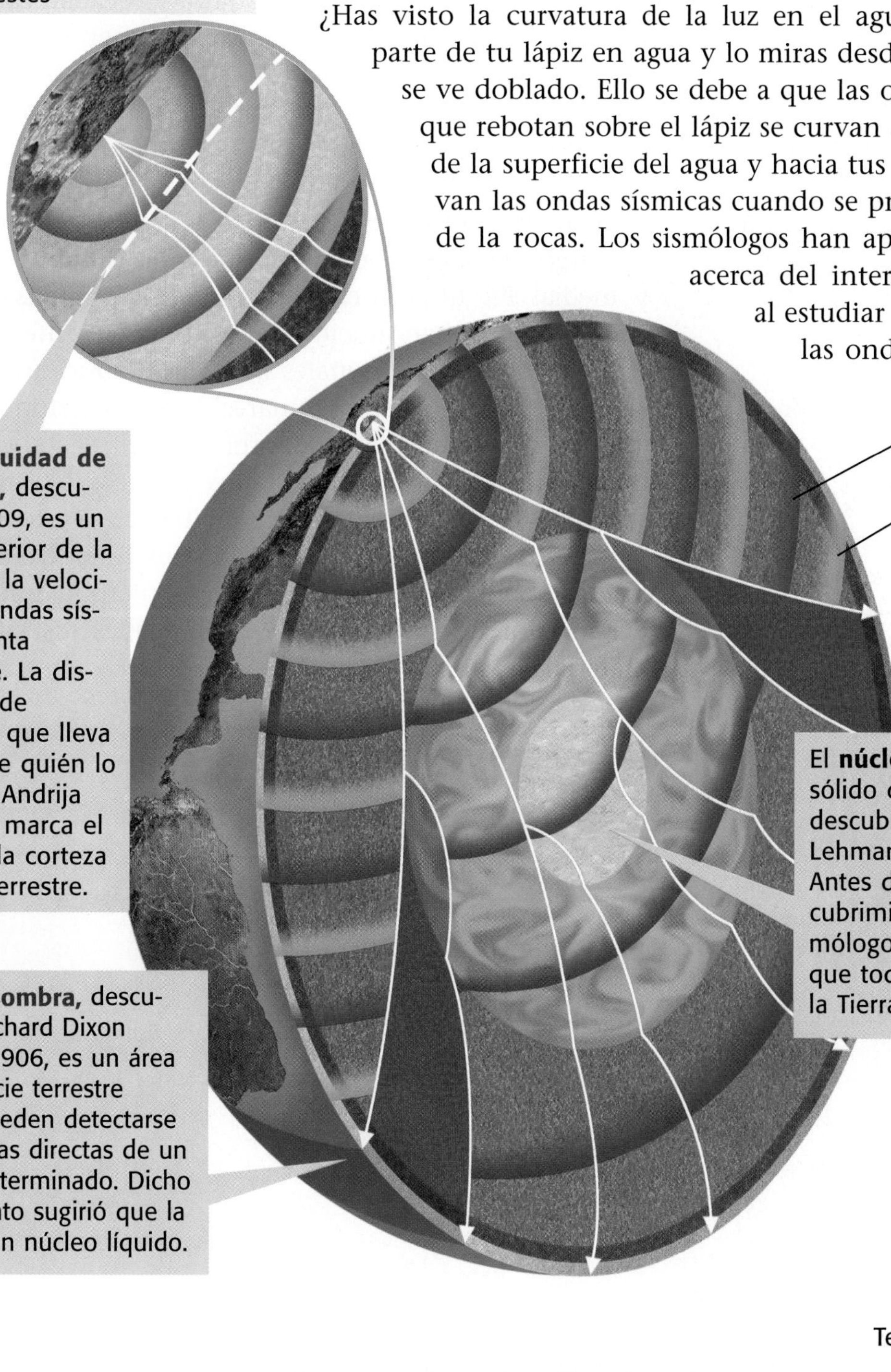

Onda P

Onda S

La **discontinuidad de Mohorovičić,** descubierta en 1909, es un lugar del interior de la tierra donde la velocidad de las ondas sísmicas aumenta bruscamente. La discontinuidad de Mohorovičić, que lleva el nombre de quién lo descubriera, Andrija Mohorovičić, marca el límite entre la corteza y el manto terrestre.

El **núcleo interno** sólido de la Tierra fue descubierto por Inge Lehmann en 1936. Antes de este descubrimiento, los sismólogos pensaban que todo el núcleo de la Tierra era líquido.

La **zona de sombra,** descubierta por Richard Dixon Oldham en 1906, es un área de la superficie terrestre donde no pueden detectarse ondas sísmicas directas de un terremoto determinado. Dicho descubrimiento sugirió que la Tierra tenía un núcleo líquido.

Terremotos y temblores en otros cuerpos celestes

Los sismólogos han aplicado los conocimientos adquiridos de los terremotos al estudio de otros cuerpos celestes, tales como los planetas y las lunas. Han aprendido sobre el interior de dichos cuerpos celestes al estudiar cómo se comportan las ondas sísmicas en ellos. La primera prueba sísmica en otro cuerpo celeste, fue la que se realizó sobre la Luna. Otros estudios se han realizado en Marte, y también se ha estudiado la sismicidad del Sol vía satélite.

PARA PENSAR

Muchos científicos piensan que parte de la Luna en otro tiempo perteneció a la Tierra. Se piensa que cuando la Tierra casi se había fundido por completo, un objeto del tamaño de Marte colisionó con la Tierra, desprendiendo parte del manto terrestre. Luego, tanto el material del manto como el del cuerpo celeste comenzaron a girar alrededor de la Tierra. Con el paso del tiempo, el material en órbita se unió para formar la Luna.

La Luna En julio de 1969, el hombre pisó la Luna por primera vez. Aquellos astronautas llevaban un sismógrafo. Como no se sabía si la Luna era sísmicamente activa, lanzaron deliberadamente su vehículo de aterrizaje contra la Luna al irse para crear ondas sísmicas artificiales. Lo que sucedió después dejó a los sismólogos asombrados.

Si el vehículo hubiese impactado la Tierra, los sismogramas equivalentes sólo habrían durado entre 20 y 30 segundos. Sin embargo, ¡la superficie de la Luna vibró durante más de hora y media! En un principio, los científicos pensaron que los equipos no estaban funcionando adecuadamente. Sin embargo, el sismógrafo registró señales similares producidas por impactos de meteoritos y "sismos lunares" mucho tiempo después de que los astronautas abandonaron la Luna. La **Figura 17** muestra la naturaleza de estos eventos sísmicos que fueron observados desde la Tierra remotamente. En base a estos prolongados fenómenos sísmicos y a otros estudios de ondas sísmicas realizados sobre la luna, los científicos piensan que el material del interior de la Luna tiene propiedades distintas a las del material de su superficie.

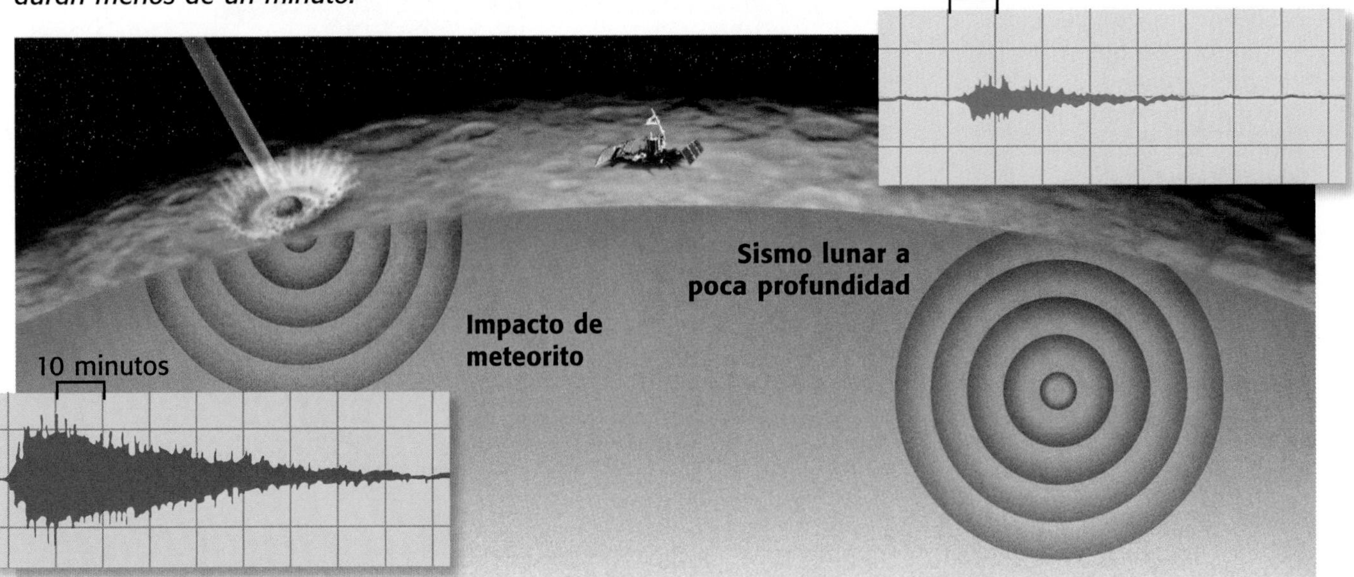

Figura 17 *Estos sismógrafos muestran que las ondas sísmicas de la Luna duran más que las de la Tierra. Las ondas sísmicas de un sismo lunar de poca profundidad duran 50 minutos. Las ondas sísmicas del impacto de un meteorito duran una hora y media. En la Tierra, impactos similares duran menos de un minuto.*

Marte En 1976, una sonda espacial llamada *Viking 1* permitió a los sismólogos estudiar la actividad sísmica en Marte. La sonda, que se controlaba desde la Tierra, aterrizó en Marte y realizó numerosos experimentos. Se colocó un sismógrafo sobre la nave, según se ilustra mediante la maqueta de la **Figura 18,** para medir las ondas sísmicas de Marte. Sin embargo, el sismógrafo comenzó a temblar apenas aterrizó la nave. Inmediatamente, los científicos descubrieron que Marte es un planeta sumamente ventoso y, por ende, el sismógrafo actúo principalmente como un medidor de viento.

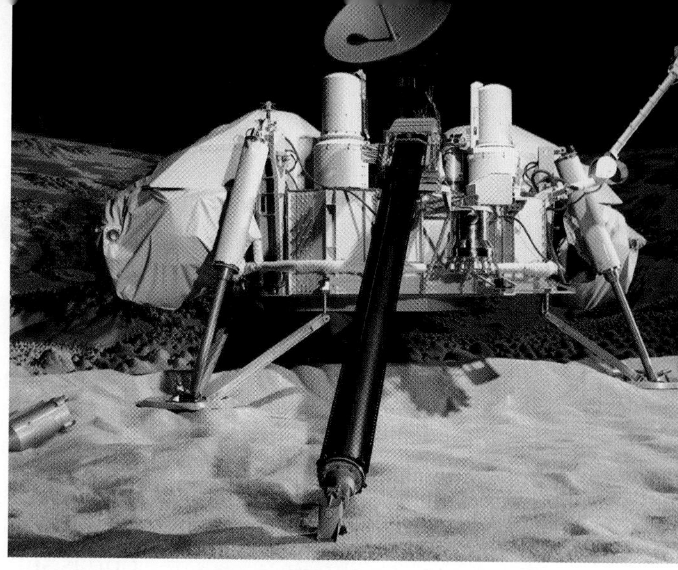

Figura 18 *Los científicos trataron de obtener información sísmica marciana desde un sismógrafo situado encima del* Viking I.

A pesar de que el viento de Marte interfirió con el sismógrafo, éste continuó registrando sismogramas durante meses. Durante este tiempo, sólo hubo un sismo marciano que agitó el sismógrafo con más fuerza que el viento. La actividad sísmica es sólo uno de los aspectos de Marte que estudian los científicos. En la actualidad se realizan numerosos proyectos para estudiar el abastecimiento de agua, el viento, la tierra, la atmósfera, el clima y otros aspectos del planeta Marte.

El Sol Los científicos también han estudiado las ondas sísmicas del Sol. Debido a que no se puede acceder al Sol directamente, los científicos lo estudian mediante un satélite llamado *SOHO*. La información recolectada ha demostrado que las erupciones solares producen ondas sísmicas. *Las erupciones solares* son poderosas perturbaciones magnéticas en el Sol. Las ondas sísmicas que producen provocan "sismos solares," que son similares a los sismos de la Tierra pero mucho más potentes. Por ejemplo, un sismo solar moderado detectado por *SOHO* en 1996 fue equivalente a un terremoto con una magnitud de 11.3. El sismo solar, ilustrado en la **Figura 19** liberó más de un millón de veces más energía que el terremoto del Gran Hanshin mencionado al comienzo de este capítulo.

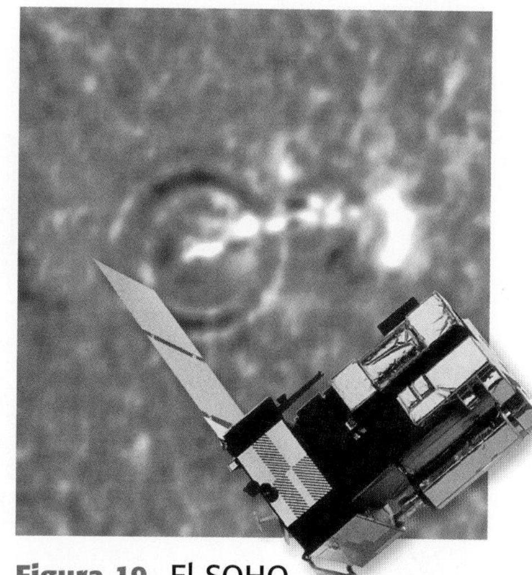

Figura 19 El SOHO *detecta "sismos solares" que superan a los grandes terremotos de la historia.*

REPASO

1. ¿Qué observación condujo al descubrimiento de la discontinuidad de Mohorovičić?
2. Describe brevemente un descubrimiento que los sismólogos hayan hecho de los siguientes cuerpos celestes: la Luna, Marte y el Sol.
3. **Interpretar gráficas** Observa nuevamente la figura de la primera página de la Sección 4. ¿Por qué no penetran el núcleo externo de la Tierra las ondas S?

Resumen del capítulo

SECCIÓN 1

Vocabulario

sismología *(pág. 166)*
falla *(pág. 166)*
deformación *(pág. 167)*
rebote elástico *(pág. 167)*
ondas sísmicas *(pág. 170)*
ondas P *(pág. 170)*
ondas S *(pág. 170)*

Notas de la sección

- Los terremotos ocurren principalmente a lo largo de fallas cerca de los bordes de las placas tectónicas.
- El rebote elástico es la causa directa de los terremotos.

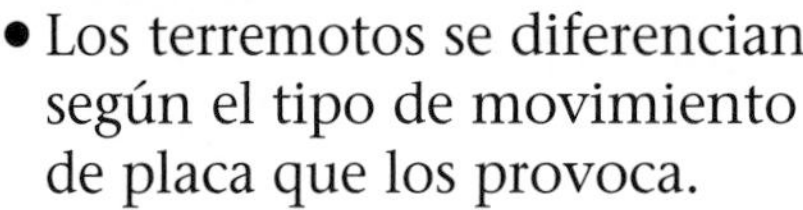

- Los terremotos se diferencian según el tipo de movimiento de placa que los provoca.
- Las ondas sísmicas se clasifican en ondas internas y ondas superficiales.
- Las ondas internas se desplazan a través del interior de la Tierra, mientras que las ondas superficiales lo hacen por la superficie.
- Existen dos tipos de ondas internas: Las ondas P y las ondas S.

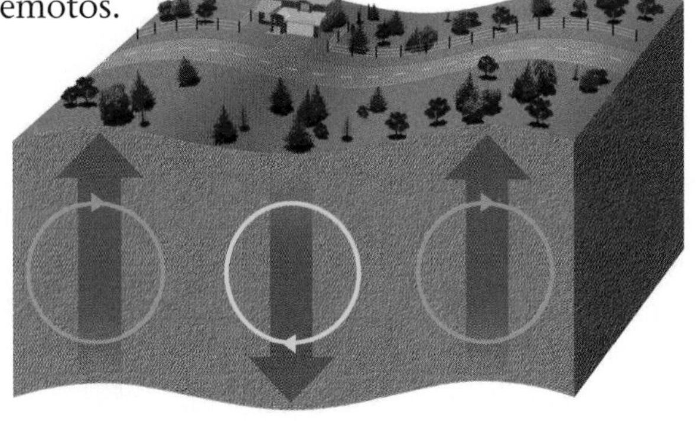

SECCIÓN 2

Vocabulario

sismógrafo *(pág. 172)*
sismograma *(pág. 172)*
epicentro *(pág. 172)*
foco sísmico *(pág. 172)*

Notas de la sección

- Los sismógrafos detectan las ondas sísmicas y las registran por medio de sismogramas.
- El foco sísmico es el punto del interior de la Tierra donde comienzan las ondas sísmicas. El epicentro se sitúa en la superficie, exactamente arriba del foco sísmico.
- Los sismólogos utilizan el método de tiempo S-P para ubicar el epicentro.
- Para medir la intensidad de un terremoto, se utiliza la escala de Richter.

Experimentos

Ondas sísmicas *(pág. 514)*

Comprobar destrezas

Conceptos de matemáticas

INTENSIDAD DE UN TERREMOTO La energía liberada por un terremoto aumenta un factor de 31.7 con cada aumento de magnitud y disminuye un factor de 31.7 con cada reducción de magnitud. Hay que multiplicar o dividir.

Si una magnitud igual a 4 libera una cantidad de energía *y*, entonces:

- una magnitud igual a 5 libera una cantidad de energía igual a $31.7y$
- una magnitud igual a 3 libera una cantidad de energía igual a $\frac{y}{31.7}$

Comprensión Visual

GRÁFICA DE TIEMPO Y DISTANCIA En la gráfica de tiempo y distancia de la Figura 10, observa que la diferencia entre los tiempos de llegada de las ondas P y S aumenta a medida que éstas se alejan del epicentro.

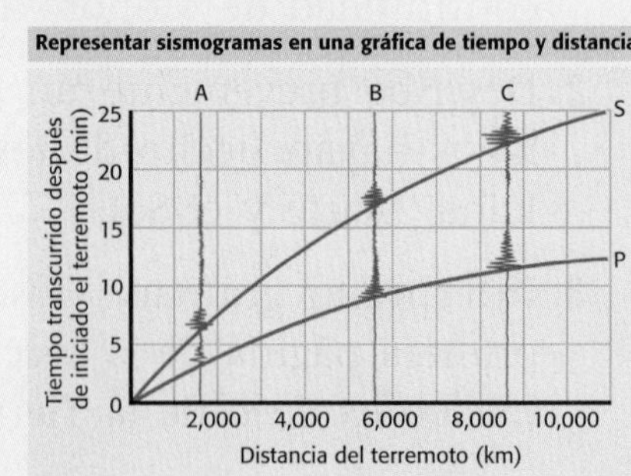

SECCIÓN 3

Vocabulario

hipótesis de brecha *(pág. 176)*

brecha sísmica *(pág. 176)*

Notas de la sección

- El índice de riesgo sísmico indica la probabilidad de que se produzcan terremotos en un área determinada en el futuro.
- Algunas predicciones sísmicas se basan en la relación entre la intensidad y la frecuencia de los terremotos en un área. A medida que disminuye la frecuencia de los terremotos, aumenta su intensidad.

- Los pronósticos basados en la hipótesis de brecha predicen que en el futuro se producirán fuertes terremotos en las áreas sísmicamente inactivas situadas a lo largo de fallas.
- Por lo general, un terremoto derrumba una estructura al desplazar su centro de gravedad fuera de la base que la soporta.
- Los edificios y los puentes pueden reforzarse para minimizar los daños que provocan los terremotos.
- Los residentes de áreas sísmicas deben planear con antelación qué hacer en caso de un terremoto.

Experimentos

Desafío sísmico *(pág. 512)*

SECCIÓN 4

Vocabulario

discontinuidad de Mohorovičić *(pág. 181)*

zona de sombra *(pág. 181)*

Notas de la sección

- La discontinuidad de Mohorovičić, la zona de sombra y el núcleo interno fueron descubiertos en la superficie y el interior de la Tierra mediante la observación de ondas sísmicas.
- La sismología se utiliza para estudiar otros cuerpos celestes.
- En la luna, las ondas sísmicas duran mucho más tiempo que en la Tierra.
- Marte tiene menos actividad sísmica que la Tierra.
- Los "sismos solares" producen mucha más energía que cualquier terremoto conocido de la Tierra.

internet

VISITA: go.hrw.com

Visita el sitio web de HRW para encontrar una serie de herramientas de aprendizaje relacionadas con este capítulo. Sólo tienes que escribir la palabra clave:

PALABRA CLAVE: HSTEQK

VISITA: www.scilinks.org

Visita el sitio web de la **Asociación Nacional de Maestros de Ciencias** *(National Science Teachers Association)* para encontrar recursos de Internet relacionados con este capítulo. Sólo escribe el **ENLACE DE CIENCIAS** para obtener más información sobre el tema:

TEMA	ENLACE
TEMA: ¿Qué es un terremoto?	**ENLACE:** HSTE180
TEMA: Cómo medir un terremoto	**ENLACE:** HSTE185
TEMA: Los terremotos y la sociedad	**ENLACE:** HSTE190
TEMA: Descubrimientos relaciondos con terremotos a lo largo y a lo ancho	**ENLACE:** HSTE195

Repaso del capítulo

UTILIZAR EL VOCABULARIO

Escoge el término correcto para completar las siguientes oraciones:

1. Se libera energía cuando ocurre un(a) ___?___. *(deformación* o *rebote elástico)*

2. Las ___?___ no pueden propagarse a través de las partes de la Tierra que son completamente líquidas. *(ondas S* u *ondas P)*

3. Las ondas sísmicas se registran con un ___?___. *(sismógrafo* o *sismograma)*

4. Los sismólogos utilizan el método de tiempo S-P para ubicar el (la) ___?___ de un terremoto. *(zona de sombra* o *epicentro)*

5. La ___?___ es el lugar que registra un aumento brusco en la velocidad de una onda sísmica. *(brecha sísmica* o *discontinuidad de Mohorovičić)*

COMPRENDER CONCEPTOS

Opción múltiple

6. Cuando la roca ___?___, se acumula energía en ellas. Las ondas sísmicas ocurren a medida que esta energía ___?___.
   a. se deforma elásticamente; se libera
   b. se deforma plásticamente; se libera
   c. se deforma elásticamente; se incrementa
   d. se deforma plásticamente; se incrementa

7. Los terremotos más fuertes ocurren generalmente
   a. cerca de límites divergentes.
   b. cerca de límites convergentes.
   c. cerca de límites de transformación.
   d. a lo largo de fallas normales.

8. Las últimas ondas sísmicas en llegar son
   a. las ondas P.
   b. las ondas S.
   c. las ondas superficiales.
   d. las ondas internas.

9. Si comienza un terremoto mientras te encuentras en un edificio, lo más seguro que puedes hacer es
   a. colocarte debajo de la mesa, silla o cualquier otro mueble que sea más resistente.
   b. correr hacia la calle.
   c. agacharte cerca de un muro.
   d. llamar a casa.

10. En la actualidad, el estudio de las ondas sísmicas permite a los sismólogos hacer todo lo siguiente *excepto*
   a. determinar cuándo comenzó un terremoto.
   b. estudiar el interior de la Tierra.
   c. reducir la intensidad de un terremoto.
   a. determinar dónde comenzó un terremoto.

11. Si un planeta tiene un núcleo líquido, las ondas S
   a. aumentan de velocidad a medida que atraviesan el núcleo.
   b. mantienen su velocidad cuando atraviesan el núcleo.
   c. cambian de dirección al atravesar el núcleo.
   d. no pueden atravesar el núcleo.

Respuesta breve

12. ¿Cuál es la relación entre la intensidad y la frecuencia de los terremotos?

13. Anteriormente aprendiste que si te encuentras en un vehículo en un lugar abierto durante un terremoto, lo mejor que puedes hacer es permanecer en el vehículo. Describe brevemente una situación en la cual podría ser mejor salir del vehículo durante un terremoto.

14. ¿Cómo descubrió Richard Oldhan que el núcleo externo de la Tierra era líquido?

Organizar conceptos

15. Usa los siguientes términos para crear un mapa de ideas: foco sísmico, epicentro, terremoto hora de inicio, ondas sísmicas, ondas P, ondas S.

RAZONAMIENTO CRÍTICO Y RESOLUCIÓN DE PROBLEMAS

Escribe una o dos oraciones para responder a las siguientes preguntas:

16. ¿Qué aspecto tendría el muro de la Figura 2 si se hubiera deformado elásticamente en vez de hacerlo plásticamente?

17. ¿Por qué ocurren terremotos fuertes donde no ha habido recientemente muchos terremotos? (**Pista:** Piensa en lo que les sucede gradualmente a las rocas antes de que ocurra un terremoto.)

18. ¿Qué se podría hacer para resolver el problema del viento que existe con el sismógrafo en Marte? Explica cómo montarías el sismógrafo.

LAS MATEMÁTICAS EN LAS CIENCIAS

19. Según la relación que existe entre la magnitud y la frecuencia de los terremotos, si este año hubiesen ocurrido 150 terremotos en tu área con una magnitud de 2, ¿aproximadamente cuántos terremotos con una magnitud de 4 deberían ocurrir este año en tu área?

INTERPRETAR GRÁFICAS

La gráfica siguiente ilustra la relación entre la magnitud de un terremoto y la altura de los trazos en un sismograma. Charles Richter creó su escala de magnitudes comparando la altura de los registros sismográficos de distintos terremotos. Estudia la gráfica y luego responde a las siguientes preguntas.

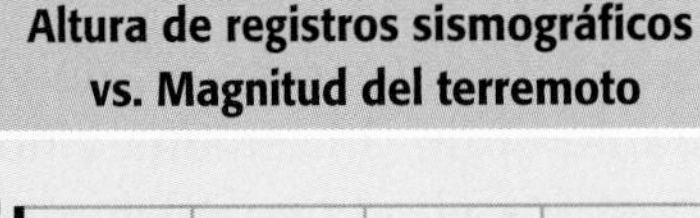

Altura de registros sismográficos vs. Magnitud del terremoto

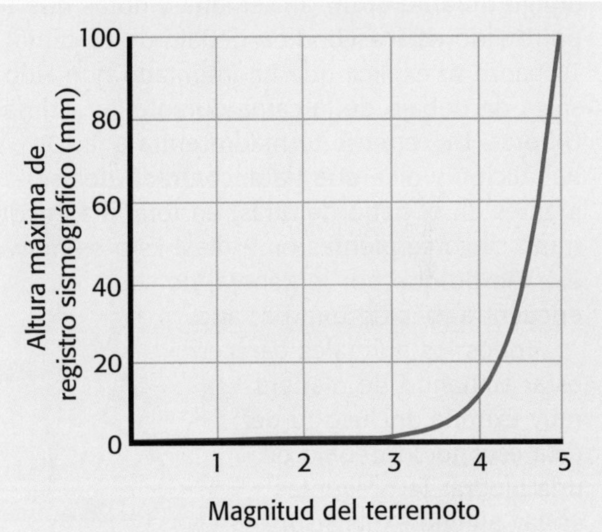

20. ¿Cuál sería la magnitud de un terremoto si la altura de sus registros sismográficos fuera de 10 mm?

21. Observa la forma de la curva en la gráfica. ¿Qué te dice de la relación que existe entre las alturas de los registros de un sismograma y las magnitudes de los terremotos? Explica por qué.

AHORA, ¿qué piensas?

Revisa tus respuestas a las preguntas de la página 165 que escribiste en el cuaderno de ciencias. ¿Han cambiado tus respuestas? Si es necesario, corrige tus respuestas basándote en lo que has aprendido en este capítulo.

Curiosidades de la
CIENCIA

¿PUEDEN LOS ANIMALES PREDECIR LOS TERREMOTOS?

¡Esto podría sucederte a ti!

Un día llegas a tu casa después de visitar a un amigo durante el fin de semana y notas que tu perro Fido está escondido debajo de tu cama. Tu padre te explica que ha intentado que Fido salga de debajo de la cama durante las últimas 6 horas. De repente tu madre entra a la habitación y dice que ha encontrado dos serpientes en el patio de atrás; en total ¡ha encontrado cinco serpientes en 2 días! Esto es muy extraño porque por lo general no se encuentra más de una por año.

Todos los animales parecen estar actuando de manera muy extraña. Incluso tu pez está escondido debajo de una piedra. Te preguntas si hay alguna explicación.

¿Qué está sucediendo?

¿De qué crees que se trata? ¿Qué crees que está pasando? ¿Acaso adivinaste que iba a ocurrir un terremoto?

Hay publicaciones que se remontan a 1784 que registran el comportamiento extraño de los animales antes de un terremoto. Por ejemplo, animales de zoológico que se niegan a entrar a sus jaulas por la noche, o ganado que busca las tierras altas. Otros animales, tales como los lagartos, las serpientes y pequeños mamíferos evacuan sus madrigueras y las aves salvajes dejan sus hábitats normales. Todos estos eventos ocurren durante algunos días, varias horas o unos pocos minutos antes de un terremoto.

¿Animales en alerta?

Hoy la mayoría de los científicos se apoyan en instrumentos físicos para poder predecir los terremotos. Sin embargo, ninguno de los instrumentos geofísicos disponibles permite a los científicos pronosticar exactamente cuándo ocurrirá un terremoto. ¿Es posible que los animales tengan la respuesta?

◀ *¿Pececillos de color o sensores de terremotos?*

Existen cambios que ocurren en la corteza terrestre antes de un terremoto, tales como cambios en el campo magnético, subsidencia (hundimiento), inclinaciones y protuberancias en la superficie. Estos cambios pueden seguirse con instrumentos modernos. Muchos estudios han demostrado que los campos electromagnéticos afectan al comportamiento de los organismos vivos. ¿Será posible que los animales que se encuentran cerca del epicentro de un terremoto sean capaces de sentir los cambios de su entorno? ¿Debemos prestarles atención?

Tú decides

▶ En la actualidad, el gobierno de los Estados Unidos no destina fondos para investigar la capacidad de los animales para predecir terremotos. Sostén un debate con tus compañeros y compañeras para decidir si el gobierno debería o no destinar fondos para este tipo de investigación.

VENTANA AL MEDIO AMBIENTE

¿Qué provoca tanta destrucción?

A las 5:04 P.M. del 14 de octubre de 1989, la vida en el área de la Bahía de San Francisco, California, parecía normal. El tercer partido de la Serie Mundial había comenzado en el parque Candlestick, actual 3Com Park. Mientras 62,000 espectadores ocupaban el parque, otros regresaban apresuradamente a sus hogares después de la jornada laboral. A las 5:05 P.M., todo cambió drásticamente. El registro de destrucción dice así:

Lesiones:	3,757
Muertes:	68
Hogares dañados:	23,408
Hogares destruidos:	1,018
Empresas dañadas:	3,530
Empresas destruidas:	366
Pérdidas económicas:	más de 6 mil millones de dólares

El culpable

El culpable fue un terremoto con una magnitud de 7.1 que duró 20 segundos. Su epicentro estuvo a 97 km al sur de San Francisco, en el área de Loma Prieta. Fue tan intenso que los residentes de San Diego y el oeste de Nevada (a 740 km) lo sintieron. Si se considera la magnitud del terremoto y que ocurrió a una hora pico, es realmente asombroso que no hayan muerto más personas. Los edificios sufrieron daños de manera generalizada, cubriendo una superficie de 7,770 km^2. Para el 1 de octubre de 1990, se habían registrado más de 7,000 temblores secundarios derivados de este terremoto.

Presta atención

Los ingenieros y los sismólogos esperaban un terremoto muy grande, de modo que no se sorprendieron de la magnitud de los daños. Los expertos creen que si el terremoto hubiese sido de mayor magnitud o si hubiese tenido su epicentro más cerca de Oakland, San José o San Francisco, los daños habrían sido mayores. A ellos les preocupa que las personas que viven en estas áreas no presten más atención a la advertencia que representa este terremoto.

Muchas personas no sienten temor debido a que sus edificios resistieron el terremoto sin registrar mayores daños. Los ingenieros y sismólogos creen que dichos edificios resistieron porque el movimiento del suelo en esas áreas fue relativamente leve.

Quizás mañana sea demasiado tarde

Muchos de los edificios que resistieron el terremoto no estaban bien construidos y no sobrevivirán a otro. Los expertos sostienen que existe un 50 por ciento de probabilidad de que ocurra uno o más terremotos de una magnitud de 7.0 en la misma área en los próximos 30 años. Las consecuencias del próximo terremoto seran mucho más devastadoras si no se procede a reforzar los edificios antes de que sea demasiado tarde.

▲ *Observa los diferentes niveles de destrucción de diversos edificios en una misma calle.*

Averígualo tú mismo

▶Investiga las innovaciones de ingeniería que existen para construir puentes y edificios en áreas con actividad sísmica. Comparte tu información con el resto de la clase.

CAPÍTULO

8 Volcanes

"De repente se produjo un estruendo. Todos gritaban 'iAuxilio! iAuxilio! iMe quemo! iMe muero!' Cinco minutos después, ya nadie gritaba, excepto yo".

Auguste Ciparis 11 de mayo de 1902

¡Esto realmente sucedió!

Auguste Ciparis era un hombre condenado. Fue sentenciado a muerte en el pueblo de St. Pierre, en Martinica, una pequeña isla volcánica del Mar del Caribe. En la mañana del 8 de mayo de 1902, Ciparis se sentó en su celda a esperar su desayuno. Mientras esperaba, un desastre que mató a miles de personas azotó el pueblo.

Esa mañana, uno de los volcanes de la isla, el Monte Pelé, hizo erupción con repetidas explosiones. La erupción envió al pueblo una nube ardiente de desechos volcánicos, vapor muy caliente y gases tóxicos. Todos con excepción de Auguste murieron, alrededor de 30,000 personas.

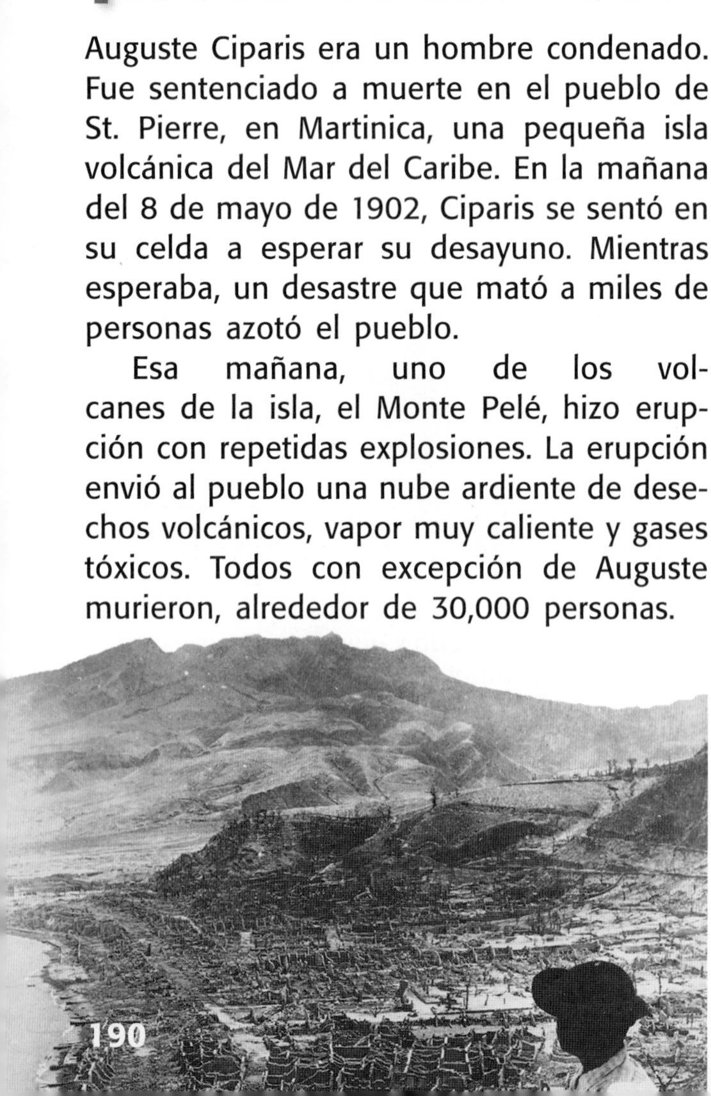

Auguste sobrevivió a la erupción volcánica más terrible del siglo. En su calabozo subterráneo Auguste estaba protegido contra la lava ardiente. El hombre gritó pidiendo ayuda durante cuatro días antes de que lo rescataran. Estaba exhausto y muy quemado, pero vivo.

Librado de su sentencia, Auguste se unió al circo Barnum y Bailey como atracción secundaria. Conocido como el prisionero de St. Pierre, Auguste fue contratado para contar su historia y mostrar sus quemaduras en una réplica del calabozo que salvó su vida.

¿Tú qué piensas?

Usa tus conocimientos para responder a las siguientes preguntas en tu cuaderno de ciencias:

1. ¿Qué provoca una erupción volcánica?
2. ¿Qué es la lava y cómo se forma?

Anticipación

Imagina las miles de vidas que se podrían haber salvado si los habitantes de St. Pierre hubieran podido pronosticar la erupción del Monte Pelé de 1902. Desafortunadamente, como las erupciones se producen por causa de procesos en las profundidades de la Tierra, son muy difíciles de pronosticar. Compruébalo creando tu propio volcán y pronosticando su erupción.

Procedimiento

1. Rasga una hoja de **papel higiénico** y coloca 10 mL (2 cucharadas) de **bicarbonato de sodio** en el centro del papel. Dobla las esquinas del papel sobre el bicarbonato de sodio y presiona los bordes hasta que los lados queden firmes. Coloca el paquete en el centro de un **plato** grande o **cacerola.**
2. Coloca un poco de **arcilla** en el borde superior de un **embudo.** Da vuelta al embudo sobre el paquete en el fondo de la cacerola. La arcilla debe formar un sello hermético entre la base del embudo y el plato o cacerola. Presiona hasta sellar con firmeza.
3. Agrega 50 mL (1/4 de taza) de **vinagre,** dos gotas de **colorante rojo** y varias gotas de **detergente líquido** a una **cubeta** o **jarra graduada de 200 mL** y revuélvelo.
4. Vierte el líquido cuidadosamente a través del pico del embudo boca a bajo. En el cuaderno de ciencias, anota la hora a que comenzaste a verter los elementos.
5. Ahora intenta predecir cuánto tiempo pasará antes de que el volcán haga erupción. Escribe tu predicción en el cuaderno de ciencias.
6. Cuando el volcán finalmente haga erupción, anota la hora nuevamente. ¿Cuánto se demoró el volcán en hacer erupción? ¿Cuán precisa fue tu predicción?

Análisis

7. ¿En qué se parecía tu modelo de volcán a uno real? ¿En qué se diferenciaban?
8. Según las predicciones de toda la clase, ¿qué puedes concluir acerca de la precisión de los pronósticos de erupciones volcánicas?

Sección 1

Erupciones volcánicas

VOCABULARIO

magma
lava
chimenea
volcán
material piroclástico

OBJETIVOS

- Distingue entre erupciones volcánicas explosivas y no explosivas.
- Explica de qué manera la composición del magma determina el tipo de erupción volcánica que se producirá.
- Clasifica los tipos principales de lava y desechos volcánicos.

Piensa en la explosión que produjo la primera bomba atómica que se usó en la Segunda Guerra Mundial. Ahora imagina una explosión 10,000 veces más intensa y eso te dará una idea de lo poderosa que puede ser una erupción volcánica. De esa magnitud fue la explosión que se produjo en Indonesia cuando el volcán Krakatau entró en erupción en 1883. La erupción fue tan violenta que se escuchó a 4,000 km de distancia.

Afortunadamente, pocos volcanes producen erupciones tan explosivas como la del Krakatau, que causó la muerte a 36,000 personas. La mayoría de las erupciones no son explosivas. Compara estos dos tipos de erupciones observando las fotografías de esta página y la siguiente.

Erupciones no explosivas

Cuando se piensa en erupciones volcánicas, a menudo uno se imagina ríos de lava roja y caliente, llamados *corrientes de lava.* Estas corrientes provienen de erupciones no explosivas y, aunque son relativamente tranquilas, pueden acarrear una enorme cantidad de rocas derretidas. Algunas de las montañas más grandes del planeta se formaron mediante corrientes continuas de lava durante cientos de miles de años.

A veces las erupciones no explosivas pueden rociar lava por el aire. Las fuentes de lava, como ésta, rara vez exceden algunos cientos de metros de altura. La mayor parte de la lava cae nuevamente al suelo cuando aún está líquida.

En esta erupción no explosiva, un cauce continuo de lava fluye silenciosamente del cráter de Kilauea, en Hawaii.

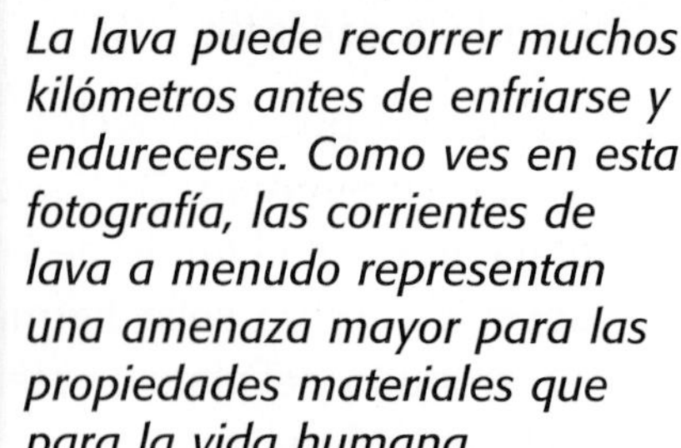

La lava puede recorrer muchos kilómetros antes de enfriarse y endurecerse. Como ves en esta fotografía, las corrientes de lava a menudo representan una amenaza mayor para las propiedades materiales que para la vida humana.

Erupciones explosivas

En una erupción explosiva, se disparan nubes de desechos y gases calientes del volcán, por lo general a velocidades supersónicas. En vez de producir corrientes de lava, las rocas derretidas estallan en millones de trozos que se endurecen en el aire, como se muestra en la **Figura 1.** Las partículas muy pequeñas circulan por la atmósfera superior del planeta durante años, mientras que los trozos más grandes caen cerca del volcán.

Además de lanzar rocas derretidas al aire, una erupción explosiva puede disparar millones de toneladas de rocas sólidas. En cuestión de minutos, una erupción explosiva destruye formaciones rocosas que tardaron años en acumularse. Por eso, el tamaño de un volcán puede incluso disminuir tras varias erupciones sucesivas.

Figura 1 *De manera similar a una explosión nuclear, los desechos volcánicos se lanzan al cielo durante una erupción del Monte Redoubt, en Alaska.*

Después de una erupción explosiva, lava espesa y viscosa se escurre del volcán Soufriere Hills, en Montserrat, y se endurece para formar una masa cupuliforme. Las rocas derretidas ascendentes provocan la expansión de la cúpula. Si se endurece una cantidad suficiente de lava y ésta obstruye el volcán, las rocas derretidas no tienen a donde ir. Luego la presión se acumula hasta adquirir la fuerza suficiente para causar otra erupción explosiva.

Esta fotografía muestra parte del área de explosión de la erupción del Monte St. Helens, Washington, en el año 1980. En pocos minutos, la erupción explosiva allanó y devastó 600 km² de bosques. Fíjate cómo los árboles caídos muestran claramente la dirección de la explosión (de izquierda a derecha).

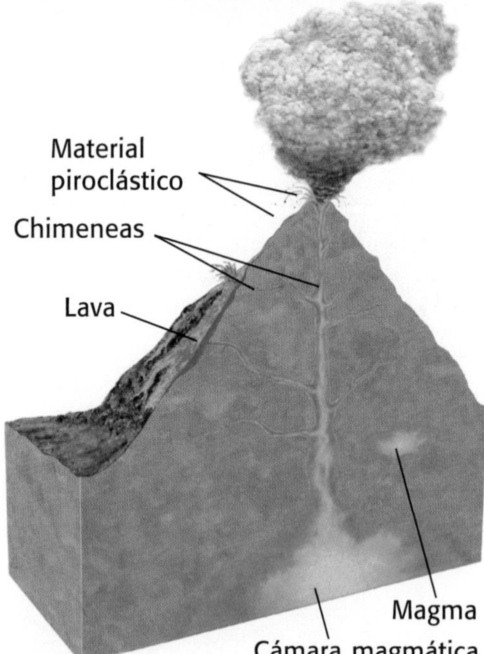

Figura 2 *Los volcanes se forman alrededor de chimeneas que derraman magma sobre la superficie terrestre.*

Corte transversal de un volcán

Los volcanes comparten las mismas características básicas, ya sean erupciones explosivas o sin explosiones. La **Figura 2** muestra algunos de los elementos que podrías ver si miraras dentro de un volcán en erupción. En las profundidades de la tierra, la fuerza impulsora que crea un volcán es un material caliente y líquido denominado **magma.** El magma se acumula en *cámaras magmáticas* a profundidades de hasta 160 km. Sube por unas grietas de la corteza terrestre, llamadas **chimeneas.** El magma que brota y fluye a la superficie terrestre se llama **lava.** El magma que brota en forma de fragmentos de material derretido y que luego se solidifica en el aire se denomina *material piroclástico*. El **material piroclástico** incluye magma y fragmentos de rocas que se lanzan al aire durante erupciones volcánicas violentas. Una chimenea o un grupo de chimeneas con una acumulación de lava o material piroclástico en la superficie terrestre es un **volcán.**

Magma

Al comparar la composición del magma proveniente de diferentes tipos de erupciones, los científicos han descubierto que su composición determina si la erupción volcánica es explosiva, no explosiva o moderada.

Agua Es más probable que un volcán tenga una erupción violenta si el magma tiene un alto contenido de agua. El efecto del agua sobre el magma es similar al efecto que provoca el dióxido de carbono en una lata de soda. Al agitar la lata, el dióxido de carbono disuelto en la soda se libera y, como los gases requieren más espacio que los líquidos, aumenta la presión. Cuando abres la lata, la soda sale violentamente. Lo mismo ocurre con las erupciones volcánicas explosivas. Mientras más agua contiene el magma, mayor es la presión y mayores las posibilidades de que se produzca una explosión violenta.

Sílice También se producen erupciones explosivas por causa del magma con alto contenido de sílice (componente básico de casi todos los minerales). El magma rico en sílice tiene una consistencia espesa y rígida. Este tipo de magma fluye lentamente y tiende a endurecerse en la chimenea del volcán, obstruye la chimenea y aumenta la presión a medida que el magma empuja desde abajo. Si se acumula la suficiente presión, se produce una erupción explosiva. El magma espeso también impide que el vapor de agua y otros gases se escapen fácilmente. El magma con un porcentaje menor de sílice tiene una consistencia más fluida. Los gases escapan más fácilmente, y disminuyen las posibilidades de que aumente la presión a niveles explosivos.

Laboratorio

Burbujas, burbujas y más burbujas

Utilizando elementos simples, puedes descubrir cómo la consistencia de un líquido afecta al flujo de gases. Necesitarás **agua, miel,** dos **vasos pequeños** y dos **popotes.**

1. Llena un vaso hasta la mitad con agua y el otro vaso hasta la mitad con miel.
2. Con uno de los popotes, sopla debajo del agua y observa las burbujas.
3. Con el otro sopla dentro de la miel. ¿Qué sucede?
4. ¿En qué se diferencia el comportamiento de la miel y el del agua?
5. ¿De qué manera crees que esta diferencia se relaciona con la erupciones volcánicas?

¿Qué elementos brotan de un volcán?

Dependiendo del nivel explosivo de la erupción volcánica, el magma brota en forma de lava o material piroclástico. Sin embargo, como muchos gases se liberan durante la explosión, la composición de la lava y del material piroclástico es diferente a la del magma. Las erupciones no explosivas producen principalmente lava. Las erupciones explosivas producen principalmente material piroclástico. Durante muchos años, un volcán puede alternar entre erupciones de lava y erupciones de material piroclástico. Las erupciones de lava y material piroclástico también pueden ocurrir en diferentes etapas de una misma erupción.

¡Fuego y hielo! ¿Una frase para describir volcanes? Depende de dónde estén. Pasa a la página 211 para averiguar más al respecto.

Lava La lava es magma que se derrama sobre la superficie terrestre. Al igual que el magma, tiene diferentes consistencias, desde espesa a diluida. La lava afrolítica es tan espesa que apenas avanza. Otros tipos de lava, como la *pahoehoe,* la *aa* y la *lava almohadillada,* son menos espesos y producen flujos más rápidos. Estos tipos de lava se ven en las siguientes fotografías.

La lava afrolítica *es fría y rígida de modo que no puede desplazarse muy lejos de la chimenea en erupción. Este tipo de lava generalmente brota de un volcán sólo después de que una erupción explosiva haya liberado mucha presión de gases de la cámara del magma. Como se ve aquí, la lava afrolítica forma montones revueltos de trozos puntiagudos.*

La lava pahoehoe *fluye lentamente, como la cera que gotea de una vela, formando un superficie cristalina con aristas redondeadas. Esta lava toma su nombre de una palabra hawaiana que significa "forma de cuerda".*

Aa *es una palabra hawaiana que se refiere a un tipo de lava que tiene una superficie dentada. Es un poco más rígido, fluye rápidamente y forma una corteza quebradiza. La corteza se rompe en trozos puntiagudos, al tiempo que la lava derretida sigue avanzando debajo. Aa proviene del sonido que harías si caminaras descalzo sobre ella.*

La lava almohadillada *se forma cuando la lava brota debajo del agua. Como ves aquí, forma grumos redondeados que son del tamaño y forma de una almohada. La lava almohadillada tiene forma redondeada porque al contacto con el agua se enfría rápidamente.*

Material piroclástico El material piroclástico son los fragmentos de roca que se producen por las erupciones volcánicas explosivas. Este material se forma cuando el magma de un volcán explota y se solidifica en el aire o cuando las rocas existentes se destrozan por erupciones poderosas. Se presenta en una variedad de tamaños, desde piedras del tamaño de casas a partículas tan pequeñas que pueden permanecer suspendidas en la atmósfera por años. Las fotografías de esta página muestran los cuatro tipos más importantes de material piroclástico: bombas volcánicas, bloques volcánicos, lapilli y cenizas volcánicas.

Los bloques volcánicos *son los trozos más grandes de material piroclástico. Consisten en rocas sólidas expulsadas del volcán.*

Las bombas volcánicas *son grandes masas de magma que se endurecen en el aire. La forma aplastada y estirada de la bomba que se ve aquí se produjo por el movimiento giratorio del magma en el aire al enfriarse. Las bombas volcánicas tienen diámetros mayores de 64 mm.*

Lapilli, *que significa "pequeñas piedras" en italiano, son piedras de material piroclástico que tienen un diámetro entre 2 y 64 mm. Tanto el lapilli como las bombas volcánicas son sólidas al llegar al suelo, pero es posible que aún estén en estado incandescente.*

La ceniza volcánica *consiste en partículas con un diámetro menor a 2 mm. La ceniza volcánica se forma cuando los gases del magma rígido se expanden rápidamente y las paredes de las burbujas de gas explotan en pequeñas astillas cristalinas.*

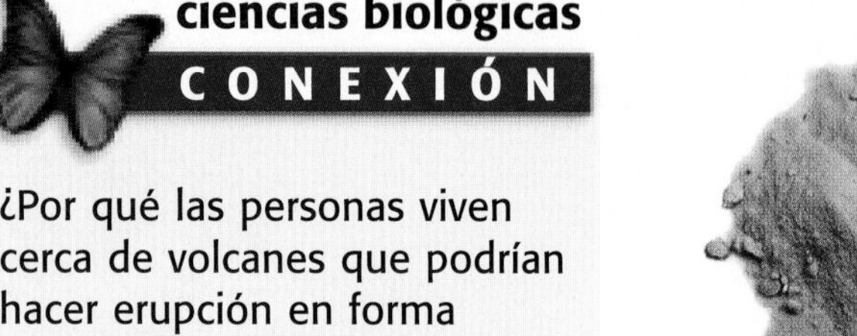

ciencias biológicas
CONEXIÓN

¿Por qué las personas viven cerca de volcanes que podrían hacer erupción en forma explosiva? Una razón es que los volcanes proporcionan las tierras más productivas del mundo. Las rocas volcánicas contienen casi todos los elementos que las plantas necesitan para crecer, aunque es posible que tome cientos o incluso miles de años para que una roca volcánica se convierta en nutrientes. Las cenizas de una erupción explosiva aumentan la fertilidad del suelo en pocos años y lo mantienen fértil durante siglos.

REPASO

1. ¿Una erupción volcánica no explosiva tiende a producir lava o material piroclástico? Explica por qué.
2. Si el magma contiene agua y sílice, ¿pronosticarías una erupción explosiva o no explosiva? ¿Por qué?
3. **Hacer deducciones** El material piroclástico se clasifica principalmente de acuerdo al tamaño de las partículas. ¿Cuál es el principio utilizado para clasificar la lava?

Sección 2

Efectos de los volcanes

VOCABULARIO

volcán de escudo

cono volcánico

volcán mixto

cráter

caldera

OBJETIVOS

- Describe los efectos que los volcanes producen en la Tierra.
- Compara los diferentes tipos de volcanes.

Las erupciones volcánicas afectan tanto el suelo terrestre como el aire. El material piroclástico más pesado cae al suelo y causa destrucción, mientras que las cenizas y los gases liberados modifican los patrones climáticos mundiales. Los volcanes también forman montañas y mesetas transformando el paisaje existente.

Un impacto explosivo

Las erupciones volcánicas explosivas causan efectos masivos al expulsar las cenizas a grandes alturas. Durante varios días, las cenizas bloquean los rayos solares sobre áreas de miles de kilómetros cuadrados. Pueden derribar árboles y edificios, y cubrir pueblos con un polvo fino.

Figura 3 *Durante la erupción del Monte Pinatubo de 1991, en las Filipinas, nubes de cenizas y gases volcánicos avanzaron montaña abajo a una velocidad de 250 km/h.*

Corrientes Como se ve en la **Figura 3,** las nubes de cenizas calientes pueden descender rápidamente por los cerros como una avalancha, obstruyendo y quemando cada ser vivo que se interponga en su camino, como sucedió en el Monte Pelé en 1902. A veces, las cenizas se mezclan con agua de lluvia o de glaciares derretidos durante una erupción formando una mezcla parecida al cemento húmedo, que desciende por los cerros, arrastrando piedras, árboles y edificios en su recorrido. Estas avalanchas de lodo, mucho más potentes que los ríos, se desplazan rápidamente y provocan grandes daños.

Precipitación Cuando las cenizas volcánicas caen al suelo, los efectos pueden ser devastadores: su peso derrumba edificaciones, bloquean ríos y producen grandes inundaciones. Aunque son buenos fertilizantes, en exceso cubren las cosechas y causan escasez de alimentos y pérdida de ganado.

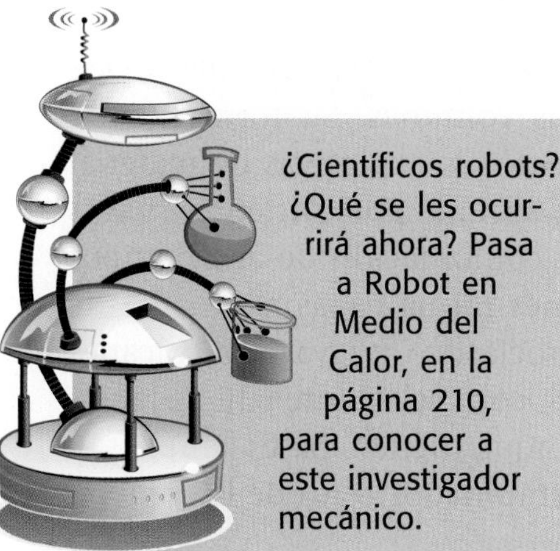

¿Científicos robots? ¿Qué se les ocurrirá ahora? Pasa a Robot en Medio del Calor, en la página 210, para conocer a este investigador mecánico.

Fluctuación climática En erupciones de gran escala, las cenizas volcánicas y los gases ricos en azufre llegan hasta la atmósfera superior. A medida que se esparcen por el planeta, éstos bloquean la luz solar a una escala tal que provocan una disminución notable de la temperatura promedio de nuestro planeta. La erupción del Monte Pinatubo en 1991 hizo que las temperaturas promedio mundiales disminuyeran hasta 0.5°C. Aunque no parece un gran cambio, es suficiente para modificar los climas de todas las regiones del mundo. Estas temperaturas promedio más bajas pueden durar varios años y provocar veranos más templados y más húmedos e inviernos más crudos. Los cambios climáticos de esta naturaleza producen escasez mundial de alimentos, desnutrición y enfermedades.

Diferentes tipos de volcanes

La lava y el material piroclástico que brotan de los volcanes producen diversos accidentes geográficos. Quizás los más conocidos de todos sean los mismos volcanes. Éstos se forman por la acumulación de rocas alrededor de una chimenea. Los tres tipos básicos de volcanes se ilustran en la **Figura 4.**

Experimentos

Para obtener más detalles acerca de los tipos de volcanes, pasa a la página 516.

Los volcanes en escudo se forman por la acumulación de capas de lava durante sucesivas erupciones no explosivas. Como la lava fluye muy rápidamente, cubre una extensa área. Con el tiempo, las capas de lava forman un volcán con laderas suavemente inclinadas. Esto no impide que estos volcanes adquieran tamaños enormes. El Mauna Kea de Hawaii, el volcán en escudo que se ve aquí, es la montaña más grande de la Tierra. Si se mide desde su base en el fondo del mar, el Mauna Kea es más alto que el Monte Everest, la montaña más alta sobre tierra firme.

Figura 4 **Tres tipos de volcanes**

Volcán en escudo

Los conos de ceniza son pequeños conos volcánicos compuestos mayormente de material piroclástico procedente de erupciones moderadamente explosivas. Como puedes ver en esta fotografía del volcán Paricutín de México, el material piroclástico forma pendientes más empinadas y de bases más angostas. Estos volcanes hacen erupción por un período corto y en grupos, por lo general al lado de volcanes de escudo y volcanes mixtos. Estos volcanes se desgastan rápidamente porque las partículas piroclásticas no están unidas por la lava.

Cono de ceniza

Los volcanes compuestos, o *estratovolcanes,* son los más comunes. Su formación se debe a erupciones explosivas de material piroclástico seguida por corrientes suaves de lava. La combinación de ambos tipos de erupciones forma capas alternadas de material piroclástico y lava. Los volcanes compuestos, como el Monte Fuji de Japón que se ve aquí, tienen bases amplias y lados más empinados cerca de la cumbre.

Volcán compuesto

Cráteres y calderas

En la parte superior de la chimenea central de la mayoría de los volcanes, hay una depresión con forma de embudo llamada **cráter.** (Los cráteres son también depresiones circulares producidas por el impactos de meteoritos.) La fotografía del cono de ceniza de la página anterior muestra un cráter bien delimitado. La forma de embudo de un cráter se produce por explosiones de material hacia afuera de la chimenea así como por el desprendimiento de material de la orilla del cráter a la chimenea. Las **calderas** se forman cuando una cámara magmática que proporciona material al volcán se vacía y su techo se hunde. Esto hace que el suelo se derrumbe y forme una depresión circular de gran tamaño.

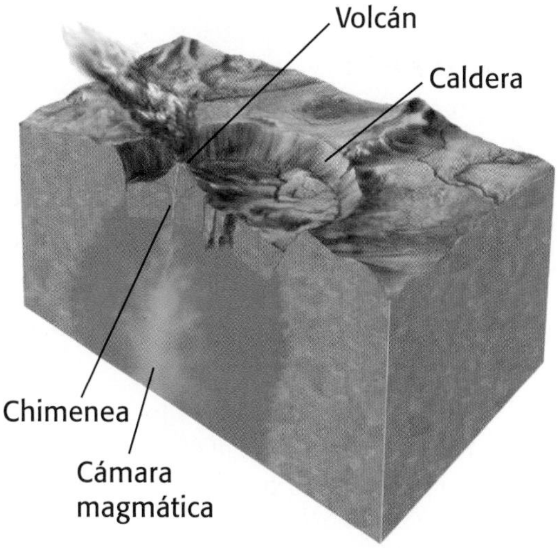

Figura 5 *Las calderas son generalmente mucho más grandes que los cráteres volcánicos. Una caldera se forma cuando el magma expulsado de su cámara deja un espacio vacío que hace que el techo de la cámara se derrumbe.*

Mesetas de lava

Las corrientes más grandes de lava no provienen de volcanes individuales. La mayoría de la lava de los continentes de la Tierra brota de grietas extensas o *fisuras,* en la corteza. En este tipo de erupción no explosiva, la lava fluye de las fisuras y se esparce uniformemente sobre miles de kilómetros cuadrados. El accidente geográfico resultante se conoce como *meseta de lava.* **La Figura 6** muestra una porción de la meseta del río Columbia, una meseta de lava al noroeste de los Estados Unidos que se formó hace 15 millones de años.

Figura 6 *Esta formación de la meseta del río Columbia nuestra capas rocosas que se formaron por una sucesión de grandes corrientes de lava.*

REPASO

1. Explica por qué las cenizas de una erupción volcánica son peligrosas.
2. ¿Por qué los conos de ceniza tienen bases más pequeñas y lados más empinados que los volcanes en escudo?
3. **Comparar conceptos** Describe brevemente la diferencia entre un cráter y una caldera.

astronomía CONEXIÓN

¿Alguna vez has visto las manchas oscuras de la Luna? Los primeros astrónomos pensaron que eran formaciones acuáticas. Ahora sabemos que son cuencas de lava oscura solidificada. Se formaron de manera similar a las mesetas de lava de la Tierra.

Sección 3

¿Por qué se forman los volcanes?

VOCABULARIO

desgarre tectónico
punto caliente

OBJETIVOS

- Describe la formación y movimiento del magma.
- Identifica los lugares donde se forma el magma.
- Explica la relación entre los volcanes y la tectónica de placas.
- Resume los métodos que los científicos usan para pronosticar las erupciones volcánicas.

Con el tiempo, los científicos han aprendido mucho sobre lo que sucede cuando un volcán entra en erupción. Aunque las consecuencias son dramáticas y visibles de inmediato, comprender lo que produce una erupción volcánica es muy difícil. No hay ningún método directo para observar lo que sucede en el interior de la Tierra. Para entender los procesos volcánicos, se han utilizado modelos basados en muestras de rocas y otros datos que proporcionan información relevante. Pero persisten aún muchas incógnitas.

La formación del magma

En la sección anterior aprendiste que los volcanes se forman mediante la erupción de lava y material piroclástico sobre la superficie terrestre. Sin embargo, para comprender la erupción de los volcanes es necesario comprender cómo se forma el magma. Como puedes ver en la **Figura 7,** los volcanes comienzan cuando el magma se acumula en depósitos ubicados en las regiones más profundas de la corteza terrestre y en las capas superiores del manto, la zona de roca muy caliente y flexible entre la corteza terrestre y el núcleo. Esta zona de formación del magma está entre 25 y 160 km debajo de la superficie.

A pesar de ser caliente y flexible, la roca del manto se considera sólida. Sin embargo, la temperatura del manto es lo suficiente elevada para derretir casi cualquier roca, entonces ¿por qué no se derrite? La respuesta tiene que ver con la presión. El peso de la roca encima del manto ejerce una presión enorme que mantiene los átomos de la roca del manto compactos, lo que evita que la roca pase al estado líquido. Un aumento en la presión eleva el punto de fusión de la mayoría de los materiales.

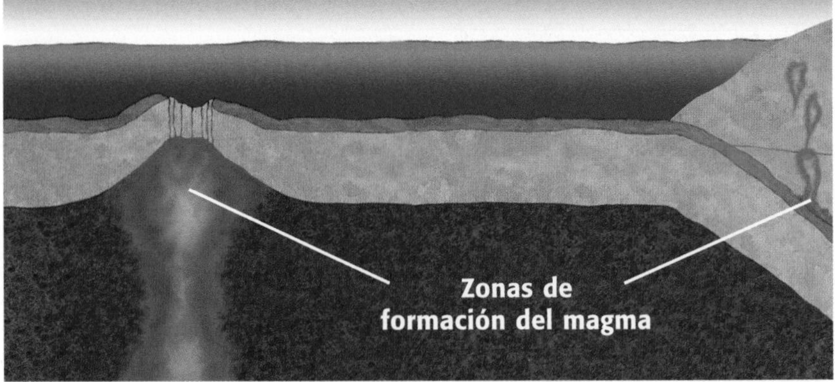

Figura 7 *El magma se forma debajo de la superficie terrestre en una región que comprende la corteza inferior y una parte del manto superior.*

Laboratorio

Reacción a la presión

1. Haz una "roca" flexible vertiendo 60 mL (1/4 tazas) de **agua** en un **vaso plástico** y agregando 150 mL de **almidón de maíz,** 15 mL (1 cucharada) a la vez. Revuelve. (La mezcla debe ser difícil de batir, pero no polvorienta).
2. Vierte la mitad de la mezcla en un **recipiente transparente.** Observa con atención cómo fluye la "roca". Sé paciente, es un proceso lento.
3. Raspa el resto de la "roca" con una **cuchara.** Observa el comportamiento de la "roca" al raspar.
4. ¿Qué sucedió con la "roca" cuando dejaste que fluyera por sí sola? ¿Qué sucedió cuando le aplicaste presión?
5. ¿En qué se parece esta "roca" flexible a las rocas de la parte superior del manto?

Como ves en la **Figura 8,** la roca se derrite y forma magma cuando la temperatura de la roca aumenta o cuando la presión sobre la roca disminuye. Debido a que la temperatura del manto es relativamente constante, una disminución de la presión usualmente provoca la formación de magma. En algunos casos, el magma derrite la roca sólida para abrirse paso hacia arriba. En otros casos, el magma asciende por las grietas y fisuras ya existentes entre la roca superpuesta.

Una vez formado, el magma sube a la superficie terrestre debido a que es menos denso que la roca circundante. El magma está compuesto por una mezcla de cristales minerales líquidos y sólidos y, por eso, es más denso que las rocas sólidas que lo rodean. El magma sube hacia la superficie de la misma manera que lo hacen las burbujas de aire que se forman en el fondo de un recipiente de agua hirviendo.

Sin embargo, no todo el magma logra llegar a la superficie terrestre para formar volcanes. El magma rígido a menudo se enfría y se solidifica dentro de la corteza terrestre.

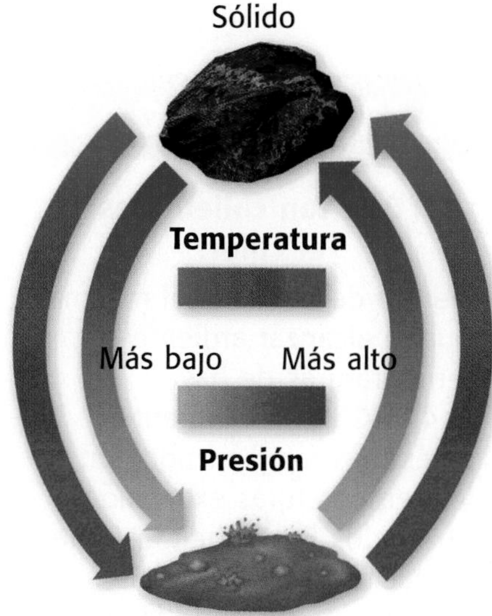

Figura 8 *Este diagrama muestra cómo la presión y la temperatura afectan a la formación del magma dentro del manto.*

Autoevaluación

1. Nombra los dos factores que causa la transformación de rocas sólidas en magma.
2. ¿Dónde se forma el magma?

(Consulta la página 564 para comprobar tus respuestas.)

Dónde se forman los volcanes

La ubicación de los volcanes en el mundo nos ofrece pistas acerca de cómo se forman. El mapa mundi de la **Figura 9** muestra la localización de los volcanes terrestres activos que hay en el mundo. También muestra los límites de las placas tectónicas. Como ves, muchos volcanes están ubicados directamente sobre los límites de las placas tectónicas. El conjunto de los límites de las placas que rodean el océano Pacífico tiene tantos volcanes que lleva el nombre de *Anillo de Fuego.*

¿Por qué la mayoría de los volcanes se ubican sobre los límites de las placas tectónicas? Estos límites se ubican en los lugares de colisión o separación de las placas. En estos límites, el magma encuentra un camino más fácil para subir. Es decir, ¡en los límites sucede toda la acción!

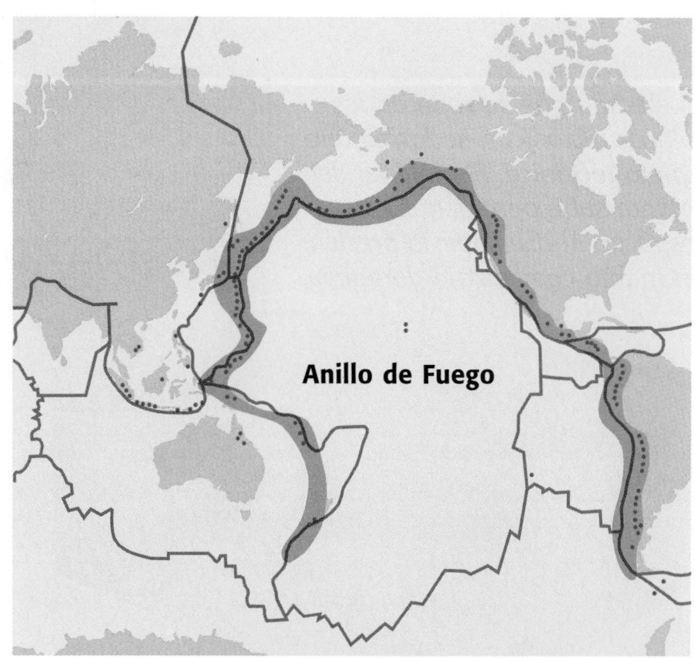

Figura 9 *Los límites de las placas tectónicas son los lugares más propicios para que se formen los volcanes. El Anillo de Fuego contiene casi el 75 por ciento de los volcanes terrestres activos que hay en el mundo.*

¡MATEMÁTICAS!

¿Qué tan caliente es el calor?

Dentro de la Tierra, el magma puede alcanzar ardientes temperaturas de hasta ¡1,400°C! Probablemente estés más familiarizado con las temperaturas expresadas en grados Fahrenheit, así que convierte 1,400°C a grados Fahrenheit utilizando la siguiente fórmula.

$$°F = °C + 32$$

¿Qué temperatura tiene el magma en grados Fahrenheit?

Cuando las placas tectónicas se separan Cuando dos placas tectónicas se separan y se alejan entre sí, se forma un *límite divergente.* A medida que se separan las placas tectónicas, se forma una grieta profunda o **desgarre tectónico,** en el medio. El material del manto asciende para llenar la brecha. Debido a que este material está más cerca de la superficie, su presión disminuye. La disminución de presión provoca que la roca del manto ubicada debajo del desgarre tectónico se derrita parcialmente y se transforme en magma.

Como el magma es menos denso que la roca circundante, sube por el desgarre tectónico. A medida que el magma sube, se enfría pero la presión que recibe disminuye. De modo que a pesar de que se enfría al subir, el magma permanece derretido debido a la disminución de presión. Cuando el magma llega a la superficie terrestre en forma de lava, su temperatura habrá disminuido arededor de 800°C. El magma sube continuamente por la grieta tectónica entre las placas en separación y forma una nueva corteza. Aunque existen algunos límites divergentes en la tierra, la mayoría están ubicados en el fondo del mar, donde forman largas cadenas montañosas llamadas centros oceánicos medios de expansión o dorsales oceánicas medias. La **Figura 10** muestra el proceso de formación de tales cordilleras submarinas en un límite divergente.

Figura 10 Cómo se forma el magma en un límite divergente

A medida que se separan las placas tectónicas, se forma una grieta tectónica. El material del manto sube para llenar este espacio. Al disminuir la presión, el manto comienza a derretirse.

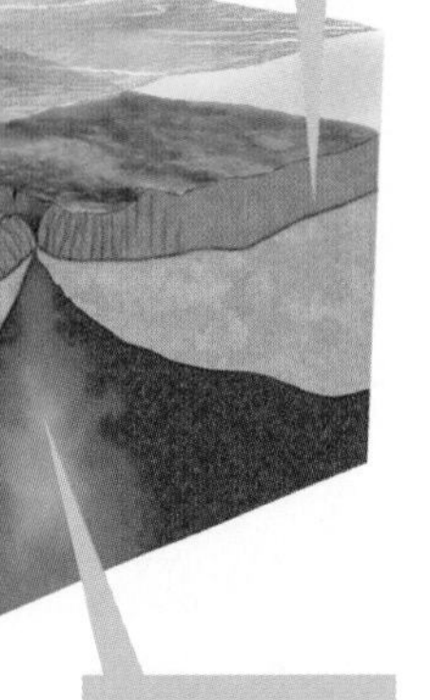

Debido a que el magma es menos denso que la roca que lo rodea, sube hacia la superficie y forma una nueva corteza en el fondo del mar.

Cuando las placas tectónicas chocan Si deslizas dos hojas de papel sobre un escritorio plano hasta que choquen entre sí, las hojas se doblarán hacia arriba o una de ellas se deslizará debajo de la otra. Esto te dará una idea de lo que sucede cuando las placas tectónicas chocan. El lugar en donde chocan dos placas tectónicas se denomina *límite convergente.* El movimiento por el que una placa tectónica se ubica debajo de otra, tal como se muestra en la **Figura 11,** se llama *subducción.* Los límites convergentes generalmente están ubicados en el lugar donde las placas oceánicas chocan con las placas continentales. La corteza oceánica es más densa y delgada, por lo que es subducida debajo de la corteza continental.

La corteza oceánica contiene agua, lo que disminuye el punto de fusión de la roca con la cual establece contacto. A medida que la corteza oceánica descendiente raspa la corteza continental, se hunde cada vez más en el manto y se calienta gradualmente. Al hacerlo, la presión sobre la corteza oceánica aumenta. El aumento de calor y presión causa que el agua en la corteza oceánica se escape. Luego, el agua se mezcla con la roca del manto y provoca así su fusión. Durante su recorrido hacia la superficie, el calor del magma puede derretir parte de la corteza continental (rica en sílice), y la convierte en parte del magma. El sílice de la corteza continental se une a una lava viscosa que tiende a causar erupciones explosivas al llegar a la superficie.

Figura 11 Cómo se forma el magma en un límite convergente

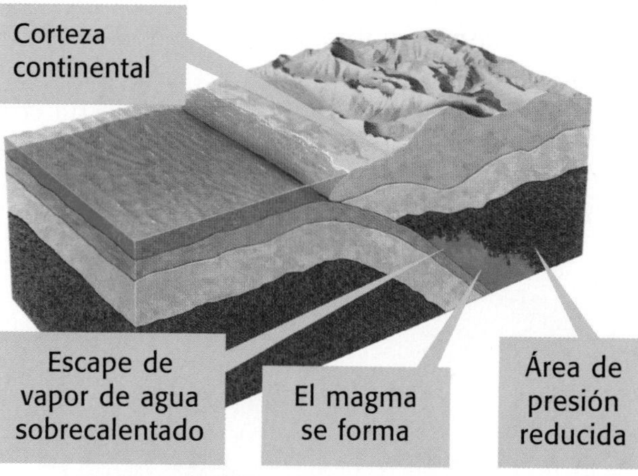

Cuando convergen una placa oceánica con una placa continental, la placa oceánica más densa es subducida. A medida que la placa subducida se desliza hacia abajo, las rocas se derriten y forman el magma.

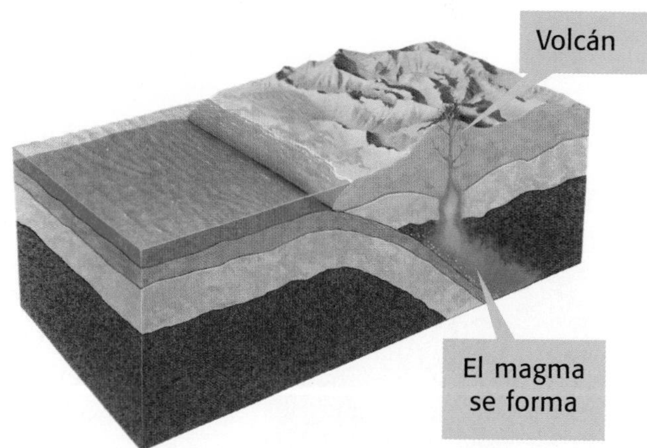

Cuando es menos denso que la roca circundante, el magma sube hacia la superficie.

Puntos calientes

No todo el magma se forma en los límites de las placas tectónicas. Por ejemplo, las islas hawaianas, donde se encuentran algunos de los volcanes más conocidos de la Tierra, no están cerca de ningún límite. La formación de los volcanes en Hawai, y en diversos lugares de la Tierra, se debe a los **puntos calientes.** Éstos son lugares dentro de las placas tectónicas ubicados directamente encima de las columnas de magma ascendente, *columnas de humo del manto,* que provienen de lo más profundo de la Tierra, posiblemente del límite entre el manto y el núcleo. No se sabe con certeza cómo se producen. Algunos científicos creen que estas columnas suben por una combinación de calor ascendente del núcleo y del calor de elementos radioactivos.

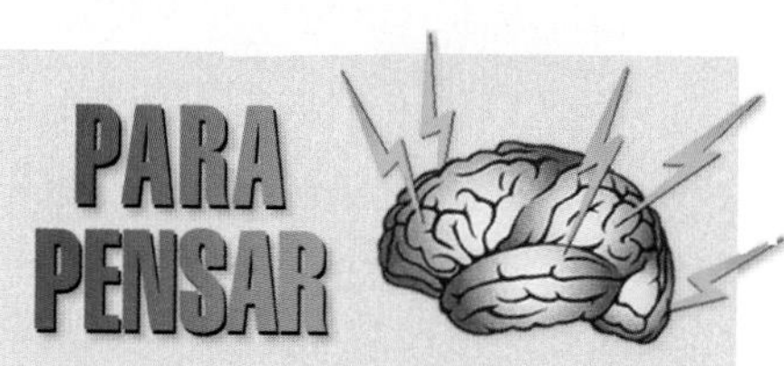

Hay 10 veces más volcanes activos en el fondo del océano que en tierra firme. El fondo del mar, que ocupa casi tres cuartos de la superficie terrestre, se formó principalmente a partir de actividad volcánica.

Figura 12 *Una columna de roca incandescente del manto fluye a través de éste. A medida que la placa tectónica se mueve sobre el punto caliente, se forma una cadena de islas volcánicas.*

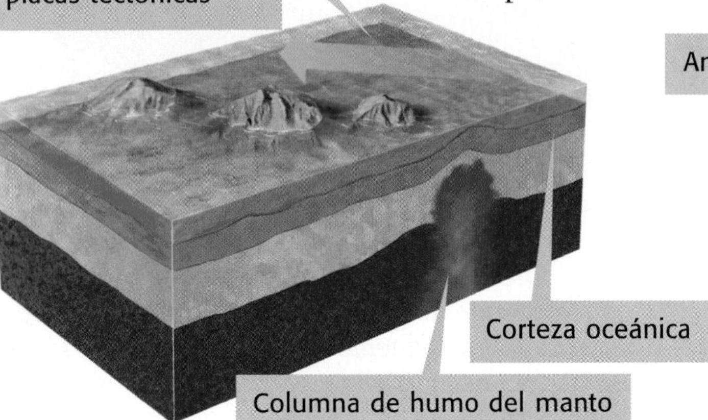

Un punto caliente a menudo produce una larga cadena de volcanes. Esto se debe a que la columna de humo del manto permanece en el mismo punto caliente, mientras la placa tectónica se mueve sobre él. Las islas hawaianas están sobre la placa del Pacífico, que se mueve lentamente hacia el noroeste. La **Figura 12** muestra cómo un punto caliente crea un volcán en una cadena de islas. Cada una de las islas fue en otro tiempo un volcán en erupción situado directamente sobre el punto caliente.

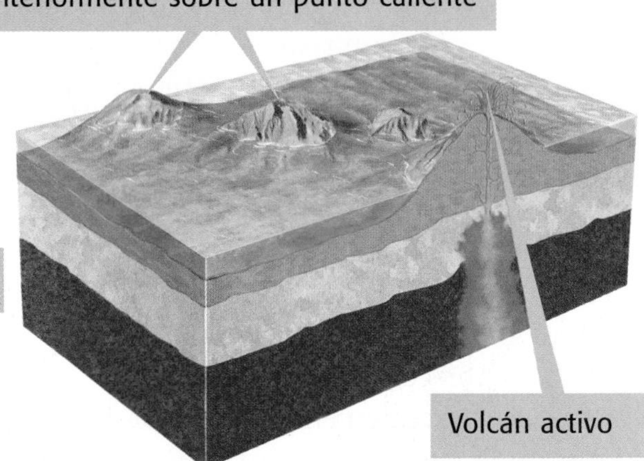

Figura 13 *Los sismógrafos ayudan a los científicos a determinar cuándo el magma se mueve debajo de un volcán.*

Experimentos

¿De qué manera los gases venenosos ayudan a los científicos a pronosticar erupciones? Pasa a la página 518 para averiguar cómo.

Pronosticar erupciones volcánicas

Saber dónde se forman los volcanes es muy distinto a pronosticar cuándo entran en erupción. Para a pronosticar las erupciones volcánicas con precisión, los científicos clasifican los volcanes según su historial de erupciones y por la probabilidad de una nueva erupción. Los *volcanes extintos* son aquéllos que no han registrado erupciones durante la historia escrita y probablemente nunca lo harán. Los *volcanes inactivos* son los que no están en erupción pero que han registrado erupciones en algún momento de la historia escrita. Los *volcanes activos* son los que están en proceso de erupción o que presentan señales de entrar en erupción en un futuro cercano.

Para pronosticar erupciones, de los volcanes activos e inactivos los científicos deben de alguna manera "adivinar". Se han encontrado algunas pistas que muestran cuándo un volcán puede hacer erupción. Por ejemplo, la mayoría de los volcanes activos producen temblores cuando el magma del interior se desplaza hacia arriba, provocando el movimiento de la roca que lo rodea. Momentos antes de una erupción, la cantidad e intensidad de los temblores aumenta y su presencia se torna constante. Estos temblores se miden con un *sismógrafo,* tal como se muestra en la **Figura 13.**

Medir la pendiente de un volcán ofrece pistas que permiten pronosticar erupciones. Si la pendiente presenta protuberancias significa que el magma se expande en el interior del volcán. Mediante la colocación de un instrumento llamado *inclinómetro* sobre la superficie del volcán, los científicos detectan pequeños cambios en el ángulo de la pendiente.

La emisión de gases volcánicos permite a los científicos pronosticar erupciones en un volcán. A medida que el magma sube, la presión de los gases volcánicos atrapados se comienza a acumular. Esta presión puede ser lo suficientemente alta como para agujerear las rocas y dejar así que los gases escapen por los costados del volcán. Algunos científicos piensan que la relación entre ciertos gases, especialmente la del dióxido de azufre (SO_2) con el dióxido de carbono (CO_2), es de gran importancia a la hora de pronosticar erupciones. Saben que cuando esta relación cambia, es señal de que la situación está cambiando dentro de la cámara magmática, lo que significa que se puede tratar de ¡una erupción! Como puedes ver en la **Figura 14**, Recopilar este tipo de informaciónes peligroso.

Figura 14 *Para agravar aún más los peligros que presenta un volcán, los gases recolectados aquí son extremadamente venenosos.*

Algunos de los métodos actuales que los científicos utilizan para pronosticar las erupciones volcánicas se basan en imágenes obtenidas por satélite. Muchas de estas imágenes registran radiación infrarroja, lo cual permite medir los cambios de temperatura en el tiempo. Se toman desde satélites en órbita a más de 700 km sobre la Tierra. El análisis de las imágenes en distintos momentos, permite determinar si el lugar se está calentando a medida que el magma se aproxima a la superficie.

química CONEXIÓN

El agua subterránea puede filtrarse por las grietas y los poros de las rocas de un volcán activo, donde el magma sobrepuesto la calienta y reacciona con gases volcánicos para formar ácido sulfúrico. El ácido convierte las rocas sólidas en arcilla suave y debilita los lados de un volcán. Esto puede derribar partes de un volcán y provocar así avalanchas, corrientes de barro e incluso erupciones.

REPASO

1. ¿De qué forma la presión determina si el manto es sólido o líquido?
2. Describe un método tecnológico que los científicos utilizan para pronosticar erupciones volcánicas.
3. **Interpretar ilustraciones** La Figura 9 de este capítulo muestra la ubicación de volcanes activos en tierra firme. Describe en qué parte del mapa trazarías la ubicación de volcanes submarinos y por qué. (No escribas en este libro.)

A pesar de que los científicos han aprendido mucho sobre los volcanes, no pueden pronosticar erupciones con precisión. A veces hay señales que anuncian una erupción, pero generalmente no hay ninguna. Imagínate que eres el alcalde de un pueblo que está cerca de un gran volcán y un geólogo te advierte que es probable que haya una erupción. Una evacuación del pueblo sería un evento vergonzoso y muy costoso si el volcán no entra en erupción. Pero si decides guardar silencio, las personas correrían peligro si el volcán entra en erupción. Considera las consecuencias socioeconómicas de tu decisión; tu tarea quizá es aún más difícil. ¿Qué harías?

Resumen del capítulo

SECCIÓN 1

Vocabulario

magma *(pág. 194)*
chimenea *(pág. 194)*
lava *(pág. 194)*
material piroclástico *(pág. 194)*
volcán *(pág. 194)*

Notas de la sección

- Los volcanes hacen erupción tanto en forma explosiva como no explosiva.
- Las características de una erupción volcánica están determinadas en gran medida por el tipo de magma que hay en el interior del volcán.
- El contenido de sílice del magma determina si es blando y fluido o rígido y espeso.
- La lava se endurece y adquiere diversos grados de rugosidad que van desde suave a áspera, dependiendo del espesor de la lava y la velocidad de su flujo.
- El material piroclástico, o desecho volcánico, está compuesto por trozos sólidos del volcán y magma que se solidifica al trasladarse por el aire.

SECCIÓN 2

Vocabulario

volcán de escudo *(pág. 198)*
cono volcánico *(pág. 198)*
volcán mixto *(pág. 198)*
cráter *(pág. 199)*
caldera *(pág. 199)*

Notas de la sección

- Los efectos de las erupciones volcánicas se sienten tanto en el ámbito local como en el mundo entero.
- Las montañas volcánicas se pueden clasificar de acuerdo a su composición y su forma.
- Los cráteres son depresiones en forma de embudo que se forman alrededor de la chimenea central de un volcán. Las calderas son depresiones circulares grandes que se forman cuando la cámara del magma se hunde.

Comprobar destrezas

Conceptos de matemáticas

CONVERTIR ESCALAS DE TEMPERATURA Los magmas de baja temperatura pueden ser de 1,100°C. ¿Qué tan caliente está el magma? Si sueles medir la temperatura en grados Fahrenheit, usa esta fórmula simple para averiguarlo.

$$°F = \frac{9}{5}°C + 32$$

$$°F = \frac{9}{5}(1{,}100) + 32$$

$$°F = 1{,}980 + 32 = 2{,}012$$

$$2{,}012°F = 1{,}100°C$$

Comprensión visual

CALDERAS Las calderas se producen por la descarga de grandes cantidades de magma provenientes del interior de la Tierra. Cuando el volumen del magma disminuye, ya no ejerce presión para sostener el suelo. Como resultado, el suelo se hunde y se forma una caldera.

SECCIÓN 2

- En el tipo más grande de erupción volcánica, la lava simplemente se derrama por las largas fisuras de la corteza terrestre y forma las mesetas de lava.

Experimentos

Algunos hacen "pum" y otros no *(pág. 516)*

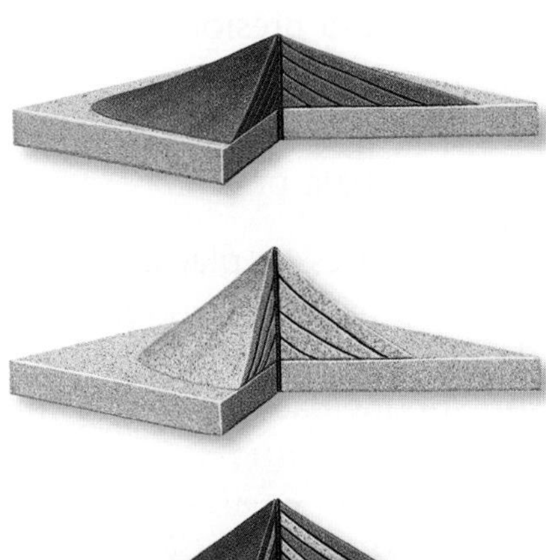

SECCIÓN 3

Vocabulario

desgarre tectónico *(pág. 202)*

punto caliente *(pág. 203)*

Notas de la sección

- Los volcanes se producen por el magma que se forma en el manto.
- Cuando la presión disminuye, algunas rocas sólidas del manto caliente se derriten y forman el magma.
- Debido a que es menos denso que las rocas que lo rodean, el magma sube a la superficie terrestre. Puede salir en forma de lava mediante erupciones o solidificarse en la corteza.
- La mayor parte de la actividad volcánica ocurre en los límites de las placas tectónicas, donde éstas se separan o colisionan.
- Los volcanes también se forman sobre los puntos calientes del manto. A medida que la placa tectónica se mueve sobre el punto caliente, se forma una cadena de islas volcánicas.
- Las erupciones volcánicas no se pueden pronosticar con absoluta precisión. Sin embargo, los científicos ahora cuentan con diversos métodos para pronosticar futuras erupciones.

Experimentos

Veredicto volcánico *(pág. 518)*

internet

VISITA: go.hrw.com

Visita el sitio web de HRW para encontrar una serie de herramientas de aprendizaje relacionadas con este capítulo. Sólo tienes que escribir la palabra clave:

PALABRA CLAVE: HSTVOL

VISITA: www.scilinks.org

Visita el sitio web de la **Asociación Nacional de Maestros de Ciencias** *(National Science Teachers Association)* para encontrar recursos de Internet relacionados con este capítulo. Sólo escribe el **ENLACE DE CIENCIAS** para obtener más información sobre el tema:

TEMA: Erupciones volcánicas	**ENLACE:** HSTE205
TEMA: Efectos de los volcanes	**ENLACE:** HSTE210
TEMA: ¿Qué provoca los volcanes?	**ENLACE:** HSTE215
TEMA: Anillo de Fuego	**ENLACE:** HSTE220

Repaso del capítulo

UTILIZAR EL VOCABULARIO

Explica la diferencia de significado entre los términos de cada pareja.

1. caldera/cráter
2. lava/magma
3. lava/material piroclástico
4. chimenea/desgarre tectónico
5. cono volcánico/volcán de escudo

COMPRENDER CONCEPTOS

Opción múltiple

6. ¿Cómo se describe el tipo de magma que produce una erupción violenta?
   a. no espeso por el alto contenido de sílice.
   b. espeso por el alto contenido de sílice.
   c. no espeso por el bajo contenido de sílice.
   d. espeso por el bajo contenido de sílice.

7. ¿Cómo se le dice a la lava cuando se endurece rápidamente para producir formaciones viscosas?
   a. lava aa
   b. lava pahoehoe
   c. lava almohadillada
   d. lava afrolítica

8. ¿Qué hace que el polvo y las cenizas volcánicas permanezcan en la atmósfera meses o años?
   a. una disminución en la reflexión solar y temperaturas más elevadas
   b. un aumento en la reflexión solar y temperaturas más bajas
   c. una disminución en la reflexión solar y temperaturas más bajas
   d. un aumento en la reflexión solar y temperaturas más elevadas

9. El Monte St. Helens, en Washington, cubrió la ciudad de Spokane con toneladas de cenizas. ¿Cómo describirías su erupción?
   a. no explosiva con producción de lava
   b. explosiva con producción de lava
   c. no explosiva con producción de material piroclástico
   d. explosiva con producción de material piroclástico

10. ¿Cuál es la principal causa de la formación del magma dentro del manto?
    a. alta temperatura y alta presión
    b. alta temperatura y baja presión
    c. baja temperatura y alta presión
    d. baja temperatura y baja presión

11. En los límites divergentes de placas,
    a. el calor del núcleo terrestre produce las columnas de humo del manto
    b. las placas son subducidas y se forma el magma
    c. las placas tectónicas se separan
    d. los puntos calientes producen volcanes

12. ¿Qué teoría ayuda a explicar las causas de los terremotos y los volcanes?
    a. la subducción
    b. la tectónica de placas
    c. la fluctuación climática
    d. las columnas de humo del manto

Respuesta breve

13. Describe brevemente dos métodos que se usan para pronosticar las erupciones volcánicas.

14. Describe de qué manera las diferencias en el magma afectan a las erupciones volcánicas.

15. ¿A lo largo de qué tipos de límites de placas tectónicas se encuentran generalmente los volcanes? ¿Por qué?

16. Describe las características de los tres tipos de montañas volcánicas.

Organizar conceptos

17. Usa cualquiera de los términos del vocabulario del "Resumen del capítulo" para crear una mapa de ideas que ilustre la relación entre los tipos de magma, las erupciones que producen y las formas de los volcanes que resultan.

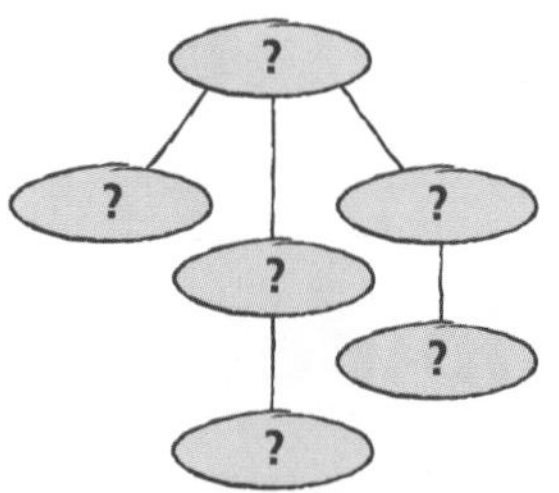

RAZONAMIENTO CRÍTICO Y RESOLUCIÓN DE PROBLEMAS

Escribe una o dos oraciones para responder a las siguientes preguntas:

18. Imagínate que estás explorando un volcán que lleva inactivo algún tiempo. Comienzas a anotar los tipos de desechos volcánicos que encuentras mientras caminas. Tus primeras notas describen ceniza volcánica y después lapilli (fragmentos rocosos de lava). ¿En qué dirección es más probable que estés viajando: en dirección al cráter o en dirección opuesta a él? Explica por qué.

19. Loihi es una futura isla hawaiana en proceso de formación en el fondo del mar. Considerando cómo se formó esta cadena de islas, explica dónde crees que la nueva isla volcánica se ubicará y por qué.

20. ¿Qué crees que sucedería con el clima de la Tierra si la actividad volcánica aumentara 10 veces por encima del nivel actual?

LAS MATEMÁTICAS EN LAS CIENCIAS

21. La isla Midway está a 1,935 km al noroeste de Hawaii. Si la placa del Pacífico se mueve al noroeste a 9 cm/año, ¿hace cuánto tiempo que se ubicó la isla Midway sobre el punto caliente que la formó?

INTERPRETAR GRÁFICAS

La siguiente gráfica ilustra el promedio de cambio en las temperaturas sobre o bajo las medidas normales en una comunidad durante varios años.

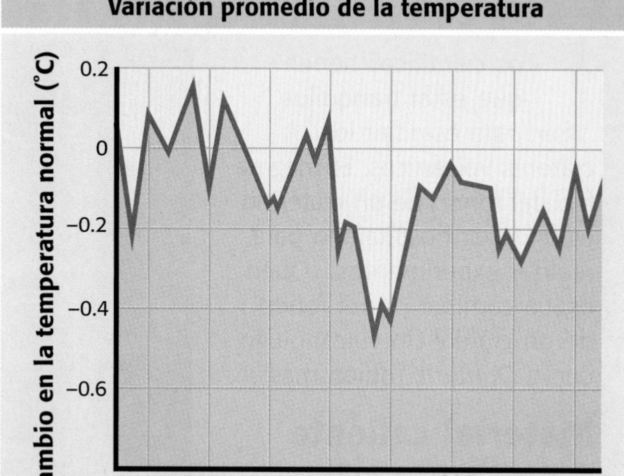

22. Si la variación de las temperaturas se ha visto afectada por una gran erupción volcánica a través de los años, ¿cuándo crees que se haya producido la erupción? Explica por qué.

23. Si la temperatura se midiera sólo una vez al año (al principio del año), ¿en qué cambiaría tu interpretación?

AHORA, ¿qué piensas?

Revisa tus respuestas a las preguntas de la página 191 que escribiste en el cuaderno de ciencias. ¿Han cambiado tus respuestas? Si es necesario, corrige tus respuestas basándote en lo que has aprendido en este capítulo.

Ciencia, Tecnología y Sociedad

Robot en medio del calor

Los científicos tienen que estar tranquilos para estudiar los cráteres volcánicos. El magma frío del fondo de un cráter no es un lugar hospitalario para realizar experimentos. ¿Quén osaría caminar por el fondo de un cráter? Un vulcanólogo como *Dante II*, ¡quién más!

▲ *Dante II*

Material caliente

El cráter de un volcán parece vacío después de una erupción, pero no está desprovisto de información volcánica. Los gases que escapan desde el fondo del cráter emitiendo silbidos alertan a los científicos acerca de la roca derretida que hay debajo. Esto les ayuda a comprender cómo y por qué los volcanes hacen erupciones sucesivamente. Algunos de estos gases son venenosos o están muy calientes; además, el fondo del cráter puede abrirse o moverse en cualquier momento. Muchos han resultado gravemente heridos o han muerto explorando cráteres volcánicos. Obviamente, los vulcanólogos necesitaban una ayuda para estudiar los abismos humeantes.

Un robot que soporte el calor

Les presentamos a *Dante II*, un robot de ocho patas que en vez de ojos tiene cámaras y de cerebro tiene computadoras. En 1994, *Dante II* partió en su primera misión bajo la dirección de un equipo de científicos de la NASA, la Universidad de Carnegie Mellon y el Observatorio Vulcanológico de Alaska. Escaló por una hendidura llamada Cima del Cráter al lado del Monte Spurr, un volcán activo en Alaska. Sujeto a la orilla del cráter por un cable resistente, *Dante II* fue controlado en parte por computadoras internas y en parte por un equipo de científicos. El equipo se comunicó con el robot por medio de un vínculo satelital y conexiones de Internet. *Dante II* se desplazó lentamente, fotografiando y recopilando datos científicos. Estaba provisto de sensores de gas que proporcionaban una lectura continua de los gases del cráter. Realizó las tareas que los científicos humanos no podían realizar, manteniéndolos fuera de peligro.

¿Fue un éxito la misión?

Durante su expedición, *Dante II* encontró rocas grandes, algunas de su propio tamaño. Se resbaló y se le estropeó una de sus patas mientras escalaba para salir del volcán. El cable de apoyo se rompió y tuvo que ser rescatado por un helicóptero. A pesar de estos obstáculos, recopiló información muy valiosa.

La misión de *Dante II* también cumplió uno de los objetivos de la NASA: demostrar que se pueden utilizar robots con éxito para explorar terrenos extremos, como el que se encuentra en las superficies planetarias. Así preparó el camino para futuros proyectos de robótica, como la exploración de la superficie de Marte del explorador *Sojourner* en 1997.

Escribe sobre lo que aprendiste

► Escribe la propuesta para un proyecto que utilice un robot para explorar un lugar peligroso. No olvides incluir el tipo de información que el robot tendría que recopilar.

Europa: ¿Existirá vida en una luna?

Europa, una de las lunas de Júpiter, lisa y de un color blanco parduzco, ha fascinado a los científicos y a los escritores de ciencia ficción por décadas. Hace poco, los científicos se entusiasmaron con las tentadoras imágenes de la Misión Galileo Europa. ¿Será posible que la vida se esté escondiendo debajo de la superficie de Europa?

Una historia activa

Un poco más pequeña que la Luna terrestre, Europa es la cuarta luna más grande de Júpiter. Se destaca entre los otros cuerpos del sistema solar por su superficie extraordinariamente lisa, pero las crestas y los canales parduzcos que se entrecruzan en su superficie parecen una combinación fangosa de hielo y agua. Algunos piensan que las crestas y los canales congelados son témpanos que dejaron ¡antiguos volcanes que expulsaban agua! El agua se escurrió por la superficie de Europa y se congeló, como la lava que fluye y se enfría en la superficie terrestre.

Una situación fangosa

Los científicos creen que la superficie de Europa consiste en placas tectónicas delgadas de hielo flotante sobre una capa de fango o agua. Estas placas, que tendrían el aspecto de balsas de hielo flotante en un mar de fango, han sido comparadas con los glaciares gigantes que flotan en las regiones polares de la Tierra.

Es posible que cuando las placas se presionen, el material se contraiga y forme crestas congeladas. Cuando las placas se separan, el líquido más caliente mezclado con silicatos más oscuros podría brotar hacia la superficie y congelarse, y formar los canales congelados parduzcos. Esos canales le dan a Europa una apariencia de bola de billar agrietada.

¿Existe vida en Europa?

Estos descubrimientos han llevado a los científicos a considerar una posibilidad asombrosa: ¿Acaso Europa tiene un ambiente que podría albergar formas primitivas de vida? En general, se requieren al menos tres elementos para que se desarrolle vida como nosotros la conocemos: agua, compuestos orgánicos (substancias que contienen carbono) y calor. Europa tiene agua y los compuestos orgánicos son bastante comunes en el sistema solar. Pero, ¿tiene calor? La naturaleza fangosa de Europa indica que podría tener un interior más caliente. Una teoría sostiene que el calor sería el resultado de la fuerte atracción gravitacional que Júpiter ejerce sobre Europa. Otra sugiere que el calor llegaría a la superficie de Europa mediante calefacción por convección.

¿Cumple Europa realmente con los requisitos para mantener vida? La respuesta aún se desconoce, pero el fango debajo de la superficie de Europa ha captado la curiosidad de los científicos.

◀ *Europa parece una bola de billar agrietada.*

Si tú estuvieras a cargo. . .

▶ Si estuvieras a cargo del programa de exploración espacial de la NASA, ¿Enviarías una nave espacial a buscar vida en Europa? (Recuerda que esto costaría millones de dólares y se sacrificarían otros proyectos importantes.) Explica tu respuesta.

CAPÍTULO 9

Calor y tecnología térmica

Increíble... ¡pero cierto!

¿Te gustaría vivir en una casa sin calefacción? ¡Podrías si vivieras en una embarcación terrestre! Las embarcaciones terrestres son un invento de Michael Reynolds, un arquitecto de Taos, New Mexico. Estas estructuras habitacionales ultramodernas están diseñadas para aprovechar al máximo la fuente energética más abundante del planeta, el Sol.

Cada embarcación terrestre está construida específicamente para aprovechar al máximo las ventajas del sistema pasivo de calefacción por energía solar. Por ejemplo, las ventanas grandes miran hacia el sur para maximizar la cantidad de energía solar que recibe la casa. Como la tierra absorbe energía, cada hogar esta enterrado parcialmente en el suelo y rodeado con la tierra excavada amontonada casi hasta el techo. Esto ayuda a mantener la energía que entra por las ventanas en el interior.

En muchas casas tradicionales, las paredes exteriores son demasiado delgadas y ligeras para absorber la energía radiante. Sin embargo, las paredes exteriores de las embarcaciones terrestres de Reynolds son gruesas y pesadas. A veces se rellenan las paredes con latas de aluminio trituradas y firmemente unidas. En proyectos más grandes, Reynolds utiliza pilas de neumáticos de automóviles rellenos con tierra. Estos materiales absorben la energía solar durante las horas del día y calientan naturalmente la casa desde las paredes hacia adentro. Las cámaras de aire que quedan entre las latas comprimidas y los neumáticos llenos de tierra proporcionan aislamiento adicional.

De ese modo se evita que salga mucha energía de la casa, aun cuando el sol se acuesta y el aire del exterior se enfría. Como una embarcación terrestre tiene una temperatura estable de aproximadamente 15°C (más o menos 60°F), siempre mantiene abrigados a sus ocupantes, excepto en las noches más heladas del invierno. La tecnología que mantiene abrigadas o frescas a las personas es muy importante. En este capítulo, aprenderás sobre temperatura y calor, cómo varios materiales diferentes transfieren energía y cómo se usa la tecnología térmica a diario.

¿Tú qué piensas?

Usa tus conocimientos para responder a las siguientes preguntas en tu cuaderno de ciencias:

1. ¿Cómo mides la temperatura de un objeto?
2. ¿Qué hace que un objeto sea caliente o frío?
3. ¿Cómo se puede usar el calor en tu casa?

A algunos les gusta el calor

A veces es posible saber la temperatura relativa de algo con sólo tocarlo con la mano. Pero, ¿sirve tu mano como termómetro? En esta actividad, ¡lo averiguarás!

Procedimiento

1. Pídele a tu profesora pequeños trozos de los siguientes materiales: **metal, madera, goma espuma, roca, plástico** y **cartón.**
2. Déjalos en una mesa sin tocarlos durante varios minutos.
3. Coloca las palmas de las manos hacia abajo sobre cada uno de ellos. Compara la temperatura que percibes de cada uno con la de los demás.
4. En el cuaderno de ciencias, enuméralos en orden, desde el más frío al más caliente. Compara tus resultados con los de tus compañeros y compañeras.

5. Según el debate, ordénalos del más frío al más caliente.
6. Coloca una **cinta termométrica** en la superficie de cada uno y anota sus temperaturas.

Análisis

7. ¿Cuál de todos los materiales te pareció el más caliente?
8. ¿Cuál de ellos registró la temperatura más alta?
9. ¿Por qué crees que algunos estaban más calientes que otros?
10. ¿Sirvió tu mano de termómetro? ¿Por qué?

Sección 1

Temperatura

VOCABULARIO

temperatura
expansión
cero absoluto

OBJETIVOS

- Describe la relación entre temperatura y energía cinética.
- Brinda ejemplos de expansión.
- Compara temperaturas en diferentes escalas de temperatura.

Probablemente te pones un suéter cuando hace frío. Del mismo modo, prefieres pantalones cortos en verano cuando hace calor. Pero, ¿qué tan caliente es caliente, y qué tan frío es frío? Piensa en cómo están marcadas las perillas de las llaves del agua: *H* para caliente (*hot*) y *C* para frío (*cold*). Pero, ¿acaso solamente sale agua caliente cuando abres la llave del agua caliente? Quizás hayas notado que, al abrir la llave, primero el agua sale tibia o incluso fría. ¿Acaso te engañan las perillas? Los términos *caliente* y *frío* no son términos muy científicos. Si quieres especificar cuán caliente o frío está algo, debes indicar su temperatura.

¿Qué es la temperatura?

Es posible que pienses que la temperatura es la medida que indica qué tan caliente o frío está un objeto. Científicamente, la **temperatura** mide la energía cinética promedio de las partículas de un objeto. Para evitar confusiones indica la temperatura en vez de decir que está *caliente* o *frío*. Comunicar adecuadamente la temperatura es importante como verás a continuación. Puedes aprender más sobre comparaciones entre caliente y frío en el Laboratorio de la página siguiente.

La temperatura depende de la energía cinética de las partículas Toda la materia está compuesta de partículas, átomos o moléculas, que se mueven constantemente. Como las partículas están en movimiento, tienen energía cinética. Cuanto más rápidamente se mueven las partículas, más energía cinética tienen. ¿Qué tiene que ver la temperatura con la energía cinética? Bueno, como se describe en la **Figura 1**, cuanta más energía cinética tienen las partículas de un objeto, más alta es la temperatura de éste.

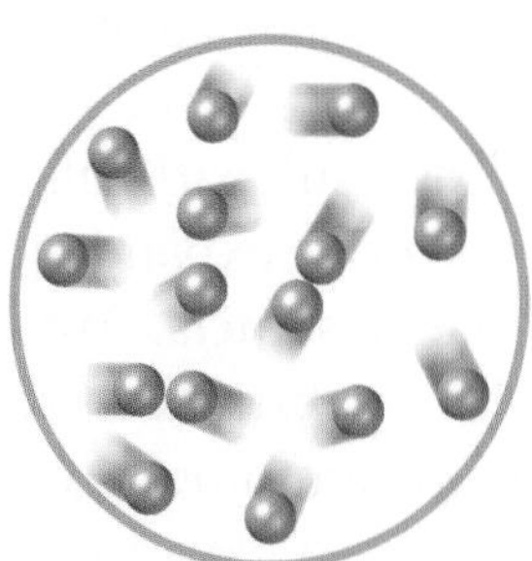

Figura 1 *Las partículas de gas de la derecha tienen más energía cinética que las de la izquierda. De manera que la temperatura del gas de la derecha es más alta.*

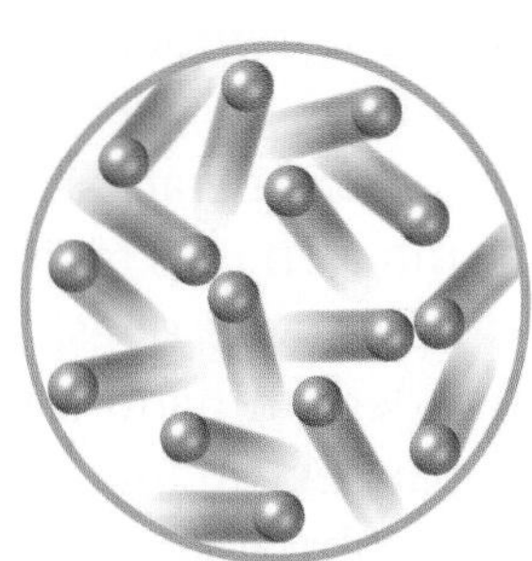

La temperatura es una medida promedio Las partículas de la materia se mueven constantemente, pero no todas se mueven todo el tiempo a la misma velocidad y en la misma dirección. Observa nuevamente la Figura 1. Como puedes ver, el movimiento de las partículas es aleatorio. Se mueven en diferentes direcciones y algunas se mueven más rápidamente que otras. En consecuencia, algunas partículas tienen más energía cinética que otras. ¿Qué determina la temperatura de un objeto? La temperatura de un objeto es el cálculo más aproximado de la energía cinética de las partículas. Al medir la temperatura de un objeto, se mide la energía cinética promedio de las partículas del objeto.

La temperatura de una substancia no está determinada por la cantidad de esa substancia. Como se ilustra en la **Figura 2**, diferentes cantidades de la misma substancia pueden tener la misma temperatura. Sin embargo, la energía cinética total de las partículas de cada cantidad es diferente. Aprenderás más sobre ese tipo de energía cinética total en la siguiente sección.

Figura 2 *Si bien hay más té en la tetera que en el tazón, la energía cinética promedio del té, y por ende su temperatura, es igual en el tazón que en la tetera.*

Laboratorio

¿Frío o caliente?

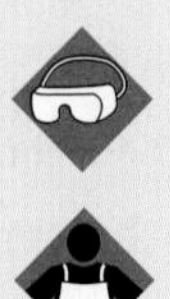

1. Introduce ambas manos en un **balde de agua tibia** y observa cómo las sientes.
2. Ahora introduce una mano en un **balde de agua fría** y la otra en un **balde de agua caliente.**
3. Después de un minuto, saca las manos del agua caliente y fría y vuelve a introducirlas en el agua tibia.
4. ¿Puedes confiar en tus manos para determinar la temperatura? Explica tus observaciones en el cuaderno de ciencias.

PARA PENSAR

La temperatura más baja en la Tierra se registró en la Estación Vostok en la Antártida. En 1983, la temperatura bajó a 89°C (cerca de 192°F). La temperatura más alta se registró en 1922 en un desierto libanés. Se registró una temperatura extremadamente elevada: 58°C (cerca de 136°F), ¡en la sombra!

Medir la temperatura

¿Cómo medirías la temperatura de una taza humeante de chocolate caliente? ¿Tomarías un trago o introducirías un dedo? Probablemente no, usarías un termómetro.

Usar un termómetro Muchos termómetros son tubos de vidrio delgados con un líquido en su interior. Por lo general, en los termómetros se utilizan el mercurio y el alcohol porque permanecen líquidos a altas temperaturas. Los termómetros pueden medir la temperatura gracias a la expansión. La **expansión** es el aumento de volumen de una substancia debido al incremento de su temperatura. Al calentarse una substancia, sus partículas se mueven más rápidamente. Las partículas en sí no se expanden; simplemente se esparcen, expandiendo toda la substancia. Ante un determinado cambio de temperatura, las substancias se expanden de manera diferente. Al introducir un termómetro en una substancia caliente, el líquido de su interior se expande y sube. La temperatura de una substancia se determina midiendo la expansión del líquido dentro del termómetro.

Escalas de temperatura La temperatura se expresa en diferentes escalas. Observa cómo una misma temperatura corresponde a cantidades diferentes en las tres escalas que aparecen a continuación.

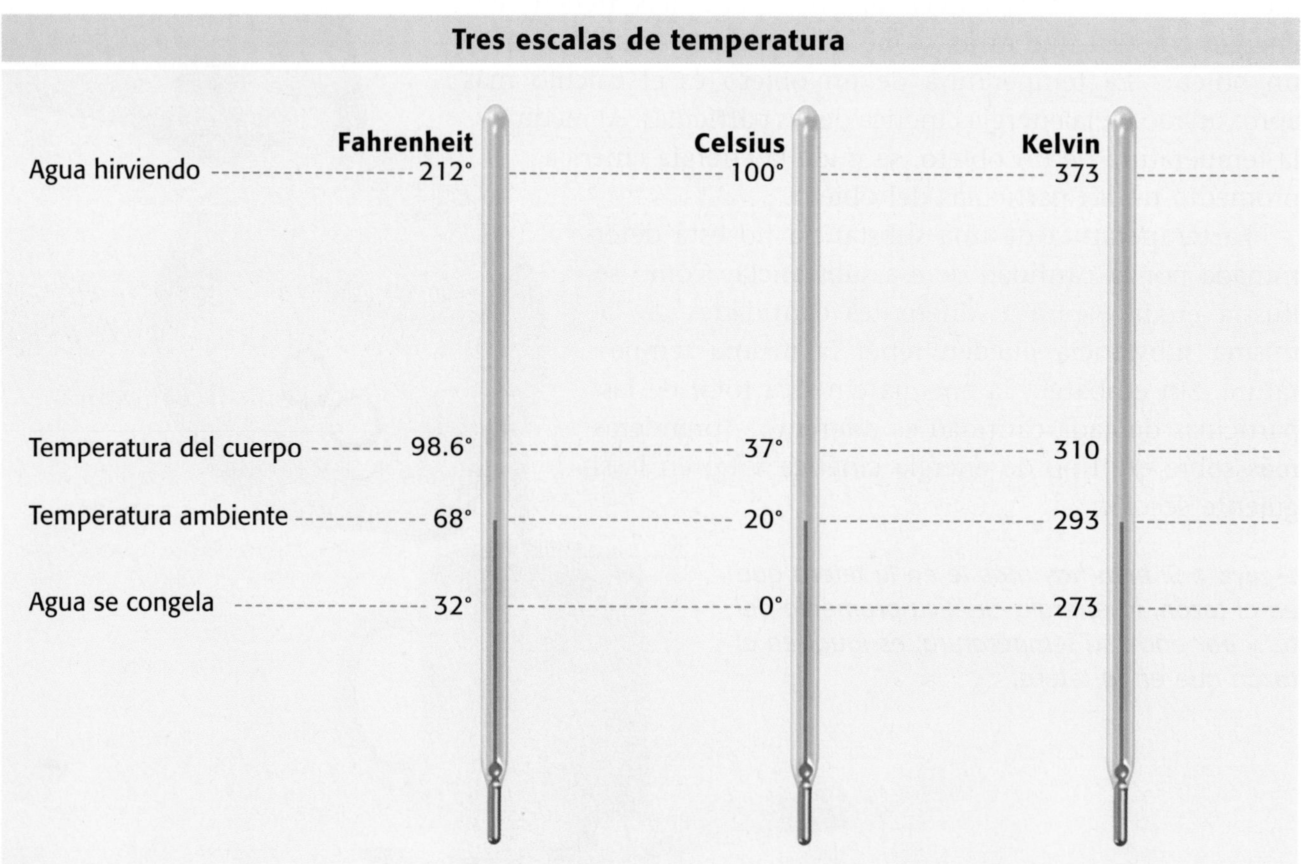

Al escuchar un informe meteorológico que indica que la temperatura actual es de 65°, lo más probable es que dicha temperatura esté en grados Fahrenheit (°F). En ciencias, la escala Celsius se utiliza más que la escala Fahrenheit. La escala Celsius se divide en 100 partes iguales llamadas grados Celsius o centígrados (°C), entre el punto de congelación y el punto de ebullición del agua. Una tercera escala, llamada la escala Kelvin (o absoluta), es la escala oficial de temperatura del SI. La escala Kelvin se divide en unidades llamadas kelvins (K), no en grados kelvin. La temperatura más baja en la escala Kelvin es 0 K, que se llama **cero absoluto.** No es posible alcanzar una temperatura más baja que el cero absoluto. De hecho, se han alcanzado temperaturas a millonésimos de un kelvin sobre el cero absoluto en laboratorios, pero nunca se ha llegado al cero absoluto.

¿Qué puedes hacer con temperaturas cercanas al cero absoluto? ¡Averígualo en la página 242!

Como se ilustra en los términometros de la página anterior, a una misma temperatura corresponden números diferentes para cada una de las tres escalas. Por ejemplo, el punto de congelación del agua es 32°F, 0°C o 273 K. Como ves, 0°C es una temperatura más alta que 0 K, pero una variación de 1 K es igual a una variación de 1 grado Celsius. Además, 0°C es una temperatura más alta que 0°F; sin embargo una variación de 1 grado Fahrenheit *no es* igual a una variación de 1 grado Celsius. Puedes convertir temperaturas de una escala a otra utilizando las ecuaciones que se muestran a continuación. Después de leer los ejemplos, realiza la actividad ¡Matemáticas! de esta página.

Para convertir	Utiliza esta ecuación:	Ejemplo
Celsius a Fahrenheit °C ⟶ °F	$°F = \left(\frac{9}{5} \times °C\right) + 32$	Convertir 45°C a °F. $°F = \left(\frac{9}{5} \times 45°C\right) + 32 = 113°F$
Fahrenheit a Celsius °F ⟶ °C	$°C = \frac{5}{9} \times (°F - 32)$	Convertir 68°F a °C. $°C = \frac{5}{9} \times (68°F - 32) = 20°C$
Celsius a Kelvin °C ⟶ K	$K = °C + 273$	Convertir 45°C a K. $K = 45°C + 273 = 318\ K$
Kelvin a Celsius K ⟶ °C	$°C = K - 273$	Convertir 32 K a °C. $°C = 32\ K - 273 = -241°C$

¡MATEMÁTICAS!

Convertir temperaturas

Usa las ecuaciones de la izquierda para responder a las siguientes preguntas:

1. ¿Qué temperatura en la escala Celsius es 373 K?
2. El cero absoluto es 0 K. ¿Cuál es la temperatura equivalente en la escala Celsius? ¿En la escala Fahrenheit?
3. ¿Qué temperatura es más baja, 0°F o 200 K?

Figura 3 *Los segmentos de concreto de un puente se pueden dilatar en días calurosos. Cuando la temperatura baja, los segmentos se contraen.*

Más acerca de la expansión

¿Has cruzado alguna vez un puente de autopista en auto? Probablemente escuchaste y sentiste un *"ta-tank"* cada dos segundos. Ese sonido se produce cuando el auto pasa por pequeñas hendiduras llamadas juntas de dilatación, que se muestran en la **Figura 3.** Estas juntas evitan que el puente se deforme a causa de la expansión. La expansión es el aumento del volumen de una substancia debido al aumento de la temperatura.

La expansión también se produce en un termostato, el artefacto que controla la calefacción de tu casa. En un termostato hay una *tira bimetálica* compuesta de dos metales diferentes superpuestos en una tira delgada. Como no todos los materiales se expanden a una misma velocidad, uno se expande cuando la tira se calienta. Esto hace que la tira se enrolle y desenrolle en respuesta a los cambios de temperatura. Al enrollarse y desenrollarse, la tira bimetálica abre y cierra un circuito eléctrico que enciende o apaga la calefacción, como muestra la **Figura 4.**

Figura 4 Cómo funciona un termostato

a Al bajar la temperatura por debajo del nivel deseado, la tira bimetálica se enrolla y el tubo de vidrio se inclina. Una gota de mercurio cierra un circuito eléctrico que enciende el calentador.

b Al subir la temperatura más allá de la temperatura deseada, la tira bimetálica se desenrolla. La gota de mercurio regresa al tubo, abriendo así el circuito eléctrico y apagando el calentador.

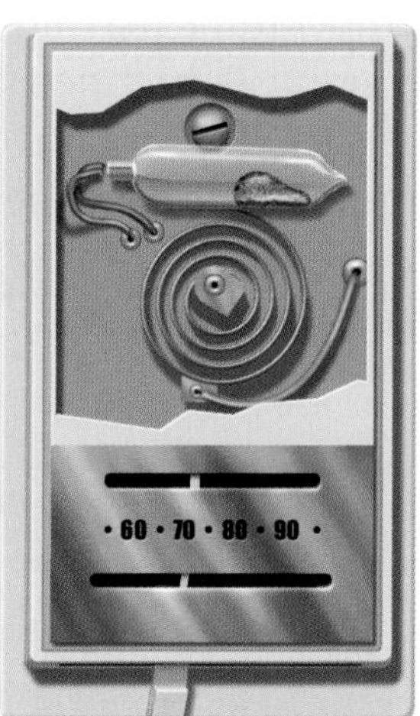

Explora

Reúnete con tres o cuatro compañeros en un espacio pequeño bien cerca unos de otros. Pídele a otro compañero que forme un círculo alrededor de ustedes con un trozo de cuerda. Sin sostenerse uno al otro, muévanse dentro del círculo. Aumenten su energía cinética gradualmente. ¿Se salieron de la cuerda al moverse más rápidamente? ¿En qué se parece esto a la expansión?

REPASO

1. ¿Qué es la temperatura?
2. ¿Cuál es la temperatura más baja posible?
3. Convierte 35°C a grados Fahrenheit.
4. **Sacar conclusiones** ¿Por qué te parece que calentar una cacerola llena de sopa en la cocina puede causar que la sopa se desborde?

Sección 2

¿Qué es el calor?

VOCABULARIO

calor
energía térmica
conducción
conductor
aislante
convección
radiación
capacidad para calor específico

OBJETIVOS

- Define el calor como la transferencia de energía entre objetos que tienen temperaturas diferentes.
- Compara métodos de calefacción.
- Describe cómo la capacidad para calor específico hace que las diversas substancias cambien de temperatura a diferentes velocidades.
- Calcula la energía transferida por el calor.
- Explica las diferencias entre temperatura, energía térmica y calor.

Llegó la hora de tu examen médico anual. La doctora entra y observa tu garganta con un bajalenguas de madera. A continuación escucha tu corazón y tus pulmones. Sin embargo, cuando te pone un estetoscopio de metal en la espalda, como se ve en la **Figura 5,** saltas y dices: "¡Ay! ¡Está helado!" La doctora se disculpa y continúa el examen.

¿Por qué sentiste frío con el estetoscopio de metal? Después de todo, tenía la misma temperatura que el bajalenguas, que no te hizo saltar. ¿Qué tiene el estetoscopio que lo hace parecer frío? La respuesta tiene que ver con la manera en que se transfiere la energía entre el metal y tu piel. En esta sección, aprenderássobre este tipo de transferencia de energía.

El calor es una transferencia de energía

Podrías pensar que la palabra *calor* tiene que ver con las cosas que se sienten calientes. Pero el calor también tiene que ver con las cosas que se sienten frías, como el estetoscopio. De hecho, el calor es lo que causa que los objetos se sientan fríos o calientes o que se calienten o enfríen en las condiciones adecuadas. Probablemente usas la palabra *calor* todos los días para hablar de cosas diferentes. Sin embargo, en este capítulo, aprenderás un significado específico de la palabra calor. **Calor** es la transferencia de energía entre objetos que tienen temperaturas diferentes.

¿Por qué algunas cosas se sienten calientes y otras frías? Cuando dos objetos de diferentes temperaturas entran en contacto, se transfiere energía del objeto de mayor al de menor temperatura. Cuando el estetoscopio de la doctora toca tu espalda, tu espalda le transfiere energía porque tiene una temperatura más alta (37°C) que el estetoscopio, que está a una temperatura ambiente de 20°C aproximademente. Para ti el estetoscopio está frío, pero en comparación con el estetoscopio, ¡tú estás caliente! Más adelante en esta sección, aprenderás por qué no sentiste frío con el bajalenguas.

Figura 5 *La razón por la cual el estetoscopio de metal se siente frío ¡es el calor!*

Calor y energía térmica Si el calor es una transferencia de energía, ¿qué forma de energía se transfiere? Energía térmica. **La energía térmica** es la energía cinética total de las partículas que conforman una substancia; se expresa en julios (J) y depende en parte de la temperatura. Cuando la temperatura de un objeto es alta, éste tiene más energía térmica de la que tendría a una temperatura más baja. La energía térmica también depende de la cantidad de substancia en cuestión. Como ilustra la **Figura 6,** entre más partículas en movimiento haya en una substancia a cierta temperatura, mayor es la energía térmica de la misma.

Figura 6 *A pesar de que las dos sopas tienen la misma temperatura, la sopa de la cacerola tiene más energía térmica que la del tazón.*

Cuando sostienes un cubo de hielo, tu mano transfiere energía térmica al cubo de hielo. La energía térmica del cubo de hielo aumenta y comienza a derretirse. Sin embargo, la energía térmica de tu mano disminuye. Las partículas de la superficie de tu piel comienzan a moverse más lentamente y la temperatura superficial de tu piel disminuye levemente. ¡Entonces sientes la mano fría!

Alcanzar la misma temperatura Observa la **Figura 7.** Cuando dos objetos con diferentes temperaturas entran en contacto, la energía siempre se transfiere del objeto de mayor al de menor temperatura hasta que ambos alcanzan la misma. Este punto se denomina punto de *equilibrio térmico*. Después que los objetos han alcanzado el equilibrio térmico, no se produce transferencia alguna de energía térmica entre ellos. Si bien uno de los objetos puede tener más energía térmica, los dos tienen la misma temperatura.

Figura 7
Alcanzar el equilibrio térmico

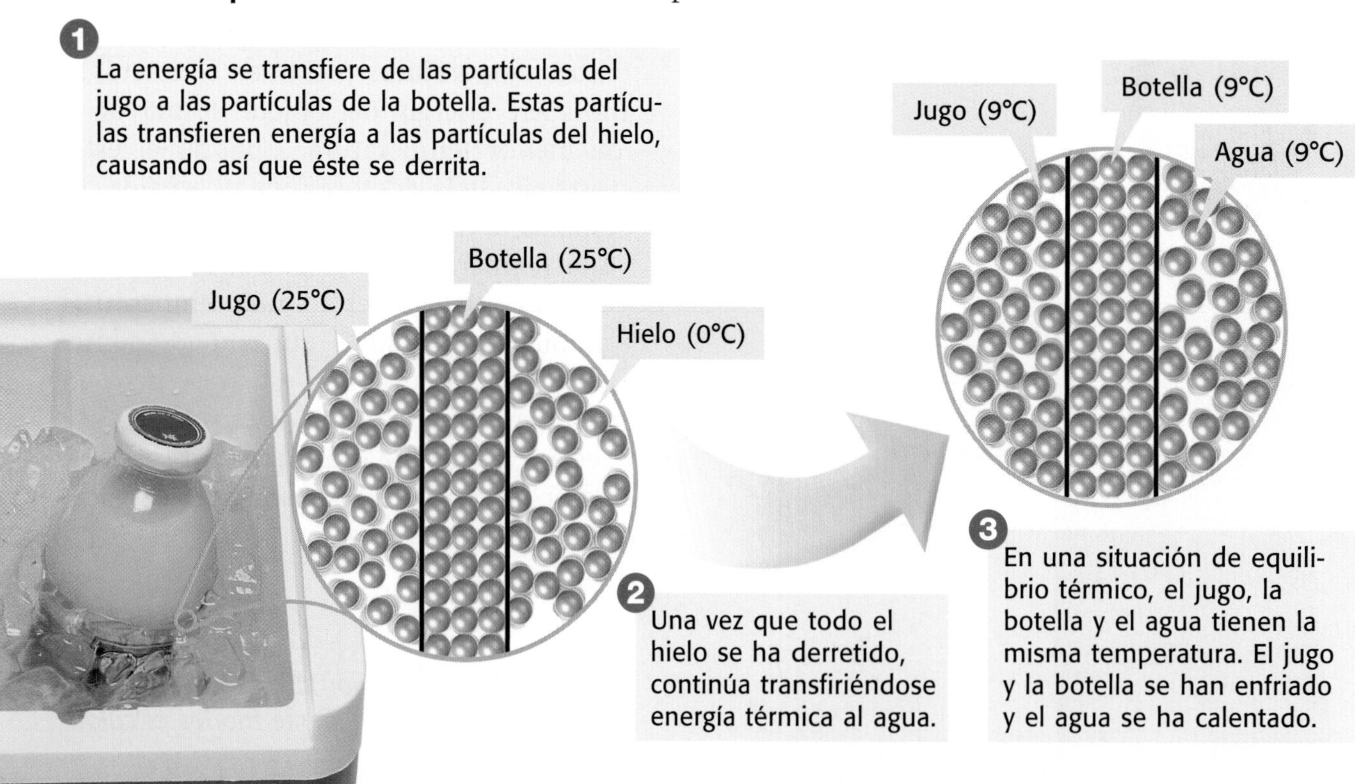

Conducción, convección y radiación

Hasta ahora has leído sobre varios ejemplos de transferencia de energía: estufas que transfieren energía a las substancias de las cacerolas y sartenes, cambios en la temperatura del agua agregando agua caliente o fría y el Sol que calienta tu piel. En las páginas siguientes aprenderás tres procesos relacionados con este tipo de transferencia de energía: *conducción, convección* y *radiación.*

Conducción Imagina que colocas una cuchara fría de metal en un tazón de sopa caliente, como se muestra en la **Figura 8.** El mango de la cuchara se calienta rápidamente, ¡aun sin estar sumergido en la sopa! La cuchara, en su totalidad, se calienta debido a la conducción. La **Conducción** es la transferencia de energía térmica de una substancia a otra por contacto directo. También puede ocurrir dentro de la misma substancia, como en la cuchara de la Figura 8.

¿Cómo funciona la conducción? A medida que las substancias entran en contacto, las partículas colisionan y se produce una transferencia de energía térmica desde la substancia de mayor temperatura a la de menor temperatura. Recuerda que la energía cinética promedio de las partículas de substancias difiere a diferentes temperaturas. De modo que cuando las partículas colisionan, las partículas de mayor energía cinética transfieren energía cinética a las partículas que contienen menos energía cinética. Esto hace que la velocidad de algunas partículas se reduzca y que la de otras aumente hasta que todas tengan el mismo promedio de energía cinética. Como resultado, las substancias alcanzan la misma temperatura.

Laboratorio

Intercambio de calor

1. Llena un **cartucho de rollo fotográfico** con **agua caliente.** Introduce un **termómetro** y registra la temperatura.
2. Llena un **vaso de precipitados de 250 mL** con dos tercios de **agua fría.** Introduce **otro termómetro** y registra su temperatura.
3. Coloca el cartucho en el agua fría. Anota la temperatura que registra cada termómetro cada 30 segundos.
4. Cuando los termómetros tengan la misma temperatura, haz una gráfica con los datos obtenidos. Traza la temperatura (eje *y*) versus el tiempo (eje *x*).
5. Describe qué sucede con la velocidad de transferencia de energía al aproximarse la temperatura de las dos muestras de agua.

Figura 8 *El extremo de esta cuchara se calentará por conducción (transferencia de energía por contacto directo) hasta el mango.*

Conductores	Aislantes
Rizador de cabello	Camisa de franela
Sartén de hierro	Guante de cocina
Lámina para galletitas	Espátula plástica
Tubos de cobre	Fibra de vidrio
Resistencias de cocina	Tazón de cerámica

Las substancias que conducen muy bien la energía térmica se llaman **conductores.** Por ejemplo, una cuchara de metal en una taza de sopa caliente es un conductor, al igual que el metal de un estetoscopio. La energía de tu piel, que tiene una temperatura más alta, se transfiere rápidamente al estetoscopio, que se encuentra a temperatura ambiente. Por eso el estetoscopio se siente frío. Las substancias que no conducen muy bien la energía térmica se llaman **aislantes.** Por ejemplo, el bajalenguas de la oficina de la doctora es un aislante. Tiene la misma temperatura que el estetoscopio, pero no se siente frío. Esto se debe a que la transferencia de energía térmica desde tu lengua a la madera se produce muy lentamente. Compara en el diagrama de la izquierda algunos conductores y aislantes típicos.

Convección Cuando hierves una cacerola con agua, como la de la **Figura 9,** el agua se mueve en patrones circulares debido a la convección. La **convección** es la transferencia de energía térmica por el movimiento de un líquido o un gas. El agua del fondo de una cacerola colocada sobre una resistencia se calienta por el contacto con la misma cacerola (conducción). Así, se reduce la densidad del agua caliente porque sus partículas de mayor energía se esparcen. El agua más caliente sube a través del agua más fría y densa que se encuentra sobre ella. En la superficie, el agua caliente comienza a enfriarse y las partículas de menor energía se juntan, haciendo que el agua sea más densa. El agua más fría y densa se va al fondo, donde se calentará nuevamente. Este movimiento circular de líquidos o gases producido por las diferencias de densidad que resultan de las diferentes temperaturas se llama *corriente de convección.*

Figura 9 *El constante movimiento del agua hacia arriba y hacia abajo durante la ebullición se debe a la convección.*

Radiación A diferencia de la conducción y la convección, la radiación supone una transferencia de energía entre partículas de materia, o a través de un espacio vacío. La **radiación** es la transferencia de energía a través de materia o de espacio en forma de ondas electromagnéticas, como la luz visible o las ondas infrarrojas. Todos los objetos, hasta el calentador de la **Figura 10,** irradian ondas electromagnéticas. El Sol emite principalmente luz visible, que tu cuerpo absorbe y así sientes calor. La Tierra emite principalmente ondas infrarrojas invisibles que te hacen sentir calor.

Quizá te sorprenda saber que la Tierra es un lugar habitable debido a la radiación y al *efecto invernadero,* como se ilustra en la **Figura 11.** Como las ventanas de un invernadero, la atmósfera terrestre permite el paso de la luz visible del Sol. La Tierra irradia ondas infrarrojas, pero, igual que las ventanas de un invernadero mantienen la energía en el interior, la atmósfera retiene parte de la energía que ha sido irradiada nuevamente. A los científicos les preocupa que los altos niveles de gases producidos por el efecto invernadero (vapor de agua, dióxido de carbono y metano) que se encuentran en la atmósfera retengan demasiada energía y calienten la Tierra demasiado. Sin efecto invernadero, la Tierra sería un planeta frío y sin vida.

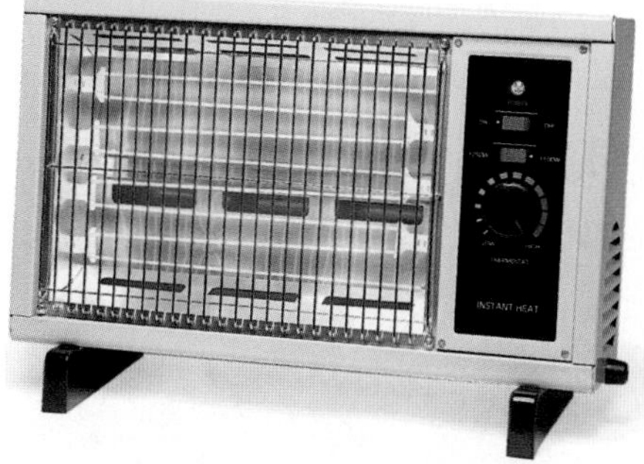

Figura 10 *Las bobinas de este calentador portátil sirven para calentar una habitación al irradiar luz visible y ondas infrarrojas.*

Figura 11 El efecto invernadero

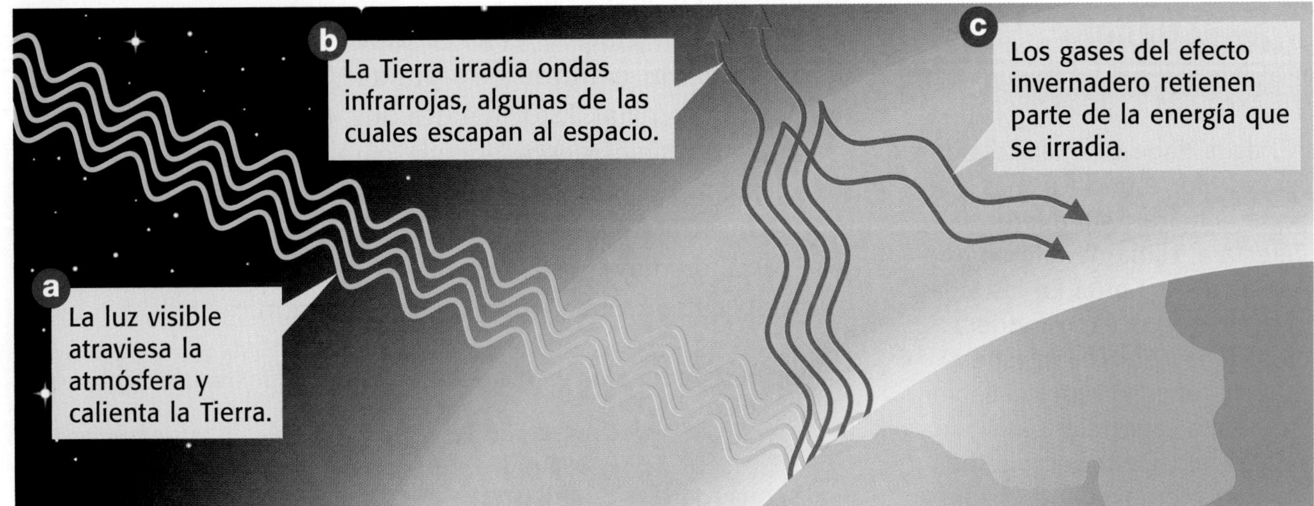

REPASO

1. ¿Qué es el calor?
2. Explica por qué la radiación es diferente a la conducción y a la convección.
3. **Aplicar conceptos** ¿Por qué muchos de los utensilios metálicos de cocina tienen mangos de madera?

Experimentos

Rápido, ¡se derrite el hielo! ¡Dirígete al experimento de la página 522 e intenta salvar el cubo!

Calor y cambio de temperatura

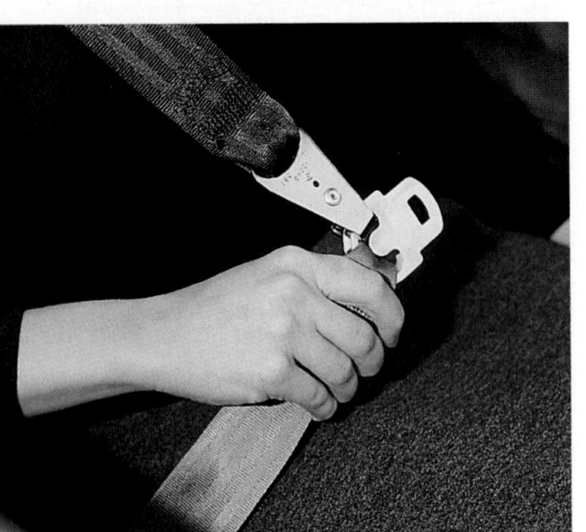

Figura 12 *En un día cálido de verano, la porción metálica del cinturón de seguridad se siente más caliente que la porción de tela.*

¿Te has abrochado el cinturón de seguridad en un día de verano, como se ve en la **Figura 12**? Si es así, habrás observado que el broche de metal parecía más caliente que el cinturón de tela. ¿Por qué? Sigue leyendo para aprender más.

Conductividad térmica Las diferentes substancias tienen diferentes conductividades térmicas. La *Conductividad térmica* es la velocidad a la cual una substancia conduce energía térmica. Los conductores, como el broche de metal, tienen mayor conductividad térmica que los aislantes, como el cinturón de tela. Debido a la alta conductividad térmica del metal, éste transfiere energía más rápidamente a tu mano que la tela. De modo que aunque la tela y el metal tengan la misma temperatura, el metal se siente más caliente.

Capacidad para calor específico Otra diferencia entre el metal y la tela es la facilidad con que cambian de temperatura al absorber o perder energía. Cuando se transfieren idénticas cantidades de energía hacia o desde masas iguales de substancias diferentes, el cambio de temperatura de cada substancia será diferente. La **capacidad para calor específico** es la cantidad de energía necesaria para cambiar la temperatura de 1 kg de una substancia en 1°C.

Observa la siguiente tabla. La capacidad para calor específico de la tela de un cinturón de seguridad es dos veces mayor a la del broche de metal. Esto significa que, a iguales masas de metal y tela, se requiere menor energía para cambiar la temperatura del metal. De modo que el broche de metal se calienta (y se enfría) más rápidamente que una masa igual del cinturón de tela. Las diferentes substancias tienen diferentes capacidades para calor específico. Mira la tabla a continuación.

tiempo CONEXIÓN

El agua tiene una capacidad para calor específico más alta que la tierra. Esta diferencia afecta al clima de diferentes áreas de la Tierra. En las áreas costeras, el océano modera los climas. El océano retiene mucha energía térmica debido a su alta capacidad para calor específico. De modo que aun en el invierno, cuando bajan las temperaturas en el interior del país, las áreas costeras se mantienen relativamente cálidas. Como el agua no se calienta tan fácilmente como la tierra, los océanos pueden contribuir a mantener frescas las áreas costeras durante el verano cuando en el interior del país las temperaturas son más elevadas.

Capacidad para calor específico de algunas substancias comunes

Substancia	Calor específico capacidad (J/kg•°C)	Substancia	Calor específico capacidad (J/kg•°C)
Plomo	128	Metal del cinturón de seguridad	500
Oro	129	Vidrio	837
Madera	176	Tela del cinturón de seguridad	1,340
Plata	234	Vapor	2,010
Cobre	387	Hielo	2,090
Hierro	448	Agua	4,184

Calcular el calor A diferencia de la temperatura, la energía transferida entre objetos no puede medirse directamente, se debe calcular. Al calcular la energía transferida entre objetos, es útil definir el *calor* como la cantidad de energía que se transfiere entre dos objetos que tienen temperaturas diferentes. Con este significado, el calor se puede expresar en julios (J).

¿Cuánta energía se requiere para calentar una taza con agua para hacer té? Para responder a esta pregunta debes conocer la masa del agua, su cambio de temperatura y su capacidad para calor específico. En general, si conoces la masa de un objeto, su cambio de temperatura y su capacidad para calor específico, puedes utilizar la siguiente ecuación para calcular el calor (la cantidad de energía transferida).

Calor (J) = capacidad para calor específico (J/kg•°C) × masa (kg) × cambio de temperatura (°C)

Al utilizar esta ecuación y los datos de la tabla de la **Figura 13,** sigue los pasos para calcular la energía térmica que se añadió al agua. Debido al aumento de la temperatura del agua, el valor del calor es positivo. También puedes usar esta ecuación para conocer la cantidad de energía térmica que se desprende de un objeto cuando se enfría. En este caso, el valor del calor será negativo porque la temperatura disminuye. Practica esta ecuación en la actividad ¡Matemáticas! de la derecha.

1 Escribe lo que sabes.

Capacidad para calor específico = 4,184 J/kg•°C
Masa del agua = 0.2 kg
Cambio de temperatura = (80°C 25°C) = 55°C

2 Substituye los valores en la ecuación.

Calor = capacidad para calor específico × masa × cambio de temperatura
= 4,184 J/kg•°C × 0.2 kg × 55°C

3 Resuelve y elimina unidades.

Calor = 4,184 J/kg•°C × 0.2 kg × 55°C
= 4,184 J × 0.2 × 55
= 46,024 J

Masa del agua = 0.2 kg
Temperatura (antes) = 25°C
Temperatura (después) = 80°C
capacidad para calor específico del agua = 4,184 J/kg•°C

Figura 13 *Arriba se muestra la información utilizada para calcular el calor, o cantidad de energía transferida al agua.*

¡MATEMÁTICAS!

Calcular la transferencia de energía

Usa la ecuación de la izquierda para resolver los siguientes problemas:

1. Imagínate que calientas 2 L de agua para cocinar pasta. La temperatura del agua antes de aplicar el calor es 40°C y la temperatura después es 100°C. ¿Cuánto calor hay involucrado? (Pista: 1 L de agua = 1 kg de agua.)
2. Imagina que colocas un vaso con 180 mL de agua en el refrigerador. La temperatura del agua antes de entrar al refrigerador es 25°C y la temperatura después es 10°C. ¿Cuánta energía transfirió el agua al enfriarse?

Experimentos

¡Construye tu propio calorímetro! Intenta realizar el experimento de la página 523.

Calorímetros Cuando un objeto transfiere energía térmica a otro, el segundo objeto adquiere la energía que pierde el primero. Este fenómeno es la clave para saber cómo funciona un *calorímetro*. Un calorímetro, como el que se ilustra en la **Figura 14,** transfiere energía térmica de una masa determinada de una substancia de prueba a una masa determinada de otra substancia (generalmente agua). En los calorímetros se utiliza agua porque su capacidad para calor específico es bien conocida. Si se coloca una substancia de prueba caliente dentro del recipiente de agua interno del calorímetro, la substancia transfiere energía al agua hasta llegar al equilibrio térmico. Al medir el cambio de temperatura del agua utilizando su capacidad para calor específico, puedes determinar la cantidad exacta de energía que la substancia de prueba transfirió al agua. A continuación usa la cantidad de energía (calor), el cambio de la temperatura de la substancia de prueba y la masa de esta substancia, para calcular su capacidad para calor específico.

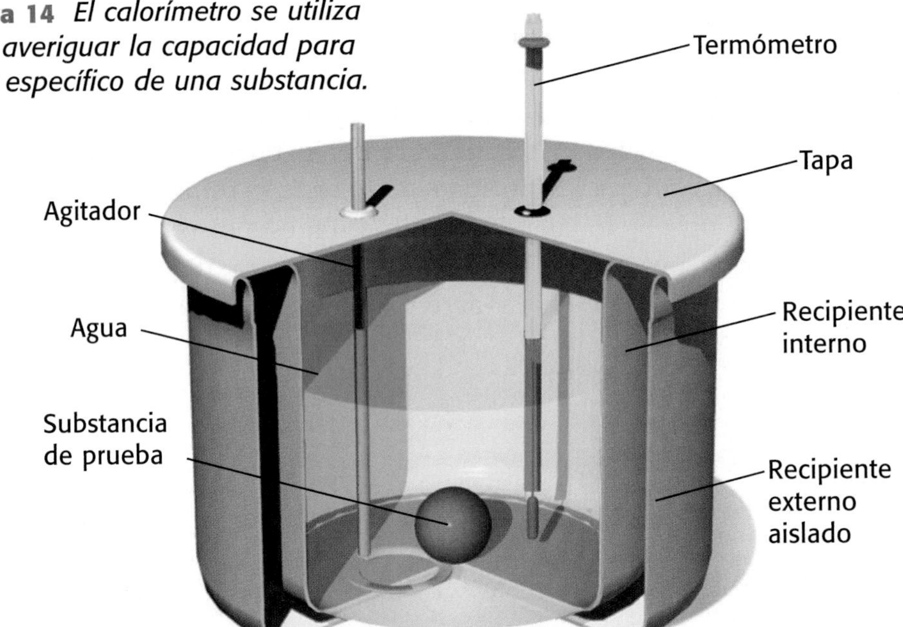

Figura 14 *El calorímetro se utiliza para averiguar la capacidad para calor específico de una substancia.*

Figura 15 *Una ración de esta fruta contiene 120 Cal (502,080 J) de energía disponible después de digerida.*

Calorías y kilocalorías El calor también se expresa en unidades llamadas calorías. Una *caloría (cal)* es la cantidad de energía necesaria para elevar la temperatura de 0.001 kg de agua en 1°C. Por lo tanto, se requieren 1,000 calorías para elevar la temperatura de 1 kg de agua en 1°C. Una caloría equivale a 4.184 J. Otra unidad que se usa para expresar el calor es la *kilocaloría (kcal),* que equivale a 1,000 calorías. También es posible referirse a la kilocaloría utilizando la palabra *Caloría* (con *C* mayúscula). Las calorías son las unidades que se enumeran en las etiquetas de los alimentos, como la de la **Figura 15.**

Diferencias entre temperatura, energía térmica y calor

Hasta ahora, has aprendido en este capítulo algunos conceptos íntimamente relacionados: temperatura, calor y energía térmica. Sin embargo, las diferencias que existen entre estos conceptos son muy importantes.

Temperatura versus Energía térmica Tanto la temperatura como la energía térmica tienen que ver con la energía cinética. La temperatura es una medida de la energía cinética promedio de las partículas de un objeto y la energía térmica es la energía cinética total de las partículas de un objeto. Si bien la energía térmica varía según la masa de un objeto, la temperatura no. Una gota de agua hirviendo tiene la misma temperatura que una cacerola de agua hirviendo, pero la cacerola tiene más energía térmica porque contiene más partículas.

Autoevaluación

¿Cómo pueden dos substancias tener la misma temperatura pero diferentes cantidades de energía térmica? *(Consulta la página 564 para comprobar tu respuesta.)*

Energía térmica versus Calor El calor y la energía térmica no son lo mismo; el calor es una transferencia de energía térmica. Además, el calor puede referirse a la cantidad de energía transferida de un objeto a otro. Los objetos contienen energía térmica, pero no contienen calor. La tabla a continuación resume las diferencias entre temperatura, energía térmica y calor.

Temperatura	Energía térmica	Calor
Una medida del promedio de energía cinética de las partículas en una substancia	Energía cinética total de las partículas de una substancia	La transferencia de energía entre objetos con diferente temperatura
Se expresa en grados Fahrenheit, grados Celsius o kelvins	Se expresa en julios	Cantidad de energía transferida expresada en julios o calorías
No varía según la masa de la substancia	Varía según la masa y temperatura de la substancia	Varía según la masa, la capacidad para calor específico y el cambio de temperatura

REPASO

1. ¿Por qué algunas substancias se calientan más rápidamente que otras?
2. ¿En qué se diferencia la temperatura y el calor?
3. **Aplicar conceptos** Examina la fotografía de la derecha. ¿Cómo crees que la capacidad para calor específico del agua y del aire influyen sobre la temperatura de una piscina y el área que la rodea?

Sección 3

Materia y calor

VOCABULARIO

estados de la materia
cambio de estado

OBJETIVOS

- Identifica los tres estados de la materia.
- Explica cómo el calor afecta a la materia durante un cambio de estado.
- Describe cómo el calor afecta a la materia durante un cambio químico.

¿Alguna vez has comido un helado al aire libre en un caluroso día de verano? ¡Es difícil comerlo todo antes de que empiece a gotear y ensuciar todo! El helado se derrite porque el Sol irradia energía al aire, que a su vez transfiere energía al helado. La energía absorbida por el helado aumenta la energía cinética de las moléculas y comienza a convertirse en líquido. En esta sección, aprenderás más acerca de cómo el calor afecta a la materia.

Estados de la materia

La materia del helado tiene la misma identidad, congelado o derretido. La materia sólo cambia de forma o de estado. Los **estados de la materia** son las formas físicas bajo las cuales puede existir una substancia. Recuerda que la materia consiste en partículas, átomos o moléculas, que se mueven a diferente velocidad. El estado de una substancia depende de la velocidad de sus partículas y de la atracción entre ellas. Los tres estados conocidos son sólido, líquido y gaseoso, representados en la **Figura 16.** Recuerda que la energía térmica es la energía cinética total de las partículas de una substancia. Imagina que tienes masas iguales de una substancia en sus tres estados distintos, cada una a una temperatura diferente. La substancia tendrá la mayor cantidad de energía térmica en su estado gaseoso, y la menor cantidad en su estado sólido. Esto es debido a que las partículas se mueven más rápido en estado gaseoso.

Figura 16 Modelos de un sólido, un líquido y un gas

Las partículas de un sólido no se mueven lo suficiente para superar la atracción entre ellas. De modo que están fijas. Las partículas vibran en su lugar.

Las partículas de un líquido se mueven para superar parte de la atracción que existe entre ellas. Las partículas se deslizan entre sí en sentido contrario.

Las partículas de un gas se mueven para superar la atracción que existe entre ellas. Las partículas se mueven en forma independiente.

Cambios de estado

Cuando derrites queso para hacer queso fundido, como el de la **Figura 17**, el queso cambia de estado sólido a un estado líquido espeso y viscoso. Un **cambio de estado** es la conversión de una substancia de una forma física a otra. Un cambio de estado es un *cambio físico* que afecta a una o más de las propiedades físicas de una substancia sin cambiar su identidad. Los cambios de estado comunes son la *congelación* (de líquido a sólido), la *fusión* (de sólido a líquido), la *ebullición* (de líquido a gaseoso) y la *condensación* (de gaseoso a líquido).

Figura 17 *Cuando derrites queso, cambias el estado del queso pero no su identidad.*

El calor durante cambios de estado Un cubo de hielo en un recipiente sobre un quemador comenzará a convertirse en agua y después en vapor. Si hicieras una gráfica del calor involucrado versus la temperatura del hielo durante este proceso, se parecería a la de abajo.

Al calentarse el hielo, su temperatura aumenta de 25°C a 0°C. A 0°C, el hielo comienza a derretirse, pero la temperatura del hielo permanece a 0°C aunque se le siga aplicando energía. En esta etapa la energía se emplea para cambiar la estructura de las partículas, o moléculas, del hielo. La temperatura del hielo permanece constante hasta que todas sus partículas se han liberado de sus posiciones correspondientes al sólido. Cuando todo el hielo se transforma en agua líquida, la temperatura del agua empieza a aumentar de 0°C a 100°C. A 100°C, el agua empieza a convertirse en vapor. Nuevamente, la temperatura permanece constante y la energía aplicada al punto de ebullición sirve para cambiar la estructura de las partículas del agua. La temperatura permanece a 100°C hasta que el agua ha pasado por completo al estado gaseoso. Cuando toda el agua se ha convertido en vapor, la temperatura aumenta nuevamente al continuar calentándose.

Autoevaluación

¿Por qué crees que puedes quemarte más seriamente con vapor que con agua hirviendo? *(Consulta la página 564 para comprobar tu respuesta.)*

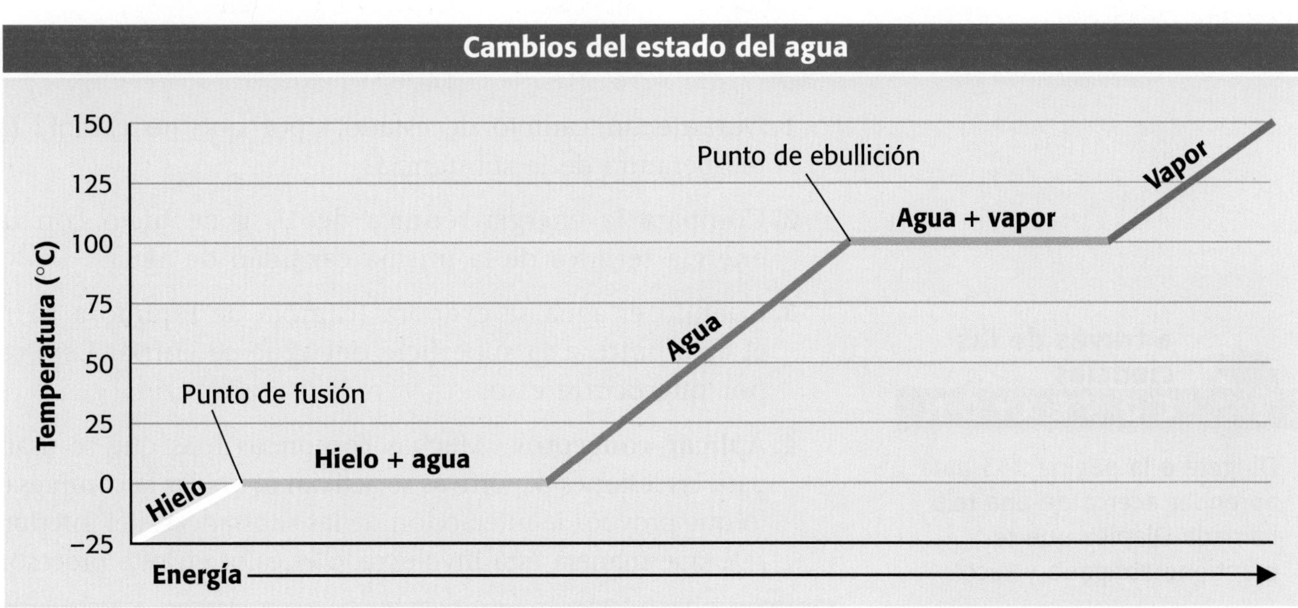

ciencias biológicas CONEXIÓN

Las substancias que tu cuerpo necesita para sobrevivir y crecer provienen de los alimentos. Los carbohidratos, las proteínas y las grasas son las principales fuentes de energía del cuerpo. El contenido energético de los alimentos se puede averiguar al quemar una muestra de alimento seco en un calorímetro especial. Tanto los carbohidratos como las proteínas proporcionan 4 Cal de energía por gramo, mientras que las grasas proporcionan 9 Cal de energía por gramo.

El calor y los cambios químicos

El calor tiene que ver con los cambios de estado, que son cambios físicos, y también con los *cambios químicos,* que ocurren cuando una o más substancias se convierten en substancias completamente nuevas con propiedades diferentes. Durante un cambio químico, se forman nuevas substancias. Para que se forme una nueva substancia, deben romperse los enlaces viejos entre las partículas y crearse otros nuevos. La descomposición y creación de enlaces entre las partículas requiere energía. A veces un cambio químico requiere que se absorba energía térmica. Por ejemplo, la fotosíntesis es un cambio químico en el que el dióxido de carbono y el agua se combinan para formar azúcar y oxígeno. Para que se produzca este cambio, se debe absorber energía que irradia el Sol. En otras ocasiones, un cambio químico, como el de la **Figura 18,** provoca una descarga de energía.

Figura 18 *En una chimenea de gas natural, el metano del gas natural y el oxígeno del aire se convierten en dióxido de carbono y agua. Como resultado del cambio, se libera energía y se calienta la habitación.*

REPASO

1. Durante un cambio de estado, ¿por qué no cambia la temperatura de la substancia?
2. Compara la energía térmica de 10 g de hielo con la energía térmica de la misma cantidad de agua.
3. Cuando el agua se evapora (cambia de líquido a gas), el aire junto a la superficie del agua se enfría. Explica por qué ocurre esto.
4. **Aplicar conceptos** Muchas compresas frías que se usan para las lesiones deportivas se activan al doblar la compresa, lo que provoca la interacción de las substancias del interior. ¿De qué manera está involucrado el calor en este proceso?

a través de las ciencias CONEXIÓN

Dirígete a la página 243 para aprender acerca de una tela llamada Diaplex que te mantiene abrigado y seco.

Sección 4

Tecnología térmica

VOCABULARIO

aislamiento

motor térmico

contaminación térmica

OBJETIVOS

- Analiza varios tipos de sistemas de calefacción.
- Describe cómo funciona un motor térmico.
- Explica cómo un refrigerador mantiene los alimentos fríos.
- Menciona ejemplos de algunos efectos de la tecnología térmica en el medio ambiente.

Sabes que el calentador de tu casa es un ejemplo de tecnología térmica. Pero ¿sabías que los automóviles, refrigeradores y acondicionadores de aire también son ejemplos de tecnología térmica? Puedes recorrer grandes distancias, mantener fríos los alimentos y sentirte cómodo en casa durante el verano, todo gracias a la tecnología térmica.

Sistemas de calefacción

Muchos hogares y edificios tienen un sistema de calefacción central que controla la temperatura de todas las habitaciones. En las próximas páginas, verás diferentes sistemas de calefacción central.

Calefacción por agua caliente La alta capacidad para calor específico del agua la convierte en un buen sistema de calefacción. En el sistema que se ilustra en la **Figura 19,** se calienta el agua al quemar combustible (por lo general gas natural o aceite) en un calentador de agua. Luego se bombea el agua caliente a través de un sistema de tubos que conducen a radiadores situados en cada habitación. El agua caliente calienta los radiadores y luego éstos calientan el aire frío que los rodea. El agua regresa al calentador de agua caliente para calentarse nuevamente. Un *sistema de calefacción por vapor* es similar a un sistema de calefacción por agua excepto que utiliza vapor. Una ventaja del uso de vapor es que su temperatura es más alta que la del agua caliente. Sin embargo, regular la temperatura ambiente con este sistema de calefacción es más difícil.

Figura 19 Un sistema de calefacción por agua caliente

El aire calentado por los radiadores circula en la habitación por corrientes de convección.

Un tanque de expansión maneja el aumento de volumen del agua calentada.

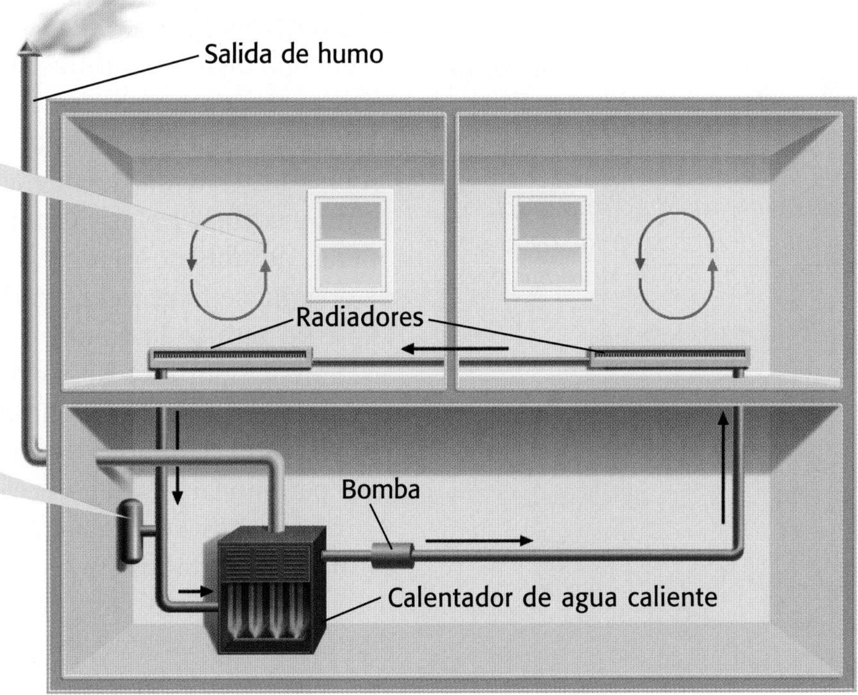

Calefacción por aire Aungue el aire tiene menor capacidad para calor específico, es un sistema de calefacción muy usado en los hogares y oficinas de los Estados Unidos. En este sistema, representado en la **Figura 20,** se calienta el aire por combustión en una cámara separada, por lo general de gas natural en un horno llamado caldera. El aire caliente se desplaza por un sistema de conductos hasta las diferentes habitaciones, adonde ingresa a través de orificios de ventilación. Después de transferir su energía térmica a las habitaciones, el aire queda más frío, así que baja y entra por un agujero cerca del piso. Un ventilador ingresa el aire frío al horno, en donde será calentado para regresar nuevamente a los conductos. Un filtro de aire limpia el aire conforme circula repetidamente por el sistema.

Figura 20 Un sistema de calefacción por aire

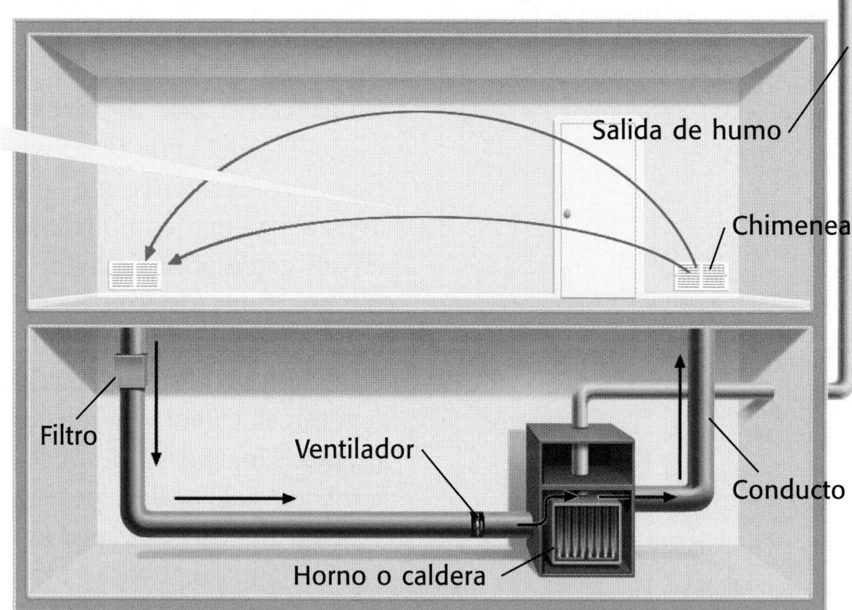

Calefacción y aislamiento Como el calor es una transferencia de energía de temperaturas altas a temperaturas bajas, la energía térmica tiende a salir de una casa cuando hace frío y a entrar cuando hace calor. Para mantener la casa agradable, debe mantenerse un sistema de calefacción funcionando en forma casi continua durante el invierno; los sistemas de aire acondicionado operan del mismo modo en el verano. Para evitar un derroche de energía se hace necesario el aislamiento. El **material de aislamiento** reduce la transferencia de energía térmica. Como el aislamiento de fibra de vidrio de la **Figura 21,** está compuesto de aislantes, materiales que no conducen muy bien la energía térmica. El aislamiento de paredes, techos y pisos hace que una casa permanezca cálida en el invierno y fresca en el verano.

¿Recuerdas las embarcaciones terrestres? Las latas de aluminio compactadas en las paredes están espaciadas. El aire que llena estos espacios aísla la embarcación. Estos hogares dependen de un sistema de calefacción por energía solar, sobre el que aprenderás en la próxima página.

Figura 21 *Dentro de las fibras de este aislante hay millones de cámaras de aire muy pequeñas. Como el aire es un buen aislante, estas cámaras de aire ayudan a impedir el ingreso o la salida de energía térmica de un edificio.*

Calefacción por energía solar El sol irradia una enorme cantidad de energía que se usa en los sistemas de calefacción solar. Los *sistemas pasivos de calefacción* por energía solar no tienen partes móviles. Dependen del diseño estructural de un edificio y de sus materiales para usar la energía del Sol como medio de calefacción. Los *sistemas activos de calefacción* por energía solar sí tienen partes móviles. Utilizan bombas y ventiladores para distribuir la energía del Sol a través de un edificio. La casa de la **Figura 22** utiliza ambos sistemas. Las ventanas grandes del lado sur de la casa son parte del sistema pasivo. Estas ventanas reciben más cantidad de luz solar y la energía se irradia por las ventanas a las habitaciones. Las paredes gruesas de concreto bien aisladas absorben la energía y calientan la casa de noche o cuando está nublado. En los sistemas activos, se bombea el agua al colector solar, donde se calienta y luego se envía a un sistema de tubos; en este proceso la energía se transfiere a los tubos. Un ventilador situado sobre los tubos ayuda a transferir la energía térmica al aire. Luego se envía el aire caliente a las habitaciones por medio de orificios de ventilación. El agua más fría regresa al tanque de almacenamiento de agua para ser nuevamente bombeada al colector solar.

Figura 22 *Los sistemas activos y pasivos de calefacción por energía solar trabajan de manera conjunta para usar la energía del Sol para calentar una casa en su totalidad.*

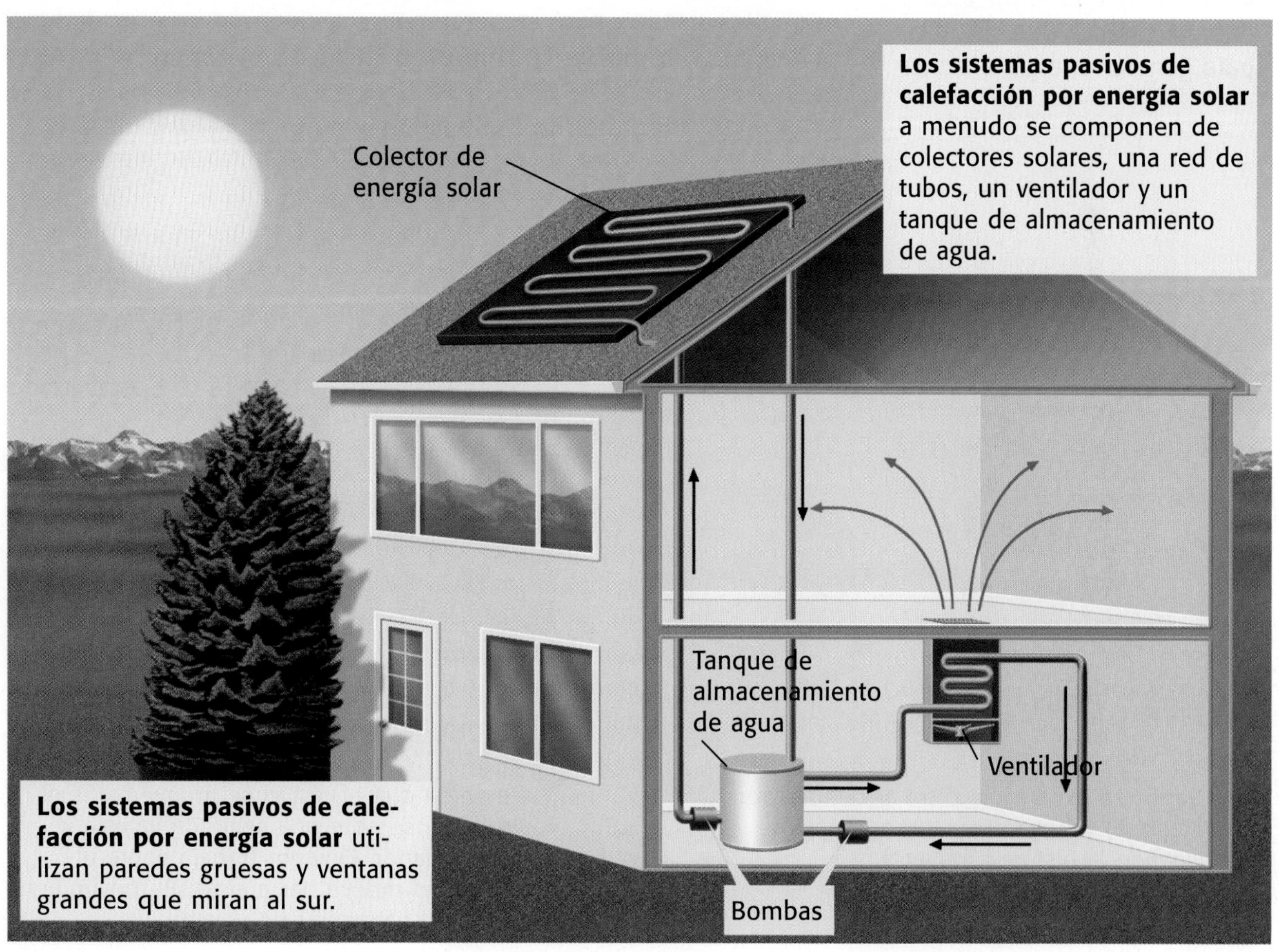

oceanografía CONEXIÓN

Los oceanógrafos están desarrollando una tecnología conocida como Conversión de Energía Térmica del Océano, u OTEC. La OTEC utiliza las diferencias de temperatura del agua de la superficie y la de las profundidades del océano para producir el mismo resultado que un motor térmico. El agua tibia de la superficie evapora un líquido, como el amoníaco, lo que provoca su expansión. Luego, el agua fría de las profundidades del océano condensa el líquido y lo contrae. El ciclo continuo de evaporación y condensación convierte la energía térmica en energía cinética que se utiliza para generar energía eléctrica.

Motores térmicos

¿Sabías que los automóviles funcionan gracias al calor? Un automóvil tiene un **motor térmico,** una máquina que hace uso del calor para funcionar. En un motor térmico, el combustible se combina con oxígeno mediante una reacción química que produce energía térmica. Este proceso, llamado *combustión,* es la manera como los motores queman combustible. Los motores térmicos que queman combustible fuera del motor se llaman *motores de combustión externa.* Los motores térmicos que queman combustible dentro del motor se llaman *motores de combustión interna.* En ambos tipos de motores, se quema combustible para producir energía térmica que se utiliza para trabajar.

Motor de combustión externa Un simple motor a vapor, ilustrado en la **Figura 23,** es un ejemplo de motor de combustión externa. Se quema carbón para calentar agua en una cámara de combustión, también llamada caldera, y convertirla en vapor. Cuando el agua se convierte en vapor, se expande. El vapor se utiliza para impulsar un pistón, que puede adherirse a otros mecanismos que realizan una tarea específica, como un volante o rueda estabilizadora. Los motores a vapor modernos, como aquéllos usados para generar energía eléctrica en una central energética, impulsan turbinas en lugar de pistones.

Figura 23 Un motor de combustión externa

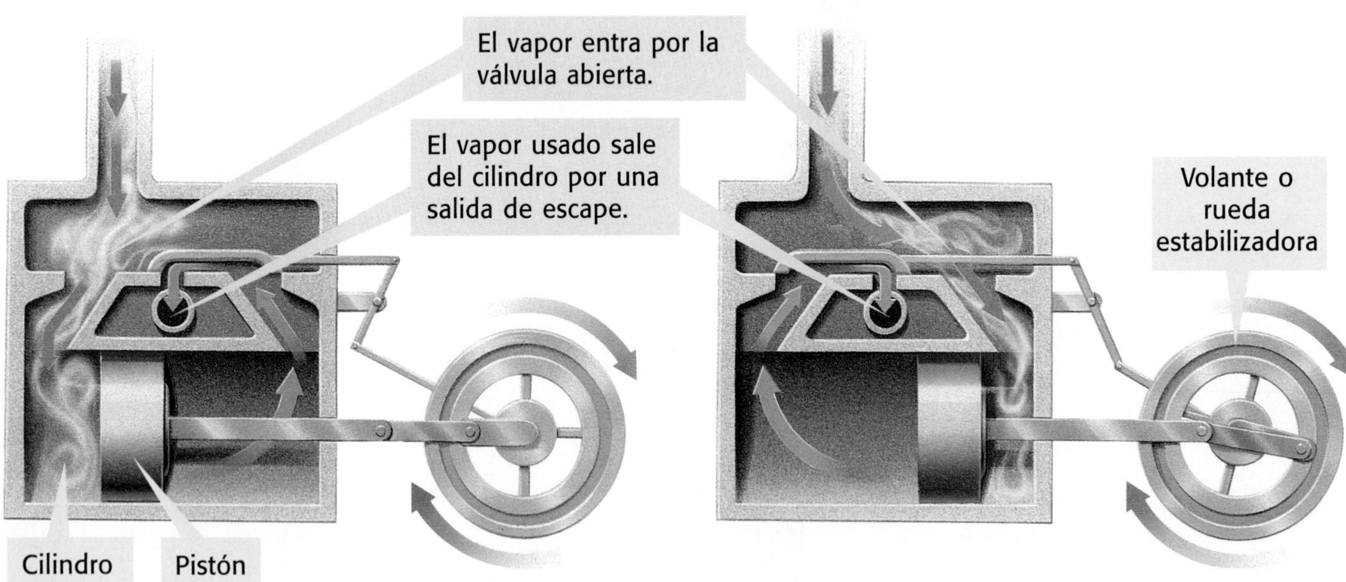

a El vapor en expansión entra al cilindro por un lado. El vapor trabaja sobre el pistón, obligando al pistón a moverse.

b A medida que el pistón se mueve hacia el otro lado, se abre una segunda válvula y entra el vapor. El vapor trabaja sobre el pistón y lo mueve hacia atrás. El movimiento del pistón hace girar un volante.

Motor de combustión interna En el motor de automóvil de seis cilindros de la **Figura 24,** se quema combustible dentro del motor. Durante la carrera de admisión, cada cilindro recibe una mezcla de gasolina y aire a medida que baja el pistón. Luego, el eje cigüeñal gira y empuja el pistón hacia arriba, comprimiendo la mezcla de combustible. Esta es la denominada carrera de compresión. Después viene la carrera de energía, donde la bujía utiliza energía eléctrica para encender la mezcla comprimida de combustible, causar la expansión de la mezcla y obligar al pistón a bajar. Finalmente, durante la carrera de escape, el eje cigüeñal gira y se obliga al pistón a subir nuevamente, impulsando los gases de escape fuera del cilindro.

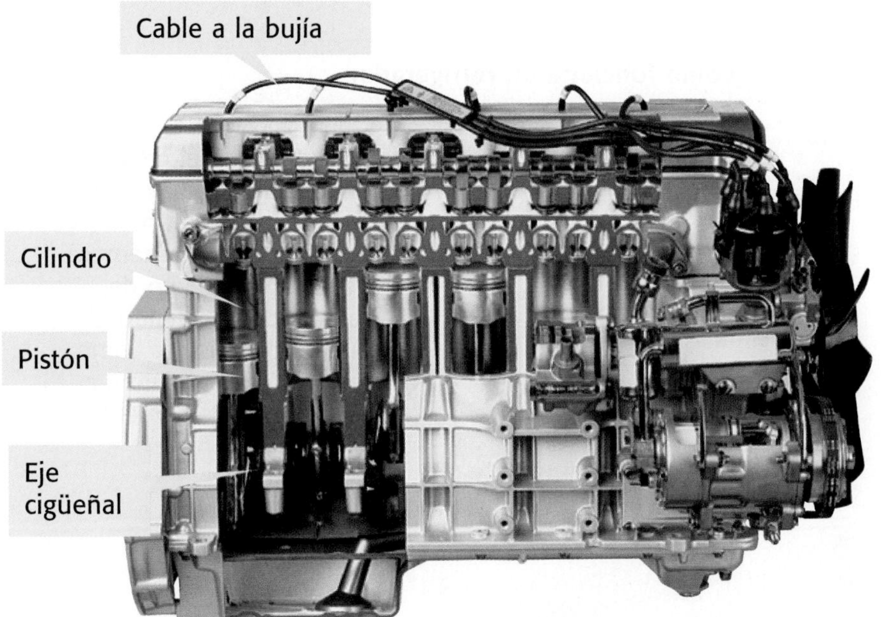

Figura 24 *El ciclo continuo de las cuatro carreras de los cilindros convierte la energía térmica en la energía cinética necesaria para mover el automóvil.*

Sistemas de refrigeración

Cuando hace calor en el verano, una habitación con aire acondicionado sí que es refrescante. Los sistemas de refrigeración se utilizan para transferir la energía térmica fuera de un área específica, de modo que se sienta más fresca. Un acondicionador de aire, como el de la **Figura 25,** es un sistema de refrigeración que transfiere energía térmica desde un área cálida dentro de un edificio o automóvil hacia afuera, donde a menudo hace aún más calor. Pero, espera un momento, ¿acaso eso no va contra la dirección natural del calor, del las temperaturas más altas hacia las temperaturas más bajas? Pues sí. Un sistema de refrigeración mueve la energía térmica desde temperaturas más frías a temperaturas más calientes. Pero para conseguirlo el sistema de refrigeración debe trabajar.

Figura 25 *Esta unidad de aire acondicionado mantiene una habitación fresca retirando la energía térmica del interior del edificio.*

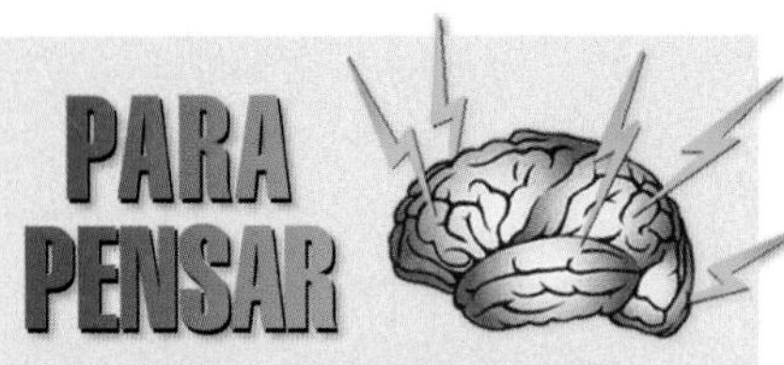

Si tuvieras un refrigerador en la Antártida, tendrías que calentarlo para que funcionara a su temperatura normal. De lo contrario, transferiría energía hacia su entorno hasta que el refrigerador alcanzara la misma temperatura que su medio ambiente. ¡Y se congelaría!

Se requiere energía eléctrica para realizar el trabajo de refrigeración. La energía eléctrica entra a un sistema de refrigeración mediante un artefacto llamado compresor. El compresor realiza el trabajo de comprimir el refrigerante, un gas cuyo punto de ebullición es menor que la temperatura del medio ambiente. Esta propiedad del refrigerante le permite condensarse con facilidad. Para mantener muchos alimentos frescos, los colocas en un refrigerador. Un refrigerador es otro ejemplo de sistema de refrigeración. La **Figura 26** ilustra cómo un refrigerador transfiere energía térmica continuamente desde su interior a las bobinas del condensador situado en el exterior. Por esto el área cercana a la parte posterior de un refrigerador se siente caliente.

Figura 26 Cómo funciona un refrigerador

c Cuando el líquido pasa por la válvula de expansión, pasa desde un área de alta a otra de baja presión. En consecuencia, la temperatura del líquido disminuye.

d A medida que el refrigerante líquido frío avanza por las bobinas de evaporación, absorbe la energía térmica del compartimiento del refrigerador, enfriando el interior del mismo. Como resultado, la temperatura del refrigerante aumenta y se convierte en gas.

e Luego, el gas regresa al compresor y el ciclo se repite.

b El gas caliente fluye por las bobinas del condensador hacia el exterior del refrigerador. El gas se condensa en forma de líquido, transfiriendo parte de su energía térmica a las bobinas.

a El compresor usa energía eléctrica para comprimir el gas refrigerante; esta compresión aumenta la presión y la temperatura del gas.

Tecnología térmica y contaminación térmica

Los sistemas de calefacción, motores de automóviles y sistemas de refrigeración transfieren energía térmica al medio ambiente. Desgraciadamente, demasiada energía térmica afecta negativamente al medio ambiente.

Uno de los efectos negativos del exceso de energía térmica es la **contaminación térmica,** el calentamiento excesivo de una extensión de agua. La contaminación térmica puede ocurrir cerca de grandes centrales energéticas, que a menudo se encuentran próximas a una extensión de agua. En las centrales de energía eléctrica se quema combustible para producir energía térmica que se usa para generar energía eléctrica. Desgraciadamente, no toda esa energía térmica se puede utilizar y se produce energía térmica de desecho. La **Figura 27** muestra una torre de refrigeración que ayuda a eliminar esta energía térmica de desecho. En casos extremos, el aumento de la temperatura aguas abajo de una central energética afecta negativamente al ecosistema del río o lago. Algunas centrales energéticas combaten la contaminación térmica reduciendo la temperatura del agua antes de devolverla al río.

Las grandes ciudades experimentan el efecto de islote de calor cuando se añaden excesivas cantidades de desecho de energía térmica al medio ambiente urbano. Esta energía térmica proviene de automóviles, fábricas, sistemas de calefacción, acondicionadores de aire, sistemas de electricidad simplemente de las personas que viven en un área relativamente pequeña. Este efecto aumenta la temperatura del aire de un ciudad en mayor proporción a la del aire de las áreas rurales.

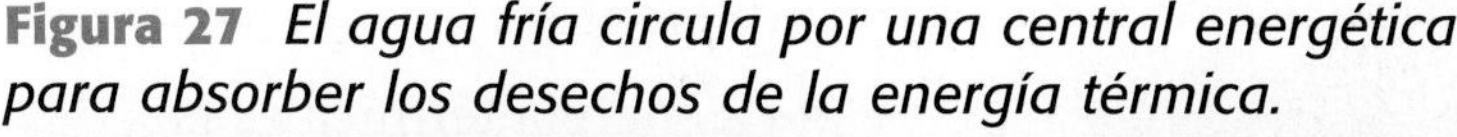

Figura 27 *El agua fría circula por una central energética para absorber los desechos de la energía térmica.*

REPASO

1. Compara un sistema de calefacción por agua con un sistema de calefacción por aire.
2. ¿Qué diferencia existe entre un motor de combustión externa y un motor de combustión interna?
3. **Analizar relaciones** ¿Por qué los cambios de estado juegan un papel tan significativo en el funcionamiento de un refrigerador?

Resumen del capítulo

SECCIÓN 1

Vocabulario

temperatura *(pág. 214)*
expansión *(pág. 216)*
cero absoluto *(pág. 217)*

Notas de la sección

- La temperatura es la medida de la energía cinética promedio de las partículas de una substancia. Es una medida específica de qué tan caliente o fría se encuentra una substancia.
- La expansión es el aumento de volumen de una substancia debido al incremento de su temperatura. La temperatura se mide de acuerdo con la expansión del líquido contenido en un termómetro.
- Las tres escalas de temperatura más utilizadas se denominan Fahrenheit, Celsius y Kelvin.
- Cero absoluto, 0 K o 273°C, es la temperatura más baja posible.
- El funcionamiento de un termostato se basa en la expansión de una tira bimetálica.

SECCIÓN 2

Vocabulario

calor *(pág. 219)*
energía térmica *(pág. 220)*
conducción *(pág. 221)*
conductor *(pág. 222)*
aislante *(pág. 222)*
convección *(pág. 222)*
radiación *(pág. 223)*
capacidad para calor específico *(pág. 224)*

Notas de la sección

- El calor es la transferencia de energía entre objetos que se encuentran a temperaturas diferentes.
- La energía térmica es la energía cinética total de las partículas que conforman una substancia.
- La transferencia de energía siempre se produce desde las temperaturas más altas a las más bajas hasta que se alcanza el equilibrio térmico.

☑ Comprobar destrezas

Conceptos de matemáticas

CONVERSIÓN DE TEMPERATURAS Para realizar conversiones entre diferentes escalas de temperatura, puedes usar las ecuaciones de la página 217. El siguiente ejemplo te muestra cómo convertir grados Fahrenheit a Celsius.

Convertir 41°F a °C.

$$°C = \frac{5}{9} \times (°F - 32)$$

$$°C = \frac{5}{9} \times (41°F - 32)$$

$$°C = \frac{5}{9} \times 9 = 5°C$$

Comprensión visual

CALOR: UNA TRANSFERENCIA DE ENERGÍA Recuerda que la energía térmica se transfiere entre objetos que poseen temperaturas diferentes hasta que los dos objetos alcanzan la misma temperatura. Observa nuevamente la Figura 7 de la página 220 para repasar lo que has aprendido acerca del calor.

SECCIÓN 2

- Conducción, convección y radiación son tres métodos de calefacción.
- Capacidad para calor específico es la cantidad de energía necesaria para elevar la temperatura de 1 kg de una substancia en 1°C. Cada substancia tiene una capacidad para calor específico diferente.
- La energía transferida por calentamiento no puede medirse directamente; debe calcularse mediante la capacidad para calor específico, la masa y el cambio de temperatura.
- Con un calorímetro se determina la capacidad para calor específico de una substancia.

Experimentos

Siente el calor *(pág. 520)*
¡Salva el cubo! *(pág. 522)*
Contar calorías *(pág. 523)*

SECCIÓN 3

Vocabulario

estados de la materia *(pág.228)*
cambio de estado *(pág.229)*

Notas de la sección

- El estado de una substancia está determinado por la velocidad de sus partículas y la atracción que existe entre ellas.
- La energía térmica que se transfiere durante un cambio de estado no cambia la temperatura de la substancia, sino que causa un reordenamiento de sus partículas.
- Las reacciones químicas pueden hacer que se absorba o libere energía térmica.

SECCIÓN 4

Vocabulario

aislamiento *(pág. 232)*
motor térmico *(pág. 234)*
contaminación térmica *(pág. 237)*

Notas de la sección

- La calefacción por agua y por aire son sistemas de calefacción central.
- Los sistemas de calefacción por energía solar pueden ser activos o pasivos.
- Los motores térmicos usan calor para funcionar. Los de combustión externa queman combustible fuera del motor; los de combustión interna lo queman dentro.
- Un sistema de refrigeración transfiere energía térmica de un espacio frío a otros más calientes mediante un trabajo.
- La transferencia excesiva de energía térmica a lagos y ríos puede producir contaminación térmica.

internet

VISITA: go.hrw.com

Visita el sitio web de HRW para encontrar una serie de herramientas de aprendizaje relacionadas con este capítulo. Sólo tienes que escribir la palabra clave:

PALABRA CLAVE: HSTHOT

VISITA: www.scilinks.org

Visita el sitio web de la **Asociación Nacional de Maestros de Ciencias** *(National Science Teachers Association)* para encontrar recursos de Internet relacionados con este capítulo. Sólo escribe el **ENLACE DE CIENCIAS** para obtener más información sobre el tema:

TEMA: ¿Qué es la temperatura? **ENLACE:** HSTE555
TEMA: Expansión térmica **ENLACE:** HSTE560
TEMA: ¿Qué es el calor? **ENLACE:** HSTE565
TEMA: Métodos de calefacción **ENLACE:** HSTE570
TEMA: Cambios de estado **ENLACE:** HSTE575

Repaso del capítulo

UTILIZAR EL VOCABULARIO

Explica la diferencia entre los siguientes pares de palabras:

1. temperatura/energía térmica
2. calor/energía térmica
3. conductor/aislante
4. conducción/convección
5. estados de la materia/cambio de estado

COMPRENDER CONCEPTOS

Opción múltiple

6. ¿Cuál de las siguientes temperaturas es la más baja?
   a. 100°C **c.** 100 K
   b. 100°F **d.** son iguales.

7. Comparada con el Océano Pacífico, una taza de chocolate caliente tiene
   a. más energía térmica y más temperatura.
   b. menos energía térmica y más temperatura.
   c. más energía térmica y menos temperatura.
   d. menos energía térmica y menos temperatura.

8. Las unidades de energía en las etiquetas de los alimentos son
   a. grados **c.** calorías
   b. Calorías **d.** julios

9. ¿Cuál de los siguientes materiales no sería un buen aislante?
   a. madera **c.** metal
   b. tela **d.** caucho

10. El motor de un automóvil es
    a. un motor térmico
    b. un motor de combustión externa.
    c. un motor de combustión interna.
    d. (a) y (c)

11. Los materiales que se calientan o enfrían muy rápidamente tienen una
    a. baja capacidad para calor específico.
    b. alta capacidad para calor específico.
    c. baja temperatura.
    d. alta temperatura.

12. En un acondicionador de aire, la energía térmica
    a. se transfiere de temperaturas más altas a temperaturas más bajas.
    b. se transfiere de temperaturas más bajas a temperaturas más altas.
    c. se usa para trabajar.
    d. se toma del aire del exterior de un edificio y se transfiere al aire del interior del edificio.

Respuesta breve

13. ¿Cómo se relaciona la temperatura con la energía cinética?

14. ¿Qué es la capacidad para calor específico?

15. Explica cómo el calor afecta a la materia durante un cambio de estado.

16. Describe cómo funciona una tira bimetálica en un termostato.

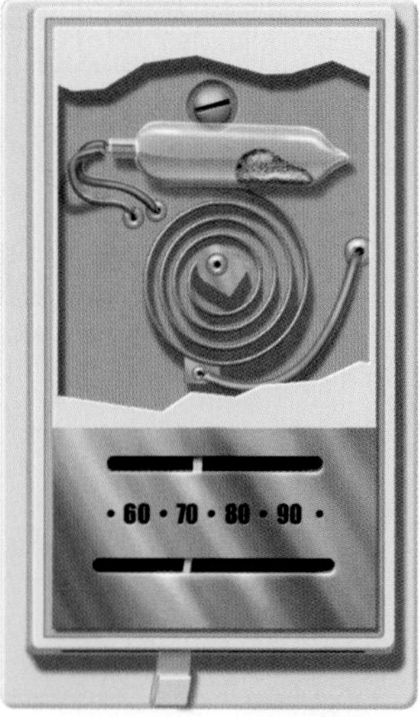

Organizar conceptos

17. Usa los siguientes términos para crear un mapa de ideas: energía térmica, temperatura, radiación, calor, conducción, convección.

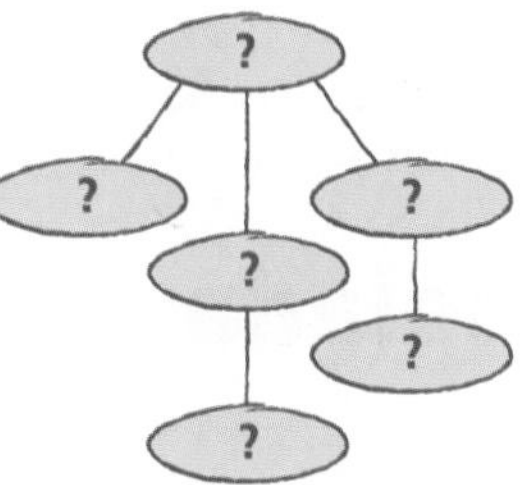

RAZONAMIENTO CRÍTICO Y RESOLUCIÓN DE PROBLEMAS

18. ¿Por qué colocar una jarra debajo de un chorro de agua tibia ayuda a aflojar la tapa de la jarra?

19. ¿Por qué crees que un abrigo relleno de plumas te mantiene tan abrigado? (Pista: piensa en lo que hace el aislamiento.)

20. ¿Se conseguiría enfriar una habitación de una casa al abrir el refrigerador? ¿Por qué?

21. En un globo de aire caliente, una llama calienta el aire. Explica cómo esto causa que el globo flote en el aire.

LAS MATEMÁTICAS EN LAS CIENCIAS

22. El pronóstico del tiempo da una temperatura de 86°F. ¿Cuál es la temperatura correspondiente en grados Celsius? ¿En kelvins?

23. Imagina que se calientan 1,300 mL de agua desde 20°C a 100°C. ¿Cuánta energía se transfirió al agua? (Pista: La capacidad para calor específico del agua es 4,184 J/kg•°C.)

INTERPRETAR GRÁFICAS

Examina esta gráfica y responde a las siguientes preguntas.

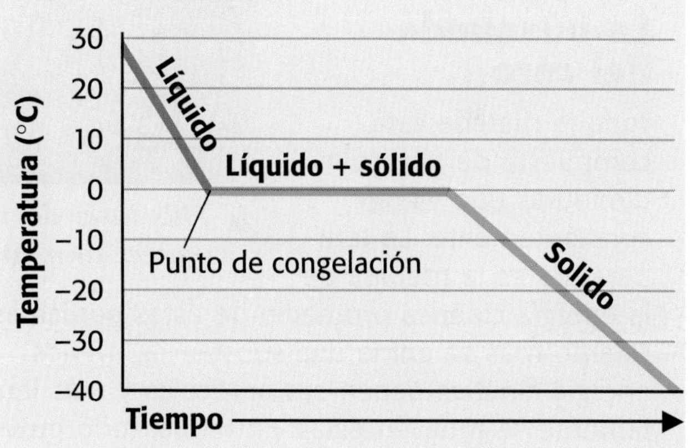

24. ¿Qué cambio físico ilustra esta gráfica?

25. ¿Cuál es el punto de congelación de este líquido?

26. ¿Qué sucede en el punto donde la línea es horizontal?

AHORA, ¿qué piensas?

Revisa tus respuestas a las preguntas de la página 213 que escribiste en el cuaderno de ciencias. ¿Han cambiado tus respuestas? Si es necesario, corrige tus respuestas basándote en lo que has aprendido en este capítulo.

Ciencia, Tecnología y Sociedad

La gran helada

En las oscuras inmensidades del espacio exterior, las temperaturas pueden bajar a menos de −270°C. Quizá el único lugar más frío sea... ¡un laboratorio de la Tierra!

▲ *This laser device is used to cool matter to nearly absolute zero.*

La búsqueda del cero

Toda la materia está compuesta de partículas diminutas que vibran constantemente. La temperatura es la medida de la energía cinética promedio de estas partículas. Cuanto más se enfría una substancia, menos energía cinética tienen sus partículas y más lentamente se mueven éstas. En teoría, todo movimiento debe cesar en el cero absoluto (−273°C). Hay científicos que intentan reducir la velocidad de la materia para que se aproxime al cero absoluto.

¿Hasta dónde pueden llegar?

Con láser, imanes, espejos y substancias químicas muy frías, los científicos han conseguido enfriar materia hasta llegar a un millonésimo de grado del cero absoluto. Uno de estos métodos aplica rayos láser a partículas diminutas de gas dentro de una cámara especial. El láser mantiene las partículas tan inmóviles que su temperatura llega a −272.999998°C.

Para comprender lo que sucede, imagina abrir varias mangueras de agua a la máxima fuerza posible, y luego dirigir los chorros hacia una pelota de fútbol, de manera que cada chorro empuje la pelota desde un ángulo diferente. Si se apuntan las mangueras correctamente, la pelota no rodará en ninguna dirección. Esto es más o menos lo que sucede con las partículas del experimento.

Criogenia—Tecnología de bajas temperaturas

El estudio de las temperaturas extremadamente frías ha permitido desarrollar la criocirugía. Esta tecnología usa temperaturas extremadamente bajas y la utilizan los médicos para sellar vasos sanguíneos muy pequeños durante una operación o congelar células enfermas y destruirlas.

El enfriamiento de materiales casi hasta el cero absoluto ha permitido el descubrimiento de nuevos superconductores, materiales que pierden toda su resistencia eléctrica cuando se enfrían a una temperatura lo suficientemente baja. Imagina los usos posibles que ofrecerían materiales que condujeran electricidad indefinidamente sin pérdida de energía. Desafortunademante, se requiere mucha energía para enfriar estos materiales. Por ahora, sólo se puede soñar con sus aplicaciones.

Diviértete congelando

▶ Intenta una investigación criogénica. En tres recipientes plásticos separados, coloca 50 mL de agua potable, 50 mL de agua salada (50 mL de agua más 15 g de sal) y 50 mL de alcohol para uso medicinal (isopropanol). Introduce los tres recipientes en el congelador al mismo tiempo. Revísalos cada 5 minutos, durante 40 minutos. ¿Qué líquido se congela primero? ¿Cómo puedes explicar las diferencias?

Diaplex: La tela inteligente

¿No sería maravilloso tener un abrigo de invierno que se adaptara automáticamente para mantenerte abrigado, sea cual fuere la temperatura que hay en el exterior? Bueno, los científicos han desarrollado una nueva tela, llamada Diaplex, que ¡se puede usar para confeccionar un abrigo así!

¿Con o sin poros?

Los fanáticos del invierno generalmente usan telas de nailon para abrigarse. Estas telas de nailon están recubiertas con una lámina delgada que contiene miles de diminutos poros u orificios. Los poros permiten el escape de la humedad, como la transpiración del cuerpo y el exceso de energía térmica. Puede parecerte que los poros permitirían que la humedad y el aire frío penetren la tela, pero no es así. Como los poros son tan pequeños, el nailon no permite el paso del viento ni del agua. El Diaplex también está compuesto de una lámina de nailon, pero el revestimiento es diferente. El Diaplex no tiene poros; es una película sólida. Esta película hace que el Diaplex sea incluso más resistente al agua y más porosa que otras telas con capas de nailon. ¿Y cómo funciona?

Partículas que se mueven

El Diaplex te mantiene abrigado aprovechando el movimiento de las partículas. Cuando el aire afuera es frío, las partículas de Diaplex se organizan en una capa sólida, formando un aislante y evitando la transferencia de energía térmica desde tu cuerpo a los entornos más fríos. Al calentarse tu cuerpo, como después de hacer ejercicio, las partículas de la tela responden al aumento de energía térmica de tu cuerpo. Su energía cinética aumenta y se vuelven a organizar para crear millones de orificios muy pequeños que permiten el escape del exceso de energía térmica y la humedad.

Uso de Diaplex

El Diaplex tiene una serie de ventajas importantes con respecto a las telas de nailon tradicionales. Las sales de la transpiración y el hielo pueden obstruir los poros de las telas de nailon tradicionales y así reducir su capacidad de mantenerte abrigado y seco. Pero el Diaplex no tiene este problema porque no contiene poros. Además, como la luz UV no afecta al Diaplex, y se puede lavar en lavadoras, el Diaplex es una tela duradera y fácil de cuidar.

Conexión: Anatomía

▶ Investiga cómo la piel humana deja escapar la energía térmica y la humedad.

▶ *Cuando tu cuerpo está frío, la prenda de Diaplex se adecua para impedir la transferencia de energía térmica desde tu cuerpo a su entorno; de ese modo, tú te sientes abrigado.*

▶ *Cuando tu cuerpo se calienta demasiado, la prenda de Diaplex se modifica para permitir que tu cuerpo transfiera el exceso de energía térmica y la humedad a su entorno; de ese modo, te sientes más fresco.*

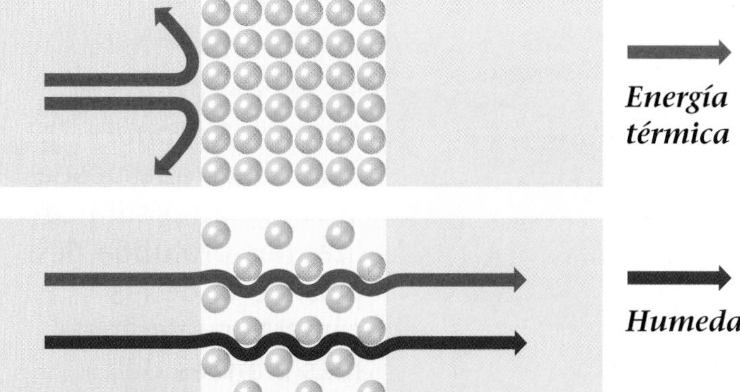

CRONOLOGÍA

UNIDAD 4

Formaciones terrestres

En esta unidad aprenderás acerca de los cambios en la superficie terrestre. Hay un conflicto constante entre las fuerzas que forman los accidentes geográficos y las que los destruyen. Las montañas construidas por las fuerzas terrestres internas son destruidas por la acción de la meteorización y la erosión. Esta cronología muestra algunos eventos de este conflicto a medida que iban sucediendo los cambios en las características de la Tierra.

320
Millones de años atrás

Grandes ciénagas en el borde oeste de los Montes Apalaches *(Appalachian Mountains)* se enterraron por sedimentación y formaron los yacimientos de carbón más grandes del mundo.

280
Millones de años atrás

El mar interior de poca profundidad que cubrió gran parte de lo que es ahora el medio oeste de los Estados Unidos se llenó de sedimento y desaparecio.

1880

La Aguja de Cleopatra, un obelisco de granito, es transportado desde Egipto hasta Nueva York. En el siguiente siglo, el tiempo y la contaminación dañan seriamente el monumento de 3,000 años de antigüedad.

1930

Se crea el *Carlsbad Caverns National Park*. El parque posee la cueva de piedra caliza más profunda del país y una de las cámaras subteráneas más grandes del mundo.

1941

Termina la construcción de Mount Rushmore, ejemplo de la erosión humana intencional.

140

Millones de años atrás

La desembocadura del río Mississippi estaba cerca del actual Cairo, Illinois.

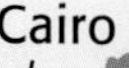

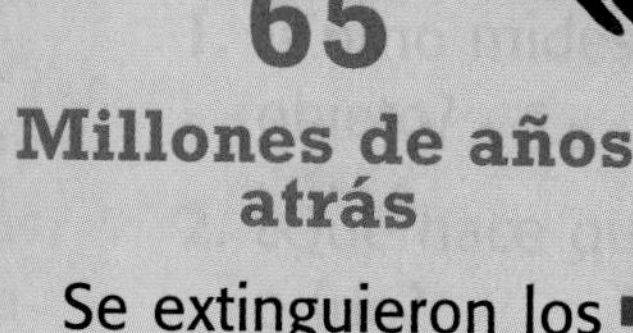

65

Millones de años atrás

Se extinguieron los dinosaurios

6

Millones de años atrás

El río Colorado comenzó a esculpir el Gran Cañón *(Grand Canyon)*, que actualmente tiene cerca de 2 km de profundidad.

12,000

años atrás

Los Grandes Lagos *(Great Lakes)* se formaron a fines de la última glaciación.

1775

La Batalla de Bunker Hill, una victoria para los colonos, se desarrolla en una colina ovalada compuesta por sedimentos que se formó por un glaciar de la edad de hielo 10,000 años atrás.

1987

Un témpano, que mide el doble del estado de Rhode Island, se separa del borde del glaciar continental de la Antártida.

1998

Hong Kong inaugura un nuevo aeropuerto en una isla artificial. Se depositaron casi 150 millones de toneladas métricas de roca y tierra en el Mar del Sur de China para formar la isla de 3,000 acres.

CAPÍTULO

10 El flujo de agua dulce

Imagínate...

Imagina que vas en canoa por un arroyo tranquilo en una hermosa tarde soleada. Puedes ver el fondo pedregoso del arroyo a través del agua cristalina.

De repente, el silencio se rompe con el sonido de una rápida corriente de agua. Notas que la corriente se ha acelerado. A lo lejos ves unas rocas grandes y una cascada. Inesperadamente, la canoa golpea una roca y casi se voltea. Estás a salvo, pero tus cosas siguen la corriente sin ti. En vez de desafiar los rápidos, tratas de acercar la canoa a la orilla. Volteas justo a tiempo de ver cómo tu hielera se estrella contra las rocas y cae por las cascadas. Piensas: "¡De todas formas, no quería comer emparedados de atún!"

Cansado, caminas corriente abajo por la orilla y el sonido de las cascadas se hace más tenue a cada paso. El arroyo se ensancha y el agua vuelve a correr despacio. De repente, ves tu nevera en la grava. Corres hacia ella, con la esperanza de que la carne enlatada esté a salvo. Aunque raspada y vacía, la hielera aún sirve.

La pones en la canoa y sigues el viaje corriente abajo, sólo para escuchar nuevamente el sonido de la corriente rápida.

¿Qué fuerzas de la naturaleza provocarían un cambio tan drástico en el arroyo? En este capítulo estudiarás la formación de ríos y arroyos, y cómo el agua superficial y la subterránea cambian la faz de nuestro planeta.

¿Tú qué piensas?

Usa tus conocimientos para responder a las siguientes preguntas en tu cuaderno de ciencias:

1. ¿Qué función cumple el agua en la formación de la superficie terrestre?
2. ¿Qué diferencia existe entre erosión y sedimentación?

Tranquilamente arroyo abajo

¿Cómo se desarrollan las corrientes de ríos y arroyos? El proceso es como abrir la llave de una manguera y dejar correr el agua en el suelo. ¿Cómo es posible? Averíguarlo con la siguiente investigación.

Procedimiento

1. Consigue un balde de **arena** y suficiente **grava** para llenar el fondo de una **tina rectangular** de **plástico.**
2. Esparce la grava en el fondo de la tina. Coloca de 4 a 6 cm de arena sobre la grava. Haz una pendiente agregando más arena en un lado.
3. Haz un agujerito en el fondo de un **vaso de poliestireno.** Sujeta el vaso al interior de la tina con una **pinza para ropa** en el extremo con más arena. Llena el vaso con **agua** y observa el movimiento del agua por la arena.
4. Anota tus observaciones en tu cuaderno de ciencias.

Análisis

5. Al comienzo del experimento, ¿cómo influyó en la arena el agua que se movía?
6. Luego de un rato, ¿cómo influyó en la arena el agua que se movía?
7. ¿Cómo se podrían relacionar tus resultados con el origen de los arroyos?

Profundizar

Vuelve a hacer la actividad, pero aumenta la pendiente de la tina colocando un objeto común, como un trozo de madera, bajo un extremo de la tina. ¿Cómo influye el aumento de la pendiente en el desarrollo de la "corriente"?

Sección 1

El río activo

VOCABULARIO

erosión
ciclo del agua
cuenca de drenaje
afluente
cresta divisoria
cuace
gradiente
caudal
carga

OBJETIVOS

- Ilustra el ciclo del agua.
- Describe una cuenca de drenaje.
- Explica los principales factores que influyen sobre la velocidad de la erosión de las corrientes.
- Identifica las etapas en la formación de los ríos.

Probablemente ya conoces el Gran Cañón *(Grand Canyon)*, que aparece en la **Figura 1.** ¿Sabías que hace alrededor de 6 millones de años, el área que ahora se conoce como el Gran Cañón era casi completamente plana? El río Colorado se abrió paso entre la roca y formó el Gran Cañón a lo largo de millones de años de remoción de toneladas de tierra y rocas de su lecho. Este proceso es un tipo de *erosión*. La **erosión** es la remoción y traslado de materiales de la superficie, como tierra y rocas. Los ríos no son los únicos agentes erosivos. El viento, la lluvia, el hielo y la nieve también pueden provocar erosión.

Debido a la erosión provocada por el agua, el Gran Cañón ahora tiene cerca de 1.6 km de profundidad y 446 km de longitud. En esta sección, aprenderás la formación de corrientes, sistemas fluviales y los diferentes factores que influyen en la velocidad de la erosión de corrientes fluviales.

Figura 1 *El Grand Canyon está ubicado en el noroeste de Arizona. Se formó en millones de años mediante la erosión que la corriente de agua provocó en las rocas y el suelo. En algunos lugares el cañón tiene 29 km de ancho.*

¿Alguna vez te has preguntado por qué los ríos siguen fluyendo y de dónde obtienen agua? El ciclo del agua responde a éstas y otras preguntas. El **ciclo del agua,** que se muestra en la siguiente página, es el movimiento continuo de agua desde sus fuentes, como lagos u océanos, hacia el aire, el interior de la tierra, la superficie y nuevamente hacia las fuentes. Las fuentes de agua en movimiento, como los ríos, dependen del ciclo del agua para mantener un flujo constante.

El ciclo del agua

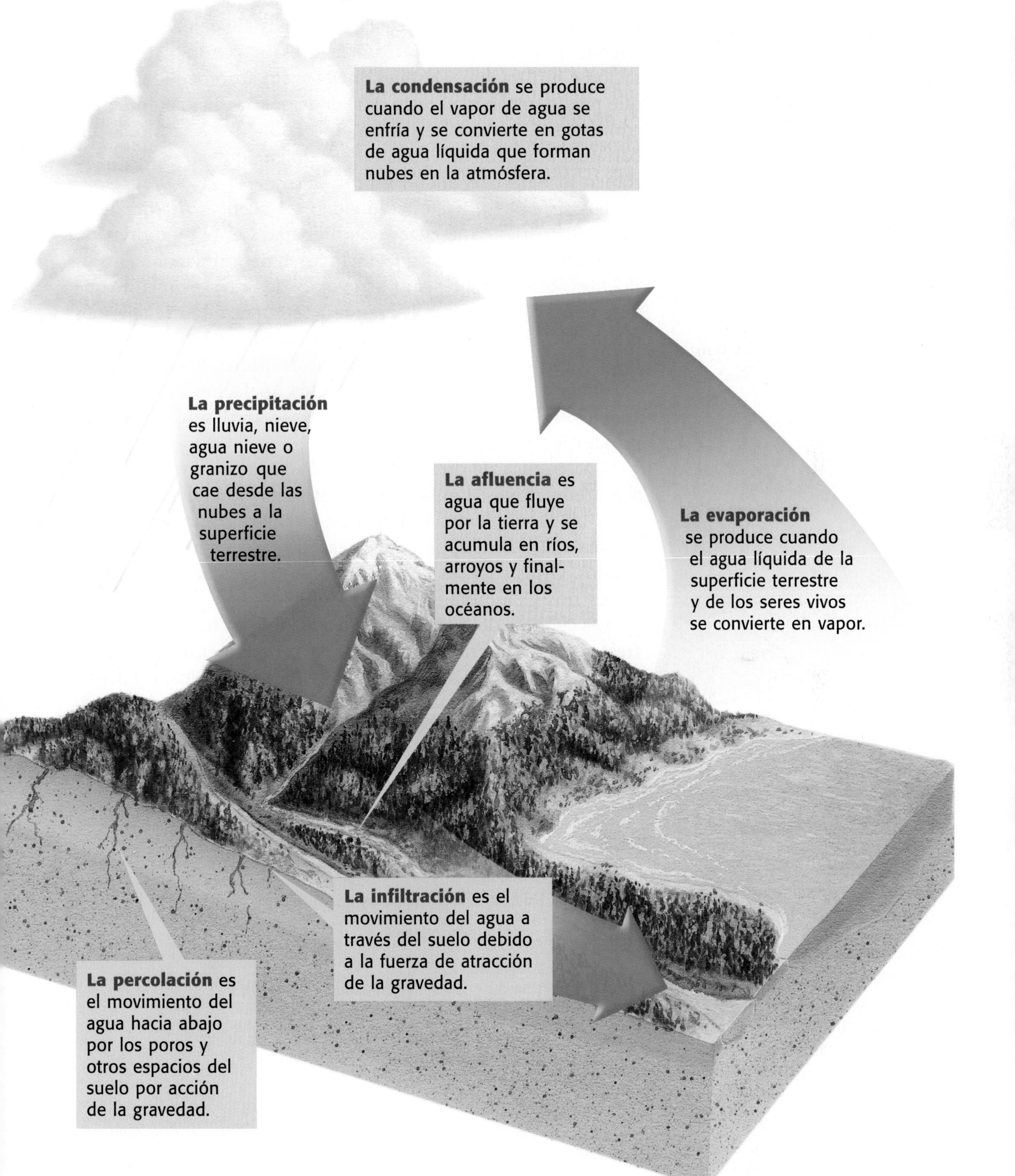

La condensación se produce cuando el vapor de agua se enfría y se convierte en gotas de agua líquida que forman nubes en la atmósfera.

La precipitación es lluvia, nieve, agua nieve o granizo que cae desde las nubes a la superficie terrestre.

La afluencia es agua que fluye por la tierra y se acumula en ríos, arroyos y finalmente en los océanos.

La evaporación se produce cuando el agua líquida de la superficie terrestre y de los seres vivos se convierte en vapor.

La infiltración es el movimiento del agua a través del suelo debido a la fuerza de atracción de la gravedad.

La percolación es el movimiento del agua hacia abajo por los poros y otros espacios del suelo por acción de la gravedad.

Sistemas fluviales

Un sistema fluvial es una red de corrientes que drenan el escurrimiento de un área dada. Los sistemas fluviales se forman cuando la precipitación en un área es mayor que su evaporación e infiltración. Después que el suelo absorbe toda el agua que puede sostener, el resto desciende cuesta abajo como escurrimiento. A veces, el escurrimiento comienza a erosionar un barranco angosto. Con cada lluvia, el agua que atraviesa el barranco lo hará más ancho y profundo.

Los sistemas fluviales se dividen en cuencas de drenaje o líneas divisorias. Una **cuenca de drenaje** es el terreno drenado por un sistema fluvial, que incluye el río principal y sus afluentes. Los **afluentes** son arroyos o ríos más pequeños que desembocan en otros más grandes. La cuenca de drenaje más grande de Estados Unidos es la del río Mississippi, con cientos de afluentes que van desde las Montañas Rocosas *(Rocky Mountains)*, al oeste, hasta los Montes Apalaches *(Appalachian Mountains)*, al este. Los ríos Ohio y Missouri son dos de sus principales afluentes.

Una cuenca de drenaje no es sólo agua que avanza cuesta abajo en arroyos; también es un sistema de energía y materiales en movimiento. El mapa de la **Figura 2** muestra que la cuenca del Mississippi cubre más de un tercio de Estados Unidos. Otras cuencas de drenaje importantes del país son las de los ríos Columbia, Grande y Colorado.

Las cuencas de drenaje están separadas por un área llamada **cresta divisoria.** Una cresta divisoria generalmente es un área de tierras de mayor altura que las cuencas que separa. En este mapa ves que la cresta divisoria continental es una cresta divisoria importante en Estados Unidos. ¿De qué lado vives tú?

Explora

Imagina que estás planeando un viaje en balsa por el río Missouri hasta el río Mississippi. En un mapa de los Estados Unidos, traza la ruta de tu viaje desde las Montañas Rocosas *(Rocky Mountains)* de Montana a la desembocadura del río Mississippi, en Louisiana. ¿Cuáles serían los afluentes más importantes por los que pasarías? ¿A través de qué ciudades pasarías? Márcalas en el mapa. ¿Cuántos kilómetros viajarías en este viaje?

La cuenca del río Amazonas, en Sudamérica, es la cuenca de drenaje más grande del mundo. Tiene un área de alrededor de 6 millones de kilómetros cuadrados, ¡casi el doble de la cuenca del río Mississippi, la más grande de los Estados Unidos!

Figura 2 *La cresta divisoria continental atraviesa las montañas Rocosas* (Rocky Mountains). *Esta cresta separa las cuencas de drenaje que desembocan en el océano Atlántico y el golfo de México de las que desembocan en el océano Pacífico.*

Erosión de corrientes

Cuando se forma una corriente, el agua se hunde y erosiona el suelo y las rocas para crear un cauce. Un **cauce** es la trayectoria de una corriente. Al principio, los cauces de las corrientes son pequeños e inclinados. Al transportarse más tierra y roca, los cauces se ensanchan y profundizan formando grandes valles. Cuando las corrientes se alargan, se les llama ríos. ¿Te has preguntado por qué algunas corrientes son rápidas y otras lentas? En esta sección, encontrarás la respuesta a ésta y otras preguntas.

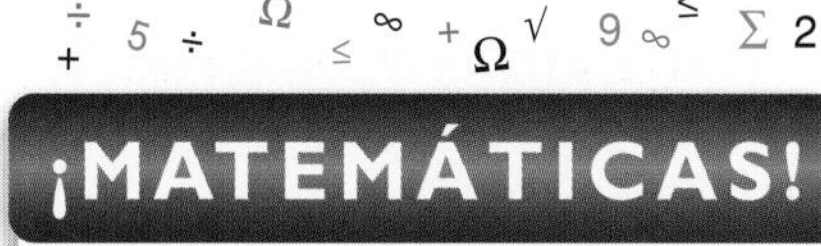

¡MATEMÁTICAS!

Calcular el gradiente de una corriente

Si un río nace a una elevación de 4,900 m y recorre 450 km cuesta abajo hacia un lago que se encuentra a una elevación de 400 m, ¿qué gradiente tiene?

Tasa de erosión de las corrientes Está determinada por varios factores, entre ellos la velocidad de la corriente, su caudal y los sedimentos que arrastra. Un factor que influye en la velocidad de un río es su gradiente. El **gradiente** es una medida del cambio de elevación en una distancia determinada. Se mide en metros por kilómetro o en pies por milla. Mientras más pendiente tenga una corriente o más alto sea su gradiente, más rápido fluirá. Un gradiente más alto le da a la corriente más energía para erosionar las rocas y el suelo. Por ejemplo, una corriente de montaña tiene un gradiente alto, como se ve en la **Figura 3.** Fluye rápido y tiene más energía erosiva. Un arroyo o río de una planicie tiene un gradiente bajo, como en la **Figura 4.** Estos ríos tienden a fluir lentamente y tener menos energía erosiva.

La **descarga** es el volumen de agua que lleva una corriente en un tiempo determinado. Aumenta al producirse una tormenta grande o cuando el calor derrite rápidamente la nieve. Al aumentar el caudal de una corriente, su energía erosiva, velocidad y sedimentos también aumentan. Durante una sequía o temporada seca, el caudal puede convertirse en un mero chorrito. Si eso pasa, la energía erosiva, velocidad y sedimentos bajan drásticamente.

Figura 3 *Una corriente de montaña tiene un gradiente alto.*

Figura 4 *Un río en una planicie tiene un gradiente bajo.*

Sedimentos de una corriente Los materiales arrastrados por una corriente se denominan **sedimentos**. La velocidad de la corriente influye en el tamaño de las partículas de sedimento. Las corrientes rápidas pueden transportar partículas grandes. El sedimento también influye en la tasa de erosión de una corriente. Las rocas y piedras rebotan y raspan el fondo y los lados del lecho. Esta ilustración muestra las tres formas en que una corriente transporta su sedimento.

Autoevaluación

¿Qué sucedería con el arrastre en suspensión si el río disminuyera su velocidad? *(Consulta la página 564 para comprobar tu respuesta.)*

Las etapas de un río

A principios del siglo XX, William Morris Davis desarrolló un modelo que identificaba las etapas de la formación de los ríos. Según éste, los ríos pasan de una etapa de juventud a una de vejez. Davis creía que todos los ríos se erosionaban de la misma forma y a la misma velocidad. Actualmente, sin embargo, los científicos prefieren un modelo diferente que considera los efectos del entorno del río en la formación de la corriente. Por ejemplo, como diferentes materiales se erosionan a diferentes velocidades, un río se podría formar más rápidamente que otro. Muchos factores, entre ellos el clima, el gradiente y la carga, influyen en la formación de un río. Aunque los científicos ya no usan el modelo de Davis para explicar la formación de ríos, todavía usan muchos de sus términos para describirlos. Recuerda, estos términos no reflejan la edad verdadera de un río, sino que se usan para describir las características generales del mismo.

Figura 5 *Este río joven está ubicado en el Parque Nacional Yellowstone* (Yellowstone National Park), *Wyoming. Los rápidos y cascadas se ubican donde el río fluye sobre rocas resistentes y sólidas.*

Ríos jóvenes Un río joven, como el de la **Figura 5,** erosiona su cauce haciéndolo más profundo que ancho. El río fluye rápidamente debido a su alto gradiente de inclinación. Su cauce y sus lados tienen una gran pendiente y son rectos. El río salta sobre las rocas formando rápidos y cascadas. Los ríos jóvenes tienen pocos afluentes.

Ríos maduros Un río maduro, como el de la **Figura 6,** erosiona el ancho de su canal en mayor medida que su profundidad. El gradiente de un río maduro no tiene tanta pendiente como la de uno joven y posee menos cascadas y rápidos. En un río maduro convergen muchos afluentes y, debido a su buen drenaje, tiene más descarga que un río joven.

Figura 6 *Un río maduro comienza a curvarse de un lado a otro. Las curvas en el cauce del río se llaman* meandros.

Figura 7 *Este río viejo se ubica en Nueva Zelanda.*

Ríos viejos Un río viejo tiene un gradiente bajo y muy poco poder erosivo. En vez de ensancharse y hacerse más profundas sus riberas, el río deposita sedimento en su cauce y a lo largo de sus riberas. Los ríos viejos, como el de la **Figura 7,** se caracterizan por sus *terrenos aluviales* anchos y planos, o valles, y por tener más meandros. Además, un río más viejo tiene menos afluentes que un río maduro porque sus afluentes más pequeños se han fusionado.

Figura 8 *Este río rejuvenecido está ubicado en el Parque Nacional Canyonlands (*Canyonlands National Park*), Utah.*

Ríos rejuvenecidos Estos ríos se forman donde la tierra se ha levantado por las fuerzas tectónicas terrestres. Cuando la tierra se levanta, el gradiente del río se hace más empinado. El aumento del gradiente de un río rejuvenecido le permite hundirse más profundamente en el suelo del valle, como se muestra en la **Figura 8.** Las *terrazas* con forma de escalera a menudo se forman a ambos lados de un valle como resultado del rejuvenecimiento. Las terrazas son porciones casi planas del paisaje que terminan en un risco empinado.

REPASO

1. ¿Cómo ayuda el ciclo del agua a formar sistemas fluviales?
2. Describe una cuenca de drenaje.
3. Explica los tres factores que influyen sobre la velocidad de erosión de las corrientes.
4. **Resumir información** ¿En qué se diferencian los ríos jóvenes, maduros y viejos?

Sección
2

Sedimentación de ríos y arroyos

VOCABULARIO

sedimentación
aluvión
delta
abanico aluvial
terreno aluvial

OBJETIVOS

- Describe los diferentes tipos de sedimentación de corrientes.
- Explica la relación entre las regiones agrícolas ricas y los terrenos aluviales.

Ya sabes que los ríos pueden recoger y trasladar tierra y rocas. Tarde o temprano, este material se debe depositar en algún lugar. La **sedimentación** es el proceso de depósito o asentamiento de materiales. Imagina un charco de lodo después de un día de lluvia. Si el agua no se perturba, las partículas de tierra se asentarán y el agua turbia se aclarará nuevamente. La sedimentación también forma y renueva algunos de los suelos más productivos del mundo. Las personas que viven en el valle inferior del río Mississippi dependen del río que les trae tierra nueva y fértil. Antes de que la represa de Aswan se construyera en el río Nilo, el valle inferior de este río estaba habitado por una importante civilización agrícola, como se observa en la **Figura 9**. Cada año, el río Nilo depositaba suelo fértil en el valle durante las inundaciones.

Figura 9 *Esta fotografía muestra las comunidades agrícolas que se extendían a lo largo del Nilo antes de que se construyera la presa de Aswan, en 1970. La presa interrumpió las inundaciones anuales y por eso se alteró el paisaje y la vida de las personas.*

Sedimentación en el agua

Después de que los ríos erosionan las rocas y la tierra, las depositan río abajo. Las rocas y la tierra que depositan las corrientes se llaman **aluvión.** El aluvión cae en lugares de un río donde la velocidad de la corriente disminuye. Mira la **Figura 10** para ver cómo ocurre este tipo de sedimentación.

Figura 10 *La sedimentación se produce en los pliegues internos de los meandros y a menudo produce arenales. En los lados externos de las curvas, donde la corriente es más rápida, las riberas del meandro se erosionan y el cauce se hace más profundo.*

Figura 11 *Los mineros se apresuraron a llegar a California en la década del 1850 para encontrar oro. A menudo lo encontraban en las curvas de los ríos en los depósitos aluviales.*

Los minerales pesados se depositan a menudo en partes del río donde la velocidad de la corriente disminuye. Este tipo de aluvión se llama *depósito aluvial*. Algunos de depósitos aluviales contienen oro, como muestra la **Figura 11**. Durante la fiebre del oro en California, que comenzó en 1849, muchos mineros encontraron oro en depósitos aluviales de los ríos.

La corriente también reduce su velocidad cuando un río vierte sus aguas en una gran masa de agua, como un lago o un océano. Gran cantidad de sedimento de un río se puede depositar cuando llega a una extensión de agua grande, formando un depósito en forma de abanico llamado **delta.** En la **Figura 12** puedes ver un panorama espacial del Delta del Nilo. Un delta generalmente se forma en una superficie plana y se compone principalmente de lodo. Estos depósitos de lodo forman tierra nueva que provoca el crecimiento de la costa.

Figura 12 *El sedimento se deposita en la desembocadura del río Nilo y forma un delta.*

Si vuelves a observar el mapa de la cuenca de drenaje del río Mississippi de la Figura 2, podrás ver el lugar donde el río Mississippi desemboca en el Golfo de México.Aquí es donde se ha formado el delta del Mississippi. Cada una de las finas partículas de lodo del delta comenzaron a desplazarse corriente arriba. Alguna partes de Louisiana se formaron con partículas transportadas desde Montana, Minnesota, Ohio e Illinois.

Se han descubierto restos de un lecho fluvial antiguo en Marte. Las imágenes de satélite muestran depósitos de cauces fluviales, que indican la antigua existencia de agua líquida en este planeta ahora seco y congelado.

Autoevaluación

¿Qué podría frenar la corriente de un río?
(Consulta la página 564 para comprobar tu respuesta.)

Sedimentación en tierra

Si una corriente rápida de montaña desemboca en una planicie, su velocidad se reduce mucho debido a una disminución de su gradiente. Cuando la velocidad de la corriente disminuye, deposita aluvión en los puntos de unión entre la montaña y la planicie, formando un abanico aluvial como en la **Figura 13**. Los **abanicos aluviales** son depósitos en forma de abanico que se forman en las tierras áridas.

En temporadas de lluvias o deshielo rápido de nieve, un aumento repentino en el volumen del agua que desemboca en un sistema fluvial puede hacer que la corriente se desborde e inunde la tierra circundante. Esta tierra se llama **terreno aluvial.** Si un río se inunda, una capa de aluvión se deposita sobre el terreno aluvial. Cada inundación agrega otra capa de aluvión.

Los terrenos aluviales son áreas agrícolas muy ricas pues las inundaciones periódicas renuevan el suelo. Sin embargo, las inundaciones pueden causar grandes daños. En el valle del Mississippi, un extenso terreno aluvial con tierra muy fértil, se realiza mucha actividad agrícola. Sin embargo, cuando este río se desbordó en 1993, se abandonaron granjas y hubo que evacuar pueblos enteros. La inundación causó daños en nueve estados del medio oeste. La **Figura 14** muestra un área inundada cercana al norte de St. Louis, Missouri.

Figura 13 *Un abanico aluvial, como este de Sierra Nevada, en California, se forma cuando una corriente erosiva de gradiente empinado se convierte rápidamente en una corriente de depósito de gradiente bajo.*

Figura 14 *El flujo normal del río Mississippi (arriba) y el río Missouri (abajo) aparece en negro. El área inundada cuando ambos ríos desbordaron sus riberas en 1993 aparece en rojo.*

REPASO

1. ¿Qué hace que el flujo de un río provoque depósitos de aluviones?
2. ¿En qué se parecen y se diferencian los abanicos aluviales y los deltas?
3. ¿Por qué los terrenos aluviales son buenas áreas agrícolas?
4. **Identificar relaciones** ¿Qué factores aumentan las posibilidades de que se deposite un aluvión?

Sección 3

Agua subterránea

VOCABULARIO

agua subterránea
superficie freática
acuífero
porosidad
permeabilidad
pozo artesiano
topografía karst

OBJETIVOS

- Identifica y describe la ubicación de una superficie freática.
- Describe las características de un acuífero.
- Explica cómo se forman cuevas y la topografía karst como consecuencia de la erosión y sedimentación.

Aunque podamos ver agua superficial en ríos y lagos, hay una gran cantidad de agua subterránea que no podemos ver. El agua que hay debajo de la superficie terrestre se llama **agua subterránea.** Esta agua es un recurso importante y tiene un papel esencial en la erosión y sedimentación. Para entender los procesos de erosión y sedimentación del agua subterránea, debes comprender dónde y cómo se acumula.

Ubicación del agua subterránea

El agua de la superficie se filtra a través de la tierra e ingresa en las rocas y el suelo. Los geólogos dividen esta área subterránea en dos. La zona superior, llamada *zona de aireación,* casi nunca está completamente llena. Las rocas y el suelo que forman la zona de aireación tienen espacios de aire, que están llenos de agua sólo después de que ha llovido. Más adentro, el agua se acumula en un área llamada *zona de saturación.* Aquí, los espacios entre las partículas de las rocas están llenos de agua.

Las zonas de aireación y de saturación se unen en un límite subterráneo conocido como **superficie freática,** como se ve en la **Figura 15,** que cambia con la estaciones. Se eleva durante las épocas húmedas y baja durante las secas. En las regiones húmedas la superficie freática puede estar apenas bajo la superficie del suelo o en la superficie, pero en los desiertos la superficie freática puede estar a cientos de metros de profundidad.

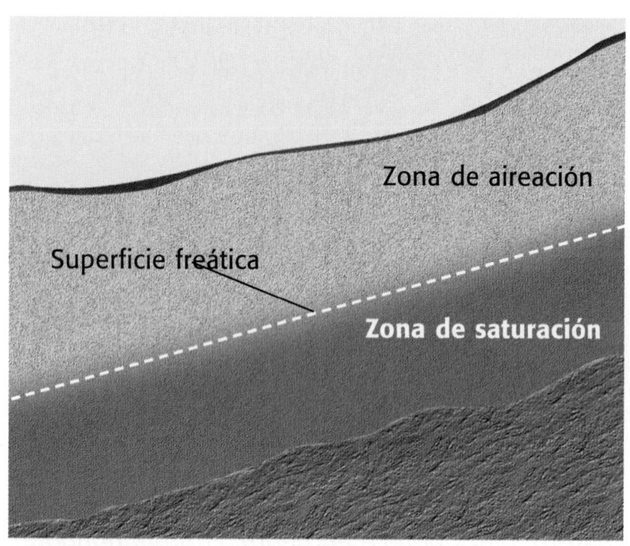

Figura 15 *La superficie freática es la superficie superior de la zona de saturación.*

Una bola de lodo del tamaño de una casa ¿dónde verías algo así? Pasa a la página 272 para leer acerca de esta enorme bola de lodo voladora.

Acuíferos

Algunos tipos de rocas tienen una gran capacidad para contener agua y otros tienen poca o ninguna. Una capa rocosa que almacena y permite el flujo de agua subterránea se llama **acuífero.**

Una capa rocosa debe tener dos características para que se considere un acuífero. Primero, debe ser *porosa* o contener espacios vacíos. La **porosidad** de una roca es la cantidad de espacio vacío entre las partículas individuales de roca. Segundo, la capa rocosa debe permitir que el agua pase libremente por ella, de un poro al otro. Si los poros están conectados, el agua subterránea puede fluir por la capa rocosa. La capacidad de una roca de dejar pasar el agua se llama **permeabilidad.** Una roca que tiende a detener el flujo del agua es impermeable.

Los mejores acuíferos a menudo están compuestos por arenisca, piedra caliza o capas de arena y grava. Algunos acuíferos cubren grandes áreas subterráneas y son una fuente importante de agua para las ciudades y la agricultura. El mapa de la **Figura 16** muestra los acuíferos de los Estados Unidos. ¿Puedes ubicar alguno que tu pueblo podría aprovechar?

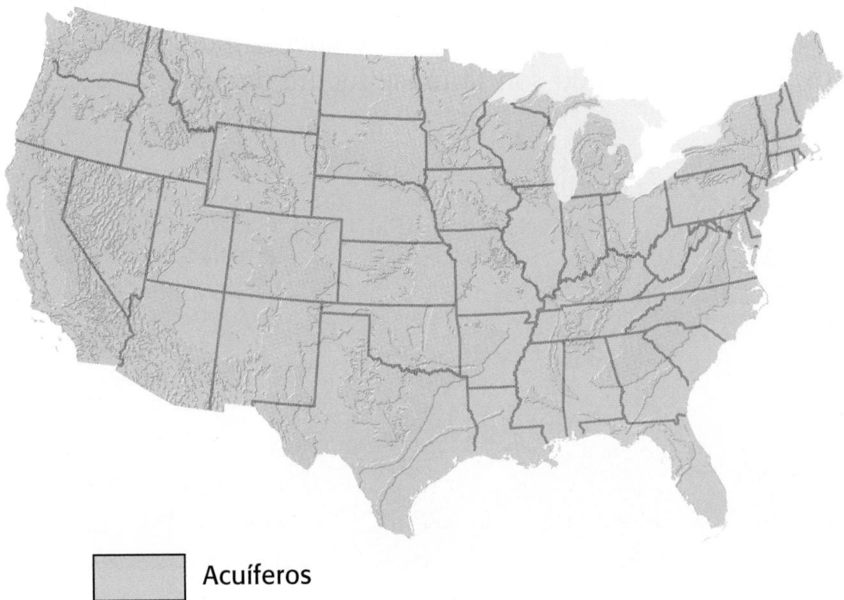

Acuíferos

Figura 16 Fuentes potenciales de agua subterránea para el área continental de los Estados Unidos

Al igual que los ríos, los acuíferos dependen del ciclo del agua para mantener un flujo constante de agua. La superficie del terreno donde el agua entra a un acuífero se llama *zona de recarga*. El tamaño de la zona de recarga varía según la permeabilidad de la roca en la superficie. En un área que contiene una capa de rocas permeables, el agua puede escurrirse hacia el acuífero. En áreas donde el acuífero está sobre una capa de rocas impermeables, la zona de recarga se restringe a áreas donde hay capas de rocas permeables.

Manantiales y pozos

El movimiento del agua subterránea se determina por la pendiente de la superficie freática. Al igual que el agua superficial, el agua subterránea tiende a moverse cuesta abajo hacia las elevaciones inferiores. Si la superficie freática llega a la superficie terrestre, el agua brotará del suelo, formando un *manantial*. Los manantiales son una fuente importante de agua potable. Los lagos se forman en áreas bajas, donde la superficie freática es más alta que la superficie terrestre.

Laboratorio

Grado de permeabilidad

1. Consigue cinco **vasos de poliestireno.**
2. Llena un vaso hasta la mitad con **tierra,** como la del jardín. Comprime la tierra.
3. Llena otro vaso hasta la mitad con **arena.** Comprime la arena.
4. Perfora de 5 a 7 orificios en el fondo de cada vaso con un **lápiz.**
5. Llena un tercer vaso con **agua.** Pon uno de los vasos vacíos restantes debajo del que tiene tierra. Vierte el agua en el vaso de arriba.
6. Deja que el vaso escurra por 45 segundos y luego coloca el vaso a un lado (incluso si está aún goteando). Coloca el vaso con agua a un lado.
7. Repite los pasos 5 y 6 con el vaso con arena. Compara los volúmenes de los dos vasos con agua. El vaso que dejó pasar la mayor cantidad de agua contiene el sedimento más permeable.

Una capa inclinada de rocas permeables intercalada entre dos capas de rocas impermeables se llama *formación artesiana.* La roca permeable es un acuífero y la capa superior de las rocas impermeables se llama *roca de cubierta,* como se muestra en la **Figura 17.** Las formaciones artesianas son la fuente de agua de los **pozos artesianos.** Los pozos artesianos son manantiales que se forman donde hay grietas naturales en la roca de cubierta y el agua bajo presión del acuífero sube a la superficie a través de ellas. Los pozos artesianos a veces se encuentran en los desiertos, donde a menudo son la única fuente de agua.

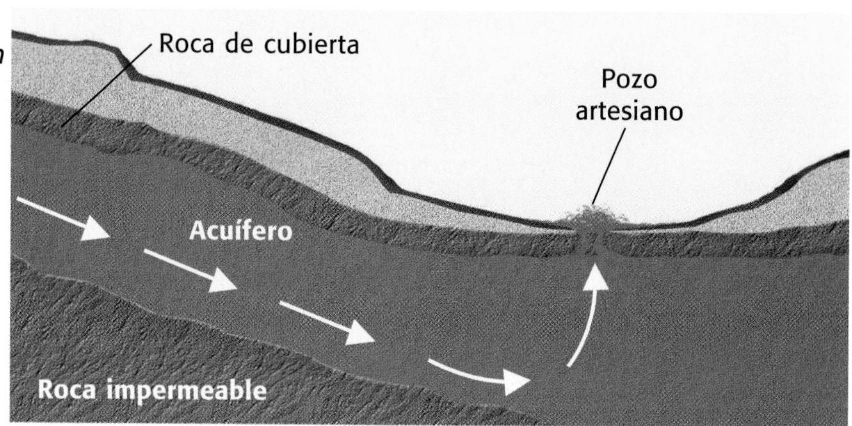

Figura 17 *Los pozos artesianos se forman cuando el agua de un acuífero sube por las grietas de la roca de cubierta de una formación artesiana.*

Un *pozo* es un orificio artificial más profundo que el nivel de la superficie freática; por lo tanto se llena con agua subterránea, como se ve en la **Figura 18.** Si un pozo no es suficientemente profundo, se secará cuando la superficie freática descienda por debajo del fondo del pozo. Además, si demasiados pozos en determinada área extraen el agua subterránea rápidamente, la superficie freática descenderá y los pozos se secarán.

Figura 18 *Un buen pozo debe perforarse suficientemente hondo para que contenga agua aún cuando la superficie freática descienda.*

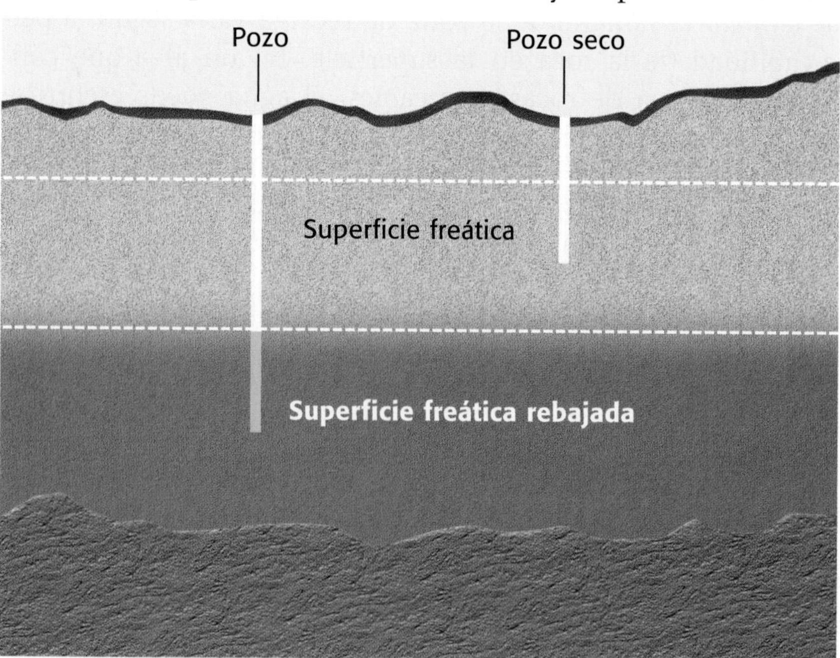

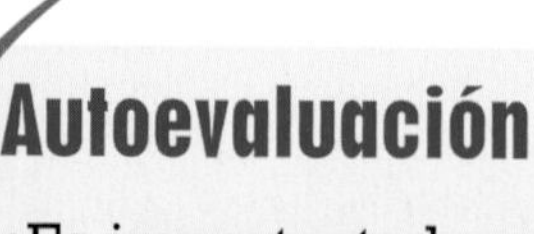

Autoevaluación

¿Es importante la capa de roca impermeable en una formación artesiana? *(Consulta la página 564 para comprobar tu respuesta.)*

Erosión y sedimentación subterránea

Aunque la mayor parte del agua subterránea se mueve lentamente, provoca erosión y sedimentación. A diferencia de un río, que erosiona sus riberas al pasar sobre rocas y tierra, el agua subterránea erosiona ciertos tipos de rocas disolviéndolas. La mayoría de las cuevas del mundo tardaron miles de años en formarse a medida que el agua subterránea disolvía la piedra caliza. La piedra caliza, compuesta de carbonato de calcio, se disuelve fácilmente en el agua y provoca formaciones subterráneas espectaculares al escurrirse el agua. Puedes ver algunos ejemplos en la **Figura 19.**

Figura 19 *En las cavernas Carlsbad, en Nuevo México, se han erosionado pasillos subterráneos y enormes "salones" debajo de la superficie terrestre.*

Aunque las cuevas se forman por erosión, la sedimentación las decora. El agua que gotea de una grieta en el techo de una cueva deja depósitos de carbonato de calcio, que son de una piedra caliza llamada *piedra filtrante*. El agua y la piedra caliza disuelta pueden gotear hacia abajo y formar picos de piedra filtrante en forma de carámbanos (estalactitas). Las gotas que caen al suelo de la cueva se pegan a formaciones cónicas de piedra filtrante llamadas estalagmitas. La **Figura 20** muestra formaciones de piedra filtrante producidas por sedimentación. Nómbralas.

Figura 20 *Si el goteo de agua dura lo suficiente, las estalactitas y estalagmitas pueden unirse, formando una columna de piedra filtrante.*

ciencias del medio ambiente CONEXIÓN

La mayoría de las especies de murciélagos viven en cuevas. Estos mamíferos voladores nocturnos se guían por el sonido y pueden alcanzar una velocidad de 95 km/h. Estos animales desempeñan un importante papel en el ambiente: son grandes consumidores de insectos y muchas especies de murciélagos polinizan plantas y distribuyen semillas.

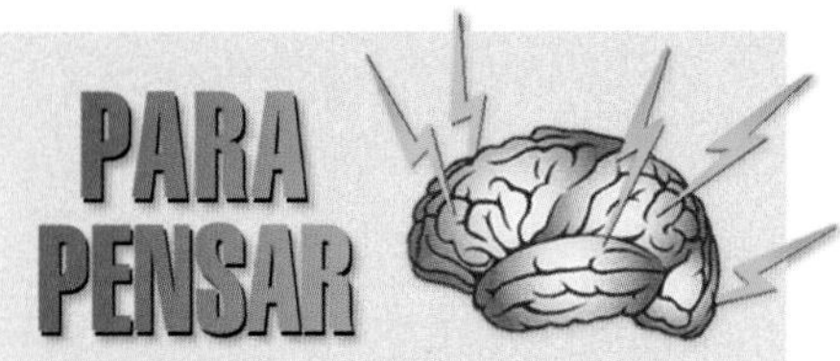

El término *topografía karst* proviene de una región de Eslovenia central llamada Karst. Esta área tiene muchas cuevas, valles y canales subterráneos que están formados por piedra caliza.

Las áreas donde los efectos de la erosión por agua subterránea son visibles en la superficie, se dice que tienen **topografía karst.** Este paisaje está decorado con formaciones raras asociadas con la erosión por agua subterránea y cuevas subterráneas. Cuando la superficie freática es inferior al nivel de una cueva, el agua debajo de ella no le sirve de soporte. Entonces el techo puede derrumbarse y dejar una depresión circular llamada *agujero de desagüe*. Las corrientes superficiales pueden "desaparecer" en estos agujeros y fluir después por cuevas subterráneas. Las agujeros de desagüe a menudo forman lagos en áreas de superficie freática alta. Florida Central está cubierta de cientos de lagos redondos de agujeros de desagüe. Los valles karst se forman donde hay muchos agujeros de desagüe que han dejado rebordes aguzados. A veces se forman riscos espectaculares de piedra caliza en los bordes de grandes agujeros de desagüe y valles karst. Tras miles de años de erosión por agua subterránea, el nivel de todo el paisaje desciende. La **Figura 21** muestra cómo la topografía karst puede afectar al paisaje.

Figura 21 *La topografía karst se encuentra en varias regiones, entre ellas la costa mediterránea, el sur de China y los Estados Unidos. La fotografía de arriba muestra el efecto de la erosión por agua subterránea en China. La fotografía de la derecha muestra los efectos de un agujero de desagüe en* Winter Park, *Florida.*

REPASO

1. ¿Qué es la superficie freática?
2. ¿Qué es un acuífero?
3. Nombra algunas de las formaciones por erosión y sedimentación subterránea.
4. **Analizar relaciones** ¿Qué relación existe entre la zona de aireación, la de saturación y la superficie freática?

Sección 4

Usar el agua sabiamente

VOCABULARIO

contaminación de punto conocido

contaminación sin fuente conocida

planta de tratamiento de aguas residuales

pozo séptico

OBJETIVOS

- Describe las etapas del tratamiento del agua en una planta de tratamiento de aguas residuales.
- Compara un sistema séptico con una planta de tratamiento de aguas residuales.
- Explica cómo el agua subterránea puede ser tanto recurso renovable como norenovable.

Los seres vivos necesitan agua para sobrevivir. Pero hay una cantidad limitada de agua dulce en la Tierra. Sólo el 3 por ciento del agua terrestre es potable. Y de ese 3 por ciento, el 75 por ciento está congelado en los casquetes polares. ¡Eso es más de 100 veces el volumen del agua de lagos y arroyos! Esta agua congelada no está lista para usarla. Por eso, es importante que usemos el agua sabiamente.

Contaminación del agua

Las aguas superficiales, como ríos y lagos, y las aguas subterráneas a menudo están contaminadas por desechos de las ciudades, fábricas y granjas. La **contaminación de punto conocido** proviene de un punto en particular, como un tubo de alcantarilla o desagüe de fábrica. Afortunadamente, las leyes prohiben gran parte de esta contaminación.

Figura 22 *Noventa y seis por ciento de la contaminación es contaminación sin fuente conocida. Este irrigador agrícola es una fuente potencial de contaminación sin fuente conocida.*

Otro tipo de contaminación, la **contaminación sin fuente conocida** es una preocupación creciente. Como se ve en la **Figura 22,** es mucho más difícil de controlar al no venir de una fuente única. La mayor parte de la contaminación sin fuente conocida contamina ríos y lagos por derrame. Las principales fuentes de este tipo de contaminación son las cunetas de las calles, los fertilizantes, suelos erosionados y sedimentos de la agricultura, tala de árboles, desagüe de minas y sales de irrigación. Algunos contaminantes ácidos transportados por el aire entran en fuentes de agua dulce con la lluvia.

El agua subterránea es una fuente importante de agua dulce. De hecho, más de la mitad del agua potable de Estados Unidos proviene de aguas subterráneas. Las granjas la usan para la irrigación. Como el agua subterránea proviene del de la superficie, se puede contaminar cuando el agua superficial está contaminada. Ya contaminada, el agua subterránea es muy difícil y costosa de limpiar.

Renovar el agua contaminada

Cuando descargas el tanque del inodoro o miras cómo el agua se va por el desagüe de la ducha, ¿te has preguntado adónde va esa agua? Si vives en una ciudad o pueblo grande, el agua fluye por cañerías cloacales a una planta de tratamiento de aguas residuales. Las **plantas de tratamiento de aguas residuales** son fábricas que extraen los materiales de desecho del agua de cloacas o desagües. Estas plantas ayudan a proteger el ambiente de la contaminación del agua. También nos protegen de enfermedades que se transmiten fácilmente a través del agua sucia.

PARA PENSAR

Cada año más de 2.5 millones de personas mueren debido a enfermedades transmitidas por el agua, como el cólera y la fiebre tifoidea. Con un mejor tratamiento de aguas residuales, muchas de estas vidas se podrían salvar.

Limpiar el agua Cuando el agua llega a una planta de tratamiento de aguas residuales, se limpia de dos formas diferentes. Primero pasa por una serie de pasos conocidos como *tratamiento primario.* En esta etapa, el agua sucia pasa por un gran colador que atrapa los objetos sólidos, como papel, fragmentos y tapas de botellas. El agua se coloca después en un tanque grande, donde las partículas más pequeñas se hunden y eliminan mediante filtración. Entre estas hay café molido, alimentos y tierra. Todo el aceite y el cochambre de la superficie son retirados.

Ahora, el agua está lista para el *tratamiento secundario.* En esta etapa, el agua se envía al tanque de aireación, donde se mezcla con oxígeno y bacterias. Las bacterias se alimentan de los desechos y consumen el oxígeno. Después el agua se envía a otro tanque decantador, donde se agrega cloro para desinfectar el agua. Finalmente, el agua se descarga en una fuente de agua, un arroyo, un lago o el mar. A veces el agua tratada es más limpia que el agua de la fuente en donde se descarga. La **Figura 23** muestra los componentes principales de una planta de tratamiento de aguas residuales.

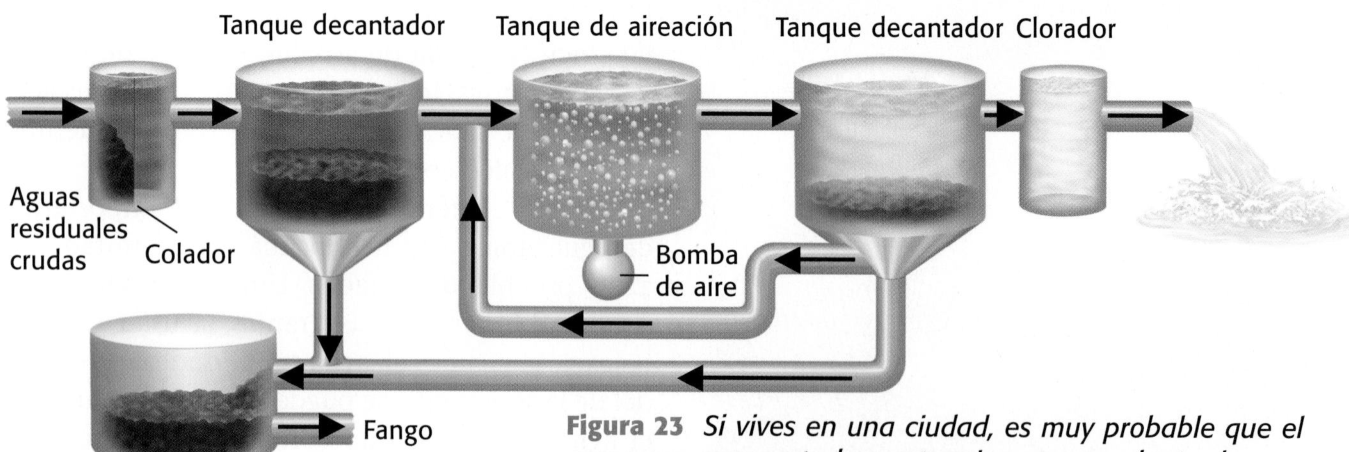

Figura 23 *Si vives en una ciudad, es muy probable que el agua que usas en tu hogar termine en una planta de tratamiento de aguas residuales, donde se limpia mediante un proceso similar al ciclo natural de limpieza del agua.*

Si vives en un área sin planta de tratamiento de aguas residuales, tu casa probablemente tiene un pozo séptico, como el de la **Figura 24**. Un **pozo séptico** es un tanque subterráneo que reúne y limpia las aguas de desecho de una casa. Las aguas de desecho fluyen desde la casa al pozo, en donde los sólidos se van al fondo. Las bacterias consumen estos desechos del fondo del pozo. El agua fluye desde el pozo a un grupo de tubos enterrados. Los tubos enterrados distribuyen el agua y permiten que el suelo la absorba. Este grupo de tubos se llama *campo de desagüe*.

Experimentos

Ensúciate las manos y aprende acerca de los métodos que se usan para limpiar el agua. Averígualo en la página 526.

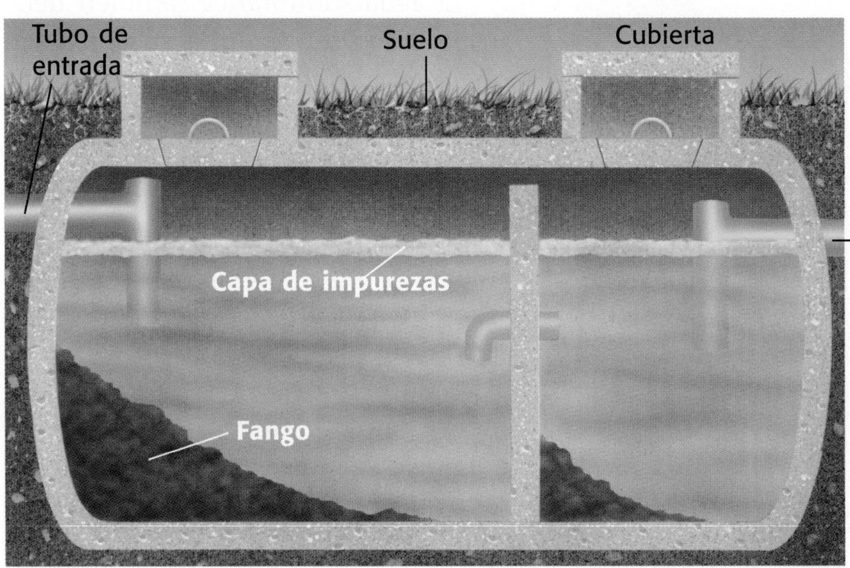

Figura 24 *Para que funcionen correctamente, la mayoría de los pozos sépticos se deben limpiar cada cierta cantidad de años.*

¡Agua va!

El diagrama de la **Figura 25** muestra cómo se utiliza el agua en un hogar promedio de los Estados Unidos. Fíjate que menos del 8 por ciento del agua que usamos en nuestros hogares se usa para beber. El resto se usa para descargar tanques de inodoros, lavado de ropa, bañarse y regar el pasto. Comprender el valor del agua dulce es el primer paso para conservar este recurso limitado.

Explora

Estudia la gráfica de la izquierda y determina cómo se usa la mayor parte del agua. Piensa en algunas medidas que puedas tomar para disminuir la cantidad de agua que se usa en tu hogar.

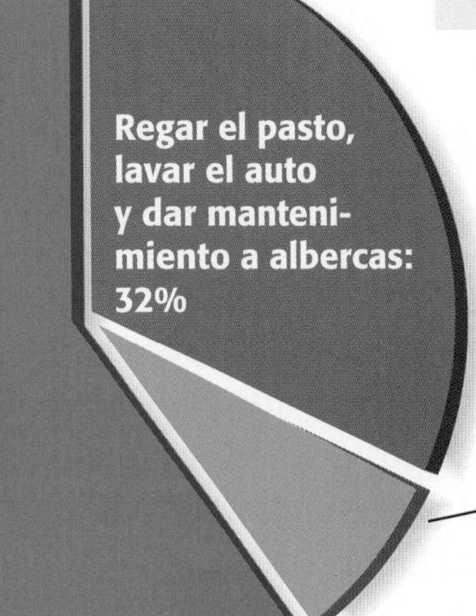

Figura 25 *Un hogar promedio de los Estados Unidos usa cerca de 100 galones de agua por día. La gráfica circular muestra algunos usos comunes de estos 100 galones.*

El agua en la industria La gráfica de la página anterior muestra cómo se usa el agua dulce en los hogares. Se necesita más agua aún para la industria, como se muestra en la **Figura 26.** El agua se usa para enfriar las centrales de energía, limpiar productos industriales, extraer minerales y generar energía para las fábricas. Muchas industrias tratan de conservar el agua reutilizándola en sus procesos de producción. En los Estados Unidos, la mayor parte del agua que se usa en las fábricas se recicla por lo menos una vez. Al menos el 90 por ciento de esta agua se puede tratar y devolver al conjunto de agua superficial.

El agua subterránea también debe inspeccionarse. Aunque se considera que el agua subterránea es un *recurso renovable,* un recurso que se puede volver a abastecar, el reciclaje del agua subterránea puede ser largo. Cuando se usa excesivamente, el agua subterránea a veces puede categorizarse como un *recurso no renovable,* una substancia que no puede reemplazarse. El agua subterránea se concentra y se mueve lentamente y el agua que se obtiene de algunos acuíferos podría no renovarse por muchos años. Los acuíferos suelen usarse excesivamente y, por tanto, no tienen tiempo para volver a llenarse. Al igual que el agua superficial, el agua subterránea se debe conservar.

Figura 26 **(a)** *El núcleo de un reactor nuclear se enfría con agua.* **(b)** *Se usa agua con mucha presión para excavar en la minería.* **(c)** *El agua de una presa se usa para generar energía hidroeléctrica.*

¿Cuánta agua usas para lavarte los dientes? Imagina que estás lavándote los dientes. Toma el tiempo que te tardas en todo el proceso. En tu cuaderno de ciencias, anota los pasos que realizas, asegurándote de incluir cuántas veces abres y cierras la llave. ¿Qué porcentaje del tiempo que tardas en lavarte los dientes está corriendo el agua? ¿Crees que podría ser un desperdicio de agua? ¿Cómo podrías conservar el agua mientras te lavas los dientes?

El agua en la agricultura El acuífero Ogallala es el más grande que se conoce en Norte América. El mapa de la **Figura 27** muestra que este acuífero atraviesa ocho estados bajo tierra, desde Dakota del Sur hasta Texas. Durante los últimos 100 años, el acuífero se ha usado mucho en la agricultura. El acuífero Ogallala proporciona agua para aproximadamente un quinto de la tierra de cultivo de los Estados Unidos. Recientemente, la superficie freática del acuífero ha bajado tanto que algunos científicos dicen que se necesitarán por lo menos 1,000 años para volver a llenarlo, si no se usara más.

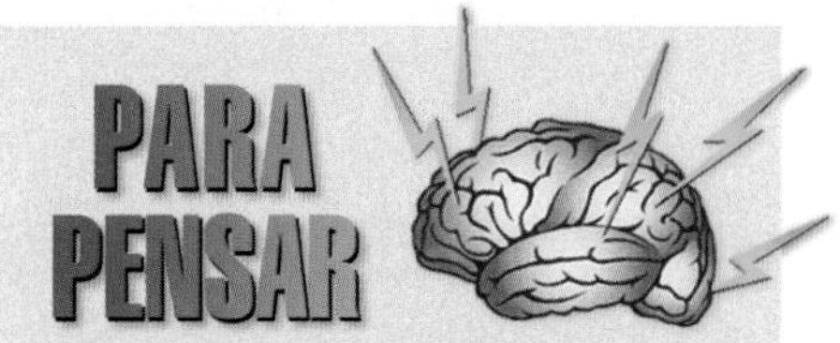

El acuífero Ogallala tiene una capacidad suficiente para llenar el lago Huron, pero se está usando 25 veces más rápido de lo que demora en llenarse.

Figura 27 *Debido a que el acuífero Ogallala ha sido una fuente tan buena de agua subterránea, se ha usado en exceso. La superficie freática ha bajado más de 30 m en algunas áreas.*

Los recursos hidráulicos son diferentes de los demás recursos. Debido a que se necesita agua para vivir, no hay un recurso alternativo. Para proteger el abastecimiento de agua subterránea, algunas comunidades están regulando su uso. Estas comunidades controlan los niveles de agua y desaprueban su uso cuando los niveles bajan de un punto determinado.

REPASO

1. ¿Qué diferencia existe entre la contaminación de punto conocido y aquélla sin fuente conocida?
2. Resume el proceso de tratamiento del agua en una planta de tratamiento de aguas residuales.
3. ¿Qué diferencia existe entre un recurso renovable y uno no renovable
4. **Resumir información** ¿Cómo funciona un pozo séptico?

Resumen del capítulo

SECCIÓN 1

Vocabulario

erosión *(pág. 248)*
ciclo del agua *(pág. 248)*
cuenca de drenaje *(pág. 250)*
afluente *(pág. 250)*
cresta divisoria *(pág. 250)*
canal *(pág. 251)*
gradiente *(pág. 251)*
caudal *(pág. 251)*
sedimentos *(pág. 252)*

Notas de la sección

- La erosión es la remoción y traslado de tierra y rocas.
- El ciclo del agua es el movimiento continuo del agua desde sus fuentes hacia el aire, luego a la tierra y de regreso a sus fuentes.
- Una cuenca de drenaje, o cuenca, se compone de río principal y todos sus afluentes.
- La tasa de erosión de corriente está influida por factores como: gradiente, caudal, velocidad y sedimentos de la corriente.
- El gradiente es el cambio de elevación en una distancia dada.
- El caudal es el volumen de agua que transporta una corriente en un tiempo determinado.
- Los sedimentos de una corriente son los materiales transportados por una corriente.
- Los ríos pueden ser jóvenes, maduros, viejos o rejuvenecidos.

Experimentos

Ciclo del agua: lo que sube. . .
(pág. 524)

SECCIÓN 2

Vocabulario

sedimentación *(pág. 255)*
aluvión *(pág. 255)*
delta *(pág. 256)*
abanico aluvial *(pág. 257)*
terreno aluvial*(pág. 257)*

Notas de la sección

- La sedimentación ocurre cuando el suelo y las rocas erosionadas se depositan.
- El aluvión es el material depositado por ríos y arroyos.
- Los deltas son depósitos de aluvión en la desembocadura de un río.
- Los abanicos aluviales son depósitos de aluvión al pie de una montaña.
- Los terrenos aluviales son áreas agrícolas ricas debido a la renovación del terreno por las inundaciones.

☑ Comprobar destrezas

Conceptos de matemáticas

EL GRADIENTE DE UNA CORRIENTE Puede influir en la velocidad de un río. Es una medida del cambio de elevación a lo largo de una distancia dada. Con esta ecuación lo podrás calcular.

$$\text{gradiente} = \frac{\text{cambio de elevación}}{\text{distancia}}$$

Toma como ejemplo un río que comience a 5,500 m y se desplace 350 km corriente abajo hasta un lago a 2,000 m. Utilizando la fórmula anterior, encontrarás que el gradiente es 10 m/km.

$$10 \text{ m/km} = \frac{(5{,}500 \text{ m} - 2{,}000 \text{ m})}{350 \text{ km}}$$

Comprensión visual

SEDIMENTOS DE UNA CORRIENTE Mira otra vez el diagrama de la página 252 para repasar los tipos de sedimento que puede llevar una corriente.

PLANTA DE TRATAMIENTO DE AGUAS RESIDUALES Estudia la Figura 23 de la página 264 para repasar los dos procesos de limpieza del agua en una planta de tratamiento de aguas residuales.

SECCIÓN 3

Vocabulario

agua subterránea *(pág. 258)*
superficie freática *(pág. 258)*
acuífero *(pág. 258)*
porosidad *(pág. 258)*
permeabilidad *(pág. 258)*
pozo artesiano *(pág. 260)*
topografía karst *(pág. 262)*

Notas de la sección

- El agua subterránea está debajo de la superficie terrestre. Puede disolver rocas, especialmente la piedra caliza.
- Las zonas de aireación y de saturación están en un límite llamado superficie freática.
- Un acuífero es una capa rocosa porosa y permeable por la que fluye el agua subterránea.
- La topografía karst se forma cuando el agua subterránea erosiona ciertos tipos de rocas, como la caliza, disolviéndolas.

SECCIÓN 4

Vocabulario

contaminación de punto conocido *(pág. 263)*
contaminación sin fuente conocida *(pág. 263)*
planta de tratamiento de aguas residuales *(pág. 264)*
tanque séptico *(p. 265)*

Notas de la sección

- Las aguas residuales se tratan en las plantas de tratamiento y en los pozos sépticos.
- En una planta de tratamiento de aguas residuales, el agua se limpia de dos formas diferentes: tratamiento primario y secundario.
- Aunque el agua generalmente se considera un recurso renovable, cuando se usa en exceso se puede catalogar como un recurso no renovable.

Experimentos

Limpia tu imagen *(pág. 526)*

internet

VISITA: go.hrw.com

Visita el sitio web de HRW para encontrar una serie de herramientas de aprendizaje relacionadas con este capítulo. Sólo tienes que escribir la palabra clave:

PALABRA CLAVE: HSTDEP

VISITA: www.scilinks.org

Visita el sitio web de la **Asociación Nacional de Maestros de Ciencias** *(National Science Teachers Association)* para encontrar recursos de Internet relacionados con este capítulo. Sólo escribe el **ENLACE DE CIENCIAS** para obtener más información sobre el tema:

TEMA: El Gran Cañón (Grand Canyon) — **ENLACE:** HSTE255
TEMA: Ríos y arroyos — **ENLACE:** HSTE260
TEMA: Agua subterránea — **ENLACE:** HSTE265
TEMA: Contaminación y conservación del agua — **ENLACE:** HSTE270

Repaso del capítulo

UTILIZAR EL VOCABULARIO

Para cada conjunto de términos, identifica el que no pertenece y explica por qué.

1. afluente/río/superficie freática
2. sedimentos/caudal/acuífero
3. delta/abanico aluvial/topografía karst
4. porosidad/permeabilidad/gradiente
5. contaminación de punto conocido/contaminación sin fuente conocida/pozo séptico
6. tratamiento primario/tratamiento secundario/cuenca de drenaje

COMPRENDER CONCEPTOS

Opción múltiple

7. ¿Cuál de los siguientes procesos no es parte del ciclo del agua?
   a. evaporación
   b. infiltración
   c. condensación
   d. sedimentación

8. ¿Qué tipo de sedimento hace que un río se vea turbio?
   a. arrastre de fondo
   b. arrastre disuelto
   c. arrastre en suspensión
   d. arrastre pedregoso

9. ¿Qué elementos son comunes en los cauces de ríos jóvenes?
   a. meandros
   b. terrenos aluviales
   c. rápidos
   d. arenales

10. ¿Qué elemento de sedimentación se encuentra en la costa?
   a. delta
   b. terreno aluvial
   c. abanico aluvial
   d. depósito aluvial

11. La topografía karst es principalmente un producto de
   a. la erosión de los ríos.
   b. la sedimentación de ríos.
   c. la contaminación del agua
   d. la erosión por aguas subterráneas.

12. La cuenca de drenaje más grande de los Estados Unidos es
   a. la del Amazonas.
   b. la del río Columbia.
   c. la del río Colorado.
   d. la del Mississippi.

13. Un acuífero debe ser
   a. no poroso e impermeable.
   b. no poroso y permeable.
   c. poroso e impermeable.
   d. poroso y permeable.

14. ¿Cuál de los siguientes es un punto conocido de contaminación del agua?
   a. fertilizante proveniente de un área agrícola
   b. derrame de las calles de la ciudad
   c. cañerías de desagüe
   d. pozo séptico con filtraciones

15. Durante el tratamiento primario en una planta de tratamiento de aguas residuales,
   a. el agua se envía a un tanque de aireación.
   b. el agua se mezcla con bacterias y oxígeno.
   c. el agua sucia pasa por un gran colador.
   d. el agua se envía a un tanque decantador donde se le agrega cloro.

Respuesta breve

16. ¿Qué relación hay entre afluentes y ríos?
17. ¿Cómo se vuelven a llenar los acuíferos?
18. ¿Por qué son comunes las cuevas en regiones ricas en piedra caliza?

Organizar conceptos

19. Usa los siguientes términos para crear un mapa de ideas: zona de aireación, zona de saturación, superficie freática, gravedad, porosidad, permeabilidad.

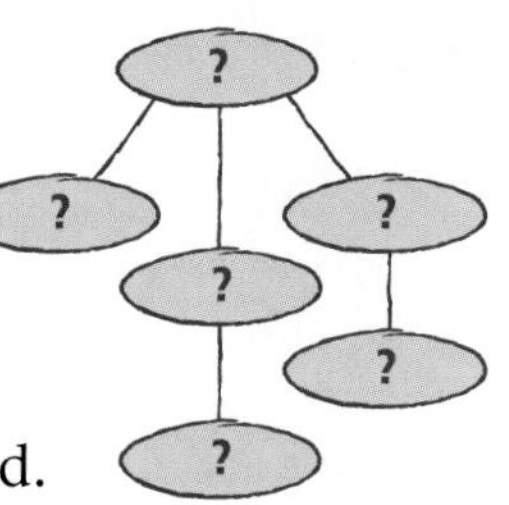

RAZONAMIENTO CRÍTICO Y RESOLUCIÓN DE PROBLEMAS

Escribe una o dos oraciones para responder a las siguientes preguntas:

20. ¿Qué papel desempeña el agua en la erosión y sedimentación?

21. ¿Cuáles son las características de un río que tiene un gradiente empinado?

22. ¿Por qué el agua subterránea es difícil de limpiar?

23. Imagina que vas caminando junto a una corriente madura. ¿Cómo sería esa corriente?

24. ¿Por qué el agua se considera tanto un recurso renovable como no renovable? Menciona un ejemplo de cada caso.

LAS MATEMÁTICAS EN LAS CIENCIAS

25. Un agujero de desagüe se ha formado en un pueblo con una población de 5,000. El pueblo se ha declarado zona de desastre y el gobierno federal ha entregado $2 millones al pueblo. El gobierno local usa el 60 por ciento del dinero para reparar la propiedad municipal y el resto se entrega a los ciudadanos.
    a. ¿Cuánto recibiría cada persona?
    b. Si hay 2,000 familias en el pueblo, ¿cuánto recibiría cada familia?
    c. ¿Recibiría cada familia el dinero suficiente para reconstruir su hogar? Si no es así, ¿cómo se podría distribuir de forma más justa?

INTERPRETAR GRÁFICAS

La siguiente hidrografía ilustra una corriente fluvial durante un período de 1 año. Las lecturas de caudal son del río Yakima, en Washington. El río Yakima fluye al este de las Montañas Cascade hasta el río Columbia.

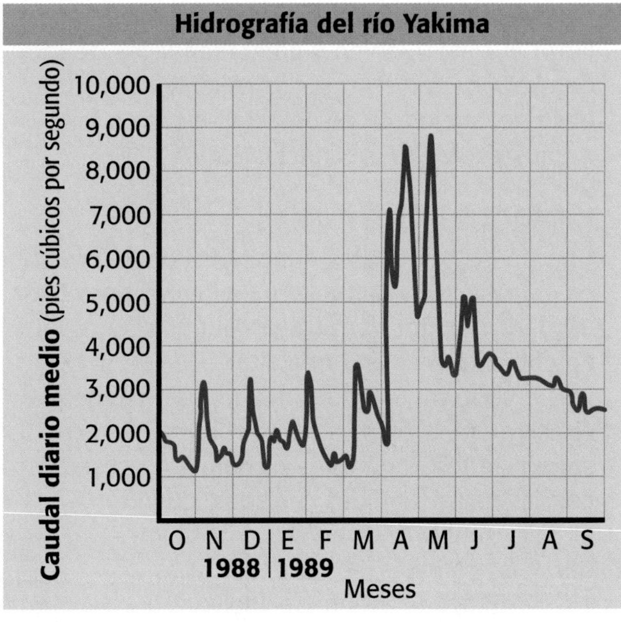

26. ¿En qué meses se presenta el mayor caudal?

27. ¿Por qué hay un mayor caudal durante esos meses?

28. ¿Qué podría producir los caudales máximos del río entre noviembre y marzo?

AHORA, ¿qué piensas?

Revisa tus respuestas a las preguntas de la página 5 que escribiste en el cuaderno de ciencias. ¿Han cambiado tus respuestas? Si es necesario, corrige tus respuestas basándote en lo que has aprendido en este capítulo.

Curiosidades de la

CIENCIA

BURBUJAS, HERVOR Y CHORRO

En partes del Parque Nacional Yellowstone *(Yellowstone National Park)* agua hirviendo se lanza al cielo, hierven y gorgotean lagos de lodo de extraños colores y gases calientes sisean desde el suelo. ¿Qué son estos extraños fenómenos geológicos? ¿Qué los causa?

Géisers antiguos

Una de las principales atracciones de Yellowstone es el *géiser* Old Faithful. En sus erupciones cada 60 o 70 minutos, lanza una columna de vapor y agua hirviendo hasta una altura de 60 m. Un géiser se forma cuando una angosta chimenea conecta una o más cámaras subterráneas con la superficie terrestre. Estas cámaras se calientan con las rocas fundidas cercanas. Cuando el agua subterránea entra por la chimenea y las cámaras, se calienta a más de 100°C. El agua caliente se vuelve vapor y explota hacia la superficie y luego hacia el aire. ¡Y Old Faithful hace erupción puntualmente!

Jacuzzi natural

Las pozas de *agua termal* son como géisers pero sin presión. Sus chimeneas son más anchas que las de un géiser y dejan que el agua subterránea se enfríe un poco y salga a la superficie en vez de hacer erupción. Para considerarse agua termal, su temperatura debe ser por lo menos la del cuerpo humano (37°C). Algunos manantiales subterráneos alcanzan temperaturas de varios cientos de grados Celsius.

Bolas de lodo voladoras

Los *géisers de lodo* se forman cuando el vapor o agua subterránea caliente gotea hasta la superficie y químicamente desgasta o disuelve elementos de la superficie, como las rocas. La mezcla de roca disuelta y agua produce una alberca hirviendo burbujeante de arcilla líquida y pegajosa. A veces el vapor sube rápidamente y con fuerza haciendo que el géiser de lodo se comporte como un volcán. Cuando lo hace, puede arrojar mucho lodo por el aire.

Algunos géisers de lodo se convierten en *géisers de colores* cuando los microorganismos o minerales de colores resplandecientes se mezclan. Por ejemplo, si hay mucho hierro en el lodo, los géisers de colores se teñirán de un color café rojizo o amarillento. Otros minerales y bacterias pueden colorear el lodo de blanco o azulado. Algunos incluso pueden gorgotear masas de varios colores diferentes.

▲ *Géiser de lodo en el Parque Nacional de Yellowstone*

¿Tú qué piensas?

► Hay gente que cree que explotar fuentes energéticas geotérmicas como los géisers podría dañar la delicada ecología de estas fuentes. Averigua los beneficios y riesgos de usar la energía geotérmica. ¿Tú qué opinas?

VENTANA AL MEDIO AMBIENTE

Desastre en el delta

A la salida del Sol sobre las tierras pantanosas del delta del río Mississippi, los pescadores ponen a prueba sus habilidades. Las aves de patas largas caminan ligeramente sobre el pantano, cazando peces o ranas para su desayuno, y cientos de especies de plantas y animales comienzan otro día en este frágil ecosistema. Pero el ecosistema del delta está en peligro.

La amenaza viene de los esfuerzos para obtener mayor provecho del Mississippi. Se dragaron grandes porciones del fondo del río para aumentar su profundidad y facilitar el tráfico de barcos. Se construyeron canales subterráneos para controlar las inundaciones. Lo que nadie notó fue que los sedimentos que antes se depositaban para formar suelo nuevo ahora pasan por canales profundos y desembocan en el océano.

Esos sedimentos reemplazaban el suelo perdido cada año por la erosión. Ahora el delta del río Mississippi está desapareciendo. En 1995, más de la mitad de las tierras pantanosas ya habían desaparecido, arrastradas al mar por las olas a lo largo de la costa de Louisiana.

▲ *El río Mississippi se extiende desde Minnesota a través del medio oeste estadounidense hasta el golfo de México.*

Travesía sedimental

El río Mississippi atraviesa 3,766 km para vaciar 232 millones de toneladas métricas de sedimento en el Golfo de México cada año. El extremo del delta del río Mississippi forma la mayor extensión de tierras pantanosas de Norte América. Un *delta* se forma cuando los sedimentos se depositan en la desembocadura de un río. En el delta del río Mississippi, los sedimentos se acumulan y forman un nuevo suelo a lo largo de la costa de Louisiana. El área alrededor del delta se llama *tierras pantanosas.* Tiene suelo fértil que produce gran cantidad de cultivos y varios hábitats (pantano, agua dulce y agua salada) que albergan a muchas especies de plantas y animales.

Salvemos el delta

Desde mediados de la década de 1980, los gobiernos locales, estatales y federales, junto con los ciudadanos y empresas de Louisiana, han estado trabajando para vigilar y restaurar el delta del río Mississippi. Entre los proyectos para proteger el delta están el de llenar canales que desvíen los sedimentos y ¡usar árboles navideños viejos como rejas para atrapar los sedimentos! Con los esfuerzos continuos de los científicos, líderes gubernamentales y ciudadanos preocupados, el delta del río Mississippi tiene buenas probabilidades de recuperación.

Exploremos el delta

▶ Averigua más acerca de las industrias y organismos que dependen del delta del río Mississippi para sobrevivir. ¿Qué les sucederá si no cuidamos el ecosistema?

CAPÍTULO 11

Erosión y sedimentación

¡Esto realmente sucedió!

Las olas golpeaban los acantilados, liberando su energía como siempre. Pero este día las olas parecen distintas: más grandes y explosivas, rompiendo las rocas a cada golpe.

El 8 de febrero de 1998, unas olas enormes se estrellaron contra los acantilados de la calle Broad Beach en Malibú, California. Los acantilados erosionados se derrumbaron, causando un alud. Una casa se cayó al océano mientras otras dos colgaban del borde de la superficie erosionada del acantilado. ¿Cómo pasó esto? ¿Qué hizo que estas olas fueran más fuertes de lo normal?

Todo esto es parte de un constante proceso de erosión a lo largo de las costas de California y otras costas del mundo. Las tempestades de invierno crean poderosas olas que azotan los acantilados y desprenden pedazos de roca que caen al océano. A veces, se pone en riesgo la vida y los bienes de las personas.

En este capítulo, estudiarás la fuerza de las olas en las costas y cómo esta fuerza cambia el paisaje. También estudiarás los efectos del viento, los hielos en movimiento y la atracción gravitacional sobre el paisaje.

¿Tu qué piensas?

Usa tus conocimientos para responder a las siguientes preguntas en tu cuaderno de ciencias:

1. ¿Qué tienen en común las olas y el viento?
2. ¿Cómo erosionan y depositan material rocoso las olas, el viento y el hielo?

Hacer olas

Las olas llegan a las costas continuamente. Pero, ¿alguna ves has pensado cómo afectan la orilla del mar? Crea tus propias olas para averiguarlo.

Procedimiento

1. Llena una **tina** con 5 cm de **agua**.
2. Haz una playa colocando **arena** en un extremo de la tina.
3. En tu cuaderno de ciencias, dibuja el perfil de la playa (vista lateral) y marca el dibujo con la letra "A".
4. Coloca un **bloque** al extremo de la tina, del lado opuesto de la playa. Mueve el bloque hacia arriba y hacia abajo lentamente durante 2 minutos para crear olas. Dibuja el nuevo contorno de la playa en tu cuaderno de ciencias y márcalo con la letra "B".
5. Vuelve a colocar un bloque en el extremo de la tina, del lado opuesto de la playa. Mueve el bloque hacia arriba y hacia abajo más rápidamente durante 2 minutos para crear olas grandes. Dibuja el nuevo contorno de la playa en tu cuaderno de ciencias y márcalo con la letra "C".

Análisis

6. Compara los distintos contornos de las playas A, B y C. ¿Qué le está sucediendo a la playa?
7. ¿Cómo erosionan la playa las olas pequeñas y las grandes?
8. ¿Qué otros factores pueden contribuir a la erosión de la playa?

Profundizar

Utiliza la Internet para investigar cómo la erosión de las costas afecta las propiedades privadas a lo largo de la costa oeste de los Estados Unidos. Aprende acerca de los métodos que se utilizan para reducir la erosión de las costas.

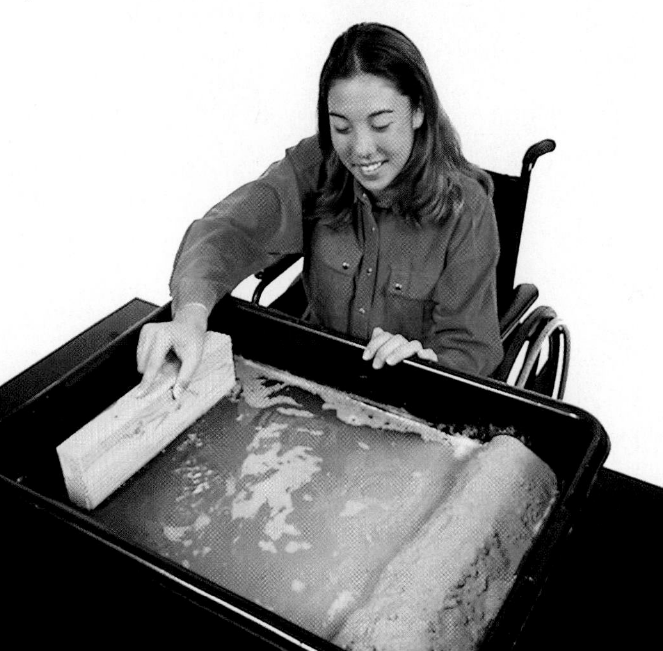

Sección 1

Erosión y sedimentación en la orilla del mar

VOCABULARIO

litoral
playa
corriente litoral

OBJETIVOS

- Explica la conexión entre las tormentas y la erosión por las olas.
- Explica cómo las olas se rompen en las aguas poco profundas.
- Describe cómo se forman las playas.
- Describe los tipos de accidentes geográficos costeros creados por la acción de las olas.

¿Qué imágenes te vienen a la mente al escuchar la palabra *playa*? Es posible que pienses en la arena, el mar azul que se extiende en el horizonte, brisas suaves y olas. En esta sección aprenderás cómo todas estas cosas se relacionan con la erosión y la sedimentación en la orilla del mar. El **litoral** es donde la tierra se une con una extensión de agua. La *erosión,* como recordarás, es la desintegración y el movimiento de materiales. La *sedimentación* ocurre cuando estos materiales caen y se depositan. Las olas pueden ser agentes poderosos de erosión y sedimentación, como aprenderás a continuación.

La energía de las olas

¿Has notado las pequeñas ondulaciones que creas al soplar en una taza de chocolate caliente? Del mismo modo, el viento se mueve sobre la superficie del mar, produciendo ondulaciones que se llaman *olas.* El tamaño de una ola depende de cuánto tiempo sople el viento y de su intensidad. Entre mayor sea la intensidad y la duración del viento, mayor será el tamaño de la ola. Haz la prueba la próxima vez que bebas chocolate.

El viento que proviene de las fuertes tormentas de invierno y los huracanes de verano generalmente produce olas grandes que provocan erosión en los litorales. Las olas pueden trasladarse a cientos e incluso miles de kilómetros de una tempestad antes de llegar al litoral. Algunas de las olas más grandes que llegan a las costas de California son causadas por tempestades que ocurren en lugares tan lejanos como Alaska y Australia. Por lo tanto, el tablista californiano de la **Figura 1** puede montar una ola que se formó del otro lado del océano Pacífico.

Figura 1 *Las olas producidas por tormentas que ocurrieron en el otro lado del océano Pacífico atraen a este tablista a las costas de California.*

Trenes de olas En tu viaje imaginario a la playa, ¿te acuerdas de haber visto una sola ola? Por supuesto que no; las olas no se mueven solas. Van en grupos llamados *trenes de olas.* Los trenes de olas se alejan de su origen y se mueven a través de las aguas del océano sin interrupción. Cuando llegan a aguas poco profundas, cambian de forma y comienzan a romperse. El fondo del mar comprime la parte inferior de la ola, acortando su longitud y aumentando su altura. Como resultado, se forman olas más altas y menos espaciadas. Cuando la parte superior de la ola es muy alta, no se puede sostener y comienza a enrollarse para, finalmente, romperse. Estas olas se denominan *rompientes.*

Figura 2 *Debido a que las olas viajan en trenes de olas, rompen en intervalos regulares de 10 a 20 segundos.*

Quizá hayas oído un informe para tablistas como éste: "Olas de 10 a 12 pies de altura provenientes del sudoeste en intervalos de 12 segundos." Este tipo de informe indica la altura de la ola, su dirección y el período del oleaje. El *período del oleaje,* como el de la **Figura 2,** es el tiempo que transcurre entre una ola que rompe y la siguiente. Por lo general, los períodos de oleaje son de 10 a 20 segundos.

La violencia de las rompientes Una de las razones por las que las olas son tan eficaces en el traslado y la sedimentación de materiales es que rompen constantemente. Otra razón es que, al romper, liberan gran cantidad de energía, como se muestra en la **Figura 3.** Un ola que rompe puede quebrar una roca sólida o arrojar pedazos de rocas contra la orilla del mar. El agua de las olas que rompen puede filtrarse fácilmente en las grietas de las rocas, desprendiendo grandes piedras o finos granos de arena. La arena suelta que las olas recogen, pule y desgasta las rocas de las costas. Las olas también pueden mover arena y rocas pequeñas para luego depositarlas en otros lugares, formando así playas.

¡MATEMÁTICAS!

Contar olas

¿Cuántas olas crees que llegan a una orilla en un día si el período de oleaje es de 10 segundos?
(Pista: Calcula cuántas olas se producen en un minuto, en una hora y en un día.)

Figura 3 *Las olas que rompen azotan la orilla rocosa, liberando su energía.*

Autoevaluación

¿Cuál ola tendría más energía erosiva, una pequeña o una grande? *(Consulta la página 564 para comprobar tus respuestas.)*

Figura 4 *Las playas están compuestas de distintos tipos de materiales depositados por las olas.*

Sedimentación de olas

Las olas llevan consigo distintos materiales, por ejemplo, arena, fragmentos de roca y conchas. A menudo, este material se deposita en la orilla, pero no siempre es así.

Playas Es probable que si vieras una playa la reconocerías. Pero técnicamente, una **playa** es cualquier área de la costa formada por materiales depositados por las olas. Algunos materiales de las playas llegan a los litorales a través de los ríos. Los ríos erosionan las montañas, los cerros y los suelos elevados y transportan parte del material erosionado depositándolo al ingresar al mar. Luego, las olas del mar, que interactúan con las corrientes, trasladan y vuelven a depositar el material a lo largo del litoral. Otros materiales de la playa provienen de la erosión de áreas cerca de la orilla del mar.

No todas las playas son iguales. Compara las playas que se ilustran en la **Figura 4.** Observa que los colores y las texturas varían. Esto se debe a que el tipo de material que hay en la playa depende de su origen. La arena de color claro es el material más común en las playas. Mucha de esta arena proviene del cuarzo de las rocas continentales. Sin embargo, no todas las playas están compuestas de arena de color claro. En la mayoría de las islas tropicales, las playas están hechas de coral blanco, y algunas playas de Florida están compuestas de pequeñas conchas rotas. En Hawai, hay playas de arena negra que proviene de la lava volcánica. En áreas donde las tormentas marítimas son comunes, las playas son de guijarros y piedras más grandes.

El ángulo de las olas es importante El movimiento de la arena en una playa depende del ángulo en que las olas rompan sobre la orilla. La mayoría de las olas se acercan a la playa en un ligero ángulo y se alejan de ella en una dirección más perpendicular a la orilla. Esto mueve la arena en zigzag a lo largo de la playa, como se ve en la **Figura 5.**

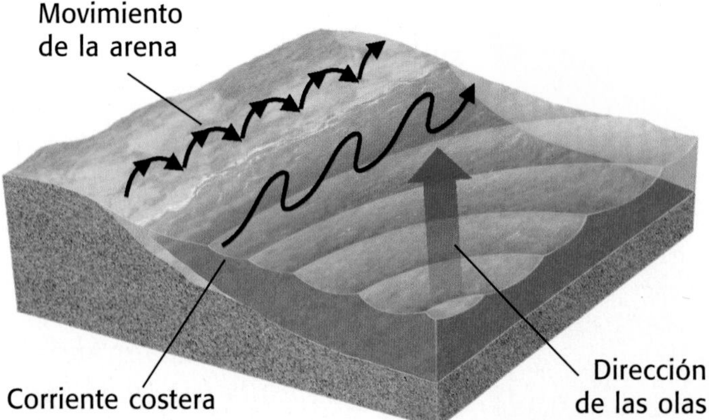

Figura 5 *Cuando las olas rompen sobre la orilla en un ángulo, la arena se mueve por la playa en zigzag.*

Sedimentación en mar abierto Las olas que se mueven en ángulo en la orilla del mar empujan el agua por la orilla, creando corrientes litorales. Una **corriente litoral** es un movimiento de agua cerca de la orilla y paralelo a ella. A veces, las olas erosionan el material del litoral y una corriente litoral lo transporta y lo deposita en mar abierto, creando accidentes geográficos en mar abierto, como los de la **Figura 6.**

Figura 6 Tres tipos comunes de depósitos en mar abierto

Un **arenal** es un arrecife expuesto o submarino hecho de conchas, grava o arena.

Un **banco de arena,** como Cape Cod, en Massachusetts, ocurre cuando un arenal expuesto se conecta a la orilla.

Un **tómbolo** es una isla en mar abierto conectada a la orilla con materiales depositados. La roca Morro es un antiguo trozo de fondo marino que ha sido elevado y ha resistido mejor la erosión que las rocas que lo rodean. Actualmente está conectado a la orilla por una dorsal de arena de playa.

Erosión por las olas

La erosión por las olas produce una variedad de características en la orilla. Los *acantilados marinos,* como el de la **Figura 7,** se forman cuando las olas erosionan y socavan las rocas, produciendo pendientes empinadas. La tasa de erosión depende de la dureza de la roca y de la energía que libera la ola. Los acantilados de rocas duras como el granito se erosionan muy lentamente. Otros, como los compuestos de roca sedimentaria, se erosionan con rapidez, especialmente durante las tormentas.

Figura 7 *Las casas con vista al mar que se construyen sobre rocas sedimentarias están constantemente amenazadas por el desgaste de los acantilados.*

Gran parte de la erosión que crea los accidentes geográficos que puedes ver a lo largo del litoral ocurre durante las tormentas. Las olas grandes generadas por las tormentas liberan más energía en la orilla que las olas normales. Esta energía es tan poderosa que puede eliminar grandes pedazos de roca. Las siguientes ilustraciones muestran algunas de las características del paisaje que se crean mediante la erosión por las olas.

Accidentes geográficos costeros creados por la erosión de las olas

Las **chimeneas rocosas** son columnas de roca resistente en mar abierto que formaron parte de acantilados o cabos marítimos. En estos casos, las olas han erosionado los acantilados y los cabos, dejando columnas aisladas de roca.

Los **arcos marinos** se forman cuando la acción del oleaje erosiona continuamente las cuevas marinas, cortando completamente a través del cabo.

Las **cuevas marinas** se forman cuando las olas cortan grandes agujeros en rocas debilitadas o fracturadas a lo largo de la base de los acantilados marítimos. Las cuevas marinas son comunes en los acantilados de piedra caliza, donde por lo general la roca es bastante blanda.

¡El estado de Louisiana se está encogiendo! Averigua por qué en la página 303.

Un **cabo** es una proyección en forma de dedo que ocurre cuando los acantilados formados por rocas duras se desgastan más rápidamente que la roca que los rodea. En muchos litorales, las rocas duras forman cabos y las más blandas forman playas o bahías. Por lo tanto, la costa puede alternar entre playas pequeñas en forma de bolsillo y cabos rocosos. Este tipo de litoral es muy común en la costa oeste de los Estados Unidos.

Una **terraza marina cortada por las olas** se forma cuando un acantilado marino se desgasta y produce una plataforma nivelada debajo del agua en la base de un acantilado. Aquí las olas desintegran los materiales erosionados de los acantilados. A medida que las olas desgastan el acantilado, las rocas erosionadas de la base del acantilado raspan la terraza hasta que queda casi completamente plana.

REPASO

1. ¿Cuál es la fuente de energía de las olas?
2. ¿Cómo moldean las olas el litoral?
3. Explica cómo se forman las playas y por qué no todas las playas son iguales.
4. **Resumir la información** Describe cómo se mueve la arena de la playa a lo largo de la orilla.

Sección 2

Erosión eólica y sedimentación

VOCABULARIO

saltación
deflación
abrasión
duna
loess

OBJETIVOS

- Explica por qué las áreas con material fino son más susceptibles a la erosión eólica.
- Describe cómo el viento mueve la arena y otros materiales finos.
- Describe los efectos de la erosión eólica.
- Describe la diferencia entre las dunas y los loess.

La mayoría de nosotros nos hemos sentido frustrados alguna vez por una corriente de viento que nos ha volado un montón de papeles. ¿Recuerdas lo lejos que volaron los papeles y cuánto tardaste en recogerlos porque cada vez que los alcanzabas se volvían a mover? Si esta escena te parece conocida, ya sabes cómo funciona la erosión por viento, o eólica. Algunos lugares son más susceptibles a la erosión eólica que otros. Las áreas con materiales finos y rocas sueltas que tienen pocas plantas de protección pueden ser dañadas por el viento en forma significativa. Las raíces de las plantas mantienen la arena y la tierra en su lugar, reduciendo así la erosión eólica. Los paisajes más comúnmente moldeados por los procesos del viento son los desiertos y las costas.

¿Alguna vez has tratado de seguir una roca en movimiento? Parece tonto, pero hay personas que no pierden de vista ciertas rocas escurridizas. Para averiguar más, pasa a la página 302.

El proceso de la erosión eólica

El viento mueve los materiales de distintas formas. En las áreas donde soplan vientos muy fuertes, el material se mueve por saltación. La **saltación** es el movimiento de partículas del tamaño de la arena que rebotan en la dirección del viento. Como puedes ver en la **Figura 8,** el viento hace que las partículas reboten. Cuando las partículas de arena chocan entre sí, algunas rebotan en el aire y caen hacia adelante, golpeando otras partículas de arena. Este impacto puede, a su vez, hacer que las partículas rueden hacia adelante o reboten en el aire.

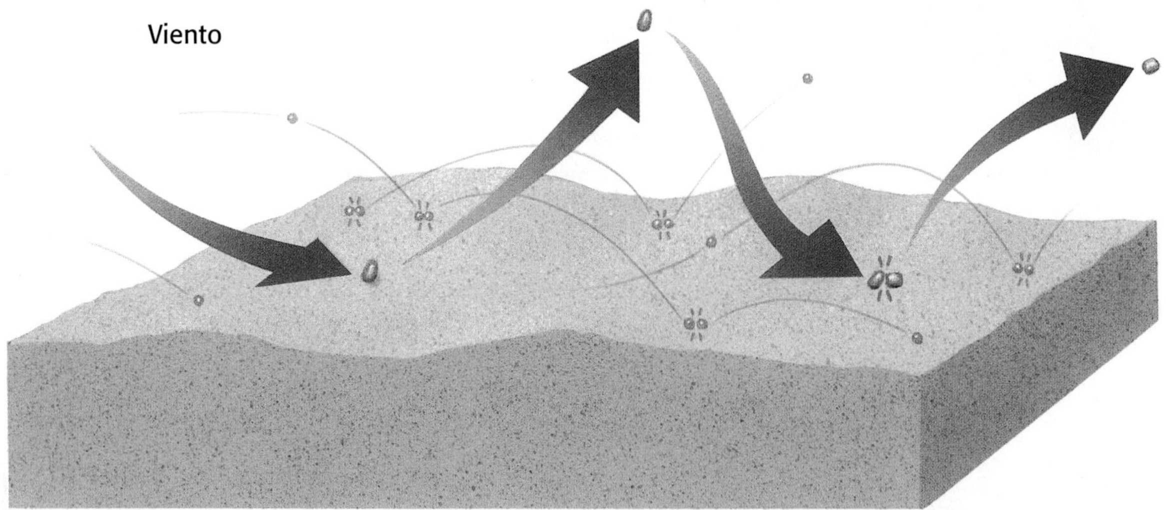

Figura 8 *El viento hace que los granos de arena se muevan por saltación.*

Dos procesos importantes de la erosión eólica son la *deflación* y la *abrasión*. La **deflación** es la flotación y eliminación de sedimentos finos por el viento. Durante la deflación, el viento elimina la capa superior de sedimento o tierra fina, dejando fragmentos de rocas que son muy pesados y no pueden elevarse con el viento. Esta superficie dura y rocosa de guijarros y pequeñas piedras quebradas se conoce como *pavimento del desierto*. Se muestra un ejemplo en la **Figura 9.**

Figura 9 *El pavimento del desierto, como el del Desierto Pintado* (Painted Desert) *de Arizona, se forma cuando el viento elimina todos los materiales finos.*

¿Has soplado una capa de polvo al limpiar una cómoda? Además de ensuciarte la cara, se forma una ligera depresión en el polvo. Asimismo, cuando no hay mucha vegetación, el viento deja depresiones en la arena, como la de la **Figura 10,** conocidas como *depresiones por deflación*.

Figura 10 *Las depresiones por deflación pueden empezar como depresiones de menos de 1 m de ancho. Sin embargo, la erosión continua puede convertirlas en depresiones de cientos de metros de ancho y muchos metros de profundidad.*

Laboratorio

Hacer pavimento del desierto

1. Riega una mezcla de sedimentos sobre una **tabla** o **mesa** afuera. Asegúrate de tener una combinación de **polvo, arena** y **grava.**
2. Coloca un **ventilador eléctrico** en un extremo de la tabla o mesa.
3. Ponte las **gafas protectoras** y una **máscara de filtro.** Dirige el ventilador a través del sedimento. Enciende el ventilador a baja velocidad. Anota tus observaciones en el cuaderno de ciencias.
4. Fija el ventilador a una velocidad media y luego a la velocidad más alta para imitar una tempestad de polvo en el desierto. Anota tus observaciones.
5. ¿Cuál es la relación entre la velocidad del viento y el tamaño del sedimento que se mueve?
6. ¿Corresponde el sedimento restante con la definición de pavimento del desierto?

Autoevaluación

¿Por qué se forman las depresiones por deflación en las áreas con poca vegetación? *(Consulta la página 564 para comprobar tu respuesta.)*

Cuando pasa mucho tiempo sin llover ocurre una *sequía y* las áreas de plantaciones o de pastoreo pueden sufrir grandes pérdidas de tierra. La eliminación de plantas hace al suelo más susceptible a la erosión eólica. Las tormentas de polvo y tierra ocurren cuando fuertes vientos elevan grandes cantidades de polvo a la atmósfera. Durante la década de 1930, una sección de las Grandes Planicies *(Great Plains)* sufrió graves erosiones eólicas y tormentas de polvo y tierra. Esta área tomó el nombre de Tazón de Polvo *(Dust Bowl).* El polvo obscureció tanto el cielo que hasta de día hubo que tener prendida la luz. En muchos lugares, las personas tuvieron que tender cuerdas de sus casas a sus establos para no perderse. Muchos dormían con trapos húmedos sobre la cara para no ahogarse. Describe el principal proceso de erosión que produjo el Tazón de Polvo.

La **abrasión** es la erosión y el desgaste de las rocas causado por otras rocas o por partículas de arena. Ocurre donde hay vientos fuertes, arena suelta y rocas blandas. El movimiento de millones de granos de arena por el aire crea un efecto de chorro de arena que contribuye a erosionar, aplanar y pulir las rocas. Estas rocas se llaman *ventifactos.* El lado pulido de un ventifacto está orientado hacia el viento.

Experimentos

Enciende una secadora para el pelo. No, no es para arreglarte el cabello, sino para averiguar cómo se trasladan las dunas. Averígualo en la página 530.

Materiales depositados por el viento

Como el papel que se lleva el aire, las partículas que el viento lleva terminan por depositarse. La cantidad y el tamaño de las partículas dependen del viento. Mientras más rápido sople, más y más pesadas partículas llevará. Si disminuye su velocidad, las partículas más pesadas se irán depositando.

Dunas La velocidad del viento se reduce cuando choca contra algún obstáculo, como una planta o una roca. Los materiales más pesados se depositan y se crea un nuevo obstáculo, el cual provoca la sedimentación de más material, formando un montículo. Finalmente, el obstáculo original queda enterrado. Los montículos se llaman **dunas.** Las dunas son comunes en los desiertos y en las orillas de los lagos y los océanos.

Las dunas tienden a moverse en la dirección del viento. Las diferentes condiciones del viento producen dunas de distintos tamaños y formas. Generalmente, las dunas tienen una pendiente suave y una pendiente empinada, o *cara deslizante,* como se muestra en la **Figura 11.** La pendiente suave está orientada hacia el viento. El viento transporta material continuamente por este lado de la duna. A medida que la arena se mueve encima del relieve o la cima de la duna, se desplaza por la cara deslizante hacia abajo, creando una pendiente empinada.

PARA PENSAR

Las dunas de arena más grandes de la historia se hallaban en la región del centro oeste de Argelia en el Sahara. Estas dunas medían cerca de 4.8 km de largo y 430 m de altura.

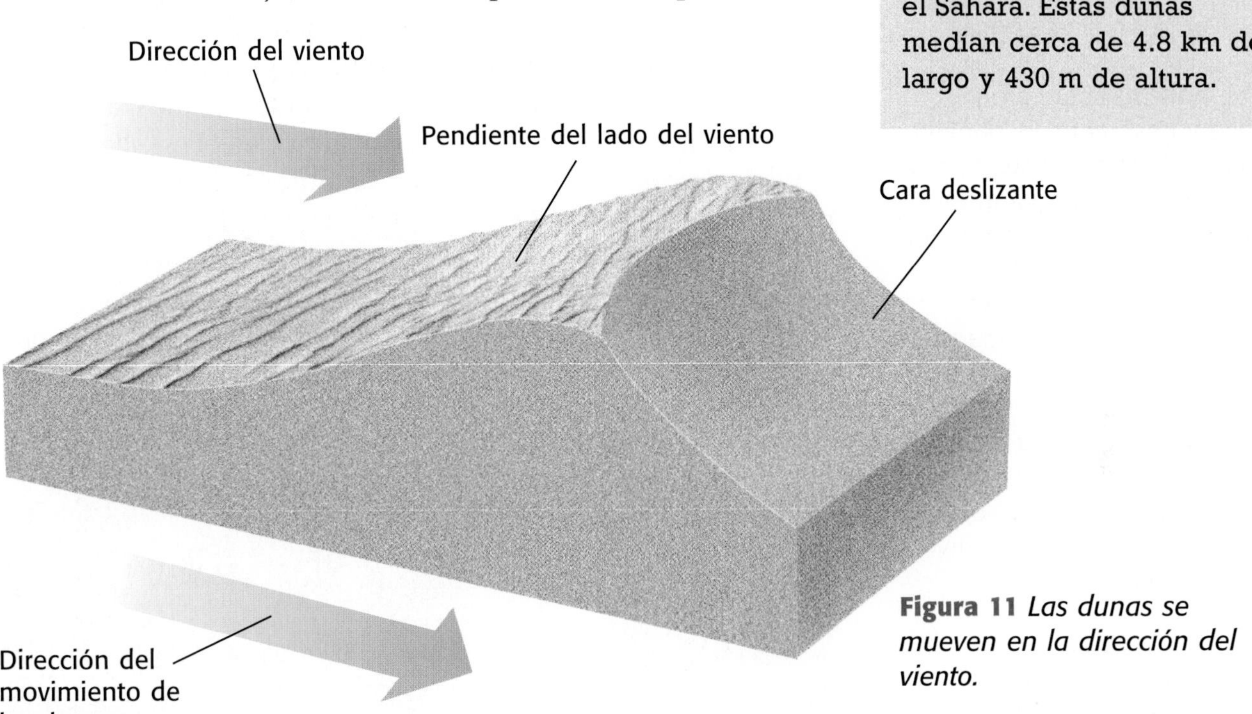

Figura 11 *Las dunas se mueven en la dirección del viento.*

Desaparición de las dunas

Las dunas proveen un hogar para cientos de especies de plantas y animales, incluyendo a la tortuga del desierto. Esta tortuga se encuentra en los desiertos del Mojave y de Sonora en el sudoeste de los Estados Unidos y puede vivir en lugares donde la temperatura del suelo es muy elevada. Se escapa del calor cavando refugios en la arena de las dunas. Sin embargo, la tortuga del desierto tiene un problema. Los vehículos motorizados para el desierto están destruyendo las dunas. Las dunas se derrumban fácilmente y son vulnerables a la erosión. Los vehículos motorizados derrumban las dunas y destruyen el hábitat de la tortuga y los de otras especies de animales y plantas. Por esta razón, varios organismos estatales y federales de protección de la vida silvestre y administración de tierras han asumido la misión de proteger el hábitat de la tortuga del desierto y de otras especies que dependen del desierto para su supervivencia, prohibiendo la entrada de estos vehículos en algunas áreas.

ciencias biológicas
CONEXIÓN

La serpiente de cascabel africana es una víbora venenosa que vive en las dunas del desierto de Namibia, en el sudoeste de África. Tiene una forma muy peculiar de moverse por la arena. Este movimiento le permite moverse sobre arena suelta y deslizante. Es pariente cercana de la serpiente de cascabel norteamericana, que se encuentra en los desiertos del sudoeste de los Estados Unidos y utiliza el mismo movimiento para trasladarse. Las escamas de la serpiente parecen granos de arena. Cuando se esconde y espera a su presa, se entierra en la arena y sólo asoma los ojos, que parecen dos granos de arena oscura.

Loess El viento puede depositar material mucho más fino que la arena. Los depósitos espesos de este sedimento de granos finos se llaman **loess**. El loess es muy fino y se parece al talco que utilizas después de una ducha.

Como el viento lleva materiales de grano fino más lejos y a alturas más elevadas, los depósitos de loess a veces se encuentran lejos de su origen. Una gran área de China está cubierta completamente de loess. Se cree que este sedimento se originó en el desierto de Gobi en Mongolia.

Muchos depósitos de loess provienen de fuentes glaciales que se originaron en el último período glaciar. Hay loess en muchas áreas del medio oeste de los Estados Unidos, a lo largo del borde oriental del valle del Mississippi y en el este de Oregon y Washington. En Mississipi hay grandes barrancas de loess, como la de la **Figura 12.**

Los depósitos de loess pueden utilizarse para la agricultura y a ellos se debe el éxito de muchas áreas de cultivo de granos en el mundo. Fuera de los Estados Unidos, estas áreas productivas se encuentran en Argentina, Ucrania, Europa central, Nueva Zelanda y China.

Figura 12 *Los espesos depósitos de loess en Mississippi contribuyen a la fertilidad de la tierra del estado.*

REPASO

1. ¿Cuáles son las áreas que tienen la mayor cantidad de erosión eólica y sedimentación? ¿Por qué?
2. Explica el proceso de saltación.
3. ¿Qué diferencia hay entre una duna y un depósito de loess?
4. **Analizar relaciones** Explica la relación que existe entre la deflación y el movimiento de dunas.

Sección 3

Erosión y sedimentación por hielo

VOCABULARIO

glaciar
témpano
grieta
promontorio
circo glaciar
arista
tillita
valle suspendido
Valles en forma de U
deriva glacial
deriva estratificada

OBJETIVOS

- Describe por qué los glaciares son agentes importantes de la erosión y la sedimentación.
- Explica cómo fluye el hielo de un glaciar.
- Describe algunos de los accidentes geográficos que son desgastados por los glaciares.
- Describe algunos de los accidentes geográficos que son depositados por los glaciares.

Imagínate un cubo de hielo del tamaño de un estadio de fútbol. Los glaciares pueden ser aún más grandes. Un **glaciar** es una masa de hielo en movimiento. Los glaciares son muy pesados y tienen la habilidad de moverse a través de la superficie terrestre. Son capaces de erosionar, mover y depositar grandes cantidades de material rocoso.

Glaciares: ríos de hielo

Los glaciares se forman en áreas tan heladas que hay nieve todo el año. Estas áreas se encuentran en elevaciones altas en las regiones polares. Debido a que la temperatura promedio es de congelación o muy cercana a ella, la nieve se acumula durante todo el año. El peso de la nieve superficial hace que la nieve enterrada a grandes profundidades se convierta en cristales de hielo, formando grandes masas de hielo. Éstas se convierten en lentos "ríos de hielo" cuando se comienzan a mover debido a la atracción gravitacional ejercida sobre ellas.

Tipos de glaciares Existen dos tipos de glaciares principales: *alpinos* y *continentales*. La **Figura 13** muestra un glaciar alpino. Este tipo de glaciar se forma en áreas montañosas. Un tipo de glaciar común es el *glaciar de valle*. Los glaciares de valle se forman en valles que fueron originalmente creados por erosión de las corrientes. Dichos glaciares se mueven lentamente cuesta abajo, ensanchando y enderezando los valles y dándoles forma de U a medida que se trasladan. Otro tipo de glaciar alpino, los *glaciares de pie de monte,* se forman en la base de las cordilleras.

Figura 13 *Los glaciares alpinos comienzan como neveros en las áreas montañosas.*

Explora

¿Qué tan lejos habrá viajado el témpano que impactó el *Titanic* antes del fatal encuentro? En un mapa del océano Atlántico, traza la ruta del *Titanic* desde Southampton, Inglaterra hasta Nueva York. Luego, traza la posible ruta del témpano flotante desde Groenlandia hasta el lugar en donde se hundió el barco, la provincia canadiense de Newfoundland al sur del la isla.

No todos los glaciares son "ríos de hielo." Algunos siguen aumentando en tamaño y esparciéndose a través de continentes. Éstos se llaman glaciares continentales y son enormes masas de hielo que se mueven continuamente. La **Figura 14** muestra un ejemplar enorme: una *lámina de hielo continental.* Estas láminas cubren millones de kilómetros cuadrados de hielo. La Antártida está casi totalmente cubierta por una de las láminas de hielo más grande en el mundo: es aproximadamente 1.5 veces el tamaño de los Estados Unidos. Es tan gruesa (más de 4,000 m) que cubre todo salvo las cimas de las montañas más altas.

Figura 14 *La Antártida contiene aproximadamente 91 por ciento del hielo glacial del planeta.*

Una lámina de hielo continental generalmente tiene un centro de nieve y una acumulación de hielo en forma de cúpula. El hielo fluye del centro a los bordes. El área en donde el hielo está unido a la lámina de hielo y que descansa sobre el agua se denomina una capa de hielo. La capa de hielo más grande es el *Ross Ice Shelf,* que se muestra en la **Figura 15,** que está unida a la lámina de hielo que cubre la Antártida. Esta capa de hielo cubre un área del tamaño de Texas.

Grandes pedazos de hielo que se desprenden de una capa de hielo y que flotan en el mar se denominan **témpanos.** El proceso por medio del cual se forma un témpano se denomina *desprendimiento.* La mayor parte del témpano se encuentra bajo la superficie del agua, y esto puede ser un peligro para los barcos. En el océano Atlántico Norte, cerca de Newfoundland, el *Titanic* chocó con un témpano que se desprendió de la lámina de hielo denominada Groenlandia.

Figura 15 *Los témpanos se desprenden del* Ross Ice Shelf *y flotan en el mar de Ross.*

Movimiento de los glaciares Cuando se acumula una cantidad suficiente de hielo en una pendiente, el hielo comienza a moverse cuesta abajo. El grosor del hielo y el empinamiento de la pendiente determinan la velocidad a la que se trasladará (los glaciares gruesos y las pendientes empinadas hacen que se mueva con más velocidad). Los glaciares se mueven mediante dos métodos. Cuando el peso del hielo provoca el derretimiento del hielo inferior, el agua del hielo derretido permite el movimiento del glaciar. Los glaciares también se mueven cuando los cristales de hielo sólidos en el interior del glaciar se deslizan uno contra el otro, provocando un movimiento lento. La velocidad no es igual para todos los glaciares. Este proceso es similar al movimiento de una baraja de naipes sobre una mesa inclinada. Los naipes superiores se deslizarán más lejos que los naipes inferiores. Al igual que los naipes, la superficie de un glaciar fluye más rápidamente que la base. Además, el centro del glaciar fluye más rápidamente que sus costados y su base. Esto se debe a que la fricción generada por el contacto de los costados y la base con la superficie de las rocas, disminuye la velocidad.

A medida que un glaciar avanza, a menudo se producen **grietas.** Las grietas, como la de la **Figura 16,** son fisuras que se forman cuando un glaciar aumenta su velocidad o fluye sobre un punto elevado. Se forman porque el hielo no se puede estirar rápidamente y se fisura. Son peligrosas para quienes se trasladan a través de los glaciares ya que las capas de nieve pueden ocultarlas.

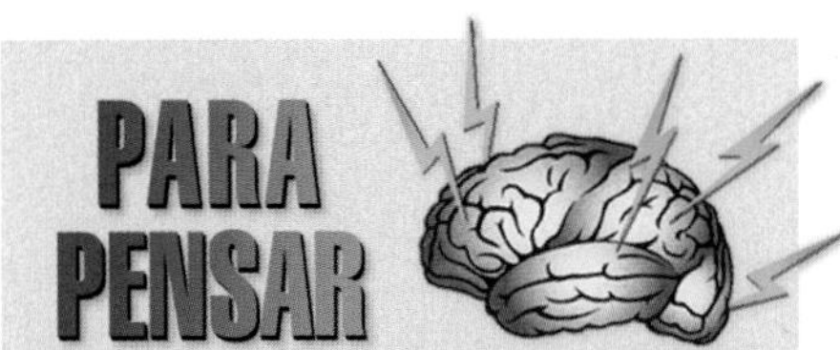

Muchos témpanos que se están desprendiendo actualmente de los glaciares de Alaska están compuestos de millones de copos de nieve que cayeron en la misma época en que Colón descubrió América.

¡MATEMÁTICAS!

Velocidad de un glaciar

Se estima que un glaciar alpino puede avanzar 5 m diarios. Calcula cuánto se demorará el hielo en alcanzar una carretera y un sitio de campamento ubicados a 0.5 km de la punta del glaciar.

1 km = 1,000 m

Figura 16 *Las grietas pueden ser peligrosas para los alpinistas que deben atravesar los glaciares.*

¿En qué forma se relacionan las grietas de hielo con el flujo del glaciar? *(Consulta la página 564 para comprobar tu respuesta.)*

Accidentes geográficos formados por glaciares

Los glaciares alpinos y continentales producen paisajes muy distintos. Los glaciares alpinos forman características rústicas en las rocas montañosas que traspasan. Los glaciares continentales desgastan el paisaje, raspando y eliminando características que existían antes de que el hielo apareciera e incluso aplanan las montañas más altas. Las **Figuras 17** y **18** muestran los paisajes que producen los distintos tipos de glaciares.

Figura 17 *Los glaciares continentales desgastan y aplanan el paisaje.*

Figura 18 *Los duros glaciares alpinos formaron este paisaje rústico.*

Los glaciares alpinos amoldaron grandes cantidades de material rocoso, creando paisajes espectaculares. Dichos glaciares formaron paisajes como las Montañas Rocosas *(Rocky Mountains)* y los Alpes. La **Figura 19** muestra el tipo de paisaje que forma la erosión provocada por un glaciar alpino que se revela una vez que el hielo se derrite.

Figura 19 Accidentes geográficos formados por glaciares alpinos

Los **promontorios** son picos agudos en forma de pirámide que se forman cuando tres o más excavaciones naturales erosionan una montaña.

Los **circos glaciares** son depresiones de forma semicircular labrada por el hielo de los glaciares en las paredes de la montaña.

Las **aristas** son crestas irregulares que se forman entre dos o más circos glaciares que erosionan la misma montaña.

Los **valles suspendidos** son valles glaciales más pequeños que se unen al valle principal de mayor profundidad. Dichos valles se forman porque los glaciares más pequeños no pueden formar un valle tan profundo como el glaciar principal. Muchos valles suspendidos forman cascadas una vez que el hielo ha desaparecido.

Un **valle en forma de U** se forma cuando un glaciar erosiona un valle de su forma original en "V" a una forma en "U". Estos anchos valles glaciales en forma de U también se denominan *valles sinclinales glaciales.*

Figura 20 *Estrías, como las que se ven en Central Park, en Nueva York, son evidencia de la erosión glacial.*

Los glaciares alpinos forman muchos de los accidentes geográficos creados por glaciares, pero comparten algunos rasgos comunes con los continentales. Por ejemplo, cuando un glaciar erosiona el paisaje, éste recoge y lleva material rocoso. Estos desechos son transportados en la superficie del glaciar, pero también debajo de él y en su interior. Muchas veces, el material rocoso se congela y, a medida que se mueve el glaciar, las rocas raspan y pulen la superficie de la roca. Las rocas más grandes forman grietas en la superficie de la roca. Como puedes ver en la **Figura 20,** dichas grietas, denominadas *estrías,* sirven para a determinar la dirección en que fluyen los hielos.

Tipos de sedimentación glacial

Deriva glacial es el término general utilizado para describir todo el material transportado y depositado por un glaciar. Se clasifican en dos tipos en función de si el material ha sido dividido o no.

Deriva estratificada Material rocoso que ha sido dividido y depositado en capas por el agua que fluye del hielo derretido de un glaciar. Una variedad de derivas estratificadas se muestra en la **Figura 21.** Muchos arroyos son creados por el agua de fondo de un glaciar. Éstos transportan materiales divididos, que son depositados frente al glaciar en un área ancha denominada *llanura de depósitos aluviales.* A menudo queda un bloque de hielo en esta llanura cuando el glaciar se retira. Durante el tiempo que se derrite el hielo, se acumulan sedimentos alrededor del bloque de hielo. Una vez que el hielo se derrite, queda una depresión denominada *marmita.* Las marmitas comúnmente se llenan de agua, formando un lago o una laguna.

Algunas corrientes de agua de fondo fluyen en túneles a lo largo del fondo del glaciar que se derrite. El agua de fondo fluye a través de las grietas y las fisuras, creando túneles descendientes. Las corrientes transportan arena y grava por estos túneles, que luego son depositadas en dorsales largos y angostos denominados *eskers.* Cuando el glaciar se derrite, aparece el esker.

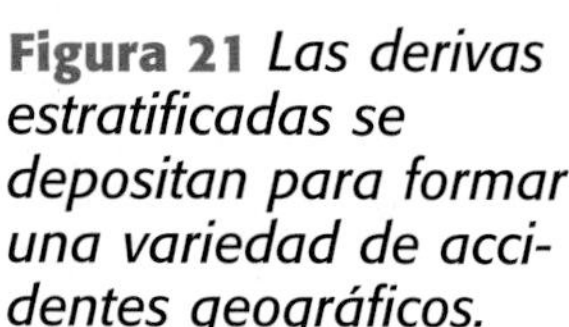

Figura 21 *Las derivas estratificadas se depositan para formar una variedad de accidentes geográficos.*

Sedimentos de tillita El segundo tipo de deriva glacial, la **tillita,** es material rocoso no separado, depositado directamente por el hielo glacial cuando se derrite. *La* tillita está compuesta de material rocoso de distintos tamaños. A medida que fluye el glaciar, transporta fragmentos de roca de distintos tamaños. Cuando se derrite, el material no separado se deposita en la superficie de la tierra. Las sedimentaciones de tillita más comunes son las *morrenas*. Las morrenas forman dorsales a lo largo de los bordes de los glaciares. Se producen cuando los glaciares transportan material hacia la parte frontal del hielo y a lo largo de sus costados. A medida que el hielo se derrite, los sedimentos y las rocas que transportaba se depositan, formando diferentes tipos de morrenas como se muestra en la **Figura 22.**

Figura 22 *Las morrenas entregan pistas con respecto al lugar en donde se ubicaron los glaciares alguna vez.*

REPASO

1. ¿Cómo cambian los glaciares el aspecto de las montañas?
2. Explica por qué los glaciares continentales desgastan el paisaje mientras que los alpinos forman paisajes rústicos.
3. ¿Qué indican las morrenas?
4. **Aplicar Conceptos** ¿Por qué un glaciar puede depositar material separado y no separado?

Experimentos

¿Cómo entró este glaciar a mi salón de clases? Para averiguar más sobre los glaciares y la erosión, pasa a la página 531.

Sección 4

El efecto de la gravedad sobre la erosión y la sedimentación

VOCABULARIO

movimiento masivo
caída de rocas
alud
avalancha
arrastre

OBJETIVOS

- Explica cómo el declive se relaciona con el movimiento masivo.
- Describe cómo la gravedad afecta el movimiento masivo.
- Describe los diferentes tipos de movimiento masivo.

Las olas, el viento y el hielo son agentes visibles de la erosión y la sedimentación. La gravedad es un agente invisible de erosión y sedimentación que trabaja continuamente. La gravedad influye sobre el movimiento del agua, como en las olas, los arroyos y el hielo y además provoca el movimiento de las rocas y de la tierra hacia abajo. El **movimiento masivo** es el movimiento cuesta abajo de cualquier material. La fuerza de la gravedad controla el movimiento masivo, que puede ser lento o rápido.

Las fuerzas del movimiento masivo

Todo movimiento masivo ocurre como consecuencia de la gravedad. Si se amontona arena seca, se moverá cuesta abajo hasta que la pendiente sea estable. El *ángulo de reposo* es el ángulo más empinado en el que el material suelto no se desliza cuesta abajo. Esto se muestra en la **Figura 23.** El ángulo de reposo varía según el tipo de sedimento. Las rocas y los sedimentos sueltos no se mueven a menos que el ángulo del material sea más empinado que el ángulo de reposo.

El efecto de la gravedad sobre el material depende de características como el tamaño, peso, forma y nivel de humedad, así como la pendiente sobre la que está. Mientras más empinada sea la pendiente, más probable será un movimiento masivo.

Laboratorio

Ángulo de reposo

1. Vierte un **recipiente** de **arena seca** sobre una mesa de laboratorio.
2. Utiliza un **transportador** para medir la pendiente de la arena o el *ángulo de reposo.*
3. Vierte otro vaso de precipitados lleno de arena sobre el primer montón.
4. Ahora mide el ángulo de reposo del nuevo montón.
5. ¿Cuál de los dos montones tiene más probabilidades de derrumbarse? ¿Por qué?

Figura 23 *Si el ángulo de la cuesta sobre la que está el material es menor que el ángulo de reposo, el material se quedará en su lugar. Si el ángulo es mayor que el ángulo de reposo, el material se moverá hacia abajo.*

Movimiento masivo rápido Los movimientos masivos más destructivos ocurren repentinamente y a gran velocidad. Los movimientos masivos rápidos ocurren cuando el material, como rocas y suelo, se mueve cuesta abajo rápidamente. Un movimiento masivo rápido es muy peligroso y destruye todo lo que encuentra en su camino. Al conducir por una carretera montañosa, habrás notado señales que advierten sobre la caída de rocas. Una **caída de rocas** ocurre cuando un grupo de rocas sueltas cae por una pendiente empinada, como se ilustra en la **Figura 24.** A veces, las pendientes empinadas se crean para abrir espacio para la construcción de carreteras en áreas montañosas. Las rocas sueltas y expuestas sobre una carretera tienden a caer debido a la fuerza de gravedad. En una caída de rocas, éstas pueden variar en tamaño desde fragmentos pequeños hasta piedras grandes.

Otro tipo de movimiento masivo rápido es el *alud.* Un **alud** es el movimiento súbito y cuesta abajo de una gran cantidad de material. Un *corrimiento* es un ejemplo de un tipo de alud. Los corrimientos ocurren cuando un bloque de material se mueve cuesta abajo sobre una superficie curva, tal como se muestra en la **Figura 25.**

a través de las ciencias CONEXIÓN

La gravedad es una de las fuerzas principales que provocan el desplazamiento de rocas y suelo. La gravedad es la fuerza de atracción entre dos objetos. Mientras mayor masa tenga un objeto, más atracción habrá entre él y los demás objetos.

Figura 24 *Si una cantidad suficiente de rocas cae de una montaña, se formará un montón en la base de la pendiente. Este montón de restos de roca se llama* pendiente de talud.

Figura 25 *Un corrimiento es un tipo de alud que ocurre cuando un bloque pequeño de tierra se desprende y se desliza cuesta abajo.*

Una **avalancha** es un movimiento rápido de una gran masa de lodo. Las avalanchas, que son como gigantes pasteles móviles de lodo, ocurren al mezclarse una gran cantidad de agua con suelo y rocas. El agua hace que la resbaladiza masa de lodo se precipite cuesta abajo rápidamente. Las avalanchas ocurren comúnmente en regiones montañosas cuando a una larga temporada de sequía le sigue una temporada de lluvia. Como se ve en la **Figura 26,** una avalancha puede arrastrar árboles, casas, automóviles y otros objetos que encuentre en su camino.

Figura 26 *Las avalanchas ocurren cuando lluvias intensas saturan las pendientes de las montañas. Esta fotografía muestra una de las tantas avalanchas que han ocurrido en California durante los lluviosos inviernos.*

Figura 27 *Las corrientes de lodo caliente son muy peligrosas por su tamaño y su velocidad. Esta corriente de lodo caliente sorprendió a la ciudad de Kyushu en Japón.*

Las avalanchas más peligrosas son resultado de erupciones volcánicas y se llaman *corrientes de lodo caliente.* Se pueden mover a una velocidad superior a los 80 km/h y son tan espesas como el cemento. En las montañas nevadas, una erupción volcánica puede derretir una gran cantidad de hielo, provocando una corriente de lodo caliente, como se muestra en la **Figura 27.** El agua del hielo convierte el suelo y las cenizas volcánicas en líquido y provoca el deslizamiento del lodo caliente. Otras corrientes de lodo caliente son el resultado de lluvias torrenciales sobre cenizas volcánicas.

Movimiento masivo lento A veces, ni siquiera se siente que esté ocurriendo un movimiento masivo. Aunque los movimientos masivos rápidos son visibles y dramáticos, los lentos ocurren poco a poco. Sin embargo, debido a que los movimientos masivos lentos ocurren con más frecuencia, mueven una mayor cantidad de material con el tiempo.

Aunque muchas pendientes parecen estables, están experimentando un movimiento masivo lento, como se muestra en la **Figura 28.** El movimiento extremadamente lento de material cuesta abajo se llama **arrastre.** Muchos factores contribuyen a crear el arrastre. El agua descompone partículas de las rocas, y las deja moverse con más facilidad. Las raíces de las plantas actúan como una cuña, apartando las rocas y las partículas de suelo. Animales como las ardillas y las marmotas desprenden partículas de roca y de suelo al construir sus madrigueras.

ciencias biológicas CONEXIÓN

Como los árboles necesitan luz para crecer, crecen directamente hacia arriba, en dirección al Sol, pero si el suelo de una pendiente está en arrastre cuesta abajo, los troncos de los árboles se desarrollarán torcidos. Los troncos se doblan porque el árbol sigue creciendo hacia arriba aunque sus raíces y sus troncos estén inclinados en la pendiente. Los árboles de base ancha demuestran que la pendiente está experimentando un movimiento masivo.

Figura 28 *Los postes inclinados y los troncos torcidos son la prueba de que está ocurriendo un arrastre.*

Otro tipo de movimiento masivo lento, llamado *solifluxión,* ocurre en los climas árticos y alpinos donde el subsuelo está congelado permanentemente. En primavera y verano, sólo la capa superior del suelo se descongela. La humedad no puede pasar al suelo congelado que se encuentra a mayor profundidad y la superficie superior se satura de agua. La capa superficial se convierte en lodo y se mueve cuesta abajo. Lo mismo ocurre en las regiones más cálidas donde el subsuelo está compuesto de arcilla. La arcilla impide la entrada de agua al subsuelo.

REPASO

1. Explica por qué ocurre el corrimiento de tierra.
2. ¿Qué factores aumentan la posibilidad de que ocurra un movimiento masivo?
3. ¿Cómo influyen en el movimiento masivo la pendiente y la gravedad?
4. **Analizar relaciones** Algunos tipos de movimiento masivo se consideran peligrosos para los humanos. ¿Cuáles son los más peligrosos? ¿Por qué?

Resumen del capítulo

SECCIÓN 1

Vocabulario

litoral *(pág. 276)*
playa *(pág. 278)*
corriente litoral *(pág. 279)*

Notas de la sección

- El viento de las tormentas produce las grandes olas que causan la erosión del litoral.
- Las olas rompen al entrar en aguas poco profundas y se convierten en rompientes.
- Las playas están compuestas de materiales que las olas depositan.
- Los arenales, los bancos de arena y los tómbolos son fenómenos de sedimentación causados por las corrientes costeras.
- Los acantilados, las cuevas, los arcos y las pilas rocosas son formaciones costeras causadas por la erosión de las olas.

SECCIÓN 2

Vocabulario

saltación *(pág. 282)*
deflación *(pág. 283)*
abrasión *(pág. 284)*
duna *(pág. 284)*
loess *(pág. 286)*

Notas de la sección

- El viento es un agente importante de erosión y sedimentación en los desiertos y en las líneas costeras.
- La saltación es el proceso por el cual el viento arrastra granos de arena cuesta abajo.
- La deflación es la eliminación de materiales por la acción del viento. Si elimina los materiales finos, se formará el llamado pavimento de desierto.
- La abrasión es la erosión y desgaste de la superficie de las rocas causada por otras rocas o partículas de arena.
- Las dunas son montículos de arena acumulada por el viento.
- El loess es lodo depositado por el viento, que forma parte del suelo y favorece la agricultura.

Experimentos

Movimiento de dunas
(pág. 530)

☑ Comprobar destrezas

Conceptos de matemáticas

PERÍODO DE OLEAJE Las olas generalmente se trasladan en intervalos de entre 10 y 20 segundos. Utiliza la siguiente ecuación para calcular cuántas olas llegan a la orilla en 1 minuto:

$$\text{cantidad de olas por minuto} = \frac{60 \text{ segundos}}{\text{período de oleaje (en segundos)}}$$

Cuando sepas cuántas olas alcanzan la orilla en 1 minuto, podrás calcular cuántas olas se producen en una hora e incluso en un día. Por ejemplo, considera un período de oleaje de 15 segundos. Utilizando la fórmula anterior, descubrirás que se producen 4 olas en 1 minuto. Para averiguar cuántas olas se producen en 1 hora, multiplica 4 por 60. Para averiguar cuántas olas hay en 1 día, multiplica 240 por 24.

$$\text{cantidad de olas por día} = \frac{60}{15} \times 60 \times 24 = 5{,}760$$

Comprensión visual

VALLES EN FORMA DE U Y MÁS Observa la ilustración de la página 291 para ver los distintos tipos de paisaje formados por los glaciares alpinos.

SECCIÓN 3

Vocabulario

glaciar *(pág. 287)*
témpano *(pág. 288)*
grieta *(pág. 289)*
promontorio*(pág. 291)*
circo glaciar *(pág. 291)*
arista *(pág. 291)*
valle suspendido *(pág. 291)*
valle en forma de U *(pág. 291)*
deriva glacial *(pág. 292)*
deriva estratificada *(pág. 292)*
tillita *(pág. 293)*

Notas de la sección

- Las masas de hielo en movimiento se llaman glaciares.
- Existen dos tipos principales de glaciares: los alpinos y los continentales.
- Los glaciares se mueven cuando el hielo que entra en contacto con la tierra se derrite y cuando los cristales de hielo se deslizan uno sobre el otro.
- Los glaciares alpinos producen paisajes escabrosos, como los circos glaciares, las aristas y los promontorios.
- Los glaciares continentales alisan el paisaje.
- Existen dos tipos de sedimentación glaciar: las derivas estratificadas y las tillitas.
- Algunos de los accidentes geográficos depositados por los glaciares son las llanuras de depósitos aluviales, los eskers y las morrenas.

Experimentos

Glaciares deslizantes *(pág. 531)*
Crear una cavidad *(pág. 533)*

SECCIÓN 4

Vocabulario

movimiento masivo *(pág. 294)*
caída de rocas *(pág. 295)*
alud *(pág. 295)*
avalancha *(pág. 296)*
arrastre *(pág. 297)*

Notas de la sección

- El movimiento masivo es el movimiento cuesta abajo de cualquier material debido a la fuerza de gravedad.
- El ángulo de reposo es la pendiente más empinada en la que el material suelto permanecerá inmóvil.
- Las caídas de rocas, los aludes y las avalanchas son tipos de movimiento masivo rápido.
- El arrastre y la solifluxión son tipos de movimiento masivo lento.

internet

VISITA: go.hrw.com

Visita el sitio web de HRW para encontrar una serie de herramientas de aprendizaje relacionadas con este capítulo. Sólo tienes que escribir la palabra clave:

PALABRA CLAVE: HSTICE

VISITA: www.scilinks.org

Visita el sitio web de la **Asociación Nacional de Maestros de Ciencias** *(National Science Teachers Association)* para encontrar recursos de Internet relacionados con este capítulo. Sólo escribe el **ENLACE DE CIENCIAS** para obtener más información sobre el tema:

TEMA: Erosión por las olas	**ENLACE:** HSTE280
TEMA: Erosión eólica	**ENLACE:** HSTE285
TEMA: Glaciares	**ENLACE:** HSTE290
TEMA: Movimiento masivo	**ENLACE:** HSTE295
TEMA: Pantanos	**ENLACE:** HSTE300

Repaso del capítulo

UTILIZAR EL VOCABULARIO

Explica la diferencia entre los siguientes pares de palabras:

1. litoral/corriente litoral
2. playas/dunas
3. deflación/saltación
4. promontorio/arista
5. deriva estratificada/tillita
6. avalancha/arrastre

COMPRENDER CONCEPTOS

Opción múltiple

7. *Rompiente* se refiere a
   a. las grandes olas provenientes de tormentas en el mar abierto.
   b. olas gigantes formadas por huracanes.
   c. el rompimiento de las olas.
   d. olas pequeñas en un mar tranquilo.

8. Cuando las olas cortan a través de un cabo, se forma un(a) ___?___.
   a. cueva marina
   b. acantilado marino
   c. chimenea rocosa
   d. arco marino

9. Una franja estrecha de arena que se conecta a la orilla se llama ___?___
   a. terraza marina.
   b. arenal.
   c. banco de arena.
   d. cabo.

10. Una roca erosionada por el viento es
   a. una depresión por deflación.
   b. un pavimento del desierto.
   c. un ventifacto.
   d. el Tazón de Polvo.

11. ¿Dónde está la mayor lámina de hielo?
   a. Groenlandia
   b. Canadá
   c. Alaska
   d. Antártida

12. El proceso de desprendimiento forma ___?___
   a. láminas de hielo continentales.
   b. témpanos.
   c. valles en forma de U.
   d. morrenas.

13. ¿Qué término describe todos los tipos de sedimentación glaciar?
   a. deriva
   b. loess
   c. tillita
   d. depósito aluvial

14. ¿Cuál de las siguientes opciones no es un accidente geográfico formado por un glaciar alpino?
   a. circo glaciar
   b. depresión por deflación
   c. promontorio
   d. arista

15. ¿Cómo se llama el movimiento masivo que ocurre en climas donde el subsuelo está congelado siempre?
   a. solifluxión
   b. corrimiento
   c. arrastre
   d. corriente de lodo caliente

16. ¿Cuál de los siguientes es un movimiento masivo lento?
   a. avalancha
   b. alud
   c. arrastre
   d. caída de rocas

Respuesta breve

17. ¿Por qué rompen las olas?

18. ¿Que papel juegan las tormentas en la erosión de las costas?

19. ¿Cómo aumentamos la erosión causada por las tormentas de polvo?

20. ¿En qué dirección se mueven las dunas de arena?

21. ¿Por qué los glaciares son agentes de erosión y sedimentación tan eficaces?

22. Indica alguna prueba de la existencia de arrastre.

Organizar conceptos

23. Usa los siguientes términos para crear un mapa de ideas: deflación, tormenta de polvo, saltación, duna, loess.

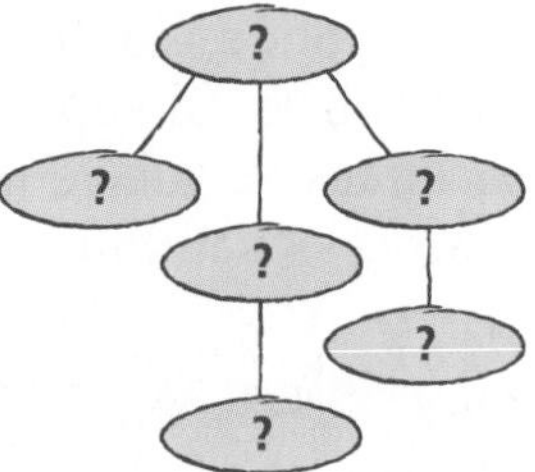

RAZONAMIENTO CRÍTICO Y RESOLUCIÓN DE PROBLEMAS

Escribe una o dos oraciones para responder a las siguientes preguntas:

24. ¿Qué papel juega el viento en los procesos de erosión y sedimentación?

25. ¿Cuáles son las principales diferencias entre los glaciares alpinos y los glaciares continentales?

26. Describe los distintos tipos de morrenas.

27. ¿Qué tipo de movimiento masivo ocurre constantemente, día tras día? ¿Por qué no puede verse?

LAS MATEMÁTICAS EN LAS CIENCIAS

28. Cuando te paras en la playa, puedes estimar la velocidad de una ola en kilómetros por hora. Para hacer esto, debes contar los segundos entre cada cresta de ola que llega a la orilla para determinar el período de oleaje, luego debes multiplicar el período de oleaje por 3.5. Calcula la velocidad de una ola con un período de oleaje de 10 segundos.

INTERPRETAR GRÁFICAS

La siguiente gráfica ilustra la erosión y sedimentación costeras en una playa imaginaria, a lo largo de un período de 8 años.

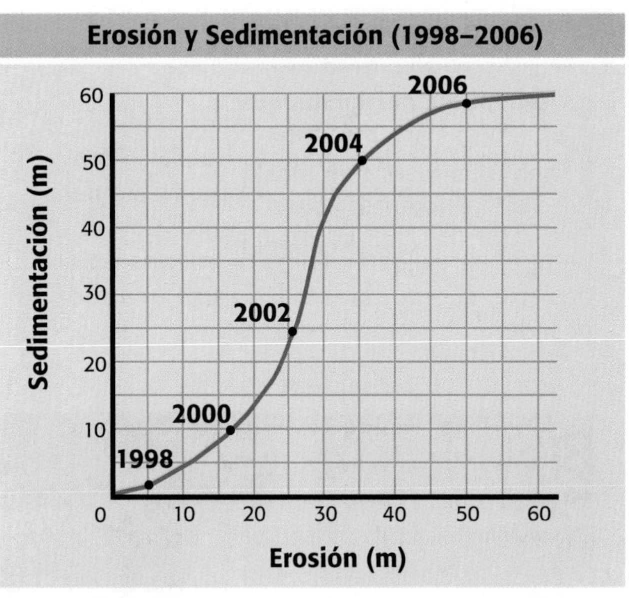

29. ¿Qué le sucede a la playa al pasar los años?

30. ¿En que año la cantidad de erosión en la orilla es igual a la cantidad de sedimentación?

31. Según la información de erosión y sedimentación para el año 2000, ¿qué puede sucederle a la playa en los próximos años?

AHORA, ¿qué piensas?

Revisa tus respuestas a las preguntas de la página 275 que escribiste en el cuaderno de ciencias. ¿Han cambiado tus respuestas? Si es necesario, corrige tus respuestas basándote en lo que has aprendido en este capítulo.

Ciencia, Tecnología y Sociedad

Movimiento de piedras

Karina pesa 320 kg. Cuando nadie la ve, se desliza y deja grandes huellas. Pero Karina no es una persona. Ni siquiera está viva... ¡es una piedra gigante! Con el tiempo, ha viajado cientos de metros en el desierto. ¿Cómo puede deslizarse una roca tan pesada?

▲ *Un misterio en el Valle de la Muerte: ¿Qué movió las rocas?*

▲ *Paula Messina estudia las huellas de las "rocas bailarinas".*

Resbalar y deslizarse

Karina es una de las misteriosas piedras bailarinas del Valle de la Muerte. A veces, estas piedras se deslizan solas y, otras veces, lo hacen juntas. Existen más o menos 200 y las hay pequeñas y grandes. Nadie las ha visto moverse, pero sus huellas indican dónde han estado.

Las piedras están dispersas en un lago seco denominado Racetrack, en el Valle de la Muerte, en California. El Racetrack es muy plano y casi no tiene vegetación ni vida silvestre. Varias veces al año ocurren fuertes tormentas que traen grandes cantidades de lluvia, viento y hasta nieve. La superficie de arcilla del Racetrack se vuelve resbalosa y parece que es entonces cuando las rocas danzan.

Acertijos y pistas

¿Qué puede empujar a una piedra de 320 kg cientos de yardas por el lodo? Con ayuda de la tecnología, científicos como Paula Messina están encontrando algunas respuestas. Messina usa un receptor del Sistema de Posicionamiento Global (GPS) y un Sistema de Información Geográfica (GIS) para estudiar las rocas. Así, Messina puede trazar los movimientos de las rocas en un mapa. Sus mediciones son más precisas que nunca. ¡El GPS mide las posiciones de las rocas con una precisión de centímetros! Una computadora equipada con un programa de GIS traza mapas que le permiten estudiar cómo se relaciona el movimiento de las rocas con el terreno. Las investigaciones de Messina han revelado que es muy probable que las rocas se muevan por el viento.

Pero, ¿cómo es posible que el viento empuje estas enormes rocas? Messina piensa que las brechas en las montañas a un extremo del valle causan la formación de vientos de alta velocidad que empujan las rocas sobre la superficie resbalosa de arcilla. Pero, ¿por qué algunas rocas se mueven y otras no? Este misterio hará que Messina regrese al Valle de la Muerte durante muchos años.

Búsqueda y hallazgo

►Ve a tu biblioteca o utiliza la Internet para investigar los usos de los dispositivos GPS. Haz una lista de todos los usos de los dispositivos de GPS que encuentres.

VENTANA AL MEDIO AMBIENTE

Playa hoy, mañana no.

Las playas son divertidas, ¿verdad? Pero, ¿qué tal si fueras a la costa y descubrieras que la carretera que pasa por la playa ha desaparecido? Podría ocurrir. De hecho, la erosión está eliminando las playas de las islas y las costas en todo el mundo.

Las playas de una isla

Las playas de Anguilla, una isla caribeña, son importantes para el bienestar social, económico y ambiental de la isla y sus habitantes. Las orillas arenosas de Anguilla protegen las áreas costeras de la acción del oleaje y proveen a las plantas y los animales costeros un lugar para vivir. Las costas también brindan áreas recreativas importantes para los turistas y los residentes. Cuando el huracán Luis azotó Anguilla en 1995, la arena de la bahía Barney fue eliminada por completo. Sin embargo, los problemas de erosión de Anguilla comenzaron mucho antes del huracán Luis. La acción normal del oleaje ya había eliminado algunas playas.

▲ *Así era la bahía Barney en 1995, antes y después del huracán Luis.*

En los Estados Unidos

Louisiana es un buen ejemplo de los problemas costeros de los Estados Unidos. Contiene el 40 por ciento de las tierras pantanosas del país, pero algunas partes de su costa están desapareciendo a una tasa de 65 a 90 km^2 por año. ¡Eso equivale a una cancha de fútbol americano cada 15 minutos! Con esa tasa de erosión, para el año 2040 el nuevo litoral de Louisiana se encontraría 48 km al interior del país.

Salvar la arena

Los habitantes de Louisiana y Anguilla han tomado medidas para detener la pérdida de sus costas, pero muchas de sus soluciones son temporales. Las olas, las tormentas y la actividad humana siguen erosionando las costas. ¿Qué se puede hacer para solucionar este problema?

Las playas y los pantanos aparecen y desaparecen en cierta medida. La erosión es parte de un ciclo natural. Se debe determinar primero cuánta erosión es normal para una cierta área y qué porcentaje se debe a las actividades humanas. Luego, hay que proteger o estabilizar las dunas existentes y la vegetación costera, plantar más arbustos, viñas, pasto y árboles. Los habitantes de Louisiana y Anguilla han aprendido mucho de sus problemas y están adoptando muchas medidas para disminuir la velocidad de la erosión. Si se toman medidas para proteger las áreas costeras valiosas, las playas aún estarán allí cuando quieras ir de vacaciones.

Ampliar tu conocimiento

► ¿Qué son las islas barrera? ¿Cómo se relacionan con la erosión de las costas? Averigua más sobre las islas barrera y por qué es importante protegerlas.

CAPÍTULO

12 Interacciones de los seres vivos

Increíble...¡pero cierto!

Un pez nada a través de la parte más obscura del océano en busca de alimento, algo que escasea a esas profundidades. De repente, aparece una presa brillante. El pez nada rápidamente hacia ella, pero justo cuando está a punto de agarrarla, aparece una quijada de dientes afilados y puntiagudos. Antes de que se pueda escapar, se lo tragan completito. Así atrapa su alimento el pez ángel. Este pez está equipado con su propia "caña de pescar", una parte de su cuerpo con aspecto de rama que cuelga sobre su cabeza como carnada. La carnada es una pequeña masa de bacterias sobre la punta de la "caña de pescar" que brilla en la obscuridad. El pez ángel solo mide alrededor de 7 cm y es muy difícil visualizarlo en la obscuras profundidades del océano. Los peces que la carnada atrae no se percatan del pez ángel oculto tras ella hasta que es demasiado tarde. El pez ángel y las bacterias brillantes han establecido una relación que los beneficia a ambos. Las bacterias le dan al pez ángel un mecanismo para atrapar peces y, a cambio, pueden vivir en una casa móvil protegida.

En este capítulo aprenderás más acerca de las diversas formas en que los seres vivos interactúan entre ellos y con su medio ambiente. Algunas de estas relaciones son tan extrañas que son difíciles de creer.

¿Tú qué piensas?

Usa tus conocimientos para responder a las siguientes preguntas en tu cuaderno de ciencias:

1. Imagínate a un venado en una pradera. ¿De qué se alimenta? ¿A quién sirve de alimento? Cuando muere, ¿qué ocurre con sus restos?
2. ¿Cuál es la fuente de energía de las plantas?

¿Quién se come a quién?

En esta actividad, aprenderás cómo interactúan ciertos organismos cuando se encuentran con su presa (o cuando se convierten en ella). Necesitarás **cinco fichas.**

Procedimiento

1. En cada ficha escribe el nombre de uno de los organismos dibujados a la derecha. Todos viven en el océano cerca de la Antártida.
2. Organiza las fichas de modo que muestren quién se come a quién. (Pista: las algas utilizan la energía solar para producir alimento. Así que las fichas que representan a las algas irán en la parte inferior.)
3. Dibuja tu representación de fichas, comenzando con la de las algas.
4. En su hábitat natural, ¿qué organismo existe en mayor número? Organiza las fichas en orden de mayor a menor cantidad de individuos.

Análisis

5. ¿Cuál es la relación entre la representación de "quién se come a quién" y la de la cantidad de individuos?
6. ¿Qué sucedería con los demás organismos si el alga se eliminara del grupo? ¿Qué sucedería si las orcas se eliminaran?
7. ¿Hay algún organismo en este grupo que consuma más de un tipo de alimento? ¿Cómo cambiarías el orden de las fichas para reflejar esta información?

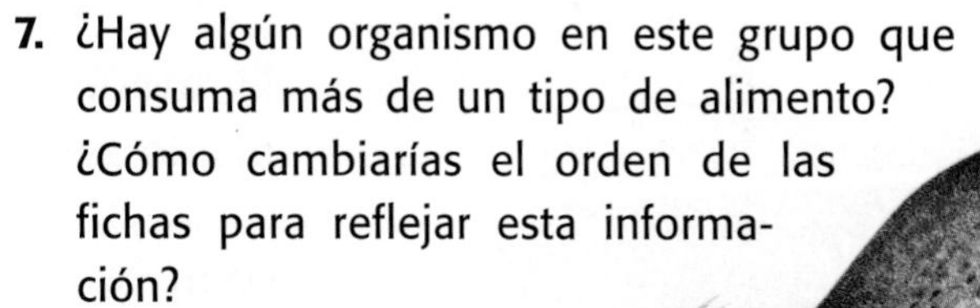

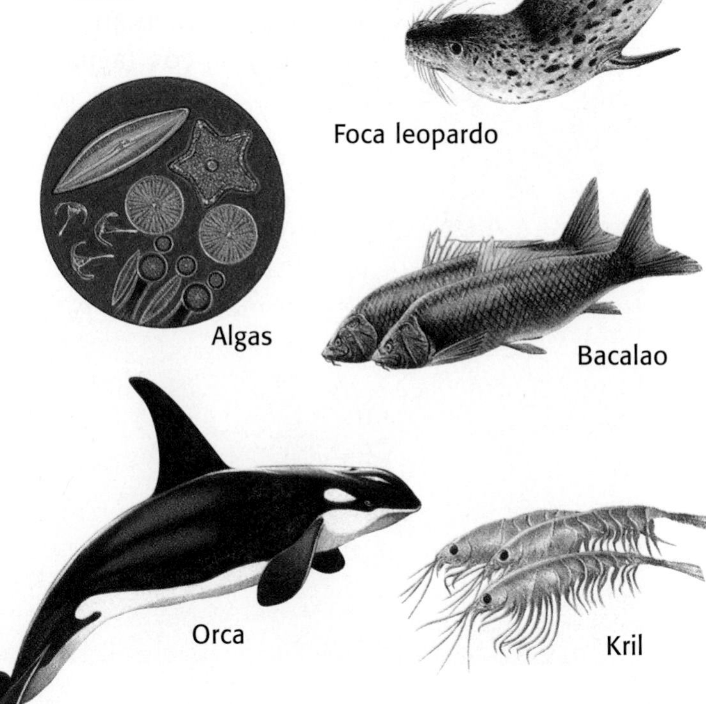

Sección 1

Todo está conectado

VOCABULARIO

ecología
biótico
abiótico
población
comunidad
ecosistema
biosfera

OBJETIVOS

- Distingue entre el medio ambiente biótico y abiótico.
- Explica cómo están relacionadas las poblaciones, las comunidades, los ecosistemas y la biosfera.
- Explica cómo está relacionado el medio ambiente abiótico con las comunidades.

Observa la **Figura 1**. Un caimán flota en un río pantanoso de la Florida y ve que un pez aguja nada cerca. De repente, el pez aguja se convierte en el almuerzo del caimán.

No hay duda de que estos dos organismos han interactuado. Los organismos interactúan de diversas maneras, no sólo "comiéndose unos a otros". Por ejemplo, los caimanes excavan agujeros debajo del agua para protegerse del calor. Una vez que los caimanes abandonan estos agujeros, los peces y otros organismos acuáticos se van a vivir a ellos cuando, debido a la sequía, baja el nivel del agua. Los caimanes también construyen nidos en forma de montículo en donde ponen sus huevos. Con el tiempo, estos montículos se convierten en pequeñas islas en donde crecen árboles y otras plantas que, a su vez, servirán a varias aves para construir sus nidos. Es fácil ver que los caimanes influyen sobre muchos organismos y no sólo sobre el pez aguja del que se alimentan.

Estudiar la red de la vida

Todos los seres vivos están conectados a una red de vida. Los científicos que estudian estas conexiones son especialistas en la ciencia de la ecología. La **ecología** es el estudio de las interacciones entre los organismos y su medio ambiente.

El medio ambiente está formado por dos factores El medio ambiente de un organismo es cualquier cosa que influye sobre él. Está formado por dos factores. El factor **biótico** está compuesto por todos los organismos que viven juntos e interactúan. El factor **abiótico** consta de todos los elementos físicos (agua, suelo, luz y temperatura) que influyen sobre los organismos que viven en cierta área. Observa nuevamente la **Figura 1.** ¿Cuántos factores bióticos puedes ver? ¿Y abióticos?

Figura 1 *El caimán afecta a otros organismos y es afectado por otros dentro de su medio ambiente.*

La organización del medio ambiente Podría parecer que el medio ambiente está desorganizado. Pero para los ecologistas el medio ambiente se puede organizar en distintos niveles, tal como se muestra en la **Figura 2.** El primer nivel contiene el organismo individual. El segundo contiene organismos similares que forman una población. El tercero contiene distintas poblaciones que forman una comunidad. El cuarto contiene una comunidad y su entorno abiótico, lo cual forma un ecosistema. El quinto contiene todos los ecosistemas, los cuales forman una biosfera. La **Figura 3** muestra estos niveles en una salina.

Figura 2 Los cinco niveles de la organización del medio ambiente

Laboratorio

La población humana

1. Utilizando **una hoja de papel milimétrico,** un **lápiz** y una **regla,** dibuja y rotula una gráfica como se indica a continuación.

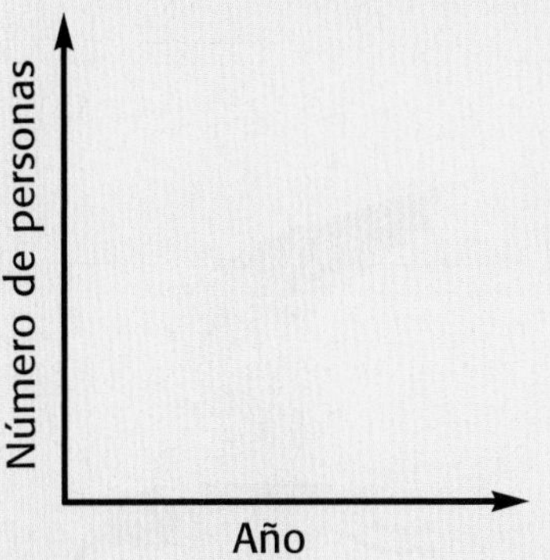

2. Traza los siguientes puntos en la gráfica:

(1800, mil millones de personas)

(1930, 2 mil millones de personas)

(1960, 3 mil millones de personas)

(1975, 4 mil millones de personas)

(1987, 5 mil millones de personas)

(1999, 6 mil millones de personas)

3. Une los puntos mediante una línea.
4. Responde a las siguientes preguntas en tu cuaderno de ciencias.
   - **a.** ¿Qué indica la curva que dibujaste con respecto al crecimiento de la población humana?
   - **b.** ¿Crees que la población humana puede seguir creciendo indefinidamente? ¿Por qué?

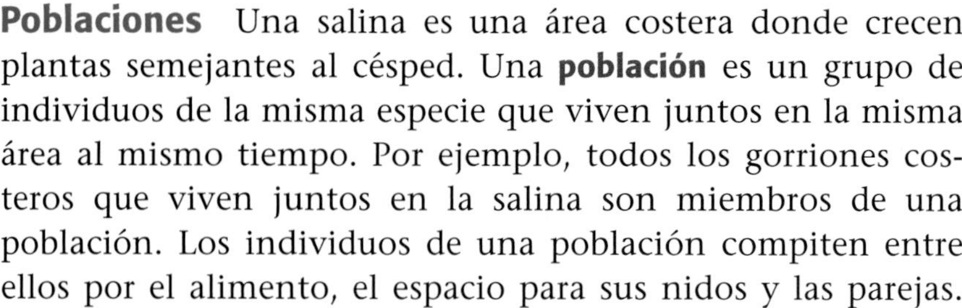

Poblaciones Una salina es una área costera donde crecen plantas semejantes al césped. Una **población** es un grupo de individuos de la misma especie que viven juntos en la misma área al mismo tiempo. Por ejemplo, todos los gorriones costeros que viven juntos en la salina son miembros de una población. Los individuos de una población compiten entre ellos por el alimento, el espacio para sus nidos y las parejas.

Figura 3 *Examina el siguiente dibujo de una salina. Tarta de encontrar ejemplos de cada nivel de organización en este medio ambiente.*

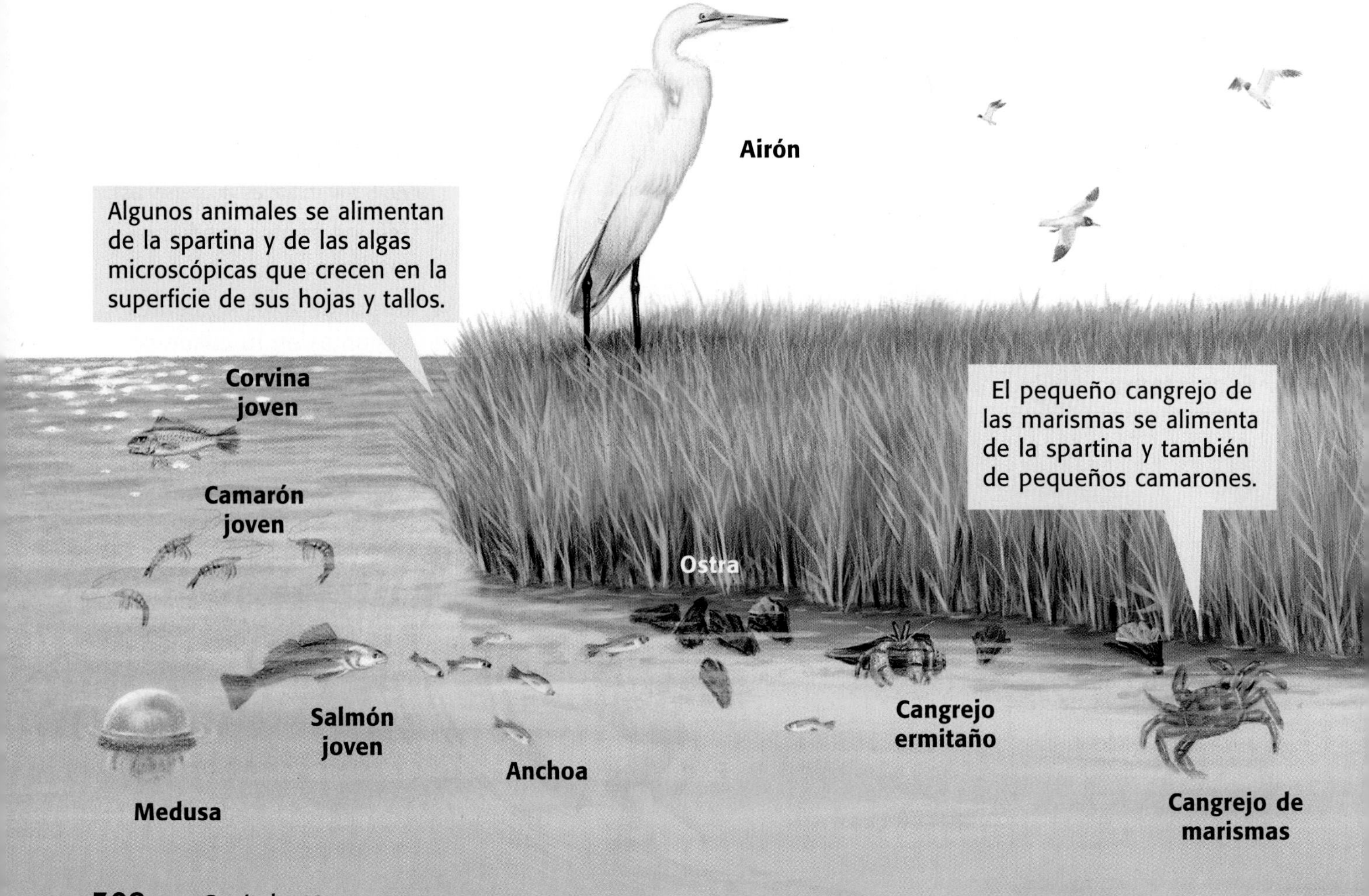

Comunidades Una **comunidad** está formada por todas las poblaciones de las diferentes especies que viven e interactúan en un área. La variedad de animales y plantas que ves a continuación forman la comunidad de la salina. Las distintas poblaciones en una comunidad dependen de sí mismas para obtener alimentos, refugio y otros elementos.

Ecosistemas Un **ecosistema** está compuesto por una comunidad de organismos y su medio ambiente abiótico. En su estudio del ecosistema de la salina, un ecologista examinaría cómo interactúan los diferentes organismos y cómo influyen en ellos características como la temperatura, la precipitación y el suelo. Por ejemplo, los ríos y arroyos que desembocan en la salina transportan nutrientes de la tierra, como el nitrógeno, los cuales influyen en el crecimiento de la spartina y las algas.

La biosfera La **biosfera** es la parte de la Tierra donde existe la vida. Se extiende desde las partes más profundas del océano hasta las partes más altas de la atmósfera, donde flotan pequeños insectos y esporas de plantas, e incluye todos los ecosistemas. Los ecologistas estudian la biosfera para entender cómo los organismos interactúan con el medio ambiente abiótico (la atmósfera gaseosa de la Tierra, el agua, el suelo y las rocas). El agua incluye el agua dulce, el agua salada y el agua congelada de los mantos de hielo y los glaciares polares.

REPASO

1. ¿Qué es la ecología?
2. Cita dos ejemplos de factor biótico y abiótico en el ecosistema de la salina.
3. Utiliza el ejemplo de la salina para distinguir entre las poblaciones, las comunidades, los ecosistemas y la biosfera.
4. **Analizar relaciones** ¿Qué crees que podría suceder con los otros organismos del ecosistema de la salina si la spartina muriera repentinamente?

Sección 2

Los seres vivos requieren energía

VOCABULARIO

productor
consumidor
herbívoro
carnívoro
omnívoro
carroñero
descomponedor
cadena alimenticia
red alimenticia
pirámide de energía
hábitat
nicho

OBJETIVOS

- Describe las funciones de los productores, consumidores y los descomponedores en un ecosistema.
- Distingue entre una cadena alimenticia y una red alimenticia.
- Explica cómo fluye la energía a través de la red alimenticia.
- Distingue entre el hábitat y el nicho de un organismo.

Todos los seres vivos necesitan energía para sobrevivir. Por ejemplo, las marmotas de las praderas de cola negra, que viven en los prados de América del Norte, comen césped y semillas para obtener la energía que necesitan, y que utilizan para crecer, moverse, sanar heridas y reproducirse. De hecho, todo lo que hace una marmota de las praderas requiere energía. Los mismo ocurre con las plantas que crecen en los prados donde viven estas marmotas. Los coyotes que cazan las marmotas, las bacterias y los hongos que viven en el suelo también requieren energía.

La conexión de energía

Los organismos de una comunidad pueden dividirse en tres grupos según sus métodos de obtención de energía: productores, consumidores y descomponedores. La **Figura 4** muestra cómo pasa la energía a través de estos grupos.

Productores Los organismos que utilizan la luz solar para hacer alimentos se denominan **productores.** Esto lo hacen mediante un proceso denominado fotosíntesis. Las plantas, algas y algunas bacterias son productores. El césped es el productor principal en el ecosistema de la pradera. Las algas son los productores principales del océano.

Figura 4 *Sigue la trayectoria de la energía a medida que se traslada desde el Sol hasta el ecosistema.*

Consumidores Los organismos que comen productores u otros organismos para obtener energía se denominan **consumidores.** No pueden utilizar la energía solar directamente como los productores, sino que deben alimentarse de los productores y otros animales para obtenerla. Existen distintos tipos de consumidores. Un **herbívoro** es un consumidor que se alimenta de plantas. Los saltamontes, las ardillas, las marmotas, los bisontes y el berrendo son herbívoros de la pradera. Un **carnívoro** es un consumidor que se alimenta de animales. Entre los carnívoros de la pradera se encuentran los coyotes, los halcones, los tejones y las lechuzas. Los consumidores denominados **omnívoros** se alimentan de una variedad de organismos, tanto de plantas como de animales. El ratón es un ejemplo de un omnívoro en la pradera. Se alimenta de insectos, escorpiones, lagartos y semillas de césped. Los **carroñeros** son animales que se alimentan de los restos de animales muertos. El buitre es un carroñero de la pradera. Ejemplos de carroñeros en un ecosistema acuático serían los langostinos, babosas, almejas, lombrices y cangrejos.

Las marmotas de las praderas, conocidas en inglés como "perros de las praderas", en realidad no son perros. Son roedores. Se les llama "perros" en inglés porque sus gritos de alerta son parecidos a los ladridos de un perro.

Descomponedores Los organismos que obtienen su energía mediante la descomposición de los restos de organismos muertos se denominan **descomponedores.** Las bacterias y los hongos son descomponedores. Estos organismos extraen energía de los organismos muertos y producen materiales más simples tales como el agua y el dióxido de carbono. Luego, las plantas y otros seres vivos pueden volver a usar estos materiales. Los descomponedores son una parte esencial en cualquier ecosistema porque son los recicladores de la naturaleza.

Autoevaluación

¿Eres un herbívoro, un carnívoro o un omnívoro? Explica por qué. *(Consulta la página 564 para comprobar tu respuesta.)*

Consumidor
Es posible que un buitre coma los restos de comida que dejó un coyote. Un carroñero puede picotear los huesos hasta dejarlos completamente limpios.

Descomponedor
Cualquier resto de una marmota que no haya sido consumido por un coyote o un buitre será descompuesto por bacterias u hongos que viven en la tierra.

Carroñero

Reciclador

Cadenas y redes alimenticias

La Figura 4, muestra una **cadena alimenticia.** Representa cómo la energía en cada molécula de alimento pasa de un organismo a otro. Debido a que pocos organismos se alimentan de un solo tipo de organismos, rara vez se pueden apreciar cadenas alimenticias simples en la naturaleza. Las numerosas trayectorias posibles de la energía se representan de forma precisa mediante una **red alimenticia.** La **Figura 5** muestra una red alimenticia simple de un bosque.

En la siguiente figura, fíjate cómo la flecha va del conejo al zorro, lo cual muestra que el zorro se alimenta del conejo. La lechuza también se alimenta del conejo. El zorro y la lechuza no son nunca el alimento del conejo. La energía se traslada en una sola dirección. La energía que un organismo no consuma se almacenará en sus tejidos. Sólo esta energía puede ser utilizada por el siguente consumidor de la red.

✓ Autoevaluación

¿En qué se diferencia una red alimenticia de una cadena alimenticia? *(Consulta la página 564 para comprobar tu respuesta.)*

Figura 5 *La energía se traslada en formas complejas. Los consumidores se nutren de una variedad de alimentos y pueden servir de alimento a otros consumidores.*

Pirámides de energía

Una planta utiliza la mayoría de la energía que obtiene del Sol para llevar a cabo sus procesos vitales. Solamente una pequeña cantidad de la energía almacenada en los tejidos de la planta serán utilizados por la marmota de las praderas y otros animales que la consumen. Por lo tanto, las marmotas deben consumir mucho césped para obtener la energía que necesitan. Asimismo, cada marmota utiliza la mayor parte de la energía que obtiene del césped y sólo almacena una pequeña cantidad en sus tejidos. Debido a esto, el coyote debe alimentarse de muchas marmotas para sobrevivir. En una comunidad, deben existir muchas más marmotas que coyotes. Igualmente, el coyote utiliza la mayor parte de la energía que obtiene de su dieta de insectos, ardillas de tierra y marmotas.

La pérdida de energía en cada nivel de la cadena alimenticia está representada por una **pirámide de energía,** ilustrada en la **Figura 6.** Notarás que la pirámide de energía tiene una base grande y se reduce a medida que alcanza la cima. La cantidad de energía disponible se reduce en los niveles superiores debido a que la mayor parte ha sido utilizada por los organismos o ha sido eliminada en forma de calor. Sólo la energía almacenada en los tejidos puede ser transferida al próximo nivel.

Figura 6 *La pirámide representa energía. Como puedes ver, existe más energía disponible en la base de la pirámide que en la parte superior.*

Menor cantidad de organismos

Mayor cantidad de energía

Explora

Dibuja un círculo grande sobre una **hoja de papel.** Alrededor del círculo, escribe los nombres de ocho miembros del ecosistema de la pradera que se indican a continuación.

buitre	saltamontes
coyote	ardilla de tierra
halcón	césped
ratón	marmota de las praderas.

Ahora, dibuja flechas desde cada organismo al organismo que lo consume.

¡MATEMÁTICAS!

Pirámides de energía

En tu cuaderno de ciencias, dibuja una pirámide de energía para un río que contenga cuatro niveles (plantas acuáticas, larvas de insectos, mojarras y un róbalo). Las plantas acuáticas obtienen 10,000 unidades de energía solar. Si cada nivel utiliza el 90 por ciento de la energía que recibe del nivel anterior, ¿cuántas unidades de energía recibirá el róbalo?

Los lobos y la pirámide de energía

Una sola especie puede ser muy importante para el flujo de energía en un medio ambiente. Por ejemplo, los lobos grises controlan la población de muchas especies. Su dieta incluye desde un lagarto hasta un alce.

En el pasado, los lobos grises eran muy comunes en los Estados Unidos. Sin embargo, una vez que fueron eliminados, otras especies como los alces, dejaron de estar controladas. La superpoblación de alces en algunas áreas ocasionó escasez de pastos y hambruna.

Recientemente, se reintegraron los lobos grises al Parque Nacional de Yellowstone tal como se indica en la **Figura 7.** El Servicio de Pesca y Fauna Silvestre de los Estados Unidos espera que esta medida restaure el flujo natural de energía en esta área. Sin embargo, los dueños de las haciendas cercanas a Yellowstone están preocupados por la seguridad de su ganado.

Figura 7 *Miembros del Servicio de Pesca y Fauna Silvestre de los Estados Unidos* (U.S. Fish and Wildlife Service) *trasladan a un lobo enjaulado a su destino en el Parque Nacional de Yellowstone* (Yellowstone National Park).

Hábitats y nichos

El hábitat de un **organismo** es el medio ambiente en donde vive. Al principio, el hábitat del lobo era muy amplio. Incluía bosques, prados, desiertos y la tundra. Hoy, el hábitat del lobo en América del Norte es mucho más pequeño.

La forma de vida de un organismo en un ecosistema es su **nicho.** El nicho de un organismo incluye su hábitat, alimento, depredadores y los organismos con los cuales compite. También incluye la forma en que el organismo influye y es influido por factores abióticos en su medio ambiente, como la temperatura, luz y humedad.

El nicho del lobo gris

Para que puedas distinguir entre un hábitat y un nicho, lee la descripción del nicho del lobo gris.

Los lobos grises son consumidores Los lobos son carnívoros. Su dieta incluye animales como venados, antas (**Figura 8**), renos, ovejas, alces y aves, lagartos, serpientes y peces.

Figura 8 *Los lobos se alimentan principalmente de herbívoros grandes, tales como alces, antas y venados.*

La estructura social Los lobos viven y cazan en manadas de seis animales de la misma familia. Cada miembro de la manada tiene un rango. La manada tiene dos líderes, tal como se muestra en la **Figura 9**, que defienden a la manada de sus enemigos, como otras manadas de lobos u osos.

Los lobos grises alimentan a sus crías y las educan Una loba, como la que se muestra en la **Figura 10**, tiene de cinco a siete cachorros y los amamanta durante cerca de dos meses. Toda la manada ayuda a alimentar y a criar a los cachorros cuando sus padres no están en la madriguera. Los cachorros tardan 2 años en aprender a cazar. Entonces, algunos lobos jóvenes dejan la manada para buscar pareja y formar sus propias manadas.

Los lobos grises son necesarios en la red alimenticia Si los lobos se reintegran al Parque Nacional de Yellowstone, reducirán la población de alces. Esto permitirá que crezcan más plantas para que coman otros animales tales como la liebre americana y los animales que se alimentan de ella, entre ellos los zorros. Así podrán aumentar sus poblaciones.

Figura 9 *Una manada de lobos grises está dirigida por una pareja cuyos integrantes se denominan macho alfa y hembra alfa.*

Figura 10 *En las manadas pequeñas, solamente la hembra alfa tiene cachorros. Sin embargo, los cachorros serán criados por todos los machos y las hembras de la manada.*

REPASO

1. ¿Cómo se relacionan los productores, los consumidores (herbívoros, carnívoros y carroñeros) y los descomponedores en una cadena alimenticia?
2. ¿Cómo se enlazan las cadenas alimenticias para formar una red alimenticia?
3. Utiliza el ejemplo de la marmota de las praderas para distinguir entre el hábitat y el nicho de un organismo.
4. **Aplicar Conceptos** ¿Es posible que exista una pirámide invertida como la que se muestra en la figura la derecha? ¿Por qué?

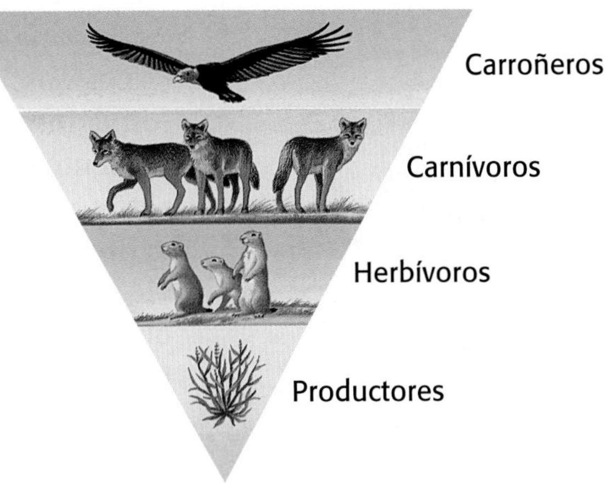

Sección 3

Tipos de interacciones

VOCABULARIO

factor limitante
capacidad de carga
competencia
presa
depredador
simbiosis
mutualismo
comensalismo
parasitismo
parásito
huésped
coevolución

OBJETIVOS

- Distingue entre los dos tipos de competencia.
- Da ejemplos de depredadores y presas.
- Distingue entre mutualismo, comensalismo y parasitismo.
- Define *coevolución,* y da un ejemplo.

Observa el bosque de algas marinas de la **Figura 11**. Verás que algunos tipos de organismos son más numerosos que otros. En las comunidades naturales, las poblaciones de organismos varían enormemente. Las interacciones entre estas poblaciones influyen en el tamaño de cada una.

Figura 11 *El bosque de algas marinas es el hogar de muchas especies que interactúan entre sí.*

Interacciones con el medio ambiente

La mayoría de los seres vivos tienen más crías de las que sobreviven. Una rana hembra, por ejemplo, pone cientos de huevos en una laguna. En pocos meses, la población de ranas en la laguna será la misma que la del año anterior. ¿Por qué no se produce una sobrepoblación de ranas en la laguna? La rana interactúa con factores bióticos o abióticos de su medio ambiente que controlan el tamaño de su población.

Experimentos

¿Dónde podría habitar esta ave? Averígualo en la página 536.

Factores limitantes Las poblaciones no pueden crecer de forma ilimitada porque el medio ambiente contiene un abastecimiento limitado de alimentos, agua, espacio y otros recursos. Cuando uno o más recursos se tornan escasos, se les denomina **factores limitantes.** Por ejemplo, el alimento se convierte en un factor limitante cuando una población ha crecido demasiado en relación a la cantidad de alimento disponible. Cualquier recurso puede ser un factor limitante para el tamaño de una población.

Capacidad de carga La población más grande que un medio ambiente puede mantener en un largo período de tiempo se denomina **capacidad de carga.** Cuando una población crece más que su capacidad de carga, los factores limitantes reducen la población. Por ejemplo, después de una temporada lluviosa, las plantas producen una gran cosecha de hojas y semillas. Esto puede provocar el crecimiento de una población de herbívoros debido al abastecimiento ilimitado de alimento. Si al año siguiente llueve menos, no habrá suficiente alimento para mantener la población de herbívoros. Así, una población puede exceder su capacidad de carga temporalmente. Sin embargo, un factor limitante provocará la muerte de algunos miembros de la población. Y ésta regresará a un tamaño que el medio ambiente podrá soportar por un período largo de tiempo.

Autoevaluación

1. Explica de qué manera el agua puede limitar el crecimiento de una población.
2. Describe cómo la capacidad de carga del venado en el ecosistema del bosque se puede ver afectada por el clima.

(Consulta la página 564 para comprobar tus respuestas.)

Interacciones entre los organismos

Las poblaciones comprenden individuos de una especie que interactúan. Las comunidades comprenden poblaciones de una variedad de especies que interactúan. Los ecologistas han descrito cuatro maneras en que las especies y los individuos influyen unas en otras: competencia, depredadores y presas, relaciones simbióticas y coevolución.

Competencia

Cuando dos o más individuos o poblaciones tratan de usar el mismo recurso limitado (alimento, agua, refugio, espacio o luz solar) se habla de **competencia.** Debido a que los recursos son limitados en el medio ambiente, el uso de estos recursos por un individuo o población disminuye su disponibilidad para otros organismos.

La competencia puede ocurrir entre individuos *dentro* de una población. La población de alces en el Parque Nacional de Yellowstone está compuesta por herbívoros que compiten entre sí para obtener las mismas plantas. Este es un gran problema para la especie durante el invierno. La competencia también puede ocurrir *entre* poblaciones de distintas especies. Las distintas especies de árboles de la **Figura 12** compiten por la luz solar y el espacio.

Figura 12 *Algunos de los árboles de este bosque se vuelven muy altos para alcanzar la luz solar y reducen así la cantidad de luz solar que les llega a los árboles más pequeños a su alrededor.*

Depredadores y presas

Figura 13 *Las presas de la araña de los nardos no pueden ver a su depredador. ¿La ves tú?*

Muchas interacciones entre las especies ocurren debido a que un organismo se alimenta del otro. El organismo que es consumido se denomina la **presa.** El organismo que la devora se llama el **depredador.** Cuando un ave se alimenta de una lombriz, la lombriz es la presa y el ave es el depredador.

Adaptaciones de los depredadores Para sobrevivir, los depredadores deben cazar a su presa, para lo cual cuentan con una variedad de métodos y habilidades. El guepardo, por ejemplo, puede correr a altas velocidades para capturar a su presa. Otros depredadores, como la araña de los nardos de la **Figura 13,** acechan a su presa. La araña se camufla tan bien con los nardos que sólo debe esperar a que aparezca su próximo almuerzo.

Figura 14 *Los depredadores experimentados saben que no deben acercarse a la salamandra maculosa. Este animal colorido les provocaría una grave enfermedad.*

Adaptaciones de la presa Las presas tienen sus propios métodos y habilidades para protegerse de los depredadores. Pueden escaparse, mantenerse en grupos o camuflarse. Algunas presas son venenosas para los depredadores. A veces advierten acerca de su veneno mediante colores brillantes que alejan a los depredadores. La salamandra maculosa de la **Figura 14** rocía un veneno que provoca ardor. Los depredadores aprenden rápidamente a reconocer estos colores de advertencia.

Muchos animales se escapan de los depredadores. Las marmotas de las praderas corren a sus madrigueras cuando se acerca un depredador. Muchos peces pequeños, entre ellos las anchoas, nadan en grupos llamados cardúmenes. Los antílopes y los búfalos se mantienen en manadas. Todos los individuos del grupo están atentos observando, escuchando y oliendo depredadores. Este comportamiento aumenta las posibilidades de detectar un depredador potencial. Algunas especies de presas se esconden de los depredadores mediante el uso de camuflaje. Ciertos insectos se asemejan tanto a las hojas que jamás te imaginarías que son animales. ¿Puedes ver la manatis de la **Figura 15**?

Figure 15 *La mantis sale sobre una sola pata para ocultarse de los depredadores.*

Simbiosis

Algunas especies tienen interacciones muy íntimas con otras. La **simbiosis** es una asociación íntima y duradera entre dos o más especies. Los individuos en una relación simbiótica se benefician mutuamente, el uno en el otro o salen perjudicados a causa de dicha relación. A menudo, una especie vive dentro de otra especie o encima de ella. Las miles de relaciones simbióticas que existen en la naturaleza se pueden clasificar en tres grupos: mutualismo, comensalismo y parasitismo.

Mutualismo La relación simbiótica en donde ambos organismos se benefician se denomina **mutualismo.** Por ejemplo, tú y una especie de bacteria que vive en tus intestinos se benefician mutuamente. Las bacterias obtienen un gran abastecimiento de alimentos y tú recibes las vitaminas que las bacterias producen.

Otro ejemplo ocurre entre el coral y las algas. Los corales que viven cerca de la superficie del agua proveen un hogar para las algas. Las algas producen alimento mediante la fotosíntesis que luego es utilizado por el coral. Cuando muere un coral, su esqueleto sirve como base para otros corales. Con el tiempo, dichos esqueletos construyen grandes formaciones rocosas bajo la superficie de los mares cálidos y soleados, tal como se muestra en la **Figura 16.**

Figura 16 *Los corales y ciertas algas son ejemplos de mutualismo. En la fotografía más pequeña de arriba, podrás ver un alga de color dorado dentro de coral.*

Comensalismo Una relación simbiótica en la que un organismo se beneficia y el otro no se ve afectado se denomina **comensalismo.** Por ejemplo, la relación entre los tiburones y las rémoras. La **Figura 17** muestra un tiburón y una rémora en su cuerpo. Las rémoras "dan un paseo" sobre los tiburones y se alimentan de los restos de alimento que dejan. Las rémoras se benefician de la relación, mientras que los tiburones no se ven afectados por ella.

Figura 17 *La rémora adosada al tiburón se beneficia de la relación. El tiburón no sale ni beneficiado ni perjudicado.*

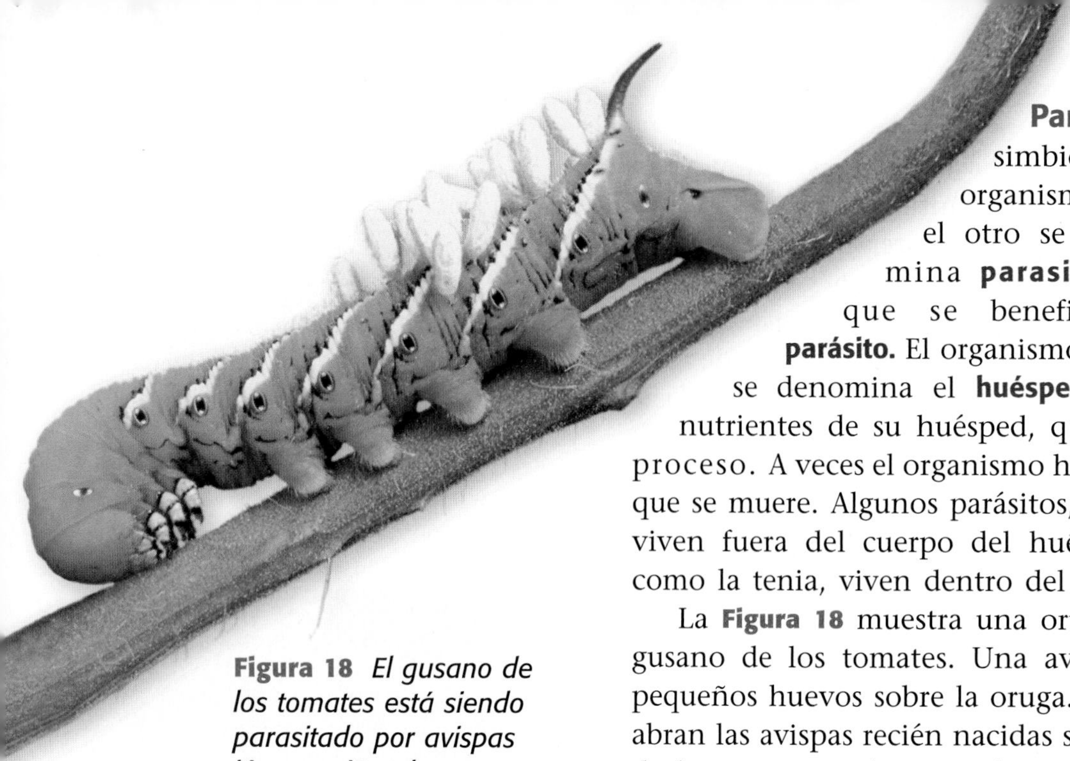

Parasitismo La relación simbiótica en la que un organismo se beneficia mientras el otro se ve dañado se denomina **parasitismo.** El organismo que se beneficia se denomina el **parásito.** El organismo que se ve perjudicado se denomina el **huésped.** El parásito obtiene nutrientes de su huésped, que se debilita en el proceso. A veces el organismo huésped se debilita tanto que se muere. Algunos parásitos, tales como los ácaros, viven fuera del cuerpo del huésped. Otros parásitos, como la tenia, viven dentro del cuerpo del huésped.

La **Figura 18** muestra una oruga verde denominada gusano de los tomates. Una avispa hembra puso sus pequeños huevos sobre la oruga. Cuando los huevos se abran las avispas recién nacidas se meterán en el cuerpo de la oruga y se la comerán viva. En poco tiempo, la oruga se morirá. Cuando eso ocurra, las avispas, ya adultas, saldrán volando de la oruga.

Figura 18 *El gusano de los tomates está siendo parasitado por avispas jóvenes. ¿Puedes ver sus capullos?*

En este ejemplo de parasitismo, el huésped muere. Sin embargo, la mayoría de los parásitos no matan a sus huéspedes. ¿Cúal crees que es la razón?

Coevolución

Las relaciones simbióticas y otras interacciones entre los organismos de un ecosistema pueden ocasionar una coevolución. La **coevolución** es un cambio a largo plazo que se presenta en dos especies a causa de su cercana interacción entre sí.

La coevolución a veces ocurre entre los herbívoros y las plantas de las cuales se alimentan. Por ejemplo, las hormigas mostradas en la **Figura 19** han coevolucionado con un árbol tropical denominado acacia. Los hormigas protegen el árbol en donde viven, atacando a cualquier herbívoro que se le acerque. La planta ha coevolucionado estructuras especiales en sus ramas que producen alimento para las hormigas. Las hormigas también viven en otras estructuras que el árbol ha construido.

Figura 19 *Este árbol tropical y estas hormigas han coevolucionado. Las hormigas recolectan alimento producido por el árbol y lo almacenan en el refugio que también ha sido construido por un árbol.*

En 1859, los colonos soltaron 12 conejos en Australia. No había depredadores ni parásitos que pudieran controlar la población de conejos y había mucho alimento. La población de conejos aumentó tan rápidamente que en poco tiempo hubo una sobrepoblación de conejos. Para controlarla, el gobierno de Australia introdujo un virus que enferma a los conejos. La primera vez que se utilizó, más del 99 por ciento de los conejos murieron. Los que sobrevivieron se reprodujeron y la población aumentó nuevamente. La segunda vez que se utilizó el virus, más del 90 por ciento de los conejos murieron. Nuevamente, la población aumentó. La tercera vez, sólo murieron un 50 por ciento de los conejos. Sugiere qué tipo de cambios ocurrieron en los conejos y el virus.

La coevolución y las flores Algunos de los ejemplos más asombrosos de coevolución ocurren entre las flores y sus agentes polinizantes (los organismos que llevan polen de una flor a otra). Cuando el agente polinizante se traslada a una nueva flor para alimentarse, un poco del polen de la flor anterior cae sobre la parte femenina de la flor, y luego se recoge más polen. La planta se puede reproducir gracias al agente polinizante. Organismos como las abejas, los murciélagos y los colibríes son atraídos por los colores, olores y el néctar de las flores.

Durante el transcurso de la evolución, las flores polinizadas por colibríes, por ejemplo, desarrollaron un néctar con la cantidad apropiada de azúcar para sus agentes polinizantes. La lengua y el pico largo y delgado del colibrí coevolucionaron para alcanzar el néctar de las flores. A medida que el colibrí de la **Figura 20** se alimenta del néctar, su cabeza y su cuerpo se cubren de polen.

Figura 20 *El ave se ve atraída por el néctar de la flor y recoge un poco de su polen mientras se alimenta.*

REPASO

1. Describe brevemente un ejemplo de una relación de depredador y presa. Identifica al depredador y a la presa.
2. Nombra y define los tres tipos de simbiosis.
3. **Analizar relaciones** Explica la posible relación entre la flor gigante *Rafflesia*, a la derecha, que huele a carne podrida, y las moscas de la carroña que vuelan a su alrededor. PISTA: *carroña* significa "carne podrida".

Resumen del capítulo

SECCIÓN 1

Vocabulario

ecología *(pág. 306)*
biótico *(pág. 306)*
abiótico *(pág. 306)*
población *(pág. 308)*
comunidad *(pág. 308)*
ecosistema *(pág. 308)*
biosfera *(pág. 309)*

Notas de la sección

- La ecología es el estudio de las interacciones entre los organismos y su medio ambiente, el cual está compuesto de factores bióticos (con vida) y abióticos (sin vida).
- Los ecologistas estudian los organismos, poblaciones, comunidades, ecosistemas y la biosfera. Una población es un grupo de individuos de la misma especie que viven en el mismo lugar al mismo tiempo. Una comunidad es un conjunto de poblaciones de especies diferentes que viven juntas. Un ecosistema es una comunidad y su medio abiótico. La biosfera está compuesta por todos los ecosistemas de la Tierra.

Experimentos

Capturar el frijol salvaje *(pág. 534)*

SECCIÓN 2

Vocabulario

productor *(pág. 310)*
consumidor *(pág. 311)*
herbívoro *(pág. 311)*
carnívoro *(pág. 311)*
omnívoro *(pág. 311)*
carroñero *(pág. 311)*
descomponedor *(pág. 311)*
cadena alimenticia *(pág. 312)*
red alimenticia *(pág. 312)*
pirámide de energía *(pág. 313)*
hábitat *(pág. 314)*
nicho *(pág. 314)*

Notas de la sección

- Los productores obtienen energía directamente de la luz solar. Los consumidores se alimentan de otros organismos para obtener energía. Los descomponedores son bacterias y hongos que descomponen los restos de organismos muertos para obtener energía.

☑ Comprobar destrezas

Conceptos de matemáticas

PIRÁMIDES DE ENERGÍA Trata de calcular la actividad ¡Matemáticas! en la página 313 como si cada unidad de energía valiera $1.00. Si tuvieras $10,000.00, pero gastaras el 90 por ciento, ¿cuánto te quedaría para dejar en tu testamento? ($1,000.00) Si tu heredero gastara el 90 por ciento de esa cantidad, ¿cuánto podría dejar él? ($100.00) Después de cuatro generaciones, ¿en cuánto quedaría la herencia? ($1.00) No mucho, ¿verdad? Por eso existen muy pocos organismos grandes en la parte superior de la pirámide de energía.

Comprensión visual

RED ALIMENTICIA En la red alimenticia de la Figura 5 de la página 312 se muestran distintas trayectorias de alimento. Sin embargo, una verdadera red alimenticia en el ecosistema de una selva es mucho más compleja ya que en ella viven cientos de especies. Encuentra el ratón de la Figura 5. ¿Cuántos organismos se alimentan del ratón? ¿Cuántos organismos se alimentan de una mariposa? ¿Qué podría suceder al ecosistema si estos animales fueran eliminados?

SECCIÓN 2

- Una cadena alimenticia representa el flujo de energía desde un organismo a otro.
- Debido a que la mayoría de los organismos consumen más de un tipo de alimentos, existen muchas trayectorias energéticas posibles; éstas se representan en una red alimenticia.
- La pirámide de energía demuestra que la mayoría de la energía de cada nivel se usa en ese nivel de la cadena alimenticia y no está disponible para los organismos ubicados en los niveles superiores de la cadena.
- El hábitat de un organismo es el medio ambiente en donde vive. El nicho de un organismo es su comportamiento en el ecosistema.

SECCIÓN 3

Vocabulario

factor limitante *(pág. 316)*
capacidad de carga *(pág. 317)*
competencia *(pág. 317)*
presa *(pág. 318)*
depredador *(pág. 318)*
simbiosis *(pág. 319)*
mutualismo *(pág. 319)*
comensalismo *(pág. 319)*
parasitismo *(pág. 320)*
parásito *(pág. 320)*
huésped *(pág. 320)*
coevolución *(pág. 320)*

Notas de la sección

- El tamaño de una población cambia con el tiempo.
- Los factores limitantes disminuyen el crecimiento de una población. La población más grande que un medio ambiente puede mantener durante un período prolongado se denomina la capacidad de carga.
- Cuando un organismo se alimenta de otro, el organismo que sirve de alimento se denomina presa mientras que el que lo consume se denomina depredador.
- La simbiosis es una asociación íntima y duradera entre dos o más especies. Existen tres tipos generales de simbiosis: mutualismo, comensalismo y parasitismo.
- La coevolución involucra cambios a largo plazo en dos especies debido a la mutua interacción entre ambas.

Experimentos

Adaptación: un estilo de vida
(pág. 536)

internet

VISITA: go.hrw.com

Visita el sitio web de HRW para encontrar una serie de herramientas de aprendizaje relacionadas con este capítulo. Sólo tienes que escribir la palabra clave:

PALABRA CLAVE: HSTINT

VISITA: www.scilinks.org

Visita el sitio web de la **Asociación Nacional de Maestros de Ciencias** *(National Science Teachers Association)* para encontrar recursos de Internet relacionados con este capítulo. Para obtener más información sobre el tema, teclea el número del enlace de ciencias correspondiente:

TEMA: Factores bióticos y abióticos	**ENLACE:** HSTE580
TEMA: Organización en el medio ambiente	**ENLACE:** HSTE585
TEMA: Productores, consumidores y descomponedores	**ENLACE:** HSTE590
TEMA: Cadenas y redes alimenticias	**ENLACE:** HSTE595
TEMA: Hábitats y nichos	**ENLACE:** HSTE600

Repaso del capítulo

UTILIZAR EL VOCABULARIO

Escoge el término correcto para completar las siguientes oraciones:

1. El medio ambiente de un organismo consta de dos partes: la __?__, o que posee vida, y la __?__, o que no posee vida. *(biótica* o *abiótica)*

2. Una __?__ es un grupo de individuos de la misma especie que viven en la misma área, en el mismo momento. *(comunidad* o *población)*

3. Una comunidad y su medio ambiente abiótico constituyen un(a) __?__. *(ecosistema* o *red alimenticia)*

4. Los organismos que utilizan la fotosíntesis para obtener energía se denominan __?__. *(productores* o *descomponedores)*

5. El medio ambiente en donde vive un organismo es su __?__, y el papel que el organismo juega en el ecosistema es su __?__. *(nicho* o *hábitat)*

COMPRENDER CONCEPTOS

Opción múltiple

6. Un ácaro se alimenta de la sangre de un perro. En esta relación, el ácaro es el __?__, y el perro es el __?__.
   a. parásito, presa **c.** parásito, huésped
   b. depredador, huésped **d.** huésped, parásito

7. Recursos como el agua, el alimento o la luz solar pueden ser factores limitantes
   a. cuando el tamaño de la población aumenta.
   b. cuando los depredadores comen a su presa.
   c. cuando la población es pequeña.
   d. cuando una población alcanza su capacidad de carga.

8. Los "recicladores naturales" son los
   a. depredadores **c.** productores.
   b. descomponedores. **d.** omnívoros.

9. La relación beneficiosa entre el coral y las algas es un ejemplo de
   a. comensalismo. **c.** mutualismo.
   b. parasitismo. **d.** depredación.

10. La forma en que la energía fluye a través de un ecosistema está representada por
    a. cadenas alimenticias.
    b. pirámides de energía.
    c. redes alimenticias.
    d. Todas las anteriores.

11. ¿Qué organismos de un ecosistema representan la base de una pirámide de energía?
    a. productores **c.** herbívoros
    b. carnívoros **d.** carroñeros

12. ¿Cuál de las siguientes opciones representa el orden correcto en una cadena alimenticia?
    a. Sol → productores → herbívoros → carroñeros → carnívoros
    b. Sol → consumidores → depredadores → parásitos → huéspedes
    c. Sol → productores → descomponedores → consumidores → omnívoros
    d. Sol → productores → herbívoros → carnívoros → carroñeros

13. La relación entre las rémoras y los tiburones se puede describir como
    a. mutualismo. **c.** depredador y presa.
    b. comensalismo. **d.** parasitismo.

Respuesta breve

14. Describe el hábitat y el nicho del lobo gris.

15. ¿Por qué elemento competirían distintas especies de árboles en un bosque?

16. ¿Cómo influyen los factores limitantes en la capacidad de carga?

17. ¿Qué es la coevolución?

Organizar conceptos

18. Usa los siguientes términos para crear un mapa de ideas: organismos individuales, productores, poblaciones, ecosistemas, consumidores, herbívoros, comunidades, carnívoros, biosfera.

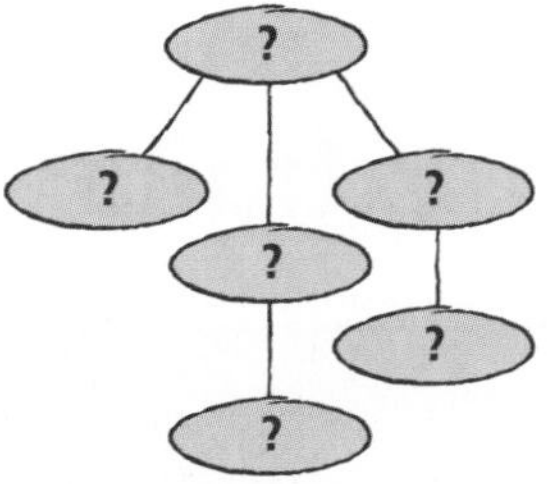

RAZONAMIENTO CRÍTICO Y RESOLUCIÓN DE PROBLEMAS

Responde a las siguientes preguntas en una o dos oraciones:

19. ¿Es posible que un ecosistema equilibrado pueda albergar a productores y consumidores, pero no a descomponedores? ¿Por qué?

20. Algunos biólogos piensan que ciertas especies, tales como los caimanes y los lobos, ayudan a mantener la diversidad biológica en sus ecosistemas. Pronostica lo que le podría suceder a otras especies, tales como el pez aguja o la garza, si los caimanes se extinguieran de los *Everglades* de Florida.

21. ¿La Tierra tiene una capacidad de carga para los seres humanos? Explica tu respuesta.

22. Explica por qué es importante tener una variedad de organismos en una comunidad de especies que interactúan. Da un ejemplo.

LAS MATEMÁTICAS EN LAS CIENCIAS

23. Todos los años, las plantas de un ecosistema obtienen 20,810 calorías de energía solar mediante la fotosíntesis. Los herbívoros de ese ecosistema consumieron todas las plantas, pero sólo obtuvieron 3,370 calorías de energía. ¿Cuánta energía dedicaron las plantas a sus propios procesos vitales?

INTERPRETAR GRÁFICAS

Examina las siguientes gráficas que muestran el crecimiento de la población de una especie de *paramecio,* un microorganismo unicelular con forma de zapatilla, en un período de 18 días. Ocasionalmente se agregaba alimento al tubo de ensayo en donde se cultivaron los paramecios. Responde a las siguientes preguntas:

24. ¿Cuál es la capacidad de carga del tubo de ensayo mientras se agrega alimento?

25. Predice qué le sucederá a la población si el investigador deja de agregar alimento al tubo de ensayo.

26. ¿Qué mantiene el número de *paramecios* a un nivel constante?

27. Predice lo que sucaderá si la cantidad de agua se duplica y el abastecimiento de alimento se mantiene igual.

Crecimiento del *Paramecium caudatum*

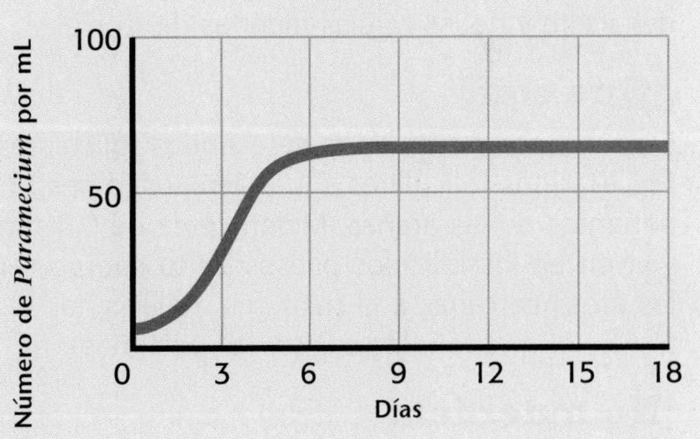

AHORA, ¿qué piensas?

Revisa tus respuestas a las preguntas de la página 5 que escribiste en el cuaderno de ciencias. ¿Han cambiado tus respuestas? Si es necesario, corrige tus respuestas basándote en lo que has aprendido en este capítulo.

Un invitado extraño

¿Qué tiene un cuerpo pequeño tubular, patas cortas y vive en tus cejas y pestañas? Pues un pequeño animal llamada "acárido folicular." Los humanos somos sus organismos huéspedes. Como todos los animales grandes, los humanos somos huéspedes de una variedad de criaturas pequeñas. Viven en nuestros cuerpos (o sobre ellos) y comparten nuestros recursos. Sin embargo, nuestro invitado más extraño es el *D. folliculorum*, el acárido folicular, que se alimenta del aceite y de las células muertas de tu piel.

▲*El acárido folicular es más pequeño que el punto al final de esta grase*

¿Qué son?

Existen unos pocos tipos de acáridos foliculares. Los acáridos foliculares son arácnidos, o sea, parientes de las arañas. Miden cerca de 0.4 mm y viven en los folículos pilosos de tu cuerpo (en las áreas cercanas a la nariz, las mejillas, la frente, el mentón, las cejas y las pestañas).

¡No muerden!

¿Son dañinos los acáridos foliculares? No, casi siempre son inofensivos y raras veces se encuentran en niños o adolescentes. Quizás ni te hayas dado cuenta de que están ahí. Los estudios indican que entre el 97% y el 100% de los adultos tiene uno o ambos tipos de acáridos. Excepto en casos raros, los acáridos también son inofensivos en los adultos.

Algunas preocupaciones sobre la salud

Sin embargo, los acáridos muchas veces son responsables de una afección parecida al acné alrededor de la nariz , las cejas y las pestañas. En el mismo folículo pueden vivir hasta 25 acáridos, lo que puede ocasionar su inflamación. El folículo no se inflama de la misma forma que el acné, se pone rojizo y provoca picazón. Los acáridos que viven en las pestañas y los párpados pueden irritarlos. La inflamación provoca picazón. Sin embargo, tales inflamaciones son raras y la afección desaparece rápidamente si se aplica el medicamento apropiado. De modo que aunque los acáridos foliculares son uno de los invitados más extraños sobre la piel humana, casi nunca representan un problema.

Otros acompañantes

Las bacterias ayudan a mantener niveles adecuados de pH. Hasta el *E. coli,* un tipo de bacteria que causa serios problemas de salud, vive en el colon humano. Sin el *E. coli,* no seríamos capaces de producir suficiente vitamina K o ácido fólico.

Averígualo tú mismo

▶ Investiga más acerca de los acáridos foliculares y de otros organismos que también dependan del cuerpo humano para obtener alimento y albergue. Haz un informe o escribe una historia desde el punto de vista de ese organismo.

VENTANA AL MEDIO AMBIENTE

Invasión extranjera

Un grupo de diminutos alienígenas de cuerpos rojos y brillantes, y dotados de seis patas, dejaron su nave en Mobile, Alabama. Tras observar los alrededores, comenzaron silenciosamente a construir sus casas en el nuevo territorio.

▲*En una colonia hay tres tipos de hormigas coloradas: la reina, las obreras y los machos. Fíjate en la diferencia de tamaño entre la reina y las obreras.*

¡Al oeste!

Las hormigas coloradas llegaron por error a Estados Unidos en 1918 en un barco proveniente de Sudamérica. En los Estados Unidos, estas hormigas carecen de depredadores o competidores naturales. Además, son extremadamente agresivas y sus colonias pueden albergar múltiples reinas, y no sólo una, como otras especies. No es, pues, sorprendente que se hayan propagado tan extensamente. Hacia 1965, sus hormigueros se extendían desde la costa sudeste hasta Texas. Hoy se encuentran en al menos 10 estados del sur y es probable que pronto lleguen a California.

Quijadas de destrucción

En este proceso de expansión, las hormigas coloradas han causado mucho daño. Se sienten atraídas por la corriente eléctrica, lo que les lleva a morder los aislamientos de los cables y provocar cortocircuitos. Los invasores también han roto el equilibrio natural del ecosistema nativo. En algunas zonas, han acabado con el 70% de las especies de hormigas autóctonas y el 40% de otras especies de insectos. Cada año, más de 25,000 personas necesitan atención médica a consecuencia de sus dolorosas picaduras.

Combatir la invasión

Han pasado 80 años desde que entraron en los Estados Unidos y las destructivas hormigas continúan multiplicándose. La mayoría de los cerca de 157 productos químicos registrados, entre ellos el amoníaco, la gasolina, extractos de estiércol y fuertes pesticidas, han demostrado ser poco o nada efectivos. Además, muchos de estos remedios también dañan el medio ambiente. En 1995, el gobierno sólo había aprobado un único producto para combatir masivamente a las hormigas coloradas.

El censo de una granja de hormigas

¿Cuántas crías puede producir una hormiga colorada reina si vive 5 años y produce 1,000 huevos al día? Si un hormiguero contiene 300,000 hormigas, ¿cuál sería el total de hormigueros formados?

CRONOLOGÍA

UNIDAD 5

Oceanografía

En esta unidad estudiarás los océanos de la Tierra y el panorama que ocupan. En conjunto, los océanos forman el accidente geográfico más grande del planeta. Cubren aproximadamente el 70% de la superficie terrestre. ¡Es mucha agua! No sólo son el refugio de una variedad de organismos vivos, sino que además influyen en la vida sobre la tierra firme. Aprenderás más sobre los océanos en esta unidad y en la cronología que se presenta a continuación. ¡Respira profundo y arrójate!

1851

Se publica la novela de Herman Melville, *Moby Dick*.

1872

El *Challenger* comienza su viaje de cuatro años. Sus hallazgos forman la base de la oceanografía.

1977

Se descubren comunidades de organismos que viven sin luz solar en las chimeneas termales del fondo del mar.

1978

Louise Brown, el primer "bebé de probeta", nace en Inglaterra.

1986

La Comisión Internacional de Cacería de Ballenas *(International Whaling Commission)* prohíbe oficialmente la cacería comercial de ballenas, pero aún se sigue practicando a menor escala.

1914

Concluye la construcción del canal de Panamá, que une el océano Atlántico con el Pacífico.

1927

Charles Lindbergh finaliza el primer vuelo ininterrumpido a través del Océano Atlántico.

1938

Se descubre un celacanto en el océano Índico cerca de Sudáfrica. También llamado pez fósil, se pensaba que el celacanto se había extinguido hace 60 millones de años.

1943

Jacques Cousteau y Émile Gagnon inventan la escafandra autónoma, un sistema de respiración que permite a los buceadores explorar libremente el silencioso mundo submarino.

1960

Jacques Piccard y Don Walsh baten el récord de 10,910 m debajo el nivel del mar en su batiscafo *Trieste*.

1990

Concluye la construcción del túnel bajo el canal de la Mancha, que permite el traslado entre Gran Bretaña y Francia mediante ferrocarril y automóvil.

1998

Ben Lecomte de Austin, Texas, cruza nadando el océano Atlántico desde Massachusetts hasta Francia; completa así una distancia de 6,015 km. Su hazaña le llevó 74 días.

CAPÍTULO

13 Explorar los océanos

Un vistazo al futuro en la próxima frontera: el fondo del mar

Imagínate. . .

Vives en el fondo del mar, rodeado de criaturas de colores que nadan con gracia a tu alrededor. En el interior de cúpulas de cristal se hallan ciudades completas con personas que explotan ricos depósitos minerales, crían peces y otros tipos de vida acuática, y estudian los misterios de los vastos e inexplorados océanos de la Tierra.

Los científicos están llevando esa visión un paso más cerca de la realidad en el interior de una casa bajo el agua cerca de la costa de Cayo Largo, Florida. Allí, a una profundidad de 19 metros, unos científicos llamados *acuanautas* viven y trabajan en el interior de *Aquarius,* una residencia y laboratorio submarinos.

En el interior de *Aquarius*, que es del tamaño de un autobús, los equipos de investigadores llevan a cabo misiones que pueden durar hasta siete días. Su propósito es estudiar el sistema de arrecifes de coral más grande de Norteamérica. La única comunicación vital de los científicos es una boya situada en la superficie del agua. La boya permite que se bombee aire dentro de *Aquarius* y que la información, como imágenes de video, se transmita a tierra.

Los acuanautas realizaron algunos descubrimientos importantes: encontraron pruebas de que los rayos ultravioletas del Sol están dañando el sensible coral que vive en el fondo del mar.

Los acuanautas están dando el siguiente paso hacia la vida submarina. Aquarius *tal vez no sea un rascacielos, pero está estableciendo los cimientos para la colonización humana del fondo del mar.*

Algunos piensan que estos rayos alcanzan a los corales porque la contaminación atmosférica está destruyendo la capa de ozono que protege la atmósfera. La contaminación del agua también está perjudicando a los organismos marinos. Esto preocupa a los acuanautas, quienes extraen substancias químicas de estos organismos que podrían proporcionar curas para enfermedades humanas.

En este capítulo aprenderás más sobre los océanos de la Tierra, cómo los científicos exploran la última frontera de la Tierra, descubren sus secretos y protegen sus recursos para la próxima generación.

¿Tú qué piensas?

Usa tus conocimientos para responder a las siguientes preguntas en tu cuaderno de ciencias:

1. ¿Cómo han cambiado los océanos de la Tierra a lo largo del tiempo?
2. Nombra dos formas que utilicen los científicos para estudiar el océano sin sumergirse.
3. Nombra dos recursos valiosos que se extraigan del océano.

¿Salida únicamente?

¿Cómo entran y salen los acuanautas de *Aquarius*? Aunque no lo creas, la manera más simple es a través de un agujero en el piso del laboratorio. Podrás pensar que el agua entraría por el agujero, pero no lo hace. La gente en el interior del *Aquarius* puede respirar libremente y entrar y salir a través del agujero en cualquier momento. ¿Cómo es posible? Realiza la siguiente investigación para averiguarlo.

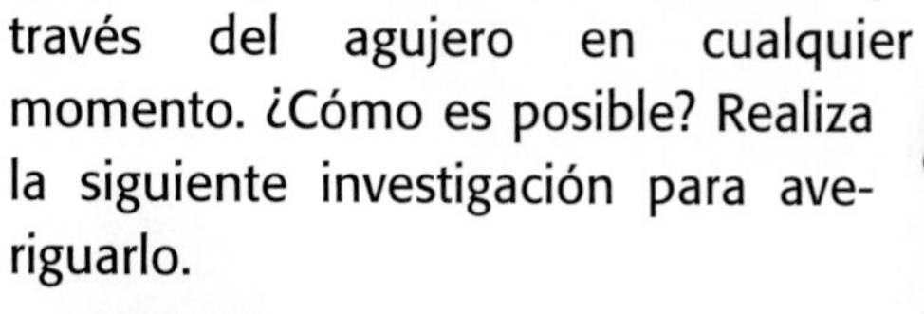

Procedimiento

1. Llena un tazón **grande** en **agua** hasta aproximadamente dos tercios de su capacidad.
2. Voltea un **vaso** de plástico transparente.
3. Coloca lentamente el vaso dentro del agua asegurándote de no ladearlo.
4. Anota tus observaciones en tu cuaderno de ciencias.

Análisis

5. ¿Cuánta agua entra dentro del vaso?
6. ¿Cómo influye el aire del interior del vaso en el agua que está debajo?
7. Relaciona tus descubrimientos con el orificio en el piso del laboratorio submarino.

Profundizar

Realiza el mismo experimento, pero ahora ladea ligeramente el vaso hacia un lado después de sumergirlo. ¿Qué demuestra esto en relación con las limitaciones del diseño del agujero en el suelo?

Sección 1

Los océanos de la Tierra

VOCABULARIO
salinidad
termoclina
ciclo del agua

OBJETIVOS
- Nombra las mayores divisiones de los océanos globales.
- Describe la historia de los océanos de la Tierra.
- Resume las propiedades y otros aspectos del agua oceánica.
- Resume la interacción entre los océanos y la atmósfera.

La Tierra se distingue de otros planetas de nuestro Sistema Solar principalmente por una razón, 71 por ciento de la superficie de la Tierra está cubierta de agua. La mayor cantidad de agua de la Tierra está en el océano global, que está dividido por los continentes en cuatro océanos principales. Esto se muestra en la figura de abajo. El océano es un cuerpo único de agua que juega muchos papeles en la regulación del medio ambiente de la Tierra. Sigue leyendo para que aprendas más acerca de nuestro recurso más importante: el océano.

Divisiones del océano global

Océano Índico El océano Indico es el tercero más extenso y cubre un área de casi ocho veces el tamaño de los Estados Unidos. Parte del cordón montañoso más largo del mundo, la dorsal oceánica media, se encuentra a lo largo del suelo del océano Índico.

Océano Ártico El océano Ártico es el más pequeño. Es único, porque en gran parte está cubierto de hielo. Los científicos están comenzando a explorar con éxito el congelado mundo del océano Ártico.

Océano Pacífico El océano más extenso es el océano Pacífico. Es una vasta masa de agua que tiene un volumen aproximado de 724 millones de kilómetros cúbicos. ¡Esta agua es suficiente para llenar 1,200,000,000,000,000,000 de tinas!

Océano Atlántico El volumen del océano Atlántico es casi la mitad del Pacífico. Los oceanógrafos están muy bien informados de los vientos y las corrientes en el Atlántico, ya que los navegantes han trazado mapas de sus aguas durante siglos.

¿Cómo se formaron los océanos?

Hace 4,500 millones de años no había océanos y los volcanes arrojaban lava, cenizas y gases por todo el planeta, cuya temperatura era mucho más elevada de lo que es ahora. Los gases volcánicos, entre ellos el vapor de agua, comenzaron a formar la atmósfera de la Tierra y ésta se fue enfriando. Hace poco más de 4,000 millones de años, la Tierra se enfrió lo suficiente para que el vapor de agua se condensara y cayera como lluvia. La lluvia comenzó a llenar los niveles más bajos de la superficie terrestre y así se comenzaron a formar los primeros océanos.

Los océanos han cambiado mucho a lo largo de la historia. Los oceanólogos han aprendido mucho acerca de su historia, tal como se indica en el siguiente diagrama.

Autoevaluación

Observa el siguiente diagrama. Si Norteamérica y Sudamérica siguieran deslizándose hacia el Oeste y Asia hacia el Este, ¿que pasaría? ***(Consulta la página 564 para comprobar tu respuesta.)***

La historia reciente de los océanos de la Tierra

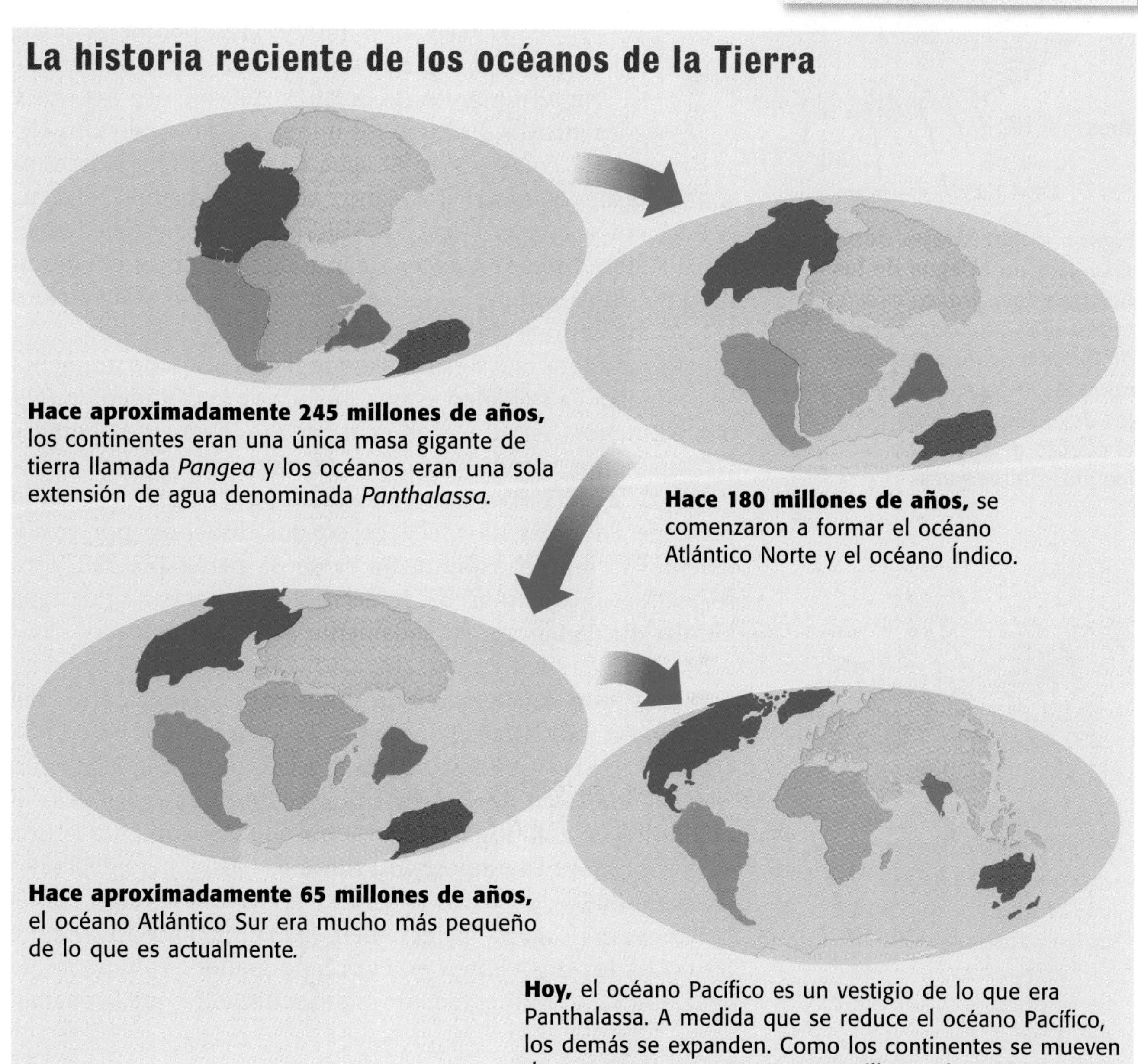

Hace aproximadamente 245 millones de años, los continentes eran una única masa gigante de tierra llamada *Pangea* y los océanos eran una sola extensión de agua denominada *Panthalassa.*

Hace 180 millones de años, se comenzaron a formar el océano Atlántico Norte y el océano Índico.

Hace aproximadamente 65 millones de años, el océano Atlántico Sur era mucho más pequeño de lo que es actualmente.

Hoy, el océano Pacífico es un vestigio de lo que era Panthalassa. A medida que se reduce el océano Pacífico, los demás se expanden. Como los continentes se mueven de 1 a 10 cm por año, en 150 millones de años van a estar dispuestos de manera muy distinta.

Características del agua de los océanos

El agua de los océanos es muy distinta de la proveniente de los grifos de tu casa. En primer lugar, el agua del océano no se puede beber. Pero existen otras características que la hacen muy especial. Sigue leyendo para aprender más sobre ellas.

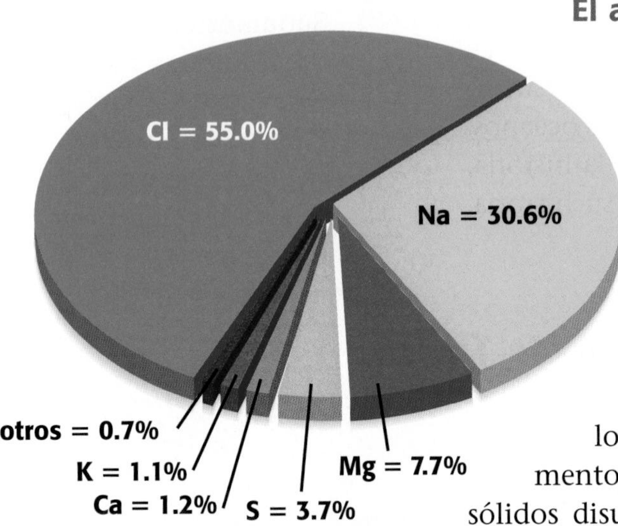

Figura 1 Porcentajes de sólidos disueltos en el agua de los océanos *Esta gráfica circular muestra la abundancia relativa de los sólidos disueltos en el agua de los océanos. Fíjate que los dos elementos que componen el cloruro de sodio son sin duda los más abundantes.*

El agua de los océanos es salada ¿Alguna vez has tragado agua mientras nadabas en el océano? ¿Tenía un sabor muy desagradable, verdad? Ya sabes que el océano es salado, pero aún así probarlo personalmente puede ser una experiencia impactante. La mayor parte de la sal del océano es el mismo tipo de sal que usas en la comida. Los científicos llaman a esta sal *cloruro de sodio.*

El océano es muy salado porque se le ha estado agregando sal en forma continua durante miles de millones de años. Sucedió así: los ríos y los arroyos *disuelven* los minerales de la tierra en elementos y compuestos. El agua corriente transporta estos sólidos disueltos hasta el océano. Al mismo tiempo, el agua del océano se *evapora,* pero los sólidos disueltos se quedan en él. El sólido disuelto más abundante del océano es el cloruro de sodio, un compuesto de los elementos sodio (Na) y cloro (Cl), como se muestra en la **Figura 1.**

Si se evapora más agua de la que llega al océano, aumenta su salinidad. La **salinidad** es una medida de la cantidad de sólidos disueltos en un volumen determinado de líquido. Generalmente, se mide en gramos de sólidos disueltos por kilogramo de agua. Piénsalo así: 1 kg (1,000 g) de agua del océano contiene en promedio 35 g de sólidos disueltos; por consiguiente, su salinidad promedio es de 35 partes por mil. Esto se puede expresar como 35. Es decir, si evaporaras 1 kg de agua marina quedarían aproximadamente 35 g de sólidos.

Factores que influyen en la salinidad Algunas áreas del océano son más saladas que otras. El agua costera posee una mayor salinidad en áreas cálidas y secas que en aquéllas más frías y húmedas. Esto se debe a que menos agua dulce llega al océano en las zonas más secas y a que el calor aumenta la tasa de evaporación. La evaporación elimina el agua, pero deja sales y otros sólidos disueltos. Además, las áreas costeras donde desembocan ríos principales tienen una salinidad relativamente baja. Allí, los ríos vierten en el océano grandes volúmenes de agua dulce que contiene menos sólidos disueltos que la de mar.

PARA PENSAR

¿Sabías que los océanos contienen aproximadamente 9 millones de toneladas de oro disuelto? Lástima que la concentración del oro es únicamente de 0.000004 mg por kilogramo de agua. Sería difícil extraer el oro del agua y, además, el costo de la tarea sería mayor que el valor del oro.

Otro factor que influye en la salinidad del océano es el movimiento del agua. El agua superficial en áreas como las bahías, los golfos y los mares, circula menos que las aguas superficiales en otras partes. Las áreas en mar abierto que no tienen corrientes también pueden ser lentas. La **Figura 2** muestra cómo las variaciones en la salinidad se relacionan con muchos factores.

Zonas de temperaturas La temperatura del agua del océano disminuye a medida que aumenta su profundidad. Esto no ocurre gradualmente desde la superficie hasta el fondo del océano. El agua del océano se puede dividir en tres capas según su temperatura. Como puedes ver en la gráfica siguiente, el agua en la superficie es más tibia que la temperatura promedio del océano.

Figura 2 *La salinidad varía en distintas partes del océano debido a las variaciones en la evaporación, circulación y afluencia de agua dulce.*

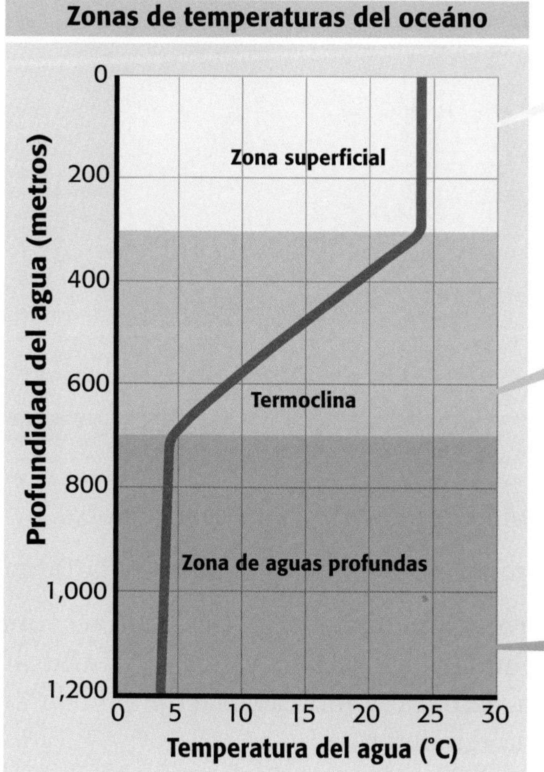

Zona superficial
La zona superficial es la capa superior y tibia del océano. La luz del Sol atraviesa los primeros 100 m de esta zona y la calienta con energía solar. Las corrientes superficiales mezclan el agua caliente con el agua más fría del fondo, haciendo que se extienda la zona superficial hasta 300 m por debajo del nivel del mar.

Termoclina
La **termoclina** es una capa de agua que se extiende desde 300 hasta 700 m por debajo del nivel del mar. En esta zona, la temperatura del agua disminuye a mayor profundidad más rápido que en las otras dos zonas. El agua en la termoclina es más fría y densa que en la zona superficial.

Zona de aguas profundas
Esta capa inferior se extiende desde la base de la termoclina hasta el fondo del mar. Su temperatura promedio es de 2°C, es decir, a 4°C sobre el punto de congelación del agua salada.

Cambios de las temperaturas superficiales Las temperaturas en la zona superficial varían según la latitud y la época del año, fluctuando entre 1°C (cerca de los polos) hasta 24°C (cerca del ecuador). Las áreas del océano a lo largo del ecuador son más cálidas porque reciben más luz solar por año que las más cercanas a los polos.

La época del año también influye. Los rayos solares en el hemisferio norte son más directos en el verano que en el invierno y por eso, la zona superficial absorbe más energía térmica durante el verano. Si vives cerca de la costa, quizás hayas sentido la diferencia entre una zambullida en el mar en diciembre y otra en julio. La **Figura 3** muestra cómo las temperaturas de la zona superficial varían durante el año. La imagen en la izquierda muestra las temperaturas regionales en el invierno y la de la derecha las del verano.

Figura 3 *Estas imágenes por satélite muestran cómo las temperaturas superficiales de esta parte del océano Pacífico Norte son más frías en el invierno (izquierda) que en el verano (derecha).*

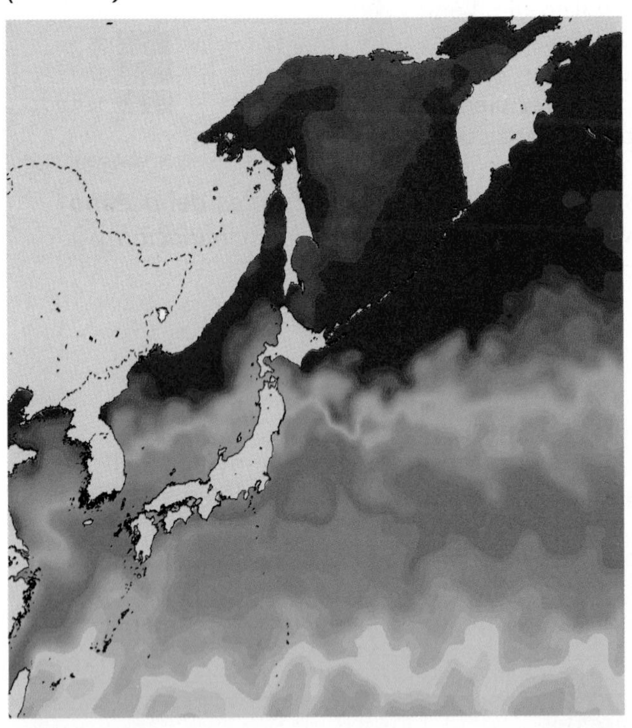

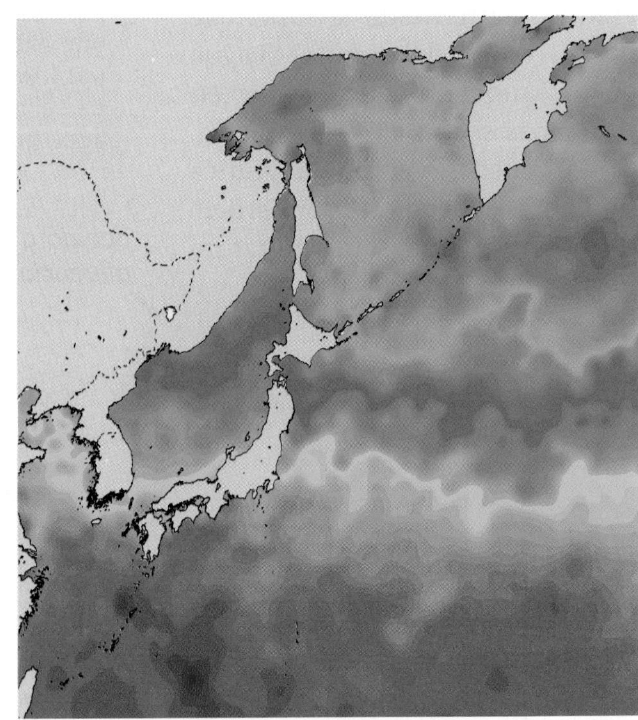

Fresco Tibio

REPASO

1. Nombra las divisiones principales del océano global.
2. Explica cómo se formaron los primeros océanos de la Tierra.
3. **Resumir la información** Enumera tres factores que influyan en la salinidad del océano y tres que influyan en su temperatura. Explica cómo cada factor influye en la salinidad o en la temperatura.

El océano y el ciclo del agua

Si pudieras sentarte en la Luna y observar la Tierra, ¿qué verías? Notarías que la superficie terrestre está compuesta por tres componentes básicos: agua, tierra y aire. Los tres componentes participan en un proceso continuo denominado el ciclo del agua, como se muestra a continuación. El **ciclo del agua** une las formas sólidas, líquidas y gaseosas del agua de la Tierra. El océano es una parte importante en este ciclo debido a que la mayor parte del agua de la Tierra se encuentra allí.

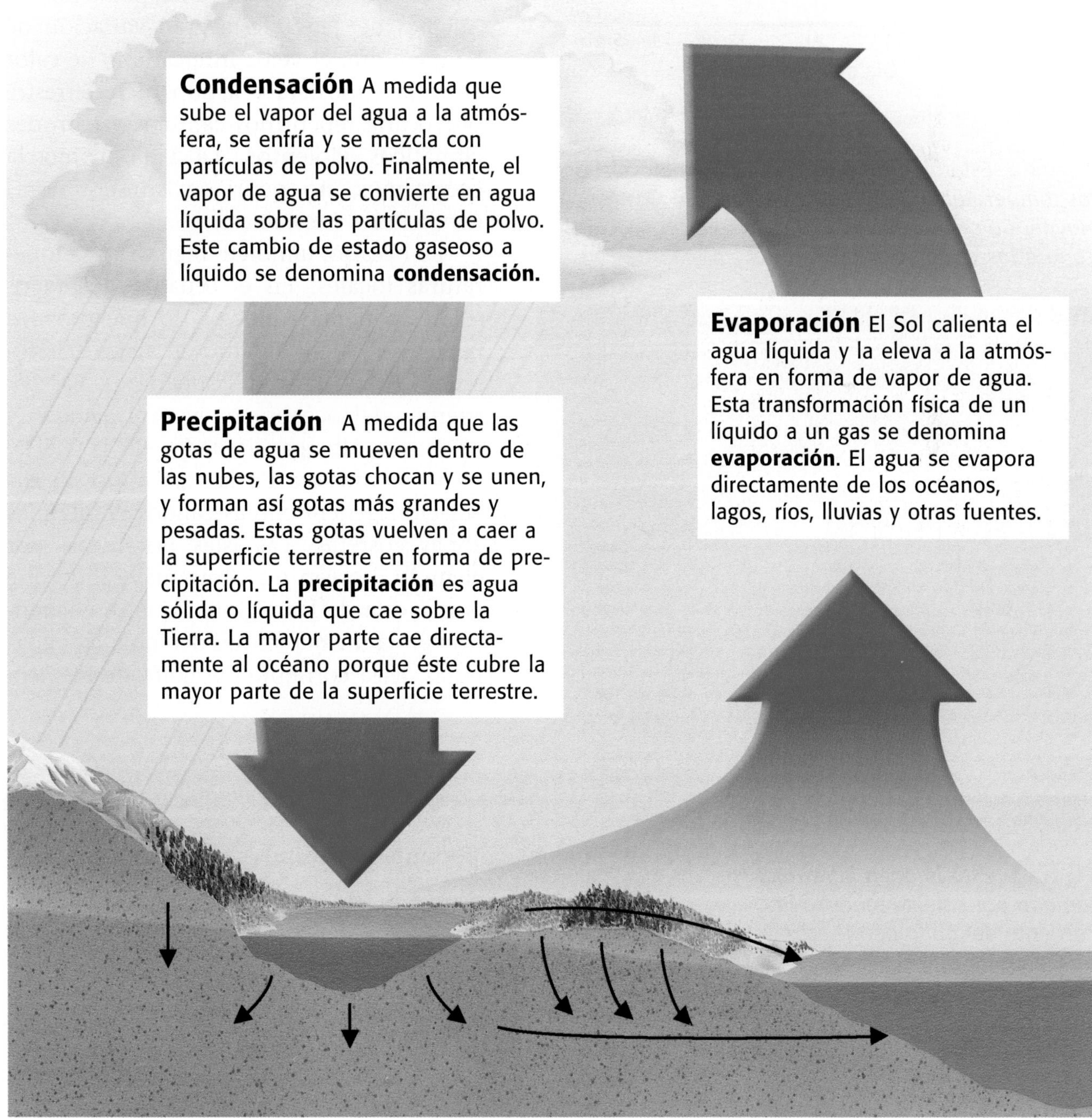

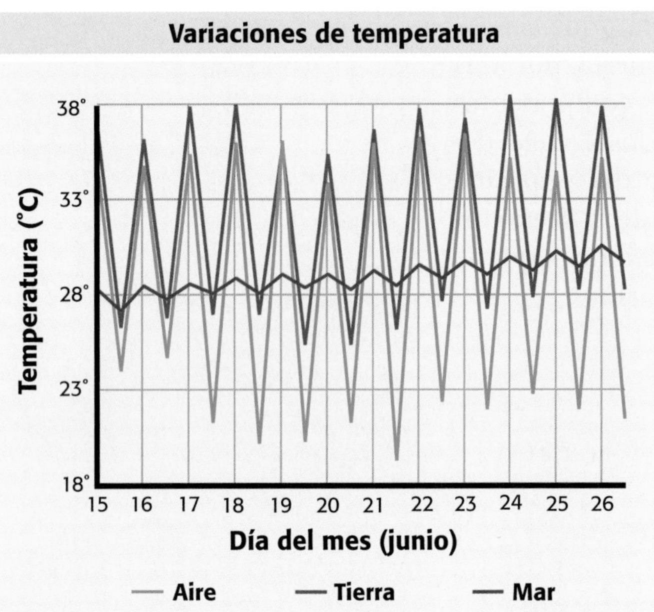

Figura 4 *Este diagrama compara la fluctuación de las temperaturas de la tierra y el aire en Castle Hayne, Carolina del Norte, con la del océano cercano a las costas de Carolina del Norte.*

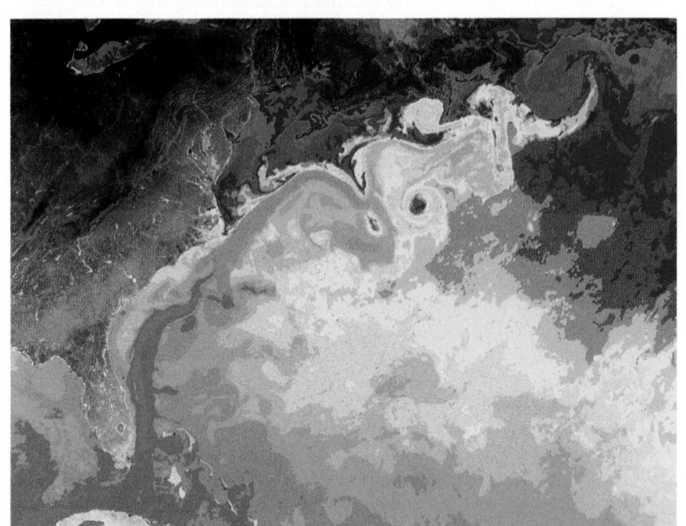

Figura 5 *Esta imagen infrarroja tomada por satélite muestra la corriente del golfo de México moviendo aguas tibias desde las latitudes inferiores hacia las superiores.*

Un termostato global

El océano ayuda a mantener las condiciones que permiten la existencia de vida en la Tierra. Quizás su función más importante sea la absorción y retención del calor proveniente de la luz solar. Dicha función regula las temperaturas en la atmósfera.

Como puedes apreciar en la **Figura 4,** el océano absorbe y libera calor en forma más lenta que la tierra seca. Si el océano no cumpliera esta función, la temperatura promedio del aire en la Tierra variaría entre 100°C durante el día y –100°C por la noche. Además de causar esta gran variación de temperatura, el veloz intercambio de calor entre la atmósfera y la superficie terrestre provocaría repentinos cambios y patrones climáticos violentos. La vida, como la conocemos, no podría existir con estas condiciones inestables.

El océano también regula las temperaturas locales. En el ecuador, los rayos solares son más directos, lo que provoca un mayor calentamiento en aguas ecuatoriales que en latitudes superiores. Las corrientes del océano mueven el agua y el calor que alberga alrededor de la Tierra, como se muestra en la **Figura 5.** Esta circulación genera climas cálidos en algunas zonas costeras. Las islas Británicas, por ejemplo, poseen un clima más cálido que la mayoría de las regiones que se encuentran en la misma latitud debido a las aguas tibias de la corriente del golfo de México.

REPASO

1. ¿Por qué es importante el océano en el ciclo del agua?
2. ¿Entre cuáles pasos del ciclo del agua se ubica el océano?
3. **Hacer deducciones** Explica por qué St. Louis, Missouri, tiene inviernos más fríos y veranos más cálidos que San Francisco, California, aunque ambas ciudades están aproximadamente en la misma latitud.

Sección 2

El fondo del mar

VOCABULARIO

plataforma continental
talud continental
elevación continental
región abisal
dorsal oceánica media
desgarre tectónico
montaña submarina
trinchera oceánica

OBJETIVOS

- Identifica las dos grandes regiones del fondo del mar.
- Clasifica las subdivisiones y las características de las dos grandes regiones del fondo del mar.
- Describe los medios tecnológicos para estudiar el fondo del mar.

¿Qué hay en el fondo del mar? Y, ¿qué tan profundo es el océano? Éstas son preguntas que no se podían responder. La humanidad ha aprendido mucho sobre el fondo del mar, especialmente en las últimas décadas. Se han descubierto varios accidentes geográficos en el fondo del mar con los últimos adelantos tecnológicos. También se han determinado las profundidades de casi todo el fondo marino.

Explorar el fondo del mar

Probablemente ya sabes que la mayoría de los seres humanos que exploran las regiones subacuáticas lo hacen por medio de submarinos. Sin embargo, algunos puntos del océano son tan profundos que se deben utilizar vehículos submarinos especiales para llegar hasta ellos.

El vehículo submarino más conocido es un minisubmarino llamado *Alvin. Alvin* mide 7 m de largo y llega a algunos de los lugares más profundos del océano. Los científicos han utilizado a *Alvin* en varias misiones submarinas, que incluyen búsquedas de barcos hundidos, la recuperación de una bomba de hidrógeno perdida y exploraciones de los accidentes geográficos del fondo del mar. Aunque *Alvin* les ha permitido a los científicos realizar descubrimientos sorprendentes, también se están desarrollando nuevos vehículos para explorar el fondo del mar. Un vehículo moderno en la tecnología marítima es un avión submarino llamado *Deep Flight,* que se ve en la **Figura 6.** Este vehículo se mueve por el agua como un avión lo hace por el aire. Los modelos futuros del *Deep Flight* estarán diseñados para transportar pilotos hasta la parte más profunda del océano, a más de 11,000 m de profundidad.

Pasa a la página 362 para conocer al explorador submarino más famoso que ha existido.

Figura 6 *Al igual que el primer avión en volar con éxito de los hermanos Wright, el* Deep Flight *marca el comienzo de un futuro prometedor para "vuelos" submarinos.*

Descubrir el fondo del mar

Experimentos

¿Quieres investigar el fondo del mar? Pasa a la página 538 para traer el fondo del mar a tu escritorio.

¿Que harías si fueras un explorador y te encargaran trazar mapas de los lugares inexplorados del planeta? Quizás pensarías que no hay mucho por descubrir porque la mayoría del suelo terrestre ya ha sido explorado pero, ¿has pensado en el fondo del mar? La mayor parte de la superficie terrestre está cubierta por agua. ¿Qué harías si pudieras conducir el *Deep Flight*? Tendrías una vista de pez del mundo submarino. ¿Cómo se vería? Tal vez piensas que verías un gran recipiente vacío, pero en realidad verías la cadena montañosa más larga del mundo y cañones más profundos que el Gran Cañón *(The Grand Canyon)*.

Al descender en el reino submarino, notarías que el fondo marino se divide en dos grandes regiones: el *margen continental,* compuesto por corteza continental, y la *cuenca profunda del océano,* compuesta por corteza marina. Quizás te ayude imaginar el océano como una inmensa alberca; el margen continental es la parte menos profunda y la pendiente de la alberca y la cuenca profunda del océano es su parte más profunda. La **Figura 7** muestra como se subdividen estas dos regiones.

Figura 7 *El margen continental se subdivide en tres zonas de profundidad. La cuenca profunda del océano, por su parte, consta de una zona de profundidad con varias características.*

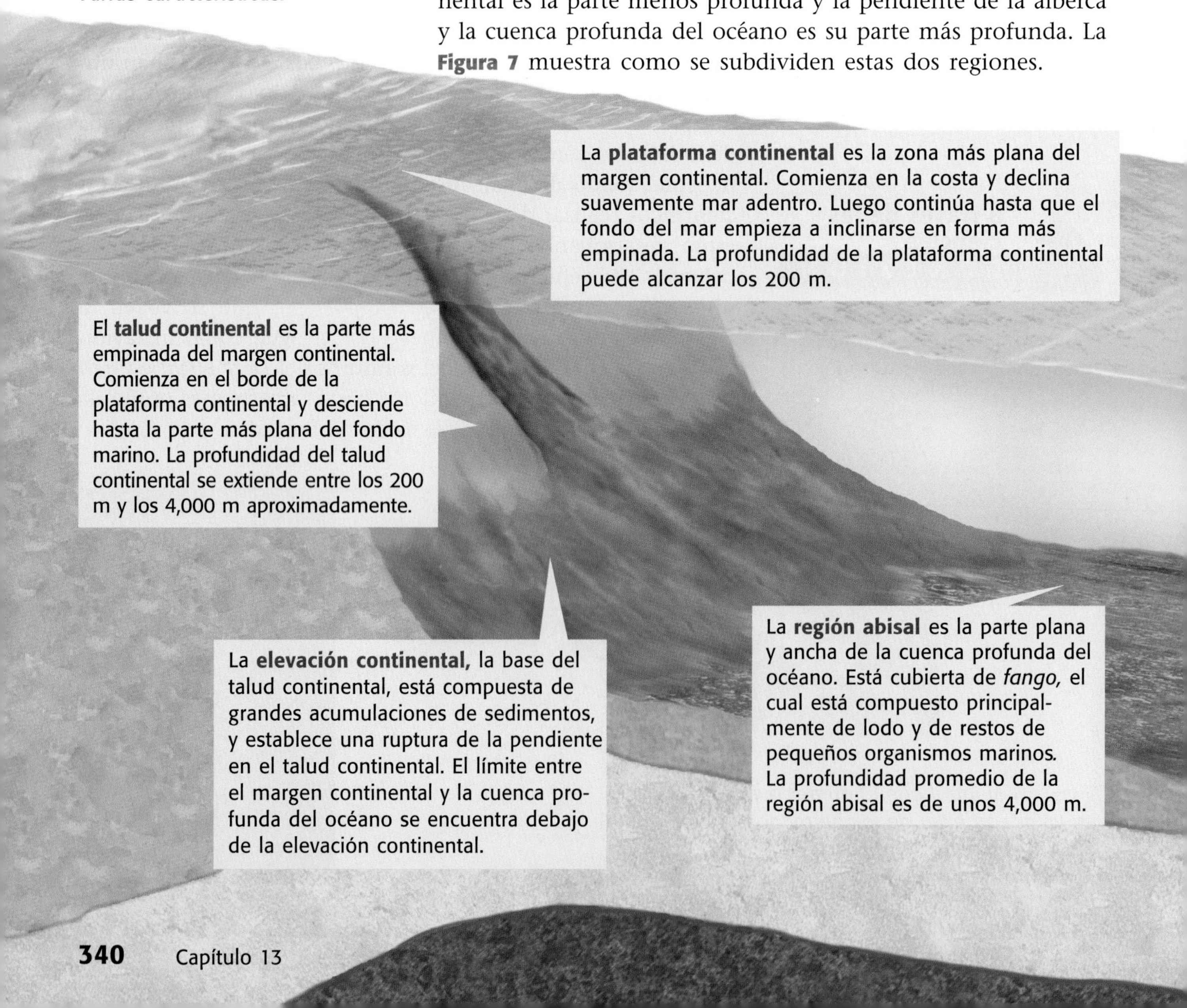

La **plataforma continental** es la zona más plana del margen continental. Comienza en la costa y declina suavemente mar adentro. Luego continúa hasta que el fondo del mar empieza a inclinarse en forma más empinada. La profundidad de la plataforma continental puede alcanzar los 200 m.

El **talud continental** es la parte más empinada del margen continental. Comienza en el borde de la plataforma continental y desciende hasta la parte más plana del fondo marino. La profundidad del talud continental se extiende entre los 200 m y los 4,000 m aproximadamente.

La **elevación continental,** la base del talud continental, está compuesta de grandes acumulaciones de sedimentos, y establece una ruptura de la pendiente en el talud continental. El límite entre el margen continental y la cuenca profunda del océano se encuentra debajo de la elevación continental.

La **región abisal** es la parte plana y ancha de la cuenca profunda del océano. Está cubierta de *fango,* el cual está compuesto principalmente de lodo y de restos de pequeños organismos marinos. La profundidad promedio de la región abisal es de unos 4,000 m.

Propiedades submarinas Como puedes apreciar, el margen continental se subdivide en la plataforma continental, el talud continental y la elevación continental, según la profundidad y los cambios en la pendiente. La cuenca profunda del océano consta de la región abisal, que se caracteriza por tener dorsales oceánicas medias, desgarres tectónicos y trincheras oceánicas que se forman cerca de los límites de las *placas tectónicas* de la Tierra. En aquellas partes de la región abisal que no están cerca de los límites de las placas, se encuentran miles de montañas submarinas en el fondo del mar.

Explora

Para hacerte una idea de qué tan profundas son algunas partes del océano, consulta en una enciclopedia la profundidad del Gran Cañón. Compara esta profundidad con la de la trinchera de Las Marianas, que tiene más de 11,000 m.

Autoevaluación

¿Cómo se diferencian los sitios de los desgarres tectónicos de los de las trincheras oceánicas?
(Consulta la página 564 para comprobar tu respuesta.)

Las **dorsales oceánicas medias** son cadenas montañosas formadas donde *las placas tectónicas* se separan. Esta separación produce grietas en el fondo del mar llamadas *zonas de desgarre tectónico.* Debajo de estas zonas la roca fundida, *magma,* se eleva y hace erupción a través de las grietas en forma de *lava.* La lava se enfría al alcanzar el agua, convirtiéndose en nueva corteza oceánica. Entre más se separan las placas de cada lado de las zonas de desgarre, más magma se vierte para llenar los espacios. El calor del magma hace que la corteza de ambos lados de los desgarres se expanda y forme las dorsales.

Las **montañas submarinas** son montañas individuales de material volcánico que están dispersas en la región abisal. Se forman donde el magma se abre camino a través de las placas tectónicas o entre ellas. Si una montaña submarina se eleva sobre el nivel del mar, se convierte en una isla volcánica; así se formaron las islas Hawaii.

Las **trincheras oceánicas** son hondas depresiones en la cuenca profunda del océano. Estos accidentes geográficos angostos alcanzan miles de kilómetros de longitud y son los puntos más profundos de la Tierra. Las trincheras oceánicas se forman cuando una placa oceánica se desliza debajo de una placa continental u otra placa oceánica.

A medida que se erigen las montañas, se forma un **desgarre tectónico** entre ellas en la zona de desgarre.

¡MATEMÁTICAS!

Profundidades del mar

Las profundidades en el perfil del mar se calculan usando la siguiente fórmula:

$$D = \frac{1}{2}t \times v$$

D es la profundidad del fondo del mar, t es el tiempo que se tarda el sonido en alcanzar el fondo y volver a la superficie y v equivale a la velocidad del sonido en el agua (1,500 m/s). Calcula D para las siguientes partes del fondo del mar:

1. una dorsal oceánica media ($t = 2$ s)
2. una trinchera oceánica ($t = 14$ s)
3. una región abisal ($t = 5.3$ s)

Observar el fondo del mar desde arriba

Sigue siendo peligroso enviar a los científicos al fondo del mar. Afortunadamente, hay maneras de investigar el reino submarino desde la superficie y desde el espacio. Dos aparatos tecnológicos, el sonar y los satélites, permiten a los científicos estudiar el fondo del mar sin sumergirse.

Ver mediante el sonar El *sonar,* que significa "navegación y variación del sonido" es un aparato cuyo funcionamiento se basa en el comportamiento de los murciélagos en relación con la variación del eco. El sonar se usa para determinar la profundidad del océano mediante el envío de pulsos de sonido de alta frecuencia desde un barco hacia el fondo del océano. El sonido viaja por el agua, rebota en el fondo del mar y vuelve al barco. Mientras más profunda sea el agua, más se tarda el viaje de ida y vuelta. Los científicos calculan la profundidad multiplicando la mitad del tiempo del viaje por la velocidad del sonido en el agua (alrededor de 1,500 m/s). Este proceso se indica en la siguiente ilustración.

1. Para hacer un mapa de una parte del fondo del mar, los científicos viajan en barco por la superficie del océano enviando una serie de señales de sonar hacia el fondo del mar.

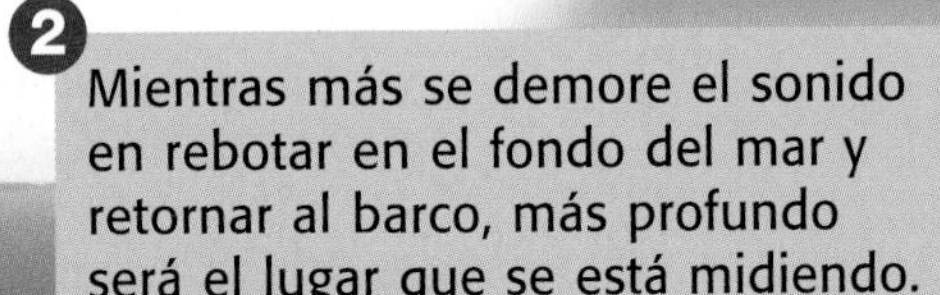

3. Los científicos ejecutan un perfil batimétrico como éste trazando las diferentes profundidades que descubren al utilizar estas señales de sonar. Un *perfil batimétrico* es simplemente un mapa del fondo del mar que muestra sus variaciones de profundidad.

Oceanografía vía satélite En la década de 1970, los científicos comenzaron a estudiar la Tierra con los satélites en órbita alrededor del planeta. En 1972, el *Landsat 1* envió información sobre los recursos naturales terrestres. En 1978, fue lanzado el satélite *Seasat.* Este satélite centró su atención en el océano y envió imágenes a la Tierra que permitieron medir la dirección y velocidad de las corrientes oceánicas y detectar cambios en los casquetes polares.

Geosat, en el pasado un satélite militar ultrasecreto, se ha utilizado para medir cambios leves en la altura de la superficie del océano. Los distintos accidentes geográficos, como las montañas y las trincheras, influyen en la altura del agua que se encuentra sobre ellos. Por ejemplo, la altura de la superficie del océano es mayor sobre las montañas que sobre las regiones abisales, lo cual refleja la topografía del fondo del mar. Los científicos miden las distintas alturas de la superficie del océano y utilizan esas mediciones para hacer mapas detallados del fondo del mar. Como se ilustra en la **Figura 8,** los oceanógrafos pueden hacer mapas que cubren un territorio más amplio utilizando los satélites que si utilizaran sonares de barcos.

Figura 8 *El mapa anterior se generó mediante medidas por satélite de diferentes alturas de la superficie del océano.*

REPASO

1. Nombra las dos grandes regiones del fondo del mar.
2. Enumera las subdivisiones del margen continental.
3. Enumera los tres dispositivos tecnológicos que se utilizan para estudiar el fondo del mar y explica cómo se usan.
4. **Interpretar gráficas** ¿Qué parte del fondo del mar representaría el perfil batimétrico de la derecha?

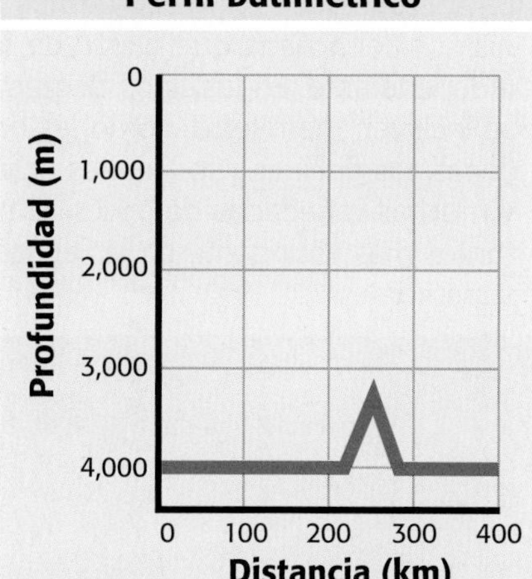

Sección 3

La vida en el océano

VOCABULARIO

plancton
necton
bentos
medio ambiente bentónico
medio ambiente pelágico

OBJETIVOS

- Identifica y describe los tres grupos de organismos marinos.
- Identifica y describe los ambientes pelágico y bentónico.
- Clasifica las zonas de los ambientes pelágico y bentónico.

El océano contiene una amplia gama de formas de vida, pero sabemos muy poco sobre muchas de ellas. Su estudio puede ser un verdadero desafío. Para facilitar la tarea, los científicos clasifican los organismos marinos en tres grupos principales y dividen el océano en dos ambientes principales según los tipos de organismos que habitan en ellos. Estos dos ambientes principales se subdividen en zonas ecológicas de acuerdo con la ubicación de los distintos organismos.

Los tres grupos de la vida marina

Existen tres grupos principales de vida marina: plancton, necton y bentos. Los organismos marinos se sitúan en alguno de estos tres grupos según donde vivan y como se trasladen. Observa cuidadosamente la siguiente figura para entender las diferencias entre estos grupos.

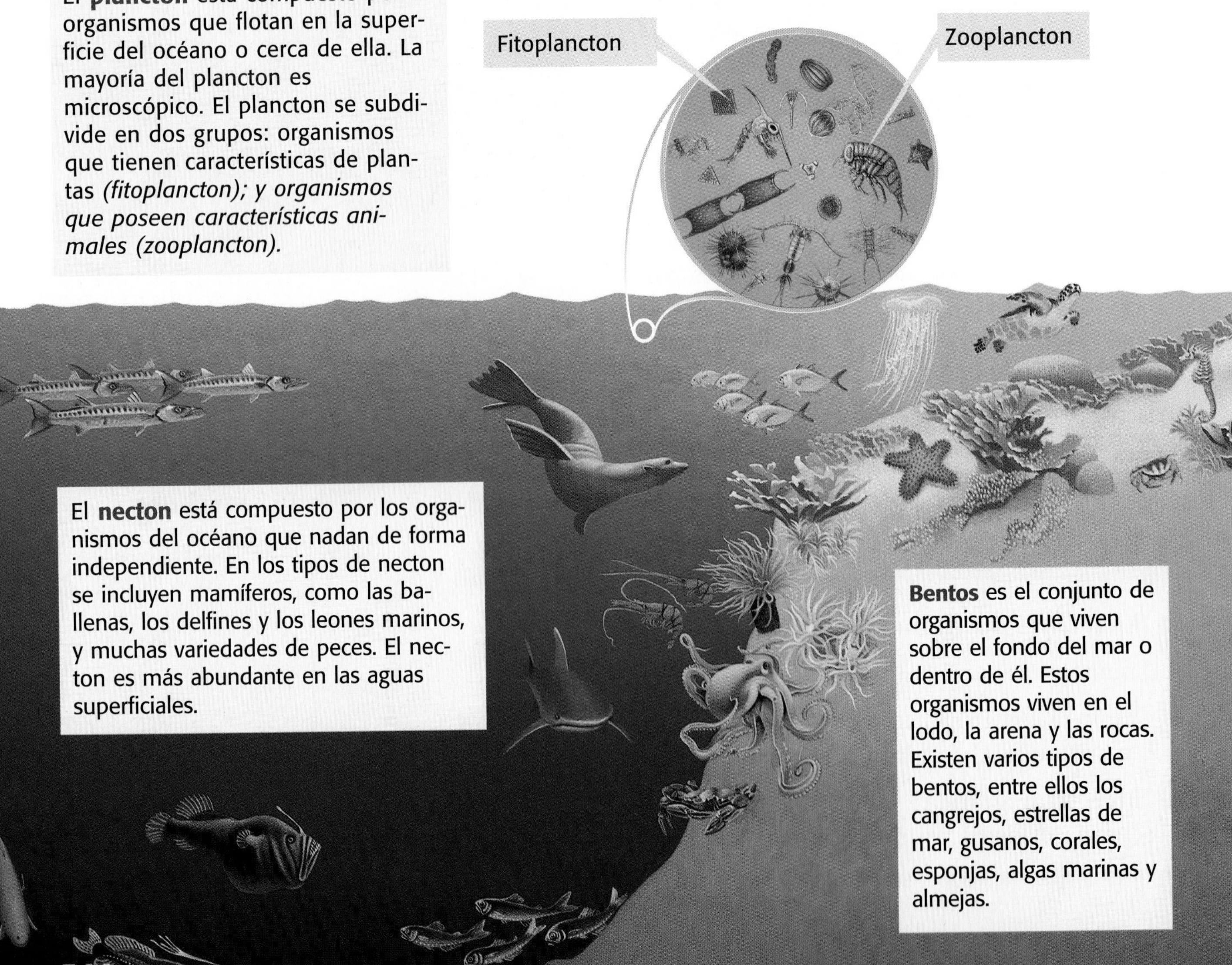

El **plancton** está compuesto por organismos que flotan en la superficie del océano o cerca de ella. La mayoría del plancton es microscópico. El plancton se subdivide en dos grupos: organismos que tienen características de plantas *(fitoplancton); y organismos que poseen características animales (zooplancton).*

El **necton** está compuesto por los organismos del océano que nadan de forma independiente. En los tipos de necton se incluyen mamíferos, como las ballenas, los delfines y los leones marinos, y muchas variedades de peces. El necton es más abundante en las aguas superficiales.

Bentos es el conjunto de organismos que viven sobre el fondo del mar o dentro de él. Estos organismos viven en el lodo, la arena y las rocas. Existen varios tipos de bentos, entre ellos los cangrejos, estrellas de mar, gusanos, corales, esponjas, algas marinas y almejas.

El medio ambiente bentónico

Además de dividirse en zonas según la profundidad, el fondo del mar se divide en zonas ecológicas según dónde viven los diferentes tipos de bentos. Estas zonas se agrupan en un gran ambiente marino: el bentónico. El **medio ambiente bentónico** es el fondo del mar y los organismos que viven en él.

Los arrecifes de coral de las aguas marinas poco profundas poseen la mayor concentración de vida en el océano. Capas de esqueletos de *corales* forman los arrecifes, las estructuras animales más grandes sobre la Tierra. Otros organismos viven en los arrecifes de coral, cerca y hasta dentro de ellos.

Zona intermareal La zona bentónica menos profunda, la *zona intermareal,* está entre los límites de la marea alta y la marea baja. La zona intermareal cambia dos veces por día. Conforme sube la marea, la zona se cubre con agua del océano; cuando baja la marea, la zona intermareal se expone al aire y al Sol.

Los organismos intermareales deben ser capaces de vivir bajo el agua y sobre la tierra. Algunos se adhieren a las rocas y los arrecifes para evitar ser arrastrados por el mar cuando hay marea baja, como se ve en la **Figura 9.** Las almejas, las ostras, los percebes y los cangrejos tienen caparazones duros que los protegen del oleaje violento durante la marea alta y de los fuertes rayos solares en la marea baja. Algunos animales pueden construir madrigueras en la arena o entre las rocas. Algunas plantas, como las algas marinas, tienen *zarcillos* (estructuras con forma de raíz) que les permiten crecer en esta zona.

Figura 9 *Los organismos como las anémonas de mar y las estrellas de mar se adhieren a las rocas y los arrecifes. Estos organismos deben ser capaces de sobrevivir en condiciones secas y húmedas.*

Zona sublitoral La *zona sublitoral* comienza donde terminan las zonas intermareales, o sea en el límite de la marea baja, y llega hasta el borde de la plataforma continental. Esta zona bentónica es más estable que la zona intermareal; su temperatura, presión de agua y cantidad de luz solar se mantienen más o menos constantes. Por lo tanto, los organismos sublitorales, como los corales de la **Figura 10,** no afrontan tantos cambios como los intermareales. Aunque la zona sublitoral llega hasta 200 m bajo el nivel del mar, las plantas y la mayoría de los animales permanecen en los 100 m superiores, donde la luz solar alcanza el fondo del mar.

Figura 10 *Los corales, como otros tipos de organismos, pueden vivir en la zona sublitoral y en la zona intermareal, pero es más común encontrarlos en la zona sublitoral.*

Figura 11 *Los pulpos son algunos de los animales típicos de la zona batial.*

Zona batial La *zona batial* va desde el borde de la plataforma continental hasta la región abisal. Su profundidad está entre los 200 y los 4,000 metros bajo el nivel del mar. Debido a la falta de luz solar en estas profundidades, la vida vegetal escasea en esta sección bentónica. En esta zona se hallan las esponjas, *braquiópodos,* estrellas de mar, *equinoideos,* y pulpos, como se muestra en la **Figura 11.**

Figura 12 *Los gusanos tubulares pueden soportar temperaturas más altas que la mayoría de los otros organismos. Estos animales sobreviven en aguas de hasta 81° C.*

Zona abisal En la *zona abisal,* ubicada en la llanura abisal, no hay población vegetal y viven muy pocos animales. Entre los animales abisales están los cangrejos, las esponjas, gusanos y pepinos de mar. Muchos de estos organismos, como los gusanos tubulares de la **Figura 12,** viven cerca de chimeneas de agua caliente, llamadas *chimeneas de humo negro.* La zona abisal puede alcanzar 6,000 metros de profundidad. Debido a su obscuridad y profundidad, se sabe muy poco de esta zona bentónica.

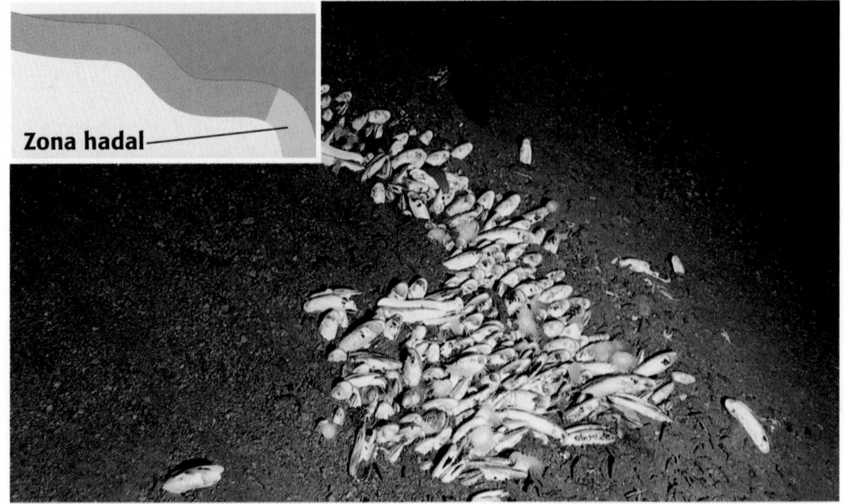

Figura 13 *Estas almejas son algunos de los pocos tipos de organismos que se sabe que viven en la zona hadal.*

Zona hadal La zona bentónica más profunda es la *zona hadal.* Esta zona está formada por el fondo de las trincheras oceánicas y todos los organismos que allí se encuentran. Se sabe menos de la zona hadal que de la zona abisal. Hasta ahora, los científicos han descubierto un tipo de esponja, algunas especies de gusanos y un tipo de almeja, la cual se muestra en la **Figura 13.**

El medio ambiente pelágico

El **medio ambiente pelágico,** o medio ambiente acuático, es toda el agua del océano y los organismos marinos que viven por encima del fondo del mar. Hay dos grandes zonas en el medio ambiente pelágico: la *zona nerítica* y la *zona oceánica.*

Figura 14 *Muchos mamíferos marinos, como este delfín, viven en la zona nerítica.*

Zona nerítica La zona nerítica incluye el agua que cubre la plataforma continental. Esta zona pelágica tibia y poco profunda tiene la concentración más grande de vida marina, gracias a la abundancia de luz solar y a la gran cantidad de bentos que hay debajo de la zona nerítica que sirven como alimento. Los peces, el plancton y los mamíferos marinos, como el de la **Figura 14,** son sólo algunos de los animales que se encuentran aquí. La mayoría de los mariscos y peces de mar comestibles se encuentran en la zona nerítica.

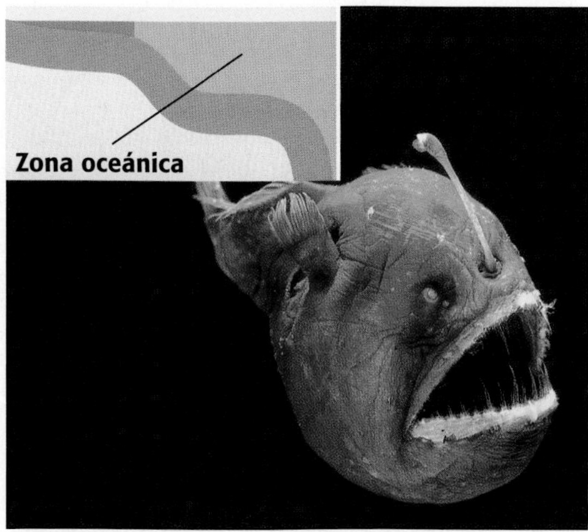

Figura 15 *El pez ángel vive en las profundidades de la zona oceánica.*

Zona oceánica La zona oceánica incluye el agua que cubre el suelo marino, con excepción de la plataforma continental. En las partes más profundas de la zona oceánica, el agua es más fría y la presión es mayor que en la zona nerítica. Además, los organismos están más esparcidos en esta zona que en la nerítica. Mientras muchos de los mismos organismos que viven en la zona nerítica se encuentran en todas las regiones superiores, algunos animales extraños rondan las oscuras profundidades. Por ejemplo, el pez ángel, que se muestra en la **Figura 15,** es un astuto depredador que utiliza un mecanismo natural adherido a su cabeza para atraer a sus presas. Además, está la *Gigantura,* un pez de ojos grandes y tubulares y piel flexible que expande su cuerpo para tragar animales más grandes que él. Otros animales que viven en las partes profundas de esta zona son los calamares gigantes y algunas especies de ballenas.

REPASO

1. Enumera y describe brevemente los tres grupos principales de organismos marinos.
2. Nombra los dos ambientes oceánicos. Enumera las zonas de cada medio ambiente.
3. **Hacer Predicciones** ¿Cómo cambiarían las zonas ecológicas del océano si el nivel del mar bajara 300 m?

Sección 4

Los recursos del océano

VOCABULARIO

desalinización

OBJETIVOS

- Enumera dos métodos para cosechar los recursos vivos del océano.
- Enumera los recursos sin vida del océano.
- Describe los recursos energéticos del océano.

El océano es una fuente de recursos que parece inagotable. Algunos alimentos, materias primas, energía y agua potable se extraen del océano. Además, quizás existan recursos aún sin descubrir en regiones inexploradas. Sin embargo, a medida que han crecido las poblaciones humanas, la demanda de estos recursos ha aumentado y ha disminuido su disponibilidad.

Recursos vivos

Los seres humanos han estado cosechando plantas y pescando animales marinos con fines alimenticios por miles de años. Diversas civilizaciones se formaron en costas suficientemente ricas en vida marina para albergar poblaciones humanas en crecimiento. Sigue leyendo para aprender cómo los seres humanos aprovechan la vida marina en nuestros días.

Pescar en el océano La obtención de alimentos del océano es una industria millonaria. De los alimentos que se extraen del océano, los peces son más abundantes: casi 75 millones de toneladas de pescado se cosechan por año. Con tecnología avanzada, como el sonar y las redes de arrastre, los pescadores han mejorado su método para localizar y sacar peces del océano. La **Figura 16** muestra cómo se utilizan las redes de arrastre. En los últimos años, mucha gente se ha empezado a preocupar sobre la sobreexplotación de los recursos del océano, extraer más peces de los que se pueden reemplazar naturalmente. Además, hace unos años el público se enteró de que tortugas y delfines estaban cayendo en las redes de arrastre accidentalmente. Hoy la industria pesquera se esfuerza para prevenir la sobreexplotación de peces y el daño a otras especies causado por las redes de arrastre.

Figura 16 *Las redes de arrastre para pescar cubren kilómetros de océano. Los pescadores pueden atrapar cardúmenes completos con una sola red de arrastre.*

Cultivar el océano Debido a la sobreexplotación que reduce la población de peces y a las leyes de pesca cada vez más estrictas, cada vez es más difícil abastecer nuestra demanda de pescado. Para compensar esta escasez, muchos peces marinos como el salmón y el rodaballo se están criando en granjas piscícolas. La piscicultura requiere varios estanques de contención, cada uno de ellos con peces en distintos niveles de desarrollo. La **Figura 17** muestra un estanque de contención en un criadero de peces. Cuando los peces alcanzan la edad apropiada se cosechan y empacan para luego despacharlos.

Figura 17 *El consumo de pescado de granjas piscícolas ayuda a reducir el número de peces extraídos del mar.*

Pero los peces no son el único tipo de vida marina en un criadero. Camarones, ostras, cangrejos y mejillones se crían también en ambientes cerrados cerca de la orilla del mar. Los mejillones y las ostras se crían adheridas a cuerdas, como en la **Figura 18.** En el sector de crianza hay grandes redes para evitar que los animales sean comidos por sus depredadores naturales.

También se cosechan algas marinas. Por ejemplo, el kelp, un tipo de alga marina que crece hasta 33 centímetros por día, se usa como espesante en jaleas, helados y productos similares de composición gelatinosa y suave. Cuando saborees tu helado favorito, recuerda que sin las algas marinas ¡se te derretiría! Las algas marinas son ricas en proteínas, y varias especies son el alimento básico de la dieta japonesa. Por ejemplo, las variedades enrolladas del sushi, un plato japonés, se envuelven en algas marinas.

Figura 18 *Además del pescado, hay otros tipos de alimentos marinos, como estos mejillones, que se crían en granjas piscícolas (criaderos).*

Recursos sin vida

Los humanos cosechan recursos sin vida del océano. Estos recursos proporcionan materias primas, agua potable y energía para nuestra creciente población. Algunos recursos se obtienen fácilmente, otros son escasos o difíciles de cosechar.

PARA PENSAR

¿Sabías que los Estados Unidos importa más petróleo que cualquier otro país? Debido a que el petróleo es un recurso no renovable, los científicos continúan investigando alternativas a los combustibles fósiles, como la energía solar y la electricidad generada por el viento.

El petróleo y el gas natural La civilización moderna depende del petróleo y el gas natural como fuentes principales de energía. El petróleo y el gas natural son *recursos no renovables,* es decir que se gastan más rápido de lo que se reemplazan naturalmente. Sin embargo, aún es lucrativo perforar el fondo del mar y la tierra en busca de petróleo y gas. Gran parte del petróleo y del gas de la Tierra se comenzó a formar bajo el mar hace millones de años cuando organismos muertos del fondo del mar fueron cubiertos por sedimentos. Esta materia orgánica fue atrapada y enterrada en lo más profundo de la superficie por el sedimento sobrepuesto. Se generó calor durante este proceso, y la materia animal y vegetal se convirtió en petróleo o gas natural. Estos recursos están atrapados bajo capas de roca impermeable. Para obtener los recursos, los ingenieros petroleros deben perforar esta roca.

¿Cómo saben los ingenieros petroleros dónde perforar? Para este propósito usan barcos con equipos sísmicos. Instrumentos especiales envían fuertes pulsos de sonido hacia el fondo del mar. Los pulsos viajan por el agua y penetran en las rocas que están debajo. Luego los pulsos vuelven al barco donde son registrados por equipos electrónicos y analizados por computadora. Las lecturas de este equipo indican el orden de las capas de rocas debajo del fondo del mar. Los geólogos buscan lecturas que indiquen una disposición rocosa que podría atrapar el petróleo y el gas, como la lectura de le **Figura 19.** Luego recomiendan perforar en un lugar que pueda contener mucho petróleo o gas.

Figura 19 *Los geólogos del petróleo observan las lecturas sísmicas para decidir dónde perforar en el fondo del mar para buscar petróleo y gas. Esta lectura indica la presencia de algo prometedor.*

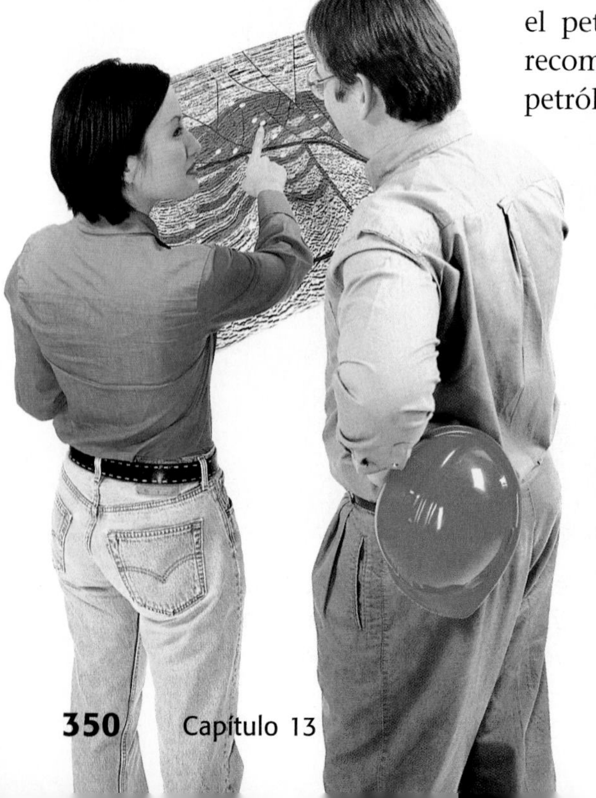

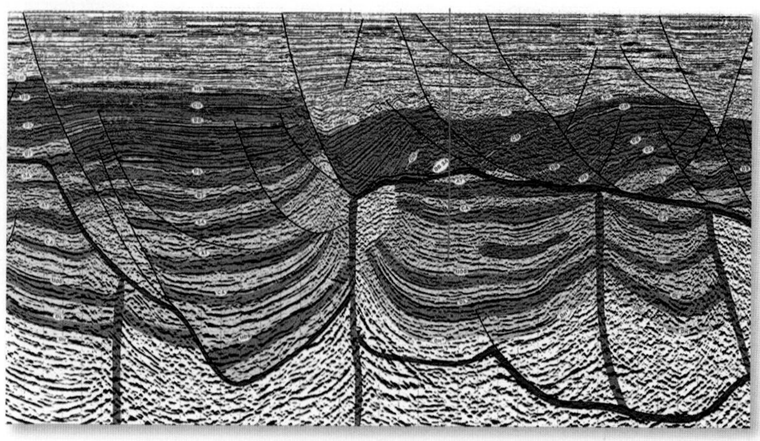

El agua dulce y la desalinización En donde hay poca agua dulce, la gente desaliniza el agua del océano. La **desalinización** es el proceso de evaporación del agua de mar para separar el agua de la sal. Mientras el agua se enfría y condensa, se extrae y procesa para el uso humano. La desalinización no es tan simple como parece y es muy cara. Los países que tienen abundantes lluvias anuales cuentan con el agua dulce que suministran estas precipitaciones y no necesitan costosas inversiones en plantas de desalinización. Pero, países en las regiones áridas del planeta deben construir plantas de desalinización para obtener agua dulce. Arabia Saudí, en la región desértica del Oriente Medio, posee una de las plantas de desalinización más grandes del mundo. Observa un mapa del mundo e identifica otras áreas que pudieran depender de la desalinización.

Los minerales del fondo marino Hay mucho interés en los nódulos minerales del fondo del mar. Estos nódulos contienen manganeso principalmente, el cual se puede utilizar para fabricar ciertos tipos de acero. También contienen hierro, cobre, níquel y cobalto. Los otros nódulos contienen fosfatos, que sirven para hacer fertilizantes.

Los nódulos se forman de substancias disueltas en el agua de mar que se adhieren a objetos sólidos, como guijarros. A medida que más substancias se adhieren al guijarro recubierto, comienza a crecer un nódulo. Los nódulos de manganeso pueden ser del tamaño de una canica hasta del de un balón de fútbol. Los nódulos fueron descubiertos hace unos 130 años cuando el HMS *Challenger,* un barco de exploración británico, los dragó mientras exploraba el océano Pacífico. En la **Figura 20** se muestra una serie de nódulos esparcidos por el fondo del mar. Se cree que 15 por ciento del fondo del mar está cubierto por estos nódulos en las partes más profundas, de modo que es difícil y caro extraerlos.

Laboratorio

¿Cuánta agua dulce existe?

1. Llena un **vaso de precipitados** grande con 1,000 ml de **agua.** Esto representará toda el agua sobre la Tierra.
2. Vierte cuidadosamente 970 ml del vaso de precipitados a un **cilindro graduado.** Esto representa la cantidad de agua del océano.
3. Vierte otros 20 ml del vaso de precipitados en un **segundo cilindro graduado.** Esto representa la cantidad de agua congelada en las capas de hielo y en los glaciares.
4. Vierte otros 5 ml en un **tercer cilindro graduado.** Esto representa el agua no potable que hay en tierra firme.
5. Observa el agua que sobra. Esto representa la reserva de agua dulce de la Tierra.

¡Congela los problemas de agua dulce! Pasa a la página 363 para averiguar cómo hacerlo.

Figura 20 *Estos nódulos de manganeso podrían hacerte rico si conocieras una manera económica de extraerlos.*

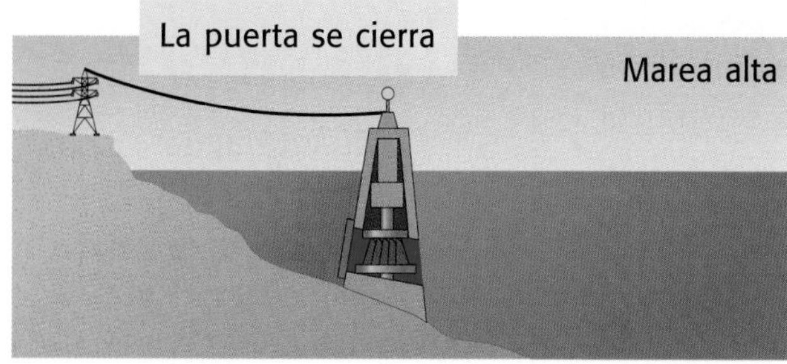

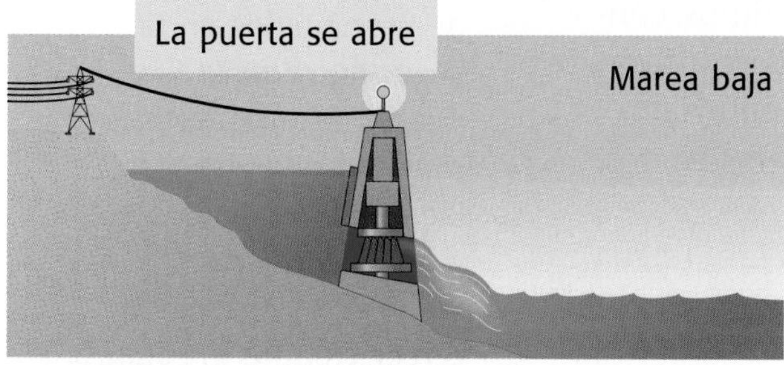

Figura 21 *Cuando la marea sube, el agua entra a una bahía que está detrás de una presa. Luego, las puertas se cierran cuando hay marea alta, y se mantienen cerradas mientras baja la marea. Con marea baja, las puertas se abren y el agua sale rápidamente hacia la represa moviendo así las turbinas, lo que produce la electricidad.*

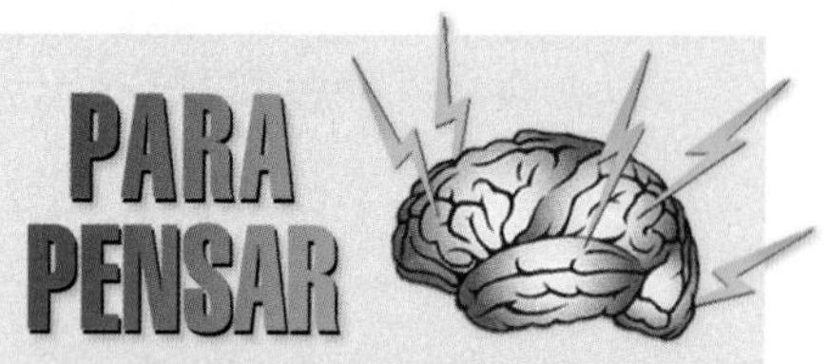

La diferencia entre la marea alta y baja en la bahía de Fundy en New Brunswick, Canadá puede ser de más de 15 metros. Esta diferencia es la más alta del mundo.

La energía de las mareas El océano crea distintos tipos de recursos energéticos por estar en constante movimiento. La atracción gravitacional del Sol y la Luna hace que el océano suba y baje como mareas. La *energía de las mareas,* generada por ese movimiento, es una excelente fuente de energía alternativa. Si el agua puede ser enviada rápidamente a través de un pasillo costero estrecho, la fuerza del agua puede ser tan poderosa como para generar electricidad. La **Figura 21** muestra como funciona esto. Una vez que se construye la represa, la energía de las mareas es una fuente limpia, barata y renovable. Un *recurso renovable* se puede reabastecer con el tiempo, después de haberlo usado. Desafortunadamente, la energía de las mareas sólo es práctica en pocas partes del mundo, donde la costa posee canales estrechos y poco profundos. Por ejemplo, la costa Cook Inlet, en Alaska, es ideal para generar energía con las mareas.

Energía de olas ¿Has visto desde la playa cómo las olas golpean la costa? Este movimiento constante es una fuente de energía. La energía de las olas, igual que la energía de las mareas, es un recurso limpio y renovable.

Hace poco, se desarrollaron programas informáticos para analizar la energía de olas. Los investigadores han localizado partes del mundo donde la energía de las olas genera suficiente electricidad para que sea rentable construir centrales eléctricas. La energía de las olas en el mar del Norte es suficientemente poderosa para producir electricidad para abastecer partes de Escocia e Inglaterra.

REPASO

1. Enumera dos métodos para obtener recursos vivos del océano.
2. Nombra cuatro recursos sin vida del océano.
3. **Interpretar gráficas** Observa nuevamente la Figura 21. Cuando sube la marea, ¿la puerta estará abierta o cerrada? ¿Cómo podría influir esto en las turbinas?

Sección 5

Contaminación del mar

VOCABULARIO

Contaminación sin fuente conocida

OBJETIVOS

- Enumera diferentes tipos de contaminación del mar.
- Explica cómo prevenir o minimizar los diferentes tipos de contaminación del mar.
- Enumera las medidas que se están tomando para controlar la contaminación del mar.

Durante cientos de años, los humanos hemos usado el océano como basurero. Esta actividad ha dañado a los organismos de los océanos y a los animales que dependen de los organismos marinos. Las personas también sufren las consecuencias de la contaminación del mar. Afortunadamente, estamos advirtiendo los problemas de la contaminación de los océanos y estamos aprendiendo de nuestros errores.

Fuentes de contaminación del mar

Existen varias fuentes de contaminación del mar. Algunas se pueden identificar fácilmente, pero otras no. Sigue leyendo para enterarte de dónde vienen los diferentes tipos de contaminación del mar y cómo afectan a los mares.

Descarga de basura La gente tira basura en muchos lugares, entre ellos el mar. En la década de 1980, los científicos se alarmaron por el tipo de basura que la marea dejaba en las playas. Entre los desperdicios, había vendajes, frascos con sangre y jeringas con agujas. Algunas muestras de sangre en los frascos contenían el virus del SIDA. La Agencia de Protección Ambiental, o EPA *(Environmental Protection Agency)*, descubrió que los hospitales de los Estados Unidos producen un promedio de 3 millones de toneladas de desechos médicos por año. ¿Adónde va parte de esta basura? Lo adivinaste: al océano. Ahora las leyes son más estrictas y se entierra en rellenos sanitarios. Pero arrojar basura al mar aún es una práctica común en varios países.

Figura 22 *Esta barcaza se dirige mar adentro, donde arrojará la basura que lleva.*

ciencias del medio ambiente
CONEXIÓN

En Austin, Texas, el fango se utiliza para hacer un compuesto llamado *Dillo Dirt.* (*Dillo* se refiere a *"armadillo",* un mamífero parecido a un oso hormiguero muy común en Texas.) En vez de contaminar el golfo de México, los ciudadanos de Austin utilizan el fango para hacer jardines hermosos y útiles.

Descarga de fango de las cloacas Para 1990, los Estados Unidos habían descargado 38 billones de litros de fango tratado en las aguas de sus costas. ¿Qué es el fango y por qué es tan perjudicial? Primero, definamos qué son las *aguas negras crudas.*

Las aguas negras crudas son los desechos líquidos y sólidos de los inodoros que se vierten en los desagües. Después de acumularse en los desagües de las cloacas, las aguas negras crudas pasan a una planta de tratamiento donde se retiran los desechos sólidos. Ya que el líquido está suficientemente tratado, se libera hacia las vías fluviales cercanas. El material sólido remanente, llamado *fango,* aún contiene toxinas y bacterias que pueden causar enfermedades. En muchas áreas, la gente arroja el fango al océano varios kilómetros mar adentro, para que permanezca en el fondo del mar. Pero, a veces, las corrientes lo llevan cerca de la costa. Esto contamina las playas y mata la vida marina. Muchos países han prohibido el vertido de fango de las cloacas, pero se sigue realizando en varios lugares del mundo.

Contaminación sin fuente conocida ¿Sabías que cada vez que lavas un auto o fertilizas tu jardín contribuyes a la contaminación de los océanos? Es cierto. Pensamos que la contaminación de las aguas proviene de las grandes fábricas, pero la mayor parte de la contaminación proviene de tareas cotidianas. Este tipo de contaminación, que se muestra en la **Figura 23,** se llama **contaminación sin fuente conocida** porque no se puede determinar de dónde proviene. Si la fuente de contaminación son las actividades de las personas en sus hogares, ¿cómo llega hasta el mar? Toda el agua de desecho al final de su ciclo entra en una masa acuática, comúnmente un arroyo. Los arroyos desembocan en algún río y los ríos desembocan en el mar.

Figura 23 *La contaminación sin fuente conocida contribuye en forma significativa a la contaminación oceánica. ¿Qué puedes hacer para reducir la contaminación sin fuente conocida?*

Derrames de petróleo Como el petróleo tiene una alta demanda en todo el mundo, los enormes buques cisterna deben transportar toneladas de barriles por los mares. En 1989, los Estados Unidos tuvieron un gran derrame de petróleo en una vía fluvial en la costa de Alaska llamada Prince William Sound. El *Exxon Valdez,* un gran buque cisterna, chocó contra un arrecife y derramó más de 260,000 barriles de petróleo crudo. Este accidente tuvo efectos catastróficos sobre la vida silvestre. Muchos animales fueron cubiertos por el petróleo y murieron inmediatamente. Los animales que se comieron a los animales contaminados también murieron. Muchos habitantes de Alaska que vivían de la pesca perdieron su trabajo y su forma de vida. Aunque varios animales se salvaron, como se muestra en la **Figura 24,** y la Compañía Exxon Oil gastó $2.5 mil millones de dólares para limpiar el desastre, la vida silvestre y la economía de Alaska seguirán sufriendo durante décadas.

Figura 24 *Luego del derrame del Exxon Valdez, muchos animales cubiertos con petróleo fueron rescatados y limpiados.*

Ahora, muchas compañías petroleras emplean nuevas tecnologías para evitar derrames de petróleo. Los buques cisterna se construyen con doble coraza, lo cual evita que el petróleo se derrame si se daña la coraza exterior. En la **Figura 25** se muestra un buque cisterna de doble coraza.

PARA PENSAR

En las primeras semanas del derrame del *Exxon Valdez,* más de medio millón de pájaros, entre ellos 109 águilas calvas en peligro de extinción, fueron cubiertas por el petróleo y se ahogaron. Casi la mitad de las nutrias marinas de la zona murieron bien por ahogamiento o por envenenamiento por petróleo.

Figura 25 *Si la coraza exterior de un buque cisterna con doble coraza se perfora, el petróleo seguirá contenido dentro de la coraza interna.*

Salvar nuestros recursos marinos

Aunque los seres humanos han hecho mucho por dañar los recursos del mar, debemos comenzar a hacer más por salvarlos. Desde tratados internacionales hasta limpiezas voluntarias, los esfuerzos por conservar los recursos del mar están marcando una diferencia alrededor del mundo.

Experimentos

¿Por qué preocuparse por una pocas gotas de petróleo? Te sorprendería saber cuánto viajan esas gotas. Pasa a la página 540 para aprender más sobre el tema.

Las naciones se enteran Cuando la contaminación del mar alcanzó su nivel máximo, varios países reconocieron la necesidad de trabajar juntos para solucionar el problema. En 1989, 64 países ratificaron un tratado que prohíbe mercurio, compuestos de cadmio, ciertos plásticos, petróleo y desechos radiactivos en los océanos. Hay otros acuerdos que restringen la contaminación, pero exigir su cumplimiento es difícil.

Aún se arroja basura y se derrama petróleo. ¿Por qué las leyes no funcionan como debieran? Exigir su cumplimiento requiere dinero y recursos humanos, y muchas agencias carecen de ambos.

Acción en los Estados Unidos Al igual que otros países, los Estados Unidos han tomado medidas adicionales para controlar la contaminación a nivel local. En 1972, el Congreso aprobó la Ley de Agua Limpia *(Clean Water Act),* la cual otorgó a la EPA la facultad de emitir los permisos para cualquier descarga de basura en el océano. A fines de ese año, se aprobó la Ley de Protección Marina, Investigación y Santuarios *(U.S. Marine Protection, Research, and Sanctuaries Act),* que prohíbe verter materiales que puedan afectar la salud o el bienestar humanos, el medio ambiente marino o los ecosistemas, o las actividades comerciales que dependen del océano.

APLICA

Reúnete con tus compañeros y compañeras y divídanse en tres grupos: Nación A, Nación B y Nación C. Estas naciones están cerca del océano y comparten fronteras. La Nación A posee una rica fuente de petróleo, el cual se transporta por todo el mundo. La Nación B depende de la energía nuclear y posee varias plantas nucleares cerca de sus costas. La Nación B no tiene lugar en su territorio para sus desechos radiactivos. La Nación C le vende energía nuclear a la Nación B, compra petróleo a la Nación A y tiene el ecosistema costero más diverso del mundo. Las tres naciones deben establecer un tratado para protegerse de la contaminación de los mares sin dañar sus economías. ¿Pueden hacerlo?

Figura 26 *El programa "Adopta una playa"* (Adopt-a-Beach program) *en Texas ha tenido un éxito arrollador.*

Los ciudadanos se responsabilizan Los ciudadanos de varios países han exigido que sus gobiernos hagan más para resolver el problema de la contaminación oceánica. Los Estados Unidos gastan más de $130 millones al año en supervisar los océanos. A principios de la década de 1980, los estadounidenses comenzaron a organizar limpiezas de playas, como el programa semianual "Adopta una playa" *(Adopt-a-Beach program),* que se ve en la **Figura 26,** y empezó con la campaña "Limpieza costera de Texas" *(Texas Coastal Cleanup).* Millones de toneladas de basura han sido recogidas en las playas y la gente está aprendiendo los riesgos de tirar desperdicios en el mar.

Aunque los gobiernos aprueben leyes contra el vertido de desperdicios en el mar, mantenerlo limpio es responsabilidad de todos. Cuando tú y tu familia vayan a la playa, asegúrense de que las únicas cosas que dejen en la playa sean cangrejos, conchas y quizás algunos erizos de mar aplanados.

REPASO

1. Enumera tres tipos de contaminación del mar. ¿Cómo se pueden evitar o aminorar cada uno de ellos?
2. ¿Qué tipo de contaminación del mar es la más común?
3. **Resumir la información** Enumera y describe tres medidas que los gobiernos han tomado para controlar la contaminación del mar.

Resumen del capítulo

SECCIÓN 1

Vocabulario

salinidad *(pág. 334)*
termoclina *(pág. 335)*
ciclo del agua *(pág. 337)*

Notas de la sección

- Los cuatro océanos que conocemos se originaron hace 300 millones de años.
- La sal se ha ido incorporando al océano durante miles de millones de años.
- Las tres zonas de temperatura del agua marítima son la superficie, la termoclina y la zona de aguas profundas.
- El océano lleva a cabo la parte más importante del ciclo del agua.
- El océano estabiliza las condiciones de la Tierra mediante la absorción y retención del calor.

SECCIÓN 2

Vocabulario

plataforma continental *(pág. 340)*
talud continental *(pág. 340)*
elevación continental *(pág. 340)*
región abisal *(pág. 340)*
dorsal oceánica media *(pág. 341)*
desgarre tectónico *(pág. 341)*
montaña submarina *(pág. 341)*
trinchera oceánica *(pág. 341)*

Notas de la sección

- El fondo oceánico se subdivide en zonas conforme a su profundidad y pendiente.
- El margen continental consta de la plataforma continental, el talud continental y la elevación continental.
- La cuenca profunda del océano consta de la región abisal, con características como dorsales oceánicas medias, desgarres tectónicos, montañas submarinas y trincheras oceánicas.
- Además de estudiar directamente el fondo marino, los científicos estudian de forma indirecta el suelo marino por medio de sonares y satélites.

Experimentos

Sondear las profundidades *(pág. 538)*

Comprobar destrezas

Conceptos de matemáticas

PORCENTAJES Los porcentajes son una manera de describir las partes en relación a un todo y se expresan en centésimos. Observa otra vez la Figura 1 de la página 334. La gráfica circular muestra los porcentajes de sólidos disueltos en el agua del mar. La cantidad de cloro (Cl) disuelto en el océano es de un 55 por ciento, lo que significa que 55 de cada 100 partes de los sólidos disueltos en el océano son cloro.

Comprensión visual

LA RETENCIÓN DEL CALOR El océano retiene mejor el calor que el aire o la tierra seca. Observa la Figura 4 de la página 338. Fíjate como la línea que representa las temperaturas del mar casi no varía de día a día. Por otra parte, las líneas que representan las temperaturas del aire y del suelo varían significativamente.

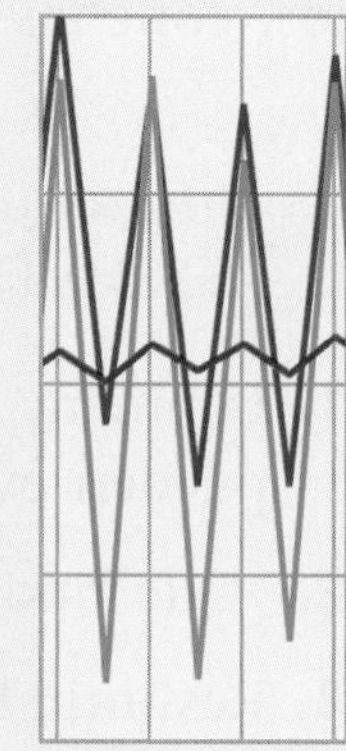

SECCIÓN 3

Vocabulario

plancton *(pág. 344)*
necton *(pág. 344)*
bentos *(pág. 344)*
medio ambiente bentónico *(pág. 345)*
medio ambiente pelágico *(pág. 347)*

Notas de la sección

- Existen tres grupos principales de formas de vida marina: plancton, necton y bentos.
- Los dos principales ambientes oceánicos (el bentónico y el pelágico) se dividen en zonas ecológicas de acuerdo con la ubicación de los organismos que habitan en ellos.

SECCIÓN 4

Vocabulario

desalinización *(pág. 351)*

Notas de la sección

- Los seres humanos dependen del océano para obtener sus recursos vivos y no vivos.
- En las granjas marinas se crían peces y otros tipos de vida marina para ayudar a alimentar a la creciente población humana.
- Entre los recursos oceánicos no vivos se hallan el petróleo, el gas natural, el agua dulce, minerales y la energía de las mareas y las olas.

SECCIÓN 5

Vocabulario

contaminación sin fuente conocida *(pág. 354)*

Notas de la sección

- Los tipos de contaminación oceánica incluyen la descarga de basura, la descarga de fango cloacal, la contaminación sin fuente conocida y los derrames de petróleo.
- La contaminación sin fuente conocida es la que no puede ser rastreada hasta su origen específico.
- Entre los esfuerzos por salvar los recursos marinos se encuentran los tratados internacionales y las limpiezas voluntarias.

Experimentos

Investigación de un derrame de petróleo *(pág. 540)*

internet

VISITA: go.hrw.com

Visita el sitio web de HRW para encontrar una serie de herramientas de aprendizaje relacionadas con este capítulo. Sólo tienes que escribir la palabra clave:

PALABRA CLAVE: HSTOCE

VISITA: www.scilinks.org

Visita el sitio web de la **Asociación Nacional de Maestros de Ciencias** *(National Science Teachers Association)* para encontrar recursos de Internet relacionados con este capítulo. Sólo escribe el **ENLACE DE CIENCIAS** para obtener más información sobre el tema:

TEMA: Exploración de los océanos de la Tierra — **ENLACE:** HSTE305
TEMA: El fondo del mar — **ENLACE:** HSTE310
TEMA: La vida en los océanos — **ENLACE:**HSTE315
TEMA: Recursos marinos — **ENLACE:** HSTE320
TEMA: Jacques Cousteau: explorador oceánico — **ENLACE:** HSTE325

Repaso del capítulo

UTILIZAR EL VOCABULARIO

Escoge el término correcto para completar las siguientes oraciones:

1. La región del fondo del mar que se encuentra más cerca de la costa es la__?__. *(plataforma continental* o *talud continental)*

2. Bajo la capa superficial del océano, a una profundidad de 700 metros, se encuentra una capa de agua donde la temperatura desciende a medida que aumenta la profundidad. Esta capa se llama__?__. *(termoclina* o *medio ambiente bentónico)*

3. El__?__comúnmente flota sobre la superficie del océano o cerca de ella. *(plancton* o *necton)*

Corrige la terminología incorrecta en cada una de las siguientes oraciones. Se proporciona un banco de términos.

4. El ciclo del agua es el proceso de evaporación del agua de mar para que se separe el agua de la sal que contiene.

5. Entre los tipos de necton se incluyen las estrellas de mar y las almejas.

Banco de términos: contaminación sin fuente conocida, plancton, desalinización, bentos

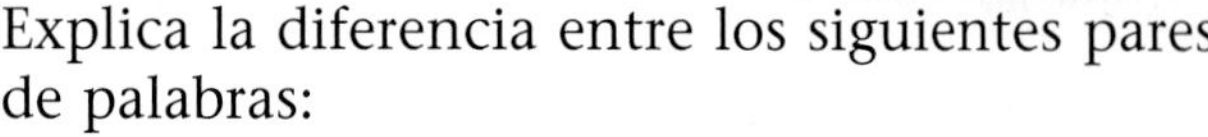

Explica la diferencia entre los siguientes pares de palabras:

6. trinchera oceánica/desgarre tectónico

7. salinidad/desalinización

8. necton/bentos

9. medio ambiente pelágico/medio ambiente bentónico

COMPRENDER CONCEPTOS

Opción múltiple

10. El océano más grande es el
    - **a.** océano Índico
    - **b.** océano Pacífico
    - **c.** océano Atlántico
    - **d.** océano Ártico

11. La salinidad promedio del agua del océano es
    - **a.** 45‰.
    - **b.** 24‰.
    - **c.** 35‰.
    - **d.** ninguna de las anteriores

12. ¿Cuál de los siguientes factores influye en la salinidad del océano?
    - **a.** agua dulce suministrada por los ríos
    - **b.** corrientes
    - **c.** evaporación
    - **d.** todas las anteriores

13. La mayor parte de las precipitaciones caen
    - **a.** en el suelo.
    - **b.** en los lagos y ríos.
    - **c.** en el océano.
    - **d.** en los bosques tropicales.

14. ¿Qué zona bentónica tiene un nivel de profundidad entre 200 y 4,000 metros?
    - **a.** zona batial
    - **b.** zona abisal
    - **c.** zona hadal
    - **d.** zona sublitoral

Respuesta breve

15. ¿Por qué el agua costera comúnmente posee una mayor salinidad en lugares con climas cálidos y secos que en lugares con climas más fríos y húmedos?

16. ¿Cuál es la diferencia entre la planicie abisal y la zona abisal?

17. ¿Cómo se relacionan entre sí la plataforma continental, el talud continental, la elevación continental y el margen continental?

Organizar conceptos

18. Usa los siguientes términos para crear un mapa de ideas: vida marina, plancton, necton, bentos, medio ambiente bentónico, medio ambiente pelágico

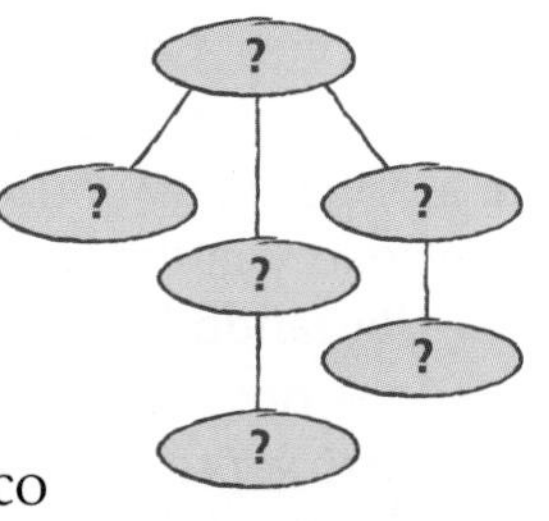

RAZONAMIENTO CRÍTICO Y RESOLUCIÓN DE PROBLEMAS

Escribe una o dos oraciones para responder a las siguientes preguntas:

19. Además de suministrar agua dulce, ¿qué otro beneficio se obtiene de la desalinización?

20. Explica la diferencia entre un perfil batimétrico y una lectura sísmica.

LAS MATEMÁTICAS EN LAS CIENCIAS

21. Imagina que estás en el negocio del cultivo de algas marinas y que éstas crecen 33 cm por día. Comienzas tu cosecha cuando las plantas miden 50 cm de alto. Durante los primeros siete días de cosecha, cortas 10 centímetros por día de la parte superior de las algas. ¿Qué altura tendrían las algas después del séptimo día de cosecha?

INTERPRETAR GRÁFICAS

Examina la siguiente imagen y responde a las preguntas:

Zonas ecológicas del océano

Nivel del mar

200 m

4,000 m

a

b

c

d

e

22. ¿En qué punto *(a, b, c, d, ó e)* es más probable que encuentres al pez ángel?

23. ¿En qué punto sería más probable que encontraras gusanos tubícolas bentónicos?

24. ¿Qué zona ecológica se encuentra en el punto *c*? ¿Qué zona de profundidad se encuentra en el punto *c*?

25. Nombra un tipo de organismo que podrías encontrar en el punto *e*.

AHORA, ¿qué piensas?

Revisa tus respuestas a las preguntas de la página 331 que escribiste en el cuaderno de ciencias. ¿Han cambiado tus respuestas? Si es necesario, corrige tus respuestas basándote en lo que has aprendido en este capítulo.

Explorar la vida de los océanos

Jacques Cousteau, nacido en Francia en 1910, dio a conocer el mar a muchísima gente. Durante su larga vida, Cousteau exploró los océanos de la Tierra y documentó la increíble diversidad de formas de vida que habitan en ellos. Jacques Cousteau fue un explorador, ambientalista, inventor y maestro que inspiró a millones con su entusiasmo y curiosidad acerca de la parte líquida de nuestro planeta.

Las primeras inmersiones

Cousteau realizó su primera misión de buceo a los 10 años. En el campamento de verano le pidieron que recolectara la basura del lago, y el joven Cousteau se dio cuenta de que trabajar bajo el agua sin gafas o equipo de respiración era un gran desafío.

Cousteau tuvo otra experiencia submarina cuando visitó Asia Sudoriental. Allí, vio a la gente zambullirse en el agua para atrapar peces con sus propias manos, un acontecimiento que le fascinó. Desde que era muy joven, Cousteau ya pensaba en cómo fabricar equipos que le permitieran a una persona respirar bajo el agua.

▲ *Cousteau frente al* Calypso II

Vuelo submarino

Cuando era un hombre joven, Cousteau y unos amigos desarrollaron la escafandra autónoma: un sistema de respiración para la exploración submarina. Como alguien que a menudo había soñado con volar, Cousteau estaba emocionado con su invención. Después de una de sus primeras inmersiones, Cousteau explicó: "Experimenté con todas las maniobras posibles: vueltas, saltos mortales y barrenas horizontales; . . . liberado de la gravedad y la flotación, volé por el espacio".

Utilizando la escafandra y otros equipos submarinos desarrollados por él mismo, Cousteau comenzó a producir películas submarinas. En 1950 compró un barco llamado *Calypso,* que se convirtió en su hogar y laboratorio flotante. En los siguientes 40 años a través de sus películas y series de televisión, Cousteau llevó lo que él llamó "el mundo silencioso" de los mares y océanos a todos los hogares del mundo.

Un protector de la vida

Cousteau fue un franco defensor del medio ambiente. "Cuando vi toda esta belleza bajo el mar, me enamoré de ella. Finalmente, cuando me di cuenta de la amenaza que se cernía sobre los océanos, decidí hacer campaña lo más enérgicamente posible contra todo lo que amenazara lo que yo amaba".

Jacques Cousteau murió en 1997 a los 87 años. Antes de morir, dedicó el *Calypso II,* un nuevo buque de investigación, a los niños del mundo.

Escribe sobre lo que aprendiste

▶ La contaminación del océano y la pesca excesiva son asuntos de intenso debate. Piensa sobre estos temas y discútelos con tus compañeros y compañeras. Luego escribe un ensayo en el cual intentes convencer a tus lectores sobre tu punto de vista.

VENTANA AL MEDIO AMBIENTE

Posponer los problemas del agua dulce

Imagina qué diferente sería tu vida si no pudieras beber agua dulce. ¿Qué beberías? ¿Como lavarías las cosas? La Tierra tiene suficiente agua dulce para suministrar 100 mil millones de litros a cada persona, y sin embargo la escasez de agua afecta diariamente a millones de personas. ¿Cuál es el problema?

El planeta de hielo y agua

Tres cuartos del agua dulce de la Tierra están congelados en los casquetes polares. Allí hay una gran cantidad de agua, pero no se puede usar porque está congelada y a miles de kilómetros de distancia.

La capa de hielo que cubre la Antártida tiene un espesor de miles de metros y es casi el doble del tamaño de los Estados Unidos. Enormes pedazos se desprenden de sus bordes cada año. Estos témpanos, hechos enteramente de agua dulce congelada, flotan en el mar y finalmente se derriten. El agua proveniente de los témpanos durante 1 año sería suficiente para abastecer el sur de California por más de un siglo. Entonces, ¿por qué no usarla?

Obvio, pero no fácil

Transportar témpanos a donde se necesita agua dulce es más difícil de lo que parece. Primero, la mayoría de los témpanos son inmensos: el más grande que se ha registrado era del tamaño de Connecticut. Hasta los témpanos pequeños pueden ser de 2 km de largo y 1 km de ancho.

Los investigadores han considerado varios métodos para transportar témpanos. Muchas de las ideas implican empujar o remolcar témpanos en el agua. Otras implican amarrar motores y propulsores a los témpanos. Los témpanos son tan grandes que llevaría mucho tiempo trasladarlos y, cuando un témpano llegara a su destino, gran parte se habría derretido. Para impedir la fusión, se podrían amarrar materiales de aislamiento alrededor de un témpano.

▲ *Los témpanos como éste podrían suministrar agua en el futuro.*

Una inversión que vale la pena

Los lagos y el agua subterránea aún son las fuentes de agua dulce más baratas en la mayoría de las áreas. Si no hay lagos, ríos o pozos disponibles, los témpanos pueden ser una opción razonable que se podría considerar. Aunque transportar témpanos es difícil, puede valer la pena intentarlo. Irrigar 100 km^2 de desierto con agua de témpanos podría costar cerca de $1 millón, pero purificar suficiente agua de mar para irrigar la misma superficie podría costar más de mil millones de dólares.

Los habitantes de regiones áridas han dedicado mucho tiempo a la investigación de los témpanos. Hasta ahora, nadie ha establecido un programa para cosechar témpanos, pero algún día el agua de los témpanos saldrá por los grifos de nuestros hogares.

Una investigación helada

▶ Haz flotar un cubo de hielo en un recipiente de agua fría y registra el tiempo que tarda en derretirse. Luego trata de aislar otros cubos de hielo con materiales diferentes, como tela, envoltura plástica y papel de aluminio. ¿Qué material funciona mejor? ¿Cómo se podría utilizar este material con témpanos reales?

CAPÍTULO

14 El movimiento del agua de los océanos

¡Esto realmente sucedió!

El 3 de febrero de 1963, el buque petrolero SS *Marine Sulphur Queen* zarpó con destino a Virginia bordeando los Cayos de Florida. Después de que el barco entró en el Atlántico, se perdió su señal de radio. Los guardacostas que intentaron localizarlo sólo encontraron chaquetas salvavidas, barriles de aceite y desechos en la última posición conocida del barco. No se encontraron sobrevivientes. Hubo muchas explicaciones sobre la desaparición del *Queen*, pero ninguna convincente. Lo único que se sabía era que el barco había entrado en el Triángulo de las Bermudas.

El Triángulo de las Bermudas

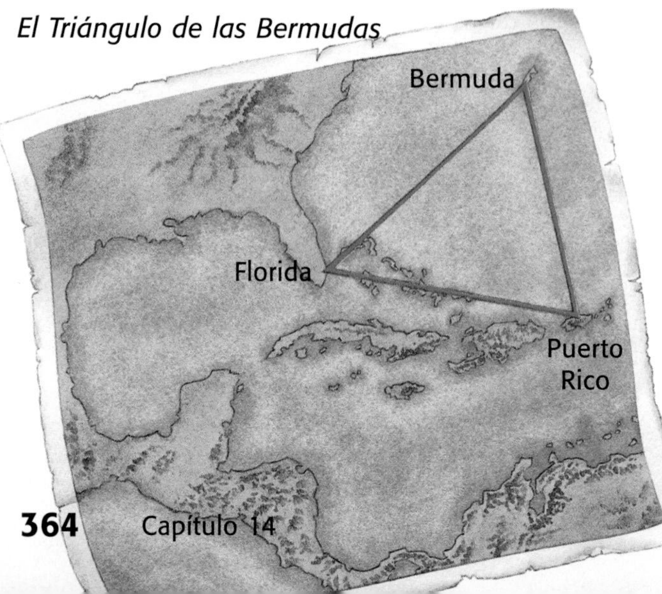

El Triángulo de las Bermudas se extiende de las costas de la Florida a las Islas Bermudas y Puerto Rico. Muchos barcos que han navegado hasta ahí han desaparecido. ¿Hay una explicación para esto?

En la parte oeste del triángulo está la corriente del golfo de México, que se precipita por el área angosta que forma la Florida y las riberas de las Bahamas, en su recorrido hacia el norte. A menudo, los vientos que soplan hacia el Sur producen olas muy peligrosas al encontrarse con la corriente. El Triángulo de las Bermudas es conocido por sus cambios climáticos repentinos. Muchos navegantes se han quedado detenidos por falta de viento. De repente ocurren fuertes tormentas y torbellinos. Para complicar aún más la situación, el fondo del mar en esa zona es un laberinto de profundas fosas submarinas que oculta los naufragios.

Aunque muchas personas relacionan el Triángulo de las Bermudas con acontecimientos sobrenaturales, es probable que la desaparición de los barcos que circulan por allí, tenga una explicación científica: las olas grandes y el clima peligroso son realmente capaces de hundir cualquier barco. En este capítulo estudiarás las olas y otros movimientos de las aguas del océano.

¿Tú qué piensas?

Usa tus conocimientos para responder a las siguientes preguntas en tu cuaderno de ciencias:

1. ¿Qué factores controlan las corrientes del océano?
2. ¿Qué provoca las mareas del océano?

¡Investiga!

Cuando dos *remolinos* chocan

Las corrientes marinas en el hemisferio norte fluyen en el sentido de las manecillas del reloj, mientras que las corrientes marinas en el hemisferio sur fluyen en sentido contrario. Pero, en ciertas partes del océano, las corrientes del sur fluyen a través del ecuador al hemisferio norte y comienzan a fluir en el sentido de las manecillas del reloj. En esta actividad tú y un compañero o compañera de laboratorio demostrarán cómo dos corrientes que fluyen en dirección opuesta influyen una sobre la otra.

Procedimiento

1. Llena una **tina** grande con 5 cm de **agua.**
2. Agrega 10 gotas de **colorante rojo para alimentos** al agua en un extremo de la tina.
3. Agrega 10 gotas de **colorante azul para alimentos** al agua en el otro extremo de la tina.
4. Utiliza un **lápiz** para agitar el agua del extremo de la tina que contiene el colorante rojo en el sentido de las manecillas del reloj mientras que tu compañero o compañera agita el agua del otro extremo en el sentido contrario. Agita ambos extremos constantemente durante 5 segundos.
5. En tu cuaderno de ciencias, dibuja lo que observas en la tina inmediatamente después de dejar de agitar el agua. (Ambos extremos aún deberían estar haciendo remolinos.)

Análisis

6. ¿Cómo interaccionaron el agua azul y el agua roja?
7. ¿Cómo se relaciona esto con las corrientes marinas de los hemisferios norte y sur?

Sección 1

Corrientes

VOCABULARIO

corriente superficial
fuerza de Coriolis
corriente profunda
afloramiento
El Niño

OBJETIVOS

- Describe las corrientes superficiales y enumera los tres factores que las controlan.
- Describe las corrientes profundas.
- Ilustra los factores involucrados en el movimiento de las corrientes profundas.
- Explica cómo las corrientes influyen en el clima.

Imagínate que estás varado en una isla desierta. Pones un mensaje en una botella y la arrojas al mar con la esperanza de que alguien la encuentre y te envíe ayuda. ¿Cuáles son las fuerzas que llevarán tu botella a través del océano, moviéndose hacia arriba y hacia abajo? ¿Se puede pronosticar a dónde llegará tu botella?

A principios del siglo XX, el explorador noruego Thor Heyerdahl intentó responder a preguntas similares relacionadas con la migración humana a través del océano. Heyerdahl sostenía que los habitantes de la Polinesia navegaron originalmente desde el Perú en balsas impulsadas por el viento y las corrientes marinas. Como no lograba convencer a la comunidad científica de su teoría, decidió demostrarla. En 1947, Heyerdahl y su tripulación de cinco personas se embarcaron desde el Perú en una balsa construida artesanalmente. La balsa, que se muestra en la **Figura 1,** se llamó *Kon-Tiki,* por el dios peruano del Sol.

Figura 1 *La balsa artesanal* Kon-Tiki *estaba hecha principalmente de materiales de los cuales habrían dispuesto los antiguos peruanos.*

PARA PENSAR

Existen dos formas de enviar un mensaje en una botella a través de Internet. Puedes pedir que alguien arroje una botella biodegradable verdadera al mar desde distintas partes del mundo o puedes enviar un mensaje virtual en una botella que finalmente llegará a la "playa electrónica" de alguna persona.

En el día número 97 de la expedición, Heyerdahl y su tripulación llegaron a una isla de la Polinesia. Las corrientes de Humboldt y las del sur del ecuador arrastraron la balsa hacia el oeste más de 6,000 km a través del Pacífico Sur. Esto confirmó la teoría de Heyerdahl de las corrientes marinas superficiales que habrían transportado a los antiguos peruanos a través del Pacífico hasta la Polinesia. Pero, ¿cómo conocía Heyerdahl la dirección de las corrientes? ¿Qué fuerzas las crearon? Para contestar a estas preguntas sobre las corrientes marinas, examinemos lo que genera las corrientes del océano, los tipos de corrientes y cómo influyen en el clima.

Corrientes superficiales

Las corrientes superficiales son movimientos de agua que ocurren en la superficie del océano o cerca de ella. Algunas de estas tienen miles de kilómetros de longitud y se trasladan a través de océanos completos. La Corriente del Golfo de México transporta 25 veces más agua que todos los ríos del mundo juntos. Las corrientes superficiales están controladas por tres factores: los vientos globales, la fuerza de Coriolis y las desviaciones continentales. Estos factores hacen que circulen de una manera determinada por toda la Tierra.

Vientos globales ¿Has soplado en una taza de chocolate caliente? Quizá has notado pequeñas ondulaciones moviéndose en la superficie. Estas se generan por una pequeña corriente superficial creada por tu aliento. Del mismo modo, los vientos soplan sobre la superficie terrestre y crean corrientes superficiales en el océano. Las corrientes alcanzan una profundidad de cientos de metros y una longitud de miles de kilómetros. ¡Eso es mucho más que la corriente de tu taza de chocolate caliente!

El viento mueve grandes cantidades de agua generando corrientes que fluyen en distintas direcciones. Cerca del ecuador, los vientos llevan el agua de este a oeste, pero cerca de los polos, va de oeste a este, como se muestra en la **Figura 2.** Los barcos utilizan estas corrientes para trasladarse más rápidamente.

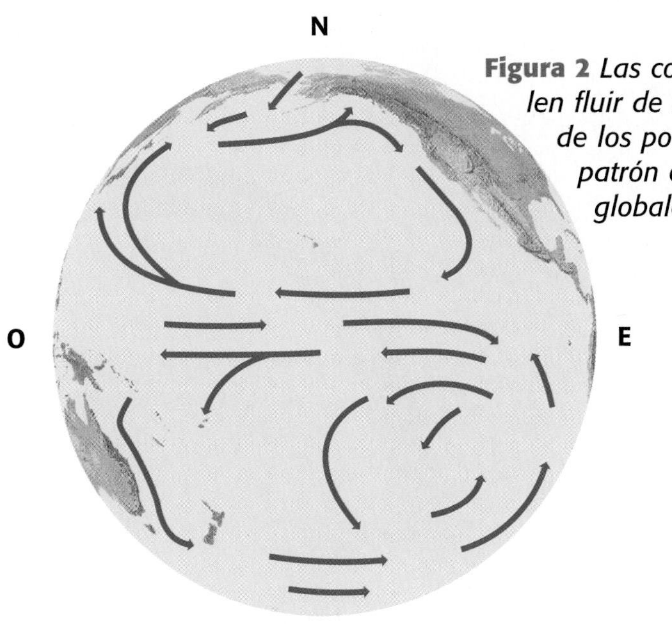

Figura 2 *Las corrientes superficiales cerca del ecuador suelen fluir de Este a Oeste, pero las que se ubican cerca de los polos tienden a fluir de Oeste a Este. Este patrón es resultado de los patrones de los vientos globales.*

Autoevaluación

Mira la Figura 2. Cuando Heyerdahl hizo su viaje, ¿hacia dónde crees que observó que soplaba el viento? *(Consulta la página 564 para comprobar tu respuesta.)*

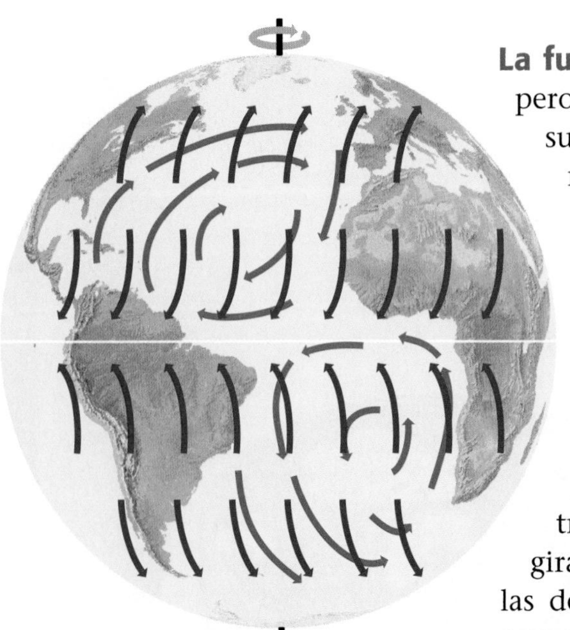

Figura 3 *La rotación de la Tierra hace que tanto las corrientes oceánicas (flechas rojas) como los vientos globales (flechas moradas) se muevan en direcciones opuestas a ambos lados del ecuador.*

La fuerza de Coriolis Ya sabes que la Tierra gira sobre su eje, pero ¿te has preguntado cómo influye esta rotación en la superficie terrestre? La rotación de la Tierra hace que el movimiento de las corrientes superficiales sea en curvas en vez de en líneas rectas. La fuerza de desviación que se ejerce sobre los objetos en movimiento, como las corrientes oceánicas, ocasionada por la rotación de la Tierra se llama **fuerza de Coriolis.** Ésta actúa sobre cualquier objeto que gira sobre su eje. Por ejemplo, si lanzas una pelota en un carrusel en movimiento se desviará antes de llegar al otro extremo. La fuerza de Coriolis también hace que los vientos soplen en curvas. La **Figura 3** muestra cómo las corrientes oceánicas en el hemisferio Norte giran en el sentido de las manecillas del reloj, mientras que las del hemisferio Sur giran en sentido contrario. Cuando el agua viaja grandes distancias, la fuerza de Coriolis es mayor.

Desviación continental Si la superficie de la Tierra estuviese completamente cubierta por agua, las corrientes superficiales se trasladarían en un patrón uniforme. Sin embargo, éste no es el caso: los continentes se elevan sobre el nivel del mar en aproximadamente un tercio de la superficie de la Tierra. Cuando las corrientes superficiales llegan a los continentes, se *desvían*. Observa en la **Figura 4** cómo la corriente del Brasil se desvía hacia el Sur al encontrarse con la costa de Sudamérica.

Explora

Algunas personas piensan que la fuerza de Coriolis se puede apreciar en los lavabos, es decir, el agua que se drena gira en el sentido de las manecillas del reloj en el hemisferio Norte mientras que en el hemisferio Sur gira en el sentido opuesto. ¿Es cierto? Investiga esta pregunta en la biblioteca, en Internet y en los lavabos y tinas de tu casa.

Figura 4 *Si Sudamérica no estuviera en su camino, probablemente la corriente del Brasil fluiría más hacia el Oeste.*

Tomar temperaturas Los tres factores (los vientos globales, la fuerza de Coriolis y las desviaciones continentales) operan en conjunto para formar un patrón de corrientes superficiales en la Tierra. Las corrientes también se ven afectadas por la temperatura del agua de donde surgen. Las corrientes de agua tibia comienzan cerca del ecuador y llevan agua tibia a otras partes del océano. Las corrientes de agua fría comienzan cerca de los polos y llevan aguas frías a otras partes del océano. Como puedes ver en el mapa de la **Figura 5,** todos los océanos están conectados y tanto las corrientes de agua tibia como las de agua fría se mueven de un océano a otro.

Mientras que los vientos producen las corrientes oceánicas, el Sol es la fuente de energía inicial de las corrientes. Debido a que el Sol calienta ciertas partes de la Tierra más que otras, se forman corrientes de convección que generan vientos.

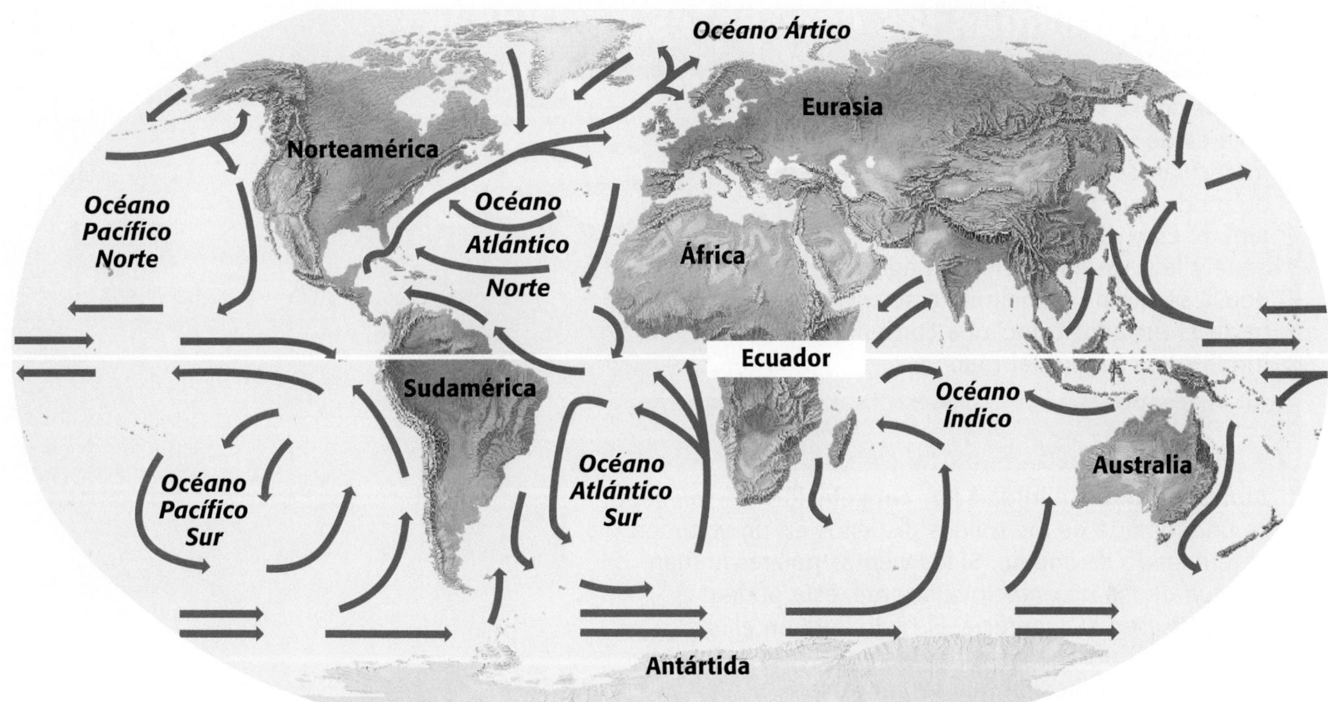

Figura 5 *Este mapa muestra las corrientes superficiales de la Tierra. Las corrientes de agua tibia están representadas por las flechas rojas y las corrientes de agua fría por las flechas azules.*

REPASO

1. Enumera los tres factores que controlan las corrientes superficiales.
2. Explica cómo la rotación de la Tierra influye en los patrones de las corrientes superficiales.
3. **Sacar conclusiones** Si no existiera tierra en la superficie terrestre, ¿cómo sería el patrón de las corrientes superficiales? Explica por qué.

Corrientes profundas

Las **corrientes profundas** son movimientos del agua de los océanos muy por debajo de la superficie. Las corrientes profundas no están controladas directamente por el viento o por la fuerza de Coriolis. Se forman donde aumenta la densidad del agua. *La densidad* es la relación de la masa de una substancia y su volumen. Dos factores principales, la temperatura y la salinidad, se combinan e influyen en la densidad del océano, como se ve a continuación. Tanto la disminución de las temperaturas de las aguas marinas como el aumento de la salinidad aumenta la densidad.

Experimentos

Pasa a la página 542 para demostrar cómo la temperatura y la salinidad influyen en el agua de los océanos.

Cómo se forman las corrientes profundas

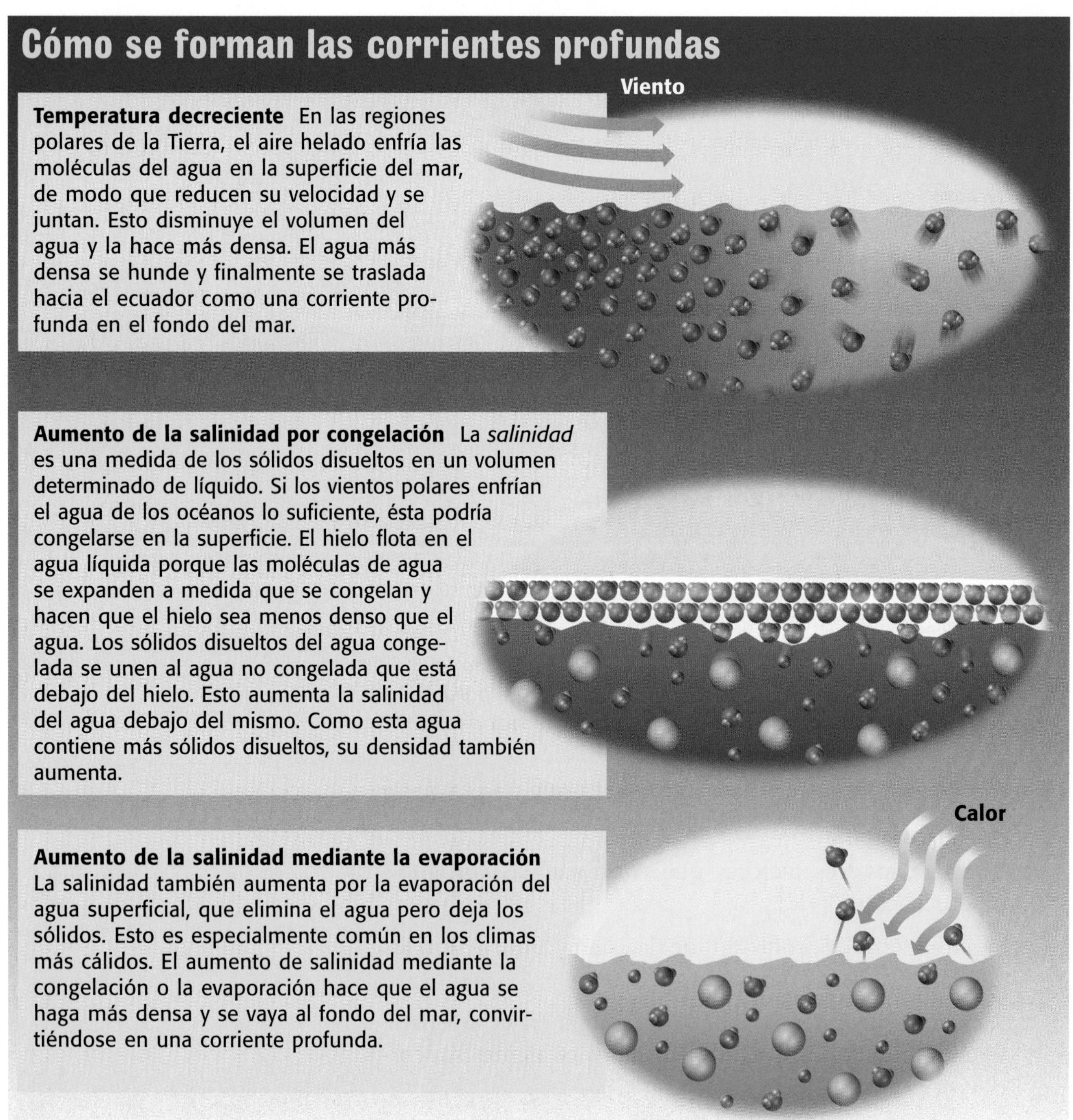

Temperatura decreciente En las regiones polares de la Tierra, el aire helado enfría las moléculas del agua en la superficie del mar, de modo que reducen su velocidad y se juntan. Esto disminuye el volumen del agua y la hace más densa. El agua más densa se hunde y finalmente se traslada hacia el ecuador como una corriente profunda en el fondo del mar.

Aumento de la salinidad por congelación La *salinidad* es una medida de los sólidos disueltos en un volumen determinado de líquido. Si los vientos polares enfrían el agua de los océanos lo suficiente, ésta podría congelarse en la superficie. El hielo flota en el agua líquida porque las moléculas de agua se expanden a medida que se congelan y hacen que el hielo sea menos denso que el agua. Los sólidos disueltos del agua congelada se unen al agua no congelada que está debajo del hielo. Esto aumenta la salinidad del agua debajo del mismo. Como esta agua contiene más sólidos disueltos, su densidad también aumenta.

Aumento de la salinidad mediante la evaporación La salinidad también aumenta por la evaporación del agua superficial, que elimina el agua pero deja los sólidos. Esto es especialmente común en los climas más cálidos. El aumento de salinidad mediante la congelación o la evaporación hace que el agua se haga más densa y se vaya al fondo del mar, convirtiéndose en una corriente profunda.

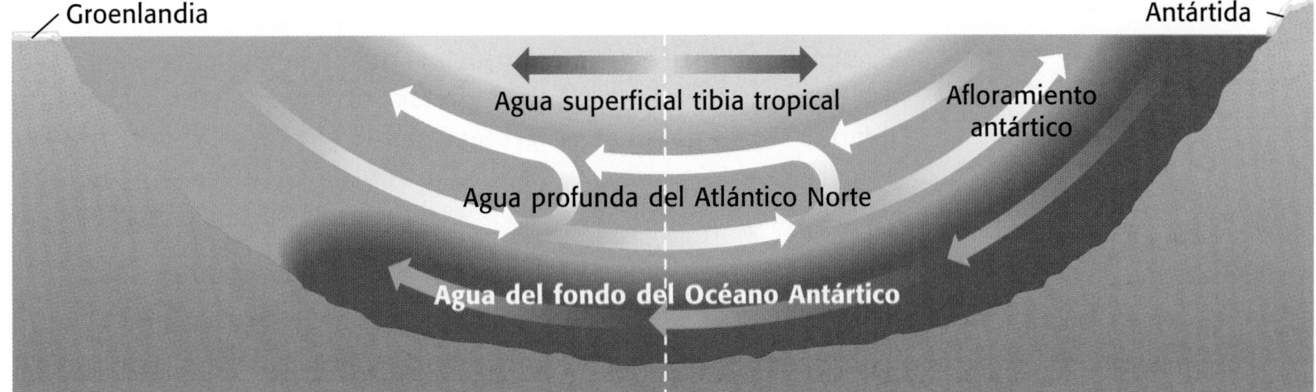

Figura 6 *Esta vista transversal muestra que las aguas profundas menos densas del Atlántico Norte, que se forman en el océano Ártico cerca de Groenlandia, flotan encima de las aguas del fondo del Océano Antártico, que son más densas, cuando las dos corrientes se encuentran.*

Movimiento de corrientes profundas

El movimiento de las corrientes profundas por el fondo del mar es muy complejo. Las diferencias en la temperatura, salinidad y densidad provocan variaciones. Por ejemplo, la corriente más profunda, la del fondo del océano Antártico, es más densa que la del Atlántico Norte. Ambas se extienden por el fondo del mar a medida que fluyen hacia la misma región ecuatorial. Cuando se juntan, las aguas profundas del Atlántico Norte flotan sobre las aguas del fondo del océano Antártico, que son más densas, como se muestra en la **Figura 6.** La termoclina principal es una barrera que evita que se mezclen las aguas superficiales tibias con las corrientes profundas frías. Se requieren cerca de 1,000 años para que el agua de las regiones más frías circule por las regiones cálidas.

Cambio de lugar entre corrientes

Estudia la **Figura 7** para aprender cómo cambian de lugar con las corrientes superficiales.

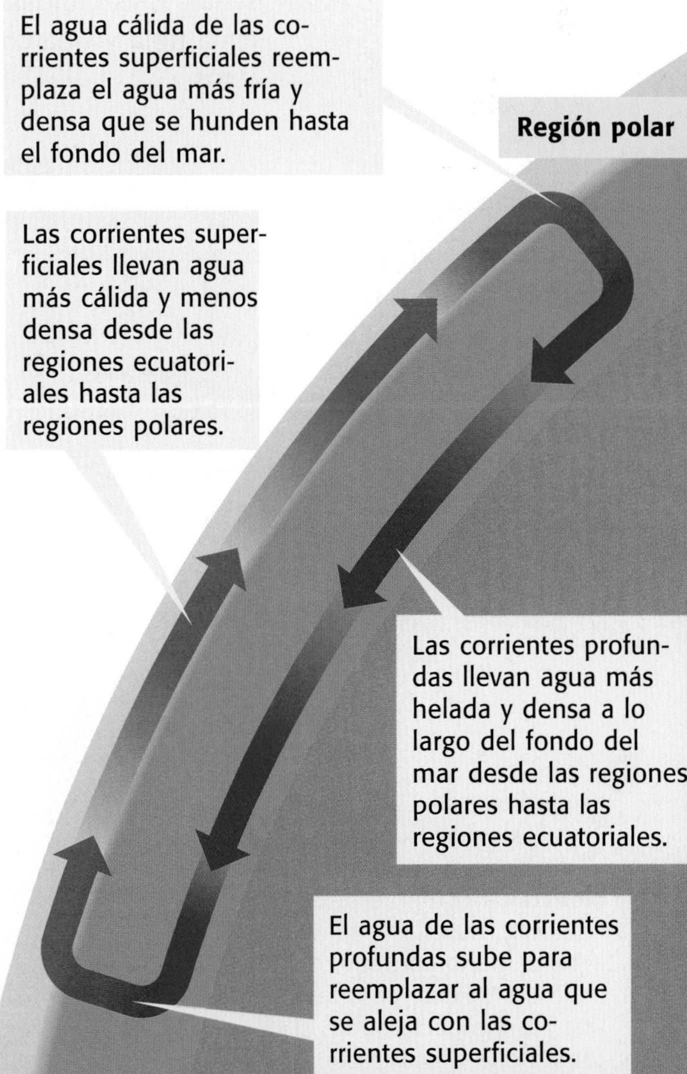

Figura 7 *Esta vista transversal muestra el movimiento de aguas tibias y frías entre las regiones polares y ecuatoriales.*

Las corrientes superficiales y el clima

Las corrientes superficiales influyen considerablemente en el clima de varias partes del mundo. Algunas corrientes superficiales entibian o enfrían las áreas costeras todo el año. Otras corrientes superficiales a veces cambian su patrón de circulación, y eso ocasiona cambios en la atmósfera que influyen en el clima.

Corrientes que estabilizan el clima Aunque las corrientes superficiales son generalmente más tibias que las profundas, sus temperaturas varían. Las corrientes superficiales se clasifican en corrientes de agua tibia o corrientes de agua fría. Observa nuevamente la Figura 5 para ver dónde se ubica cada tipo de corriente. Debido a que las corrientes superficiales son tibias o frías, influyen en el clima del terreno más cercano a ellas. Por ejemplo, las corrientes de agua tibia producen climas más cálidos en áreas costeras que normalmente serían más frías. Igualmente, las corrientes de agua fría producen climas más frescos en áreas que normalmente serían más cálidas. La **Figura 8** muestra cómo una corriente de agua tibia y una corriente de agua fría influyen en los climas costeros.

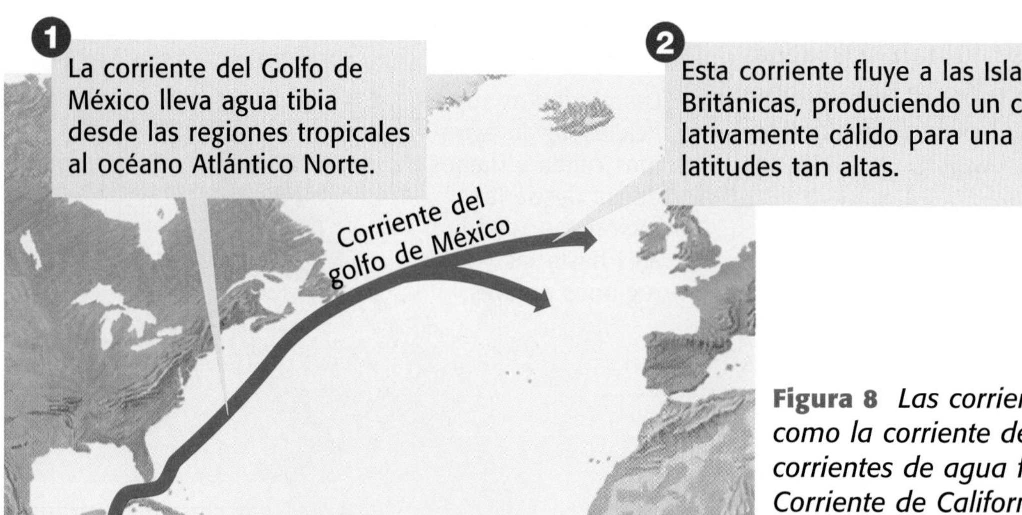

Figura 8 *Las corrientes de agua tibia, como la corriente del golfo de México, y las corrientes de agua fría, tales como la Corriente de California, influyen en el clima de las regiones costeras.*

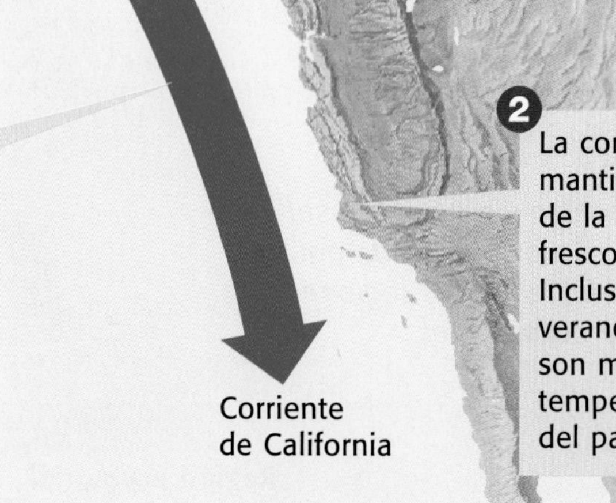

Variaciones de la corriente: El Niño Las corrientes superficiales en la región tropical del océano Pacífico casi siempre viajan con los vientos alisios de Este a Oeste. Esto acumula agua tibia en el lado oeste del océano Pacífico y causa afloramientos en el lado este. El **afloramiento** ocurre cerca de la orilla, donde el agua fría y rica en nutrientes de las profundidades del océano sube a la superficie y reemplaza el agua tibia que ha sido arrastrada al océano abierto por los vientos. Cada 2 a 12 años, los vientos alisios del Pacífico Sur se calman y mueven menos agua superficial hacia el lado oeste del Pacífico. Esto reduce el afloramiento en la costa de Sudamérica y aumenta la temperatura de las aguas superficiales. El calor se traslada hacia el Oeste. Este cambio de ubicación de las aguas superficiales en el océano Pacífico se llama **El Niño.** El Niño afecta las aguas superficiales y la interacción entre el océano y la atmósfera, y provoca cambios en la circulación de la atmósfera, lo cual produce cambios en los patrones globales del clima.

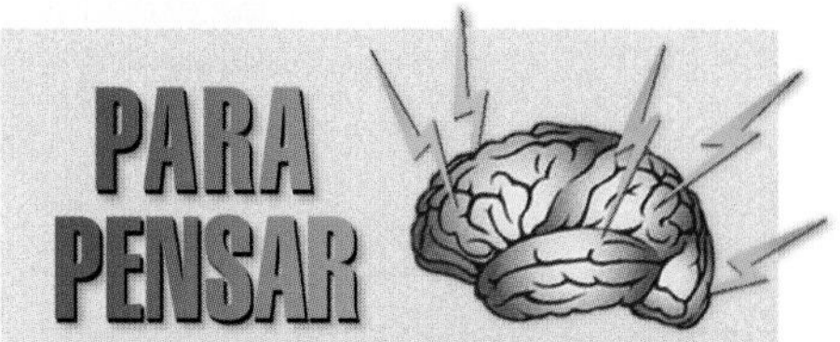

El término "El Niño" originalmente se refería a una corriente tibia que llegaba cada año por Navidad frente a las costas de Ecuador y Perú.

Los efectos de El Niño Los cambios climáticos causados por El Niño son preocupantes. Además de alterar los patrones del clima, provoca inundaciones repentinas y aludes en áreas que suelen recibir poca lluvia. La **Figura 9** muestra casas destruidas por un alud en el sur de California. Mientras algunas regiones sufren inundaciones, otras padecen sequías que perjudican las cosechas. Por ejemplo, Indonesia depende de las lluvias anuales de los monzones para sus cosechas. En una temporada de El Niño, estas lluvias se desvían a la mitad del océano Pacífico, evitando el Sudeste asiático.

Figura 9 *En 1997, una temporada de El Niño ocasionó lluvias excesivas en el Sur de California. Estas casas fueron destruidas por aludes ocasionados por las lluvias.*

REPASO

1. ¿De qué forma se relacionan la temperatura y la salinidad con el movimiento de las corrientes profundas?
2. ¿Por qué el clima de Escocia es relativamente moderado aunque el país esté ubicado a una altitud elevada?
3. **Aplicar conceptos** Muchos organismos marinos dependen de los afloramientos para que los nutrientes suban a la superficie. ¿Cómo podría influir El Niño en el modo de vida de los peruanos?

Sección 2

Las olas

VOCABULARIO

cresta	resaca
seno	cabrilla
longitud de onda	oleada
altura de la ola	tsunami
período del oleaje	marejada
rompiente	

OBJETIVOS

- Identifica los componentes de las olas y explica cómo se relacionan con el movimiento de las mismas.
- Describe cómo se forman y cómo se mueven las olas del océano.
- Clasifica los tipos de olas.
- Analiza los tipos de olas peligrosas.

Todos sabemos cómo son las olas del océano. Pero, ¿qué son? ¿Cómo se forman y cómo se mueven? ¿Son todas las olas iguales? ¿Qué hacen aparte de depositar conchas y erizos de mar en la playa? Vamos a examinarlas para contestar estas preguntas.

La anatomía de una ola

Las olas están constituidas por crestas y senos. Una **cresta** es el punto más alto de una ola, y un **seno** es el punto más bajo. Imagínate una montaña rusa diseñada con muchas subidas y bajadas. La cima de una subida es similar a la cresta de una ola, y la parte inferior de una bajada se asemeja al seno de una ola. La distancia entre dos crestas o dos senos de olas adyacentes es la **longitud de onda.** La distancia vertical entre la cresta de una ola y su seno es la **altura de la ola.**

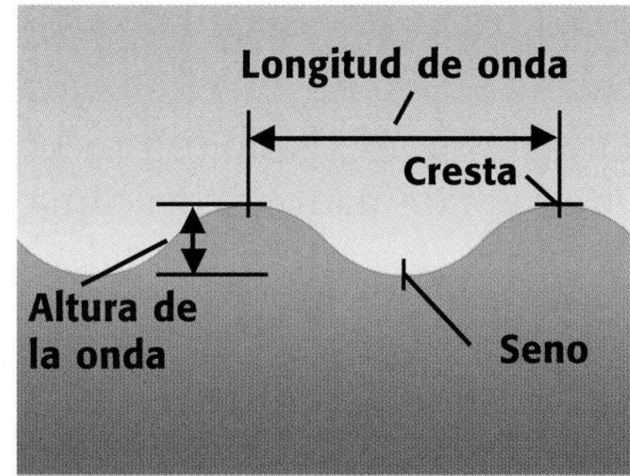

Formación y movimiento de una ola

Si alguna vez has observado las olas del océano, habrás notado que el agua parece moverse por la superficie. Sin embargo, este movimiento es solo aparente. La mayoría de las olas se forman conforme el viento sopla a través de la superficie del agua y transfiere energía al agua. A medida que la energía se mueve a través del agua, también lo hacen las olas. Pero el agua se queda atrás, bajando y subiendo en movimientos circulares. Observa en la **Figura 10** cómo la botella flotante se mantiene en el mismo lugar a medida que las olas se trasladan de izquierda a derecha. El círculo de agua en el que se mueve la botella tiene un diámetro equivalente a la altura de la ola que lo creó. Debajo de este círculo hay círculos más pequeños de agua en movimiento. Los diámetros de estos círculos se reducen con la profundidad porque la energía de la ola también disminuye a mayor profundidad. La energía de una ola solamente alcanza cierta profundidad, debajo de la cual, el agua no se ve afectada por la energía de las olas.

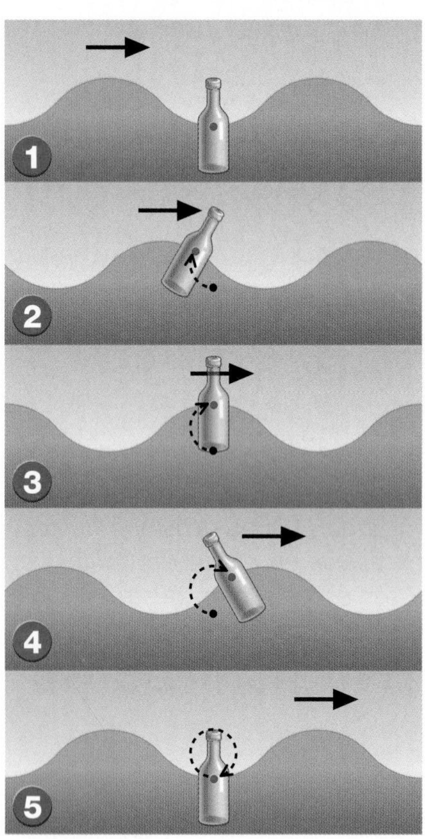

Figura 10 *Al igual que la botella en esta figura, el agua se mantiene en el mismo lugar a medida que la ola la atraviesa.*

Aspectos del movimiento de las olas

Las olas son de distinto tamaño y se trasladan a distinta velocidad. Para calcular su velocidad, se debe conocer la longitud de onda y el período del oleaje. El **período del oleaje** es el tiempo transcurrido entre el paso de dos crestas (o senos) por un punto fijo, como se ve en la **Figura 11.** Al dividir la longitud de onda por el período del oleaje, se obtiene la velocidad.

$$\frac{\text{longitud de onda (m)}}{\text{período del oleaje (s)}} = \text{velocidad de onda (m/s)}$$

Para una longitud de onda determinada, un aumento en el período del oleaje reducirá la velocidad de onda; una disminución del período del oleaje la aumentará.

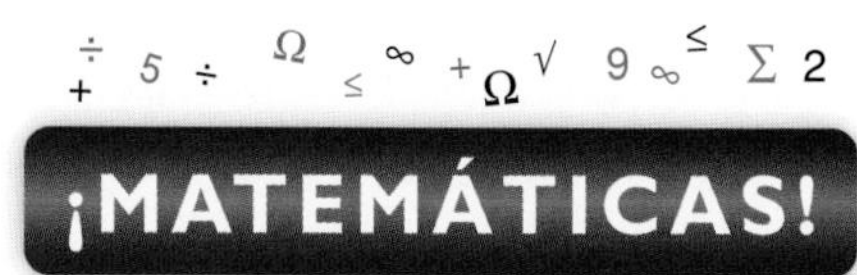

¡MATEMÁTICAS!

Velocidad de la ola

Imagínate que estás en un bote de remos en alta mar. Cuentas 2 olas que se mueven debajo de tu bote en 10 segundos. Calculas que la longitud de onda es aproximadamente 3 m. ¿Cuál es la velocidad de onda?

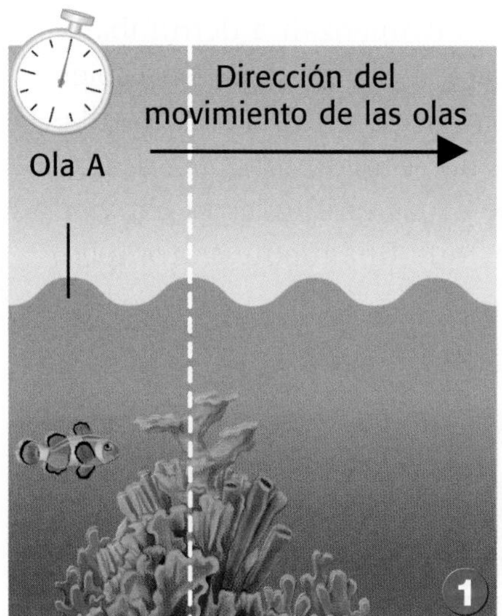

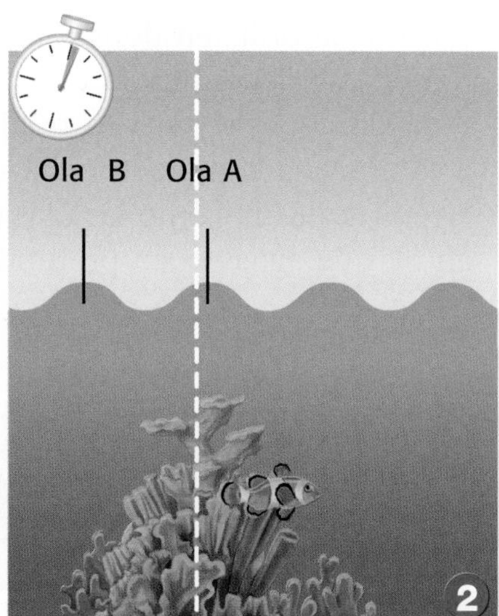

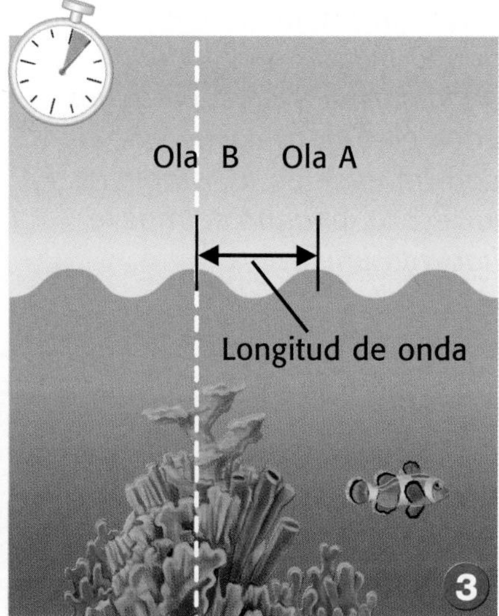

Figura 11 *Observa en el recuadro 1 cómo las olas se mueven de izquierda a derecha. En el recuadro 2, el reloj comienza a correr a medida que la Ola A pasa por la cima del arrecife. El reloj se detiene en el recuadro 3 a medida que la Ola B pasa por la cima del arrecife. El tiempo que indica el reloj (5 segundos) representa el período del oleaje.*

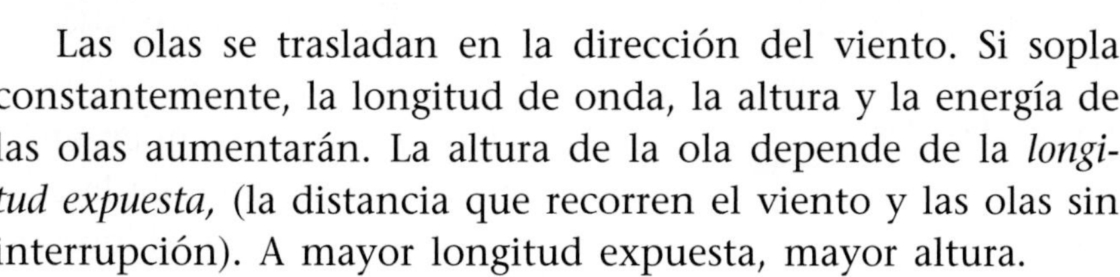

Las olas se trasladan en la dirección del viento. Si sopla constantemente, la longitud de onda, la altura y la energía de las olas aumentarán. La altura de la ola depende de la *longitud expuesta,* (la distancia que recorren el viento y las olas sin interrupción). A mayor longitud expuesta, mayor altura.

Tipos de olas

El viento forma la mayor parte de las olas del océano. Sin embargo, éstas se pueden formar por otros mecanismos. Los terremotos, los aludes submarinos, y el impacto de un cuerpo celeste pueden producir distintos tipos de olas. El tamaño varia, pero todas se mueven de la misma forma. Estas olas de acuerdo a su tamaño y al ángulo en que azoten la orilla pueden ser muy peligrosas.

Olas de aguas profundas y poco profundas ¿Alguna vez te has preguntado por qué la altura de las olas aumenta a medida que alcanzan la orilla? La respuesta tiene que ver con la profundidad del agua. Las *olas de agua profunda* son olas que se mueven en aguas más profundas que la mitad de su longitud de onda. Pero, a medida que las olas se acercan a la orilla, el agua se torna menos profunda. Cuando las olas alcanzan aguas cuya profundidad es menor que la mitad de su longitud de onda, comienzan a interactuar con el fondo del mar. Dichas olas se llaman *olas de aguas poco profundas.*

A medida que las olas de aguas profundas se convierten en olas de aguas poco profundas, las partículas del agua reducen su velocidad y se acumulan, de modo que se acumula más agua entre las crestas de las olas y aumenta la altura de la ola. La gravedad finalmente fuerza las crestas de las olas altas hacia abajo y las hace golpear el fondo del mar como *olas rompientes*. El área cerca de la orilla en donde las olas comienzan a derrumbarse, o romper, se denomina la **rompiente.** Las olas siguen rompiendo a medida que se mueven desde la rompiente hacia la orilla. El área entre la rompiente y la orilla se denomina la **resaca.** La **Figura 12** ilustra cómo las olas de aguas profundas se convierten en olas de aguas poco profundas que finalmente se rompen.

Figura 12 *Las olas de aguas profundas se convierten en olas de aguas poco profundas cuando alcanzan profundidades menores que la mitad de su longitud de onda. Las olas altas en aguas poco profundas comienzan a derrumbarse en la rompiente. En la resaca, el agua se mueve hacia la orilla.*

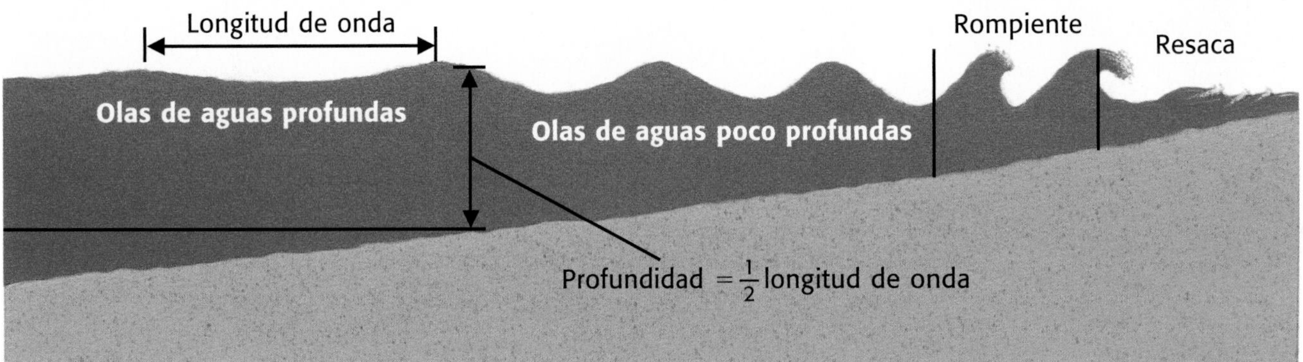

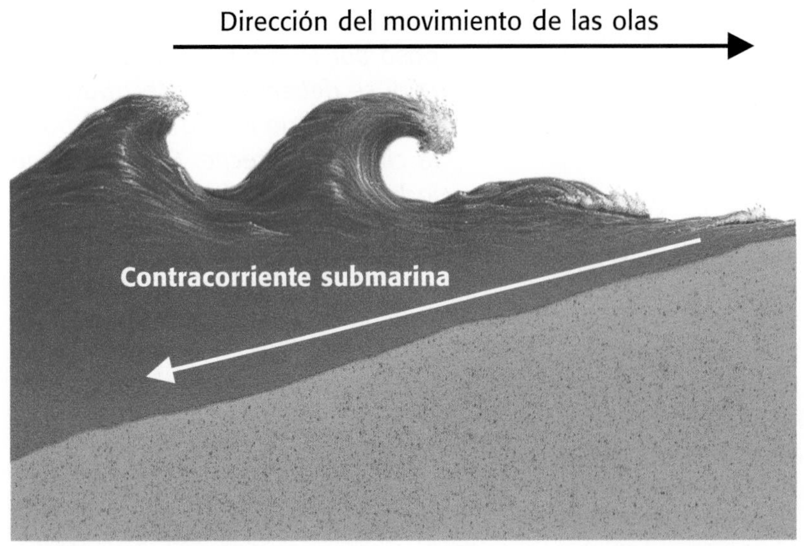

Cuando las olas rompen en la playa de lleno, el agua por la cual se trasladaron vuelve al océano por debajo de las nuevas olas. Este recogimiento del agua, que lleva arena, partículas de rocas y plancton de la orilla, se denomina *contracorriente submarina.* La **Figura 13** ilustra el movimiento de vaivén del agua en la orilla.

Figura 13 *Las olas que rompen de lleno crean una contracorriente submarina.*

Cuando las olas golpean la orilla en ángulo, hacen que el agua se mueva a lo largo de la orilla en una corriente denominada *corriente costera*. Como se muestra en la **Figura 14.** Las corrientes costeras son responsables de la mayor parte del transporte de sedimentos en los entornos de las playas. Este movimiento de arena y otros sedimentos destruye y construye la costa. Desafortunadamente, las corrientes costeras también acarrean basura y otros tipos de contaminantes y las esparcen por la orilla.

Figure 14 *Las corrientes costeras se forman donde las olas golpean la orilla en ángulo.*

Olas de alta mar A veces se forman en alta mar unas olas denominadas cabrillas. Las **cabrillas** son olas blancas y espumosas con cresta alta, que rompen antes de acercarse a la costa. Estas olas generalmente se forman por la tempestuosidad del tiempo y duran muy poco. Los vientos de menor intensidad forman oleadas. Las **oleadas** son olas ondulantes que se mueven en una procesión estable a través del océano. Las oleadas tienen longitudes de ondas más largas que las cabrillas y pueden trasladarse por miles de kilómetros. La **Figura 15** muestra las cabrillas y las oleadas.

Cerca de la costa de Galveston Island, Texas, los ingenieros usan grandes máquinas succionadoras llamadas dragas para extraer arena del fondo del mar. Esta arena luego se bombea a tierra papa reconstruir las playas erosionadas por las corrientes costeras.

Figura 15 *Las cabrillas, que se muestran aquí, rompen en el océano abierto, mientras que las oleadas, que se muestran en la fotografía de la derecha, se trasladan lentamente en el océano abierto.*

Pasa a la página 388 para leer acerca de un científico que estudia los terremotos que generan los tsunamis.

Tsunamis Los surfistas profesionales viajan a Hawai para encontrar las olas más altas del mundo. Sin embargo, ni los mejores surfistas podrían controlar un tsunami gigante. Los **tsunamis** son olas que se forman cuando un gran volumen de agua del océano se mueve súbitamente hacia abajo o hacia arriba. Este movimiento puede ser causado por terremotos submarinos, erupciones volcánicas, aludes, explosiones submarinas o el impacto de un meteorito o cometa. La mayoría de los tsunamis ocurren en el océano Pacífico debido al gran número de terremotos que ocurren en la región. La **Figura 16** muestra cómo un terremoto puede generar un tsunami.

Figura 16 *Un movimiento hacia arriba en el fondo del mar crea un terremoto. La energía que libera el terremoto empuja un gran volumen de agua hacia arriba y crea una serie de tsunamis.*

A pesar de que las longitudes de onda de los tsunamis pueden exceder los 150 km, éstos se comportan como las olas generadas por el viento. Cuando se acercan a los continentes, su velocidad disminuye y sus longitudes de onda se reducen a medida que interaccionan con el fondo del océano. A medida que los tsunamis se juntan, el agua se comprime en un espacio más pequeño y la altura de la ola aumenta alcanzado alturas máyores de 30 m y destruyendo lo que encuentran a su paso. La contracorriente submarina que crean puede ser tan destructiva como el mismo tsunami. **La Figura 17** muestra una comunidad costera en ruinas tras el paso de un tsunami.

Figura 17 *Imagínate la fuerza del tsunami que llevó a esta embarcación tierra adentro.*

El 22 de mayo de 1960, un terremoto cerca de las costas de Sudamérica generó un tsunami que cruzó el océano Pacífico. A diez mil kilómetros del origen del terremoto, el tsunami provocó daños masivos al azotar la ciudad de Hilo, en la costa de Hawai. Si el tsunami se trasladó a una velocidad de 188 m/s, ¿cuánto tiempo después del terremoto alcanzó el tsunami a Hilo? Si los residentes de Hilo hubiesen sabido acerca del terremoto en el mismo momento que ocurrió, ¿crees que hubiesen tenido tiempo suficiente para escapar? ¿Qué se podría hacer para asegurar que esta cantidad de tiempo sea suficiente para prevenir los efectos de un tsunami?

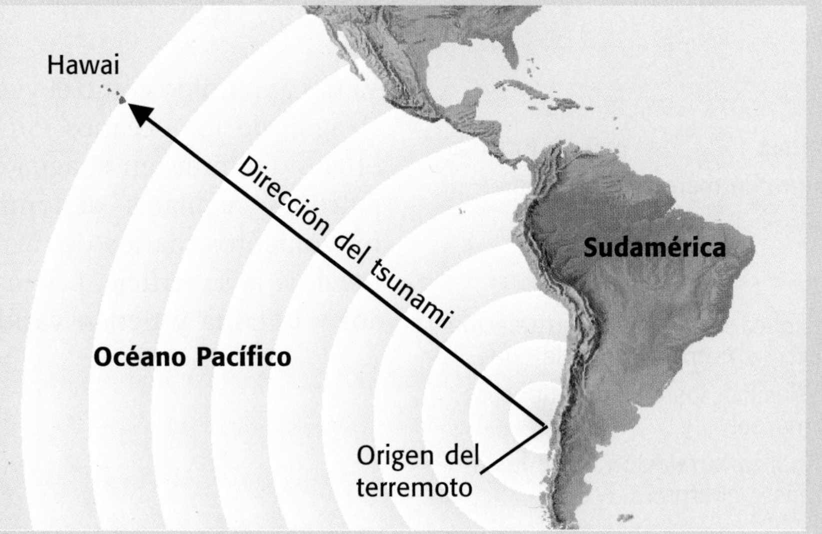

Marejadas

Una **marejada** es un ascenso local del nivel del mar cerca de la costa causado por los vientos fuertes de una tormenta, por ejemplo, un huracán. Los vientos forman una marejada al soplar sobre el agua hasta formar una acumulación debajo de la tormenta. A medida que la tormenta se mueve hacia la orilla, también se mueve la enorme masa de agua debajo de ella. Las marejadas desaparecen con la misma rapidez con que se forman, de modo que son muy difíciles de estudiar. Las marejadas contienen gran cantidad de energía y pueden alcanzar una altura de 8 m. Por esta razón, se consideran la parte más destructiva de un huracán.

REPASO

1. Explica cómo se mueve el agua a medida que las olas se trasladan a través de ella.
2. ¿En qué lugar las olas de aguas profundas se convierten en olas de aguas poco profundas?
3. Nombra cinco acontecimientos que pueden provocar un tsunami.
4. **Hacer cálculos** Observa nuevamente la Figura 11. Si la velocidad de onda es de 0.8 m/s, ¿cuál es la longitud de onda?

Laboratorio

Haz la ola

1. Ata una **cuerda** delgada a la perilla de una puerta.
2. Ata una **cinta** alrededor de la cuerda entre la perilla y el otro extremo.
3. Mueve la cuerda hacia arriba y hacia abajo y observa la cinta.
4. ¿Cómo se relaciona el movimiento de la cuerda y la cinta con el movimiento del agua y las olas de aguas profundas?
5. Repite el paso 3 moviendo, la cuerda con más vigor.
6. ¿Cómo afecta esto a las ondas de la cuerda?

Sección 3

Mareas

VOCABULARIO

mareas
mareas muertas
carrera de marea
ola de marea
mareas vivas

OBJETIVOS

- Explica las mareas y su relación con la Tierra, el Sol y la Luna.
- Clasifica los distintos tipos de mareas.
- Analiza la relación entre las mareas y el litoral.

Ya has aprendido cómo el viento y los terremotos pueden mover el agua de los océanos. Sin embargo, existen fuerzas menos obvias que mueven el agua de los océanos constantemente en patrones regulares denominados mareas. Las **mareas** son movimientos diarios del agua de los océanos que cambian el nivel de la superficie. Las mareas ocurren por la influencia del Sol y la Luna y tienen varios ciclos.

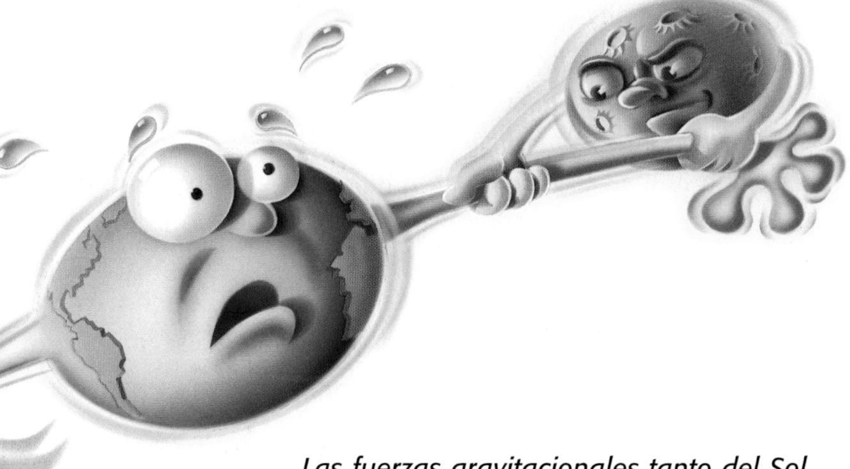

Las fuerzas gravitacionales tanto del Sol como de la Luna ejercen una atracción constante sobre la Tierra. A pesar de que la Luna es más pequeña que el Sol, la gravedad de la Luna es la fuerza principal que produce las mareas de la Tierra.

La atracción de la Luna

Las fases de la Luna y su relación con las mareas fueron descubiertas por primera vez hace más de 2,000 años por el explorador griego Piteas. Sin embargo, Piteas y otros investigadores antiguos no pudieron explicar la relación que existía entre ellas. No fue sino hasta 1687 que se obtuvo una explicación científica, cuando se publicaron las teorías del principio de la atracción gravitacional de Isaac Newton. La gravedad de la Luna ejerce una atracción sobre todas las partículas de la Tierra, sin embargo dicha atracción es más perceptible en los líquidos que en los sólidos. Esto se debe a que los líquidos se mueven más fácilmente. Incluso el líquido de una bebida gaseosa abierta está levemente atraído por la gravedad de la Luna.

Marea alta y marea baja La altura de las mareas y la frecuencia a la que ocurren dependen de la posición de la Luna a medida que ésta gira alrededor de la Tierra. La atracción gravitacional de la Luna es más fuerte en la parte de la Tierra que se encuentra directamente frente a ella. Cuando esa parte resulta ser una porción del océano, el agua se abulta dirigiéndose hacia la Luna. En ese mismo momento, el agua ubicada al otro lado de la Tierra se abulta debido al movimiento de la Tierra y la Luna alrededor una de la otra. Dichos abultamientos se denominan *mareas altas*. Observa cómo la posición de la Luna provoca el abultamiento del agua en la **Figura 18**. Además, fíjate que cuando ocurren las mareas altas, el agua se aleja del área entremedio de las mareas altas, y provoca la formación de *mareas bajas*.

Experimentos

¿Aún no entiendes por qué existen mareas altas al otro lado de la Tierra frente a la Luna? Pasa a la página 544 y averígualo.

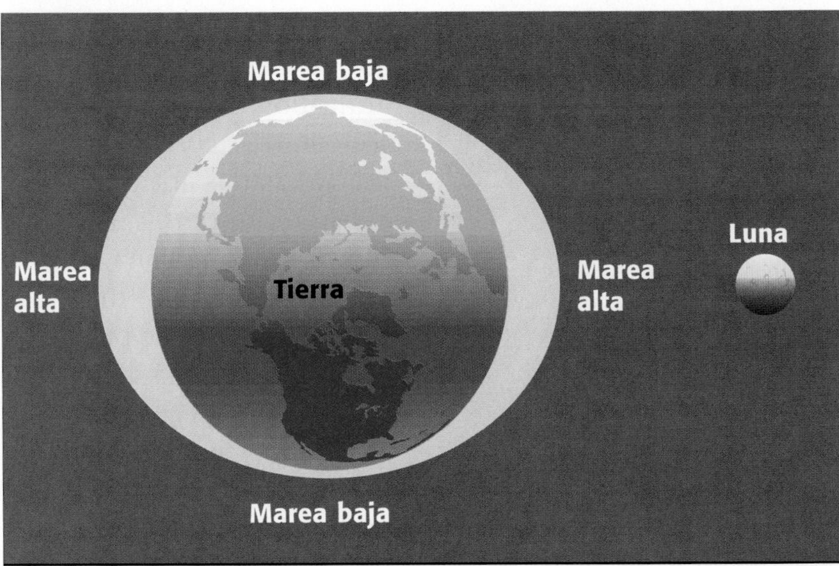

Figura 18 *Las mareas altas ocurren en la parte de la Tierra que se encuentra más cerca de la Luna. En ese mismo momento, también ocurren mareas altas al otro lado de la Tierra.*

Incluso en la tierra firme también ocurren mareas. Por ejemplo, la tierra de Oklahoma se mueve varios centímetros en forma vertical durante el día, en relación con las mareas. Las mareas en la parte sólida de la superficie terrestre son generalmente un tercio del tamaño de la mareas marítimas.

La rotación de la Tierra y la traslación de la Luna alrededor de la Tierra determinan la formación de las mareas altas. Si la Tierra rotara a la misma velocidad que la Luna se traslada alrededor de la Tierra, las mareas ocurrirían siempre en los mismos lugares de la Tierra. Sin embargo, la Luna gira alrededor de la Tierra más lentamente que la velocidad a la que rota la Tierra. La **Figura 19** muestra que un lugar de la Tierra frente a la Luna tarda 24 horas y 50 minutos para girar completamente y quedar mirando hacia la Luna nuevamente.

Martes, 11:00 A.M.

Miércoles, 11:50 A.M.

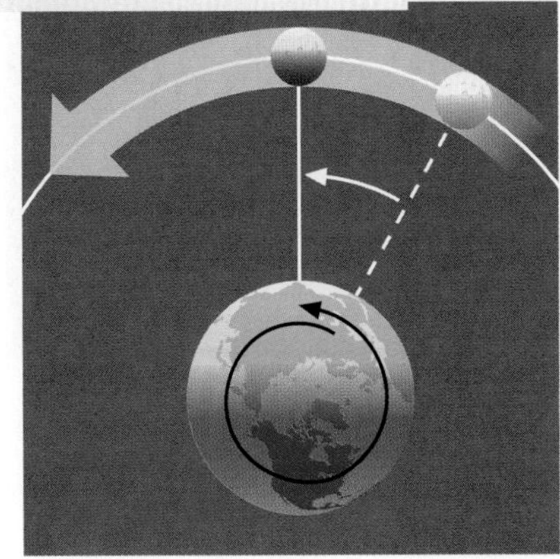

Figura 19 *La marea en cualquier punto de la Tierra ocurrirá aproximadamente 1 hora más tarde cada día debido a que, a medida que la Tierra rota bajo la Luna, la Luna gira alrededor de la Tierra a mayor distancia.*

Variaciones de las mareas

El Sol también influye en las mareas. El Sol es más grande que la Luna, pero se encuentra más lejos de la Tierra, así que su influencia es menor que la de la Luna. Las fuerzas combinadas del Sol y la Luna sobre la Tierra crean carreras de marea que varían según la posición de los tres cuerpos celestes. Una **carrera de marea** es la diferencia entre los niveles del agua del mar durante la marea alta y la marea baja.

Mareas vivas Las mareas vivas se producen cuando el Sol, la Tierra y la Luna están alineados. Las **mareas vivas** son mareas con carreras de marea diarias máximas que ocurren durante la luna nueva y la luna llena. Se producen cada 14 días. La primera vez que se producen es cuando la Luna se encuentra entre el Sol y la Tierra, y la segunda cuando la Luna y el Sol se encuentran en lados opuestos de la Tierra. La **Figura 20** muestra la posición del Sol y la Luna durante las mareas vivas.

Figura 20 *Durante las mareas vivas, las fuerzas gravitacionales del Sol y la Luna ejercen una atracción sobre la Tierra desde la misma dirección (izquierda) o desde direcciones opuestas (derecha).*

Mareas muertas Cuando el Sol, la Tierra y la Luna forman un ángulo de 90°, como se muestra en la **Figura 21**, se producen mareas muertas. Las **mareas muertas** son mareas con carreras de marea diarias mínimas que ocurren durante la luna creciente y la luna menguante. Las mareas muertas ocurren entre episodios de mareas vivas. Cuando se producen las mareas muertas, las fuerzas gravitacionales del Sol y la Luna sobre la Tierra ejercen fuerzas opuestas, es decir, no ejercen atracción en la misma línea.

Figura 21 *Durante las mareas muertas, el Sol y la Luna están en ángulos rectos con respecto a la Tierra. Esta disposición reduce sus efectos gravitacionales sobre la Tierra.*

Mareas y topografía

Es posible pronosticar las mareas con exactitud una vez que se ha medido la carrera de marea en un punto determinado durante un período de tiempo. Esta información puede ser útil para las personas que viven en la costa o que la visitan, como se ilustra en la **Figura 22.**

Figura 22 *Por suerte, las personas de la playa (izquierda) sabían cuando ocurriría la marea alta (derecha). Estas fotografías muestran la bahía de Fundy en New Brunswick, Canadá. La bahía de Fundy tiene la mayor carrera de marea de la Tierra.*

En ciertas áreas costeras con bahías de poca profundidad y con una longitud apropiada, se producen movimientos de agua denominados olas de marea. Una **ola de marea** es una extensión de agua que fluye rápidamente a través de una bahía angosta, un estuario o un cauce fluvial durante la marea alta, y provoca que la marea suba repentinamente. A veces las olas de marea producen olas que suben rápidamente por los estuarios, como se muestra en la **Figura 23.** Las olas de marea ocurren en las áreas costeras de China, las Islas Británicas, Francia y Canadá.

Figura 23 *¡Arriba las tablas! Estas personas están montando una ola creada por una ola de marea.*

REPASO

1. ¿Por qué son mucho más grandes las mareas vivas que las mareas muertas?
2. ¿Cómo se forman las olas de marea?
3. **Aplicar conceptos** ¿Cuántos días transcurren entre carreras de marea mínimas y máximas en un área determinada? Explica por qué.

Resumen del capítulo

SECCIÓN 1

Vocabulario

corrientes superficiales *(pág. 367)*
fuerza de Coriolis *(pág. 368)*
corrientes profundas *(pág. 370)*
afloramiento *(pág. 373)*
El Niño *(pág. 373)*

Notas de la sección

- Las corrientes se clasifican en corrientes superficiales y corrientes profundas.
- Las corrientes superficiales son controladas por tres factores: los vientos globales, la fuerza de Coriolis y las desviaciones continentales.
- Las corrientes superficiales, tales como la corriente del Golfo de México, pueden tener una longitud de miles de kilómetros.
- Las corrientes profundas se forman donde la densidad del agua de los océanos aumenta. La densidad del agua depende de la temperatura y la salinidad.
- Las corrientes superficiales influyen en el clima de la tierra más próxima a ellas.

Experimentos

Desde las profundidades *(pág. 542)*

SECCIÓN 2

Vocabulario

cresta *(pág. 374)*
seno *(pág. 374)*
longitud de onda *(pág. 374)*
altura de la ola *(pág. 374)*
período del oleaje *(pág. 375)*
rompiente *(pág. 376)*
resaca *(pág. 376)*
cabrilla *(pág. 377)*
oleada *(pág. 377)*
tsunami *(pág. 378)*
marejada *(pág. 379)*

Notas de la sección

- Las olas tienen dos componentes principales: las crestas y los senos.
- Generalmente las olas se crean por la transferencia de la energía eólica sobre la superficie del océano.

Comprobar destrezas

Conceptos de matemáticas

DOS DE TRES La ecuación de las olas de la página 375 tiene tres variables. Si conoces dos de estas variables, puedes averiguar la tercera. Observa los siguientes ejemplos.

1. velocidad de onda = 0.6 m/s,
período del oleaje = 10 s, longitud de onda= velocidad de onda × periodo de oleaje = 6 m

2. velocidad de onda = 0.6 m/s, longitud de onda = 6 m

$$\text{período del oleaje} = \frac{\text{longitud de onda}}{\text{velocidad de onda}} = 10 \text{ s}$$

Comprensión visual

OLAS ROMPIENTES Antes que las olas rompan, su altura aumenta y la longitud de onda disminuye. Observa nuevamente la Figura 12 de la página 376. Fíjate que las olas son más altas y que sus crestas están más juntas cerca de la rompiente.

SECCIÓN 2

- Las olas se trasladan a través del agua cerca de la superficie, mientras que el agua se eleva y cae en movimientos circulares.
- Las olas se trasladan en la dirección del viento. Si el viento sopla a grandes distancias, la longitud de onda se incrementa y las olas se trasladan rápidamente.
- Las olas generadas por el viento se clasifican en olas de aguas profundas y olas de aguas poco profundas.
- Los tsunamis son olas peligrosas que pueden causar mucho daño en las comunidades costeras.

SECCIÓN 3

Vocabulario

mareas *(pág. 380)*
carrera de marea *(pág. 382)*
mareas vivas *(pág. 382)*
mareas muertas *(pág. 382)*
ola de marea *(pág. 383)*

Notas de la sección

- Las mareas son producto de la fuerza gravitacional de la Luna y el Sol sobre la Tierra.
- La gravedad de la Luna es la fuerza principal que produce las mareas.
- La posición del Sol y la Luna respecto a la Tierra producen distintas carreras de marea.
- Las carreras de marea máximas ocurren con las mareas vivas. Las carreras de marea mínimas ocurren con las mareas muertas.
- Las olas de marea ocurren cuando sube la marea alta en ensenadas costeras estrechas.

Experimentos

Cambiar el curso de la corriente *(pág. 544)*

internet

VISITA: go.hrw.com

Visita el sitio web de HRW para encontrar una serie de herramientas de aprendizaje relacionadas con este capítulo. Sólo tienes que escribir la palabra clave:

PALABRA CLAVE: HSTH20

VISITA: www.scilinks.org

Visita el sitio web de la **Asociación Nacional de Maestros de Ciencias** *(National Science Teachers Association)* para encontrar recursos de Internet relacionados con este capítulo. Sólo escribe el **ENLACE DE CIENCIAS** para obtener más información sobre el tema:

TEMA: Corrientes oceánicas	**ENLACE:** HSTE330
TEMA: El Niño	**ENLACE:** HSTE335
TEMA: Oleaje del océano	**ENLACE:** HSTE340
TEMA: Tsunamis	**ENLACE:** HSTE345
TEMA: Las mareas	**ENLACE:** HSTE350

Repaso del capítulo

UTILIZAR EL VOCABULARIO

Explica la diferencia de significado entre los términos de cada pareja.

1. longitud de onda/altura de la ola
2. cabrilla/oleada
3. tsunami/marejada
4. mareas vivas/ mareas muertas

Reemplaza el término incorrecto en cada una de las siguientes oraciones con el término correcto del banco que se encuentra a continuación:

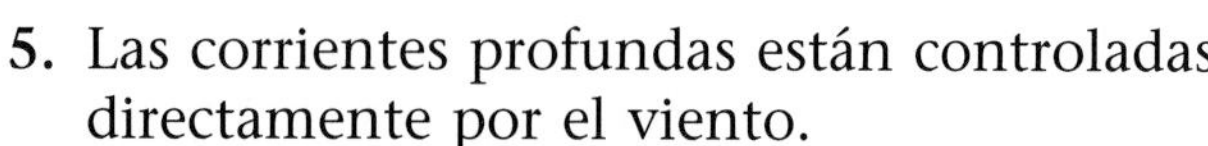

5. Las corrientes profundas están controladas directamente por el viento.
6. La fuerza de Coriolis reduce el afloramiento a lo largo de la costa de Sudamérica.
7. Las mareas muertas ocurren cuando la Luna está entre la Tierra y el Sol.
8. Una ola de marea es la diferencia entre los niveles del agua del océano durante la marea alta y la marea baja.

Banco de terminología: rompiente, mareas vivas, tsunamis, corrientes superficiales, carrera de marea, El Niño.

COMPRENDER CONCEPTOS

Opción múltiple

9. Las corrientes superficiales se forman debido a
   a. la gravedad de la Luna.
   b. la gravedad del Sol.
   c. el viento.
   d. el aumento de la densidad del agua.

10. Las corrientes profundas se forman cuando
   a. el aire frío disminuye la densidad del agua.
   b. el aire tibio aumenta la densidad del agua.
   c. la superficie del océano se congela y los sólidos del agua que se encuentra debajo son eliminados.
   d. aumenta la salinidad.

11. Cuando las olas se acercan a la orilla,
   a. aumentan la velocidad.
   b. mantienen la velocidad.
   c. aumenta la longitud de onda.
   d. aumenta la altura de la ola.

12. Las corrientes costeras transportan sedimento
   a. hacia el mar abierto.
   b. a lo largo de la orilla.
   c. solamente durante la marea baja.
   d. solamente durante la marea alta.

13. Las cabrillas se rompen
   a. en la resaca.
   b. en la rompiente.
   c. en el mar abierto.
   d. a medida que aumenta la longitud de onda.

14. La carrera de marea es mayor durante
   a. las mareas vivas.
   b. las mareas muertas.
   c. una ola de marea.
   d. el día solamente.

Respuesta breve

15. Explica la relación entre el afloramiento y El Niño.

16. Explica lo que ocurre cuando las aguas profundas del Atlántico Norte se encuentran con las aguas del fondo del Antártico.

17. Describe las posiciones relativas de la Tierra, la Luna y el Sol durante las mareas muertas. ¿Dónde ocurren las mareas altas y bajas a esta hora?

18. Explica la diferencia que existe entre la rompiente y la resaca.

Organizar conceptos

19. Usa los siguientes términos para crear un mapa de ideas: viento, corrientes profundas, gravedad del Sol, tipos de movimiento del agua de los océanos, corrientes superficiales, mareas, aumento de la densidad del agua, olas, gravedad de la Luna.

RAZONAMIENTO CRÍTICO Y RESOLUCIÓN DE PROBLEMAS

Escribe una o dos oraciones para responder a las siguientes preguntas:

20. ¿Qué ocurriría con las corrientes superficiales si la Tierra girara en dirección opuesta? Debes ser específico.

21. ¿Cómo explicarías el movimiento de una botella en el agua que se traslada en la misma dirección que las olas?

22. Tú y un amigo o amiga están organizando una salida al mar. Tu amigo te dice que los peces son más abundantes en su lugar de pesca secreto durante la marea baja. Si la marea baja ocurre en ese lugar a las 7 A.M. de hoy e irán de pesca allí en una semana, ¿a qué hora ocurrirá la marea baja en ese lugar?

LAS MATEMÁTICAS EN LAS CIENCIAS

23. Si una isla barrera de 1 km de ancho y 10 km de longitud pierde 1.5 m de su ancho cada año debido a la erosión por las corrientes costeras, ¿cuánto tiempo tardará en perder un cuarto de su ancho?

INTERPRETAR GRÁFICAS

Estudia el siguiente diagrama y responde a las siguientes preguntas.

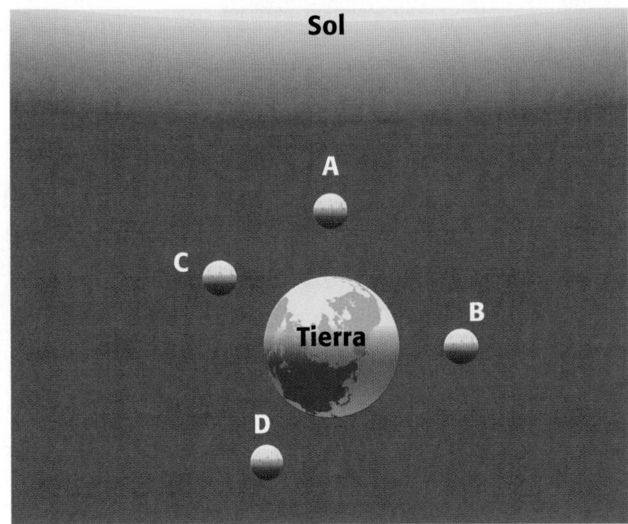

24. ¿En qué posición (**A**, **B**, **C**, o **D**) se encontraría la Luna durante la marea muerta?

25. ¿En qué posición (**A**, **B**, **C**, o **D**) se encontraría la Luna durante la marea viva?

26. ¿La carrera de marea sería mayor si la Luna estuviera en la posición **C** o en la posición **D**? ¿Por qué?

AHORA, ¿qué piensas?

Revisa tus respuestas a las preguntas de la página 5 que escribiste en el cuaderno de ciencias. ¿Han cambiado tus respuestas? Si es necesario, corrige tus respuestas basándote en lo que has aprendido en este capítulo.

PROFESIONES

SISMÓLOGO

En su trabajo como sismólogo, **Hiroo Kanamori** estudia cómo ocurren los terremotos y trata de reducir el impacto que provocan en nuestra sociedad. Además, analiza los efectos de los terremotos en los océanos y cómo los terremotos generan los tsunamis. Kanamori ha descubierto que hasta los terremotos débiles pueden generar tsunamis.

Como la mayoría de los tsunamis son generados por terremotos submarinos, los científicos vigilan los terremotos para pronosticar cuándo y dónde podría ocurrir un tsunami. Sin embargo, no siempre son precisos. Los terremotos muy leves no deberían generar tsunamis poderosos, pero lo hacen. Kanamori denomina estos acontecimientos especiales *maremotos* y ha aprendido a pronosticar el tamaño de los tsunamis que generan.

Un tsunami puede ser más peligroso que un terremoto. Cuando las personas sienten los temblores ocasionados por el deslizamiento de las placas, no siempre se percatan de que podría ocurrir un gran tsunami y por eso no desalojan el área.

Cómo medir la intensidad de los maremotos

A medida que las placas tectónicas se rozan entre sí, envían ondas sísmicas. Dichas ondas se trasladan por la corteza terrestre y se registran mediante máquinas sensibles. Sin embargo, cuando las placas se rozan lentamente, sólo se registran ondas sísmicas de período largo. Cuando Kanamori registra una onda de período largo, sabe que se producirá un tsunami.

"La velocidad de un tsunami promedio es de unos 800 kilómetros por hora, que es inferior a los 15,000 kilómetros por hora de las ondas de períodos largos. Dichas ondas sísmicas llegan a las estaciones de registro mucho antes que el tsunami", explica Kanamori. Esto permite alertar a las personas en la ruta del tsunami, para que desalojen el área.

Una profesión interesante

Para Kanamori su trabajo es muy gratificante. Es bueno ver cómo las lecciones del salón de clases nos ayudan a resolver los problemas de la vida real", explica. La física y las matemáticas sirven para explicar acontecimientos naturales complejos, como los terremotos, los volcanes y los tsunamis."

Todo un reto

▶ La profundidad del océano influye en la velocidad del tsunami. Para comprobar esto, llena una tina de 0.5 m de largo con 5 cm de agua. Golpea la tina suavemente. ¿Cuánto se demora la ola en ir y volver? Agrega más agua y repite el experimento. ¿La ola se movió más rápida o más lentamente?

▶ *Las olas gigantes son bien conocidas en muchas comunidades a lo largo de la costa del Pacífico.*

Salud

Marea roja

Imagínate ir a la playa para descubrir que el agua del océano se ha vuelto roja y que los peces están muertos. Esto realmente sucede. ¿Qué podría causar daños tan graves? ¡Un alga unicelular!

▲ *La floración de algas dañinas es provocada por algas como la que aparece más arriba a la derecha.*

Floraciones

Cuando ciertas algas crecen rápidamente, se acumulan en la superficie del océano dando lugar a una floración de algas que cambia el color del agua. Antes, estas floraciones se llamaban "marea roja", porque a veces dejan un color café rojizo en el agua. Se pensaba que las condiciones de las mareas ocasionaban las floraciones. Ahora, estas explosiones de algas, se denominan floraciones de algas dañinas, porque no son siempre de color rojo y no están relacionadas directamente con las mareas. Las floraciones son dañinas porque ciertas especies de algas producen toxinas dañinas.

También se ha descubierto que las corrientes del océano transportan estas floraciones cientos de millas a lo largo de la costa. En 1987, la corriente del golfo de México llevó una floración tóxica de Florida hasta las costas de Carolina del Norte.

Toxinas dañinas

Algunas personas que consumieron moluscos contaminados provenientes de las costas de Carolina del Norte en 1987 sufrieron de dolores musculares, ansiedad, transpiración, mareos, diarrea, vómitos y dolores abdominales. Algunas toxinas pueden matar a las personas. Otro caso ocurrió en 1987 en Nueva Escocia, Canadá. Cuatro personas murieron por comer moluscos contaminados y otras 150 personas fueron hospitalizadas.

En 1990, Texas, Maryland, Alaska y otros estados costeros sufrieron floraciones de algas dañinas. Sin embargo, el problema no es solamente de Norteamérica. Varios casos de floraciones de algas dañinas se han dado en Sudáfrica, Argentina, India, Nueva Zelanda y Francia.

No hay señales de advertencia

Los peces y moluscos son una fuente importante de proteínas. Desafortunadamente, no hay señales que adviertan que los mariscos están contaminados. Las toxinas no cambian el sabor de la comida y la cocción no elimina. A menudo, una floración se traslada por las corrientes oceánicas y provoca la muerte de peces y enfermedades en la población antes que las autoridades se percaten del problema.

Por suerte, se están ideando formas para vigilar y pronosticar las floraciones de algas dañinas. En un futuro se podrán consumir peces y moluscos sin preocupación.

Averigua más

► Algunos creen que la actividad humana está produciendo más casos de floraciones de algas dañinas. Otros no están de acuerdo. Averigua más y realiza un debate acerca del papel que desempeñan los humanos en la generación de floraciones de algas.

CRONOLOGÍA

UNIDAD 6

El clima y el tiempo

En esta unidad, aprenderás más acerca del océano de aire en que vivimos. Estudiarás la atmósfera y cómo influye en las condiciones de la superficie de la Tierra. Los constantes cambios climáticos siempre son un buen tema de conversación, además de ser el tema de la ciencia de la meteorología. Pronosticar el tiempo no es fácil. El clima, por su parte, es mucho más predecible. Esta cronología muestra algunos eventos que han ocurrido mientras los científicos han tratado de entender mejor el tiempo y el clima.

1281

Un inesperado tifón destruye una flota de barcos mongoles que estaban a punto de llegar a Japón. Este "viento divino", o camicace en japonés, salva al país de la invasión y la conquista.

1656

Se reconocen los anillos de Saturno como tales. Galileo los había visto en 1612, pero su telescopio no era suficientemente potente para distinguirlos como anillos.

1945

Se lleva a cabo la primera prueba atmosférica de una bomba atómica cerca de Alamogordo, Nuevo México.

1974

Se reconoce al clorofluorocarbono (CFCs) como agente dañino para la capa de ozono

1982

Comienzan a emitirse informativos meteorológicos las 24 horas del día, 7 días a la semana en la televisión comercial.

1714

Gabriel Fahrenheit crea el primer termómetro de mercurio.

1749

Benjamin Franklin explica que las corrientes ascendentes de aire se forman debido al calor del Sol en la atmósfera local.

1778

Karl Sheele y Antoine Lavoisier concluyeron por separado que el aire está mayormente compuesto por nitrógeno y oxígeno.

1838

John James Audubon publica el libro *Los pájaros de América.*

1938

El científico yugoslavo Milutin Milankowitch determina la causa de las glaciaciones como resultado periódico del movimiento de la Tierra en el espacio.

1985

Los científicos descubren un agujero en la capa de ozono sobre la Antártida.

1986

Ocurre el peor accidente nuclear del mundo en Chernobil, Ucrania. La radiación se esparce por la atmósfera e incluso llega hasta la costa oeste de Estados Unidos.

1999

Aterrizan en Egipto Brian Jones y Bertrand Piccard, finalizando exitosamente el primer viaje en globo alrededor del mundo sin escalas.

CAPÍTULO

15 La atmósfera

¡Esto realmente sucedió!

El 17 de agosto de 1998, Steve Fossett se encontraba a punto de completar el primer vuelo en globo alrededor del mundo. Era su cuarto intento. Después de 10 días y 22,910 km, había recorrido ya unos dos tercios de su trayecto. En ese momento ya había viajado más lejos que cualquier otro aeronauta. Pero durante las obscuras horas de la mañana, algo sucedió que hizo culminar el vuelo de Fossett y casi le cuesta la vida. Mientras flotaba sobre el Océano Pacífico a 8,839 metros sobre el nivel del mar, Fossett observó abajo una hilera de tormentas eléctricas. De pronto su globo, el *Solo Spirit*, fue alcanzado por una perturbación de aire y comenzó a descender a más de 420 km/h. Al encontrarse en peligro, Fossett trepó fuera de su habitáculo y liberó los pesados tanques de combustible y oxígeno para reducir la velocidad de caída del globo y se preparó para la colisión. Cuando recobró el conocimiento, su cápsula estaba volteada, cubierta hasta la mitad de agua y en llamas. Fossett salió de la cápsula y espero su rescate en un pequeño bote salvavidas, y con un radiofaro satelital transmitió su ubicación.

Fossett experimentó que tan impredecible puede ser nuestra atmósfera. Tuvo suerte de poder contarlo. La atmósfera puede ser impredecible y peligrosa, pero también nos suministra los gases necesarios para nuestra supervivencia en la Tierra. En este capítulo aprenderás cómo la atmósfera de la Tierra te afecta y cómo tú a su vez influyes en ella.

¿Tu qué piensas?

Usa tus conocimientos para responder a las siguientes preguntas en tu cuaderno de ciencias:

1. ¿De qué está hecho el aire?
2. ¿Cómo se organiza la atmósfera?
3. ¿Qué es el viento y cómo se desplaza?

Una mayor parte de aire

Te preguntarás cómo consiguió Steve Fossett que se elevara su globo de aire caliente. Cuando se suministra calor a un globo, el aire que está dentro se vuelve menos denso, lo que a su vez hace que el globo se eleve. Para aterrizar, sólo es necesario enfriar el aire para aumentar su densidad y así provocar que el globo descienda. Pero, en el caso de dos masas de aire iguales y a la misma presión, pero a temperaturas diferentes, ¿qué masa ocupa más volumen: la de aire frío o la de aire caliente? Puedes averiguarlo realizando este sencillo experimento.

Procedimiento

1. Utilizando **masilla plástica,** coloca una **vela** en el centro de un **plato para pasteles hecho de aluminio.**
2. Llena el plato de pastel con agua **hasta casi un cuarto de su capacidad.**
3. Enciende la vela y cúbrela con un **vaso de precipitados**. Fíjate en el nivel del agua en el interior del vaso de precipitados.
4. Después de que la vela se consuma, registra tus observaciones en tu cuaderno de ciencias.

Análisis

5. ¿Qué sucede con la temperatura del aire cuando la vela se apaga?
6. ¿Por qué sube el nivel del agua en el vaso de precipitados?
7. ¿Qué ocupa más volumen, el aire caliente o el aire frío? Explica por qué.
8. ¿Cómo afecta el cambio en la temperatura del aire a un globo de aire caliente, en comparación con un vaso de precipitados hecho de vidrio?

Sección 1

Las características de la atmósfera

VOCABULARIO

atmósfera	estratosfera
presión del aire	ozono
altitud	mesosfera
troposfera	termosfera

OBJETIVOS

- Discute sobre la composición de la atmósfera de la Tierra.
- Explica por qué la presión cambia con la altitud.
- Explica cómo la temperatura cambia con la altitud.
- Describe las capas de la atmósfera.

Si estuvieras perdido en el desierto podrías sobrevivir durante unos pocos días sin agua ni comida. Pero no podrías vivir más de 5 minutos sin *la atmósfera.* La **atmósfera** es una mezcla de gases que circundan la Tierra. Además de contener el oxígeno que necesitamos para respirar, nos protege de los rayos dañinos del Sol. Pero la atmósfera siempre está cambiando. Cada vez que respiramos, cada árbol que plantamos y cada vehículo motorizado que conducimos influye en la composición de nuestra atmósfera. Más tarde averiguarás cómo está cambiando la atmósfera. Pero primero debes aprender sobre su composición y su estructura.

La composición de la atmósfera

La **Figura 1** muestra las cantidades relativas de gases que componen la atmósfera. Aparte de los gases, la atmósfera también contiene pequeñas cantidades de sólidos y líquidos. Las pequeñas partículas sólidas como el polvo, la ceniza volcánica, la sal de mar, la tierra y el humo son transportados por el aire. La próxima vez que apagues la luz en la noche, enciende una linterna y verás algunas de estas pequeñas partículas flotando en el aire.

Figura 1 *Dos gases, el nitrógeno y el oxígeno, conforman el 99 por ciento del aire que respiramos.*

El nitrógeno es el gas más abundante de la atmósfera. Se emite a la atmósfera durante las erupciones volcánicas y mediante la descomposición de plantas y animales muertos.

El oxígeno, que es el segundo gas más común de la atmósfera, es producido principalmente por las plantas.

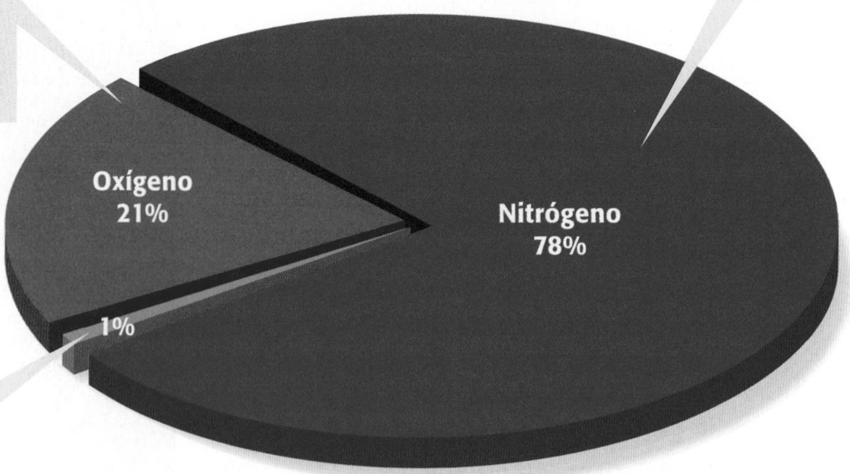

El **1 por ciento restante** de la atmósfera se compone de argón, dióxido de carbono, vapor de agua y otros gases.

El agua es el líquido más común de la atmósfera y se encuentra en las nubes en forma de gotas. Cuando las gotas se hacen muy grandes y pesadas para que las nubes las sostengan, caen en forma de lluvia. Recuerda que el agua líquida es diferente al vapor de agua. El vapor de agua es un gas invisible que también se encuentra en la atmósfera.

El agua es la única substancia en la atmósfera de la Tierra que existe en forma líquida, sólida y gaseosa.

Presión atmosférica y temperatura

¿Has estado en el ascensor de un edificio alto? De ser así, recordarás cómo se "tapaban" tus oídos al subir y bajar. La presión del exterior de tus oídos cambia, pero la presión del aire dentro de tus oídos se mantiene igual. La **presión del aire** es la medida de la fuerza con la que las moléculas de aire empujan una superficie. Tus oídos se "destapan" cuando, repentinamente, la presión del interior y del exterior de tus oídos se iguala. La presión del aire cambia a través de la atmósfera. También cambian las temperaturas y los tipos de gases. Descrubre por qué ocurren estos cambios a continuación.

La presión Imagínate que la presión del aire es una pirámide humana como la de la **Figura 2.** La parte inferior de la pirámide siente todo el peso y la presión de las personas que están arriba. La persona que está en la cima no siente ningún peso porque no hay nadie encima. Así funciona la atmósfera.

La atmósfera se sostiene alrededor del planeta por gravedad. La gravedad atrae las moléculas de gas en la atmósfera hacia la superficie de la Tierra y les da un peso. Este peso hace que el aire empuje contra la superficie de la Tierra. Cuanto más te alejas de la superficie de la Tierra, más disminuye la presión del aire, ya que existen menos moléculas de gas empujándote. La **altitud** es la altura de un objeto por encima de la superficie de la Tierra. Cuando aumenta la altitud, disminuye la presión del aire.

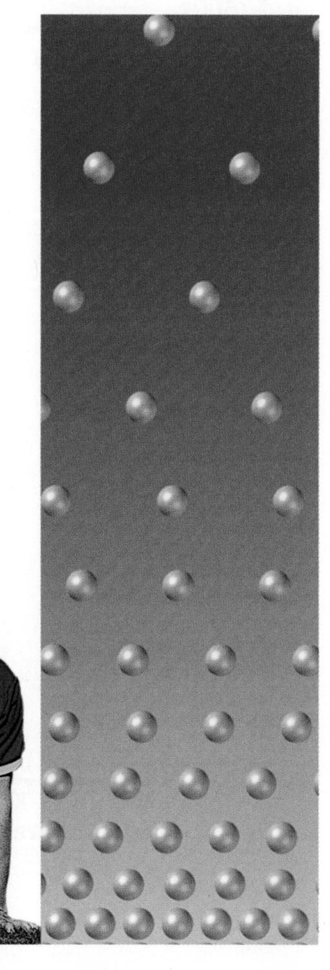

Figura 2 *Al igual que en la fila inferior de la pirámide humana, la atmósfera inferior tiene más moléculas que la empujan. Por lo tanto, tiene una presión mayor que la atmósfera superior.*

Autoevaluación

Cuando subes una montaña, ¿el aire se pone más o menos denso? ¿Por qué? *(Consulta la página 564 para comprobar tu respuesta.)*

La temperatura del aire La temperatura del aire también cambia al aumentar la altitud. Al pasar a través de la atmósfera, la temperatura del aire cambia de más caliente a más fría. Las diferencias de temperatura se producen principalmente por el modo en que se absorbe la energía solar a medida que desciende a través de la atmósfera. Algunas partes de la atmósfera son más calientes porque contienen gases que absorben la energía solar. Otras partes no contienen estos gases y, por ende, son más frías.

Las capas de la atmósfera

La atmósfera de la Tierra se divide en cuatro capas de acuerdo a los cambios de temperatura: la troposfera, la estratosfera, la mesosfera y la termosfera. La **Figura 3** ilustra las cuatro capas atmosféricas y muestra su altitud y temperatura. Como puedes ver, cada capa tiene características únicas.

Figura 3 Perfil de la atmósfera de la Tierra

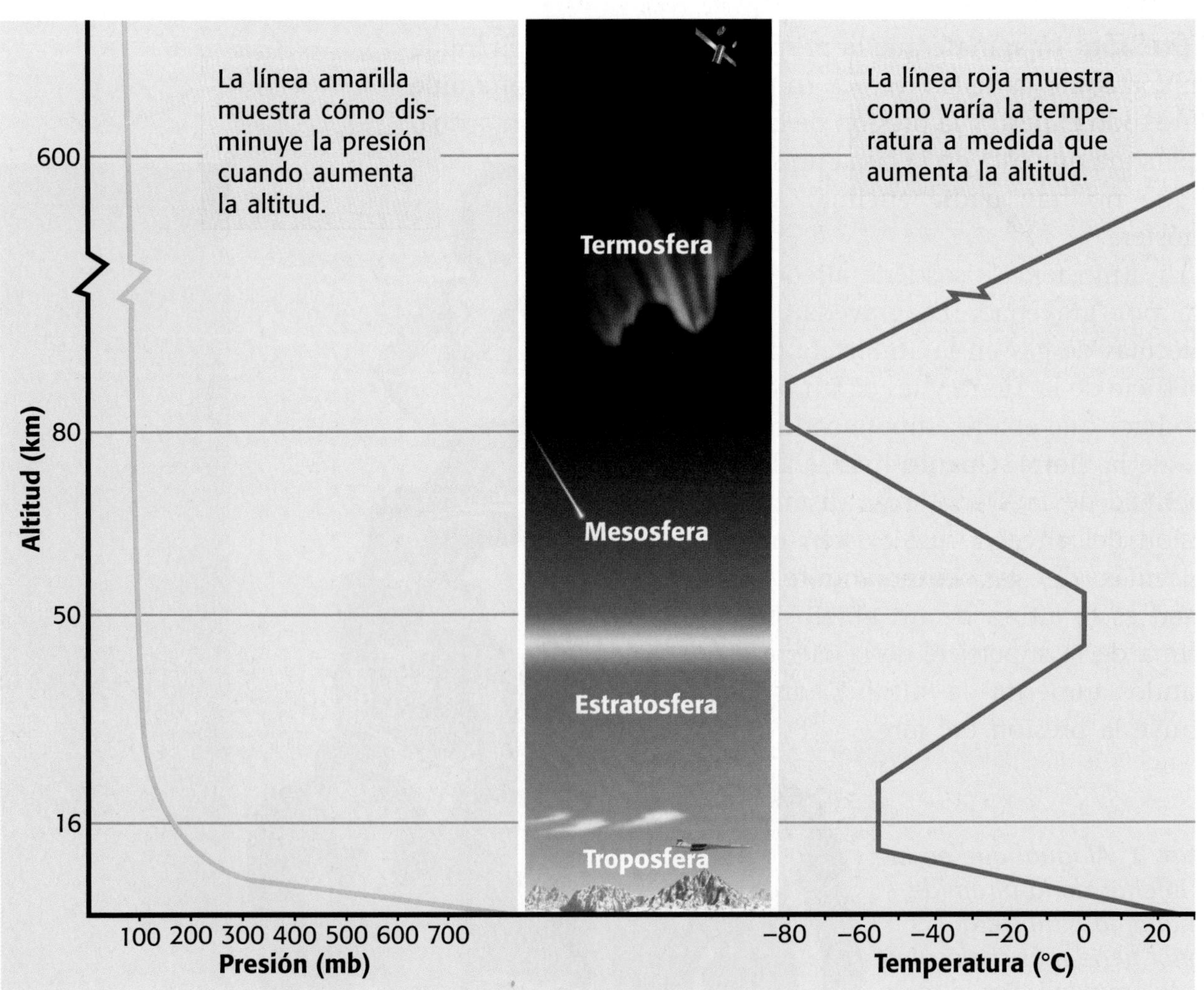

La Troposfera La **troposfera** es la capa más baja de la atmósfera y se sitúa junto a la superficie de la Tierra. La troposfera es además la capa atmosférica más densa. Contiene casi el 90 por ciento de la masa total de la atmósfera. Casi todo el dióxido de carbono de la Tierra así como también el vapor de agua, las nubes, la contaminación del aire, los fenómenos meteorológicos y las formas de vida se encuentran en ella. De hecho, la tropósfera es la capa en la que vives tú. La **Figura 4** muestra los efectos de la altitud sobre la temperatura en la troposfera.

Figura 4 *La nieve y el hielo pueden mantenerse todo el año sobre una gran montaña, mientras que en las pendientes inferiores y en la base pueden crecer los bosques. Esto se debe a que la atmósfera se enrarece y pierde su capacidad de absorber y transferir calor a medida que aumenta la altitud.*

La estratosfera La capa atmosférica que está sobre la troposfera se denomina la **estratosfera.** En la estratosfera, el aire es muy delgado y contiene poca humedad. La estratosfera inferior es extremadamente fría, con una temperatura de -60°C. En la estratosfera, la temperatura aumenta con la altitud. Esto ocurre debido al ozono. El **ozono** es una molécula que se compone de tres átomos de oxígeno, como se muestra en la **Figura 5.** Casi todo el ozono de la atmósfera se encuentra en *la capa de ozono* de la estratosfera. El ozono absorbe energía solar en forma de radiación ultravioleta y calienta el aire. La capa de ozono también nos protege de la radiación ultravioleta.

Gas de Oxígeno (O_2)

Ozono (O_3)

Figura 5 *Si bien el ozono se compone de tres átomos de oxígeno, el oxígeno del aire que tú respiras se compone de dos átomos de oxígeno.*

Las personas se aplican protector solar para protegerse de los rayos dañinos del sol. La exposición de la piel a los rayos ultravioletas del Sol sin ninguna protección durante un período prolongado puede producir cáncer de piel. La descomposición de la capa de ozono se está adelgazando permitiendo que la radiación ultravioleta dañina alcance la superficie de la Tierra. Los protectores solares contienen distintos niveles de factores de protección solar o FPS. ¿Qué significan los niveles de FPS?

PARA PENSAR

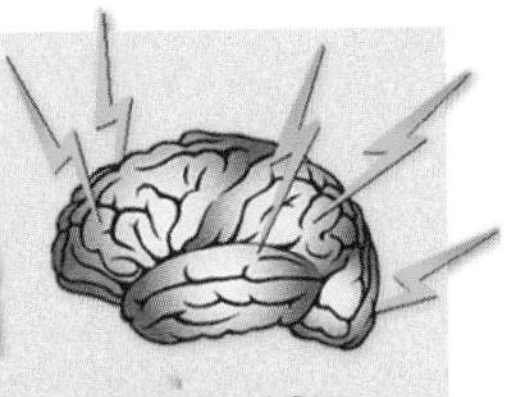

El *Satélite de investigación de la atmósfera superior* ha detectado tormentas de viento del tamaño de un continente. Actualmente se está estudiando el efecto de estos vientos sobre el clima en la superficie de la Tierra.

La mesosfera La mesosfera se encuentra sobre la estratosfera. La mesosfera es la capa más fría de la atmósfera. Al igual que en la troposfera, la temperatura baja cuando la altitud aumenta. Las temperaturas son tan bajas que pueden llegar hasta -93°C en la parte superior de la mesosfera. Hace poco los científicos descubrieron que existen grandes tormentas de viento en la mesosfera, cuyos vientos alcanzan velocidades superiores a los 320 km/h.

Termosfera La capa atmosférica más alta es la **termosfera.** Aquí nuevamente la temperatura aumenta con la altitud, ya que muchos de los gases absorben la radiación solar. Aquí las temperaturas pueden alcanzar 1,700°C. Al pensar en un área con grandes temperaturas, probablemente te imaginas un lugar muy caluroso. Aunque la termosfera tiene temperaturas muy altas, no sentirías calor. La temperatura y el calor no son lo mismo. La temperatura es una medida de la energía promedio de las partículas en movimiento. Una temperatura alta significa que las partículas se mueven muy rápidamente. Por otro lado el calor implica la transferencia de energía entre objetos que se encuentran a temperaturas diferentes. No obstante, para transferir energía, las partículas deben tocarse unas con otras. Las partículas en el aire de la termosfera están muy separadas, de modo que aunque las partículas se muevan rápidamente, transfieren poca energía porque rara vez colisionan. La **Figura 6** ilustra como la densidad de las partículas influye en el calentamiento de la atmósfera.

Figura 6 *Las temperaturas de la termosfera son más altas que aquellas de la troposfera, pero las partículas de aire están demasiado separadas para que se de la transferencia de calor.*

La **termosfera** contiene relativamente pocas partículas, todas las cuales se mueven rápidamente. La temperatura de esta capa es alta debido a la velocidad de sus partículas. Pero como las partículas no están lo suficientemente cerca para tocarse entre sí, la termosfera no elimina mucho calor.

La **troposfera** contiene más partículas, que se mueven a menor velocidad. La temperatura de esta capa es más baja que la de la termosfera. Pero como las partículas colisionan, la troposfera transfiere mucho más calor.

En la parte superior de la termosfera, los átomos de nitrógeno y oxígeno absorben energía solar dañina, como los rayos X y los rayos gama. Esta absorción no sólo contribuye a la alta temperatura de la termosfera sino que además carga eléctricamente las partículas de gas. Las partículas cargadas se denominan iones y, por ende, dicha parte de la termosfera se llama también *ionosfera*. A menudo estos iones irradian energía en forma de luz de diferentes colores, como se muestra en la **Figura 7.**

Figura 7 *La aurora boreal (luces del Norte) y la aurora austral (luces del Sur) suceden en la ionosfera. Las auroras suceden generalmente cerca de los polos entre los 65°y los 90°de latitud norte y sur.*

La ionosfera también refleja algunas radioondas como las radioondas AM. Si has escuchado una emisora de radio AM, puedes estar seguro de que la ionosfera tuvo algo que ver con la claridad del sonido. Cuando las condiciones meteorológicas son buenas, una radioonda AM puede propagarse alrededor del mundo después de reflejarse en la ionosfera. Estas señales de radio rebotan en la ionosfera y retornan a la Tierra.

No existe una frontera definitiva entre la atmósfera y el espacio. En la termosfera superior, el aire se enrarece cada vez más hasta que finalmente se funde con el espacio.

REPASO

1. Explica por qué la presión baja y la temperatura varía a medida que aumenta la altitud.
2. ¿Qué produce la presión del aire?
3. ¿Cómo es que la termosfera tiene altas temperaturas pero en ella no se siente calor?
4. **Analizar relaciones** Identifica una característica de cada capa de la atmósfera y explica cómo esa característica influye en la vida sobre la Tierra.

Sección 2

El calentamiento de la atmósfera

VOCABULARIO

radiación
conducción
convección
efecto invernadero
calentamiento global

OBJETIVOS

- Describe lo que sucede con la radiación cuando alcanza la Tierra.
- Resume los procesos de radiación, conducción y convección.
- Explica cómo el efecto invernadero podría contribuir al calentamiento global.

¿Alguna vez has caminado descalzo por una vereda en un día soleado? Si lo has hecho, tus pies sintieron el calor del pavimento caliente.¿Cómo se calentó tanto la vereda? La energía solar se convirtió en calor. Además, la atmósfera de la Tierra se calienta de varias maneras mediante la transferencia de energía proveniente del Sol. En esta sección aprenderás lo que le sucede a la energía solar al entrar en la atmósfera de la Tierra, cómo la energía se transfiere a través de la atmósfera y por qué parece que cada día se pone más caliente.

La energía en la atmósfera

La Tierra recibe energía del Sol en forma de radiación. La **radiación** es energía que se transfiere en forma de ondas electromagnéticas. Los tipos primarios de radiación que alcanzan la superficie de la Tierra desde el Sol se conocen como luz visible. Aunque el Sol libera una enorme cantidad de radiación, la Tierra sólo recibe alrededor de dos mil millonésimas de esta energía. Sin embargo, esta pequeña cantidad de radiación también contiene una gran cantidad de energía. La **Figura 8** muestra lo que le sucede a toda esta radiación una vez que entra en la atmósfera.

Cuando la radiación se absorbe, la energía se convierte en calor. Por ejemplo, cuando te paras al Sol en un día frío, puedes

Figura 8 *La radiación absorbida por la tierra, el agua y la atmósfera se convierte en calor.*

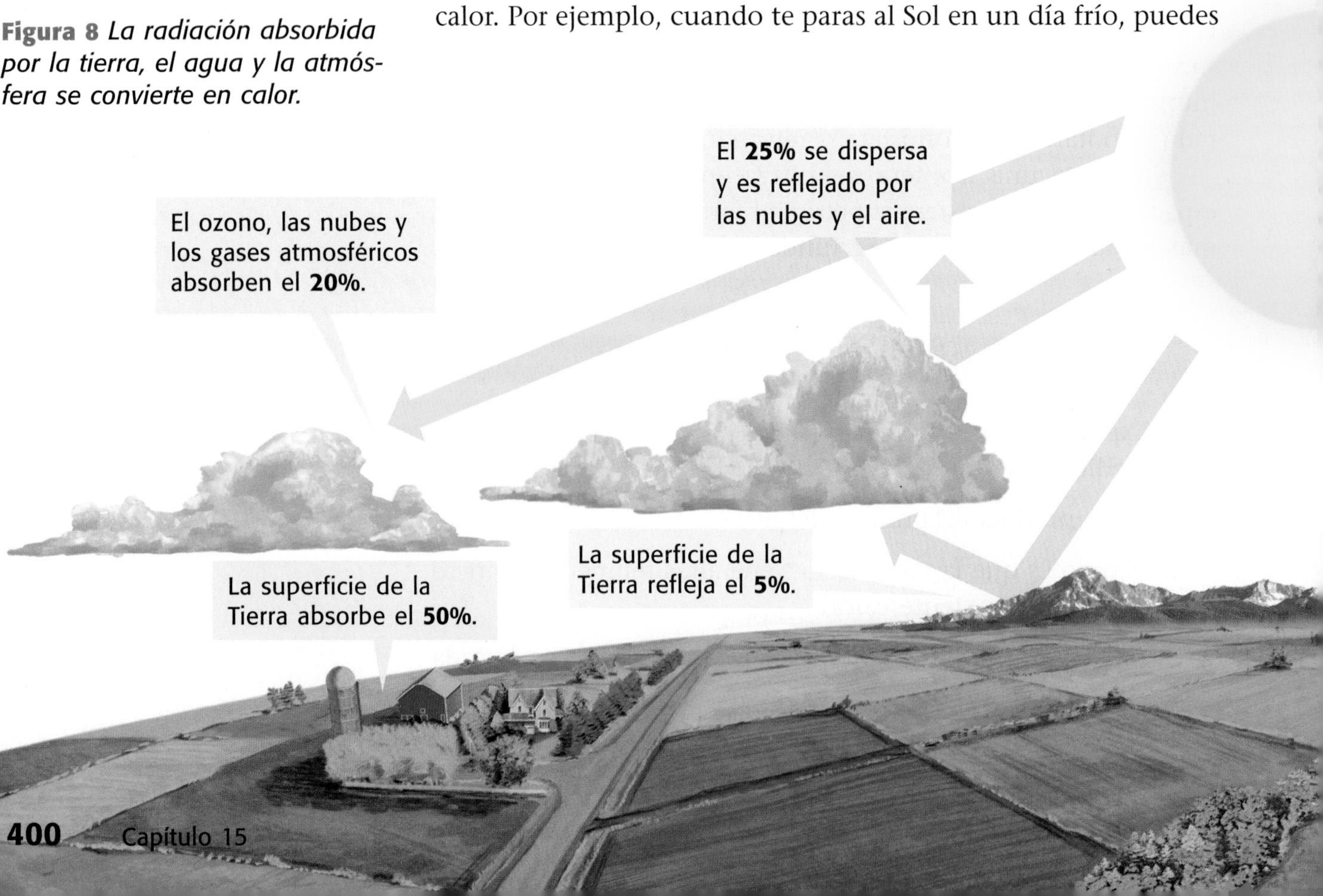

sentir que los rayos solares calientan tu cuerpo. Tu piel absorbe la radiación y hace que las células se muevan más rápido. Sientes esto como un incremento en la temperatura. Lo mismo ocurre cuando la superficie de la Tierra absorbe la radiación: se calienta al absorber la energía del Sol. La Tierra transfiere energía a las capas más bajas de la atmósfera, calentándolas y generando convección.

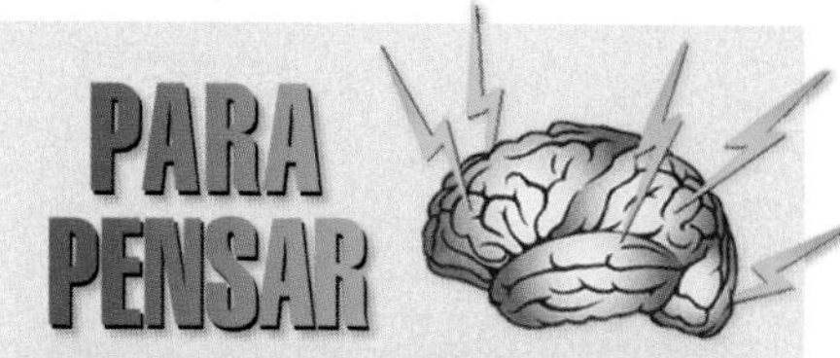

Si la Tierra está continuamente absorbiendo energía solar y convirtiéndola en energía térmica, ¿por qué la Tierra no se vuelve más y más caliente? La razón es que mucha de esta energía térmica se pierde en el espacio. Esto ocurre especialmente en las noches despejadas.

Mover la energía La mayor parte del calor de la atmósfera se mueve por *convección.* La **convección** es la transferencia de calor por la circulación o el movimiento de un líquido o gas. Por ejemplo, cuando el aire se calienta se hace menos denso y se eleva. El aire frío es más denso y desciende, empujando el aire caliente hacia arriba. La Tierra calienta el aire fresco, que comienza a elevarse. Este proceso hace que el aire se mueva según un patrón denominado *corriente de convección.*

Como se muestra en la **Figura 9,** la convección es sólo uno de los procesos que se encargan de redistribuir la energía en la Tierra. Otros métodos incluyen: evaporación del agua de la superficie y su condensación en la atmósfera, emisión de ondas infrarrojas que luego son absorbidas por los gases atmosféricos, y conducción. La **conducción** es la transferencia de calor de una substancia a otra por contacto directo. Cuando el aire frío entra en contacto con la tierra caliente y la superficie del mar, la energía se transfiere de la tierra o el mar a la atmósfera.

Figura 9 *Existen varios procesos importantes relacionados con el calentamiento de la Tierra y su atmósfera.*

a La **radiación** mueve energía en forma de ondas a través del espacio, calentando la superficie terrestre.

b Cerca de la superficie de la Tierra, el aire se calienta por **conducción,** la condensación del vapor de agua y la absorción de ondas infrarrojas.

c Las corrientes de **convección** se originan cuando se calienta el aire en las capas inferiores y se enfría en las superiores.

El efecto invernadero

Como observaste en la Figura 8, alrededor del 70 por ciento de la energía solar que alcanza la Tierra es absorbida por el suelo, el mar y la atmósfera. Al mismo tiempo, la Tierra emite una cantidad equivalente de energía hacia el espacio en forma de ondas infrarrojas. Si esto no ocurriera, el planeta seguiría calentándose. Los gases atmosféricos, como el dióxido de carbono y el vapor de agua, detienen el escape de una parte de esta energía mediante su absorción y nueva irradiación hacia la Tierra. Como resultado, la Tierra está más caliente de lo que estaría si no hubiera atmósfera. Este proceso se conoce como **efecto invernadero.** Se utiliza este término porque la atmósfera funciona como un invernadero, tal como se muestra en la **Figura 10.**

PARA PENSAR

Las temperaturas anuales promedio de la supeficie en el hemisferio Norte han sido más altas en la década de 1990 que en cualquier otra época de los últimos 600 años.

Figura 10 *Los gases en la atmósfera actúan como una capa de vidrio. Tanto el vidrio como los gases de la atmósfera permiten que la luz solar los atraviese. Sin embargo, el vidrio y algunos de los gases de la atmósfera absorben el calor e impiden que escape hacia el espacio.*

El calentamiento global No todos los gases de la atmósfera atrapan el calor. Aquellos que atrapan el calor se denominan *gases de invernadero.* En las últimas décadas, varios científicos han empezado a preocuparse por el aumento de estos gases, especialmente el dióxido de carbono. Estos científicos sostienen que el aumento del dióxido de carbono como resultado de la actividad humana incrementa el efecto invernadero lo cual ha aumentado las temperaturas del globo. El aumento de las temperaturas globales se denomina **calentamiento global.** Si hubiera un empeoramiento del efecto invernadero se produciría un calentamiento global.

Si las temperaturas globales continúan elevándose, las capas de hielo podrían derretirse y causar un aumento del nivel del mar que podría inundar las áreas costeras. Una subida en las temperaturas globales también podría ocasionar cambios climáticos y meteorológicos. Más tarde en este capítulo aprenderás sobre las actividades humanas que contribuyen a aumentar los gases causantes del efecto invernadero.

Mantener la Tierra habitable Para que la Tierra se mantenga habitable, la cantidad de energía solar recibida y la cantidad de radiación térmica que vuelve al espacio deben ser iguales. Como observaste en la Figura 8, alrededor de un 30 por ciento de la radiación se refracta y regresa nuevamente al espacio. La mayor parte del 70 por ciento que la Tierra y su atmósfera absorben se devuelve al espacio en forma de calor. El balance entre la radiación entrante y el calor saliente se conoce como el *balance de radiación.* Si los gases del efecto invernadero, como el dióxido de carbono, continúan aumentando en la atmósfera, el balance de radiación puede verse afectado. Si parte de la energía que normalmente vuelve al espacio queda atrapada, las temperaturas de la Tierra aumentarán y provocarán grandes cambios en las comunidades de animales y plantas.

Se cree que la Tierra tuvo períodos de altas temperaturas antes que el hombre existiera, de modo que el calentamiento global puede ser un proceso natural. Sin embargo, la mayor parte de los países del mundo han firmado un tratado para reducir las actividades que aumentan los gases del efecto invernadero en la atmósfera. Otra medida que se está tomando es la plantación de millones de árboles por voluntarios, como se muestra en la **Figura 11.**

ciencias biológicas CONEXIÓN

¿Sabías que si vivieras en Florida las uñas de tus manos y de tus pies crecerían más rápidamente que si vivieras en Minnesota? Los estudios realizados por los científicos de la Universidad de Oxford en Inglaterra muestran que el crecimiento promedio de las uñas en el trópico es de 1mm por día. En cambio, en las regiones más templadas es de 0.8 mm por día. Este estudio demostró que el clima cálido contribuye al crecimiento de los tejidos, en tanto que el clima frío lo disminuye ligeramente.

Figura 11 *Las plantas absorben el dióxido de carbono dañino y eliminan el oxígeno que necesitamos para respirar.*

REPASO

1. Describe tres cosas que pueden suceder con la radiación una vez que ésta alcanza la superficie de la Tierra.
2. ¿Cómo se transfiere la energía a través de la atmósfera?
3. ¿Qué es el efecto invernadero?
4. **Inferir relaciones** ¿Cómo es que el proceso de convección depende de la conducción?

Sección 3

La presión atmosférica y los vientos

VOCABULARIO

viento
fuerza de Coriolis
vientos alisios
céfiros
vientos polares del levante
corrientes en chorro

OBJETIVOS

- Explica la relación entre la presión del aire y la dirección del viento.
- Describe las pautas globales del viento.
- Explica las causas de las pautas de los vientos locales.

A veces te refresca. Otras veces esparce montones ordenados de basura recién barrida. Otras veces arranca árboles y aplasta edificios, como se muestra en la **Figura 12.** El **viento** es aire en movimiento. En esta sección aprenderás sobre el movimiento del aire y sobre las semejanzas y las diferencias entre los diferentes tipos de vientos.

Figura 12 *En 1998, los vientos del huracán Mitch alcanzaron velocidades de 288 km/h y destruyeron pueblos completos en Honduras.*

¿Por qué se mueve el aire?

El viento se produce a causa de las diferencias de presión del aire, que generalmente se deben al calentamiento desigual de la Tierra. Por ejemplo, como la Tierra recibe más luz solar directa en el ecuador que en los polos, el aire en el ecuador es más cálido y menos denso. Este aire caliente y menos denso se eleva, creando un área de baja presión. Sin embargo, la misma cantidad de energía solar que recibe el ecuador, en los polos se esparce sobre una gran superficie. Por tanto, el aire allí es más frío y denso. El aire más frío y denso pesa más y desciende. Este aire frío que desciende produce áreas de alta presión. Las diferencias de presión en la atmósfera en la región ecuatorial y en los polos hacen que el aire se mueva. Debido a que el aire se mueve desde áreas de alta presión a las de baja presión, los vientos generalmente se mueven desde los polos hacia el ecuador, como se muestra en la **Figura 13.**

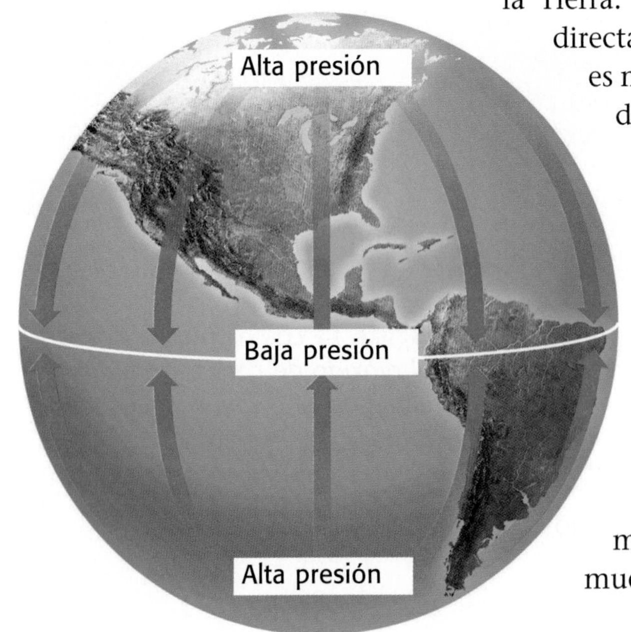

Figura 13 *Los vientos de la superficie soplan desde las zonas polares de alta presión hacia las áreas ecuatoriales de baja presión.*

La velocidad del viento se determina por la diferencia de presión entre las áreas de alta y baja presión. Cuanto mayor es la diferencia de presión, más rápidamente se mueve el viento.

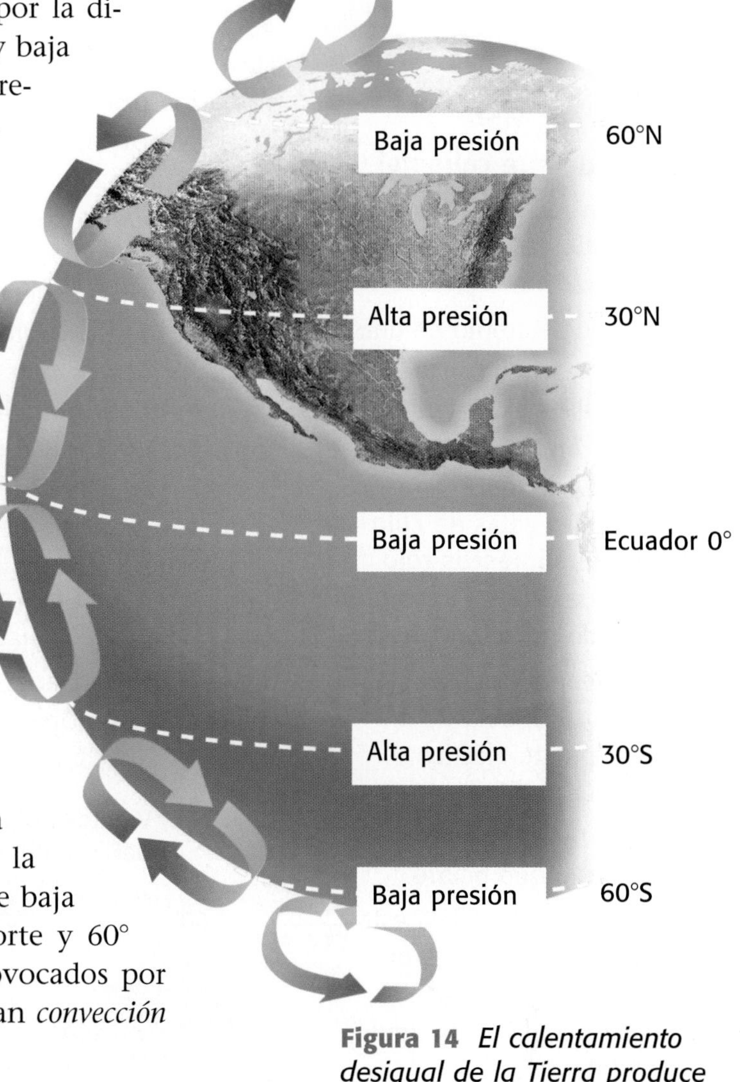

Figura 14 *El calentamiento desigual de la Tierra produce zonas de presión. Dichas zonas se generan cada 30°de latitud.*

Zonas de presión Es posible que te imagines el viento moviéndose en un gran patrón circular desde los polos al ecuador. Sin embargo, el patrón es mucho más complejo. Cuando el aire se eleva sobre el ecuador, comienza a enfriarse. Al final, deja de elevarse y se mueve hacia los polos. Alrededor de 30° de latitud norte y 30° de latitud sur, parte del aire frío comienza a descender. Este aire frío descendiente genera una zona de alta presión cerca de los 30° de latitud norte y 30° de latitud sur.

En los polos el aire frío desciende. Cuando este aire se aleja de los polos junto a la superficie de la Tierra, comienza a calentarse. Cuando el aire se calienta, la presión disminuye, creándose una zona de baja presión alrededor de los 60°de latitud norte y 60° de latitud sur. Los patrones circulares provocados por la elevación y el descenso del aire se llaman *convección celular,* como se muestra en la **Figura 14.**

La fuerza de Coriolis Los vientos no soplan directamente hacia el norte o hacia el sur. La rotación de la Tierra afecta el movimiento del viento, haciendo que se traslade en una curva en lugar de hacerlo en línea recta. La trayectoria curva de objetos en movimiento, tales como el viento, producido por la rotación de la Tierra se denomina la **fuerza de Coriolis.** Debido al efecto de Coriolis, los vientos del hemisferio Norte se curvan a la derecha y los del hemisferio Sur a la izquierda.

Para entender mejor el efecto de Coriolis, imagina que haces rodar una bolita a través de una bandeja giratoria mientras ésta gira. Lo que observarías se ilustra en la **Figura 15.**

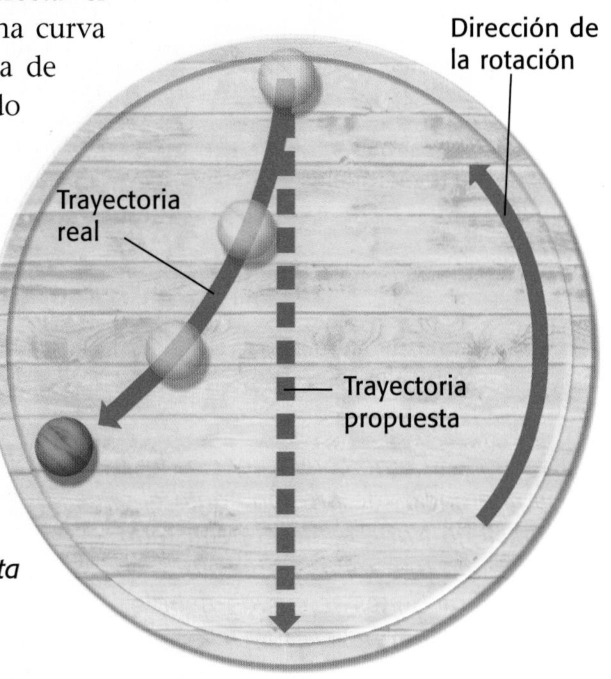

Figura 15 *Debido a la rotación de la bandeja giratoria, la trayectoria de la bolita se curva en vez de viajar en línea recta. El movimiento de rotación de la Tierra afecta a los objetos que viajan sobre o cerca de su superficie casi de la misma forma.*

Tipos de vientos

Hay dos tipos de vientos: locales y globales. Ambos son ocasionados por el calentamiento desigual de la superficie de la Tierra y por las diferencias de presión. Los *vientos locales* recorren distancias cortas y soplan desde cualquier dirección. Los *vientos globales* son parte de un patrón de circulación. Estos vientos recorren distancias extensas y cada uno se desplaza en una dirección específica. La **Figura 16** muestra la ubicación y el movimiento de los sistemas de vientos.

Los vientos alisios En ambos hemisferios, los vientos que soplan desde los 30° de latitud desde el ecuador se llaman **vientos alisios.** Debido a la fuerza de Coriolis los vientos alisios se curvan hacia la derecha en el hemisferio Norte, y se mueven de noreste a sureste. En el hemisferio Sur los vientos alisios se curvan hacia la izquierda y se mueven del sudeste al noroeste. El nombre en inglés (trade winds) proviene de los primeros comerciantes (traders) que utilizaban los vientos alisios para navegar de Europa a América.

Laboratorio

¡Lleno de aire caliente!

1. Llena un **recipiente grande de plástico transparente** con **agua fría.**
2. Amarra un extremo de una cuerda **alrededor** del cuello de una **botella pequeña.**
3. Llena la botella pequeña con **agua caliente** y añade unas pocas gotas de **colorante de alimentos rojo** hasta que el agua haya cambiado de color.
4. Sin voltear la botella pequeña, húndela dentro del recipiente plástico hasta que descanse en el fondo.
5. Observa lo que ocurre.
6. ¿Qué proceso modela esta actividad? ¿Qué crees que sucederá si llenas la botella pequeña con agua fría? ¡Inténtalo!

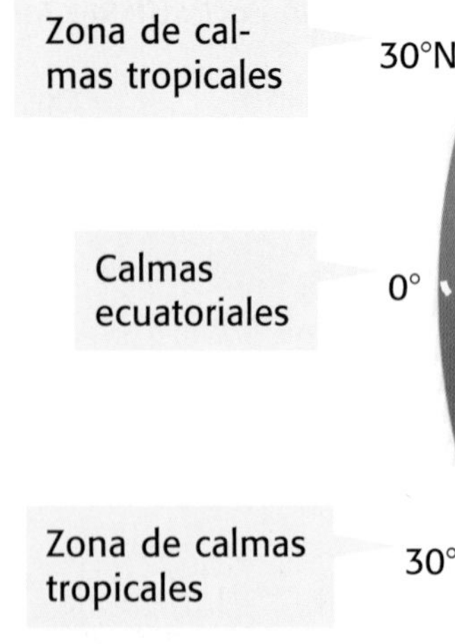

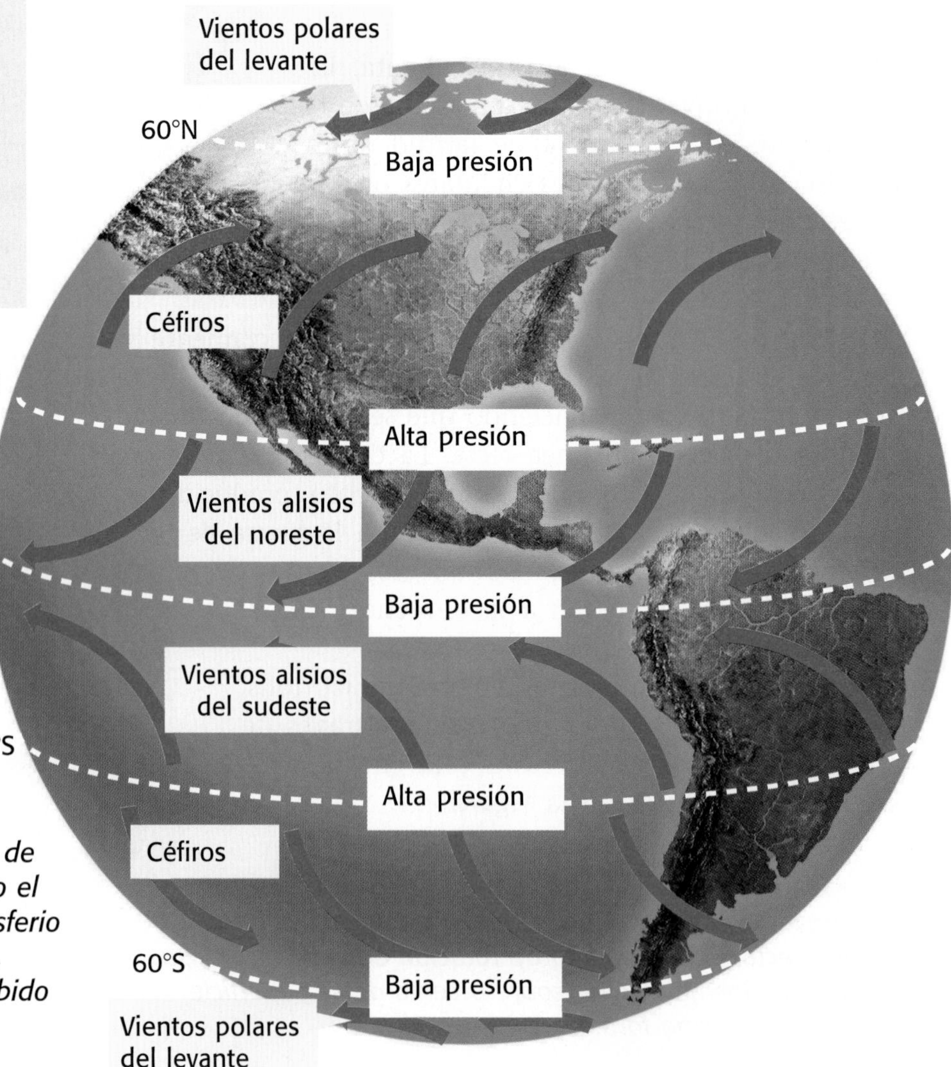

Figura 16 *Como consecuencia de las diferencias de presión, tanto el hemisferio Norte como el hemisferio Sur tienen tres zonas de viento, cuyas direcciones se curvan debido al efecto de Coriolis.*

Los vientos alisios de los hemisferios Norte y Sur se encuentran en un área de baja presión alrededor del ecuador llamada *de calmas ecuatoriales.* Debido al aire caliente que se eleva, hay muy poco viento en las calmas ecuatoriales.

El aire descendiente produce un área de alta presión cerca de los 30° de latitud norte y 30° de latitud sur. Esta área se denomina *zona de calmas tropicales* y aquí, los vientos son débiles. Según la leyenda, el nombre en inglés para la zona de calmas tropicales (*horse latitudes*) proviene de los tiempos en que barcos transportaban caballos desde Europa a América por esta zona. Cuando los barcos quedaban atrapados en esta área a causa de la falta de viento, a menudo se tiraban los caballos al mar para conservar agua potable para los marineros.

Céfiros Los **céfiros** son zonas de viento que se encuentran en los hemisferios Norte y Sur entre los 30° y los 60° de latitud. Fluyen hacia los polos en dirección opuesta a los vientos alisios. En el hemisferio Norte, soplan desde el suroeste hasta el noreste. En el hemisferio Sur, soplan desde el noroeste hasta el sureste. Los céfiros ayudaron a los primeros comerciantes a regresar a Europa. Los buques veleros, como el de la **Figura 17,** se diseñaron con el fin de aprovechar el viento para impulsarlos.

Figura 17 *Este barco es una réplica de* la carabela Santa María *de Colón, quien utilizó los vientos alisios para navegar hacia el Nuevo Mundo.*

Vientos polares del levante Los **vientos polares del levante** son zonas de viento que se extienden desde los polos hasta los 60° de latitud en ambos hemisferios. Se forman a partir del aire frío descendente que se mueve desde los polos hacia los 60° de latitud norte y 60° de latitud sur. En el hemisferio Norte, soplan desde el noreste hacia el sudoeste. En el hemisferio Sur, soplan desde el sudeste hasta el noroeste.

ciencias del medio ambiente
CONEXIÓN

Los seres humanos llevan utilizando la energía eólica durante miles de años. Hoy, la energía eólica se atrapa para producir electricidad. En California, la electricidad se genera en las granjas de viento. Las granjas de viento contienen cientos de turbinas eólicas que parecen gigantescos propulsores de aviones colocados sobre una torre. Al estar juntas, estas turbinas eólicas pueden producir suficiente electricidad para toda una ciudad. Sin embargo, estos tipos de granjas funcionan solamente en aquellas áreas donde el viento sopla la mayor parte del tiempo.

Experimentos

Para averiguar cómo construir un artefacto para medir la velocidad del viento, pasa a la página 548.

Figura 18 *Las grandes diferencias de presión entre el aire frío que viene desde los polos y el aire caliente proveniente de las latitudes medias producen corrientes en chorro que se mueven muy rápidamente.*

Las corrientes en chorro Las **corrientes en chorro** son zonas estrechas de vientos a gran velocidad que soplan en la troposfera superior y en la estratosfera inferior, en los hemisferios Norte y Sur, como se muestra en la **Figura 18.** Estos vientos a menudo cambian de velocidad y pueden alcanzar una velocidad máxima de 500km/h. A diferencia de otros vientos globales, no siguen una trayectoria regular alrededor de la Tierra, sino que cambian su latitud y su altitud.

Los meteorólogos y los pilotos de aviones pueden rastrear tormentas si conocen la posición de las corrientes en chorro, ya que éstas controlan el movimiento de las tormentas. Al viajar en la dirección de la corriente en chorro, los pilotos ahorran combustible y tiempo. Al viajar en contra de las corrientes en chorro se gasta más combustible y toma más tiempo.

Vientos locales Los vientos locales están influidos por la geografía de la zona, como la orilla del mar o una montaña, la cual a veces produce diferencias de temperatura que generan vientos locales como las brisas marinas y de tierra, como se muestra en la **Figura 19.** Durante el día, la tierra se calienta más rápidamente que el agua. La tierra calienta el aire que está sobre ella. En la noche, la tierra se enfría más rápidamente que el agua, enfriando el aire que hay sobre ella.

Figura 19 Las brisas marinas y de tierra

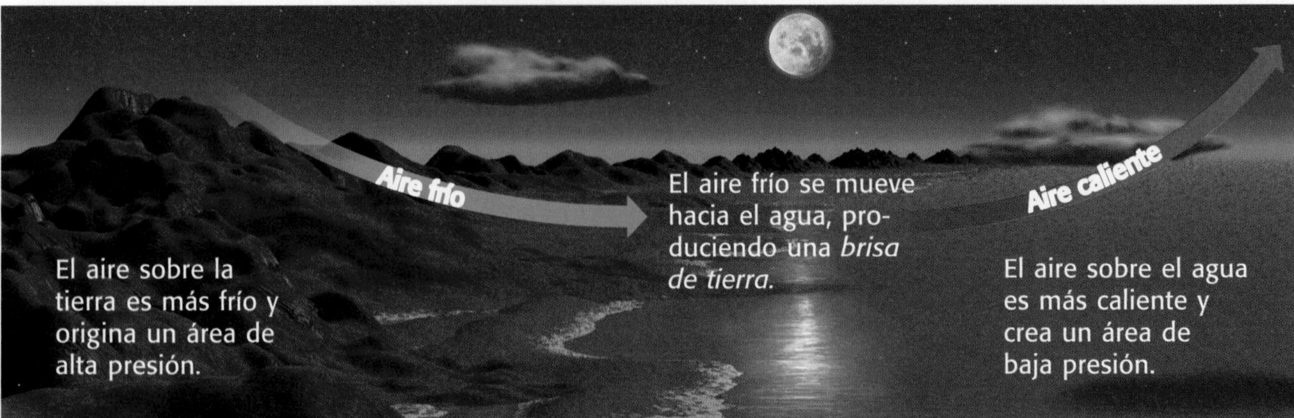

Las brisas de la montaña y de los valles son otro ejemplo de vientos locales generados por la geografía de un área. Los excursionistas en áreas montañosas pueden sentir el cambio de una tarde tibia a una noche fría cuando el Sol se pone. Las ilustraciones en la **Figura 20** muestran por qué.

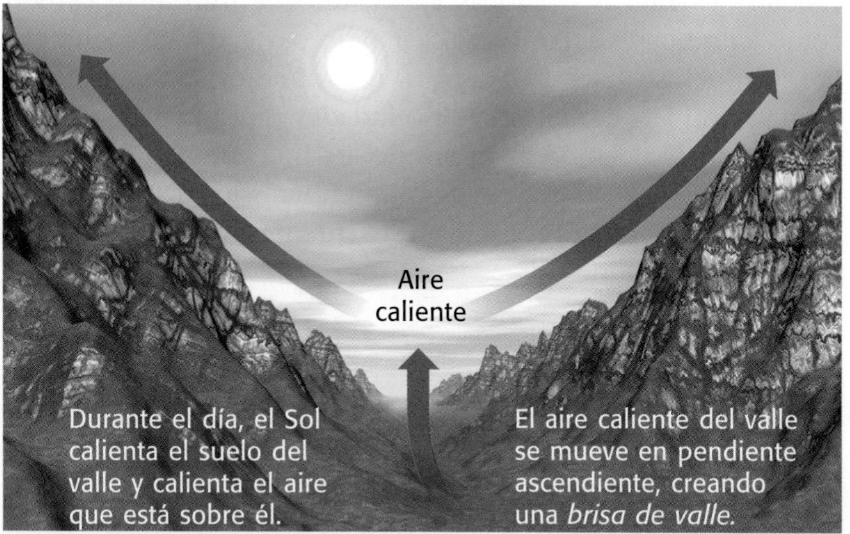

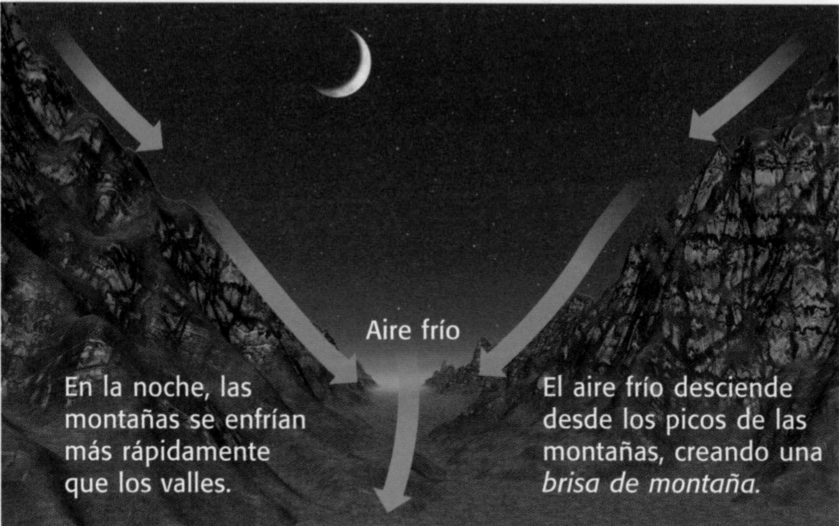

Figura 20 *Durante el día, una brisa suave sopla por las pendientes en forma ascendente. En la noche, el aire frío sopla cuesta abajo y se establece en el valle.*

¡MATEMÁTICAS!

Calcular la velocidad con respecto a la tierra

Un avión tiene una velocidad de aire de 500 km/h y se acerca a un viento contrario de 150 km/h debido a la corriente en chorro. ¿Cuál es la verdadera velocidad del avión con respecto a la tierra? En un vuelo de 3 horas, ¿qué tan lejos podría viajar el avión? (Pista: para calcular la velocidad con respecto a la tierra, resta la velocidad del viento contrario de la velocidad de aire.)

REPASO

1. ¿Cómo afecta la fuerza de Coriolis al viento?
2. ¿Qué factores originan los vientos?
3. Compara y contrasta los vientos globales y los locales.
4. **Aplicar conceptos** Imagínate que estás de vacaciones en la playa. Es de día y quieres ir a nadar en el mar. Sabes que la playa está cerca de tu hotel, pero no sabes en qué dirección está. ¿Cómo te podría ayudar el viento local a encontrar el océano?

Sección 4

El aire que respiramos

VOCABULARIO

contaminantes primarios
contaminantes secundarios
precipitación ácida
lavador

OBJETIVOS

- Describe los tipos principales de contaminación atmosférica.
- Nombra los tipos principales de contaminación atmosférica.
- Explica cómo la contaminación atmosférica puede afectar a la salud humana.
- Explica cómo se puede reducir la contaminación atmosférica.

Como se observa en la **Figura 21,** la contaminación atmosférica no es un problema nuevo. A mediados del siglo XVIII, la mayoría de las grandes ciudades del mundo sufrían por la mala calidad del aire. Las fábricas y hogares que utilizaban carbón como combustible emitían la mayor parte de los contaminantes. Incluso hace 2,000 años, los romanos se quejaban de la mala calidad del aire de sus ciudades. En aquel tiempo, el aire era espeso debido al humo de los incendios y al olor del drenaje abierto. En esta sección aprenderás los distintos tipos de contaminación atmosférica, sus fuentes y lo que se está haciendo por reducirla.

Figura 21 *La contaminación atmosférica de la Ciudad de México a veces es tan grave que algunas personas utilizan máscaras quirúrgicas cuando salen de sus casas.*

La calidad del aire

Ni siquiera el aire "limpio" está completamente limpio, pues contiene contaminantes provenientes de fuentes naturales, como polvo, sal marina, gases y cenizas volcánicas, humo de incendios forestales, polen, gases de los pantanos y muchos otros. De hecho, las fuentes naturales producen más contaminantes que los humanos. Sin embargo, nos hemos adaptado a varios de esos contaminantes.

La mayor parte de los contaminates que se menciona en las noticias son resultado de las actividades humanas y pueden ser sólidos, líquidos o gaseosos. Como se muestra en la Figura 21, la contaminación atmosférica por causas humanas es más común en las ciudades. A medida que la gente se traslada a las ciudades, aumenta la contaminación atmosférica urbana.

Los tipos de contaminación atmosférica

Los contaminantes del aire se describen generalmente como *contaminantes primarios* o *contaminantes secundarios*. Los **contaminantes primarios** se instalan en el aire debido a una actividad humana o natural. La **Figura 22** muestra algunos ejemplos de contaminantes primarios del aire.

Figura 22 *Los gases de escape de los vehículos, las cenizas de las erupciones volcánicas y el hollín del humo son todos ejemplos de contaminantes primarios.*

Los contaminantes secundarios se forman a partir de reacciones químicas que ocurren cuando los contaminantes primarios entran en contacto con otros componentes primarios o con substancias naturales tales como el vapor de agua. Muchos contaminantes secundarios se forman cuando un contaminante primario reacciona con la luz solar. El ozono y el "esmog" son ejemplos de contaminantes secundarios. El ozono es un gas útil de la estratosfera que absorbe los rayos dañinos del Sol. Sin embargo, cerca de la tierra el ozono es un contaminante peligroso que afecta a la salud de todos los organismos. El ozono y el esmog se producen cuando la luz del Sol reacciona con los gases que emiten los automóviles, tal como se ilustra en la **Figura 23.**

Figura 23 *Varias ciudades grandes padecen el esmog, especialmente aquellas con un clima soleado y con millones de automóviles, como Roma y Los Angeles.*

2 El ozono reacciona con los gases de los automóviles y forma el esmog.

El esmog

Ozono

1 Los gases emitidos por los automóviles reaccionan con el aire y la luz del Sol para formar el ozono.

Gases emitidos por los automóviles

Fuentes de la contaminación atmosférica ocasionada por la actividad humana

La mayor fuente de contaminación atmosférica es el transporte, como se ilustra en la **Figura 24.** Los automóviles producen alrededor del 60 por ciento de la contaminación atmosférica ocasionada por la actividad humana en los Estados Unidos. Los óxidos provenientes de los gases de los automóviles, como el óxido de nitrógeno, contribuyen a formar la lluvia ácida y el esmog. Los *óxidos* son compuestos químicos que contienen oxígeno y otros elementos.

Figura 24 *El setenta por ciento del monóxido de carbono en los Estados Unidos proviene de los medios de transporte.*

Contaminación atmosférica por actividad industrial Muchas plantas industriales y de producción de energía eléctrica queman combustibles fósiles para obtener energía, con lo cual se liberan grandes cantidades de óxidos al aire, como se muestra en la **Figura 25.** El uso de combustibles fósiles produce el 96 por ciento de los óxidos de azufre que se emiten.

Algunas industrias producen químicos que forman gases venenosos, por ejemplo los productos químicos utilizados en las refinerías de petróleo, las tintorías, los barnizadores de muebles y los talleres de automóviles.

Figura 25 *Esta central energética quema carbón para obtener energía y emite óxidos de azufre y partículas a la atmósfera.*

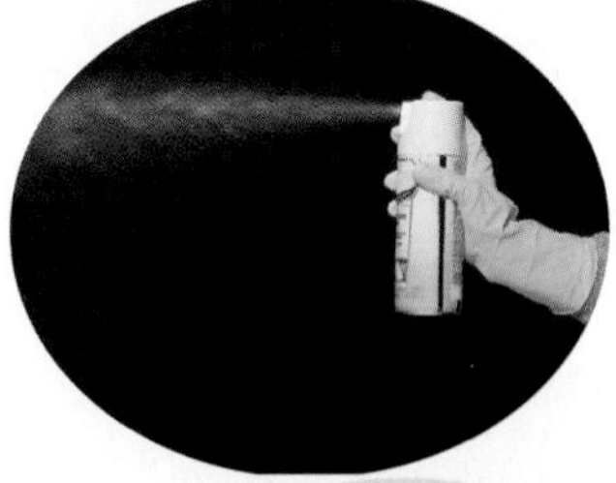

Contaminación atmosférica interna También hay contaminación atmosférica en nuestros hogares, escuelas y edificios. A veces, el aire en el interior de un edificio es peor que en el exterior. Como se observa en la **Figura 26,** muchos productos contribuyen a la contaminación atmosférica. Los compuestos industriales que se encuentran en las alfombras, pinturas y muebles contaminan el aire.

En los edificios donde las ventanas están selladas para reducir fugas de aire y reducir el consumo de electricidad los contaminantes pueden alcanzar niveles más altos que en el exterior.

Figura 26 *Los productos de limpieza para el hogar, los desodorantes ambientales y el humo de la cocina contribuyen a la contaminación atmosférica interna.*

El problema de la contaminación atmosférica

La contaminación atmosférica es una preocupación nacional e internacional. La contaminación atmosférica local, como el esmog, afecta a las grandes ciudades. Se vuelve una preocupación global cuando la local se aleja de su fuente. ¿Cómo sucede esto? ¿Qué efecto tiene? Pronto lo averiguarás.

Los vientos pueden mover contaminantes de un lugar a otro, reduciendo los niveles de contaminación en el área de origen, pero aumentándola en otro. Por ejemplo, los vientos predominantes llevan la contaminación atmosférica de la región central de los Estados Unidos a Canadá. Uno de esos tipos de contaminación es la precipitación ácida.

La **precipitación ácida** es lluvia, nieve o aguanieve que contiene ácidos debido a la contaminación atmosférica. Cuando los combustibles fósiles se queman, liberan óxidos de azufre y nitrógeno. Cuando éstos óxidos se combinan en la atmósfera con las gotas de agua, forman ácido sulfúrico o nítrico que cae en forma de precipitación. La precipitación ácida tiene efectos negativos sobre el medio ambiente, como se muestra en la **Figura 27**.

Figura 27 *La precipitación ácida puede matar organismos vivos como los peces y los árboles haciendo que su medio ambiente se vuelva demasiado ácido para vivir en él. La lluvia ácida puede dañar edificios, desgastando el concreto y la piedra caliza.*

El agujero de la capa de ozono Entre otras preocupaciones globales originadas por la contaminación atmosférica están el calentamiento de nuestro planeta y el agujero de la capa de ozono en la estratosfera, la cual protege de los dañinos rayos ultravioleta del Sol. Algunas substancias químicas liberadas a la atmósfera reaccionan con el ozono de la capa de ozono. La reacción descompone el ozono en oxígeno, el cual no bloquea los rayos ultravioleta. La capa de ozono situada sobre el polo Sur se ha estrechado entre un 50 y un 98 por ciento. La **Figura 28** muestra una imagen de satélite del agujero en la capa de ozono.

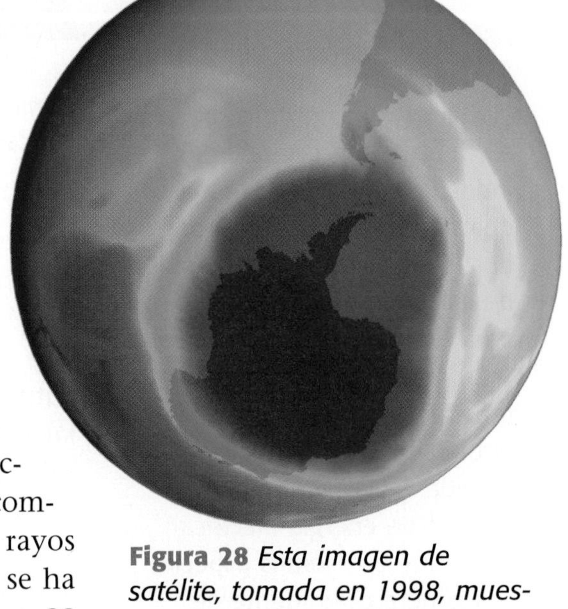

Figura 28 *Esta imagen de satélite, tomada en 1998, muestra que el agujero (la región azul marina) aún está creciendo.*

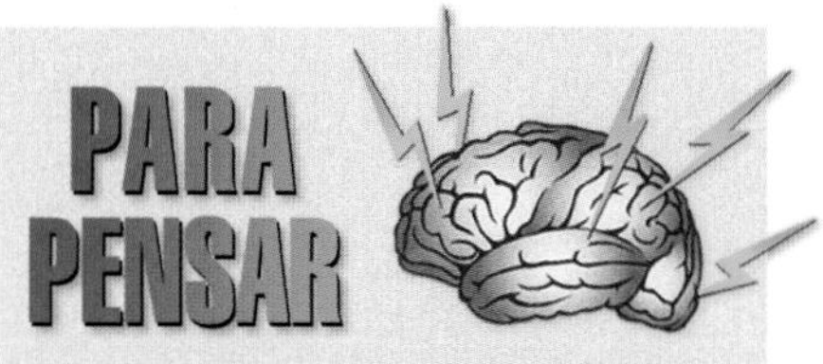

Los habitantes de las ciudades que no fuman son de tres a cuatro veces más propensos a desarrollar un cáncer de pulmón que los no fumadores que viven en las zonas rurales.

Los efectos en la salud humana Sales al exterior y percibes una neblina humeante. Cuando respiras profundo, te pica la garganta y comienzas a toser. La contaminación atmosférica afecta a muchas ciudades del mundo. Por ejemplo, en la Ciudad de México, el 17 de marzo de 1992 se prohibió a los niños menores de 14 años ir a la escuela debido a los altos niveles de contaminación. La exposición diaria a pequeñas cantidades de contaminación también produce serios problemas de salud. Los niños, ancianos y personas con alergias o con problemas pulmonares o cardíacos son más vulnerables. La **Figura 29** muestra algunos efectos de la contaminación atmosférica sobre el cuerpo humano.

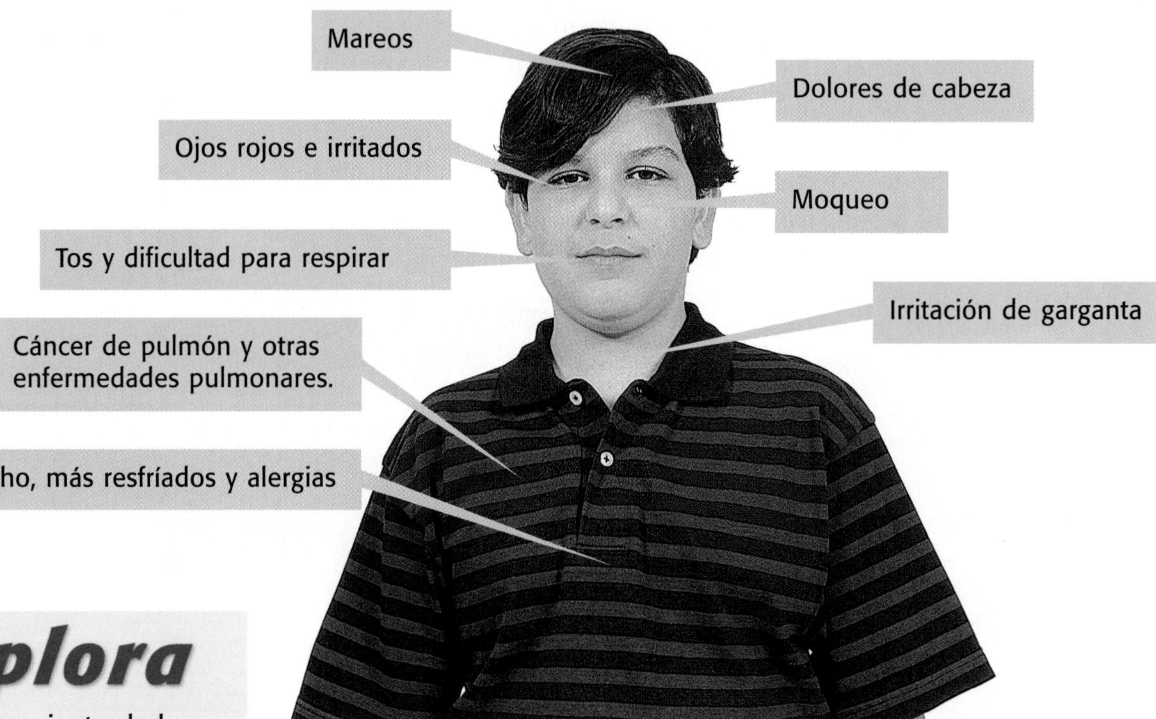

Figura 29 *La Agencia de Protección Ambiental sostiene que la contaminación atmosférica genera al menos 2,000 casos nuevos de cáncer por año.*

Explora

Casi el 33 por ciento de la contaminación atmosférica global de dióxido de carbono es causada por centrales industriales y energéticas que queman carbón u otros combustibles fósiles. Dependemos de estas fuentes de energía para tener un mejor estilo de vida, pero al utilizarlas estamos contaminando el aire y empeorando nuestra calidad de vida. Investiga otras fuentes de energía eléctrica hay. ¿Qué problemas específicos genera cada fuente de energía?

Hay que tomar medidas

¿Te estás sintiendo un poco asfixiado con este tema? No te preocupes, ¡la ayuda está en camino! En los Estados Unidos se han hecho grandes avances, entre otros la Ley del Aire Limpio que fue aprobada por el Congreso en 1970. Esta ley otorga autoridad a la Agencia de Protección Ambiental para controlar la cantidad de contaminantes del aire que pueden ser emitidos por cualquier fuente. También controla la calidad del aire, y puede fijar normas más estrictas. ¿Qué están haciendo los fabricantes de automóviles y las fábricas para mejorar la calidad del aire? Sigue leyendo para averiguarlo.

Contaminación atmosférica por vehículos La Agencia de Protección Ambiental ha exigido a los fabricantes de automóviles que cumplan con un estándar respecto a los gases emitidos. Los automóviles nuevos tienen unos dispositivos que eliminan la mayoría de los contaminantes de los gases conforme salen por el tubo de escape. También se están desarrollando modelos que funcionan con otros combustibles. Algunos funcionan con hidrógeno y gas natural, y otros con baterías solares. El automóvil de la **Figura 30** es eléctrico.

¿Acaso los autos eléctricos son la solución para la contaminación atmosférica? Pasa a la página 421 y averígualo tú mismo.

Figura 30 *En vez de tener que utilizar gasolina, el auto eléctrico se enchufa para recargarse.*

Controlar la contaminación atmosférica en la industria La Ley del Aire Limpio exige que las industrias utilicen *lavadores*. En la **Figura 31** se muestra un **lavador,** un dispositivo que se coloca en las chimeneas para eliminar algunos de los contaminantes más dañinos. Las plantas energéticas que operan con combustión del carbón en los Estados Unidos utilizan un lavador que elimina cenizas y otras partículas y así impiden la emisión de 22 millones de toneladas métricas de ceniza por año.

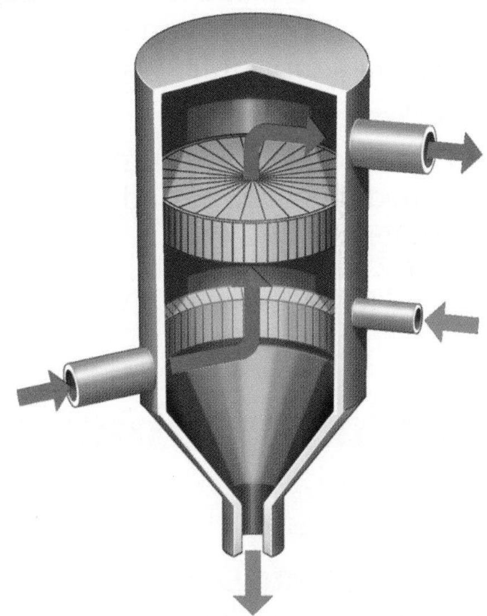

Figura 31 *Un lavador pasa los gases a través de un chorro de agua que disuelve muchos de los contaminantes contenidos en los gases.*

REPASO

1. ¿Por qué el aire del interior de un edificio puese estar más contaminado que el exterior?
2. ¿Por qué es difícil establecer un vínculo entre la contaminación atmosférica y los problemas de salud?
3. ¿Cómo ha contribuido la Ley del Aire Limpio a reducir la contaminación atmosférica?
4. **Aplicar conceptos** ¿Cómo se ve afectado el ciclo del agua por la contaminación atmosférica?

Resumen del capítulo

SECCIÓN 1

Vocabulario

atmósfera *(pág. 394)*
presión del aire *(pág. 395)*
altitud *(pág. 395)*
troposfera *(pág. 397)*
estratosfera *(pág. 397)*
ozono *(pág. 397)*
mesosfera *(pág. 398)*
termosfera *(pág. 398)*

Notas de la sección

- La atmósfera es una mezcla de gases.
- El nitrógeno y el oxígeno son los dos gases más abundantes de la atmósfera.
- A través de la atmósfera, hay cambios en la presión del aire, la temperatura y los gases.
- La presión del aire disminuye a medida que la altitud aumenta.
- Las diferencias de temperatura en la atmósfera se producen por la manera en que se absorbe la energía solar al descender a través de la atmósfera.
- La troposfera es la capa inferior y más densa de la atmósfera. Todos los fenómenos meteorológicos se producen en la troposfera.
- La estratosfera contiene la capa de ozono, la cual nos protege de radiaciones perjudiciales.
- La mesosfera es la capa más fría de la atmósfera.
- La capa más alta de la atmósfera es la termosfera.

Experimentos

¡Bajo presión! *(pág. 550)*

SECCIÓN 2

Vocabulario

radiación *(pág. 400)*
conducción *(pág. 401)*
convección *(pág. 401)*
efecto invernadero *(pág. 402)*
calentamiento global *(pág. 402)*

Notas de la sección

- La Tierra recibe energía del Sol en forma de radiación.
- La radiación que alcanza la superficie de la Tierra se refleja o se absorbe.
- El calor se transfiere a través de la atmósfera por conducción y por convección.
- El efecto invernadero se produce cuando los gases presentes en la atmósfera atrapan el calor que se refleja y se irradia desde la superficie de la Tierra.

Experimentos

¡Hirviendo! *(pág. 546)*

☑ Comprobar destrezas

Conceptos de matemáticas

VOLAR CONTRA LA CORRIENTE EN CHORRO La corriente en chorro puede afectar a la velocidad de un avión: puede empujarlo hacia su destino o frenarlo. Para saber la velocidad de un avión con respecto a la tierra, suma o resta la velocidad del viento, dependiendo de si el avión se mueve a favor o en contra de la corriente en chorro. Si un avión viaja a una velocidad de 400 km/h y se mueve en la misma dirección de una corriente en chorro de 100 km/h, suma la velocidad de la corriente del chorro a la velocidad aérea del avión para calcular su velocidad.

$$400 \text{ km/h} + 100 \text{ km/h} = 500 \text{ km/h}$$

Para calcular la velocidad de un avión que viaja a 400 km/h y se mueve contra una corriente en chorro de 100 km/h, resta la velocidad de la corriente en chorro a la del avión.

$$400 \text{ km/h} \quad 100 \text{ km/h} = 300 \text{ km/h}$$

Comprensión visual

VIENTOS GLOBALES Repasa los cinturones de viento globales producidas por las diferencias de presion de aire en la Figura 16 de la página 406.

SECCIÓN 3

Vocabulario

viento *(pág. 404)*

fuerza de Coriolis *(pág. 405)*

vientos alisios *(pág. 406)*

céfiros *(pág. 407)*

vientos polares del levante *(pág. 407)*

corrientes en chorro *(pág. 408)*

Notas de la sección

- En la superficie de la Tierra, los vientos soplan desde las áreas de alta hacia las de baja presión.
- Los cinturones de presión se presentan aproximadamente cada 30° de latitud.
- La fuerza de Coriolis hace que el viento se curve al moverse por la superficie de la Tierra.
- Los vientos globales son parte de un patrón de circulación de aire alrededor de la Tierra e incluye a los vientos alisios, céfiros y polares del levante.
- Los vientos locales recorren distancias cortas, soplan en cualquier dirección y son influidos por la geografía.

Experimentos

¡Échate a volar en bicicleta! *(pág. 548)*

SECCIÓN 4

Vocabulario

contaminantes primarios *(pág. 411)*

contaminantes secundarios *(pág. 411)*

lluvia ácida *(pág. 413)*

lavador *(pág. 415)*

Notas de la sección

- Los contaminantes del aire se clasifican habitualmente en primarios o secundarios.
- La contaminación proviene de diversas fuentes, como las fábricas, los automóviles y los hogares.
- La contaminación del aire intensifica las alergias y los trastornos pulmonares y cardíacos.
- La Ley del Aire Limpio (Clean Air Act) ha reducido la contaminación del aire al controlar la cantidad de contaminantes que liberan los automóviles y las fábricas.

internet

VISITA: go.hrw.com

Visita el sitio web de HRW para encontrar una serie de herramientas de aprendizaje relacionadas con este capítulo. Sólo tienes que escribir la palabra clave:

PALABRA CLAVE: HSTATM

VISITA: www.scilinks.org

Visita el sitio web de la **Asociación Nacional de Maestros de Ciencias** *(National Science Teachers Association)* para encontrar recursos de Internet relacionados con este capítulo. Sólo escribe el **ENLACE DE CIENCIAS** para obtener más información sobre el tema:

TEMA: La composición de la atmósfera	**ENLACE:** HSTE355
TEMA: La energía en la atmósfera	**ENLACE:** HSTE360
TEMA: El efecto invernadero	**ENLACE:** HSTE365
TEMA: La presión atmosférica y los vientos	**ENLACE:** HSTE370
TEMA: Contaminación del aire	**ENLACE:** HSTE375

Repaso del capítulo

UTILIZAR EL VOCABULARIO

Explica la diferencia entre los siguientes pares de palabras:

1. presión del aire/altitud
2. troposfera/termosfera
3. efecto invernadero/calentamiento global
4. convección/conducción
5. viento global/viento local
6. contaminante primario/contaminante secundario

COMPRENDER CONCEPTOS

Opción múltiple

7. ¿Cuál es el gas más abundante en el aire que respiramos?
   a. oxígeno
   b. nitrógeno
   c. hidrógeno
   d. dióxido de carbono

8. La mayor fuente de oxígeno para la atmósfera de la Tierra es
   a. el agua de mar
   b. el Sol.
   c. las plantas.
   d. los animales.

9. La capa inferior de la atmósfera, donde se producen casi todos los fenómenos meteorológicos, es la
   a. estratosfera.
   b. troposfera.
   c. termosfera.
   d. mesosfera.

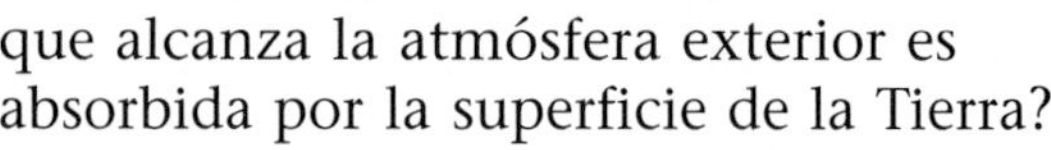

10. ¿Aproximadamente qué porcentaje de la radiación solar que alcanza la atmósfera exterior es absorbida por la superficie de la Tierra?
    a. 20
    b. 30
    c. 50
    d. 70

11. La capa de ozono se sitúa en la
    a. estratosfera.
    b. troposfera.
    c. termosfera.
    d. mesosfera.

13. ¿Cómo se mueve la mayor parte de la energía térmica en la atmósfera?
    a. Por conducción.
    b. Por convección.
    c. Por advección.
    d. Por radiación.

13. El balance entre la radiación entrante y la energía térmica saliente se llama ___?___.
    b. convección
    b. conducción
    c. efecto invernadero
    d. balance de radiación

14. ¿En qué zona de vientos predominantes se sitúa la mayor parte de los Estados Unidos?
    a. céfiros
    b. vientos alisios del noreste
    c. vientos alisios del sudeste
    d. calmas ecuatoriales

15. ¿Cuál de los siguientes elementos no es un contaminante primario?
    a. los gases que emiten los automóviles
    b. la precipitación ácida
    c. el humo emitido por una fábrica
    d. los gases emanados de la combustión de plásticos

16. La Ley del Aire Limpio
    a. controla la cantidad de contaminantes del aire que pueden ser emitidos por la mayoría de las fuentes.
    b. exige que los automóviles utilicen combustibles que no sean gasolina.
    c. exige a muchas industrias el uso de depuradoras.
    d. (a) y (b) solamente

Respuesta breve

17. ¿Por qué la atmósfera se vuelve menos densa al aumentar la altitud?

18. Explica por qué el aire se eleva cuando se calienta.

19. ¿Qué provoca los cambios de temperatura en la atmósfera?

20. ¿Cuáles son los contaminantes secundarios y cómo se forman? Da un ejemplo.

Organizar conceptos

21. Usa los siguientes términos para crear un mapa de ideas: altitud, presión del aire, temperatura, atmósfera.

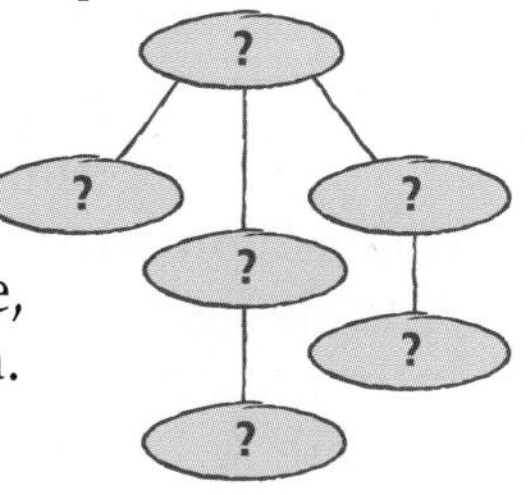

RAZONAMIENTO CRÍTICO Y RESOLUCIÓN DE PROBLEMAS

Escribe una o dos oraciones para responder a las siguientes preguntas:

22. ¿Cuál es la relación entre el efecto invernadero y el calentamiento global?

23. ¿Cómo crees que cambiaría la fuerza de Coriolis si la Tierra rotara al doble de su velocidad? Explica por qué.

24. Sin la atmósfera, la superficie de la Tierra sería muy diferente. ¿Cuáles son algunas de las maneras en que la atmósfera influye en la Tierra?

LAS MATEMÁTICAS EN LAS CIENCIAS

25. La velocidad del viento se mide en millas por hora y en nudos. Una milla (milla terrestre) son 5,280 pies. Una milla náutica (milla marina) son 6,076 pies. La velocidad, en relación a las millas marinas, se mide en nudos. Calcula la velocidad del viento en nudos si el viento sopla a 25 mi/h.

INTERPRETAR GRÁFICAS

Para responder a las siguientes preguntas, utiliza el siguiente cuadro de sensación térmica.

Diagrama de sensación térmica

		Marca real en el termómetro (°F)				
Velocidad del viento		**40**	**30**	**20**	**10**	**0**
Nudos	**mph**	**Temperatura equivalente (°F)**				
Calma		40	30	20	10	0
4	**5**	37	27	16	6	-5
9	**10**	28	16	4	-9	-21
13	**15**	22	9	-5	-18	-36
17	**20**	18	4	-10	-25	-39
22	**25**	16	0	-15	-29	-44
26	**30**	13	-2	-18	-33	-48
30	**35**	11	-4	-20	-35	-49

26. Si la velocidad del viento es de 20 mi/h y la temperatura es de 40°F, ¿qué tan frío se sentirá el aire?

27. Si la velocidad del viento es de 30 mi/h y la temperatura es de 20°F, ¿qué tan frío se sentirá el aire?

AHORA, ¿qué piensas?

Revisa tus respuestas a las preguntas de la página 393 que escribiste en el cuaderno de ciencias. ¿Han cambiado tus respuestas? Si es necesario, corrige tus respuestas basándote en lo que has aprendido en este capítulo.

Salud NOTICIAS

Partículas en el aire

Respira profundamente. Es probable que acabes de inhalar miles de pequeñas partículas de polvo, polen y otras. Normalmente, estas partículas, llamadas material particulado, son inofensivas, pero si su concentración sube demasiado o si tiene componentes dañinos, se considera un tipo de contaminación del aire.

Muchas partículas son muy pequeñas y nuestro filtros naturales, como los vellos nasales y las membranas mucosas, no las pueden filtrar. Al inhalarse, pueden irritar los pulmones y esa irritación puede generar enfermedades tales como bronquitis, asma y enfisema. El peligro aumenta conforme aumenta el nivel del material particulado del aire.

▲*Cuando la ceniza del Monte Santa Elena se depositó, creó imágenes como ésta.*

Donde hay humo...

El polvo y el polen no son las únicas formas de material particulado. Mucho del material particulado del aire proviene de la combustión de ciertos materiales. Al quemar madera, se liberan partículas de humo, hollín y ceniza en el aire. La combustión de combustibles como el carbón, el petróleo y la gasolina también produce material particulado. En grandes concentraciones, el material particulado de estas fuentes puede ser muy peligroso y por eso, la concentración de material particulado es una medida de la calidad del aire. Las grandes concentraciones de material particulado son visibles en el aire. El material particulado junto con otros contaminantes, es lo que hace que el aire contaminado tenga un color pardo o pardo amarillento. Pero no se engañen: aunque el aire parezca limpio, puede estar contaminado.

Erupciones de partículas

Los volcanes pueden ser fuente de cantidades increíbles de material particulado. Por ejemplo, cuando el Monte St. Helens hizo erupción en 1980, arrojó toneladas de cenizas al aire. El aire estaba tan espeso con las cenizas que la zona se obscureció como si fuera de noche. La ceniza bloqueó completamente la luz del Sol durante varias horas. Cuando la ceniza se depositó, cubrió el paisaje como un grueso manto de nieve. Esta capa de ceniza mató plantas y ganado en varios kilómetros alrededor del volcán.

Una de las teorías que explica la extinción de los dinosaurios sostiene que un meteorito cayó sobre la Tierra a tanta velocidad que el impacto arrojó tanto polvo que bloqueó el sol varios años. En ese período obscuro, las plantas no pudieron crecer, ni sustentar cadenas alimenticias normales. En consecuencia, los dinosaurios se extinguieron.

¿Los filtros funcionan realmente?

▶Como la combustión de la mayoría de las substancias produce partículas, debe haber material particulado en el humo del cigarrillo. Investiga si los filtros de los cigarrillos son eficaces para impedir que el material particulado ingrese al cuerpo del fumador. ¡Tus hallazgos te sorprenderán!

DEBATECIENTÍFICO

¿Cómo solucionar la contaminación del aire?

Las emisiones de los automóviles constituyen al menos la mitad de la contaminación urbana del aire y un cuarto del dióxido de carbono emitido. Por eso, fabricar automóviles que no emitan gases contaminantes sería un gran logro. El único vehículo con estas características es el automóvil eléctrico, el cual funciona con baterías y no produce gases de escape. El uso de automóviles eléctricos puede reducir la contaminación del aire. Pero quizás haya que pagar un precio injusto por este cambio y la mejora puede no ser tan significativa.

▲*¿Contribuirá cambiar a automóviles eléctricos a reducir la contaminación del aire?*

Menos contaminación

Incluso los automóviles más modernos y limpios emiten contaminantes. Los partidarios de los automóviles eléctricos piensan que el cambio reducirá la contaminación. Pero los críticos señalan que al cambiar a automóviles eléctricos sólo se cambiará la fuente de contaminación: de un tubo de escape a la chimenea de una central eléctrica, ya que la mayor parte de la electricidad se genera mediante la combustión del carbón.

El mayor impacto de los automóviles eléctricos se produciría en California. Aquí, la mayor parte de la electricidad se produce mediante la combustión de gas natural. Las plantas nucleares y las presas no emiten contaminantes al aire al generar electricidad. La energía solar y la energía eólica tampoco contaminan. Los partidarios sostienen que el cambio reduciría inmediatamente la contaminación del aire y la reducción será aún mayor cuando las plantas eléctricas realicen la conversión a fuentes de energía más limpias.

El problema seguirá...

Los automóviles eléctricos son poco prácticos, pues las baterías deben recargarse muy a menudo y hay que reemplazarlas cada dos o tres años. Los vertederos de basura están llenos de baterías que contienen ácidos y metales que contaminan las aguas subterráneas. El cambio a automóviles eléctricos empeoraría este problema ya que las baterías tienen que ser reemplazadas muy a menudo.

Además, es probable que los automóviles eléctricos reemplacen a vehículos de combustión más limpia en lugar de los contaminantes. Un automóvil nuevo emite un décimo de la contaminación de un modelo más antiguo. Si el equipo que controla la emisión de contaminantes de un automóvil viejo no funciona bien, éste puede emitir cien veces más contaminación que un automóvil nuevo. Sin embargo, la gente que conduce vehículos viejos no podría comprar los costosos automóviles eléctricos. Así que los peores infractores continuarán circulando y contaminando.

Analizar el problema

►¿Crees que los automóviles eléctricos son la mejor solución para el problema de la contaminación? ¿Qué otras soluciones hay?

CAPÍTULO

16 Entender el tiempo

¿Creerías que . . . ?

En mayo de 1997, un tornado primaveral descargó su furia sobre Jarrel, Texas. El tornado de Jarrel fue uno de los más fuertes y extraordinarios, con vientos estimados en más de 410 km/h. El torbellino levantó el asfalto de carreteras pavimentadas, arrasó los campos de maíz y destruyó un vecindario por completo.

Norteamérica experimenta más tornados que cualquier otro continente, con un promedio aproximado de 700 por año. La mayoría de ellos atacan un área del centro de los Estados Unidos llamada Tornado Alley. Tornado Alley abarca la mayor parte de las Grandes Llanuras *(Great Plains),* que se extienden desde Texas a través de Oklahoma, Kansas, el sur de Nebraska, Iowa y Dakota del Sur. ¿Qué genera estos tornados y por qué es tan vulnerable el área de las Grandes Llanuras?

En la primavera y comienzos del verano, el aire frío que viene del Polo Norte choca con el aire húmedo y cálido del Trópico. Este choque hace que el aire tibio se eleve y se vuelva inestable. Cuando hay un contraste muy grande entre las dos masas de aire, aumentan las probabilidades de que se forme un tornado.

El área de Tornado Alley experimenta más tornados que ninguna otra porque su llanura y ubicación sobre la superficie de la Tierra hacen posible que las masas de aire frío y caliente choquen.

En este capítulo aprenderás cómo se generan las condiciones meteorológicas, los distintos tipos de masas de aire y cómo el clima puede volverse violento repentinamente.

¿Tú qué piensas?

Usa tus conocimientos para responder a las siguientes preguntas en tu cuaderno de ciencias:

1. Nombra algunos tipos de nubes. ¿En qué se diferencian?
2. ¿Qué factores producen las condiciones meteorológicas?

La nube en la botella

Algunos tornados, como el que azotó el pueblo de Jarrell, Texas, se clasifican como tornados violentos. Sólo el 2 por ciento de los tornados que ocurren en los Estados Unidos caen en esa categoria. Ya aprendiste que los tornados pueden ocurrir cuando chocan dos masas de aire distintas, pero ¿cómo se forman los tornados? Los tornados se forman a partir de las nubes. ¿Y cómo se forman las nubes? Realiza este experimento para averiguarlo.

Procedimiento 

1. Vierte un poco de **agua** en una **botella de plástico grande y transparente.** Agita el agua en el recipiente y luego viértela.
2. Enciende un **fósforo** largo en la boca de la botella. Apágalo y luego insértalo al interior de la botella, dejándolo ahí por varios segundos.
3. Después de retirar el fósforo, coloca tu boca sobre la abertura y sopla varias veces al interior de la botella. Dile a tu compañero que observe y registre lo que pasa cuando soplas al interior de la botella. Anota lo que sucede en tu cuaderno de ciencias.

Análisis

4. Describe lo que sucedió cuando soplaste dentro de la botella.
5. ¿Qué papel cumplió el agua en este ejercicio de laboratorio?
6. ¿Qué papel cumplió el humo en este ejercicio de laboratorio?
7. Escribe tu explicación acerca de la formación de la nube en la botella. Comprueba si tu explicación concuerda con la explicación que se da en este capítulo.

Sección 1

Agua en el aire

VOCABULARIO

el tiempo	punto de condensación
ciclo del agua	nube
humedad	cúmulos
humedad relativa	estratos
psicrómetro	cirros
condensación	precipitación

OBJETIVOS

- Explica cómo el agua recorre su ciclo.
- Define *humedad relativa.*
- Explica el punto de condensación y su relación con la condensación.
- Describe las tres formas principales de nubes.
- Describe los cuatro tipos principales de precipitación.

Quizás no haya oro al final del arco iris pero el arco iris guarda otro secreto. El arco iris es la prueba de que el aire contiene agua. Las gotas de agua separan la luz del Sol en distintos colores. En el aire, el agua existe en forma sólida, líquida o gaseosa. El hielo, agua en estado sólido, está en las nubes como copos de nieve. El agua líquida existe en las nubes en forma de gotas de agua. Y el agua en forma gaseosa existe como vapor de agua. El agua que hay en el aire influye en el tiempo. El **tiempo** (en sentido meteorológico) es la condición de la atmósfera en un momento y un lugar determinados. En esta sección aprenderás cómo el agua influye en el tiempo.

El ciclo del agua

El agua, en sus estados sólido, líquido y gaseoso, se recicla constantemente en el ciclo del agua. El **ciclo del agua** es el movimiento continuo de agua desde sus fuentes, como los lagos u océanos, al aire, luego sobre la superficie de la tierra y a sus fuentes. Observa la **Figura 1** de vuelta para ver cómo se mueve el agua a través de su ciclo.

La **condensación** ocurre cuando el vapor de agua se enfría y el agua se convierte nuevamente en gotas líquidas. Así es cómo se forman las nubes.

La **evaporación** ocurre cuando el agua líquida se convierte en vapor de agua, que es un gas.

La **transpiración** es el proceso por el que las plantas liberan vapor de agua al aire a través de sus hojas.

La **Precipitación** ocurre cuando cae lluvia, nieve, aguanieve o granizo de las nubes a la superficie terrestre.

La **escorrentía** es agua normalmente proveniente de la precipitación que fluye por la tierra y se acumula en ríos, arroyos y finalmente en el océano.

Figura 1 *En el ciclo del agua, el agua regresa a la superficie de la Tierra en forma de precipitación.*

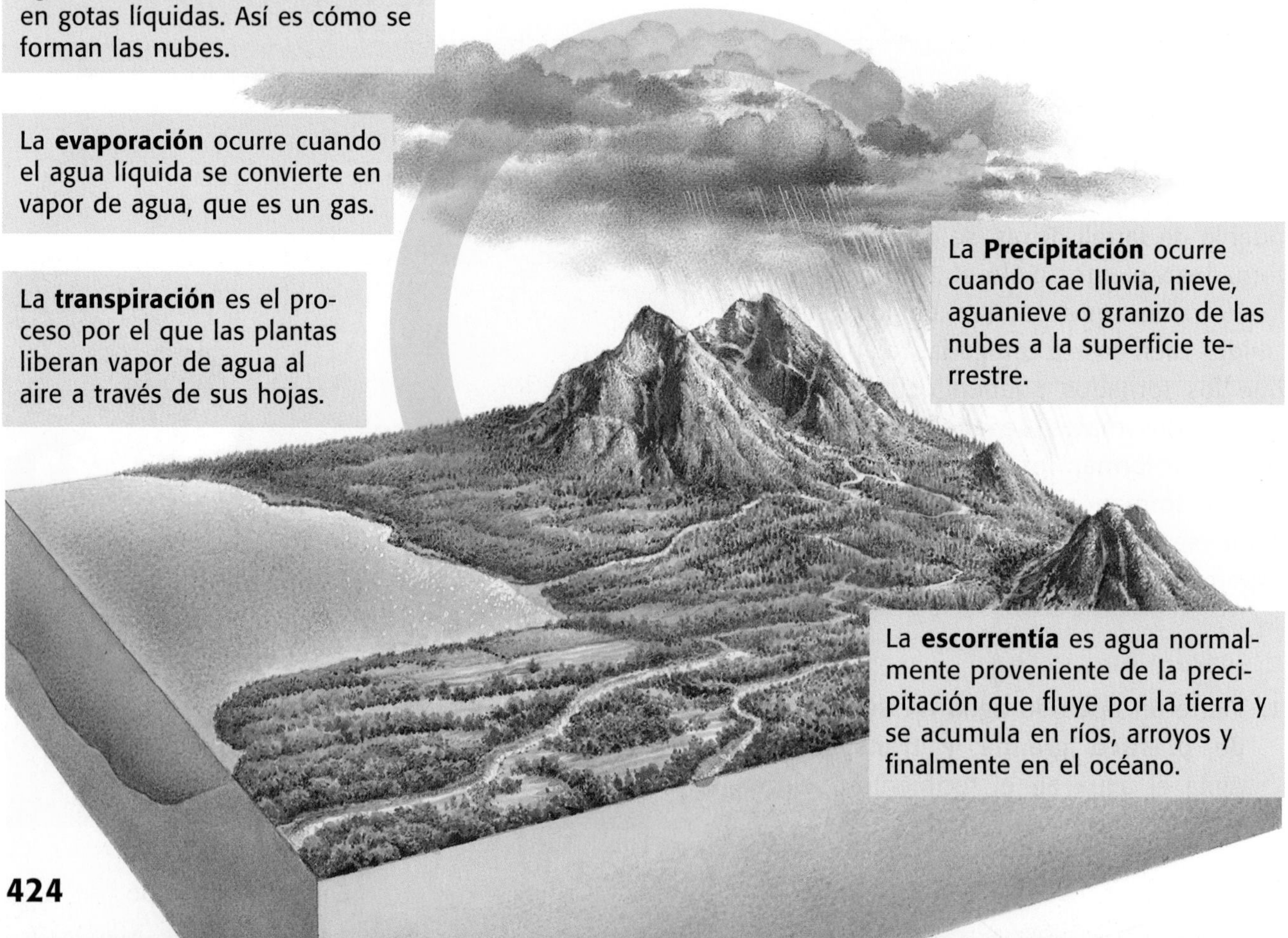

Humedad

¿Te has peinado largo rato antes de ir a la escuela para terminar igual de despeinado? Saliste y ¡zas! tu cabello liso se puso lacio, o tu pelo crespo se enmarañó. Casi todos los días en que terminas despeinado, la culpa es de la humedad. La humedad es la cantidad de vapor de agua que hay en el aire. Y la humedad del aire hace que tu cabello enloquezca, como se muestra en la **Figura 2.**

Figura 2 *Cuando hay más agua en el aire, tu cabello absorbe la humedad y se alarga.*

Cuando el agua se evapora, aumenta la humedad del aire. Pero la capacidad del aire de retener el vapor de agua depende de la temperatura del aire. Cuando la temperatura aumenta, la capacidad del aire de retener agua también aumenta. La **Figura 3** muestra la relación entre la temperatura del aire y la capacidad del aire para retener agua.

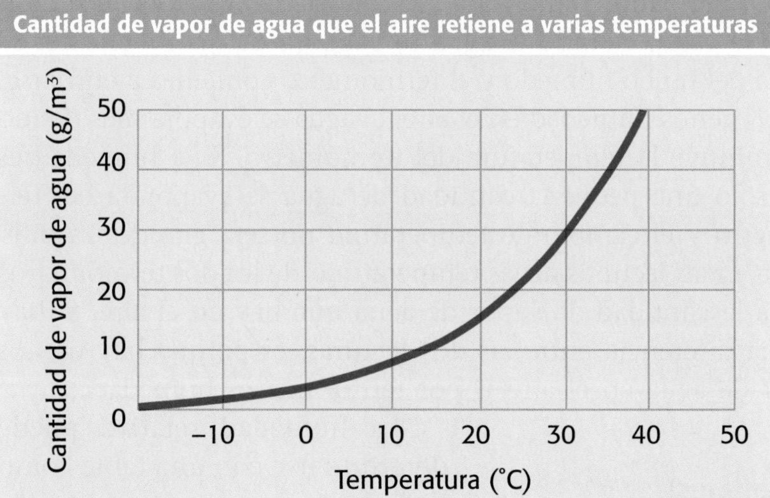

Figura 3 *Esta gráfica muestra que el aire más caliente puede retener más vapor de agua que el aire más frío.*

Autoevaluación

¿Cómo se relaciona la humedad con el ciclo del agua? *(Consulta la página 564 para comprobar tu respuesta.)*

La humedad relativa La **humedad relativa** es la cantidad de humedad que contiene el aire en relación con la cantidad máxima que puede retener a una temperatura determinada. Se indica como porcentaje. Cuando el aire retiene toda el agua que puede a una temperatura dada, se dice que está *saturado.* El aire saturado tiene una humedad relativa del 100 por ciento. ¿Cómo puede saberse la humedad relativa del aire que no está saturado? Si conoces la cantidad máxima de vapor de agua que el aire retiene a una temperatura determinada y sabes cuánto vapor de agua hay en el aire, puedes calcular la humedad relativa.

Imagina que, a una temperatura determinada, 1 m³ de aire puede retener 24 gramos de vapor de agua. Sabes que en realidad el aire contiene 18 gramos de vapor de agua. Calcula la humedad relativa del aire con la siguiente ecuación:

$$\frac{\text{(presente) } 18 \text{ g/m}^3}{\text{(saturado) } 24 \text{ g/m}^3} \times 100 = \text{(humedad relativa) } 75\%$$

Relacionar la humedad relativa

Imagina que una muestra de aire, 1m³ a 25 C, contiene 11 gramos de vapor de agua. Calcula la humedad relativa del aire utilizando el valor correspondiente al aire saturado que se muestra en la Figura 3.

Figura 4 *Al utilizar un psicrómetro, se sostiene la manivela y se mueve el termómetro de bulbo seco y húmedo en un círculo.*

Si la temperatura no cambia, la humedad relativa cambia si entra o sale vapor de agua del aire. Mientras más vapor de agua hay en el aire a una temperatura determinada, mayor es el nivel de humedad. Los cambios de temperatura también influyen en la humedad relativa. La humedad relativa disminuye cuando la temperatura se eleva y aumenta cuando la temperatura disminuye.

Medir la humedad relativa La humedad relativa se mide con un **psicrómetro**. Como se ve en la **Figura 4,** un psicrómetro tiene dos termómetros. El bulbo de un termómetro está cubierto con un paño húmedo y se llama termómetro de bulbo húmedo. El otro es un termómetro de bulbo seco que mide la temperatura del aire.

Cuando el aire pasa por el termómetro de bulbo húmedo, el agua del paño comienza a evaporarse. Como la evaporación requiere calor, cuando el agua se evapora del paño, el calor se separa del bulbo húmedo y el termómetro comienza a enfriarse. Si hay menos humedad en el aire, el agua se evapora más rápido y disminuye la temperatura del termómetro. Si la humedad es alta, sólo una pequeña cantidad de agua se evaporará del termómetro y el cambio de temperatura no será grande. La diferencia en las lecturas de las temperaturas de los dos termómetros indica la cantidad de vapor de agua que hay en el aire. Si hay mucha diferencia entre las dos lecturas, es porque hay menos vapor de agua en el aire y, por tanto, menos humedad.

La humedad relativa puede determinarse con una tabla como la de la **Figura 5.** Los números de arriba de la tabla representan las diferencias de temperatura entre el bulbo húmedo y el seco en grados Celsius. Los números del lado izquierdo de la tabla indican las lecturas de las temperaturas del bulbo seco en grados Celsius.

Humedad relativa (en porcentajes)

Bulbo seco húmedo (°C)	La diferencia entre la lectura del bulbo y la lectura del bulbo seco (en °C).									
	1	**2**	**3**	**4**	**5**	**6**	**7**	**8**	**9**	**10**
0	81	64	46	29	13					
2	84	68	52	37	22	7				
4	85	71	57	43	29	16				
6	86	73	60	48	35	24	11			
8	87	75	63	51	40	29	19	8		
10	88	77	66	55	44	34	24	15	6	
12	89	78	68	58	48	39	29	21	12	
14	90	79	70	60	51	42	34	26	18	10
16	90	81	71	63	54	46	38	30	23	15
18	91	82	73	65	57	49	41	34	27	20
20	91	83	74	66	59	51	44	37	31	24
22	92	83	76	68	61	54	47	40	34	28
24	92	84	77	69	62	56	49	43	37	31
26	92	85	78	71	64	58	51	46	40	34
28	93	85	78	72	65	59	53	48	42	37
30	93	86	79	73	67	61	55	50	44	39

Figura 5 *Ubica la columna que muestra la diferencia entre las lecturas del bulbo húmedo y del bulbo seco y luego la fila que muestra la lectura de la temperatura en el termómetro de bulbo seco. El valor donde la columna y la fila se cruzan es la humedad relativa.*

El proceso de condensación

Probablemente hayas observado que en la parte exterior de un vaso de agua helada se forman gotas de agua, como se muestra en la **Figura 6.** ¿Te has preguntado de dónde vienen esas gotas de agua? El agua proviene del aire circundante y las gotas se formaron por condensación. La **condensación** es el proceso por el cual un gas, como el vapor de agua, se convierte en un líquido. Para que haya haber condensación, el aire debe estar saturado y tener una humedad relativa del 100 por ciento. La condensación ocurre cuando el aire saturado se enfría.

El aire se satura cuando se agrega vapor de agua al aire por evaporación o transpiración. El aire también puede saturarse cuando se enfría hasta llegar al punto de condensación; tal es el caso del vaso de agua helada. El **punto de condensación** es la temperatura a la que el aire debe bajar para estar completamente saturado. El hielo en el vaso de agua hace que el aire que rodea el vaso se enfríe hasta el punto de condensación.

Antes de condensarse, el vapor de agua debe tener una superficie sobre la cual hacerlo. En el vaso de agua helada, el vapor de agua se condensa en las paredes del vaso. Otro ejemplo es la condensación del vapor de agua sobre el césped, que forma pequeñas gotas de agua llamadas *rocío,* como se muestra en la **Figura 7.**

Figura 6 *La condensación ocurre cuando el aire cercano al vaso se enfría a una temperatura inferior a su punto de condensación.*

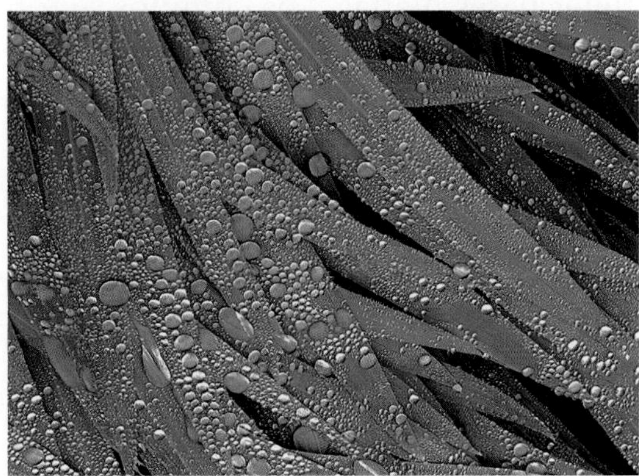

Figura 7 *La condensación se produce más en noches frías y despejadas con poco viento.*

REPASO

1. ¿Qué diferencia existe entre la humedad y la humedad relativa?
2. ¿Cuáles son las dos formas en que puede llegar a saturarse el aire con el vapor de agua?
3. ¿Qué significa que hay una humedad relativa del 75%?
4. ¿Cómo incide el ciclo del agua en la condensación?
5. **Analizar relaciones** ¿Qué sucede con la humedad relativa cuando la temperatura del aire desciende bajo el punto de condensación?

Laboratorio

Desde el aire

1. Toma un **recipiente de plástico,** como un frasco o un vaso, y llénalo casi hasta arriba con **agua** a temperatura ambiente.
2. Observa la parte exterior de la lata o del recipiente. Anota tus observaciones.
3. Añade uno o dos **cubos de hielo,** y fíjate si se produce algún cambio en el exterior del recipiente.
4. ¿Qué sucedió con el exterior del recipiente?
5. ¿Qué líquido es?
6. ¿De dónde salió ese líquido? ¿Por qué?

Las nubes

Algunas parecen motas de algodón, otras parecen mechones de pelo y otras parecen mantas grises que bloquean el sol. Pero, ¿Qué *son* las nubes y cómo se forman? ¿Y por qué hay tantos tipos diferentes? Una **nube** es un grupo de millones de gotitas de agua o cristales de hielo. Las nubes se forman cuando el aire caliente sube y se enfría. Al enfriarse el aire que se eleva, se satura, pues el aire más frío no retiene tanto vapor de agua como el caliente. Al llegar el aire al punto de saturación, que es el 100 por ciento de humedad relativa, el agua cambia de su estado gaseoso (vapor) a su estado líquido o sólido, según la temperatura del aire. Para que el vapor de agua cambie de estado físico, necesita una superficie para experimentar el cambio. Estas superficies, llamadas *núcleos de condensación,* son pequeñas partículas suspendidas en el aire como el polvo, el humo y la sal. A altas temperaturas, el vapor de agua se condensa en las partículas pequeñas en gotitas de agua. A temperaturas bajo cero, el vapor de agua pasa al estado sólido y forma cristales de hielo.

Figura 8 *Los cúmulos parecen montones de bolas de algodón.*

Figura 9 *Aunque los estratos no son tan altos como los cúmulos, cubren más superficie que éstos.*

Tipos de nubes Si bien las nubes pueden tener muchos aspectos, todas se clasifican según tres tipos básicos: cúmulos, estratos y cirros. Los **cúmulos,** que se muestran en la **Figura 8,** son nubes blancas e hinchadas que suelen tener bases planas. Los cúmulos se forman cuando el aire caliente se eleva, y en general indican buen tiempo, pero cuando estas nubes se agrandan producen tormentas eléctricas. Un cúmulo que produce tormentas eléctricas se llama *cumulonimbo.* Como regla general, cuando el nombre de una nube se compone de *-nimbus* o *nimbo,* es un tipo de nube que puede producir precipitaciones.

Los **estratos** son nubes que se forman por capas, como se muestra en la **Figura 9.** Los estratos cubren grandes extensiones del cielo, a menudo bloqueando el Sol. Estas nubes se originan por la elevación suave de una gran cantidad de aire dentro de la atmósfera. Los *nimboestratos* son estratos oscuros que comúnmente producen lluvia continua que puede ser suave o intensa. Cuando el vapor de agua se condensa cerca del suelo, forma un estrato llamado *niebla.*

Como puedes ver en la **Figura 10** los **cirros** son nubes blancas, delgadas y ligeras que se encuentran a gran altura. Los cirros se forman cuando el viento es fuerte. Los cirros pueden indicar que se aproxima mal tiempo si se engrosan y bajan de altura. Las nubes también se clasifican según la altitud a la que se forman. La ilustración de la **Figura 11** muestra los tres grupos de altitud que se utilizan para clasificar las nubes por categorías.

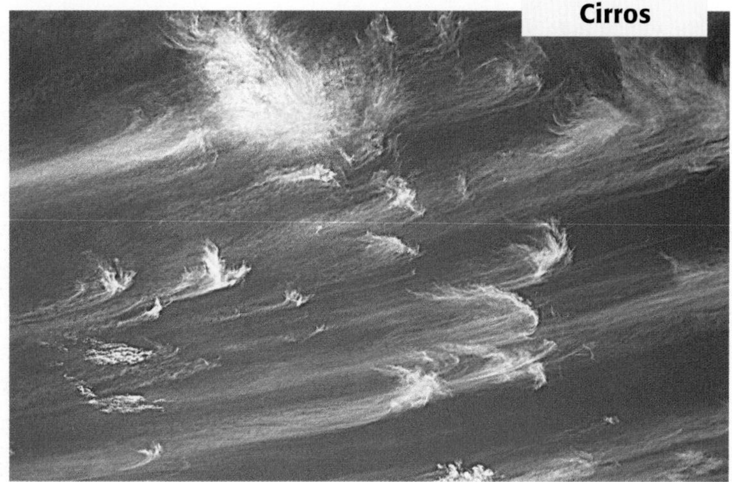

Figura 10 *Los cirros se componen de cristales de hielo, porque se forman a grandes altitudes donde la temperatura está bajo cero.*

Figura 11 Tipos de nube según su forma y altitud

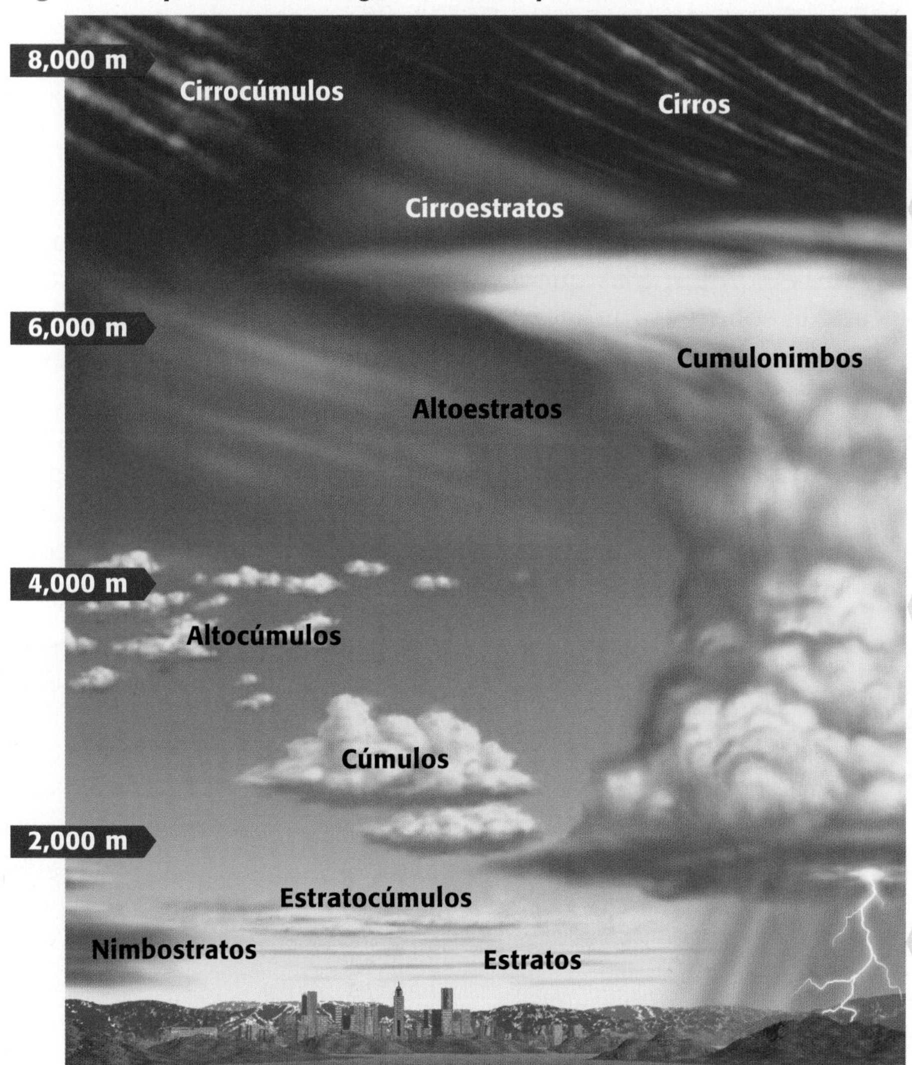

El prefijo *cirro-* se utiliza para describir a las nubes altas que se forman sobre los 6,000 metros. Las nubes altas están compuestas de cristales de hielo, debido a las frías temperaturas de tan gran altura.

Las nubes medias se forman entre los 2,000 y los 6,000 metros. Las nubes medias pueden estar compuestas de gotas de agua y de cristales de hielo. El prefijo *alto-* se utiliza para describir las nubes que se encuentran dentro de este rango de altitud.

Las nubes bajas se forman debajo de los 2,000 metros de altitud. Estas nubes están hechas de gotas de agua. Normalmente, se utiliza el prefijo *estrato-* para describir estos tipos de nubes.

Precipitación

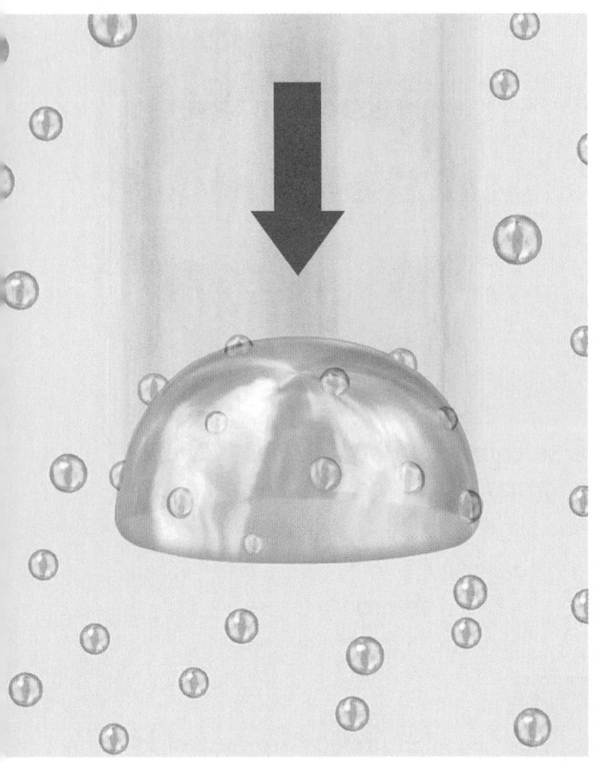

El vapor de agua que se condensa para formar nubes puede caer en forma de precipitación. La **precipitación** es agua que cae desde el aire a la Tierra en forma líquida o sólida como lluvia, nieve, aguanieve y granizo.

La *lluvia* es la forma más común de precipitación: agua líquida que cae de las nubes a la Tierra. Una nube produce lluvia cuando sus gotas de agua son suficientemente grandes para caer. Una gota de nube comienza como una gota de agua más pequeña que el punto que hay al final de esta oración. Para que una gota de agua caiga como precipitación, debe aumentar de tamaño hasta llegar a alrededor de 100 veces su diámetro normal. La **Figura 12** ilustra cómo una gota de agua aumenta de tamaño hasta que es suficientemente grande como para caer en forma de precipitación.

Figura 12 *Las gotas de nube se agrandan al unirse y chocar con otras gotas. Finalmente las gotas de agua se vuelven demasiado pesadas para mantenerse suspendidas en la nube y caen en forma de precipitación.*

Nieve, aguanieve y granizo La forma más común de precipitación sólida es la *nieve.* La nieve se forma cuando las temperaturas son tan frías que el vapor de agua pasa directamente al estado sólido. La nieve cae como cristales de hielo individuales o se combina para formar copos de nieve como los de la **Figura 13.**

Figura 13 *Los copos de nieve son cristales de hielo con seis lados, cuyo tamaño puede ser desde varios milímetros a varios centímetros.*

El *aguanieve,* o lluvia congelada, se forma cuando la lluvia cae a través de una capa de aire congelado. La lluvia se congela y produce hielo que cae. A veces la lluvia no se congela hasta que llega a una superficie cerca de la tierra y entonces se convierte en una capa de hielo llamada *escarcha,* como se muestra en la **Figura 14.**

Figura 14 *El hielo de escarcha se forma cuando la lluvia se congela sobre las superficies que se encuentran cerca de la tierra.*

El *granizo,* como se ilustra en la **Figura 15,** es precipitación sólida que cae en forma de bolitas o trozos de hielo. Generalmente, el granizo se forma en los cumulonimbos. Las corrientes ascendentes de aire en las nubes llevan gotas de lluvia a grandes altitudes dentro de la nube, donde se congelan. Al caer las gotas de lluvia congeladas, chocan y se combinan con gotas de agua. Puede suceder que otra corriente de aire ascendente envíe de nuevo el granizo a la nube. Aquí, las gotas de agua reunidas por el granizo se congelan y forman otra capa de hielo congelado. Si el movimiento ascendente del aire es basante fuerte, el granizo puede acumular varias capas de hielo. Finalmente, el granizo adquiere tanto peso que cae a la superficie de la Tierra. El granizo se asocia con el clima cálido, pues ocurre con más frecuencia en los meses de primavera y verano.

Figura 15 *El granizo es una de las formas de precipitación más destructivas. El impacto de grandes trozos de granizo puede dañar las propiedades y los cultivos.*

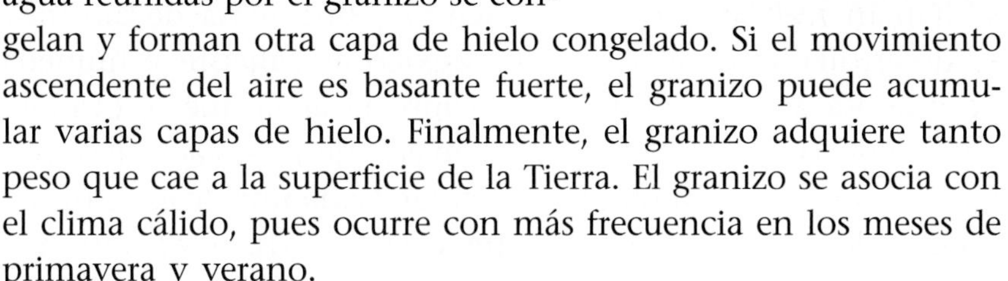

Medir la precipitación Un *pluviómetro* es un instrumento para medir la cantidad de lluvia caída. Hay varios tipos de pluviómetro, pero por lo general se componen de un embudo y un cilindro, como se ilustra en la **Figura 16.** La lluvia cae por el embudo y se junta en el cilindro. Las marcas del cilindro indican cuanta lluvia ha caído.

La nieve se mide por su profundidad y por su contenido de agua. La profundidad de la nieve se mide con una varilla de medición. El contenido de agua de la nieve se determina al derretir la nieve y medir la cantidad de agua. La cantidad de agua líquida que resulta depende del tipo de nieve. La nieve seca produce menos agua que la nieve húmeda. Por ejemplo, se necesitan alrededor de 20 cm de nieve seca para producir un centímetro de agua líquida. Pero sólo se necesitan 6 cm de nieve húmeda para producir la misma cantidad de agua.

Figura 16 *Los pluviómetros miden sólo la precipitación que cae en un lugar específico.*

REPASO

1. ¿Cómo se forman las nubes?
2. ¿Por qué algunas nubes se forman a partir de las gotas de agua y otras se forman a partir de cristales de hielo?
3. Describe cómo se forma la lluvia.
4. **Aplicar conceptos** ¿Cómo pueden caer lluvia y granizo desde el mismo cumulonimbo?

Sección
2

Las masas de aire y los frentes

VOCABULARIO

masa de aire
frente

OBJETIVOS

- Explica cómo se caracterizan las masas de aire.
- Describe los cuatro tipos de masas de aire que influyen en el tiempo en los Estados Unidos.
- Describe los cuatro tipos princi pales de frentes.
- Relaciona los frentes con los cambios de tiempo.

¿Te has preguntado cómo puede cambiar el tiempo tan rápidamente? Un día brilla el sol y estás con pantalones cortos y al siguiente necesitas un abrigo. Los cambios de tiempo son causados por el movimiento y la interacción de las masas de aire. Una **masa de aire** es una gran extensión de aire cuya temperatura y humedad son uniformes. En esta sección aprenderás sobre las masas de aire y cómo su interacción influye en el tiempo.

Las masas de aire

Una masa de aire tiene las mismas características de temperatura y humedad que el área en la cual se forma. Estas áreas se llaman *regiones fuente*. Por ejemplo, una masa de aire que se desarrolla sobre el Golfo de México es caliente y húmeda porque esa área es cálida y tiene mucha agua que se evapora en el aire. Hay muchos tipos de masas de aire, cada una asociada con una región fuente particular. Cada una de estas masas puede identificarse por sus características de temperatura y humedad. Las características de estas masas de aire se representan en los mapas con símbolos de dos letras, como en la **Figura 17**. La primera letra indica las características de humedad de la masa de aire y el segundo símbolo representa sus características de temperatura.

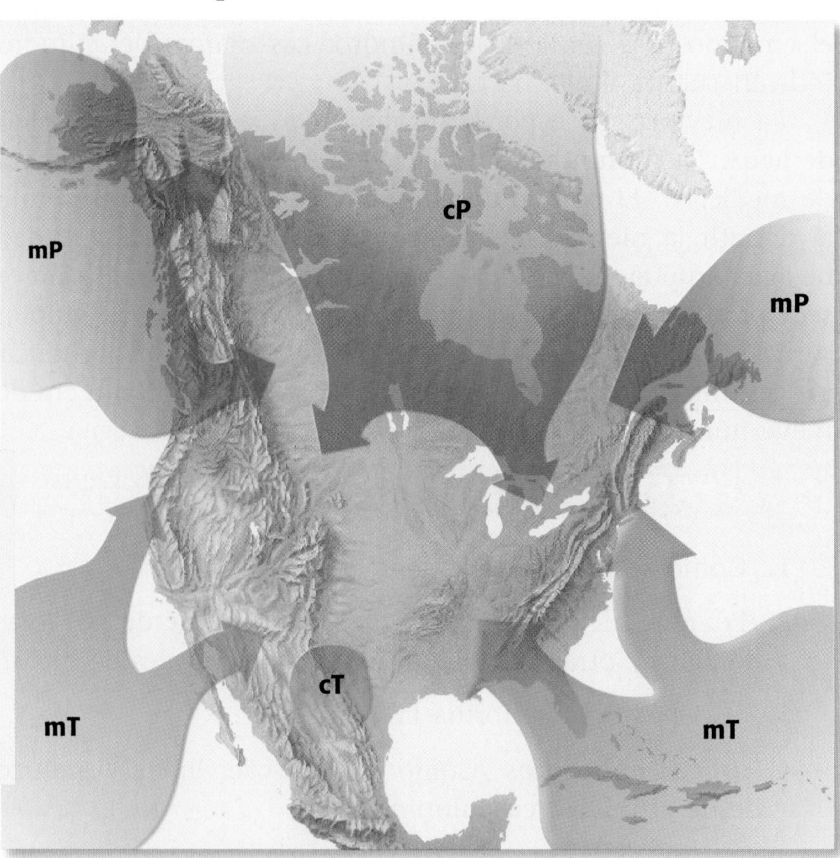

Figura 17 *Este mapa muestra las regiones fuente de las masas de aire que influyen en el tiempo en Norteamérica. Las masas de aire mantienen sus características de humedad y temperatura al trasladarse sobre la superficie de la Tierra.*

Figura 18 *Las masas de aire cP se mueven generalmente hacia el sudeste a través de Canadá y penetran el norte de los Estados Unidos.*

Masas de aire frío La mayor parte del clima frío de invierno de los Estados Unidos está influido por tres masas de aire polar. Una de estas masas de aire se desarrolla en tierra, y las otras dos se forman sobre los océanos. Estas masas de aire se originan en Canadá, el Océano Pacífico Norte y el Océano Atlántico Norte.

En el norte de Canadá, en tierra, se forma una masa de aire polar continental. En invierno, este aire trae a los Estados Unidos un clima muy frío, como se ve en la **Figura 18;** en verano, generalmente trae clima frío y seco.

Sobre el Océano Pacífico Norte se forma una masa de aire polar marítimo que afecta la mayor parte de la costa del Pacífico. Esta masa de aire es muy húmeda, pero no tan fría como la que se desarrolla sobre Canadá. En el invierno, esta masa de aire trae lluvia y nieve a la costa del Pacífico; en el verano, trae un clima brumoso y seco.

Sobre el Océano Atlántico se forma una masa de aire polar marítimo que generalmente afecta Nueva Inglaterra y el este de Canadá. En invierno, esta masa de aire produce tiempo frío y nuboso con precipitaciones; en el verano, trae clima fresco con neblina.

Masas de aire tibio Cuatro masas de aire tibio influyen en el tiempo de los Estados Unidos. Tres de ellas se desarrollan sobre el agua y sólo una se forma sobre la tierra. Las regiones de origen de estas masas de aire caliente son el Océano Atlántico, el Océano Pacífico, el Golfo de México, el sudoeste de Estados Unidos, y la zona desértica de México.

Sobre las áreas cálidas del Océano Pacífico Norte se desarrolla una masa marítima de aire tropical que tiene menor contenido de humedad y es más débil que la masa marítima de aire polar. Por eso, el sur de California experimenta menos precipitaciones que el resto del estado. Otras masas marítimas de aire tropical que se desarrollan sobre las aguas cálidas del Golfo de México y del Océano Atlántico Norte se mueven hacia el norte, atraviesan la costa este y se internan en el medio oeste. En verano, traen tiempo húmedo y caliente, tormentas eléctricas y huracanes, como se muestra en la **Figura 19;** en invierno traen un clima templado y a menudo nuboso.

Figura 19 *La gente de Houston, Texas, experimenta las numerosas tormentas eléctricas traídas por las masas de aire mT desde el Golfo de México.*

Sobre los desiertos del norte de México y el sudoeste de los Estados Unidos se forma una masa continental de aire tropical. Esta masa de aire sólo influye sobre el tiempo en los Estados Unidos en verano. Generalmente en viaja hacia el noreste, trayendo consigo un clima muy cálido, despejado y seco.

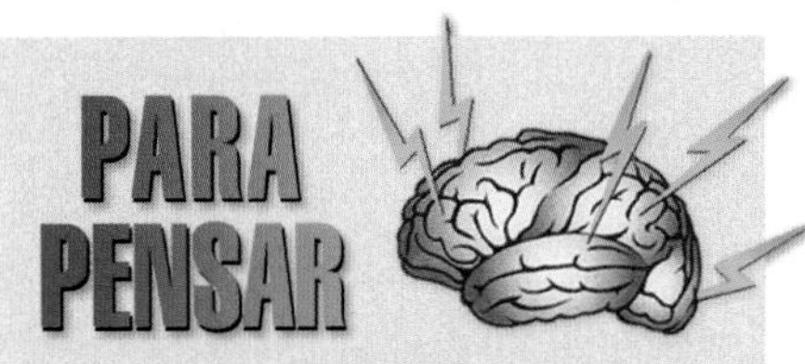

El término frente se utilizó por primera vez para describir sistemas meteorológicos durante la Primera Guerra Mundial. Los meteorólogos de Noruega pensaron en las fronteras entre las diferentes masas de aire como si fueran ejércitos que se enfrentaban en el frente de batalla.

Frentes

Las masas de aire cuyas características (temperatura y humedad) son diferentes casi nunca se mezclan. Por eso, cuando se encuentran dos masas de aire diferentes, se forma una barrera entre ellas. Esta barrera se llama **frente.** En un frente, el tiempo es nuboso y tormentoso. La **Figura 20** ilustra los cuatro tipos de frentes: frentes fríos, frentes calientes, frentes cerrados y frentes estacionarios. En las latitudes medias, donde hay masas de aire cálido y de aire frío, los frentes están asociados con el tiempo. En los Trópicos no se producen frentes, porque allí sólo hay masas de aire caliente.

Figura 20 Tipos de frentes

Frente frío

Dirección del frente

Masa de aire frío

Masa de aire caliente

Un **frente frío** se forma cuando una masa de aire frío se encuentra con una masa de aire caliente y la desplaza. Como el aire frío en movimiento es más denso, se coloca debajo de la capa menos densa de aire cálido y la empuja hacia arrriba. Los frentes fríos pueden moverse con rapidez y producir grandes cumulonimbos con tormentas, lluvia abundante o nieve. Por lo general, después de un frente frío viene tiempo frío ya que se empuja el aire caliente hacia arriba y se lo aleja de la superficie de la Tierra.

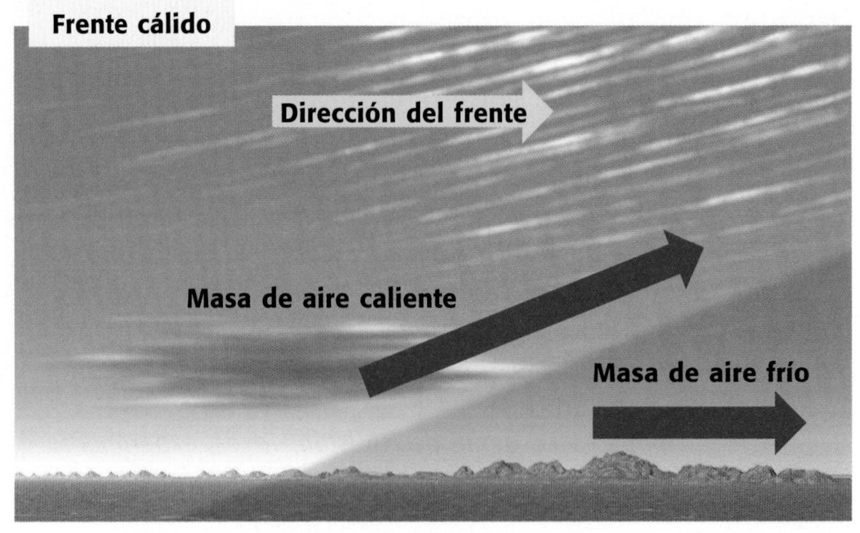

Un **frente cálido** se forma cuando una masa de aire caliente se encuentra con una masa de aire frío, pasa por encima de ella y la anula. El aire caliente, que es menos denso, se coloca sobre el aire frío, que es más denso. Gradualmente, el aire caliente reemplaza al aire frío. Por lo general, los frentes cálidos traen nimbostratos y precipitación ligera. Una vez que pasa el frente, el cielo se despeja y la temperatura aumenta.

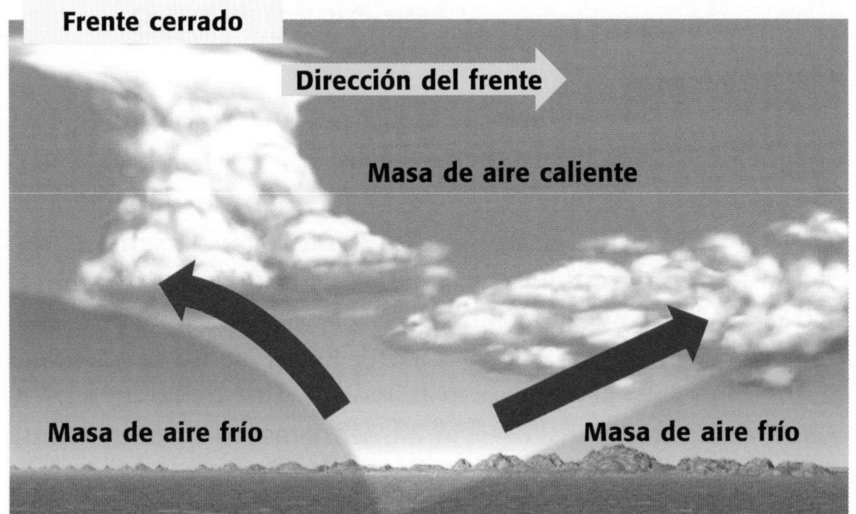

Un **frente cerrado** se forma cuando un frente frío que se mueve con rapidez se apodera de un frente cálido que se mueve más lentamente y obliga al aire caliente a subir. Luego, el frente frío continúa avanzando hasta encontrarse con una masa de aire frío que es más cálida. Luego, el frente frío obliga a esta masa de aire a elevarse. Los frentes cerrados tienen temperaturas frías y grandes cantidades de precipitación.

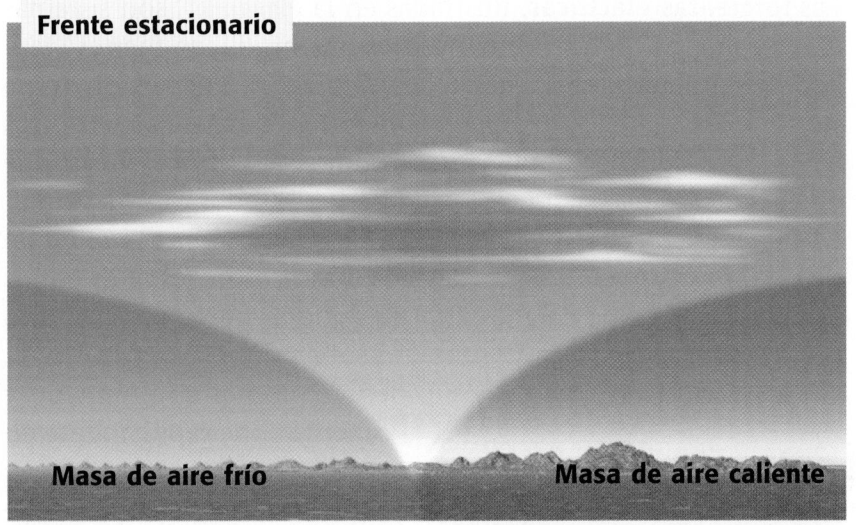

Un **frente estacionario** se forma cuando una masa de aire frío se encuentra con una masa de aire caliente y ocurre un ligero movimiento horizontal. El tiempo que se asocia a los frentes estacionarios es similar al que producen los frentes calientes.

REPASO

1. ¿Cuáles son las características de las masas de aire?
2. ¿Cuáles son las grandes masas de aire que influyen en el clima en los Estados Unidos?
3. ¿Qué son los frentes y qué factores los originan?
4. ¿Qué tipo de frente se forma cuando una masa de aire frío desplaza a una masa de aire caliente?
5. **Analizar relaciones** Explica por qué la costa del Pacífico tiene inviernos húmedos y veranos secos y calurosos.

Sección 3

Condiciones atmosféricas extremas

VOCABULARIO

condiciones atmosféricas extremas
tormentas eléctricas
relámpago
truenos
tornado
huracán

OBJETIVOS

- Explica qué es el relámpago.
- Describe la formación de tormentas eléctricas, tornados y huracanes.
- Describe las características de las tormentas eléctricas, los tornados y los huracanes.

En las latitudes medias, el tiempo puede cambiar de un día para otro. Estos cambios son resultado del movimiento continuo de masas de aire. A veces se desarrolla una serie de tormentas en un frente y se producen condiciones climáticas extremas. Las **condiciones atmosféricas extremas** pueden causar daños materiales y hasta la muerte. Ejemplos de condiciones climáticas extremas son los tornados, las tormentas eléctricas y los huracanes. En esta sección aprenderás los tipos de condiciones climáticas extremas y cómo se forman.

Las tormentas eléctricas

Las **tormentas eléctricas,** ilustradas en la **Figura 21,** son sistemas meteorológicos pequeños e intensos que producen fuertes vientos, lluvia abundante, truenos y relámpagos. Pueden originase junto a los frentes fríos, pero también se desarrollan en otros sitios. Sólo deben cumplirse dos condiciones atmosféricas: que el aire cerca de la Tierra esté caliente y húmedo, y que la atmósfera sea inestable. La atmósfera es inestable si el aire circundante de una masa de aire que se eleva es más frío que ésta. Mientras el aire que rodea a la masa de aire que se eleva sea más frío que la masa en sí, ésta continuará subiendo.

Las tormentas eléctricas suceden cuando el aire húmedo y caliente sube rápidamente en una atmósfera inestable. Cuando alcanza su punto de condensación, el vapor de agua del aire se condensa y forma cúmulos. Si la atmósfera es muy inestable, el aire caliente sigue subiendo y hace que la nube se convierta en un cumulonimbo obscuro, alcanzando altitudes de más de 15 km.

Figura 21 *Una tormenta eléctrica típica produce unos 470 millones de litros de agua y electricidad suficiente para proveer energía a todos los Estados Unidos por 20 minutos.*

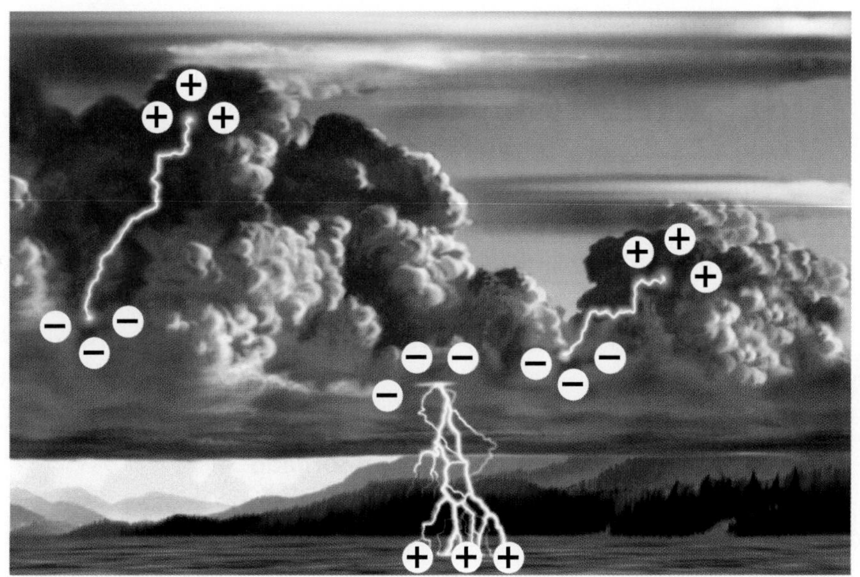

Figura 22 *La parte superior de una nube generalmente lleva una carga eléctrica positiva, mientras que la parte inferior lleva principalmente cargas negativas.*

¿Como te sentirías si todo tu verano se redujera a un solo día cada varios años? Pasa a la página 451 para averiguar cómo alguien se sintió.

Relámpagos Las tormentas eléctricas son eléctricamente muy activas. Un **relámpago** es una gran descarga eléctrica que ocurre entre dos superficies que tienen cargas opuestas, como se muestra en la **Figura 22.** ¿Has vez recibido una ligera descarga por tocar a alguien después de frotar tus pies en la alfombra? Si te ha sucedido, has experimentado cómo se forma el relámpago. Al caminar, la fricción entre el suelo y tus zapatos crea una carga eléctrica en tu cuerpo. Cuando tocas a alguien, esa carga se libera; del mismo modo, cuando cae un relámpago, se libera energía. La energía pasa al aire y hace que se expanda rápidamente y emita ondas sonoras. El **trueno** es el sonido producido por la expansión rápida del aire durante la descarga eléctrica de un rayo.

a través de las ciencias CONEXIÓN

¿Nunca te has preguntado por qué no escuchas el trueno y ves el rayo al mismo tiempo? La explicación es muy sencilla: la luz viaja más rápido que el sonido. La luz te alcanza casi inmediatamente, mientras que el sonido viaja a sólo 1 km cada 3 segundos. Cuanto más cerca está el rayo de tí, más pronto escuchas el trueno.

Las tormentas eléctricas graves Sólo alrededor del 10 por ciento de las tormentas eléctricas se consideran graves. Las tormentas eléctricas graves producen una o más de las siguientes condiciones: vientos altos, granizo, inundaciones repentinas y tornados. Las tormentas de granizo dañan los cultivos, abollan el metal de los autos y quiebran las ventanas. Las inundaciones repentinas causadas por lluvias abundantes provocan daños millonarios a la propiedad cada año y son la causa más importante de muertes atribuídas al tiempo.

Los rayos, presentes en todas las tormentas eléctricas, provocan miles de incendios forestales por año en los Estados Unidos. Los rayos también matan o lesionan a miles de personas por año en los Estados Unidos. La **Figura 23** muestra la facilidad con que puede caer un rayo sobre un objeto en la superficie de la Tierra.

Figura 23 *A menudo, los rayos caen sobre el objeto más alto dentro de un área.*

Los tornados

Los tornados se producen sólo en el 1 por ciento de todas las tormentas eléctricas. Un **tornado** es una pequeña columna de aire giratoria que contiene vientos de altas velocidades y una presión central baja que toca el suelo. Un tornado se origina como una nube de embudo que se introduce por la parte inferior de un cumulonimbo y se sostiene en el aire. Cuando establece contacto con la Tierra, se le llama tornado. La **Figura 24** ilustra el desarrollo de un tornado.

1 Cuando sopla viento en dos direcciones diferentes, se produce una capa de aire en el medio que comienza a girar como un rollo de papel higiénico.

Figura 24 Cómo se forma un tornado

2 La columna de aire giratoria se coloca en posición vertical por fuertes corrientes ascendentes de aire dentro del cumulonimbo. Estas corrientes también comienzan a girar con la columna de aire.

3 La columna de aire giratoria se abre camino hasta la parte inferior del cumulonimbo y forma una nube embudo.

4 Cuando la nube embudo toca la tierra se le llama tornado.

Alrededor del 75% de los tornados del mundo ocurren en los Estados Unidos. La mayoría de estos tornados ocurren en primavera y a principios del verano cuando el aire frío y seco de Canadá choca con el aire caliente y húmedo del trópico. La senda de destrucción de un tornado puede variar, pero casi siempre es de unos 8 km de largo y entre 10 y 60 m de ancho. Aunque la mayoría de los tornados duran pocos minutos, causan gran cantidad de daños debido a sus fuertes vientos rotatorios. El tornado promedio tiene vientos con velocidades entre los 120 y 180 km/h, pero, aunque rara vez ocurre, los tornados pueden tener vientos hasta de 500 km/h. Los vientos de los tornados se caracterizan por sacar árboles de raíz y destruir edificios, como se muestra en la **Figura 25.** Los tornados pueden levantar objetos pesados, como casas, autos y letreros, y lanzarlos por el aire.

Figura 25 *En el tornado que azotó Kissimmee, Florida, en 1998, el viento alcanzó velocidades máximas de 416 km/h.*

¿Sabías que se han visto peces caer del cielo? Algunos científicos creen que el fenómeno de los peces que llueven se debe a los torbellinos. Un torbellino es un tornado que ocurre sobre el agua. Cuando el embudo establece contacto con la superficie del agua, hace que se esparza varios metros hacia arriba.

Huracanes

Un **huracán,** mostrado en la **Figura 26,** es un gran sistema giratorio de tiempo tropical con velocidades de por lo menos 119 km/h. Los huracanes son la tormentas más poderosas que hay sobre la Tierra. Los huracanes tienen nombres diferentes en diversas partes del mundo. En el Océano Pacífico Occidental se les llama *tifones.* Los huracanes que se forman sobre el Océano Índico se llaman *ciclones.*

Los huracanes se forman principalmente entre los 5° y 20° de latitud norte y sur, sobre los océanos tropicales y cálidos. En latitudes más altas, el agua es demasiado fría como para que se formen huracanes. Los huracanes varían en tamaño desde 160 a 1,500 km de diámetro y pueden trasladarse miles de millas.

Figura 26 El huracán Fran fotografiado desde el espacio

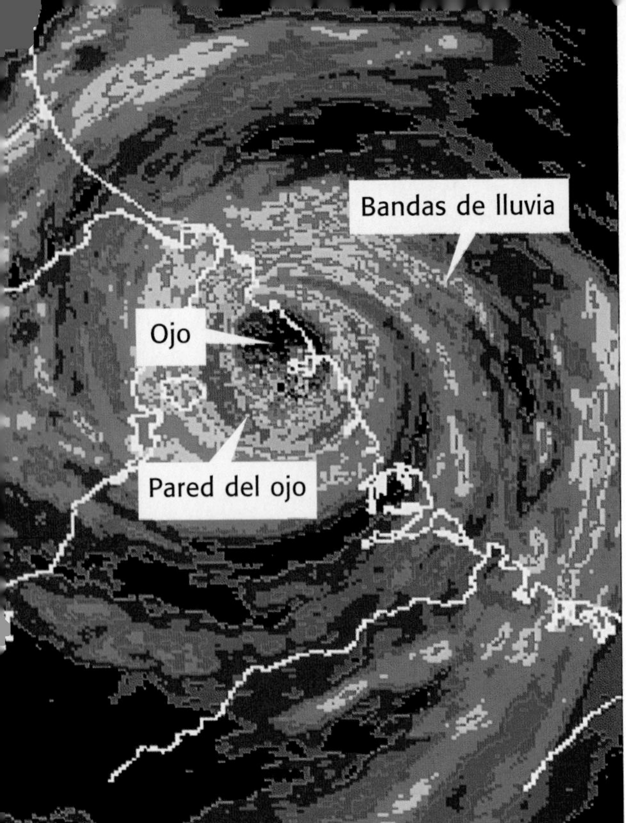

Figura 27 *La foto de arriba brinda una buena perspectiva sobre como es un huracán visto desde arriba.*

Formación de un huracán Un huracán se origina como un grupo de tormentas eléctricas sobre aguas tropicales. Cuando soplan vientos en dos direcciones diferentes, chocan y hacen que la tormenta gire sobre un área de baja presión. Debido a la fuerza de Coriolis, en el Hemisferio Norte la tormenta gira en sentido contrario a las agujas del reloj y en el Hemisferio Sur lo hace en el mismo sentido.

Los huracanes adquieren su energía de la condensación del vapor de agua. Ya formados, los huracanes mantienen su impulso debido a su contacto con el agua oceánica caliente. La evaporación del agua del mar añade humedad al aire caliente. Cuando el aire húmedo y caliente sube, el vapor de agua se condensa y libera mucha energía calórica. El huracán sigue creciendo en la medida en que se mantiene sobre su fuente de aire húmedo y caliente. Al trasladarse sobre aguas más frías o sobre la tierra, el huracán comienza a morir porque ha perdido su fuente de energía. La **Figura 27** y la **Figura 28** muestran las dos vistas del huracán.

Figura 28 *La vista de abajo ilustra como se vería un huracán si se cortara por la mitad y se viera de costado. Las flechas indican el flujo de aire.*

Alrededor del ojo está la **pared del ojo**: un grupo de cumulonimbos que producen lluvias abundantes y vientos poderosos. Los vientos pueden alcanzar velocidades de 300 km/h. La pared del ojo es la parte más fuerte del huracán.

En el centro del huracán se encuentra el **ojo:** un núcleo de aire caliente y relativamente calmo, con baja presión y vientos suaves.

Más allá de la pared del ojo, el centro del huracán está rodeado por bandas de nubes con forma de espiral, llamadas **bandas de lluvia**. Las bandas de lluvia producen lluvias abundantes y vientos altos. Dentro de esta área del huracán, la velocidad del viento disminuye a medida que aumenta la distancia desde la pared del ojo.

Corrientes ascendentes

Corriente descendente

Los daños provocados por huracanes Los huracanes pueden causar grandes daños al acercarse a la tierra o moverse sobre ella. La velocidad de los vientos estables de la mayoría de los huracanes fluctúa entre los 120 km/h y los 150 km/h, pero pueden alcanzar velocidades hasta de 300 km/h. Los vientos huracanados pueden derribar árboles y postes telefónicos, y destruir o dañar edificios y hogares.

Aunque los vientos altos producen muchos daños, la mayor parte de los daños causados por un huracán se deben a las inundaciones asociadas con fuertes lluvias y olas ciclónicas. Una *ola ciclónica* es una pared de agua que se forma sobre el océano debido a los fuertes vientos y a la baja presión atmosférica. La pared de agua crece más y más a medida que se acerca a la orilla, y alcanza su mayor altura cuando choca contra la orilla. Una ola ciclónica puede tener entre 1 y 8 metros de altura, según la fuerza del huracán. Una ola ciclónica puede afectar un área costera de entre 65 y 160 km. de extensión. Cuando una ola ciclónica llega a la orilla, las inundaciones causan graves daños a la propiedad y a la vida. Las inundaciones pueden aumentar debido a las fuertes lluvias que generalmente acompañan a los huracanes, como se muestra en la **Figura 29.**

astronomía CONEXIÓN

El tiempo en Júpiter es más emocionante que en la Tierra. El viento alcanza velocidade de 540 km/h. Las tormentas duran décadas y una en especial, El Gran Punto Rojo de Júpiter, ha estado dando vueltas desde que fue descubierta en 1664. El diámetro de El Gran Punto Rojo de Júpiter es más de una vez y media mayor que el de la Tierra. Es como un huracán que ha durado más de 300 años.

Figura 29 *En 1998, las inundaciones asociadas al Huracán Mitch devastaron América Central. Las inundaciones y los deslizamientos de barro barrieron pueblos enteros. Se dijo que la cantidad total de lluvia caída por la tormenta fue de hasta 190 cm en algunas áreas. Murieron miles de personas y los daños se estimaron en más de $5 mil millones.*

REPASO

1. ¿Qué son los rayos?
2. Describe cómo se desarrollan los tornados. ¿Cuál es la diferencia entre una nube embudo y un tornado?
3. ¿Por qué los huracanes solamente se forman sobre ciertas áreas?
4. **Establecer relaciones** ¿Qué le sucede a un huracán cuando se traslada sobre la tierra? ¿Por qué?

Sección 4

Pronosticar el tiempo

VOCABULARIO

pronóstico del tiempo
termómetro
barómetro
manga de viento
veleta
anemómetro
modelo de estación
isobaras

OBJETIVOS

- Describe los diferentes tipos de instrumentos utilizados para tomar mediciones meteorológicas.
- Explica cómo interpretar un mapa meteorológico.
- Explica por qué los mapas meteorológicos son útiles.

¿Has salido de tu casa en la mañana con una camisa de manga corta y al medio día descubres que necesitas un suéter? En algún momento de tu vida, el tiempo te toma desprevenido. El tiempo afecta cómo te vistes y tus actividades diarias de modo que es importante recibir un pronóstico de tiempo que sea exacto. **Un pronóstico de tiempo** es una predicción de las condiciones del tiempo para los próximos 3 o 5 días. Los meteorólogos observan y recopilan los datos de las ctuales condiciones del tiempo para dar predicciones confiables. En esta sección aprenderás algunos métodos para recopilar datos del tiempo y los métodos para presentarlos.

Tecnología para pronosticar el tiempo

Para entregar un pronóstico de tiempo exacto, los meteorólogos miden una variedad de condiciones atmosféricas, como presión del aire, humedad, precipitación, temperatura, velocidad y dirección del viento. Los meteorólogos usan instrumentos especiales para recopilar datos sobre las de condiciones del tiempo cerca y lejos de la superficie terrestre. Ya has estudiado dos instrumentos que los meteorólogos usan cerca de la superficie de la Tierra: psicrómetros, que se usan con el fin de medir la humedad relativa y pluviómetros, que se utilizan para medir la precipitación. Sigue leyendo para aprender otros métodos que los meteorólogos utilizan para recopilar datos.

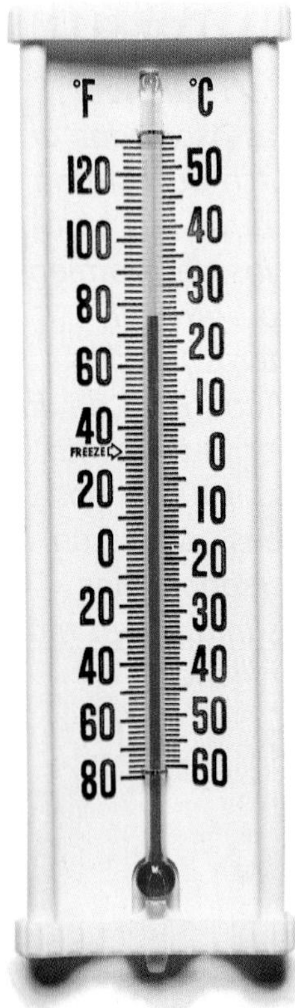

Figura 30 *Por lo general, un termómetro líquido está lleno de alcohol mezclado con colorante rojo, o de mercurio, que es de color plateado.*

Cómo medir la temperatura del aire Un **termómetro** es un instrumento que se utiliza para medir la temperatura del aire. Un termómetro común contiene líquido en un tubo de vidrio delgado sellado, como se muestra en la **Figura 30.** Cuando aumenta la temperatura ambiente, el líquido se expande y sube por el tubo de vidrio. A medida que disminuye la temperatura ambiente, el líquido se recoge y desciende por el tubo.

La temperatura del aire se mide en grados Celsius y en grados Fahrenheit. En los Estados Unidos, los meteorólogos informan la temperatura ambiente en grados Fahrenheit.

Medir la presión del aire Un **barómetro** es un instrumento que se utiliza para medir la presión del aire. El barómetro de mercurio, ilustrado en la **Figura 31**, proporciona el método más exacto de medir la presión del aire. Consta de un tubo de vidrio sellado por un extremo que se coloca en un recipiente lleno de mercurio. La presión del aire empuja el mercurio que se encuentra dentro del recipiente, haciendo que el mercurio suba por el tubo de vidrio. Mientras mayor es la presión, más alto se eleva el mercurio.

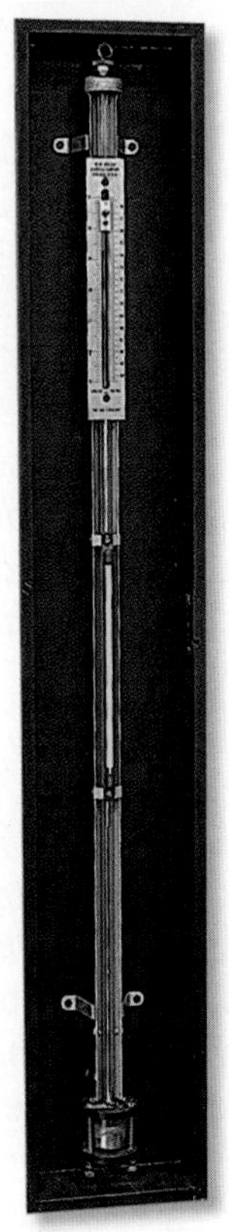

Figura 31 *En un barómetro de mercurio, la altura de la columna de mercurio del interior del tubo de vidrio indica la presión del exterior.*

Medir la dirección y la velocidad del viento La velocidad del viento se puede medir utilizando una **manga de viento** o una **veleta.** La manga de viento, como se muestra en la **Figura 32,** es una bolsa de tela en forma de cono abierta por ambos extremos. El viento se introduce a través del extremo ancho y sale por el extremo estrecho. Por tanto, el lado ancho es el que apunta hacia el viento.

La veleta tiene forma de flecha con una larga cola y está adherida a una vara. El viento empuja la cola de la veleta, que gira sobre la vara hasta que la flecha apunta hacia el viento.

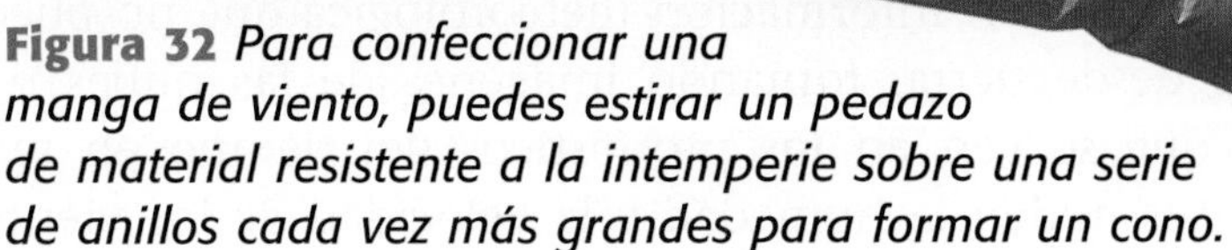

Figura 32 *Para confeccionar una manga de viento, puedes estirar un pedazo de material resistente a la intemperie sobre una serie de anillos cada vez más grandes para formar un cono.*

La velocidad del viento se mide con un artefacto llamado **anemómetro.** Un anemómetro, como el de la **Figura 33,** consta de tres o cuatro semiesferas adheridas a un poste por medio de varillas. El viento, al entrar en las concavidades de las semiesferas, hace que giren sobre el poste. Este movimiento envía una corriente eléctrica débil que se mide y se visualiza en un dial.

Figura 33 *Mientras más rápida sea la velocidad del viento, más rápido girarán las semiesferas del anemómetro.*

Medir el tiempo en la atmósfera superior Ya has aprendido cómo se registran las condiciones meteorológicas cerca de la superficie de la Tierra. Para que los meteorólogos comprendan mejor los patrones del tiempo, deben recopilar información desde mayores altitudes. Para estudiar el clima a mayores altitudes se requiere del uso de equipos más sofisticados.

Figura 34 *Las radiosondas tienen transmisores de radio que envían la información de sus mediciones a las estaciones que están en superficie.*

Los globos atmosféricos llevan equipos electrónicos llamados *radiosondas* que miden las condiciones meteorológicas hasta 30 km encima de la superficie de la Tierra. Las radiosondas, que se ilustran en la **Figura 34,** miden la temperatura, la presión del aire y la humedad relativa.

El *radar* se utiliza para encontrar la ubicación, el movimiento y la intensidad de la precipitación. El radar también puede detectar qué forma de precipitación acarrea el sistema meteorológico. El radar monitorea sistemas de condiciones atmosféricas extremas, como los huracanes. El radar Doppler se utiliza en varios programas de televisión que presentan pronósticos meteorológicos para mostrar la dirección, la velocidad y la intensidad de la precipitación, como se muestra en la **Figura 35.**

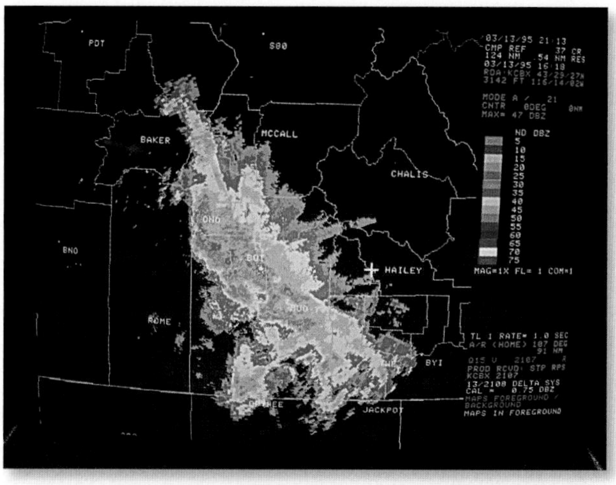

Figura 35 *El radar Doppler se utiliza para detectar torbellinos y tornados. Al utilizar radares Doppler, los meteorólogos pueden predecir un tornado hasta 20 minutos antes de que toque tierra.*

Explora

A través de la historia, el hombre ha predicho el clima interpretando señales naturales. Los animales y las plantas son más sensibles que los seres humanos a los cambios en la atmósfera como la presión del aire, la humedad y la temperatura. Averigua más sobre las señales naturales en la biblioteca o en Internet. Realiza tu búsqueda con palabras como "tiempo y animales" o "tiempo y plantas". Escribe un pequeño ensayo con tus descubrimientos para compartirlos con la clase.

Los *satélites climáticos* que giran en órbita alrededor de la Tierra proporcionan información meteorológica que no puede obtenerse desde tierra, tomando imágenes de las nubes turbulentas que se ven en los pronósticos del tiempo en televisión. Éstos miden la humedad y la velocidad de los vientos y determinan temperaturas a varias altitudes, desde la cima de las nubes hasta el nivel de la superficie de los océanos.

Mapas del tiempo

Los meteorólogos basan sus pronósticos en información de diversas fuentes. En los Estados Unidos, la National Weather Service (NWS) y la National Oceanic and Atmospheric Administration (NOAA) recopilan y analizan información del tiempo. La NWS produce mapas meteorológicos según la información de alrededor de 1,000 estaciones meteorológicas de todo el mundo. En estos mapas, cada estación está representada por un modelo de estación. Un **modelo de estación,** como el de la **Figura 36,** es un círculo pequeño que muestra la ubicación de la estación meteorológica con símbolos y números que la rodean y que representan la información del tiempo.

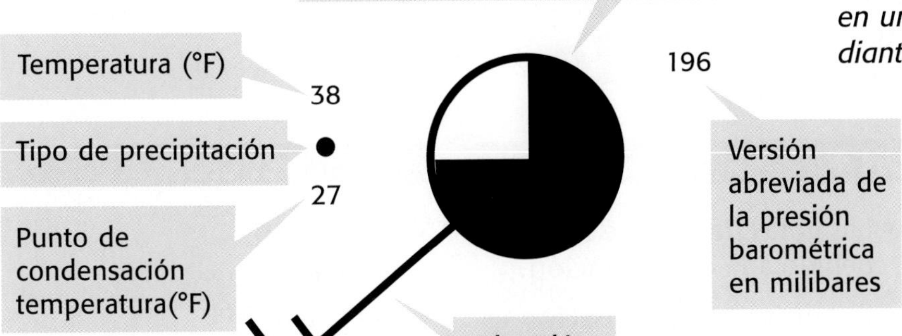

Figura 36 *Las condiciones del tiempo en una estación se representan mediante símbolos.*

Los mapas del tiempo incluyen unas líneas llamadas isobaras. La isobaras son similares a las curvas de nivel en un mapa topográfico, salvo que las **isobaras** son líneas que unen puntos cuya presión de aire es la misma, en lugar de unir puntos cuya elevación es la misma. Las isobaras que forman círculos cerrados representan áreas de alta o baja presión. Estas áreas generalmente aparecen marcadas con una *H* o una *L mayúscula.* Los frentes también se marcan en los mapas del tiempo. Los mapas del tiempo, o mapas meteorológicos, como el que se muestra en la **Figura 37,** proporcionan información útil para pronosticar el tiempo con precisión.

Figura 37 *¿Puedes identificar los diferentes frentes en el mapa del tiempo?*

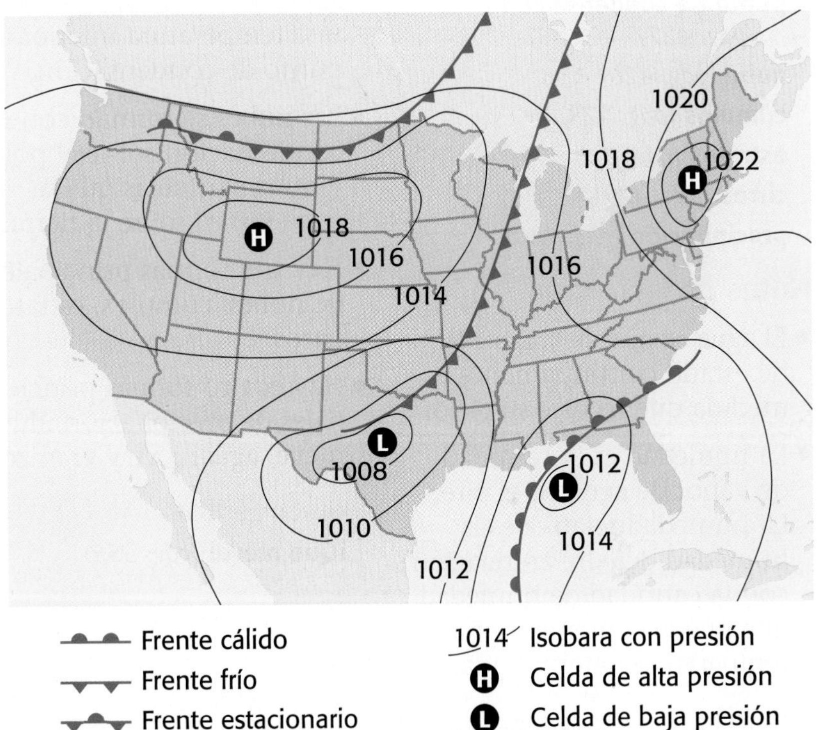

REPASO

1. ¿Cuáles son los tres métodos que los meteorólogos utilizan para recopilar información sobre el tiempo?
2. ¿En qué se basan los mapas meteorológicos?
3. ¿Qué representa un modelo de estación?
4. **Sacar conclusiones** ¿Para qué compararía un meteorólogo un mapa meteorológico nuevo con uno de 24 horas antes?

Experimentos

Para aprender más sobre los modelos de estación y sus símbolos, pasa a la página 552.

Resumen del capítulo

SECCIÓN 1

Vocabulario

el tiempo *(pág. 424)*
ciclo del agua *(pág. 424)*
humedad *(pág. 425)*
humedad relativa *(pág. 425)*
psicrómetro *(pág. 426)*
condensación *(pág. 427)*
punto de condensación *(pág. 427)*
nube *(pág. 428)*
cúmulos *(pág. 428)*
estratos *(pág. 428)*
cirros *(pág. 429)*
precipitación *(pág. 430)*

Notas de la sección

- El agua se mueve y cambia de estado continuamente a medida que recorre su ciclo.
- La humedad es la cantidad de vapor de agua en el aire. La humedad relativa es la humedad del aire en relación con la cantidad de humedad que puede contener a una temperatura determinada.
- Las gotas de agua se forman debido a la condensación.
- El punto de condensación es la temperatura a la cual se satura el aire.
- La condensación ocurre cuando el aire cerca de una superficie se enfría y baja a una temperatura inferior al punto de condensación.
- Las nubes se forman con la condensación sobre el polvo y otras partículas que se encuentran sobre la tierra.
- Hay tres formas principales de nubes: cúmulos, estratos y cirros.
- Hay cuatro formas principales de precipitación: lluvia, nieve, aguanieve y granizo.

Experimentos

¡Que nieve! *(pág. 555)*

SECCIÓN 2

Vocabulario

masa de aire *(pág. 432)*
frente *(pág. 434)*

Notas de la sección

- Las masas de aire se forman sobre las regiones fuente. La temperatura y el contenido de humedad de una masa de aire es uniforme.
- Cuatro tipos de masa de aire influyen sobre el tiempo en los Estados Unidos: polar marítimo, tropical marítimo, polar continental, tropical continental.
- Un frente es una línea divisoria que se forma entre dos masas de aire diferentes.
- Existen cuatro tipos de frentes: frentes fríos, frentes cálidos, frentes cerrados y frentes estacionarios.
- A cada frente corresponden tipos específicos de tiempo.

☑ Comprobar destrezas

Conceptos de matemáticas

HUMEDAD RELATIVA La humedad relativa es la cantidad de humedad que contiene el aire en relación con la cantidad de humedad que puede contener a una temperatura determinada. La humedad relativa del aire que sostiene todo el agua posible a una temperatura determinada es de 100 por ciento, lo que quiere decir que está saturado. Puedes calcular la humedad relativa del aire con la siguiente ecuación:

$$\frac{\text{(presente) g/m}^3}{\text{(saturado) g/m}^3} \times 100 = \text{humedad relativa}$$

Comprensión visual

LA POTENCIA DEL HURACÁN Los huracanes son las tormentas más fuertes de la Tierra. Un corte transversal te ayuda a identificar las partes de un huracán. El diagrama de la página 440 muestra una vista lateral de un huracán.

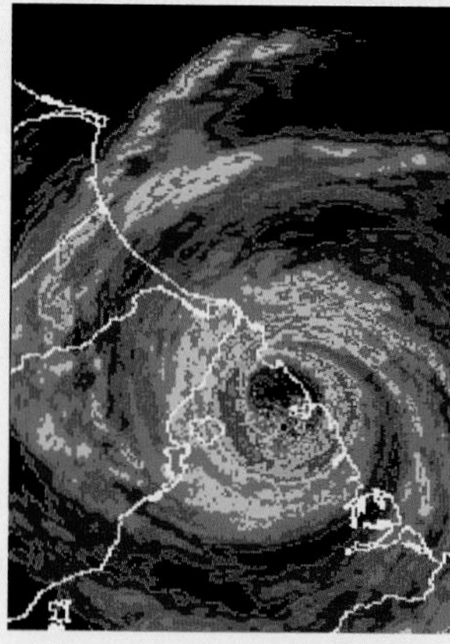

SECCIÓN 3

Vocabulario

condiciones atmosféricas extremas *(pág. 436)*

tormentas eléctricas *(pág. 436)*

relámpago *(pág. 437)*

trueno *(pág. 437)*

tornado *(pág. 438)*

huracán *(pág. 439)*

Notas de la sección

- Las condiciones atmosféricas extremas son estados del tiempo que pueden causar daños materiales y hasta la muerte.
- Las tormentas eléctricas son sistemas de tormentas que producen relámpagos, truenos, vientos fuertes y lluvias torrenciales.
- El relámpago es una descarga eléctrica producida entre dos superficies con cargas eléctricas opuestas.
- El trueno es el sonido producido por la expansión del aire durante la descarga eléctrica de un rayo.
- Un tornado es un torbellino de aire que toca la tierra.
- Los huracanes son grandes sistemas climáticos que giran sobre los océanos tropicales.

SECCIÓN 4

Vocabulario

pronóstico del tiempo *(pág. 442)*

termómetro *(pág. 442)*

barómetro *(pág. 443)*

manga de viento *(pág. 443)*

veleta *(pág. 443)*

anemómetro *(pág. 443)*

modelo de estación *(pág. 444)*

isobaras *(pág. 445)*

Notas de la sección

- Las radiosondas, los radares y los satélites meteorológicos toman medidas meteorológicas a grandes altitudes.
- Los meteorólogos presentan la información meteorológica recopilada desde estaciones como los modelos de estación de los mapas meteorológicos.

Experimentos

Observar el tiempo *(pág. 552)*

Lo que el viento se llevó *(pág. 556)*

internet

VISITA: go.hrw.com

Visita el sitio web de HRW para encontrar una serie de herramientas de aprendizaje relacionadas con este capítulo. Sólo tienes que escribir la palabra clave:

PALABRA CLAVE: HSTWEA

VISITA: www.scilinks.org

Visita el sitio web de la **Asociación Nacional de Maestros de Ciencias** *(National Science Teachers Association)* para encontrar recursos de Internet relacionados con este capítulo. Sólo escribe el **ENLACE DE CIENCIAS** para obtener más información sobre el tema:

TEMA: Recopilar información meteorológica — **ENLACE:** HSTE380

TEMA: Masas de aire y frentes — **ENLACE:** HSTE385

TEMA: Condiciones atmosféricas extremas — **ENLACE:** HSTE390

TEMA: Pronóstico del tiempo — **ENLACE:** HSTE395

Repaso del capítulo

UTILIZAR EL VOCABULARIO

Explica la diferencia entre los siguientes pares de palabras:

1. humedad relativa/punto de condensación
2. cúmulos/estratos
3. masa de aire/frente
4. relámpago/trueno
5. tornado/huracán
6. barómetro/anemómetro

COMPRENDER CONCEPTOS

Opción múltiple

7. El cambio de líquido a gas se denomina
   a. precipitación.
   b. condensación.
   c. evaporación.
   d. vapor de agua.

8. ¿Cuál es la humedad relativa del aire a la temperatura de su punto de condensación?
   a. 0%
   b. 50%
   c. 75%
   d. 100%

9. ¿Cuál de las siguientes opciones no es un tipo de condensación?
   a. neblina
   b. nube
   c. nieve
   d. rocío

10. Las nubes altas compuestas de cristales de hielo se denominan __?__
    a. estratos.
    b. cúmulos.
    c. nimboestratos.
    d. cirros.

11. Las grandes nubes tormentosas que producen precipitación se denominan __?__.
    a. nimboestratos.
    b. cumolonimbos.
    c. cúmulos.
    d. estratos.

12. Las corrientes aéreas ascendentes en nubes tormentosas pueden producir
    a. nieve.
    b. lluvia.
    c. aguanieve.
    d. granizo.

13. Una masa de aire marítimo tropical contiene
    a. aire húmedo y caliente.
    b. aire húmedo y frío
    c. aire caliente y seco.
    d. aire frío y seco.

14. Un frente que se produce cuando una masa de aire caliente queda atrapada entre masas de aire frío que la obligan a subir se denomina un
    a. frente estacionario.
    b. frente caliente.
    c. frente cerrado.
    d. frente frío.

15. Una tormenta que se forma como un torbellino que gira a alta velocidad se llama
    a. huracán.
    b. tornado.
    c. tifón.
    d. tormenta eléctrica.

16. Las líneas que conectan puntos de igual presión atmosférica en un mapa meteorológico se denominan
    a. líneas de contorno.
    b. altas.
    c. isobaras
    d. bajas.

Respuesta breve

17. Explica la relación que existe entre la condensación y el punto de condensación.

18. Describe las condiciones a lo largo de un frente estacionario.

19. ¿Cuáles son las características de una masa de aire que se forma sobre el Golfo de México?

20. Explica cómo se desarrolla un huracán.

Organizar conceptos

21. Usa los siguientes términos para crear un mapa de ideas: evaporación, humedad relativa, vapor de agua, rocío, psicrómetro, nubes, neblina.

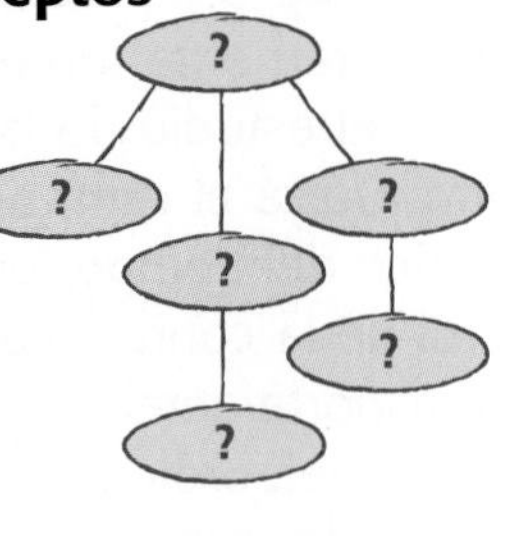

RAZONAMIENTO CRÍTICO Y RESOLUCIÓN DE PROBLEMAS

Escribe una o dos oraciones para responder a las siguientes preguntas:

22. Si cambia la temperatura del aire y cambia la cantidad de vapor de agua que contiene, ¿es posible que la humedad relativa siga igual? Explica por qué.

23. ¿Qué puedes suponer acerca de la cantidad de vapor de agua del aire si no existe diferencia entre las lecturas de bulbo seco y húmedo del psicrómetro?

24. Enumera las diferencias y semejanzas principales entre huracanes y tornados.

LAS MATEMÁTICAS EN LAS CIENCIAS

Siempre ves el relámpago antes de oír el trueno, debido a que la luz se traslada a 300,000,000 m/s, y el sonido sólo se traslada a 330 m/s. La distancia que te separa de la tormenta eléctrica se determina contando los segundos que transcurren entre el relámpago y el trueno. Un trueno demora 3 segundos en recorrer una distancia de 1 km. Responde las siguientes preguntas en base a esta estimación.

25. Si oyes un trueno 12 segundos después de ver un relámpago, ¿a qué distancia se encuentra la tormenta eléctrica?

26. Si oyes un trueno 36 segundos después de ver un relámpago, ¿a qué distancia se encuentra la tormenta eléctrica?

INTERPRETAR GRÁFICAS

Usa el siguiente mapa topográfico para responder a las siguientes preguntas.

27. ¿Dónde es más probable que ocurran las tormentas eléctricas? Explica tu respuesta.

28. ¿Cómo son las condiciones del tiempo en Tulsa, Oklahoma? Explica tu respuesta.

AHORA, ¿qué piensas?

Revisa tus respuestas a las preguntas de la página 423 que escribiste en el cuaderno de ciencias. ¿Han cambiado tus respuestas? Si es necesario, corrige tus respuestas basándote en lo que has aprendido en este capítulo.

PROFESIONES

METEORÓLOGO

Pronosticar las inundaciones, observar el desarrollo de un tornado dentro de una tormenta, observar el desarrollo de un huracán y emitir alertas de inundaciones constituyen parte del trabajo diario de **Cristy Mitchell.** Como meteoróloga del Servicio Meteorológico Nacional (*National Weather Service*), Mitchell pasa la mayor parte de su tiempo observando las poderosas fuerzas de la naturaleza.

Cuando se le pregunta qué es lo más interesante de su trabajo, Mitchell responde: "¡Nada se compara con la ráfaga de adrenalina que uno siente cuando se acerca un tornado! Yo diría que ser testigo de las poderosas fuerzas de la naturaleza es lo que hace mi trabajo verdaderamente interesante."

La meteorología es el estudio de las fuerzas naturales de la atmósfera de la Tierra. Quizá el campo más conocido de la meteorología sea el pronóstico del tiempo, pero la meteorología también se utiliza en el control de la contaminación atmosférica, la planificación agrícola, el transporte aéreo y marítimo y las investigaciones criminales y civiles. Los meteorólogos también estudian las tendencias del clima en el mundo, como el calentamiento global y el agotamiento de la capa de ozono.

Recopilar información

Los meteorólogos recopilan información sobre la presión del aire, temperatura, humedad y velocidad del viento. Al aplicar sus conocimientos sobre las propiedades físicas de la atmósfera y analizar las relaciones matemáticas de la información, pueden pronosticar el tiempo.

Ellos usan computadoras y satélites para reunir los datos que necesitan para pronosticar el tiempo. Mitchell explica: "La computadora es una herramienta muy valiosa para mí. Me permite recibir mapas e información sobre la temperatura, velocidad del viento, presión del aire, relámpagos y las condiciones generales del cielo de una región determinada."

Mitchell también utiliza imágenes de radar y de satélite para mostrar las condiciones meteorológicas nacionales y regionales y modelos computarizados de la atmósfera del mundo para pronosticar el tiempo.

▲ *Esta fotografía del huracán Elena fue tomada desde el transbordador espacial* Discovery *en septiembre de 1985.*

Descúbrelo tú mismo.

► Consigue más información sobre huracanes, tornados o tormentas eléctricas. ¿Cómo definen estas tormentas los meteorólogos? ¿Qué información utilizan para pronosticar tormentas?

Ciencia Ficción

"Todo el verano en un día"

por Ray Bradbury

Está lloviendo, igual que durante los últimos 7 largos años. Van 2,555 días de lluvia sin interrupción. Para los hombres, mujeres y niños que vinieron hasta Venus para construir una civilización, la lluvia constante es una realidad diaria. Sin embargo, existe un día especial en que deja de llover y el Sol brilla en todo su esplendor. Esto ocurre aproximadamente cada 7 años. ¡Y hoy es ese día!

En la escuela, los alumnos han estado esperando con ansia este día durante semanas. En una clase han leído sobre cómo el Sol se parece a un limón y lo caliente que es. Han escrito historias y poemas sobre cómo sería ver el Sol.

Y ahora que el día finalmente ha llegado, todos los niños en la clase están mirando por la ventana, buscando el Sol. Los niños tienen 9 años de edad y todos con excepción de Margarita han vivido en Venus toda su vida. Ninguno de ellos recuerda aquel día hace siete años cuando dejó de llover. Sólo recuerdan historias acerca de los rayos del Sol y ahora tienen mucha ansia de verlo con sus propios ojos.

Pero Margarita es diferente de los demás. Ella desea ver el Sol más que los demás niños. Su razón motiva la envidia de los demás niños. Y un niño envidioso puede ser muy cruel...

¿Qué le sucede a Margarita? Averígualo tú mismo, leyendo "Todo el verano en un día" de Ray Bradbury en la *Antología Holt de ciencia ficción.*

CAPÍTULO 17 El clima

¿Qué tal si...?

El folleto anuncia el campamento de verano más audaz del mundo. Apenas si puedes esperar a atarte las botas de excursionista e iniciar tu aventura al aire libre. Pero antes de volar al otro lado del mundo, repasas el equipo recomendado: ropa ligera de verano, bronceador con filtro solar, ropa para la lluvia, un abrigo con relleno de plumas, una máscara de esquí y guantes gruesos. ¡Un momento! Si vas a viajar a un solo lugar, ¿por qué necesitas llevar una variedad tan grande de ropa? Averiguas más sobre tu aventura y te das cuenta de que el folleto anuncia la oportunidad de "recorrer los climas del mundo en sólo tres días".

Tu destino es la montaña más alta de África, el Kilimanjaro, que se eleva 5,895 metros sobre el nivel del mar. Por suerte puedes dejar el equipo de montañismo en casa, pues la excursión será a una pendiente poco inclinada a la que se llega sin la ayuda de equipo especial.

La excursión comienza a 2,700 metros sobre el nivel del mar, donde el primer día recorres un bosque tropical caluroso y sofocante. El segundo día atraviesas una pradera verde que sube por el costado del primer pico, el Mawensii. El tercer día, comienzas a sentir frío. Al caminar, el suelo congelado cruje bajo tus pies. A las 2 horas, sientes como si tus pies fueran bloques de hielo y te cuesta respirar. Llegas a la cima justo cuando las nubes comienzan a abrirse, dando paso al vapor que emana del bosque tropical que se encuentra 3,000 metros más abajo. Después de todo, ¡valió la pena el esfuerzo!

El clima cambia conforme aumenta la elevación, igual que cambia desde el ecuador hacia los polos. En este capítulo aprenderás qué factores influyen en el clima, cómo la actividad humana y de la naturaleza lo influyen, y los tipos de medio ambiente que se encuentran en cada tipo.

¿Tú qué piensas?

Usa tus conocimientos para responder a las siguientes preguntas en tu cuaderno de ciencias:

1. ¿Cuál es la diferencia entre el clima y el tiempo?
2. Enumera los factores humanos que influyen en el clima, como la contaminación y la tecnología.

¿Cuál es tu punto de vista?

Como la Tierra es redonda, los rayos solares caen sobre su superficie en ángulos diversos. Por tanto, la cantidad de energía solar que llega hasta la superficie de la Tierra cambia según el lugar. El área alrededor del ecuador recibe los rayos directos del Sol. La energía es más concentrada, pues se esparce sobre un área más pequeña, lo que provoca altas temperaturas. En los polos, los rayos del Sol caen sobre la superficie en un ángulo más pequeño. Por tanto, la energía está menos concentrada, lo que provoca bajas temperaturas. Realiza este simple experimento para averiguar por qué la cantidad de energía solar que recibe el ecuador es diferente de la que reciben los polos.

Procedimiento

1. Conecta una **lámpara**, y ponla a una distancia de 30 cm de un **globo terráqueo.**
2. Asegúrate de que la lámpara ilumine directamente el ecuador del globo, como ves en el diagrama.
3. Utiliza **masilla plástica** para adherir un **termómetro** al ecuador del globo y otro **termómetro** al polo norte.
4. Registra la temperatura de cada uno de los termómetros en tu cuaderno de ciencias.
5. Enciende la lámpara y deja que la luz caiga sobre el globo durante tres minutos.
6. Después, apaga la lámpara y vuelve a registrar la temperatura de cada uno de los termómetros en tu cuaderno de ciencias.

Análisis

7. ¿Notaste alguna diferencia entre las temperaturas que registraste al comienzo y al final del experimento? Explica tus resultados.
8. ¿Había alguna diferencia entre las temperaturas finales del polo norte y del ecuador del globo? Si es así, ¿cuál fue?
9. ¿Cómo se relaciona este experimento con la radiación solar que llega a la Tierra?
10. Según el experimento, ¿qué cambios de temperatura esperarías encontrar si viajaras desde el ecuador a las regiones polares?

Sección 1

¿Qué es el clima?

VOCABULARIO

el tiempo
clima
latitud
vientos predominantes
elevación
corrientes superficiales

OBJETIVOS

- Explica la diferencia entre tiempo y clima.
- Identifica los factores que determinan los climas.

Acabas de recibir una llamada de un amigo que vendrá a visitarte mañana. Te pregunta qué ropa debe llevar y cuáles son las condiciones del tiempo actuales en tu área. Sales de tu casa, observas si hay alguna nube de lluvia en el cielo y verificas la temperatura. ¿Pero qué sucede si tu amigo te pregunta por el clima en tu área? ¿Qué diferencia existe entre tiempo y clima?

Para distinguir entre tiempo y clima es mejor pensar en términos de períodos de tiempo. El **tiempo** es la condición de la atmósfera en un momento y lugar determinados. Un pronóstico del tiempo típico dice: "Hoy será un día caluroso y húmedo, con un 20 por ciento de probabilidades de lluvia". Las condiciones del tiempo cambian día a día. El **clima,** por otro lado, es el promedio de las condiciones del tiempo de un área determinada durante un período de tiempo prolongado. El clima está determinado por dos factores principales: temperatura y precipitaciones. Estudia el mapa de la **Figura 1,** y mira si puedes describir el clima del norte de África.

Figura 1 *¿En qué difiere el clima del norte de África del de donde tú vives?*

Como puedes ver en la **Figura 2,** si hicieras un viaje alrededor del mundo, o a través de los Estados Unidos, experimentarías climas distintos. Por ejemplo, la costa de Texas en verano, la encontrarías calurosa y húmeda. Si fueras al interior de Alaska en verano, probablemente sentirías más frío y menos humedad. ¿Por qué son tan diferentes los climas? La respuesta es complicada. Depende de factores como la latitud, los patrones del viento, la geografía y las corrientes oceánicas.

Figura 2 *El verano en Texas es muy diferente al de Alaska.*

Latitud

Piensa en la última vez que observaste un globo terráqueo. ¿Recuerdas las delgadas líneas horizontales que lo rodeaban? Estas líneas se llaman líneas de latitud. La **latitud** es la distancia hacia el norte o el sur medida en grados desde el ecuador. En general, la temperatura de un área depende de su latitud. Mientras más alta es la latitud, más frío es el clima. Por ejemplo, los dos lugares más fríos de la Tierra, el Polo Norte y el Polo Sur, se encuentran a 90° al norte y al sur del ecuador, respectivamente. El ecuador, cuya latitud es de 0°, es en cambio caluroso.

¿Por qué son tan diferentes las temperaturas en distintas latitudes? La respuesta tiene que ver con la energía solar. La energía solar calienta la Tierra. La latitud determina la cantidad de energía solar que recibe un área. En la **Figura 3** puedes ver como funciona esto. Observa cómo los rayos solares llegan al área junto al ecuador de manera directa, casi en un ángulo de 90°. Sólo una pequeña área de la Tierra recibe la energía solar más directa a este ángulo, por lo que registra altas temperaturas. Cerca de los polos los rayos solares llegan a la superficie en un ángulo menos directo que en el ecuador. Debido a esto, la misma cantidad de energía solar se dispersa sobre un área más extensa, provocando temperaturas más bajas.

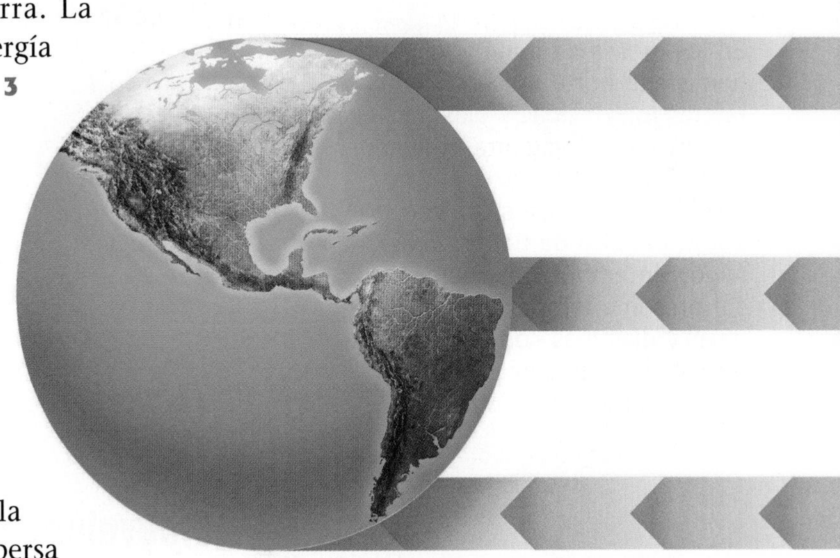

Figura 3 *Los rayos solares llegan a la superficie terrestre en ángulos diferentes debido a que ésta es curva.*

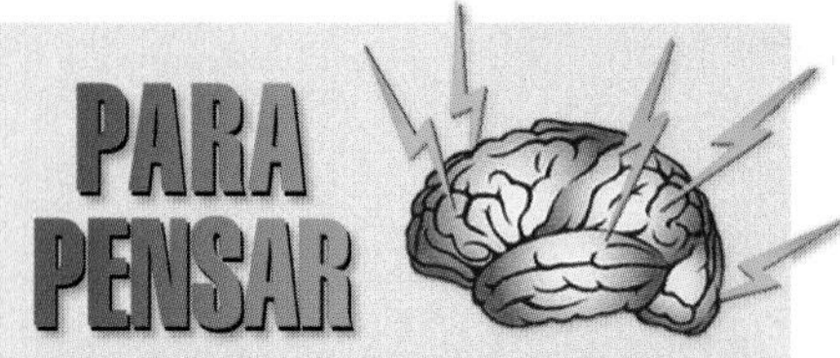

Las regiones polares reciben luz solar durante casi las 24 horas del día durante el verano, y en invierno deben soportar la obscuridad durante casi 24 horas todos los días.

Las estaciones y la latitud En la mayor parte de Estados Unidos, el año se divide en cuatro estaciones. Lo más probable es que donde tú vives el invierno sea más frío que el verano. Pero hay lugares en el mundo que no experimentan estos cambios de estación. Por ejemplo, las áreas cercanas al ecuador presentan más o menos las mismas temperaturas y cantidad de luz solar durante todo el año. La **Figura 4** muestra como la latitud determina las estaciones.

Figura 4 *El eje de la Tierra está inclinado según un ángulo de 23.5°. Esta inclinación influye en la cantidad de energía solar que recibe un área a medida que la Tierra gira alrededor del Sol.*

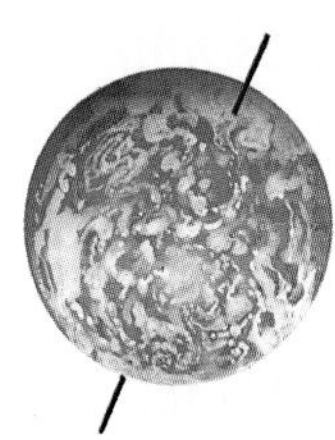

Durante nuestro invierno, el hemisferio sur experimenta temperaturas más altas y días más largos, pues esta área está inclinada hacia el Sol y por tanto recibe más energía solar directa. En el hemisferio norte se registran temperaturas más bajas y días más cortos debido a que está inclinado en dirección opuesta al Sol.

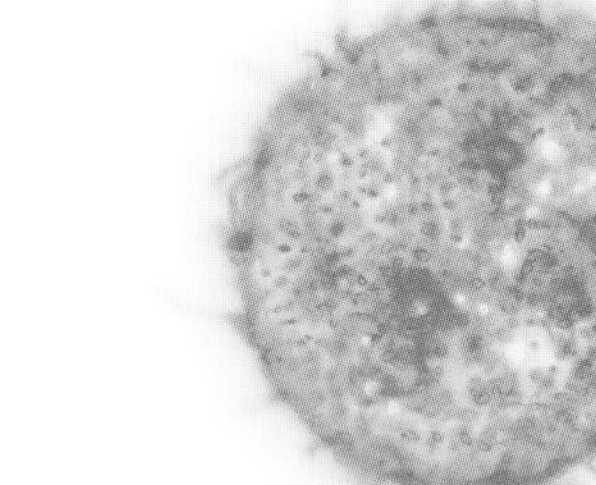

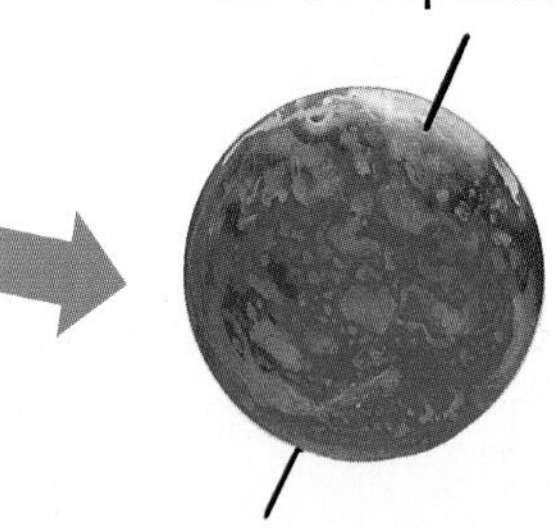

En los meses de junio y julio, el hemisferio norte presenta temperaturas más cálidas y días más largos, pues se encuentra inclinado en dirección al Sol y, por tanto, recibe más energía solar directa en un período de tiempo más largo. Sin embargo, el hemisferio sur presenta temperaturas más bajas y días más cortos porque se encuentra inclinado en dirección opuesta al Sol.

Autoevaluación

¿Cuáles son los meses de verano en Australia?
(Consulta la página 564 para comprobar tu respuesta.)

Vientos predominantes

Los **vientos predominantes** son los que soplan principalmente en una dirección. Influyen en la humedad y la temperatura de un área. Antes de aprender cómo los vientos predominantes influyen en el clima, observa la **Figura 5** para aprender las propiedades básicas del aire.

Figura 5 *Como el aire tibio es menos denso, tiende a elevarse. El aire más frío y denso tiende a descender.*

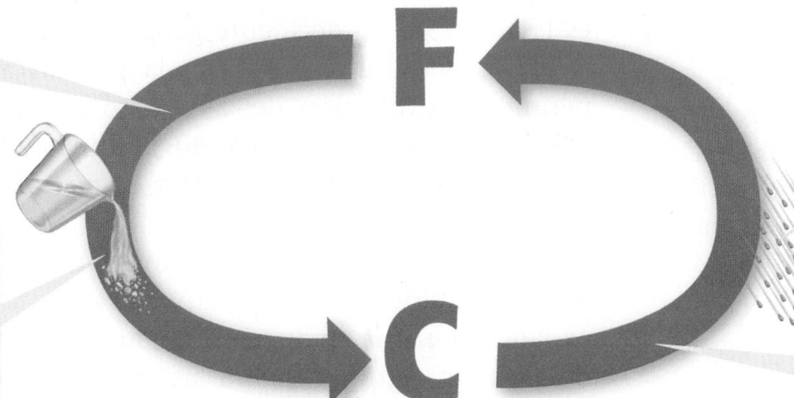

El aire frío desciende, y al descender se calienta.

Al enfriarse el aire caliente, pierde la capacidad de retener el vapor de agua, lo que se traduce en *precipitaciones.*

Cuando el aire frío se calienta, adquiere la capacidad de retener el vapor de agua.

El aire caliente se eleva, y a medida que esto ocurre, se enfría.

Los vientos predominantes influyen en la cantidad de precipitación que recibe una región. Si se forman a partir de aire cálido, transportarán humedad. Si se forman a partir de aire frío, probablemente serán secos. Es más probable que haya precipitaciones si los vientos predominantes son cálidos y húmedos.

La cantidad de humedad que llevan los vientos predominantes también depende de los vientos que soplan sobre la tierra o sobre una gran extensión de agua. Los que soplan sobre una gran extensión de agua, como un océano, absorben humedad. Los que soplan sobre la tierra tienden a ser secos. Aunque una región colinde con el océano, puede ser un área seca si los vientos predominantes soplan sobre la tierra, como ves en la **Figura 6.**

Laboratorio

Una brisa fresca

1. Coloca un **termómetro** junto al borde superior **de un vaso con agua** y **dos cubos de hielo.** Registra la temperatura que hay junto al vaso.
2. Pídele a tu compañero o compañera que ventile la superficie del vaso con una **hoja de papel.** Vuelve a registrar la temperatura. ¿Ha cambiado la temperatura? ¿Por qué? Anota tu respuesta en tu cuaderno de ciencias.

Figura 6 *El desierto del Sahara, situado en el norte de África, es extremadamente seco, pues los vientos predominantes soplan sobre el continente de este a oeste y están formados por aire frío que tiende a descender.*

Geografía

Las montañas pueden influir en el clima de un área, porque influyen en la temperatura y las precipitaciones. Por ejemplo, el Kilimanjaro es la montaña más alta de África y tiene sus cimas cubiertas de nieve todo el año, aunque está a sólo 3° (320 km) al sur del ecuador. Las temperaturas en el Kilimanjaro y otras áreas montañosas se ven afectadas por la **elevación**, que es la altura de un accidente geográfico sobre el nivel del mar. A más elevación, más baja es la presión atmosférica, lo que permite la expansión del aire. Esto resulta en una densidad atmosférica más baja. Cuando la atmósfera es menos densa, su capacidad de retener el calor es menor y las temperaturas más bajas.

Las montañas también influyen en el clima pues afectan la distribución de las precipitaciones. Al subir el aire, se expande y enfría, reduciéndose su capacidad de llevar vapor de agua. La **Figura 7** ilustra las diferencias en el clima en los lados de una montaña.

Explora

En un mapa físico, ubica las cordilleras de los Estados Unidos. ¿Cambia el clima de un lado al otro de la cordillera? Si es así, ¿qué te dice esto sobre las condiciones climáticas que se presentan a ambos lados de la montaña? ¿De qué dirección soplan los vientos predominantes?

Figura 7 *Cuando los vientos predominantes soplan sobre el continente, las montañas actúan como barreras que cambian las condiciones del viento. Las fotografías muestran los dos lados de la Sierra Nevada, una cordillera de California.*

Corrientes oceánicas

Debido a la capacidad del agua de absorber y liberar calor, la circulación de las corrientes superficiales oceánicas tiene un efecto enorme sobre el clima. Las **corrientes superficiales,** cálidas o frías, son movimientos de agua que ocurren sobre o cerca de la superficie del mar. La **Figura 8** muestra el patrón de las principales corrientes oceánicas cálidas y frías.

Figura 8 *Las flechas rojas representan el movimiento de las corrientes oceánicas cálidas. Las azules representan el movimiento de las corrientes oceánicas frías.*

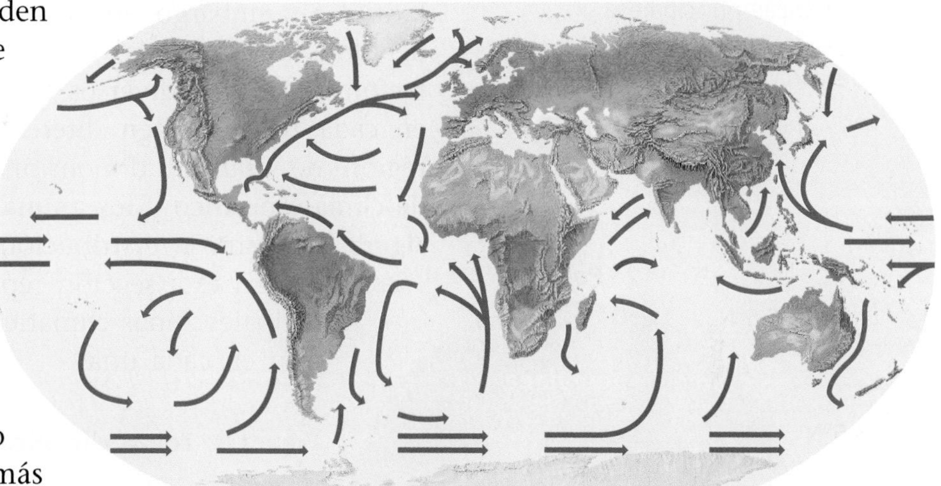

El movimiento de las corrientes superficiales se ve afectado por tres factores: el viento, la rotación de la Tierra y la ubicación de los continentes. Al moverse las corrientes superficiales, pueden transportar agua fría o caliente hacia diferentes regiones. La temperatura de la superficie del agua influye en la temperatura del aire que se desplaza sobre ella. Las corrientes cálidas calientan el aire que las rodea, lo que provoca temperaturas más cálidas; las frías enfrían el aire circundante, lo que provoca temperaturas más frías. Por ejemplo, la corriente del Golfo de México lleva aguas cálidas hacia el norte de la costa oriental de Norteamérica, hasta más allá de Islandia, país insular al sur del círculo ártico. El agua tibia que se traslada desde el Golfo de México calienta el aire que la rodea y genera temperaturas más cálidas en el sur de Islandia. En Islandia, las temperaturas son más templadas que en su país vecino, Groenlandia, donde el clima no está influido por la corriente del Golfo de México.

REPASO

1. ¿Cuál es la diferencia entre clima y tiempo?
2. ¿Dé que manera influyen en el clima las montañas?
3. Describe como las corrientes oceánicas influyen en la temperatura del aire.
4. **Analizar relaciones** ¿En qué se diferenciarían las estaciones si el eje de la Tierra no estuviera inclinado?

¿Qué es El Niño? ¿Puede influir en nuestra salud? Pasa a la página 478 para averiguar más.

Sección 2

Climas del mundo

VOCABULARIO

bioma
zona tropical
zona templada
plantas de hoja caduca
perennes
zona polar
microclimas

OBJETIVOS

- Ubica y describe las tres zonas climáticas principales.
- Describe los diferentes biomas de cada zona climática.

¿Por qué los tipos de animales y plantas que se encuentran en una parte del mundo son diferentes de los que se encuentran en otra parte? Una de las razones tiene que ver con el clima. Puede que las plantas y los animales que se han adaptado a un clima no puedan vivir en otro. Por ejemplo, las ranas no viven en la Antártida. La **Figura 9** ilustra las tres zonas climáticas principales de la Tierra: tropical, templada y polar. Cada zona tiene un rango de temperatura que se relaciona con su latitud. Sin embargo, en cada una existen varios tipos de clima debido a las diferencias geográficas y a la cantidad de precipitación. Según los diversos tipos de clima que se encuentran en cada zona, existen diferentes biomas. Un **bioma** es una región de grandes dimensiones caracterizada por un tipo de clima específico y los animales y plantas que allí viven. La **Figura 10** ilustra la distribución de los biomas en el suelo de la Tierra. En esta sección repasaremos cada una de las tres principales zonas climáticas y los biomas que se encuentran en cada una.

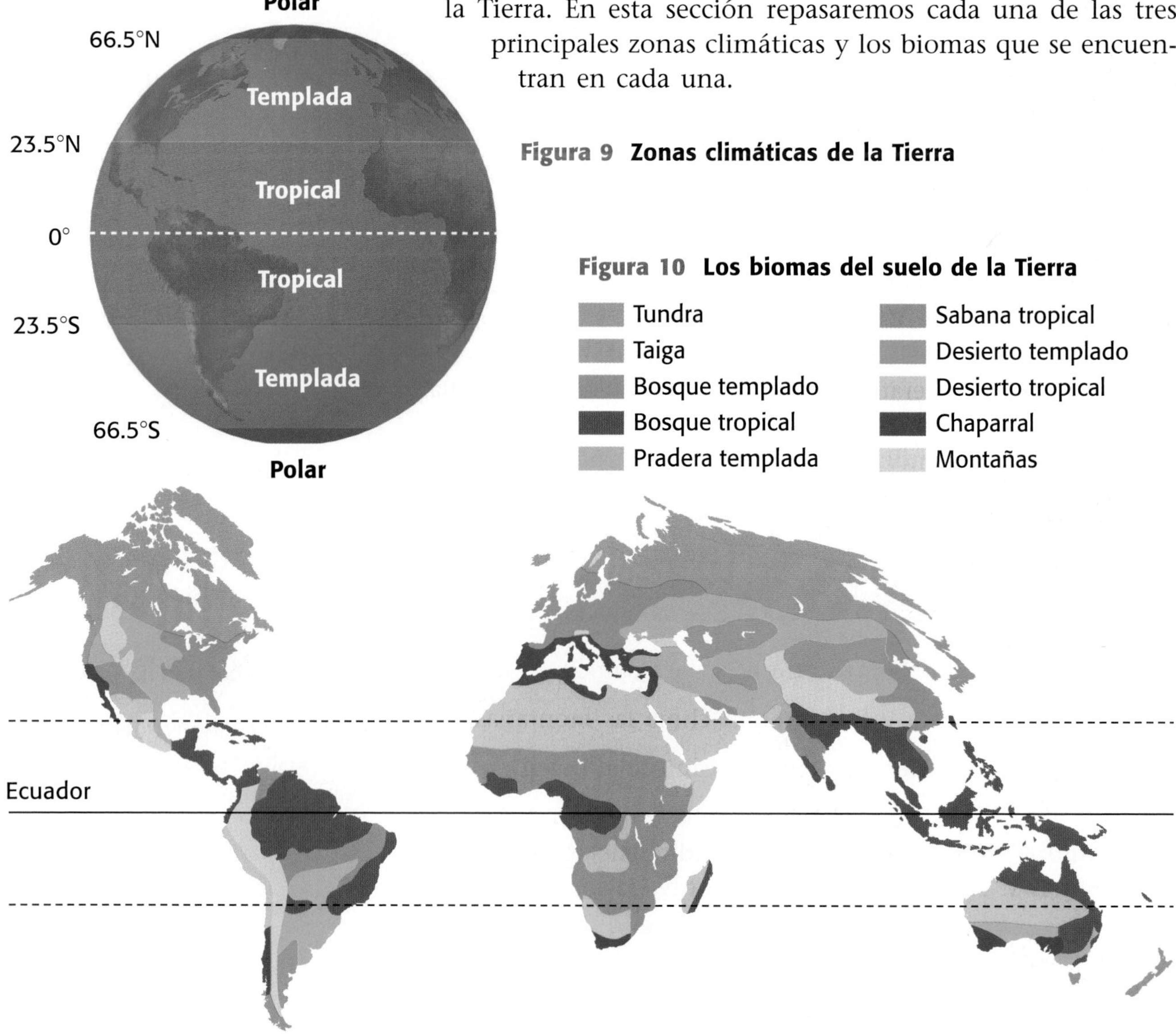

Figura 9 **Zonas climáticas de la Tierra**

Figura 10 **Los biomas del suelo de la Tierra**

La zona tropical

La **zona tropical,** o *Trópico,* es la zona cálida alrededor del ecuador, como ves en la **Figura 11.** Esta zona se extiende desde el Trópico de Cáncer hasta el de Capricornio. Como has aprendido, las latitudes en esta zona reciben la mayor cantidad de radiación solar. Por tanto, las temperaturas son generalmente cálidas, excepto a grandes alturas. Dentro de la zona tropical hay tres biomas: el bosque tropical, el desierto tropical y la sabana tropical. La **Figura 12** muestra su distribución.

Figura 11 La zona tropical de la Tierra

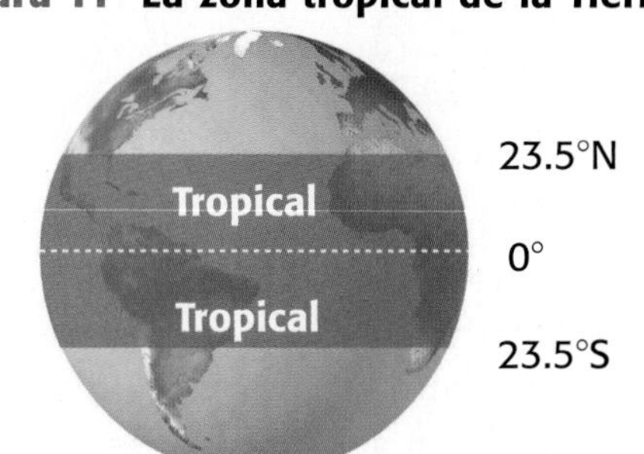

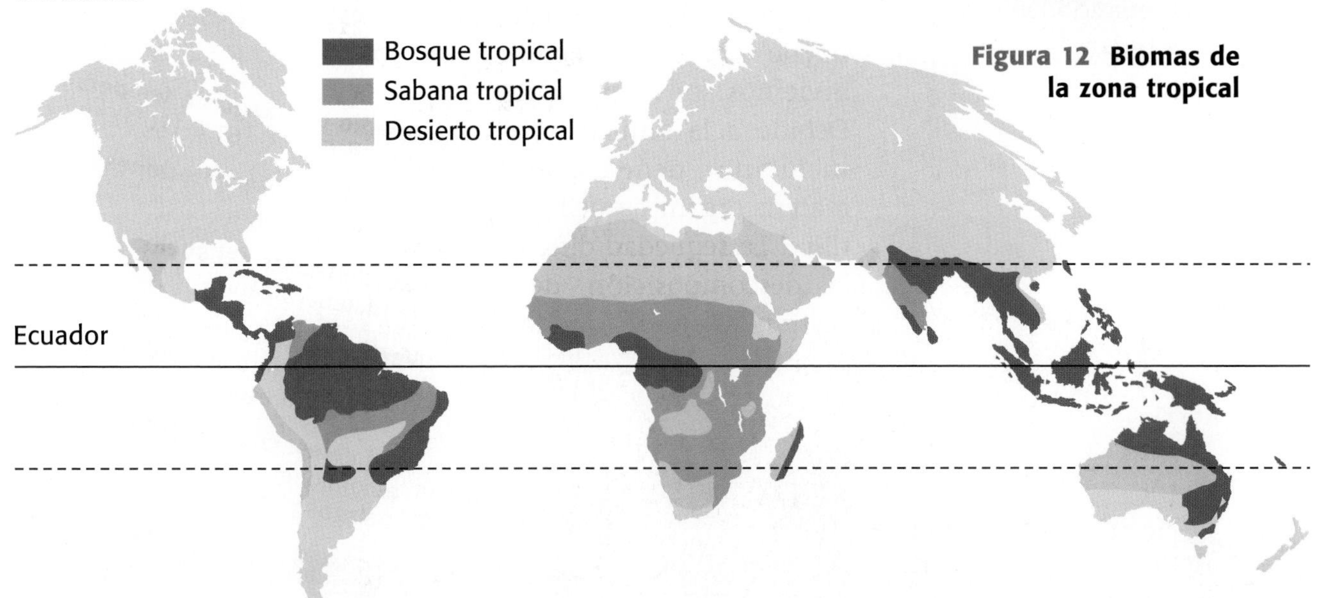

Figura 12 Biomas de la zona tropical

El bosque tropical Los bosques tropicales son cálidos y húmedos. Como están cerca del ecuador, reciben mucha luz del Sol todo el año, por eso hay poca diferencia entre las estaciones. Los bosques tropicales tienen la mayor cantidad de plantas y animales de todos los biomas. Pero, a pesar de la frondosa vegetación, como se ve en la **Figura 13,** su suelo es de mala calidad. La rapidez con que se decomponen las plantas y los animales hace que los nutrientes regresen al suelo, pero las plantas absorben y usan estos nutrientes rápidamente. Las fuertes lluvias arrastran los nutrientes que las plantas no usan de inmediato, y eso empobrece el suelo.

Figura 13 *En los bosques tropicales, muchos de los árboles forman raíces sobre el suelo que crecen en sentido horizontal para proveer de apoyo adicional a los árboles sobre el suelo debilitado.*

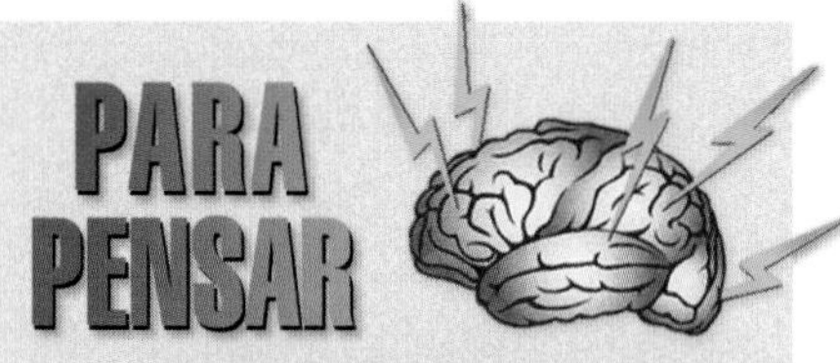

La mayoría de los roedores del desierto, como la rata canguro, se esconden en madrigueras durante el día y realizan sus actividades de noche, cuando las temperaturas bajan.

Los desiertos tropicales Un desierto es un área que recibe menos de 25 cm de lluvia por año. Debido a este bajo promedio anual de lluvia, los desiertos son los lugares más secos de la Tierra. Las plantas del desierto, que se ven en la **Figura 14,** están adaptadas para sobrevivir en un lugar con muy poca agua. Los desiertos se pueden dividir en calientes y fríos. La mayoría de los desiertos calientes, como el del Sahara, situado en África, son desiertos tropicales. Los desiertos calientes se forman por causa del descenso de masas de aire frío. Las temperaturas diarias en los desiertos tropicales varían desde las muy altas durante el día (50°C) hasta las frescas de noche (20°C). Generalmente, los inviernos son templados. Debido a la sequedad, el suelo no tiene mucha materia orgánica que lo fertilice. La sequedad dificulta la descomposición de la materia orgánica muerta.

Promedio del rango de temperaturas: 16°C-50°C (61°F-120°F)

Promedio de precipitaciones anuales: 0-25 cm

Características del suelo: escasez de materia orgánica

Vegetación: plantas suculentas (cáctus y euforbias), arbustos, árboles con espinas

Animales: ratas canguro, lagartos, escorpiones, serpientes, aves, murciélagos y sapos

Figura 14 *Las plantas suculentas se han adaptado a las condiciones secas desarrollando tallos y hojas carnosas para almacenar agua, además de una capa cerosa que impide la pérdida de agua. Un cactus es un tipo de planta suculenta.*

ciencias biológicas CONEXIÓN

Algunos animales del desierto, como el sapo escuerzo, sobreviven el calor del verano enterrándose en el suelo y durmiendo durante la temporada seca.

Autoevaluación

Si el suelo del desierto es tan rico en nutrientes, ¿por qué los desiertos no son adecuados para la agricultura? *(Consulta la página 564 para comprobar tu respuesta.)*

Las sabanas tropicales Las sabanas tropicales, o praderas, se caracterizan por hierbas altas y pocos árboles esparcidos. La **Figura 15** muestra una fotografía de una sabana africana. El clima es generalmente muy cálido, con una temporada seca de cuatro a ocho meses, seguida de cortos períodos de lluvias. A los suelos de la sabana generalmente les faltan nutrientes, pero los incendios de las praderas, que son frecuentes durante la temporada seca, dejan los suelos llenos de nutrientes. Muchas plantas se han adaptado al fuego y lo utilizan para reproducirse. Las hierbas brotan de sus raíces luego que la parte superior de la planta ha sido quemada. Las semillas de algunas plantas necesitan el fuego para crecer. Por ejemplo, algunas especies lo necesitan para romper la coraza exterior que protege a la semilla, que sólo puede crecer una vez que se ha roto esa coraza. Otras especies liberan sus semillas al final de la temporada de incendios. El calor de los incendios hace que las plantas liberen sus semillas en el suelo que acaba de ser fertilizado.

Promedio del rango de temperaturas: 27°C-32°C (80°F-90°F)

Promedio de precipitaciones anuales: 100 cm

Características del suelo: generalmente pobre en nutrientes

Vegetación: pastos altos (35 m), árboles, arbustos con espinas

Animales: gacelas, rinocerontes, jirafas, leones, hienas, avestruces, cocodrilos, elefantes

Figura 15 *El pasto de una sabana tropical mide de 3 a 5 m de alto, mucho más que el césped de los climas templados.*

REPASO

1. ¿Cuáles son las características del suelo de un bosque tropical?
2. ¿Cómo se ha adaptado la vegetación de la sabana al fuego?
3. **Resumir información** ¿De qué manera difieren los biomas tropicales?

La zona templada

La **zona templada,** que se aprecia en la **Figura 16,** está entre los trópicos y la zona polar. Las temperaturas de esta zona templada tienden a ser moderadas. La zona continental de Estados Unidos está en una zona templada, que presenta cuatro biomas: bosque templado, prados templados, chaparral y desierto templado. La **Figura 17** muestra la distribución de los biomas de la zona templada.

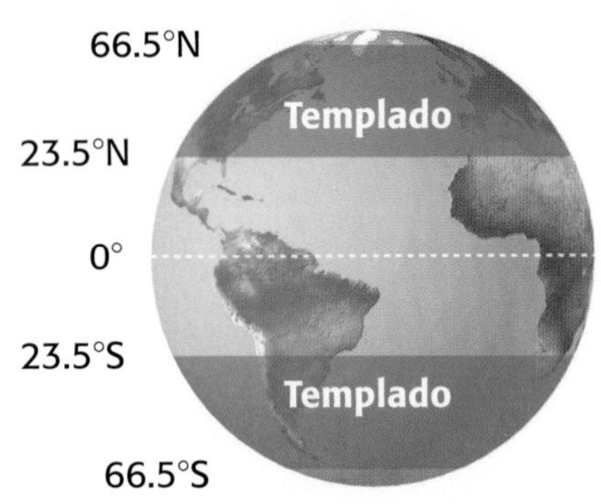

Figura 16 Las zonas templadas de la Tierra

Figura 17 Biomas de la zona templada

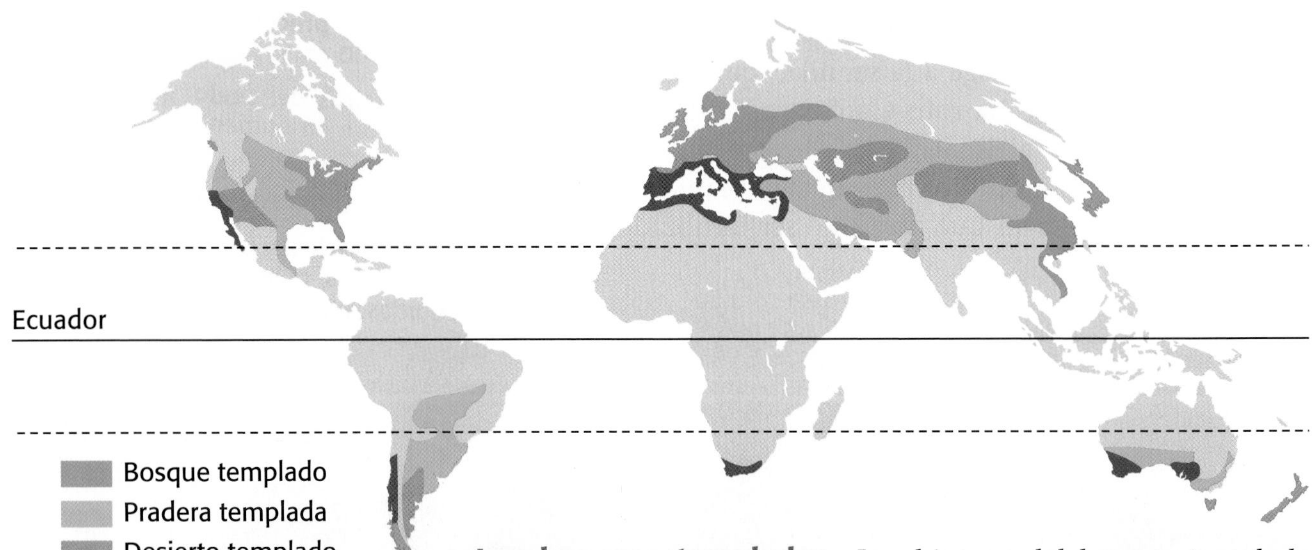

Los bosques templados Los biomas del bosque templado tienden a registrar altas cantidades de lluvia y diferencias de temperaturas en las estaciones: los veranos son cálidos y los inviernos fríos. Los bosques templados más grandes son de árboles de hoja caduca, como el de la **Figura 18.** Los **árboles de hoja caduca** pierden sus hojas cuando el tiempo se vuelve frío. Estos árboles tienden a tener hojas anchas y sus suelos son, en general, muy fértiles, pues su contenido orgánico aumenta cada invierno al caer las hojas en descomposición.

Otro tipo de bosque templado es el de **árboles de hoja perenne,** los cuales mantienen sus hojas durante todo el año. Pueden tener hojas anchas o delgadas como agujas, como los pinos. En los climas húmedos se encuentran bosques con mezclas de árboles de hoja ancha y delgada, como en Florida, donde las temperaturas del invierno casi nunca bajan del punto de congelación.

Figura 18 *Los árboles de hoja caduca tienen hojas que cambian de color y se caen cuando las temperaturas bajan.*

Promedio del rango de temperaturas: 0°C-28°C (32°F-82°F)

Promedio de precipitaciones anuales: 76-250 cm

Características del suelo: muy fértil, orgánicamente rico

Vegetación: árboles de hoja caduca y perenne, arbustos, hierbas

Animales: venados, osos, jabalíes, tejones, ardillas, lobos, gatos monteses, zorros rojos, búhos y muchas otras aves

Las praderas templadas Similares a las de la **Figura 19,** surgen en las regiones que no reciben suficiente lluvia para que los árboles puedan crecer. Este bioma es de veranos cálidos e inviernos fríos. Las praderas templadas reciben varios nombres: las *praderas* de Norteamérica, las *estepas* de Eurasia, el *veld* de África, y las *pampas* de Sudamérica. La vegetación más común de este bioma es el pasto. Como los prados tienen los suelos más fértiles de todos los biomas, buena parte han sido arados para ser utilizados como tierras de cultivo.

Promedio del rango de temperaturas: -6°C-26°C (21°F-78°F)

Promedio de precipitaciones anuales: 38-76 cm

Características del suelo: el más fértil de los suelos de todos los biomas

Vegetación: pastos

Animales: grandes animales de pastoreo, incluyendo al bisón de Norteamérica, el canguro de Australia y el antílope de África.

Figura 19 *Antiguamente, los prados del mundo cubrían cerca del 42 por ciento del total de la superficie terrestre. Hoy estos biomas sólo ocupan alrededor del 12 por ciento.*

Chaparrales Estas regiones, que se ven en la **Figura 20,** tienen inviernos fríos y lluviosos y veranos calurosos y secos. La vegetación está compuesta principalmente por arbustos perennes. Generalmente, estas plantas son bajas y tienen ramas cubiertas de hojas gruesas y cerosas para impedir la pérdida de agua en condiciones secas. Estos arbustos crecen en suelo rocoso y con pocos nutrientes. Como la vegetación de la sabana tropical, la del chaparral se ha adaptado al fuego. Algunas plantas, como el chamizo, pueden volver a crecer desde sus raíces después de un incendio.

Promedio del rango de temperaturas: 11°C-26°C (51°F-78°F)

Promedio de precipitaciones anuales: 48-56 cm

Características del suelo: suelos rocosos, con pocos nutrientes

Vegetación: arbustos de hoja perenne, árboles achaparrados, hierbas

Animales: ardillas de tierra, venados, alces, pumas, coyotes, lobos

Figura 20 *Algunas especies de plantas de los chaparrales producen substancias que facilitan su combustión. Estas especies necesitan el fuego para reproducirse.*

Promedio del rango de temperaturas: 1°C-50°C (34°F-120°F)

Promedio de precipitaciones anuales: 0-25 cm

Características del suelo: escasez de materia orgánica

Vegetación: árboles suculentos (cactus), arbustos y árboles con espinas.

Animales: ratas canguro, lagartos, escorpiones, serpientes, aves, murciélagos y sapos

Los desiertos templados Estos biomas, similares al de la **Figura 21,** tienden a ser desiertos fríos. Como todos los desiertos, los desiertos fríos registran menos de 25 cm de lluvia por año. Los desiertos templados se pueden tornar muy calurosos de día, pero, a diferencia de los cálidos, tienden a ser muy fríos de noche.

Figura 21 *El Gran Desierto de Basin se ubica en la sombra pluviométrica de Sierra Nevada.*

A veces las temperaturas pueden bajar del punto de congelación. El contraste de temperaturas entre el día y la noche se debe a la baja humedad y los cielos sin nubes, condiciones que permiten que llegue una gran cantidad de energía hasta la Tierra y se caliente la superficie de día. Estas mismas características hacen que el calor escape de noche, lo que hace que bajen las temperaturas. Es probable que casi nunca pienses en una combinación de desierto y nieve, pero a veces los desiertos templados reciben un poco de nieve en invierno.

Los desiertos templados son secos porque generalmente se encuentran en el interior, lejos de toda fuente de humedad, o en la sombra pluviométrica de una cordillera.

La zona polar

Polar

66.5°N

0°

66.5°S

Polar

Figura 22 Las zonas polares de la Tierra

La **zona polar** incluye las zonas climáticas situadas en los extremos norte y sur del mundo, como ves en la **Figura 22.** Los climas polares tienen el promedio de temperaturas más bajo. Las temperaturas durante el invierno se mantienen bajo cero, y las de los meses de verano son frescas. La **Figura 23,** de la página siguiente, muestra la distribución de los biomas de la zona polar.

Figura 23 **Biomas de la Zona Polar**

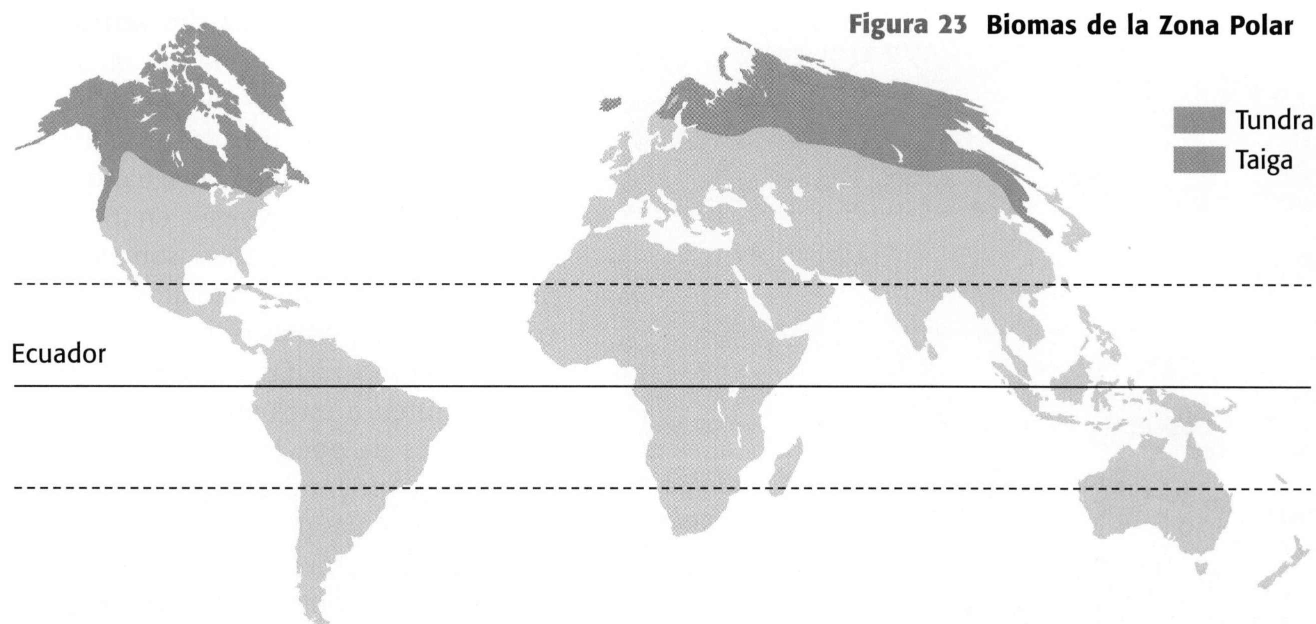

Tundra Después de los desiertos, la tundra, como se ve en la **Figura 24**, es el lugar más seco de la Tierra. Este bioma presenta inviernos largos y fríos, con noches de casi 24 horas y veranos cortos y helados, con días de casi 24 horas. En verano sólo se derrite el primer metro de la capa superior del suelo. Bajo el suelo derretido yace una capa de suelo permanentemente congelado, el *permafrost*, una capa congelada que evita el drenaje del agua descongelada. Debido al mal drenaje, la capa superior del suelo se torna lodosa, y se transforma en un excelente terreno de reproducción para insectos como los mosquitos. Varias aves emigran hacia la tundra durante el verano para alimentarse de estos insectos.

oceanografía CONEXIÓN

Los climas con temperaturas por debajo del punto de congelación casi no contienen bacterias en descomposición. En 1984, se encontró el cuerpo, muy bien conservado, de John Torrington, un miembro de una expedición que recorrió el paso del noroeste de Canadá en los años 1840; los restos tenían un aspecto muy similar a la del individuo cuando murió, hace más de 140 años.

Promedio del rango de temperaturas: 27°-C5°C (17°F-41°F)

Promedio de precipitaciones anuales: 0-25 cm

Características del suelo: congelado

Vegetación: musgos, líquenes, juncias y árboles achaparrados

Animales: conejos, lemmings, ciervos, caribúes, toros almizcleros, lobos, aves y osos polares

Figura 24 *En la tundra, musgos y líquenes cubren las rocas. Los árboles achaparrados crecen cerca del suelo para protegerse del fuerte viento y absorber el calor que emana de la superficie terrestre en donde se refleja la luz solar.*

Figura 25 *La taiga es la fuente principal de madera para papel.*

Promedio del rango de temperaturas: -10°C-15°C (14°F-59°F)
Promedio de precipitaciones anuales: 40-61 cm
Características del suelo: tierra acidógena
Vegetación: musgos, líquenes, coníferas
Animales: aves, conejos, renos, alces, lobos, linces y osos

Taiga (bosque conífero del norte) Al sur de la tundra se encuentra el bioma de la taiga. La taiga, que se ve en la **Figura 25,** tiene inviernos largos y fríos, y veranos cortos y cálidos. Al igual que en la tundra, el suelo se congela en invierno. La mayoría de los árboles son de hoja perenne muy delgada, llamados *coníferas,* como los pinos, piceas y abetos. Las hojas delgadas como agujas y las ramas flexibles permiten a estos árboles eliminar la nieve antes de que los dañe. Las agujas coníferas contienen substancias ácidas. Cuando las agujas mueren y caen al suelo, hacen que la tierra se torne ácida. La mayoría de las plantas no crecen en suelos ácidos, y por eso el piso del bosque sólo tiene musgos y líquenes.

Microclimas

El clima y el bioma de un lugar en particular también pueden recibir la influencia de las condiciones locales. Los **microclimas** son regiones pequeñas con características climáticas únicas. Por ejemplo, la elevación puede afectar el clima de un área y por ende a su bioma. Los biomas de la tundra y de la taiga existen en los trópicos en las montañas altas. ¿Cómo es posible? Recuerda que a medida que la elevación aumenta, la atmósfera pierde su capacidad de absorber y retener calor. Esto produce temperaturas más bajas.

Las ciudades también tienen microclimas. En una ciudad, las temperaturas pueden estar entre 1°C y 2°C más altas que en las áreas rurales que la rodean, porque los edificios y el pavimento están hechos de materiales oscuros que absorben la radiación solar, en vez de reflejarla, y hay menos vegetación que absorba los rayos solares. Los rayos solares que absorben los edificios y el pavimento calientan el aire, causando el aumento de las temperaturas.

a través de las ciencias
CONEXIÓN

¡La temperatura de los techos puede ser tan alta, que es posible freír huevos! En un estudio realizado un día en que se registró una temperatura de 13°C en el aire, se registraron temperaturas en los techos que iban desde los 18°C hasta los 61°C, según el color del material del techo.

Experimentos

Para averiguar más sobre los microclimas, pasa a la página 559.

REPASO

1. Describe en qué difieren los desiertos tropicales y los templados.
2. Ubica y describe las tres zonas climáticas principales.
3. **Sacar conclusiones** Clasifica cada bioma según su capacidad para el crecimiento de cultivos. Explica tu respuesta.

Sección 3

Cambios en el clima

VOCABULARIO

edad de hielo

calentamiento global

efecto invernadero

OBJETIVOS

- Describe cómo el clima de la Tierra ha cambiado a través del tiempo.
- Resume las teorías que han intentado explicar por qué ha cambiado el clima de la Tierra.
- Explica el efecto invernadero y su papel en el calentamiento global.

El tiempo cambia constantemente, a veces varias veces al día. El sábado por la mañana cancelaron tu partido de béisbol por la lluvia, pero por la tarde brilló el Sol. Piensa en el clima del área en que vives. ¿Qué causa los cambios climáticos? Hasta hace poco, sólo se pensaba en causas naturales. Pero los estudios indican que las actividades humanas, como el uso de los combustibles fósiles, podrían influir en los cambios climáticos. En esta sección, aprenderás cómo los factores naturales y humanos pueden influir en los cambios climáticos.

Edades de hielo

El registro geológico indica que el clima de la Tierra ha tenido épocas mucho más frías que la actual. De hecho, gran parte de la Tierra estuvo cubierta por capas de hielo durante ciertos períodos. Una **edad de hielo** es un período en que se acumula hielo en las latitudes altas y se mueve hacia las bajas. Este movimiento se caracteriza por episodios de avance y retroceso. Se han encontrado pruebas de importantes edades de hielo a lo largo de la historia geológica de la Tierra. La más reciente comenzó hace unos 2 millones de años. En una edad de hielo, se dan períodos de frío en los que buena parte de la superficie de la Tierra se cubre de hielo; y períodos de calor, en los que el hielo se derrite. Estos períodos se llaman períodos glaciales e interglaciales. En los *períodos glaciales,* las capas de hielo avanzan y cubren un área más amplia. Las capas de hielo obtienen su agua del mar, por eso, durante los períodos glaciales, el nivel del mar baja más de 100 m. La **Figura 26** muestra que en el último período glacial, que comenzó hace cerca de 115,000 años y terminó hace unos 10,000, inmensas capas de hielo cubrieron gran parte del norte de Estados Unidos.

Figura 26 *Durante el último período glacial, los Grandes Lagos se cubrieron con un enorme bloque de hielo de 1.5 km de alto.*

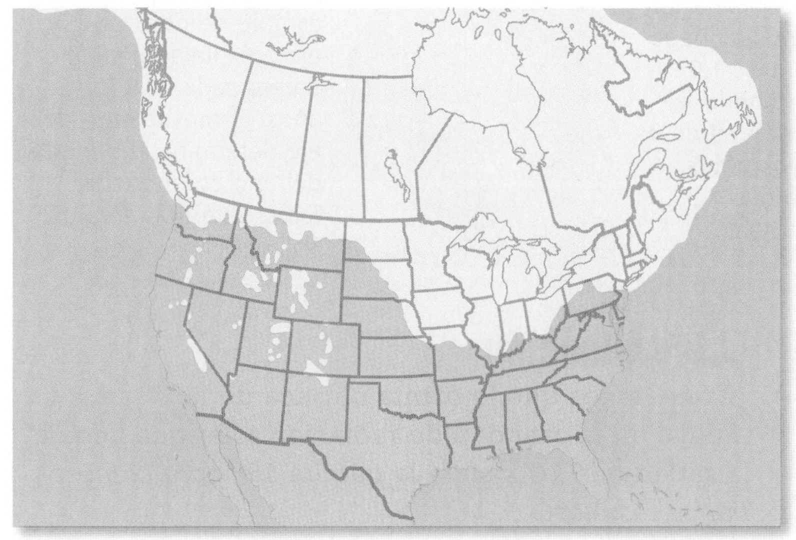

Los *períodos interglaciales* son más cálidos, y ocurren entre períodos glaciales. En un período interglacial, el hielo comienza a derretirse o a retirarse. Al derretirse el hielo, los niveles del mar suben. El último período interglacial comenzó hace 10,000 años y aún continúa. ¿Por qué ocurre este cambio periódico de temperaturas? ¿Habrá otro período glacial en la Tierra en el futuro? Para responder a estas preguntas, examinemos las teorías que han estado en debate en los últimos 200 años.

Las causas de las edades de hielo Existen varias teorías sobre el enfriamiento gradual que lleva al desarrollo de las enormes capas de hielo que cubren periódicamente vastas áreas de la superficie terrestre. La *teoría de Milankovitch* explica que una edad de hielo no es sólo un período largo de frío, sino que alterna entre períodos cálidos y fríos. Milutin Milankovitch, un científico yugoslavo, propuso que los cambios en la órbita e inclinación de la Tierra sobre su eje causan las edades de hielo, como se ve en la **Figura 27.**

Figura 27 *Según la teoría de Milankovitch, la cantidad de radiación solar que recibe la Tierra varía debido a tres tipos de cambios en la órbita de la Tierra.*

Durante un período de 100,000 años, la órbita de la Tierra cambia lentamente de una forma más bien circular a otra más elíptica. Cuando la órbita es más elíptica, los veranos son más calurosos y los inviernos más fríos. Cuando la órbita es más circular, no se registran tantos cambios de estación.

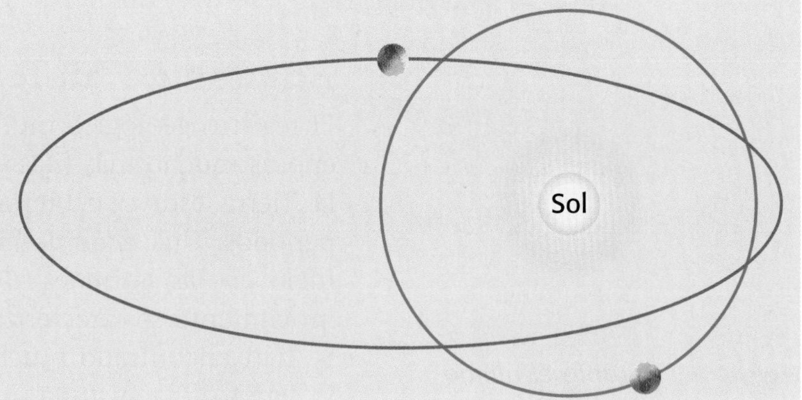

2

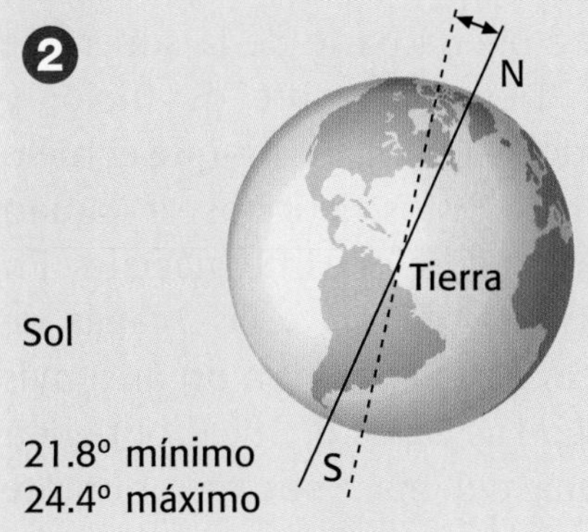

Durante un período de 41,000 años, la inclinación del eje de la Tierra varía entre 21.8° y 24.4°. Cuando la inclinación es de 24.4°, los polos reciben más energía solar.

3

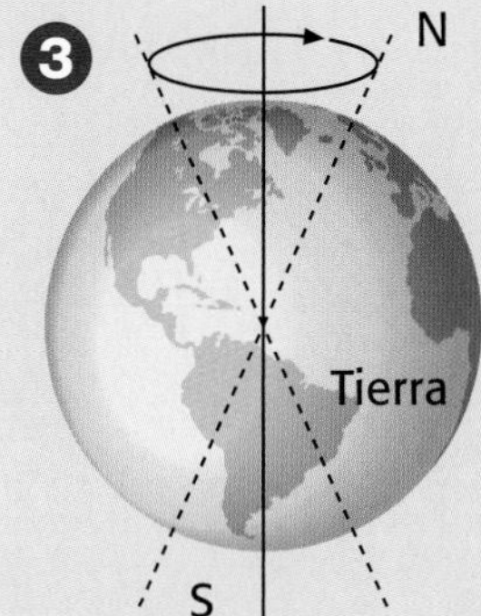

El movimiento circular del eje de la Tierra provoca que el planeta cambie de posición. El eje completa un círculo entero cada 26,000 años. El movimiento del eje determina el período del año en el que la Tierra está más cera del Sol.

Autoevaluación

¿Cómo crees que la órbita elíptica de la Tierra influye en la cantidad de radiación solar que llega a la superficie? *(Consulta la página 564 para comprobar tu respuesta.)*

Existen muchos factores naturales que pueden influir en el clima global. Se cree que algunos contribuyeron al enfriamiento de la Tierra que condujo a una edad de hielo. Eventos catastróficos, como las erupciones volcánicas, pueden influir en el clima. Las erupciones volcánicas despiden grandes cantidades de polvo, ceniza y humo a la atmósfera. Una vez allí, el polvo, el humo y las cenizas actúan como un escudo y bloquean tanto los rayos del Sol que la Tierra se enfría. La **Figura 28** muestra cómo las partículas de polvo de una erupción volcánica bloquean el Sol.

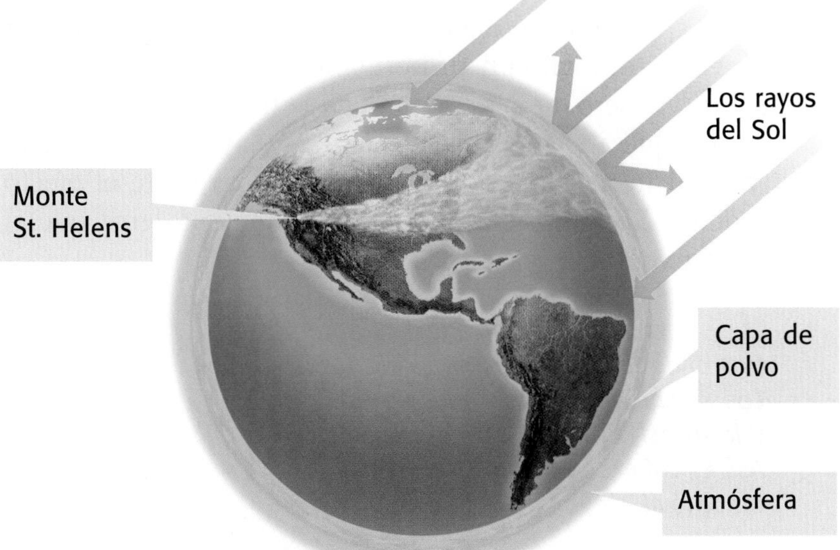

Figura 28 *Las erupciones volcánicas, como la del Monte St. Helens (arriba), producen polvo que refleja la luz del Sol, como se aprecia a la izquierda.*

Los cambios en la emisión de energía por el Sol también influyen en el clima global. Cuando el Sol irradia mucha energía, las temperaturas aumentan. Cuando la emisión de la energía solar disminuye, las temperaturas bajan.

El clima de la Tierra también se ve afectado por las placas tectónicas y la deriva continental. Una teoría sugiere que las edades de hielo ocurren cuando los continentes se acercan a las regiones polares. Por ejemplo, hace unos 250 millones de años, todos los continentes se conectaban con el Polo Sur, en una sola masa continental llamada Pangea, como ves en la **Figura 29.** Durante este período, el hielo cubría gran parte de la superficie terrestre. Al dividirse la Pangea, los continentes comenzaron a moverse hacia el ecuador y así terminó la edad de hielo. En la última edad de hielo, varias masas continentales quedaron cerca de las zonas polares. Tanto la Antártida como el norte de Norteamérica, Europa y Asia quedaron cubiertas por grandes capas de hielo.

Figura 29 *La mayor parte de Pangea, lo que actualmente es África, Sudamérica, India, Antártida, Australia y Arabia Saudita, estuvo cubierta por capas continentales de hielo.*

÷ 5 ÷ Ω ≤ ∞ + Ω √ 9 ∞ ≤ Σ 2

¡MATEMÁTICAS!

El viaje a la escuela

Averigua cuánto dióxido de carbono por mes emite a la atmósfera el automóvil o autobús que te lleva a la escuela.

1. Piensa en la distancia entre tu casa y tu escuela.
2. Con este número calcula la cantidad de kilómetros que viajas desde y hacia la escuela, en automóvil o autobús, todos los meses.
3. Divide esta cifra entre 20. Esto representa la cantidad aproximada de galones de combustible que se usan durante tu viaje.
4. Si el uso de 1 galón de combustible produce 9 kg de dióxido de carbono, ¿cuánto dióxido de carbono se emite?

Calentamiento global

¿La Tierra está experimentando realmente un calentamiento global? El **calentamiento global** es un alza en el promedio global de la temperatura que puede atribuirse a un aumento del efecto invernadero. Para entender cómo funciona el calentamiento global, debes aprender sobre el efecto invernadero.

Efecto invernadero El **efecto invernadero** es el proceso de calentamiento natural de la Tierra por el cual los gases de la atmósfera atrapan la energía térmica. Piensa en el caso de la **Figura 30.** Es un caluroso día de verano y estás a punto de salir a pasear en automóvil con tu hermano. Cuando te acomodas en el asiento trasero, te das cuenta de que hace más calor adentro del auto que afuera. Luego te sientas y ¡ay! te quemas con el asiento. Si te ha pasado esto, ya sabes algo sobre el efecto invernadero. La atmósfera de la Tierra funciona igual que el vidrio de la ventana del auto.

Figura 30 *La luz solar entra al automóvil a través de las ventanas de vidrio transparente. Los asientos absorben energía radiante y la transforman en energía térmica. Así, el calor queda atrapado en el automóvil.*

Los gases del efecto invernadero hacen que la luz del Sol atraviese la atmósfera. La superficie de la Tierra la absorbe y la vuelve a irradiar como energía térmica. Los gases del efecto invernadero absorben el calor a medida que éste sale de la atmósfera. El efecto invernadero aumenta al aumentar los gases que lo producen en la atmósfera. Muchos científicos sostienen que el aumento de la temperatura global se debe al aumento del dióxido de carbono, un gas del efecto invernadero, producto de la actividad humana. La mayoría de las pruebas indica que el aumento del dióxido de carbono se debe a los combustibles fósiles, como el carbón, la gasolina y el gas natural, que despiden dióxido de carbono hacia la atmósfera. No obstante, esta no es la única razón.

Experimentos

¿Está aumentando realmente la temperatura global? Pasa a la página 558 para averiguarlo.

Una ciudad acaba de ser advertida por la Agencia de Protección Ambiental *(Environmental Protection Agency)*, de que excede el estándar de emisiones de combustible automovilístico. Si fueras el regente de la ciudad, ¿qué sugerirías para reducirlas?

Otro factor puede ser la deforestación. La *deforestación* es el proceso de talar los bosques, como se ve en la **Figura 31.** En varios países del mundo se queman los bosques para despejar tierra para la agricultura. La combustión despide dióxido de carbono a la atmósfera, lo que aumenta el efecto invernadero. Las plantas usan el dióxido de carbono para hacer alimentos. Si se eliminaran las plantas de la Tierra, el dióxido de carbono se acumularía en la atmósfera.

Figura 31 *Cuando se despejan áreas por medio de quemas aumentan los niveles de dióxido de carbono en la atmósfera.*

Las consecuencias del calentamiento global Si el promedio de la temperatura global sigue aumentando, algunas regiones del mundo podrían sufrir inundaciones. Las temperaturas más altas podrían derretir las capas de hielo, aumentando el nivel del mar e inundando áreas bajas, como las costas.

Las áreas que reciben poca lluvia, como los desiertos, podrían recibir menos aún por el aumento de la evaporación. Los científicos pronostican que el medio oeste, una zona agrícola, experimentaría condiciones más secas y cálidas. Un cambio así en el clima dañaría las cosechas. Más al Norte, en Canadá por ejemplo, las condiciones del clima para la agricultura mejorarían.

REPASO

1. ¿Cómo ha cambiado el clima en la Tierra con el paso del tiempo? ¿Qué puede haber causado esos cambios?
2. Explica en que el efecto invernadero calienta la Tierra.
3. Nombra dos formas como los humanos contribuyen al aumento del dióxido de carbono en la atmósfera.
4. **Analizar relaciones** ¿Cómo afectará el calentamiento de la Tierra a la agricultura en las diferentes partes del mundo?

Resumen del capítulo

SECCIÓN 1

Vocabulario

tiempo *(pág. 454)*
clima *(pág. 454)*
latitud *(pág. 455)*
vientos predominantes *(pág. 457)*
elevación *(pág. 458)*
corrientes superficiales *(pág. 459)*

Notas de la sección

- El tiempo es la condición de la atmósfera en un momento y lugar determinados. El clima es la condición promedio del tiempo en cierta área durante un largo período de tiempo.
- La temperatura y las precipitaciones determinan el clima.
- Factores como la latitud, altura, patrones de desplazamiento del viento, geografía local y corrientes oceánicas controlan el clima.
- La cantidad de energía solar que recibe un área está determinada por la latitud del área.
- Las estaciones del año cambian por la inclinación del eje de la Tierra y por el trayecto de ésta alrededor del Sol.
- La cantidad de humedad que llevan los vientos predominantes influye en las precipitaciones.
- Al aumentar la elevación, la temperatura disminuye.
- Las montañas influyen en la distribución de las precipitaciones. El lado seco de las montañas se denomina sombra pluviométrica.
- Las corrientes oceánicas, al desplazarse por la Tierra, redistribuyen el agua cálida y fría. La temperatura del agua superficial influye en la temperatura del aire.

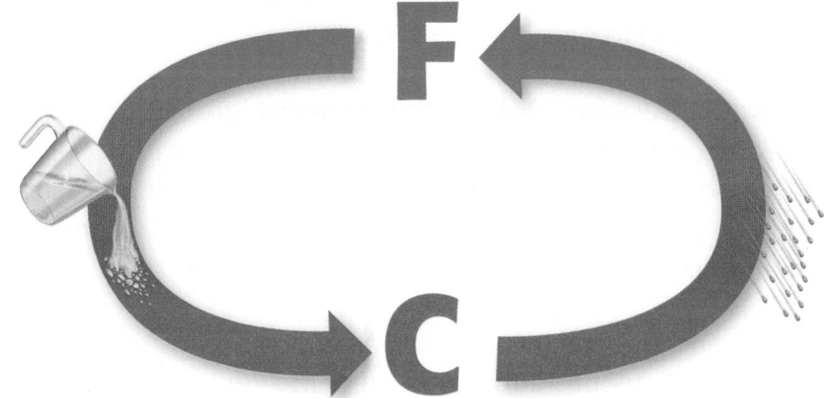

Comprobar destrezas

Comprensión visual

LAS ESTACIONES Están determinadas por la latitud. El diagrama de la página 456 muestra cómo la inclinación de la Tierra afecta la cantidad de energía solar que recibe un área mientras la Tierra se desplaza alrededor del Sol.

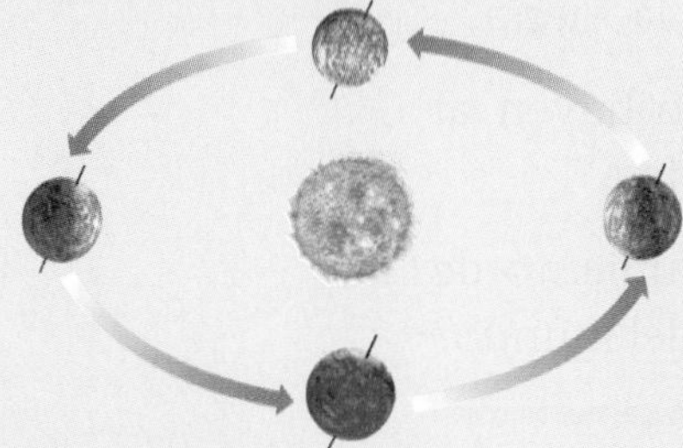

LA SOMBRA PLUVIOMÉTRICA La ilustración de la página 458 muestra las diferencias climáticas que puede haber a ambos lados de una montaña. Una montaña puede influir en el clima de las áreas que la rodean al influir en la cantidad de precipitaciones que reciben.

BIOMAS TERRESTRES Regresa a la Figura 10, página 460, para repasar la distribución de los biomas terrestres.

SECCIÓN 2

Vocabulario

bioma *(pág. 460)*

zona tropical *(pág. 461)*

zona templada *(pág. 464)*

árboles de hoja caduca *(pág. 464)*

árboles de hoja perenne *(pág. 464)*

zona polar *(pág. 466)*

microclimas *(pág. 468)*

Notas de la sección

- La Tierra se divide en tres zonas climáticas según la latitud: tropical, templada y polar.
- La zona tropical rodea al ecuador. Los bosques tropicales, el desierto tropical y la sabana tropical se encuentran en esta zona.
- La zona templada se halla entre la tropical y la polar. El bosque templado, las praderas templadas y el desierto templado se encuentran en esta zona.
- Las zonas polares se encuentran en los extremos norte y sur del planeta. La taiga y la tundra están en esta zona.

Experimentos

Para las aves *(pág. 559)*

El asunto del bioma *(pág. 562)*

SECCIÓN 3

Vocabulario

edad de hielo *(pág. 469)*

calentamiento global *(pág. 472)*

efecto invernadero *(pág. 472)*

Notas de la sección

- Las edades de hielo se deben a factores como cambios en la órbita terrestre, erupciones volcánicas y cambios en la emanación de energía solar, además de las placas tectónicas y la deriva continental.
- Hay científicos que piensan que el calentamiento global ocurre por un aumento en el dióxido de carbono producido por la actividad humana.
- Si el calentamiento global continúa, el clima podría cambiar drásticamente y causar inundaciones y sequías.

Experimentos

El impacto global *(pág. 558)*

internet

VISITA: go.hrw.com

Visita el sitio web de HRW para encontrar una serie de herramientas de aprendizaje relacionadas con este capítulo. Sólo tienes que escribir la palabra clave:

PALABRA CLAVE: HSTCLM

VISITA: www.scilinks.org

Visita el sitio web de la **Asociación Nacional de Maestros de Ciencias** *(National Science Teachers Association)* para encontrar recursos de Internet relacionados con este capítulo. Sólo escribe el **ENLACE DE CIENCIAS** para obtener más información sobre el tema:

TEMA: ¿Qué es el clima? — **ENLACE:** HSTE405

TEMA: Climas del mundo — **ENLACE:** HSTE410

TEMA: Cambios en el clima — **ENLACE:** HSTE415

TEMA: Modelar el clima de la Tierra — **ENLACE:** HSTE420

Repaso del capítulo

UTILIZAR EL VOCABULARIO

Completa las siguientes oraciones:

1. __?__ es la condición de la atmósfera en un área determinada durante un largo período de tiempo. *(El tiempo* o *El clima)*

2. __?__ es la distancia hacia el norte y hacia el sur desde el ecuador que se mide en grados. *(La longitud* o *La latitud)*

3. Las sabanas son prados que se encuentran en la zona __?__ ubicada entre los 23.5° de latitud norte y los 23.5° de latitud sur. *(templada* o *tropical)*

4. Los árboles que pierden sus hojas se encuentran en los bosques de árboles __?__. *(de hoja caduca* o *de hoja perenne)*

5. El suelo congelado de la zona polar está en una __?__. *(taiga* o *tundra)*

6. Se llama __?__ al aumento de las temperaturas por el incremento en la producción de dióxido de carbono. *(calentamiento global* o *efecto invernadero)*

COMPRENDER CONCEPTOS

Opción múltiple

7. La órbita que la Tierra describe alrededor del Sol causa
   a. el calentamiento global.
   b. las diferentes estaciones.
   c. una sombra pluviométrica.
   d. el efecto invernadero.

8. ¿Qué factor influye en los vientos predominantes al desplazarse sobre un continente y produce los diferentes climas?
   a. la latitud **c.** los bosques
   b. las montañas **d.** los glaciares

9. ¿Qué determina la cantidad de energía solar que recibe un área?
   a. la latitud
   b. los patrones de los vientos
   c. las montañas
   d. las corrientes marinas

10. ¿Qué zona climática tiene el promedio de temperatura más bajo?
    a. la tropical **c.** la templada
    b. la polar **d.** la tundra

11. ¿Qué bioma no está en la zona tropical?
    a. los bosques tropicales **c.** el chaparral
    b. la sabana **d.** el desierto

12. ¿Qué bioma presenta la mayor cantidad de especies animales y vegetales?
    a. el bosque tropical **c.** el prado
    b. el bosque templado **d.** la tundra

13. ¿Cuál de las siguientes teorías no explica las edades de hielo?
    a. la teoría de Milankovitch
    b. las erupciones volcánicas
    c. las placas tectónicas
    d. el efecto invernadero

14. ¿Cuál de los siguientes factores contribuye al calentameinto global?
    a. los patrones de los vientos
    b. la deforestación
    c. las corrientes marinas superficiales
    d. los microclimas

Respuesta breve

15. ¿Por qué reciben las latitudes más altas menos radiación solar que las más bajas?

16. ¿Cómo influye el viento en los patrones de las precipitaciones?

17. ¿Por qué contienen los bosques tropicales la mayor cantidad de especies animales y vegetales del planeta?

18. ¿Cómo se han adaptado plantas y animales al bioma del desierto?

19. ¿En qué se parecen la tundra y los desiertos?

Organizar conceptos

20. Usa los siguientes términos para crear un mapa de ideas: clima, calentamiento global, deforestación, efecto invernadero, inundaciones.

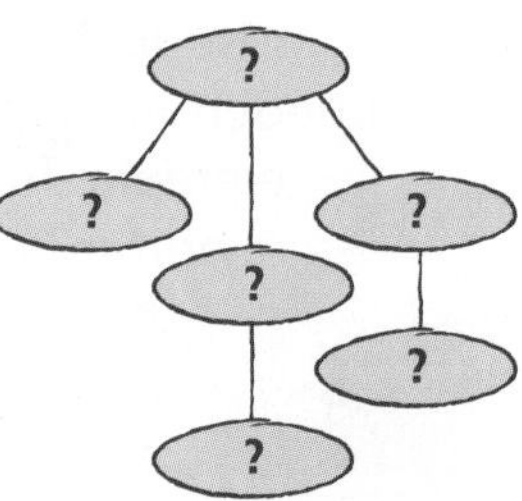

RAZONAMIENTO CRÍTICO Y RESOLUCIÓN DE PROBLEMAS

Escribe una o dos oraciones para responder a las siguientes preguntas:

21. Explica cómo las corrientes superficiales provocan climas más templados.

22. Con tus palabras, explica cómo un cambio en la órbita de la Tierra puede influir en los climas, según lo sugirió Milutin Milankovitch en su teoría.

23. Explica por qué el clima es tan diferente a uno y otro lado de las Montañas Rocallosas *(Rocky Mountains)*.

24. ¿Qué pueden hacer tú y tu familia para reducir la cantidad de dióxido de carbono que se libera a la atmósfera?

LAS MATEMÁTICAS EN LAS CIENCIAS

25. Si junto a la orilla de un lago la temperatura alcanza los 24°C, y si aumenta 0.05°C cada cada vez que te alejas 10 metros del lago, ¿cuál será la temperatura a 1 kilómetro del lago?

INTERPRETAR GRÁFICAS

La siguiente ilustración muestra la órbita de la Tierra alrededor del Sol.

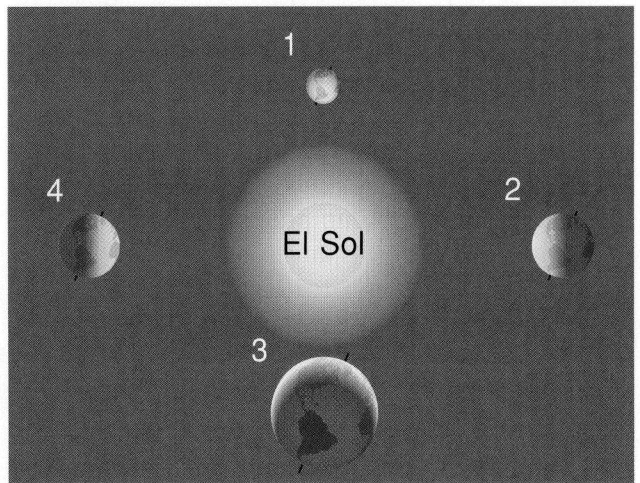

26. En qué posición (**1**, **2**, **3** ó **4**) se produce la primavera en el hemisferio Sur?

27. ¿En cuál recibe el Polo Sur luz diurna durante casi 24 horas?

28. Explica qué sucede en cada zona climática en la posición **4**, tanto en el hemisferio Norte como en el Sur.

AHORA, ¿qué piensas?

Revisa tus respuestas a las preguntas de la página 453 que escribiste en el cuaderno de ciencias. ¿Han cambiado tus respuestas? Si es necesario, corrige tus respuestas basándote en lo que has aprendido en este capítulo.

La culpa es de "El Niño"

El Niño es el nombre de un fenómeno climatológico que ocurre en el océano Pacífico. Se produce cada 2 a 12 años por la interacción de la superficie del mar y los vientos atmosféricos, e influye sobre los patrones del tiempo en varias regiones del mundo.

Dificultad para respirar

En Indonesia y Malasia, El Niño causó sequías e incendios forestales en 1998. Miles de personas padecieron enfermedades respiratorias debido a la inhalación del humo provocado por los incendios. Las fuertes lluvias en San Francisco generaron altos registros de moho y esporas. Las esporas le causan problemas a la gente con alergias. Generalmente, en febrero el conteo de esporas en San Francisco es entre 0 y 100. En 1998, a menudo ifue superior a 8,000!

Invasión de roedores

Donde El Niño provoca fuertes lluvias, hay como resultado una frondosa vegetación que abastece de todavía más alimento y mejor refugio a los roedores. Al aumentar la población de roedores, aumenta la amenaza de propagación de enfermedades. En estados como Arizona, Colorado y Nuevo México, esto significa que hay más probabilidades de que los humanos contraigan el síndrome pulmonar hantaviral (HPS).

El ratón patiblanco transporta el HPS en su orina y sus heces. Los seres humanos se infectan al inhalar el polvo contaminado con las heces o la orina del ratón. Una vez infectada, la persona experimenta síntomas similares a los de la gripe, que en ocasiones pueden conducir a enfermedades fatales del riñón o el pulmón.

Más roedores e insectos

Las fuertes lluvias en las proximidades de Los Ángeles podrían propiciar un aumento explosivo en la población de roedores en las montañas al este de la ciudad. De ser así, podría aumentar la cantidad de roedores infectados con la peste bubónica. A más roedores infectados, mayor será la cantidad de pulgas infectadas, que acarrean la peste que infecta a los humanos.

También podría aumentar la cantidad de ácaros y mosquitos, insectos que también pueden propagar la enfermedad. Por ejemplo, los ácaros pueden transportar la enfermedad de Lyme, la ehrliquisis, la babesiosis y la fiebre tifoidea de las Montañas Rocallosas. Los mosquitos pueden transportar malaria, dengue, encefalitis y fiebre del Valle Rift.

◀ *Si esta pulga acarrea la bacteria de la peste bubónica, basta que muerda a una persona una vez para que ésta se infecte.*

¿Y los campamentos?

Como todas estas enfermedades pueden ser fatales para los humanos, hay que tomar precauciones. Acampar al aire libre aumenta el riesgo de contraer infecciones. Los campistas deben mantenerse alejados de los roedores y de sus refugios. Rocíen a las mascotas con repelente para pulgas y no permitan que salgan solos. Recuerda que más vale prevenir que curar.

Averigua más

► ¿Cómo afecta El Niño a los peces y los mamíferos que habitan el océano? Escribe tu respuesta en tu cuaderno de ciencias y luego investiga para verificarla.

Ciencia, Tecnología y Sociedad

Algunos hablan del fuego, otros del hielo...

El clima de la Tierra ha experimentado cambios drásticos. Por ejemplo, hace 6,000 años, en la parte norte de África, que actualmente es un desierto, habitaban hipopótamos, cocodrilos y algunos de los primeros humanos de la Edad de Piedra. Lagos poco profundos y prados cubrían el área.

Hace mucho que se sabe que el clima de la Tierra ha cambiado, pero no se sabía por qué. Con las computadoras y programas informáticos, quizá ahora los científicos puedan explicar por qué África del Norte se convirtió en un desierto. Esa información sería útil para predecir futuras olas de calor o edades de hielo.

Modelos climáticos

Los científicos que estudian la atmósfera han desarrollado modelos que tratan de imitar el clima del planeta. Un modelo climático es como una receta con miles de ingredientes. Estos modelos no predicen el futuro climático con exactitud, pero sí predicen lo que podría ocurrir.

¿Qué ingredientes tiene un modelo climático? Uno de los más importantes es el nivel de los gases provocados por el efecto invernadero (especialmente el dióxido de carbono) en la atmósfera. Las temperaturas del suelo y del océano en todo el mundo son otros ingredientes, junto con la información sobre las nubes, la nieve y la capa de hielo. En algunos modelos más recientes, se ha incluído información sobre las corrientes oceánicas.

Un desafío para los científicos

El sistema del clima oceánico-atmosférico de la Tierra es muy complejo. Un desafío que enfrentan los científicos es la comprensión de todas las partes del sistema. Otro es entender cómo funcionan esas partes en conjunto. Pero entender cómo funciona el sistema climático de la Tierra es fundamental. Un modelo climático preciso ayuda a los científicos a predecir olas de calor, inundaciones y sequías.

Pero hasta los mejores modelos climáticos disponibles podrían mejorarse. Cuanta más información tenga un modelo climático, más precisos son los resultados. Hoy se dispone de información de una mayor cantidad de lugares y se necesitan computadoras más poderosas para procesarla.

A medida que se desarrollen computadoras más poderosas para procesar toda esta información, los científicos entenderán mejor los cambios climáticos de la Tierra. Ese conocimiento los ayudará a predecir con mayor certeza el impacto de las actividades humanas en el clima global. Y estos modelos podrían prevenir algunos de los peores efectos de los cambios climáticos, como el calentamiento global u otra edad de hielo.

Un desafío para ti

▶ Los océanos de la Tierra son fundamentales para los modelos climáticos. Averigua cómo influyen las actividades humanas en el clima. ¿Crees que las actividades humanas están cambiando los océanos?

▲ *Este meteorólogo emplea una poderosa computadora para hacer modelos climáticos.*

Experimentos

Contenido

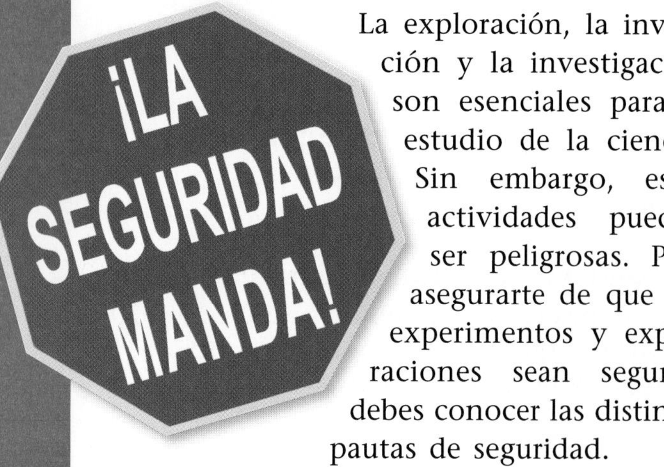

La exploración, la invención y la investigación son esenciales para el estudio de la ciencia. Sin embargo, estas actividades pueden ser peligrosas. Para asegurarte de que tus experimentos y exploraciones sean seguros, debes conocer las distintas pautas de seguridad.

Es posible que hayas escuchado el refrán "Más vale prevenir que lamentar". Esto es especialmente cierto en un salón de clases en donde se realizan experimentos y exploraciones. No estar informado o ser descuidado puede dar lugar a graves accidentes. No arriesgues tu seguridad ni la de los demás.

A continuación se presentan importantes pautas de seguridad para el salón de ciencias. Quizás tu maestro o maestra tenga otras pautas y consejos específicos para tu salón de clases y laboratorio. Toma el tiempo de hacer las cosas de manera segura.

¡Reglas de seguridad!

Comienza correctamente

Antes de intentar cualquier experimento en el laboratorio, pídele permiso a tu maestro o maestra. Lee los procedimientos cuidadosamente y ponles especial atención a la información de seguridad y a las notas de precaución. Si no estás seguro de lo que significa un símbolo de seguridad, averígualo o pregúntale a tu maestro o maestra. No importa que exageres cuando se trata de seguridad. Si ocurre un accidente, no importa qué insignificante lo consideres: infórmale a tu maestro o maestra de inmediato.

Si debes oler una substancia, no lo hagas directamente: con la mano, mueve los gases hacia tu nariz. Nunca debes colocar tu nariz cerca de la fuente.

Símbolos de seguridad

Todos los experimentos e investigaciones que aparecen en este libro y sus hojas de trabajo incluyen importantes símbolos de seguridad para advertirte acerca de los riesgos. Debes familiarizarte con estos símbolos de modo que, cuando los veas, sepas qué significan y qué debes hacer. Es muy importante que leas toda esta sección dedicada a la seguridad para aprender acerca de los peligros que hay en un laboratorio.

Protección de los ojos 

Utiliza gafas de seguridad al trabajar cerca de substancias químicas, ácidos, bases o cualquier tipo de llama o dispositivo calentador. Utiliza gafas de seguridad siempre que exista hasta la más mínima posibilidad de daño a los ojos. Si cualquier substancia entra en tus ojos, avísale a tu maestro o maestra inmediatamente y limpia el ojo con agua de la llave durante al menos 15 minutos. Debes tratar cualquier substancia química desconocida como si fuera una substancia peligrosa. Nunca mires directamente al Sol, pues podrías quedarte ciego permanentemente.

No uses lentes de contacto en un laboratorio, pues las substancias químicas pueden meterse entre los lentes de contacto y los ojos aunque uses gafas de seguridad. Si tu doctor exige que uses lentes de contacto en vez de anteojos, utiliza gafas de seguridad con ojeras en el laboratorio.

Orden

Debes mantener tu área de trabajo libre de libros y papeles innecesarios. Si tienes el cabello largo, no lo dejes suelto, y fija a tu cuerpo las mangas y otras prendas de ropa sueltas, tales como corbatas o cintas. No uses joyas colgantes ni zapatos abiertos o sandalias. Nunca debes comer, beber o maquillarte en un laboratorio. Los alimentos, bebidas y cosméticos se pueden contaminar fácilmente con materiales peligrosos.

Ciertos productos para el cabello (como el espray en aerosol) son inflamables y, por lo tanto, no se deben usar al trabajar cerca de una llama. No uses espray o gel para el cabello en los días que debes ir al laboratorio.

Equipo de seguridad

Debes saber dónde están las alarmas contra incendios más cercanas y el equipo de seguridad, como las mantas incombustibles y fuentes de agua, de acuerdo con las indicaciones de tu maestro o maestra. Además, debes saber cómo utilizarlos.

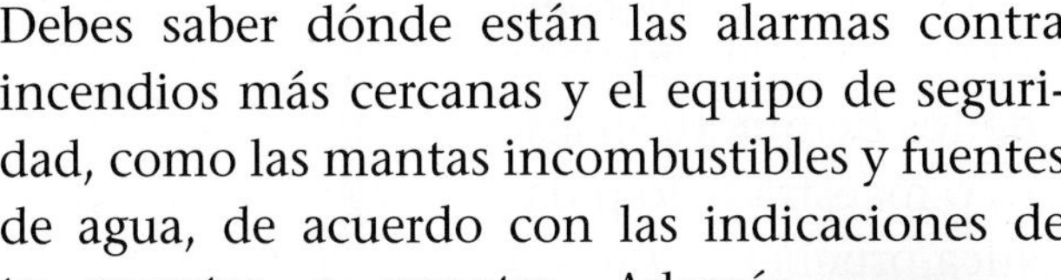

Debes tener especial precaución al utilizar objetos de vidrio. Al echar un objeto pesado a un cilindro graduado, debes inclinar el cilindro de modo que el objeto se deslice lentamente hasta el fondo.

Objetos punzantes 

Debes utilizar los cuchillos y otros instrumentos afilados con extrema precaución. Nunca cortes objetos mientras los sostienes en tus manos. Debes colocarlos sobre una superficie apropiada para cortarlos.

Calor

Utiliza gafas de seguridad al usar un dispositivo calentador o una llama. Cuando sea posible, utiliza una placa calentadora eléctrica como fuente de calor en vez de una llama. Al calentar un material en un tubo de ensayo, siempre debes inclinar el tubo lejos de ti y de otras personas. Para evitar quemaduras, utiliza guantes termorresistentes cuando recibas las instrucciones.

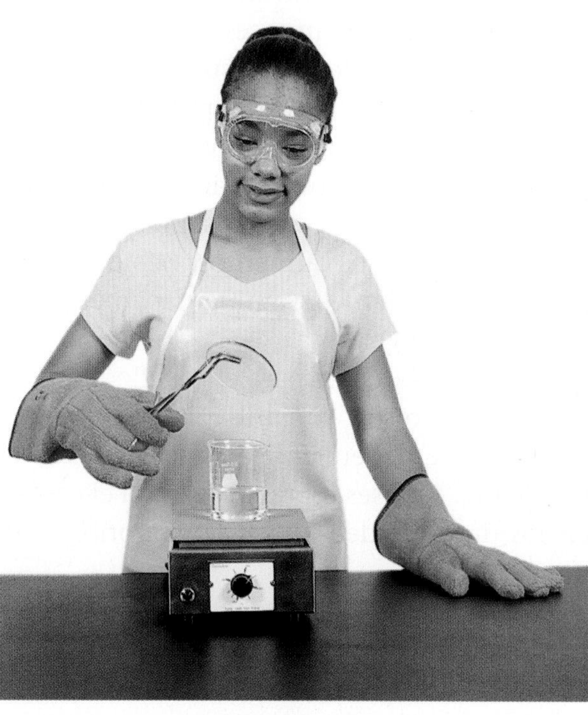

Substancias químicas

Utiliza gafas de seguridad al manipular cualquier substancia química potencialmente peligrosa, ya sea un ácido o una base. Si desconoces una substancia química, debes manipularla como si se tratara de una substancia peligrosa. Utiliza un delantal y gafas de seguridad al trabajar con ácidos o bases. Si accidentalmente derramas una substancia sobre tu piel o ropa, lávala de inmediato con agua durante 5 minutos y avísale a tu maestro o maestra.

Nunca mezcles substancias químicas a menos de que tu maestro o maestra te lo pida. Nuca pruebes, toques o huelas las substancias químicas a menos que esto sea parte de las instrucciones. Antes de trabajar con un líquido o gas inflamable, verifica que no haya ninguna fuente de llama, chispa o calor.

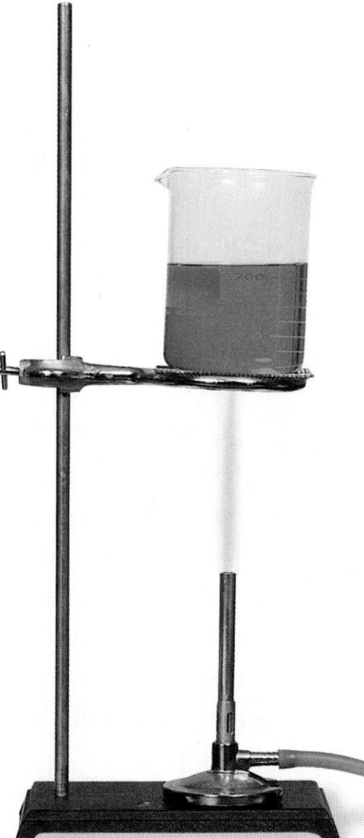

Electricidad

Ten cuidado con los cables eléctricos. Al utilizar un microscopio con lámpara, no debes dejar el cable en un lugar en donde las personas se puedan tropezar con él. No dejes los cables cerca del borde de la mesa de modo que puedan tirar el equipo al suelo accidentalmente. No utilices equipos con cables dañados. Asegúrate de tener las manos secas y que el equipo eléctrico esté apagado antes de enchufarlo. Debes apagar y desenchufar el equipo eléctrico cuando termines.

Seguridad de los animales

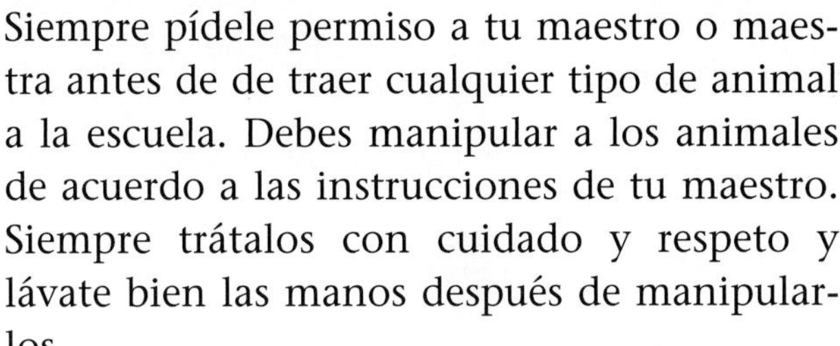

Siempre pídele permiso a tu maestro o maestra antes de de traer cualquier tipo de animal a la escuela. Debes manipular a los animales de acuerdo a las instrucciones de tu maestro. Siempre trátalos con cuidado y respeto y lávate bien las manos después de manipularlos.

Seguridad de las plantas

No debes comer ninguna parte de una planta o semilla de planta que se utilice en el laboratorio. Lávate bien las manos después de manipular cualquier parte de una planta. Al estar al aire libre, no recojas ningún tipo de planta silvestre a no ser que tu maestro o maestra te lo pida.

Objetos de vidrio

Examina todos los objetos de vidrio antes de usarlos. Asegúrate de que estén limpios y que no tengan roturas o fisuras. Avísale a tu maestro o maestra si encuentras cualquier tipo de daño. Los recipientes de vidrio utilizados para calentar deben ser de vidrio termorresistente.

Usar el método científico

Los geólogos a menudo utilizan una técnica llamada *muestra de sondeo* para conocer el aspecto de las capas de rocas subterráneas. Esta técnica conlleva perforar en diferentes partes del terreno y tomar muestras de roca o tierra subterráneas. Luego, los geólogos comparan las muestras de cada perforación para elaborar un diagrama más completo.

En esta actividad, harás un modelo del proceso que usan los geólogos para representar las capas de rocas subterráneas. Primero, usarás arcilla para crear un modelo de las capas de rocas. Luego, intercambiarás modelos con un compañero o compañera, tomarás muestras de sondeo y dibujarás un diagrama de las capas que hizo tu compañero o compañera.

Materiales

- 3 lápices de color o marcadores
- molde no transparente o caja
- arcilla en tres colores
- tubo de PVC de 1/2 pulgada
- cuchillo de plástico

Haz una pregunta

1. ¿Se pueden descubrir características ocultas mediante muestras parciales de un todo?

Formula una hipótesis

2. Formula una hipótesis acerca de si tomar muestras de sondeo de varios lugares arrojará buenos indicios sobre toda una característica oculta.

Comprueba la hipótesis

3. Para comprobar tu hipótesis, tomarás muestras de sondeo de un modelo de las capas de roca subterráneas, dibujarás un diagrama de la secuencia completa de capas y luego compararás tu dibujo con el modelo real.

Construye un modelo

El modelo de capas de roca se debe hacer sin que lo vean aquellos compañeros o compañeras que tomarán las muestras de sondeo.

4. Traza un plano para tus capas de roca y dibújalas en tu cuaderno de ciencias. Tu bosquejo debe incluir los tres colores en varias capas de distinto grosor.
5. En un molde o caja, moldea la arcilla y forma la capa inferior de tu boceto.
6. Repite el paso 5 para cada capa adicional. ¡Ya tienes un modelo de capas de roca! Intercámbialo con un compañero o compañera.

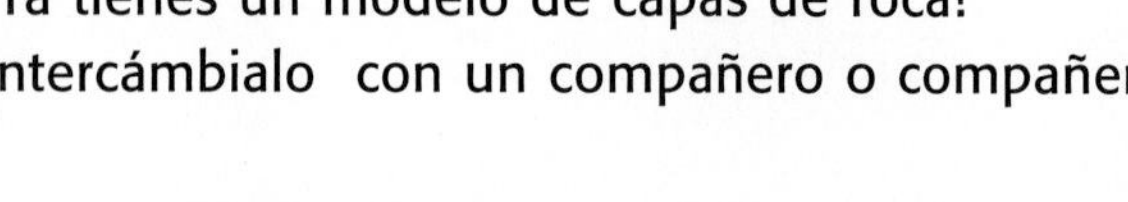

Recopila información

7. Selecciona tres lugares en la superficie de la arcilla en donde hacer perforaciones. Las perforaciones deben estar distanciadas y dispuestas en línea recta. (No es necesario que saques la arcilla del molde o caja).
8. Usa el tubo de PVC para "perforar" un agujero vertical en la arcilla en uno de los lugares elegidos, empujando el tubo a través de todas las capas de arcilla. Retira el tubo lentamente.
9. Saca la muestra de sondeo del tubo empujando la arcilla suavemente fuera del tubo con un lápiz sin punta.
10. Dibuja la muestra de sondeo en tu cuaderno de ciencias y anota tus observaciones. Asegúrate de usar un lápiz o marcador de color distinto para cada capa.
11. Repite los pasos 8 a 10 para las próximas dos muestras de sondeo. Asegúrate que tus dibujos estén uno al lado del otro en tu cuaderno de ciencias, en el mismo orden que las muestras del modelo.

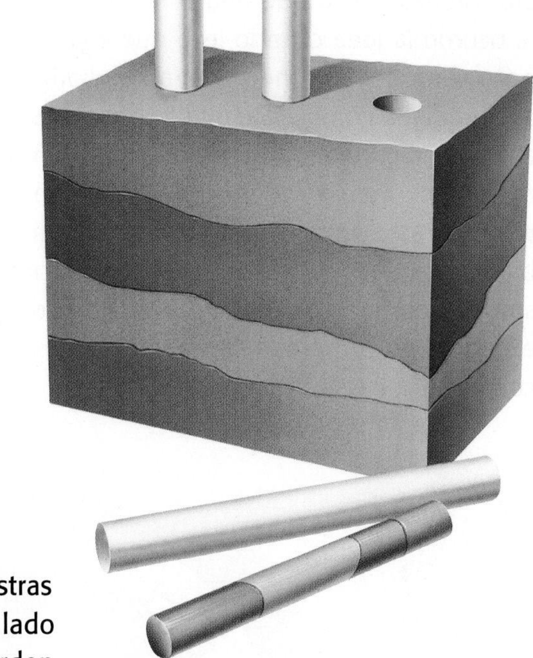

Analiza los resultados

12. Observa el patrón de las capas de rocas en cada muestra de sondeo. Piensa en el aspecto que podrían presentar las capas de rocas entre las muestras de sondeo. Luego, construye un diagrama de las capas de rocas.
13. Completa tu diagrama coloreando el resto de las capas de rocas.

Saca conclusiones

14. Usa el cuchillo de plástico para cortar el modelo de arcilla a lo largo de una línea que conecte las tres perforaciones, y retira un lado del modelo. Deberían aparecer las capas de roca.
15. ¿Cuán afín al modelo es tu dibujo de las capas de rocas? Explica por qué.
16. ¿Es necesario revisar el diagrama del paso 13? Si es así, ¿cómo lo harías?
17. ¿Tus observaciones corroboran la hipótesis? ¿Por qué?

Profundizar
Nombra dos formas posibles de mejorar el método de muestra de sondeo.

¿Redonda o plana?

Eratóstenes pensó que podía medir la circunferencia de la Tierra. Se le ocurrió la idea cuando leyó que en el sur de Egipto había un pozo vertical y profundo que, al mediodía de un solo día del año, se iluminaba completamente por el Sol. Se dio cuenta que para que esto sucediera el Sol debía estar directamente sobre el pozo en ese momento. Pero en ese mismo momento, en una ciudad justo al norte de este pozo, un monumento elevado proyectaba una sombra. Eratóstenes concluyó que el Sol no podía estar directamente sobre el monumento y el pozo al mediodía del mismo día. En este experimento comprobarás su idea y verás con tus propios ojos como funciona su experimento.

Materiales

- pelota de baloncesto
- 2 libros o cuadernos
- arcilla
- 2 lápices sin punta
- regla métrica
- vara métrica
- cinta adhesiva
- linterna o lámpara pequeña
- cordel de 10 cm de largo
- transportador
- cinta métrica
- calculadora (optativo)

MÉTODO CIENTÍFICO

Haz una pregunta

2. ¿Cómo puedo usar el experimento de Eratóstenes para medir el tamaño de la Tierra?

Realiza el experimento

2. Coloca la pelota de baloncesto sobre la mesa y coloca un libro o cuaderno a ambos lados de la misma para sostenerla en su lugar. La pelota representa la Tierra.
3. Usa arcilla para colocar el lápiz sobre el "ecuador" de la pelota de manera que sobresalga hacia afuera.
4. Coloca el segundo lápiz en la pelota a 5 cm sobre el primer lápiz. Este segundo lápiz también debe sobresalir hacia afuera, como se muestra en la siguiente página.

5. Usa una vara métrica para medir 1 m desde la pelota. Marca esta posición con cinta adhesiva y rotúlala "Sol". Coloca aquí la linterna.

6. Cuando tu maestro o maestra apague las luces, enciende la linterna y oriéntala de tal forma que el lápiz sobre el ecuador no proyecte ninguna sombra. Pídele a un compañero o compañera que sostenga la linterna en esta posición. El segundo lápiz debiera proyectar una sombra sobre la pelota.

7. Con la cinta adhesiva, pega un extremo del cordel en la parte superior del segundo lápiz. Sostén el otro lado del cordel contra la pelota en el borde más alejado de la sombra. Asegúrate de que el cordel esté tenso, pero ten cuidado de no tirar el lápiz.

8. Usa un transportador para medir el ángulo entre la cuerda y el lápiz. Anota este ángulo en tu cuaderno de ciencias.

9. Usa la siguiente fórmula para calcular la *circunferencia experimental* de la pelota:

$$\text{Circunferencia} = \frac{360° \times 5 \text{ cm}}{\text{ángulo entre el lápiz y el cordel}}$$

Anota esta circunferencia en tu cuaderno de ciencias.

10. Pon la cinta métrica alrededor del "ecuador" de la pelota para medir su *circunferencia real.* Anota esta circunferencia en tu cuaderno de ciencias.

Analiza los resultados

11. En tu cuaderno de ciencias compara la circunferencia experimental con la circunferencia real.

12. ¿Qué puede haber provocado la diferencia entre la circunferencia experimental y el valor real?

13. ¿Cuáles son algunas de las ventajas y desventajas de tomar medidas de esta manera?

Saca conclusiones

14. ¿Fue eficaz el método usado por Eratóstenes para medir la circunferencia de la Tierra? Explica tu respuesta.

Profundizar

Puedes calcular la circunferencia de la Tierra realizando el experimento de Eratóstenes con otros colegios alrededor del mundo durante los equinoccios de otoño y primavera. Para averiguar más, busca el "Experimento de Eratóstenes" en Internet. El experimento se hace todos los años.

¡Oriéntate!

Te han invitado a asistir a un evento de orientación junto a tus vecinos. En los eventos de orientación, los participantes usan mapas y brújulas para encontrar el camino en un recorrido. Hay varios puntos de control que cada participante debe alcanzar. El objetivo es alcanzar cada punto de control y luego la línea de llegada. Los eventos de orientación son a menudo competiciones contra el tiempo. Para encontrar la ruta más fácil a través del recorrido, los participantes deben leer el mapa y utilizar sus brújulas correctamente. Ser el corredor más rápido no garantiza el primer lugar en la competición. También debes escoger la ruta más directa para seguir.

Tus vecinos participan en varios eventos de orientación cada año. Siempre llegan a casa hablando de lo divertido que ha sido. Te gustaría unirte a ellos, pero primero debes aprender a usar tu brújula.

Materiales

- brújula magnética
- mapa del recorrido
- regla
- 2 lápices de colores o marcadores

Procedimiento

1. La clase completa debe salir fuera al recorrido de orientación que ha hecho tu maestro o maestra.
2. Sostén la brújula sobre la palma de tu mano. Gira la brújula hasta que la N (Norte) apunte derecho frente a ti. (La aguja de tu brújula siempre apuntará hacia el norte). Gira tu cuerpo hasta que la aguja se alinee con la N de tu brújula. Ahora estás mirando en dirección norte.
3. Sin importar la dirección que quieras mirar, siempre deberías alinear el extremo de la aguja con la N de la brújula. Si estás mirando hacia el sur, la aguja apuntará directamente hacia tu cuerpo. Cuando la N esté alineada con la aguja, la S estará directamente frente a ti y estarás mirando hacia el sur.
4. Utiliza la brújula para mirar hacia el este. Alinea la aguja con la N. ¿Dónde está la E (este)? Gira para mirar en esa dirección. Cuando la aguja y la N están alineadas y la E está directamente en frente tuyo, estás mirando hacia el este.
5. En una competición de orientación, necesitarás saber como determinar en qué dirección estás viajando. Ahora mira en la dirección que desees.

Experimentos

6. No te muevas, pero gira la brújula para alinear la aguja de tu brújula con la N. ¿En qué dirección estás mirando? Probablemente no estás mirando directamente hacia el norte, sur, este u oeste. Si estás mirando entre el norte y el oeste, estás mirando hacia el noroeste. Si estás mirando entre el norte y el este, estás mirando hacia el noreste.
7. Reúnete con algunos compañeros o compañeras para seguir el recorrido que ha establecido tu maestro o maestra. Pide a tu maestro o maestra una copia del mapa del recorrido, que mostrará varios puntos de control. Debes detenerte en cada uno. Necesitarás seguir este mapa para encontrar tu camino a través del recorrido. Busca el punto de partida y párate en él.
8. Mira en dirección al siguiente punto de control de tu mapa. Gira tu brújula para alinear su aguja con la N. ¿En qué dirección estás mirando?
9. Utiliza la regla para trazar una línea entre los dos puntos de control del mapa. En el mapa, anota la dirección entre el punto de partida y el siguiente punto de control.
10. Camina hacia el punto de control. Mantén los ojos en el horizonte y no en la brújula. Tal vez necesites sortear obstáculos, como una edificación o una reja; usa el mapa para averiguar la forma más fácil de hacerlo.
11. Anota la clave o color que encuentres en el punto de control contiguo al símbolo del punto de control en el mapa.
12. Repite los pasos 8 al 11 para cada punto de control. Sigue los puntos en el orden que aparecen marcados. Por ejemplo, determina la orientación desde el punto de control 1 al 2. Asegúrate de incluir la orientación entre el punto de control final y el punto de partida.

Análisis

13. El objetivo de una competición de orientación es llegar primero a la línea de meta. Los mapas entregados en estos eventos no indican a los participantes qué camino seguir. En una forma de competencia de orientación llamada "orientación por puntos", los competidores pueden encontrar los puntos de control en cualquier orden. Mira tu mapa. Si este recorrido fuera utilizado en una competencia de orientación por puntos, ¿cambiarías tu ruta? Explica por qué.
14. Si hay tiempo, sigue el mapa nuevamente. Esta vez, utiliza tu propio camino para encontrar los puntos de control. En el mapa, dibuja ese camino y las instrucciones en colores diferentes. ¿Crees que este camino fue más rápido? ¿Por qué?

Profundizar
Investiga para averiguar sobre los eventos de orientación en tu área. Internet y los periódicos locales pueden ser buenas fuentes de información. ¿Figuran eventos a los que querrías asistir?

Tubérculo topográfico

Imagina que vives en la cima de una montaña alta y a menudo miras hacia un lago. Todos los veranos aparece una isla. La llamas la Isla Ocasional, ya que desaparece durante las lluvias torrenciales. Este verano te preguntas si podrías hacer un mapa topográfico de la isla. No tienes equipos sofisticados para hacer el mapa, pero tienes una idea. ¿Y si en el verano colocaras una vara métrica con la marca 0 m al nivel del agua? Entonces, cuando lleguen las lluvias previstas de otoño, podrías dibujar la isla desde arriba mientras sube el nivel del agua. ¿Crees que resultaría?

Materiales

- contenedor de plástico transparente con tapa transparente
- marcador para transparencias
- regla métrica
- patata, cortada por la mitad
- agua
- papel de calco

Haz una pregunta

1. ¿Cómo hago un mapa topográfico?

Realiza el experimento

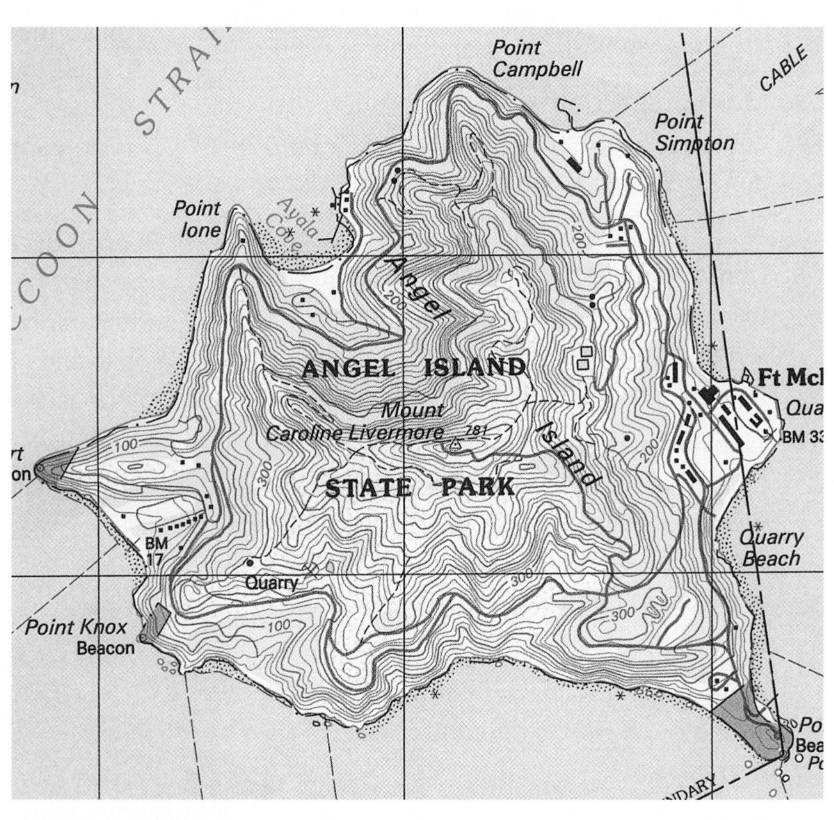

2. Coloca una marca en la base del contenedor. En este nivel escribe "0 cm" con un marcador para transparencias.
3. Mide y marca incrementos de 1 cm a lo largo del lado del contenedor hasta llegar a la parte superior. Rotula estas marcas "1 cm", "2 cm", "3 cm", etc.
4. Coloca la patata sobre su lado plano en el centro del contenedor.
5. Vierte agua en el contenedor hasta alcanzar la línea de "1cm".
6. Coloca la tapa en el contenedor y séllala. Parte de la patata sobresaldrá del agua. Viendo la patata desde arriba, usa un marcador para transparencias y calca la parte de la patata que está en contacto con la superficie del agua.
7. La escala de tu mapa será 1 cm = 10 m. Dibuja una línea de 2 cm en la esquina inferior derecha de la tapa. Coloca marcas a los 0 cm, 1 cm y 2 cm. Rotúlalas "0 m", "10 m" y "20 m".

8. Rotula la elevación de la línea de contorno que dibujaste en el paso 6. Según la escala, la elevación es de 10 m.
9. Retira la tapa. Vierte agua cuidadosamente en el contenedor hasta alcanzar la línea de "2 cm".
10. Coloca la tapa en el contenedor y séllala. Viendo la patata desde arriba, calca la parte de la misma que está en contacto con la superficie del agua en este nivel.
11. Usa la escala para calcular la elevación de esta línea. En tu dibujo, rotula la elevación.
12. Repite los pasos 9 a 11, agregando cada vez 1 cm a la profundidad del agua. Detente cuando la patata esté cubierta por completo.
13. Retira la tapa y colócala sobre la mesa. Coloca papel de calco sobre la tapa. Calca los contornos de la tapa sobre el papel. Rotula la elevación de cada línea de contorno. ¡Felicitaciones! ¡Hiciste un mapa topográfico!

Analiza los resultados

14. ¿Cuál es el intervalo de contorno de este mapa topográfico?
15. Con sólo mirar las líneas de contorno, ¿cómo puedes identificar qué partes de la patata son más empinadas?

Saca conclusiones

16. ¿Acaso todos los mapas topográficos tienen una línea de contorno de 0 m de elevación como punto de partida? ¿Cómo influiría esto en un mapa de la Isla Ocasional? Explica tu respuesta.
17. ¿Sería ésta una forma eficaz de hacer un mapa topográfico de la Isla Ocasional? ¿Por qué?
18. ¿Cuál es la elevación del punto más alto de tu mapa?

Profundizar

Coloca todas las patatas sobre una mesa ubicada en el frente del salón. Tu maestro o maestra cambiará las patatas de lugar mientras intercambias mapas con otro grupo. Mediante la lectura del mapa topográfico que recibiste, ¿puedes identificar la patata correspondiente?

Mineralas misteriosos

DESARROLLAR DESTREZAS

Imagínate sentado en la cima de un cerro rocoso, observando el suelo que se extiende debajo. Puedes ver docenas de distintos tipos de rocas. ¿Cómo hacen los científicos para identificar tantas variedades? ¡Es todo un misterio!

En esta actividad usarás tu poder de observación y harás algunas pruebas simples para determinar la identidad de rocas y minerales. Observa la Tabla de identificación de minerales en la siguiente página. La tabla te ayudará a descubrir la identidad de varios minerales.

Materiales

- varias muestras de minerales
- portaobjetos para microscopio
- lámina de raya
- guantes protectores
- limaduras de hierro

Procedimiento

1. En tu cuaderno de ciencias, haz una tabla de datos como la siguiente.
2. Elige una muestra de mineral y ubica su columna en la tabla de datos.
3. Sigue la Tabla de identificación de minerales para encontrar la identidad de tu muestra. Cuando hayas terminado, escribe el nombre del mineral y sus principales características en la columna adecuada de la tabla. **Cuidado:** Utiliza guantes cuando raspes el portaobjetos.
4. Selecciona otra muestra de mineral y repite los pasos 3 y 4 hasta completar la tabla de datos.

Análisis

5. ¿Fue más fácil identificar unos minerales que otros? Explica por qué.
6. Para obtener el verdadero color de un mineral es preferible hacer una prueba de rayado en vez de la observación visual. ¿Por qué no se utiliza una prueba de rayado para identificar todos los minerales?
7. En tu cuaderno de ciencias, resume lo que has aprendido acerca de las distintas características de cada muestra de mineral que identificaste.

Tabla sumario de los minerales						
Características	**1**	**2**	**3**	**4**	**5**	**6**
Nombre del mineral						
Brillo						
Color						
Raspadura						
Dureza						
Clivaje						
Propiedades especiales						

Clave de identificación de los minerales
1. a. Si el mineral tiene un brillo metálico, **DIRÍGETE AL PASO 2.** **b.** Si el mineral tiene un brillo no metálico, **DIRÍGETE AL PASO 3.**
2. a. Si el mineral es negro, **DIRÍGETE AL PASO 4.** **b.** Si el mineral es amarillo, es **PIRITA.** **c.** Si el mineral es plateado, es **GALENA.**
3. a. Si el mineral es de color claro, **DIRÍGETE AL PASO 5.** **b.** Si el mineral es de color obscuro, **DIRÍGETE AL PASO 6.**
4. a. Si el mineral deja una línea de color pardo-rojizo en la lámina de raya, es **HEMATITA.** **b.** Si el mineral deja una línea negra en la lámina de raya, es **MAGNETITA.** Comprueba las propiedades magnéticas de tus muestras, sosteniéndolas cerca de las limaduras de hierro.
5. a. Si el mineral raya el portaobjetos para microscopios, **DIRÍGETE AL PASO 7.** **b.** Si el mineral no raya el portaobjetos para microscopios, **DIRÍGETE AL PASO 8.**
6. a. Si el mineral raya el portaobjetos de vidrio, **DIRIJETE AL PASO 9.** **b.** Si el mineral no raya el portaobjetos de vidrio, **DIRÍGETE AL PASO 10.**
7. a. Si el mineral muestra signos de clivaje, es **FELDESPATO ORTOCLASA.** **b.** Si el mineral no muestra signos de clivaje, es **CUARZO.**
8. a. Si el mineral muestra signos de clivaje, es **MUSCOVITA.** Comprueba si esta muestra tiene dos láminas idénticas. **b.** Si el mineral no muestra signos de clivaje, es **YESO.**
9. a. Si el mineral muestra signos de clivaje, es **HORNABLENDA.** **b.** Si el mineral no muestra signos de clivaje, es **GRANATE.**
10. a. Si el mineral muestra signos de clivaje, es **BIOTITA.** Comprueba si esta muestra tiene dos láminas idénticas. **b.** Si el mineral no muestra signos de clivaje, es **GRAFITO.**

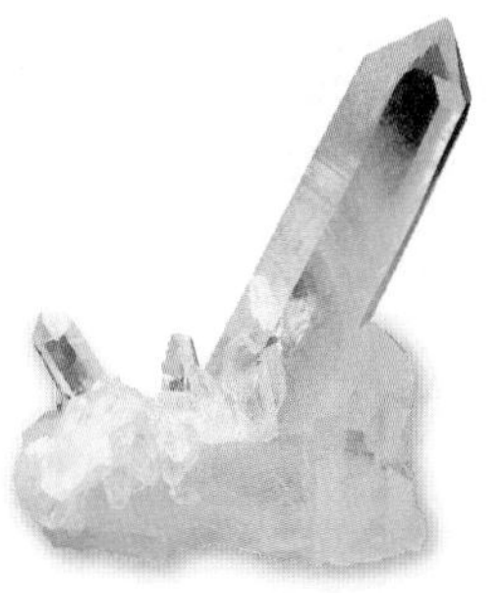

Profundizar

Utilizando tu libro de texto y otros libros de referencia, investiga otros métodos para identificar distintos tipos de minerales. Crea una nueva tabla de identificación basándote en tus descubrimientos. Dásela a un amigo junto con algunas muestras de minerales y ifíjate si tu amigo puede resolver el misterio!

¿Es oro falso? Una situación complicada

¿Alguna vez has oído hablar del oro falso? Quizás has visto una muestra. Este material de mala reputación a menudo ha pasado por oro verdadero. Sin embargo, unas pruebas sencillas evitarán que te engañen. Los minerales se pueden identificar por sus propiedades. Algunas de ellas, como el color, varían en muestras diferentes del mismo mineral. Otras, tales como la densidad y la densidad relativa, se mantienen constantes de una muestra a otra. En esta actividad, intentarás verificar la identidad de algunas muestras de minerales.

Materiales

- báscula de resortes
- soporte anular
- muestra de pirita
- muestra de galena
- balanza
- cordel
- un vaso de precipitados de 400 mL
- 400 ml de agua

Haz una pregunta

1. ¿Cómo puedo determinar si un mineral desconocido no es oro o plata?

Observa

2. Copia la siguiente tabla de datos en tu cuaderno de ciencias. Úsala para registrar tus observaciones.

Tabla de observaciones		
Medida	**Galena**	**Pirita**
Masa en el aire (g)		
Peso en el aire (N)		
Volumen inicial del agua (mL)		
Volumen final del agua (mL)		
Volumen del mineral (mL)		
Peso en el agua (N)		

3. Descubre la masa de cada muestra colocando el mineral sobre la balanza. Anota la masa de cada una en la tabla.
4. Fija la báscula de resortes al soporte anular.
5. Amarra un cordel alrededor de la muestra de galena y deja un bucle en el extremo suelto. Cuelga la galena en la báscula de resortes y descubre su peso en el aire. No retires aún la muestra de la báscula. Anota estos datos en la tabla.

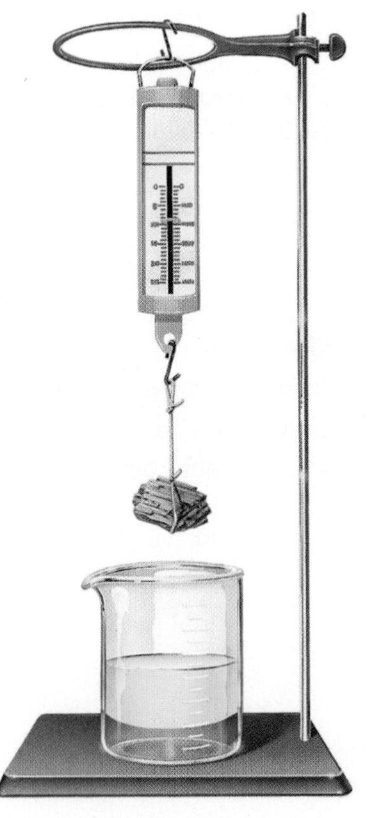

6. Llena un vaso de precipitados con agua hasta la mitad. Anota el volumen inicial del agua en tu tabla.
7. Levanta cuidadosamente el vaso de precipitados alrededor de la galena, hasta que esté totalmente sumergida. Asegúrate de no salpicar ni una sola gota fuera del vaso. El mineral no debe tocar el vaso de precipitados.
8. Anota el nuevo volumen y peso en tu tabla.
9. Resta el volumen original del volumen nuevo para obtener la cantidad de agua desplazada por el mineral. Éste es el volumen de la muestra de mineral. Anota este valor en la tabla.
10. Repite los pasos 5–9 con la muestra de pirita.

Analiza los resultados

11. Copia la siguiente tabla de datos en tu cuaderno de ciencias. **Nota:** 1 mL = 1 cm^3
12. Usa las siguientes ecuaciones para calcular la densidad y densidad relativa de cada mineral y anota tus resultados en la tabla.

$$\textbf{Densidad} = \frac{\textbf{masa en el aire}}{\textbf{volumen}}$$

$$\textbf{Densidad relativa} = \frac{\textbf{peso en el aire}}{\textbf{peso en el aire – peso en el agua}}$$

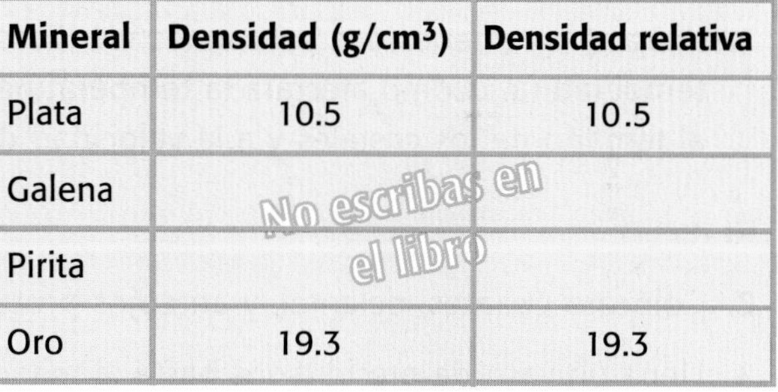

Mineral	Densidad (g/cm³)	Densidad relativa
Plata	10.5	10.5
Galena		
Pirita		
Oro	19.3	19.3

Saca conclusiones

13. La densidad del oro puro es 19.3 g/cm^3. ¿Cómo puedes usar esta información para probar que tu muestra de pirita no es oro?
14. La densidad de la plata pura es 10.5 g/cm^3. ¿Cómo puedes usar esta información para probar que tu muestra de galena no es plata?
15. Si encontraste una pepita dorada, ¿cómo puedes averiguar si es oro verdadero o falso?

Profundizar

Los cubos de azúcar se disuelven en agua. Explica cómo calcularías la densidad de un cubo de azúcar.

Crecimiento de cristales

El magma se forma bajo la superficie terrestre, a profundidades de entre 25 y 160 km y a temperaturas muy elevadas. Parte del magma llega a la superficie y se enfría rápidamente. Otra parte del magma queda atrapado en fisuras o en cámaras debajo de la superficie y se enfría lentamente. En ambos casos, el magma forma cristales mientras se enfría y solidifica. El tamaño de los cristales encontrados en rocas ígneas brinda a los geólogos pistas sobre cómo y dónde se formaron.

Cuando el magma se enfría lentamente, se forman cristales grandes y bien desarrollados. Cuando el magma sale a la superficie por una erupción, el calor se fuga rápidamente al aire o al agua. No hay tiempo para que se formen cristales grandes.

En este experimento, mediante el enfriamiento de cristales de sulfato de magnesio a diferentes velocidades, demostrarás el efecto que tiene la velocidad de enfriamiento sobre el tamaño de los cristales en rocas ígneas.

Materiales

- guantes termorresistentes
- un vaso de precipitados de 400 mL
- 200 ml de agua del grifo
- placa calentadora
- Termómetro Celsius
- sulfato de magnesio ($MgSO_4$) (sales Epsom)
- lupa
- paleta puntiaguda de laboratorio
- tubo de ensayo mediano
- agua destilada
- reloj
- papel de aluminio
- tenazas para tubos de ensayo
- marcador de color obscuro
- cinta adhesiva
- basalto
- piedra pómez
- granito

Haz una predicción

1. Imagina que tienes dos soluciones idénticas a excepción de su temperatura. ¿Cómo afectará la temperatura de una solución al tamaño de los cristales y a la velocidad de su formación?

Observa

2. Colócate guantes, delantal, y anteojos protectores.
3. Llena un vaso de precipitados hasta la mitad con agua del grifo. Coloca el vaso de precipitados sobre la placa calentadora y espera a que se caliente. La temperatura del agua debe ser de 40°C a 50°C. **Cuidado:** asegúrate de que la placa calentadora esté alejada del borde del mesón de laboratorio.
4. Examina dos o tres cristales de sulfato de magnesio con la lupa. En tu cuaderno de ciencias describe su color, forma, brillo y otras características.
5. Dibuja un boceto de los cristales de sulfato de magnesio en tu cuaderno de ciencias.

Realiza el experimento

6. Usa la paleta puntiaguda para llenar el tubo de ensayo hasta la mitad con sulfato de magnesio. Agrega igual cantidad de agua destilada.

7. Sujeta el tubo de ensayo en una mano y con un dedo de la otra, dale golpes suaves. Observa cómo se mezcla la solución mientras das golpecitos al tubo de ensayo.
8. Coloca el tubo de ensayo en el vaso de precipitados con agua caliente y caliéntalo durante unos 3 minutos. **Cuidado:** Asegúrate de no apuntar la boca del tubo de ensayo hacia ti o hacia los demás.
9. Mientras se calienta el tubo de ensayo, dobla el papel de aluminio por la mitad y por los bordes para hacer dos pequeños recipientes con forma de bote.
10. Si el sulfato de magnesio no se disuelve en 3 minutos, golpea suavemente el tubo de ensayo y vuelve a calentarlo por otros 3 minutos. Cuidado: Usa las tenazas para manipular los tubos de ensayo calientes.
11. Con ayuda de un marcador y cinta adhesiva, rotula uno de tus botes de aluminio "Muestra 1" y colócalo sobre la placa calentadora. Apaga la placa.
12. Rotula el otro bote de aluminio como "Muestra 2" y colócalo sobre la mesa del laboratorio.
13. Usa las tenazas para sacar el tubo de ensayo del vaso de precipitados con agua. Reparte el contenido equitativamente entre tus botes de aluminio. Vierte con cuidado el agua caliente del vaso por el desagüe. No muevas ni alteres los botes de aluminio.

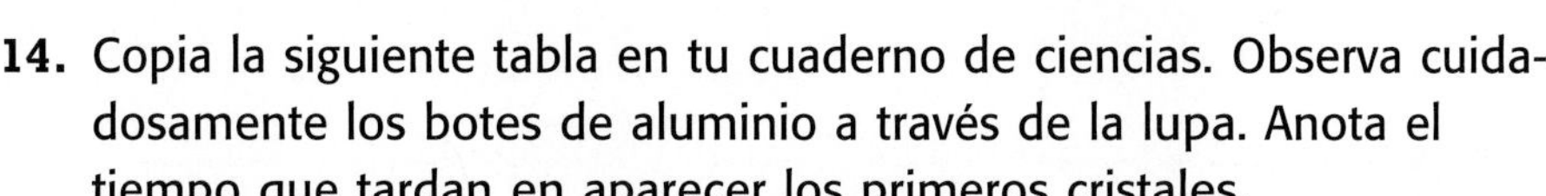

14. Copia la siguiente tabla en tu cuaderno de ciencias. Observa cuidadosamente los botes de aluminio a través de la lupa. Anota el tiempo que tardan en aparecer los primeros cristales.
15. Si no se forman cristales antes de terminar la clase, guarda los botes en un lugar seguro. Podrás anotar el tiempo en cantidad de días, en vez de minutos.
16. Cuando se formen cristales en ambos botes, examínalos cuidadosamente con la lupa.

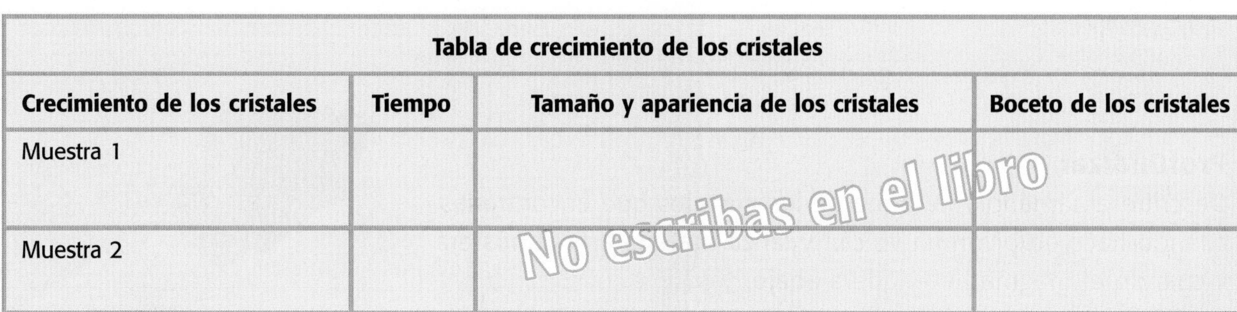

Tabla de crecimiento de los cristales			
Crecimiento de los cristales	**Tiempo**	**Tamaño y apariencia de los cristales**	**Boceto de los cristales**
Muestra 1			
Muestra 2			

Analiza los resultados

17. ¿Se corroboró tu predicción? Explica.
18. Compara el tamaño y la forma de los cristales en las Muestras 1 y 2 con los que examinaste en el paso 4. ¿Cuánto piensas que tardaron en formarse los cristales originales?

Saca conclusiones

19. El granito, el basalto y la piedra pómez son rocas ígneas. Su característica más distintiva es el tamaño de sus cristales. Se forman distintas rocas ígneas cuando el magma se enfría a distintas velocidades. Examina una muestra de cada uno con tu lupa.
20. Copia la siguiente tabla en tu cuaderno de ciencias y dibuja todas las muestras de roca.
21. Aplica lo aprendido en esta actividad para explicar cómo se formó cada muestra y cuánto tardaron en formarse los cristales. Anota tus observaciones en la tabla.

Observaciones sobre las rocas ígneas			
	Granito	**Basalto**	**Piedra Pómez**
Boceto			
¿Cómo se formó la muestra de roca?			
Velocidad de enfriamiento			

Profundizar

Describe el tamaño y la forma de los cristales que encontrarías cuando hace erupción un volcán y lanza materia a la atmósfera y cuando el magma fluye ladera abajo.

Pongámonos sedimentales

La superposición tiene mucho sentido. Considera la siguiente declaración: "en una columna inalterada de roca sedimentaria, la roca más antigua debe estar al fondo." No se puede poner sedimento sobre algo que no existe, como tampoco te puedes sentar en una silla inexistente. Presta atención, sin embargo, a la palabra *inalterada.* Significa que las capas de sedimento se ven igual hoy que cuando fueron depositadas—no hubo plegamiento ni vuelco. Pero ¿cómo determinar si las rocas sedimentarias están inalteradas? La mejor manera es verificar si la parte superior de la capa aún apunta hacia arriba. Este experimento te enseñará a reconocer las características de las rocas indicadoras de que "este lado va para arriba". Luego puedes buscar esas señales en un afloramiento real.

Materiales

- arena
- grava
- tierra (arcillosa, si la hubiera)
- recipiente de 3 l para mezclar
- frasco largo o botella de soda de plástico de 3 l con tapa
- agua
- tijeras
- pipeta cuentagotas
- lupa

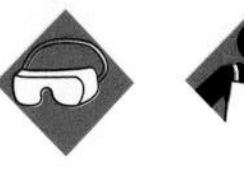

Procedimiento

1. Mezcla bien la arena, grava y tierra y con esa mezcla llena un tercio del recipiente de plástico.
2. Añade agua hasta llenar dos tercios del recipiente. Cierra bien la tapa del recipiente y agítalo vigorosamente hasta que se mezcle todo el sedimento en el agua.
3. Coloca el recipiente sobre una mesa. Usando las tijeras, corta cuidadosamente la parte superior del recipiente, a unos centímetros sobre el nivel del agua, como se muestra a la derecha. Esto favorecerá la evaporación.
4. No muevas el recipiente. Espera a que se evapore el agua. (Puedes acelerar el proceso si succionas parte del agua transparente con una pipeta cuentagotas después de dejar el recipiente en reposo 24 horas, como mínimo).
5. Inmediatamente después de poner la botella sobre la mesa, describe lo que ves desde arriba y a través de los costados de la botella. Hazlo al menos una vez al día. Anota tus observaciones en tu cuaderno de ciencias.
6. Una vez seco y endurecido el sedimento, describe su superficie en tu cuaderno de ciencias.
7. Con cuidado pon de lado el contenedor y recorta una franja de plástico de su costado para exponer los sedimentos dentro de la botella. Te puede ser más fácil si colocas trozos de arcilla a ambos lados de la botella para estabilizarla.

8. Con un cepillo, retira todo material suelto sobre el sedimento y sopla suavemente su superficie hasta que quede limpia. Examina la superficie y anota tus observaciones en el cuaderno de ciencias.

Análisis

9. ¿Ves algo a través del costado de la botella que te ayude a determinar si la roca sedimentaria no ha sido alterada? Explica por qué.
10. ¿Qué estructuras ves en la superficie del sedimento que no esperarías hallar en el fondo?
11. Explica cómo ayudarían estas características a diferenciar la parte superior de los estratos sedimentarios en un afloramiento real y a decidir si fueron alterados.
12. ¿Viste alguna estructura en el costado del recipiente que indicara qué parte está hacia arriba?
13. Después de sacar el costado de la botella, usa la lupa para analizar los límites entre la grava, la arena y el limo. ¿Qué ves? ¿El cambio en tamaño y tipo de sedimento es abrupto o gradual?

Profundizar

Explica por qué la siguiente declaración es verdadera: "Si no se puede descubrir cuál es la parte superior de una capa, es igualmente útil determinar cuál es la parte inferior." Imagina que se depositó una capa directamente sobre las capas en tu recipiente. Describe el fondo de esta capa.

Masa metamórfica

El metamorfismo es un proceso complejo que ocurre a gran profundidad bajo tierra, donde la temperatura y la presión dejarían a un ser humano como una tortilla crocante. Los efectos de esta temperatura y presión extremas son evidentes en algunas rocas metamórficas. Una consecuencia es la reorganización de los granos minerales en la textura de la roca. En esta actividad, investigarás el proceso de metamorfismo sin quedar carbonizado, aplastado ni enterrado.

Materiales

- arcilla
- lentejuelas u otros objetos planos pequeños
- cuchillo de plástico
- pedacitos de cartulina muy rígida o madera terciada

Procedimiento

1. Aplasta la arcilla para obtener una capa de aproximadamente 1 cm de espesor. Esparce lentejuelas sobre la superficie.
2. Enrolla las esquinas de la arcilla hacia el centro para formar una bola prolija.
3. Usa el cuchillo de plástico para cortar cuidadosamente la bola por la mitad. En tu cuaderno de ciencias describe la posición y ubicación de las lentejuelas dentro de la bola.
4. Vuelve a formar la bola y usa los pliegos de cartulina o madera terciada para aplanarla hasta que sea de 2 cm de grosor.
5. Con el cuchillo de plástico rebana la lámina de arcilla en varias partes. En tu cuaderno de ciencias describe la posición y ubicación de las lentejuelas dentro de la lámina.

Análisis

6. ¿Qué proceso físico representa aplanar la bola?
7. Describe los cambios de posición y ubicación de las lentejuelas al aplanar la bola.
8. ¿Qué orientación tienen las lentejuelas, en relación a la fuerza aplicada para aplanar la bola?
9. ¿Crees que la orientación de los granos minerales en una roca metamórfica con esquistocidad te revela algo sobre la roca? Justifica tu respuesta.

Profundizar

Imagina que encuentras una roca metamórfica con esquistocidad cuyos granos van en dos direcciones diferentes. Aplica lo que aprendiste en esta actividad para dar una explicación posible para esta observación.

Construye una rueda hidráulica

La empresa Lift Enterprises planea construir una rueda hidráulica para levantar objetos como una grúa. Este método aprovechará muy bien la energía proveniente del río atraviesa la ciudad. El desarrollo de esta rueda está en sus etapas iniciales. El presidente de la empresa te ha solicitado que modifiques su diseño básico para que pueda levantar objetos más rápidamente.

Haz una pregunta

1. ¿Qué factores influyen sobre la velocidad con la cual una rueda hidráulica levanta determinado peso?

Formula una hipótesis

2. En tu cuaderno de ciencias, escribe qué factores tendrán el mayor efecto en tu rueda hidráulica.

Construye un modelo

3. Mide y marca un cuadrado de 5 × 5 cm en una ficha. Recorta el cuadrado de la ficha.
4. Dobla el cuadrado por la mitad y forma un triángulo.
5. Mide y marca una línea a 8 cm desde el fondo del envase de plástico. Con unas tijeras, corta a lo largo de la línea. (Quizá tu maestro o maestra utilicen una cortadora de seguridad para iniciar el corte.) Guarda las dos secciones.
6. Utiliza el marcador permanente para trazar cuatro triángulos en las partes planas de la sección superior del envase de plástico. Utiliza el triángulo de papel que hiciste en el paso 4 como plantilla modelo. Corta los triángulos, sepáralos del plástico y forma cuatro aletas.
7. Usa una tachuela para pegar una esquina de cada aleta plástica al borde redondeado del corcho, como se muestra a la derecha. Las aletas deben estar espaciadas equitativamente alrededor del corcho.
8. Clava una tachuela en uno de los lados planos del corcho. Muévla para agrandar el orificio y retírala.
9. Repite el paso 8 en el otro lado del corcho.

Materiales

- ficha
- regla métrica
- tijeras
- cortadora universal (para el maestro o maestra)
- envase de plástico grande (de los que contienen leche)
- marcador permanente
- 5 tachuelas
- corcho
- pegamento
- 2 brochetas de madera
- perforadora
- arcilla
- cinta adhesiva transparente
- 20 cm de hilo
- moneda
- botella de dos litros llena de agua
- cronómetro o reloj que marque los segundos

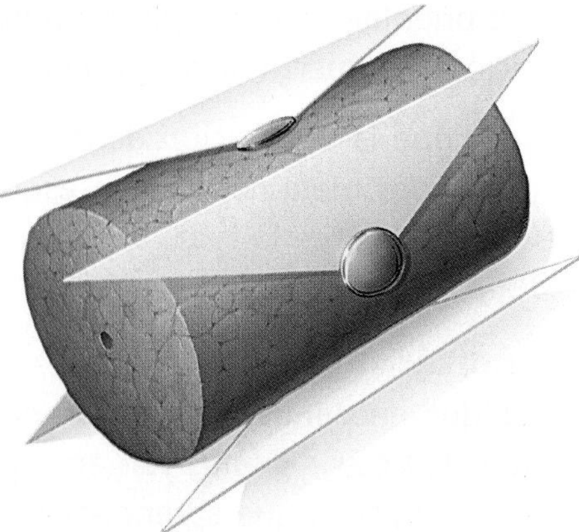

10. Coloca una gota de pegamento en un lado de una brocheta e introdúcela en uno de los agujeros en el extremo del corcho. Introduce la segunda brocheta en el agujero del otro extremo.
11. Cuidadosamente, usa la perforadora para hacer dos agujeros en la base del envase de plástico. Cada uno debe estar a 1 cm de la parte superior del envase, uno frente al otro.
12. Empuja cuidadosamente las brochetas a través de los agujeros y suspende el corcho en el centro del envase.
13. Coloca una pequeña bola de arcilla en el extremo de cada brocheta. Las bolas de arcilla deben ser del mismo tamaño.
14. Usando cinta adhesiva, une un extremo del hilo a una brocheta en el exterior del envase, junto a la bola de arcilla. Da tres vueltas de hilo alrededor de la arcilla. (Cuando la rueda hidráulica gira, el hilo debe permanecer alrededor de la arcilla. La otra bola de arcilla equilibra el peso y ayuda a mantener la rueda hidráulica girando suavemente.)
15. Pega el extremo libre del hilo a una moneda usando cinta adhesiva. Da una vuelta de hilo alrededor de la moneda y pégalo con cinta. Comprueba tu hipótesis.

Comprueba la hipótesis

16. Vierte suave y cuidadosamente el agua de la botella de 2 litros sobre las aletas para que gire la rueda hidráulica. ¿Qué sucedió con la moneda? Anota tus observaciones.
17. Baja la moneda a su posición inicial. Agrega más arcilla a la brocheta para aumentar el diámetro de la rueda. Repite el paso 16. ¿Acaso la moneda se elevó más rápidamente o más lentamente?
18. Baja la moneda a su posición inicial. Modifica la forma de la arcilla y repite el paso 16. ¿Acaso la forma de la arcilla influye en la rapidez con que sube la moneda? Explica tu respuesta.
19. ¿Qué sucede si eliminas dos de las aletas de lados contrarios? ¿Qué sucede si agregas más aletas? Modifica tu rueda hidráulica y lo sabrás.
20. Experimenta con otra forma de aleta. ¿Cómo influye la forma de la aleta en la velocidad de elevación de la moneda?

Analiza los resultados

21. ¿Qué factores influyen en la rapidez de elevación de la moneda?

Saca conclusiones

22. ¿Qué recomendaciones le harías a Lift Enterprises para mejorar su rueda hidráulica?

Profundizar

Diseña y construye tu propia rueda hidráulica utilizando los materiales de esta actividad. Decide cuántas aletas vas a utilizar y su tamaño. Como clase, organicen una competencia para ver qué rueda puede levantar la mayor cantidad de peso.

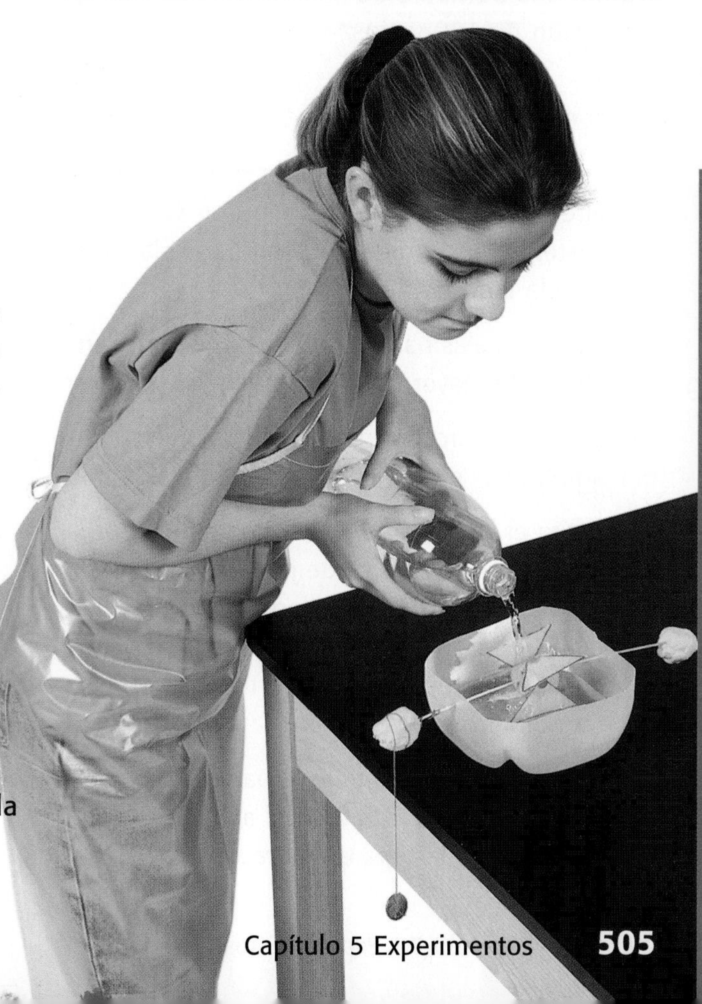

La energía del Sol

El Sol irradia energía en todas las direcciones. Al igual que la del Sol, la energía irradiada por una bombilla de luz se esparce en todas direcciones. Pero la cantidad de energía que recibe un objeto depende de su distancia con respecto a la fuente. A mayor distancia de la fuente, menor cantidad de energía recibida. Por ejemplo, si mides la cantidad de energía que te llega desde una fuente de luz y luego te mueves tres veces más lejos, descubrirás que te llegará nueve veces menos energía en tu segunda posición. La energía del Sol viaja como energía luminosa. Cuando la energía luminosa es absorbida por un objeto, se convierte en energía térmica. *La potencia* es la velocidad a que una forma de energía se convierte en otra y se mide en *vatios.* Debido a que la potencia se relaciona con la distancia, los objetos cercanos pueden utilizarse para medir la potencia de los objetos lejanos. En este experimento calcularás la potencia del Sol utilizando una bombilla de luz común de 100 vatios.

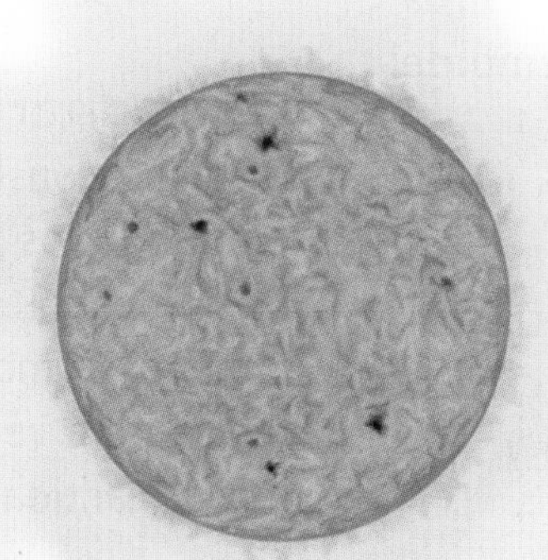

Materiales

- guantes protectores
- tira de aluminio de 2×8cm
- lápiz
- marcador permanente negro
- Termómetro Celsius
- frasco de conservas, tapa y chapa con un agujero en el centro
- arcilla
- lámpara de escritorio con una bombilla de 100 vatios y pantalla desmontable
- regla métrica
- cronómetro o reloj que marque los segundos
- calculadora científica

Experimentos

Procedimiento

1. Coloca suavemente el pedazo de aluminio alrededor del lápiz de modo que se sostenga en el medio y tenga dos alas, una a cada lado del lápiz.
2. Dobla las alas hacia afuera para que puedan atrapar la mayor cantidad posible de luz solar.
3. Utiliza el marcador negro para colorear ambas alas en un lado de la tira de aluminio.
4. Retira el lápiz y ciñe el aluminio alrededor del termómetro cerca de la bombilla. **Cuidado:** no presiones demasiado ¡no querrás que se rompa el termómetro! Usa guantes protectores cuando trabajes con el termómetro y el aluminio.
5. Desliza cuidadosamente la parte superior del termómetro a través del agujero en la tapa. Coloca la tapa en el frasco de tal manera que la cubeta del termómetro quede en interior del frasco y enrosca la chapa.
6. Fija el termómetro con la tapa del frasco utilizando un poco de arcilla alrededor del termómetro. Las alas de aluminio tienen que estar en el centro del frasco.
7. Lee la temperatura en el termómetro. Regístrala como temperatura ambiental.
8. Coloca el frasco en un alféizar a la luz del Sol. Gira el frasco para que las alas negras estén en dirección al Sol.
9. Observa el termómetro hasta que la lectura de la temperatura deje de subir. Anota la temperatura en tu cuaderno de ciencias.
10. Saca el frasco de la luz solar directa y déjalo nuevamente a temperatura ambiental.

11. Saca cualquier pantalla o reflector que tenga la lámpara. Coloca la lámpara en un extremo de la mesa.

12. Coloca el frasco a aproximadamente 30 cm de la lámpara. Gira el frasco para que las alas estén en dirección a la lámpara.

13. Enciende la lámpara y espera alrededor de 1 minuto.

14. Corre el frasco unos pocos centímetros hacia la lámpara hasta que la lectura de temperatura comience a aumentar. Cuando la temperatura deje de subir, compárala con la que obtuviste en el paso 9.

15. Repite el paso 14 hasta que la temperatura coincida con la temperatura que registraste en el paso 9.

16. Si las lecturas de temperatura aumentan demasiado, aleja el frasco de la lámpara y déjalo enfriar. Cuando la lectura haya bajado al menos 5°C por debajo de la registrada en el paso 9, podrás comenzar desde el paso 12 nuevamente.

17. Cuando la temperatura en el frasco concuerde con la temperatura que registraste en el paso 9, anota en tu cuaderno de ciencias la distancia entre el centro de la bombilla y la cubeta del termómetro.

Análisis

18. El termómetro midió la misma cantidad de energía absorbida por el frasco situado a la distancia que mediste hasta la lámpara. Es decir, el frasco absorbió la misma cantidad de energía solar a una distancia de 150 millones de kilómetros que desde un foco de 100 vatios a la distancia que registraste en el paso 17.

19. Usa la siguiente fórmula para calcular la potencia del Sol (asegúrate de mostrar tu trabajo):

$$\frac{\text{potencia del Sol}}{(\text{distancia al Sol})^2} = \frac{\text{potencia de la lámpara}}{(\text{distancia a la lámpara})^2}$$

Pista: $(\text{distancia})^2$ significa que multiplicas la distancia por si misma. Por ejemplo, si la lámpara estaba a 5 cm del frasco, la $(\text{distancia})^2$ sería 25.

Pista: convierte 150,000,000 km a 15,000,000,000,000 cm.

20. Repasa la discusión sobre la notación científica en el Repaso de matemáticas que se encuentra en el Apéndice al final de este libro. Debes comprender esta técnica para escribir números grandes y así podrás comparar tus cálculos con la cifra real. Para practicar, convierte la distancia hasta el Sol dada en el paso 19 a la notación científica.

15,000,000,000,000 cm = $1.5 \times 10^{?}$ cm

21. El Sol emite 3.7×10^{26} vatios de potencia. Compara este valor con tu respuesta al paso 19. ¿Acaso ésta fue una buena manera de calcular la potencia del Sol? Explica por qué.

Experimentos

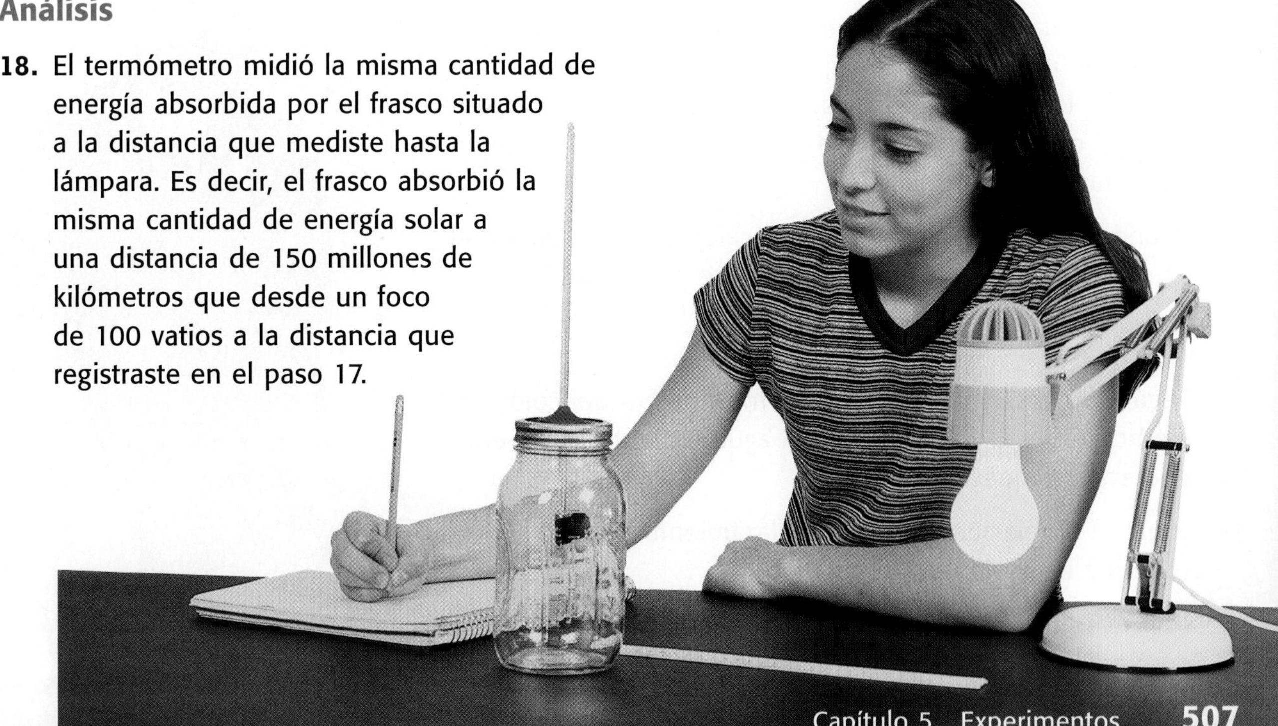

Conexión de convección

Algunos científicos piensan que las corrientes de convección del manto terrestre causan el movimiento de las placas tectónicas. Como estas corrientes no son observables, los científicos usan modelos de simulación del proceso. Ahora vas a crear tu propio modelo de simulación del movimiento de las placas tectónicas.

Materiales

- guantes termorresistentes
- 2 placas calentadoras pequeñas
- cacerola rectangular de aluminio
- tacos de madera
- agua fría
- 2 varillas de manualidades
- lápiz
- regla métrica
- colorante de alimentos
- 3 termómetros

Procedimiento

1. Pon dos placas calentadoras una junto a la otra en el centro de la mesa de laboratorio. Asegúrate de que no estén cerca del borde de la mesa.
2. Pon la cacerola sobre las placas calentadoras. Desliza los tacos de madera bajo la cacerola para soportar los extremos. Comprueba que la cacerola esté nivelada y firme.
3. Llénala con agua fría. El agua debe tener una profundidad mínima de 4 cm. Enciende las placas calentadoras y ponte los guantes.
4. Después de uno o dos minutos, comenzarán a subir burbujitas en el agua sobre las placas calentadoras. Pon suavemente dos varillas de manualidades en la superficie del agua.
5. Con el lápiz alinea las varillas en paralelo con los extremos más cortos de la cacerola. Las varillas, espaciadas unos 3 cm, deben estar cerca del centro de la cacerola.
6. Cuando las varillas comiencen a moverse, pon una gota de colorante de alimentos en el agua, en el centro de la cacerola. Observa lo que ocurre con el colorante.
7. Con la ayuda de un compañero o compañera, introduce la cubeta de un termómetro bajo el agua en el centro de la cacerola. Introduce la punta de los otros dos termómetros en el agua, cerca de los bordes de la cacerola. Registra las temperaturas.
8. Cuando termines, apaga las placas calentadoras. Cuando el agua se enfríe, viértela cuidadosamente por el sumidero.

Análisis

9. Según tus observaciones sobre el movimiento del colorante, ¿cómo influye la temperatura del agua en la dirección en que ésta se mueve?
10. ¿Cuál es la relación entre el desplazamiento de las varillas y el movimiento del agua?
11. ¿Cómo se relaciona este modelo con la tectónica de placas y el desplazamiento de los continentes?

¡La presión!

A menudo, los científicos se sirven de modelos para entender los procesos naturales, como la formación de montañas. Los modelos son útiles para analizar la reacción de las rocas ante las fuerzas de la tectónica de placas. En un corto lapso de tiempo, los modelos pueden demostrar procesos geológicos que tardan millones de años. Con la siguiente actividad aprenderás cómo ocurren los plegamientos y las fallas en la corteza terrestre.

Materiales

- arcilla de 4 colores diferentes
- Tira de cartulina de 5 × 15 cm.
- lata de sopa o palo de amasar
- papel de periódico
- lápices de colores
- cuchillo plástico
- 2 cuadrados de cartulina de 5 × 5 cm.

Haz una pregunta

1. ¿Cómo se forman las fallas y los pliegues sinclinales y anticlinales?

Realiza el experimento

2. Con arcilla de un color, haz un cilindro largo y colócalo en el centro del lado brillante de una tira de cartulina.
3. Modela la arcilla sobre la tira. Asegúrate de que la capa de arcilla tenga un grosor parejo; puedes usar una lata de sopa o un palo de amasar para lograrlo. Pellizca los lados de la arcilla para que sea del mismo ancho y largo que la tira. La tira debe medir al menos 15 cm de largo y 5 cm de ancho.

4. Voltea la tira encima del periódico que tu maestra o maestro colocó sobre tu escritorio. Separa cuidadosamente la tira de la arcilla.
5. Repite los pasos 2 a 4 con arcilla de otros colores. Todos los miembros de tu grupo han de modelar la arcilla por turnos. Siempre que voltees la tira, apila la nueva capa de arcilla sobre la anterior. Cuando termines, deberías tener un bloque de cuatro capas de arcilla.
6. Levanta el bloque de arcilla y sostenlo en paralelo a la mesa y apenas por encima de ella. Presiona suavemente el bloque desde lados opuestos, como se muestra a continuación.

7. Con los lápices de colores, dibuja los resultados del paso 6 en tu cuaderno de ciencias. Usa los términos *sinclinal* y *anticlinal* para rotular tu diagrama. Dibuja flechas para indicar en qué dirección se presionó cada borde de la arcilla.
8. Repite los pasos 2 a 5 para formar un segundo bloque de arcilla.
9. Corta el segundo bloque de arcilla en dos, en un ángulo de 45°, según la perspectiva lateral del bloque.
10. Presiona un cuadrado de cartulina sobre el extremo angular de ambos trozos del bloque. La cartulina representa una falla. Los dos extremos angulares representan una pared colgante y un muro de falla. El modelo debe parecerse al de la fotografía de la página siguiente.

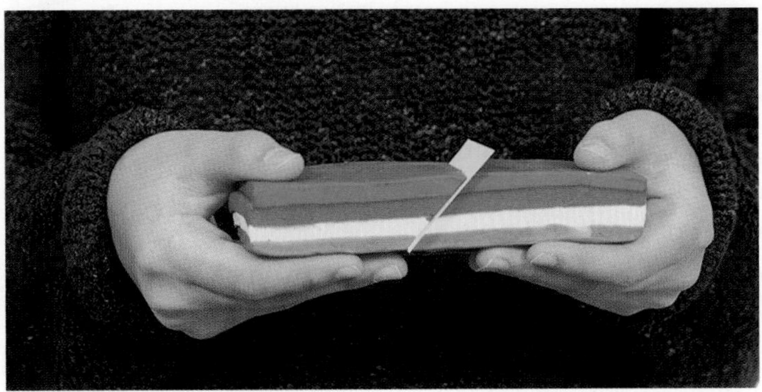

11. Mantén unidos los extremos angulares, levanta los bloques y sostenlos justo encima de la mesa y en paralelo a ella. Presiona suavemente ambos bloques hasta que se muevan. Anota tus observaciones en tu cuaderno de ciencias.

12. Ahora sujeta ambos trozos del bloque de arcilla en la posición original y sepáralos lentamente, dejando que la pared colgante se mueva hacia abajo. Anota tus observaciones.

Analiza los resultados

13. ¿Qué sucedió con el primer bloque de arcilla en el paso 6? ¿Qué tipo de fuerza le aplicaste?

14. ¿Qué les sucedió a los trozos del segundo bloque de arcilla del paso 11? ¿Qué tipo de fuerza les aplicaste?

15. ¿Qué les sucedió a los trozos del segundo bloque de arcilla del paso 12? Describe las fuerzas que actuaron sobre el bloque y cómo reaccionaron los trozos del mismo.

Saca conclusiones

16. Resumen la relación entre las fuerzas que aplicaste sobre los bloques de arcilla y la manera como las fuerzas tectónicas afectan a las capas de rocas. Asegúrate de utilizar los términos *pliegue, falla, anticlinal, sinclinal, pared colgante, muro de falla, tensión,* y *compresión* en tu resumen.

Terremoto: el desafío

Hay partes del mundo en que es importante edificar pensando en los terremotos. Los edificios deben estar diseñados para proteger sus estructuras por si fueran azotadas por uno de ellos. Los arquitectos han mejorado bastante el diseño de edificios desde 1906, cuando un terremoto destruyó la mayor parte de San Francisco. En esta actividad usarás malvaviscos y mondadientes para construir una estructura que pueda soportar un terremoto simulado. En el proceso descubrirás algunas de las técnicas de construcción usadas a tal fin.

Materiales

- 10 malvaviscos
- 10 mondadientes
- cuadrado de gelatina, aproximadamente de 8×8 cm
- plato de cartón

Haz una pregunta

1. ¿Qué características ayudan a un edificio a resistir un terremoto? ¿Cómo puedo usar esta información para construir mi estructura?

Formula una hipótesis

2. Sugiere ideas con un compañero para diseñar una estructura que resista el terremoto simulado. Traza tu diseño en el cuaderno de ciencias y descríbelo en dos o tres oraciones.

Comprueba la hipótesis

3. Sigue tu diseño para construir una estructura con los mondadientes y los malvaviscos.
4. Ubica tu estructura en un cuadrado de gelatina.
5. Sacude el cuadrado de gelatina para probar si el edificio se mantendrá en pie durante un terremoto. No levantes la gelatina.
6. Si tu primer diseño no funciona bien, cámbialo hasta que encuentres uno que lo logre. Para mejorar tu diseño, trata de determinar por qué se cae tu edificio.
7. Traza el diseño final en tu cuaderno de ciencias.
8. Tras probar tu diseño final, coloca tu estructura sobre el cuadrado de gelatina en el escritorio del maestro o la maestra.

9. Cuando cada grupo haya agregado una estructura a la gelatina del maestro o la maestra, él o ella simulará un terremoto sacudiendo la gelatina. Fíjate qué edificios soportan el terremoto más severo.

Analiza los resultados

10. ¿Qué edificios aún estaban de pie tras el terremoto final? ¿Qué características les dio más estabilidad?

11. ¿Cómo cambiarías tu diseño para hacer la estructura más estable?

Comunica los resultados

12. He aquí un modelo simple de un problema que los arquitectos afrontan en la vida real. Basándote en esta actividad, ¿qué le recomendarías a quienes diseñan edificios en zonas sísmicas?

Ondas sísmicas

La energía de un terremoto viaja en forma de ondas sísmicas en todas direcciones a través de la Tierra. Los sismólogos utilizan las propiedades de ciertas ondas sísmicas para encontrar el epicentro de un terremoto. Las ondas P viajan más rápidamente que las ondas S y siempre se detectan primero. La velocidad promedio de las ondas P en la corteza de la Tierra es 6.1 km/s. La de las ondas S es 4.1 km/s. La diferencia en el tiempo de llegada entre las ondas P y las S se denomina *tiempo de retraso.*

Ahora aplica el método de tiempo S-P para determinar la ubicación del epicentro de un terremoto.

Materiales

- calculadora (optativo)
- compás
- regla métrica

Procedimiento

1. La siguiente ilustración muestra los registros sismográficos de tres ciudades después de un terremoto. Estos trazos comienzan a la izquierda y muestran la llegada de las ondas P en el punto cero. El segundo grupo de ondas de cada registro representa la llegada de las ondas S.

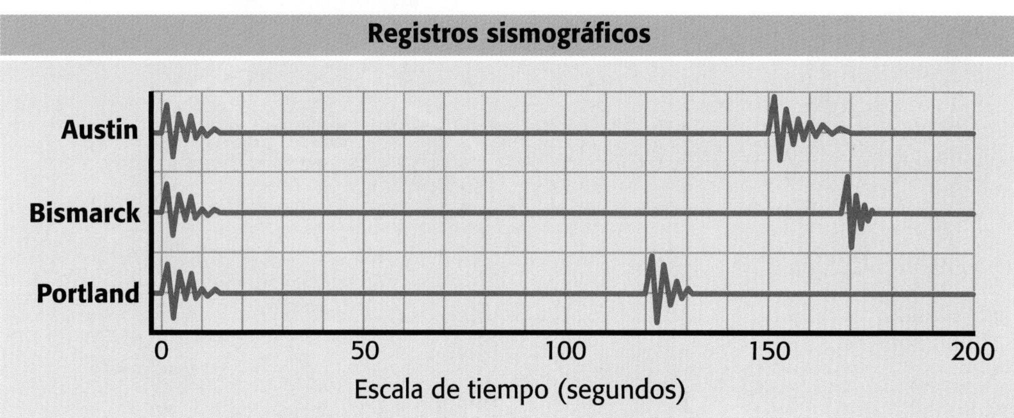

2. Copia la tabla de información de la siguiente página en tu cuaderno de ciencias.
3. Usa la misma escala de tiempo proporcionada con los registros sismográficos para calcular el tiempo de retraso entre las ondas P y las S de cada ciudad. Recuerda que el tiempo de retraso es el tiempo transcurrido entre la llegada de la primera onda P y de la primera onda S. Anota esta información en tu tabla.
4. Usa la siguiente ecuación para calcular lo que se demora cada tipo de onda en viajar 100 km:

   $100 \text{ km} \div \text{velocidad promedio de la onda} = \text{tiempo}$

Experimentos

5. Para calcular el tiempo de retraso de ondas sísmicas a 100 km, resta el tiempo que tardan las ondas P en viajar 100 kilómetros del tiempo que toman las S en viajar 100 kilómetros. Anota el tiempo de retraso en tu cuaderno de ciencias.

6. Usa la siguiente fórmula para calcular la distancia desde cada ciudad al epicentro.

$$\text{distancia} = \frac{\text{tiempo de retraso medido (s)} \times 100 \text{ km}}{\text{tiempo de retraso para 100 km (s)}}$$

En tu tabla de datos, anota la distancia entre cada ciudad y el epicentro.

7. Calca el siguiente mapa en tu cuaderno de ciencias.

8. Usa la escala para ajustar tu compás de modo que el radio de un círculo que tenga a Austin en el centro sea igual a la distancia entre Austin y el epicentro del terremoto.

Tabla de información sobre el epicentro		
Ciudad	**Tiempo de retraso (segundos)**	**Distancia al epicentro (km)**
Austin, TX		
Bismarck, ND		
Portland, OR		

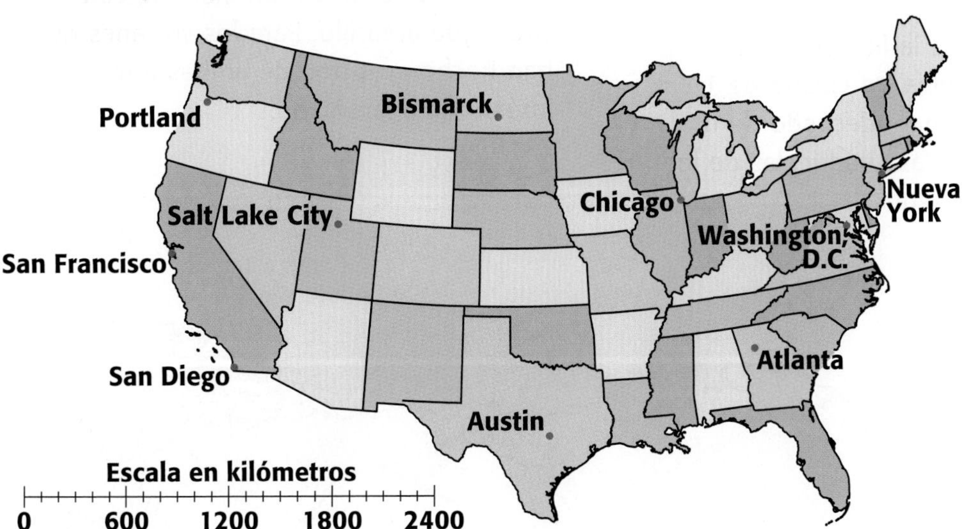

9. Coloca la punta del compás en Austin en la copia del mapa y traza un círculo.

10. Repite los pasos 8 y 9 en Bismarck y Portland. El epicentro del terremoto se ubica cerca del punto donde se juntan los tres círculos.

Análisis

11. ¿Qué ciudad es la más cercana al epicentro?

12. ¿Por qué los sismólogos necesitan mediciones desde tres ubicaciones diferentes para encontrar el epicentro de un terremoto?

Algunos hacen "pum" y otros no

Las erupciones volcánicas pueden ser leves o violentas. Cuando los volcanes hacen erupción, los materiales que arrojan proporcionan información a los científicos que estudian la corteza terrestre. Las erupciones leves, o no explosivas, producen lava diluida y escurridiza con bajos niveles de sílice. Durante erupciones no explosivas, la lava fluye cuesta abajo por la ladera del volcán. Las explosivas, en cambio, no producen mucha lava, pero arrojan ceniza y desechos a la atmósfera. Los materiales arrojados son de color claro y ricos en sílice. Estos materiales permiten a los geólogos determinar la composición de la corteza debajo de los volcanes.

Materiales

- papel milimetrado
- regla métrica
- lápices o marcadores de color rojo, amarillo y naranja

Procedimiento

1. Copia el siguiente mapa en papel milimetrado. Asegúrate de alinear correctamente la cuadrícula.
2. Ubica cada volcán de la lista en la siguiente página y dibuja un círculo de 1 cm de diámetro en el lugar adecuado de tu copia del mapa. Usa las cuadrículas de latitud y longitud como guía.
3. Repasa las erupciones de cada volcán. Por cada erupción explosiva, colorea el círculo de rojo. Por cada volcán inactivo, colorea el círculo de amarillo. Para los volcanes que han hecho erupción de ambas formas, coloréalo de anaranjado.

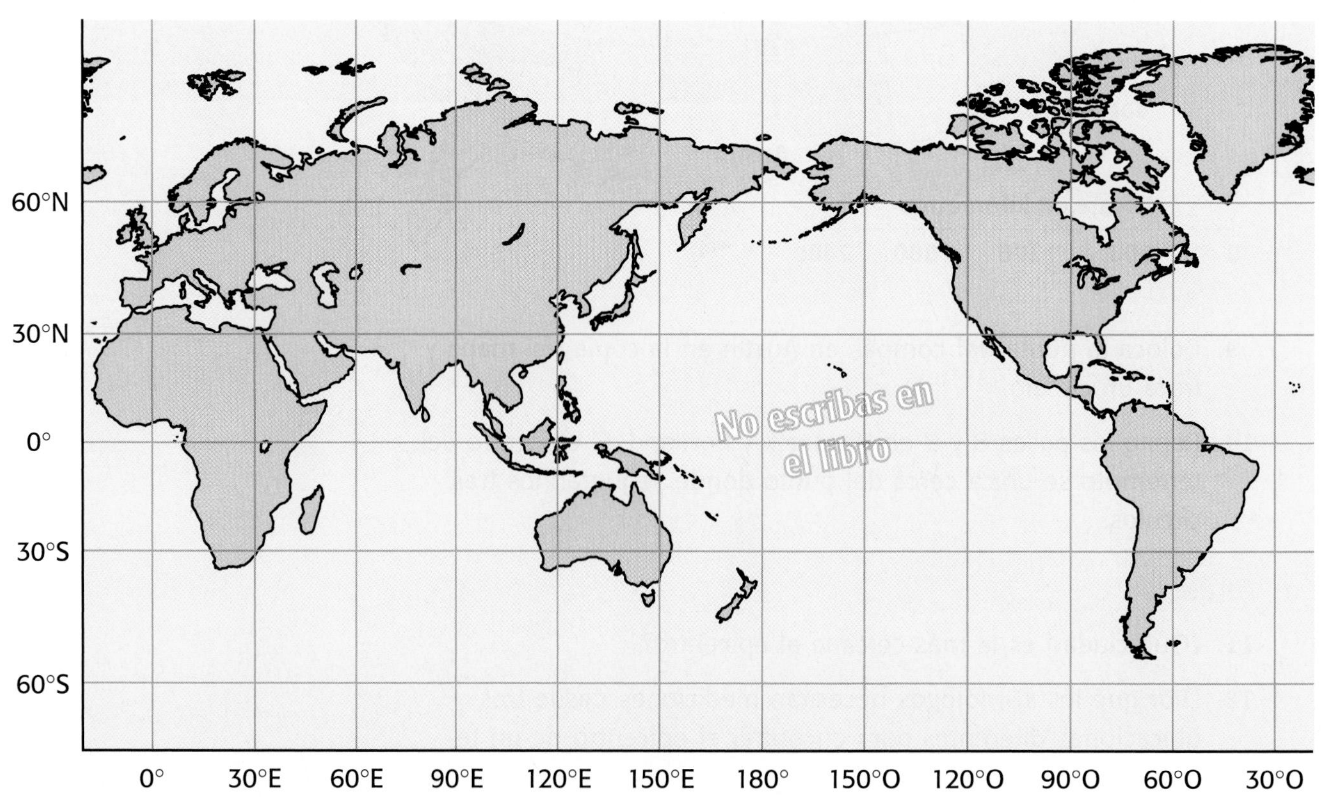

Diagrama de actividad volcánica		
Nombre del volcán	**Ubicación**	**Descripción**
Monte Santa Elena	46°N 122°O	Una erupción explosiva voló la cima de la montaña. Ceniza de color claro cubrió miles de kilómetros cuadrados. Otra erupción generó una corriente de lava por la ladera sudeste de la montaña.
Kilauea	19°N 155°O	Una pequeña erupción generó una corriente de lava que fluyó por 12 km de carretera.
Caldera Rabaul	4°S 152°E	Las erupciones explosivas han causado tsunamis y arrojado entre 1 y 2 m de ceniza sobre los edificios cercanos.
Popocatépetl	19°N 98°O	Durante una explosión, Ciudad de México cerró el aeropuerto durante 14 horas porque unas enormes columnas de ceniza dificultaban la visión de los pilotos. Otras erupciones de este volcán también han provocado asoladoras avalanchas.
Soufriere Hills	16°N 62°O	Pequeñas erupciones han generado corrientes de lava por las laderas. Otras erupciones explosivas han arrojado grandes columnas de ceniza a la atmósfera.
caldera Long Valley	37°N 119°O	Erupciones explosivas han arrojado ceniza al aire.
Okmok	53°N 168°O	Recientemente este volcán ha experimentado lentas corrientes de lava. Hace dos mil quinientos años, cenizas y desechos explotaron desde la cima de este volcán.
Pavlof	55°N 161°O	Nubes de erupción han sido enviadas a 200 m sobre la cumbre. Algunas erupciones emitieron columnas de ceniza hasta 10 km en el aire. En ocasiones, pequeñas erupciones han provocado corrientes de lava.
Fernandina	42°N 12°E	Algunas erupciones han lanzado grandes bloques de roca desde este volcán.
Monte Pinatubo	15°N 120°E	Las cenizas y desechos provenientes de una erupción explosiva destruyeron hogares, cultivos y carreteras en un radio de 52,000 km^2 alrededor del volcán.

Análisis

4. Según tu mapa, ¿dónde están localizados los volcanes que siempre producen erupciones no explosivas?
5. ¿Dónde quedan los volcanes que siempre producen erupciones explosivas?
6. ¿Dónde están los volcanes que hacen erupción de ambas maneras?
7. Si los volcanes obtienen su magma de la corteza directamente bajo ellos, ¿qué puedes decir sobre el contenido de sílice de la corteza terrestre bajo los océanos?
8. ¿Cuál es la composición de la corteza bajo los continentes? ¿Cómo lo sabemos?
9. ¿Cuál es la fuente de los materiales de los volcanes que hacen erupción de ambas formas? ¿Cómo lo sabes?
10. Según tus respuestas a las preguntas 7 y 8, ¿tienen sentido las ubicaciones de los volcanes que hacen erupción de ambas maneras? Explica por qué.

Profundizar

Existen volcanes en otros planetas. Si un planeta sólo tuviese en su superficie volcanes no explosivos, ¿qué podríamos inferir acerca del planeta? Si un planeta tuviese volcanes que variaran de no explosivos a explosivos, ¿qué nos sugeriría esa característica sobre el planeta?

Veredicto sobre el volcán

Trabaja con un compañero o compañera para realizar esta exploración. Tú y tu pareja serán geólogos que trabajan en una ciudad cercana a un volcán y cuyas autoridades cuentan con ustedes para pronosticar la próxima erupción. Ustedes han decidido usar agua de cal para detectar las emisiones gaseosas. Con este detector medirán los niveles de dióxido de carbono emitidos por un volcán simulado. Mientras más activo sea el volcán, más dióxido de carbono emitirá.

Materiales

- 1 L de agua de cal
- un vaso plástico transparente de 9 oz
- probeta graduada
- 100 mL de agua
- 140 mL de vinagre blanco
- botella de bebida de 16 oz
- arcilla
- popote flexible
- 15 mL de bicarbonato de sodio
- 2 trozos de papel higiénico
- moneda
- caja o base para vasos plásticos

Experimentos

Procedimiento

1. Ponte los anteojos protectores y con cuidado vierte agua de cal hasta llenar tres cuartos de agua en el vaso plástico. Éste es tu detector de emisiones gaseosas.
2. Ahora construye un volcán modelo. Vierte 50 mL de agua y 70 mL de vinagre en la botella de bebida.
3. Forma un tapón de arcilla alrededor del extremo corto del popote, como ves a continuación. El tapón de arcilla debe ser suficientemente grande para tapar la boca de la botella. Procura no mojar la arcilla.
4. Espolvorea 5 mL de bicarbonato de sodio en el centro de un trozo de papel higiénico. Luego, enrolla el papel y dobla los extremos para que no se salga el bicarbonato.

5. Deja caer el papel en la botella e inmediatamente introduce el extremo corto del popote en la botella y tápala con arcilla.
6. Introduce el otro extremo del popote en el agua de cal, como ves a la derecha.
7. Acabas de hacer tu primera medición de los niveles de gas del volcán. Anota tus observaciones en el cuaderno de ciencias.
8. Imagina que han pasado varios días y necesitas hacer pruebas para recopilar más información. Antes de continuar, lanza una moneda al aire. Si sale cara, ve al paso 9a. Si sale cruz, ve al paso 9b. Anota el paso que seguirás en el cuaderno de ciencias.

9a. Repite los pasos 1 a 7 agregando 2 mL de bicarbonato de sodio al agua con vinagre. **Nota:** Debes utilizar agua dulce, vinagre y agua de cal. Describe tus observaciones en el cuaderno de ciencias. Ve al paso 10.

9b. Repite los pasos 1 a 7 agregando 8 mL de bicarbonato de sodio al agua con vinagre. **Nota:** Debes utilizar agua dulce, vinagre y agua de cal. Describe tus observaciones en el cuaderno de ciencias. Ve al paso 10.

Análisis

10. ¿Cómo explicas el cambio en el aspecto del agua de cal entre ambos experimentos?
11. ¿Qué te indican las mediciones acerca de la actividad del volcán?
12. Según tus resultados, crees que sería necesario evacuar la ciudad?
13. ¿Cómo pronosticaría erupciones volcánicas un geólogo con un detector de emisiones gaseosas?

Siente el calor

La energía se transfiere entre objetos con temperaturas diferentes. La energía va de los objetos de altas temperaturas a los de bajas temperaturas. Si dos objetos se ponen en contacto por un momento, el más caliente se enfriará y el objeto más frío se calentará hasta que finalmente alcancen la misma temperatura. En esta actividad, combinarás masas iguales de agua y clavos de hierro a diferentes temperaturas para determinar cuál tiene un efecto mayor en la temperatura final.

Materiales

- liga elástica
- 10 a 12 clavos
- balanza métrica
- 30 cm de cordel
- 2 vasos de poliestireno de 9 oz
- agua caliente
- probeta graduada de 100 mL
- agua fría
- termómetro
- toallas de papel

Haz una predicción

1. Al combinar las substancias a dos temperaturas diferentes, ¿acaso la temperatura final será cercana a la temperatura inicial de la substancia más caliente, de la más fría o será un punto medio? Escribe tu predicción en el cuaderno de ciencias.

Realiza un experimento/Recopila información

2. Copia la siguiente tabla en tu cuaderno de ciencias.

Tabla de recopilación de datos					
Prueba	**Masa de clavos (g)**	**Volumen de agua que iguala a la masa de clavos (mL)**	**Temperatura inicial de agua y clavos (°C)**	**Temperatura inicial del agua a la cual los clavos serán transferidos (°C)**	**Temperatura final de agua y clavos combinados (°C)**
1					
2					

3. Usa la liga elástica para atar los clavos. Averigua y registra su masa de los clavos. Ata un trozo de cordel a su alrededor y deja un extremo de una longitud de 15 cm.
4. Coloca los clavos en uno de los vasos y deja que el cordel cuelgue fuera del vaso. Llena el vaso con suficiente agua caliente para cubrir los clavos y déjalo reposar por 5 minutos.
5. Con la probeta graduada mide suficiente agua fría para igualar en forma exacta la masa de los clavos (1 mL de agua = 1g). Anota este volumen en tu tabla.
6. Mide y anota la temperatura del agua caliente con los clavos y la temperatura del agua fría.

7. Utiliza el cordel para transferir el conjunto de clavos hasta el vaso con agua fría. Con el termómetro controla la temperatura de la mezcla de agua y clavos. Cuando la temperatura se estabilice, anótala en la tabla como la temperatura final.
8. Vacía los vasos y seca los clavos.
9. Para la prueba 2, repite los pasos 3 a 8, pero esta vez intercambia el agua caliente y la fría. Anota todas tus mediciones.

Analiza los resultados

10. En la prueba 1, utilizaste masas iguales de agua fría y clavos. ¿La temperatura final corroboró tu predicción inicial? Explica por qué.
11. En la prueba 2, usaste masas iguales de agua caliente y clavos. ¿La temperatura final corroboró tu predicción inicial? Explica por qué.
12. En la prueba 1, ¿qué material, el agua o los clavos, cambió más de temperatura una vez que transferiste los clavos? ¿Qué pasó en la prueba 2? Explica tus respuestas.

Saca conclusiones

13. El agua fría en la prueba 1 ganó energía. ¿De dónde provino esa energía?
14. ¿Cómo se compara la energía obtenida por los clavos en la prueba 2 con la energía perdida por el agua caliente en la prueba 2? Explica por qué.
15. ¿Qué material parece retener mejor la energía? Explica tu respuesta.
16. La capacidad para calor específico es una propiedad de la materia que explica la cantidad de energía necesaria para cambiar la temperatura de 1 kg de una substancia en incrementos de 1°C. ¿Qué material de esta actividad tiene una mayor capacidad para calor específico (cambia menos la temperatura para igual cantidad de energía)?
17. ¿Crees que sería mejor que existieran cacerolas y sartenes hechos de un material con una alta capacidad para calor específico o una baja? Explica tu respuesta. (Pista: ¿Qué prefieres que absorba toda la energía de la hornilla: la sartén o la comida?

Comunica los resultados

18. Compara tus resultados con los de tus compañeros. Analiza como cambiarías tu predicción para incluir lo que sabes sobre la capacidad para calor específico.

¡Salva el cubo!

El enemigo más grande de un cubo de hielo es la transferencia del calor de la energía térmica. La energía se puede transferir a un cubo de hielo de tres formas: conducción (transferencia de energía por contacto directo), convección (transferencia de energía por el movimiento de un líquido o gas) y la radiación (transferencia de energía a través del espacio). Tu desafío para esta actividad será diseñar una manera de proteger un cubo de hielo de los tres tipos de transferencia de energía.

Materiales

- bolsa plástica pequeña
- cubo de hielo
- otros materiales proporcionados por tu maestro o maestra.
- caja vacía de leche de media pinta
- balanza métrica
- vaso pequeño de papel o plástico

Procedimiento

1. Las pautas para tu diseño son las siguientes: Usa una bolsa plástica para sostener el cubo de hielo y el agua que se derrita. Puedes usar cualquiera de los materiales disponibles para proteger el cubo. El cubo de hielo, la bolsa y la protección deben caber en la caja de leche.
2. Haz una descripción del diseño que propones en tu cuaderno de ciencias. Asegúrate de describir cómo se protege de cada tipo de transferencia de energía.
3. Calcula la masa del vaso vacío y anótala en tu cuaderno de ciencias. Luego calcula y anota la masa de una bolsa plástica vacía.
4. Pon un cubo de hielo en la bolsa. Calcula y anota rápidamente su masa total.
5. Amarra rápidamente la bolsa (con el cubo en su interior) con la protección. El paquete debe caber en la caja de leche.
6. Coloca el cubo de hielo protegido en la zona térmica establecida por el maestro o maestra. Después de 10 minutos, retira con cuidado el cubo protector de la zona térmica y quita la protección de la bolsa y el cubo de hielo.
7. Abre la bolsa. Vierte el agua en el vaso. Calcula y anota la masa total del vaso y el agua.
8. Calcula y anota la masa del agua restando la masa del vaso vacío de la masa del vaso con agua.
9. Calcula y anota la masa del cubo de hielo restando la masa de la bolsa vacía de la masa de la bolsa con el cubo de hielo.
10. Averigua el porcentaje del cubo de hielo que se derritió con la siguiente ecuación:

$$\% \text{ derretido} = \frac{\text{masa de agua}}{\text{masa del cubo de hielo}} \times 100$$

11. Anota el porcentaje.

Análisis

12. Describe qué tan eficaz fue la protección de tu diseño contra cada tipo de transferencia de energía en comparación con los otros diseños de tu clase. ¿Cómo lo mejorarías?
13. ¿Por qué la nevera de poliestireno blanca mantiene el hielo congelado?

Experimentos

Contar calorías

La energía transferida en forma de calor se expresa en calorías. En este experimento, construirás un modelo de un dispositivo llamado calorímetro. Los científicos utilizan calorímetros para medir la cantidad de energía que puede ser transferida por una substancia. Vas a construir tu propio calorímetro y lo probarás midiendo la energía liberada por una moneda de un centavo caliente.

Materiales

- Vaso pequeño de poliestireno con tapa
- termómetro
- vaso grande de poliestireno
- agua
- probeta graduada de 100 mL
- tenazas
- fuente de calor
- moneda de un centavo
- cronómetro

Procedimiento

1. Copia la siguiente tabla en tu cuaderno de ciencias.

Tabla de recopilación de datos									
Segundos	0	15	30	45	60	75	90	105	120
Temp. de agua (°C)	No escribas en el libro								

2. Coloca la tapa en el vaso pequeño de poliestireno e introduce un termómetro por el agujero de la tapa. (El termómetro no debe tocar el fondo del vaso.) Pon el vaso pequeño dentro del vaso grande para completar el calorímetro.
3. Retira la tapa del vaso pequeño y agrega 50 mL de agua a temperatura ambiente. Mide la temperatura del agua y anota el valor en la columna de 0 segundos de la tabla.
4. Con las tenazas, calienta la moneda con cuidado. Echa la moneda al agua del vaso pequeño y vuelve a colocar la tapa. Inicia tu cronómetro.
5. Mide y anota la temperatura cada 15 segundos. Gira suavemente el vaso grande para agitar el agua y sigue registrando las temperaturas durante 2 minutos (120 segundos).

Análisis

6. ¿Cuál es el cambio total en la temperatura del agua después de 2 minutos?
7. La cantidad de calorías absorbidas por el agua es su masa (en gramos) multiplicada por el cambio en su temperatura en °C. ¿Cuántas calorías absorbió por el agua? (Pista: 1 mL de agua = 1 g de agua).
8. En cuanto al calor, explica de dónde provinieron las calorías que cambiaron la temperatura del agua.

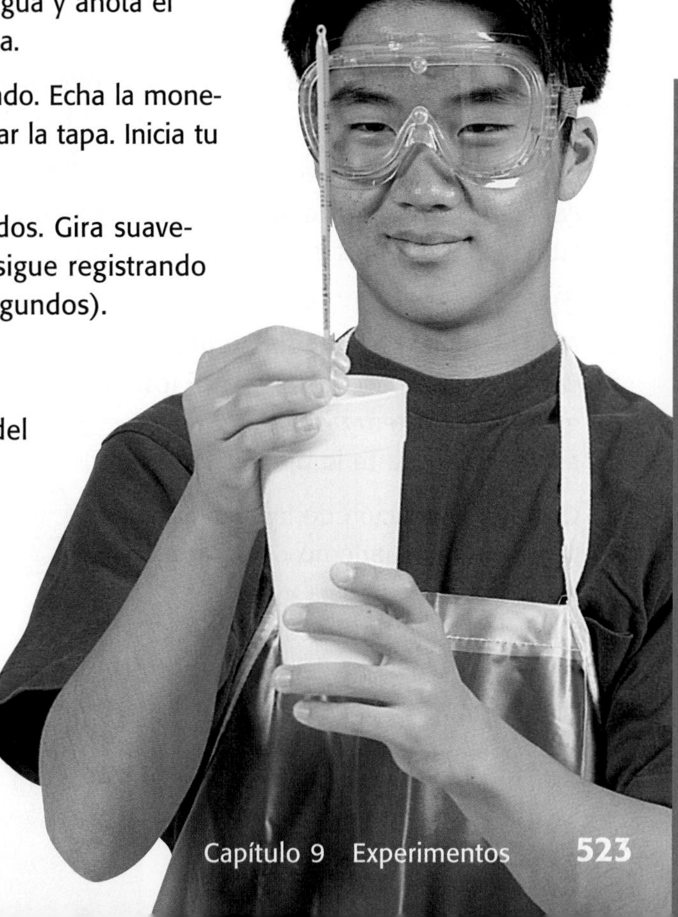

Ciclo del agua: Lo que sube. . .

¿Por qué se empaña el espejo de un baño? ¿Qué sucede cuando el agua se seca? ¿De dónde proviene la lluvia y por qué nunca se acaba? Estas preguntas tienen que ver con las partes más importantes del ciclo del agua: condensación, evaporación y precipitación. En esta actividad, harás un modelo del ciclo del agua y observarás como el agua se mueve a través del mismo.

Materiales

- probeta graduada
- 50 mL de agua corriente
- guantes termorresistentes
- vaso de precipitados
- placa calentadora
- plato de vidrio o cristal de reloj
- tenazas o pinzas

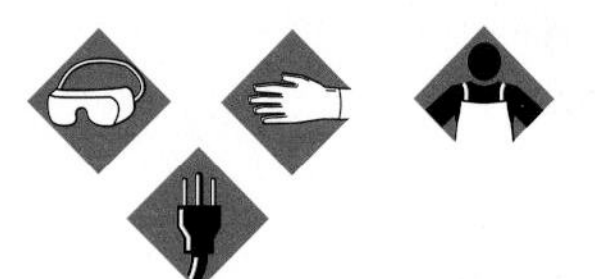

Procedimiento

1. Utiliza la probeta graduada para verter 50 mL de agua en el vaso de precipitados. Observa el nivel de agua del vaso.
2. Ponte los guantes y asegura el vaso sobre la placa calentadora. Enciéndela a la posición media y haz que hierva el agua.
3. Mientras esperas que el agua hierva, toma y levanta el plato de vidrio o cristal de reloj con las tenazas. Sostén el plato de vidrio unos centímetros sobre el vaso de precipitados e inclínalo para que el borde más bajo del vidrio quede por encima del vaso.
4. Observa el plato de vidrio mientras el agua se calienta. En tu cuaderno de ciencias, escribe los cambios que observas en el vaso de precipitados, en el aire de encima y en el vaso plástico que está sobre el vaso. Anota cualquier cambio que veas en el agua.
5. Continúa hasta que observes el vapor elevándose del agua, el plato de vidrio sobre el vaso se haya empañado y el agua gotee desde este último.
6. Asegura el vaso de vidrio sobre una mesa u otra superficie según las instrucciones de tu maestro o maestra.
7. Apaga la placa calentadora y deja enfriar el vaso. Toma el vaso caliente con los guantes o las tenazas cuando tu maestro o maestra te lo pidan.
8. Copia la ilustración de la siguiente página en tu cuaderno de ciencias. En tu bosquejo dibuja y anota el ciclo de agua como ocurrió en tu modelo. Incluye las flechas y etiquetas para la condensación, evaporación y precipitación.

Análisis

9. Compara el nivel actual del agua en el vaso de precipitados con el que había al principio. ¿Hubo algún cambio? Explica tu respuesta.
10. Si hubieras utilizado una báscula o balanza para medir la masa de agua en el vaso de precipitados antes y después de la actividad, ¿hubiera cambiado la masa? Explica tu respuesta.
11. ¿En qué se parece tu modelo al ciclo del agua de la Tierra? En tu bosquejo de la ilustración de arriba, marca dónde los procesos mostrados imitan el ciclo del agua en la Tierra.
12. Cuando finalizaste el experimento, el agua en el vaso aún estaba caliente. ¿Qué guarda la mayor parte del calor en el ciclo del agua en la Tierra?

Profundizar

Cuando el agua de lluvia corre por el suelo, recoge minerales y sales. Estos minerales y sales, ¿se evaporan, condensan y precipitan como parte del ciclo del agua? ¿Adónde van?

Si la temperatura global promedio sobre la Tierra aumenta, ¿cómo podrían cambiar los niveles del mar y por qué? ¿Qué pasaría si la temperatura global promedio se enfriara?

Limpia tu imagen

Cuando lavas los platos, el automóvil, el lavabo o tu ropa, utilizas agua. ¿Pero alguna vez te has preguntado cómo se limpia el agua? Hay dos métodos importantes para lograrlo: la filtración y la evaporación. En esta actividad, utilizarás ambos métodos para probar su eficacia en la eliminación de contaminantes. Probarás con detritos (materia vegetal en descomposición), tierra, vinagre y detergente. Tu maestra o maestro te podrá pedir que pruebes otros contaminantes.

Formula una hipótesis

1. Formula una hipótesis sobre si la filtración y la evaporación limpiarán cada uno de los cuatro contaminantes del agua y qué tan bien podrán hacerlo. Luego, sigue los siguientes pasos para comprobarla.

Método 1: Filtración

La filtración es un método común para eliminar diversos contaminantes del agua. Requiere muy poca energía, pues la gravedad empuja el agua a través de las capas de material filtrado. Observa cómo funciona este eficiente método para limpiar tu muestra de agua contaminada.

Realiza el experimento

2. Colócate guantes y anteojos protectores. Con cuidado, usa las tijeras para cortar la base de la botella vacía de soda.
3. Perfora con cuidado cuatro o cinco agujeros pequeños a través de la tapa de la botella con un clavo pequeño y un martillo. Enrosca la tapa plástica en la botella.
4. Voltea la botella y coloca su cuello en el anillo del soporte anular como se indica en la siguiente página. Coloca un puñado de grava en la botella invertida. Agrega una capa de carbón vegetal activado, seguido de capas gruesas de arena y grava. Coloca un vaso de 400 mL debajo del cuello de la botella.
5. Llena los vasos grandes con 1,000 mL de agua limpia. Pon uno de los vasos a un lado para que sirva de control. Agrega tres o cuatro cucharadas de cada uno de los siguientes contaminantes al otro vaso: detritos, tierra, vinagre común y detergente para platos.

Materiales

- tijeras
- botella plástica de soda de 2 L con tapa
- clavo pequeño
- martillo
- soporte anular con anillo
- grava
- carbón vegetal activado
- arena
- 2 vasos de precipitados de 400 mL
- 2,000 mL de agua
- 2 vasos de precipitados de 1,000 mL
- detritos (recortes de hojas y césped)
- tierra
- vinagre común
- detergente para platos
- lupa
- 2 cucharas plásticas
- tiras para prueba del pH
- frasco Erlenmeyer
- tapón de agujero de hule con tubo de vidrio
- 1.5 m de tubo plástico
- guantes termorresistentes
- placa calentadora
- bolsa para emparedados plástica con cierre hermético
- hielo

Recopila información

6. Copia la tabla de abajo en tu cuaderno de ciencias y anota tus observaciones sobre cada vaso en las columnas de "Antes de la limpieza".
7. Observa el color del agua en cada vaso.
8. Con una lupa examina las partículas visibles en el agua.
9. Huele el agua y fíjate si hay algún olor extraño.
10. Con una cuchara plástica, agita el agua rápidamente en cada vaso y mira si aparece espuma. Usa una cuchara diferente para cada muestra.
11. Utiliza una tira para prueba del pH y averigua el pH del agua.
12. Agita suavemente el agua limpia y vierte la mitad a través del dispositivo de filtración.

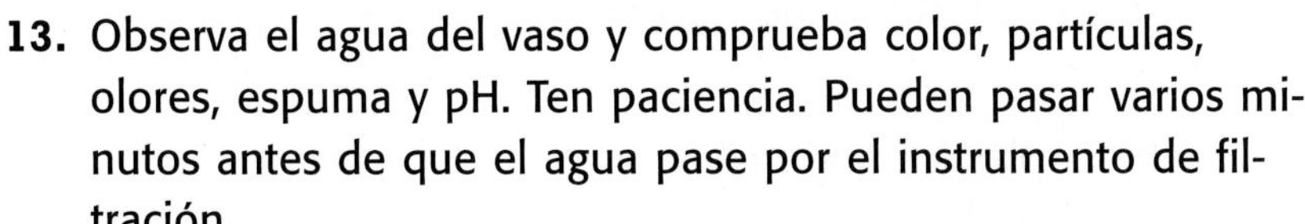

13. Observa el agua del vaso y comprueba color, partículas, olores, espuma y pH. Ten paciencia. Pueden pasar varios minutos antes de que el agua pase por el instrumento de filtración.
14. Anota tus observaciones en la columna "Después de la filtración" de la tabla.
15. Repite los pasos 12 a 14 con el agua contaminada.

Tabla de resultados

	Antes de la limpieza (agua limpia)	Antes de la limpieza (agua contaminada)	Después de la filtración (agua limpia)	Después de la filtración (agua contaminada)	Después de la evaporación (agua limpia)	Después de la evaporación (agua contaminada)
Color						
Partículas						
Olor						
Agua jabonosa						
pH						

Analiza los resultados

16. ¿Cómo cambió de color el agua contaminada tras la filtración? ¿Cambió el color del agua limpia?
17. ¿El método de filtración eliminó todas las partículas del agua contaminada? Explica por qué.
18. ¿Cuánto cambió el pH del agua contaminada? ¿Cambió el pH del agua limpia? ¿Acaso el pH final del agua contaminada fue igual al pH del agua limpia antes de la limpieza? Explica por qué.

Método 2: evaporación

Es más caro limpiar el agua mediante evaporación que mediante filtración. La evaporación requiere más energía, que puede provenir de varias fuentes. En esta actividad, una placa calentadora eléctrica será tu fuente de energía. Observa qué tan eficaz es este método para limpiar la muestra de agua contaminada.

Realiza el experimento

19. Llena un frasco Erlenmeyer con unos 250 mL de agua limpia e inserta el tapón de hule y el tubo de vidrio en el frasco.
20. Ponte anteojos protectores y guantes para conectar unos 1.5 m de tubería plástica al tubo de vidrio.
21. Pon el frasco en la placa y sitúa la tubería plástica por encima y alrededor del anillo y en un vaso de precipitados de 400 mL limpio y vacío.
22. Llena la bolsa de emparedados con hielo, séllala y colócala en el soporte anular. Comprueba que la bolsa y el tubo se toquen, como se indica a continuación.
23. Hierve el agua en el frasco lentamente. Conforme el vapor de agua pase por la bolsa de hielo, se condensará y goteará dentro del vaso de recolección.

Recopila información

24. Observa el agua en el vaso de recolección para comprobar color, partículas, olor, espuma y pH. Anota tus observaciones en la columna "Después de la evaporación" de la tabla.
25. Repite los pasos 23 y 24 con agua contaminada.

Analiza los resultados

26. ¿Cómo cambió el color del agua contaminada tras la evaporación? ¿Cambió el color del agua limpia después de la evaporación?
27. ¿El método de evaporación eliminó todas las partículas del agua contaminada? Explica por qué.
28. ¿Cuánto cambió el pH del agua contaminada? ¿Cambió el pH del agua limpia resultante? ¿Acaso el pH resultante del agua contaminada fue igual al pH del agua limpia antes de ser limpiada? Explica por qué.

Saca conclusiones

29. ¿Qué método (de filtración o evaporación) eliminó la mayor cantidad de contaminantes? Explica tu respuesta.
30. Describe los cambios que hayan ocurrido en el agua limpia durante el experimento.
31. ¿Cuáles son las ventajas y desventajas de cada método?
32. Explica cómo crees que cada material (arena, grava y carbón vegetal) ayudó a limpiar el agua por filtración.
34. Enumera las áreas del país donde cada método de purificación sería el más o el menos beneficioso. Explica tu respuesta.

Profundizar

¿Crees que uno de estos métodos eliminaría el petróleo del agua? Si hubiera tiempo, repite el experimento con varias cucharadas de aceite comestible como contaminante.

La filtración es el único paso en la purificación del agua en las plantas de tratamiento. Investiga otros métodos de purificar el abastecimiento público de agua.

Experimentos

Las dunas en movimiento

¿Has escuchado a periodistas hablar de cómo un huracán o una tormenta eléctrica han erosionado una playa? El viento mueve constantemente la arena de una playa. Las tormentas que producen fuertes vientos erosionan la playa y las dunas más rápidamente de lo normal. El viento mueve la arena por un proceso denominado *saltación.* La arena salta y choca en el suelo en la dirección que sopla el viento. Al moverse la arena a lo largo de la playa, las dunas cambian. En esta actividad, investigarás el efecto del viento sobre un modelo de duna de arena.

Materiales

- marcador
- regla métrica
- caja de cartón de poca profundidad
- arena fina
- bolsa de papel que contenga la mitad de la caja
- máscara de filtro
- secador de pelo
- cronómetro o reloj con segundero

Procedimiento

1. Con el marcador dibuja y rotula líneas verticales separadas por 5 cm en un lado de la caja.
2. Llena la caja con arena hasta la mitad. Amontona la arena formando una duna de unos 10 cm desde el extremo de la caja.
3. Mide la ubicación de la cima de la duna con las líneas que dibujaste en la caja aproximandola al centímetro más cercano.
4. Desliza la caja dentro de la bolsa de papel hasta que sólo la mitad esté expuesta, como se muestra a continuación.
5. Ponte los anteojos protectores y la máscara de filtro. Sostén el secador de pelo al mismo nivel de la cima de la duna y a unos 10-20 cm del extremo abierto de la caja.
6. Enciende el secador a la velocidad más baja y dirige el aire hacia el modelo de duna durante un minuto.
7. Anota en tu cuaderno de ciencias su nueva ubicación.
8. Repite tres veces los pasos 5 y 6. Luego de cada prueba, mide y registra la ubicación de la cima de la duna.

Análisis

9. ¿Qué tan lejos se movió la duna durante cada prueba?
10. ¿Qué tan lejos se movió la duna en total?
11. ¿Cómo se vería afectado el movimiento de cada duna si encendieras el secador a la velocidad máxima?

Profundizar

Aplana la arena. Coloca una barrera en la arena (sirve una roca). Coloca el secador de pelo al mismo nivel que la cima de la superficie de la arena. ¿Cómo influye la roca en el movimiento de la duna?

Experimentos

Glaciares que se deslizan

Un glaciar es una gran masa de hielo en movimiento. Los glaciares dan forma a muchos accidentes geográficos naturales de la Tierra. Estas masas de hielo se mueven debido a la atracción gravitacional. Mientras lo hacen, modifican el paisaje mediante la erosión de la superficie por la que pasan.

Materiales

- 3 recipientes de margarina vacíos
- arena
- grava
- regla métrica
- agua
- congelador
- rodillo de amasar
- arcilla
- toalla pequeña
- 3 ladrillos
- 3 cacerolas
- probeta graduada de 50 mL
- cronómetro

Deslizamiento

El material que lleva el glaciar erosiona la superficie de la Tierra y abre grietas denominadas *estrías.* Cada material tiene un efecto distinto en el paisaje. Creando un modelo de glaciar, demostrarás los efectos de la erosión glacial debida a diversos materiales.

Procedimiento

1. Coloca 1 cm de arena en un recipiente de margarina. Llena otro recipiente igual con 1 cm de grava. Deja el tercer recipiente vacío. Llena los recipientes con agua.
2. Deja los tres recipientes en el congelador toda la noche.
3. Retira los recipientes del congelador y saca los tres cubos de hielo del recipiente.
4. Aplana la arcilla con un rodillo de amasar.
5. Sostén firmemente el bloque de hielo con una toalla y presiónalo al moverlo sobre la arcilla. Repite este paso tres veces. En tu cuaderno de ciencias, traza el diseño que el bloque de hielo deja en la arcilla.
6. Repite los pasos 4 y 5 con el bloque de hielo que contiene arena. Traza el diseño que este bloque de hielo deja en la arcilla.
7. Repite los pasos 4 y 5 con el bloque de hielo que contiene grava. Traza el diseño que este bloque de hielo deja en la arcilla.

Análisis

8. ¿Se mezcló algo del material de la arcilla con el de los cubos de hielo? Explica por qué.
9. ¿Se depositó algo de material en la superficie de arcilla? Explica por qué.
10. ¿Qué características glaciales están representadas en tu modelo de arcilla?
11. Compara los diseños formados por los tres modelos de glaciares. ¿Acaso se parecen a accidentes geográficos hechos por glaciares alpinos o por glaciares continentales? Explica por qué.

Profundizar

Reemplaza la arcilla con materiales diferentes, como madera suave o arena. ¿Cómo afecta cada bloque de hielo a los diferentes materiales de la superficie? ¿Qué tipos de superficie representan los diferentes materiales?

Suelo resbaladizo

Al formarse las capas de hielo y agrandarse el glaciar, tarde o temprano comenzará a derretirse. El agua del hielo derretido permite que el glaciar se mueva hacia adelante. En esta actividad, estudiarás el efecto de la presión en la velocidad de derretimiento de un glaciar.

Procedimiento

12. Coloca un bloque de hielo invertido en cada cacerola.
13. Coloca un ladrillo sobre uno de los bloques de hielo. Coloca dos ladrillos sobre otro bloque de hielo. No hagas nada con el tercer bloque.
14. Después de 15 minutos, retira los ladrillos de los bloques de hielo.
15. Mide la cantidad de agua derretida de cada bloque de hielo utilizando la probeta graduada.
16. Anota tus observaciones en el cuaderno de ciencias.

Análisis

17. ¿Qué bloque de hielo produjo la mayor cantidad de agua?
18. ¿Qué representan los ladrillos?
19. ¿Qué parte del bloque de hielo se derritió antes? Explica por qué.
20. ¿Se relaciona esta investigación con la velocidad de derretimiento de los glaciares? Explica por qué.

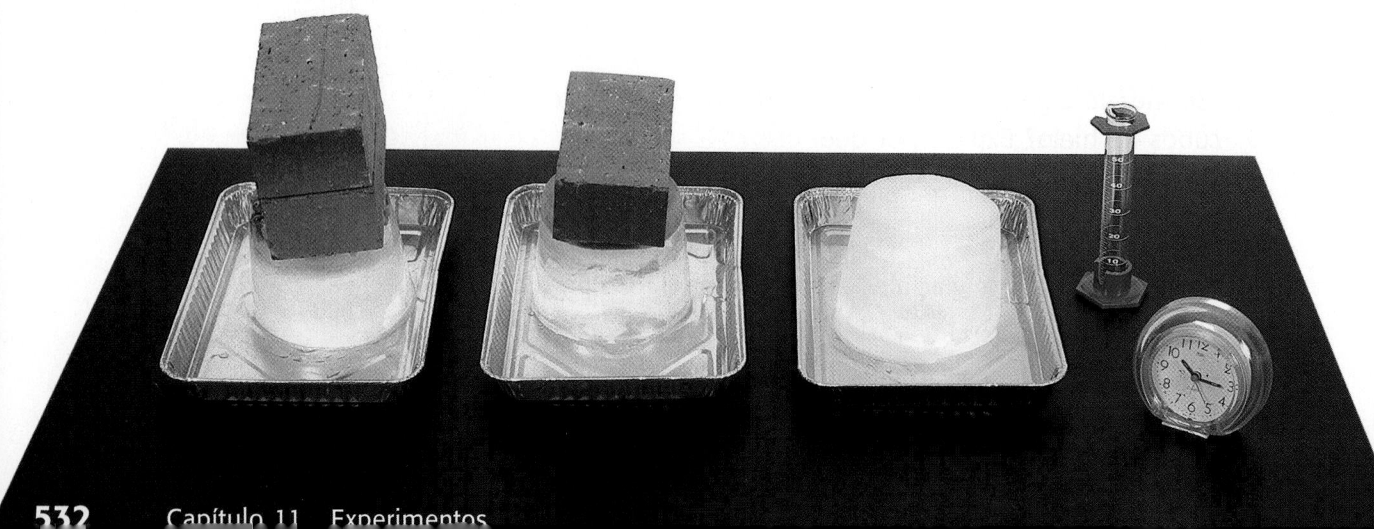

Creación de una marmita

Cuando los glaciares se retiran, dejan grandes cantidades de material rocoso a su paso. A veces, al retirarse forman morrenas mediante el depósito de material rocoso en las dorsales. Otras veces, dejan pedazos de hielo formando depresiones denominadas *marmitas.* Estas depresiones pueden dar lugar a lagos o lagunas. En esta actividad, crearás tu propia marmita y descubrirás cómo las forman los glaciares.

Materiales

- tina pequeña
- arena
- 4 ó 5 cubos de hielo de varios tamaños
- regla métrica

Haz una pregunta

1. ¿Cómo se forman las marmitas?

Realiza el experimento

2. Llena la tina con tres cuartas partes de arena.
3. En tu cuaderno de ciencias, describe el tamaño y forma de los cubos de hielo.
4. Entierra los cubos de hielo en la arena a distintas profundidades.
5. Pon la tina donde no la muevan durante la noche.

Observa

6. Busca los cubos de hielo al día siguiente. Observa cuidadosamente la arena alrededor del área donde dejaste cada cubo.
7. ¿Qué sucedió con los cubos?
8. Utiliza una regla métrica para medir la profundidad y el diámetro de la hendidura dejada por los cubos de hielo.

Analiza los resultados

9. ¿Cómo se relaciona este modelo con el tamaño y forma de una marmita natural?
10. ¿En qué se parecen tus modelos de marmitas a las reales? ¿En qué se diferencian?

Saca conclusiones

11. Según tu modelo, ¿qué puedes concluir sobre la formación de marmitas a partir de los glaciares que se retiran?

Capturar el frijol salvaje

Cuando los biólogos de la fauna silvestre investigan un grupo de organismos en un área, necesitan saber la cantidad que hay en dicha área. A veces, les preocupa que cierto organismo sobrepase la capacidad de carga del medio ambiente. Otras, deben saber si un organismo se está extinguiendo para poder tomar medidas al respecto. Pero es difícil llevar la cuenta de los animales porque se trasladan y se ocultan. Así que han desarrollado métodos para computar el número de animales en un área específica. Uno de ellos se llama el método de marca-recaptura.

En esta actividad, entrarás al territorio del frijol pinto salvaje para computar el número de frijoles que viven en el hábitat de la bolsa de papel.

Materiales

- bolsa de papel pequeña
- frijoles pintos
- marcador permanente
- lápiz
- calculadora

Procedimiento

1. Haz una tabla de información como la siguiente en tu cuaderno de ciencias.

Tabla de información de marca-recaptura.				
Cantidad de animales en primera captura	Cantidad total de animales en recaptura	Cantidad de animales marcados en recaptura	Cálculo aproximado de población	Población total real
		No escribas en el libro		

2. Tu profesor o profesora te dará una bolsa de papel con un número indeterminado de frijoles. Introduce cuidadosamente la mano en la bolsa y saca un puñado de frijoles.
3. Cuenta el número de frijoles y anota el número en la tabla de información bajo el título "Cantidad de animales en la primera captura".

4. Usa el marcador para marcar cuidadosamente cada frijol que acabas de contar. Deja que las marcas se sequen completamente. Cuando estés seguro de que las marcas están secas, vuelve a colocar los frijoles marcados en la bolsa.
5. Mezcla suavemente los frijoles en la bolsa sin que las marcas se borren. Con cuidado introduce la mano en la bolsa, "captura" y saca un puñado de frijoles.
6. Cuenta la cantidad total de frijoles en tu "recaptura". Anota este número en la tabla de datos bajo "Cantidad total de animales en recaptura. "
7. Cuenta la cantidad de frijoles en tu recaptura que tengan marcas desde la primera captura. Anota este número en la tabla de datos bajo "Cantidad total de animales marcados en recaptura".
8. Computa el número total de frijoles en la bolsa usando la siguiente ecuación:

$$\frac{\text{número total de frijoles en recaptura} \times \text{número total de frijoles marcados}}{\text{número de frijoles marcados en recaptura}} = \text{cálculo estimado de la población}$$

Escribe el número en la tabla con el nombre "Estimación calculada de población".

9. Vuelve a colocar todos los frijoles en la bolsa. Luego vacía la bolsa sobre la mesa de trabajo. Cuida de que no se escapen los frijoles. Cuenta cada frijol mientras los devuelves a la bolsa uno por uno. Anota el número en la tabla bajo el título "Población total real".

Análisis

10. ¿Qué tan preciso fue tu cómputo con respecto a la cantidad real de frijoles?
11. Si no fue cercano a la cantidad real de frijoles, ¿cómo podrías cambiar el procedimiento de marca-recaptura? Si no recapturaras ningún frijol marcado, ¿cuál sería la razón?

Profundizar

¿Cómo usarías el método de marca-recaptura para computar la población de tortugas en un pequeña laguna? Explica tu procedimiento.

Adaptación: Una forma de vida

Desde el comienzo de la vida sobre la Tierra, las especies han desarrollado características especiales, o adaptaciones, para sobrevivir a los cambios de las condiciones ambientales, incluyendo cambios climáticos, destrucción del hábitat o extinción de las presas. Estos factores pueden causar la extinción de las especies a menos que tengan una característica que les ayude a sobrevivir. Por ejemplo, una especie de aves puede adaptarse para comer semillas de girasoles y hormigas. Si la población de hormigas se extingue, el ave aún puede comer semillas y así sobrevivirá.

En esta actividad, explorarás varias adaptaciones y diseñarás un organismo con las adaptaciones que escojas. Luego describirás cómo estas adaptaciones ayudan al organismo a sobrevivir.

Materiales

- cartulina
- marcadores de colores
- tijeras
- revistas para recortes
- otros materiales de manualidades

Procedimiento

1. Observa la siguiente tabla. Elige una adaptación para cada columna. Por ejemplo, un organismo puede ser un carroñero que escarba bajo la tierra y tiene puntas en su cola.

Adaptaciones		
Dieta	**Tipo de transporte**	**Adaptación especial**
carnívoro	vuela	usa sensores para detectar calor
herbívoro	planea por el aire	es activo sólo de noche y es tiene excelente visión nocturna
omnívoro	escarba bajo tierra	cambia los colores para concordar con su alrededores
carroñero	buen corredor	tiene armadura
descomponedor	nada	tiene cuernos
	salta	puede soportar cambios de temperaturas extremas
	camina	segrega un aroma terrible y nauseabundo
	trepa	tiene glándulas venenosas
	flota	tiene dientes delanteros especializados
	se desliza	tiene puntas en la cola
		almacena oxígeno en sus células para no tener que respirar continuamente
		una invención propia

2. Diseña un organismo con las tres adaptaciones que has escogido. Utiliza cartulina, marcadores de color, recortes de revistas o materiales de manualidades que hayas escogido.

3. Escribe una leyenda en el cartón que describa tu organismo. Describe su apariencia, hábitat, nicho y cómo sus adaptaciones le ayudan a sobrevivir. Dale un nombre científico de dos partes a tu espécimen según sus características.

4. Muestra tu creación a la clase. Cuéntale a tus compañeros cómo elegiste las adaptaciones para tu organismo.

Análisis

5. ¿Cómo se alimenta tu organismo imaginario?

6. ¿En qué medio ambiente o hábitat tiene más posibilidades de sobrevivir? ¿En el desierto, bosque tropical, llanuras, capas de hielo, montañas o el mar? Explica tu respuesta.

7. ¿Es tu un mamífero, un reptil, un anfibio, un pájaro o un pez? ¿A qué organismo moderno (en la Tierra actual) o antiguo (extinto) se parece tu organismo imaginario? Explica las similitudes entre los dos organismos. Investiga fuera del laboratorio, si fuese necesario, para averiguar si hay un organismo real que pueda parecerse a tu organismo imaginario.

8. Si hubiera un repentino cambio climático, como lluvias diarias en un desierto, ¿sobreviviría tu organismo imaginario? ¿Qué adaptaciones tiene para sobrevivir a tal cambio?

Profundizar

Llama o escribe a un organismo como el Servicio de Pesca y Fauna Silvestre de los Estados Unidos (U.S. Fish and Wildlife Service) para conseguir una lista de especies en peligro de extinción en tu área. Selecciona un organismo de esa lista. Describe el nicho del organismo y cualquier adaptación especial que tenga para ayudarle a sobrevivir. Averigua por qué está en peligro y qué se está haciendo para protegerlo.

Examina la ilustración del animal de la derecha. Según sus características físicas, describe su hábitat y su nicho. ¿Es un animal real?

Sondear las profundidades

En la década de 1870, la tripulación del barco HMS *Challenger* usó una cuerda y un peso para descubrir y trazar un mapa de las zonas más profundas del océano. Los científicos ataron un peso a una cuerda y la arrojaron al agua. Cuando el peso tocó el fondo del mar, subieron el peso de vuelta a la superficie y midieron el largo de la sección mojada de la cuerda. De esta manera, pudieron trazar un mapa del suelo oceánico.

En esta actividad, usarás este método tradicional de trazado de mapas haciendo el mapa de un modelo del suelo marino.

Materiales

- arcilla
- caja de zapatos con tapa
- tijeras
- 8 lápices sin punta
- regla métrica

Procedimiento

1. Usa la arcilla para hacer un modelo del suelo marítimo en la caja de zapatos. Forma algunas montañas y valles en el modelo.
2. Corta ocho hoyos en línea a lo largo del centro de la tapa. Los hoyos deben tener un diámetro que permita el paso de un lápiz. Cierra la caja.
3. Intercambia tu caja con otro estudiante o con otro grupo. No mires dentro de la caja.
4. Copia la siguiente tabla en tu cuaderno de ciencias. Además, copia la gráfica de la página siguiente.

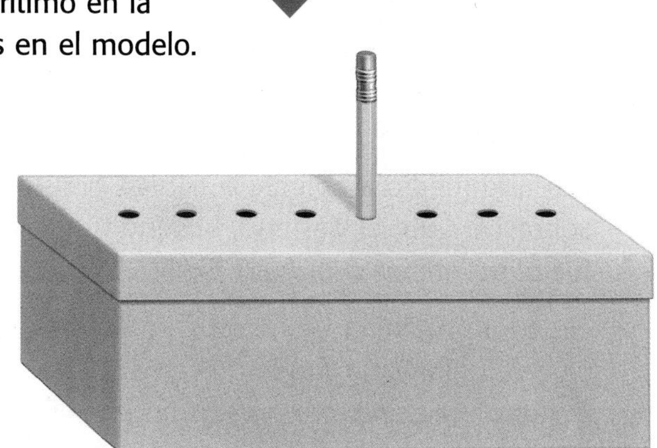

Tabla de profundidad del océano				
Agujero	**Largo original de la sonda**	**Cantidad de sonda que sobresale**	**Profundidad en centímetros**	**Profundidad en metros (cm × 200)**
1				
2				
3				
4				
5				
6				
7				
8				

5. Mide el largo de la sonda (lápiz) en centímetros. Anota esta información en la tabla.

6. Inserta la sonda con cuidado en el primer agujero de la caja hasta que toque el fondo. No fuerces la sonda porque podría alterar la lectura.

7. Asegúrate que la sonda esté derecha y mide el largo de la sonda que sobresale de la tapa. Anota tus cálculos en la tabla.

8. Utiliza la siguiente fórmula para calcular la profundidad en centímetros:

largo original de la sonda	−	cantidad de sonda que sobresale	=	profundidad en cm

9. Utiliza la escala 1 cm = 200 m para convertir la profundidad de centímetros a metros y así representar mejor las profundidades marinas reales. Anota los datos en la tabla.

10. Transfiere los datos a tu gráfica en la posición 1.

11. Repite los pasos 6 al 10 para medir distintas posiciones en la caja.

12. Luego de trazar todos los puntos en tu gráfica, conéctalos mediante una curva.

13. Coloca un lápiz en cada agujero de la caja de zapatos. Compara los puntos altos y bajos de los lápices con tu gráfica.

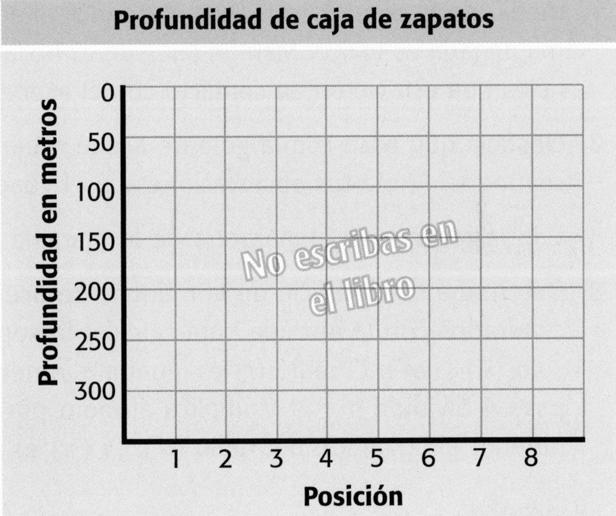

Análisis

14. ¿Cuál fue la profundidad de los puntos más y menos profundos?

15. ¿Se asemeja tu gráfica al modelo del suelo marino que muestran los lápices? Si no es así, ¿por qué?

16. ¿Qué dificultad pueden encontrar los científicos cuando miden el suelo marino de verdad? ¿Tienen la oportunidad de "abrir la caja"? Explica por qué.

Profundizar

A comienzos del siglo XX, los científicos descubrieron que se pueden utilizar las ondas sonoras para medir las profundidades del océano. Al conocer la velocidad del sonido y medir el tiempo que se demora en llegar al fondo marino y volver, los científicos pueden calcular la profundidad del océano. ¿Crees que la velocidad del sonido es constante (nunca cambia) en el agua? Si cambiara, ¿qué causaría el cambio? ¿cómo podría influir en las lecturas de profundidad que ofrece el sonar?

Investigación de un derrame de petróleo

¿Por qué es importante llevar aceite usado de motor a un centro de reciclaje, en vez de vaciarlo por el canal de drenaje o alcantarilla? ¿Por qué causa tanto daño un pequeño derrame de petróleo en el océano? Tiene que ver con que una pequeña cantidad de petróleo recorre grandes distancias.

Materiales

- guantes protectores
- cacerola grande (al menos de 22 cm de diámetro)
- agua
- pipeta
- 15 mL de aceite liviano para máquinas
- regla métrica
- probeta graduada
- calculadora (opcional)

Observar el aceite y el agua

Quizás conoces la expresión: "el agua y el aceite no se mezclan". En verdad, el aceite que se derrama en el agua forma una delgada capa sobre su superficie. En esta actividad, aprenderás con exactitud cuánto se llega a esparcir el aceite al entrar en contacto con el agua.

Procedimiento

1. Llena dos tercios de la cacerola con agua. Usa anteojos y guantes.
2. Con la pipeta agrega cuidadosamente una gota de aceite en el medio de la cacerola con agua. **Cuidado:** el aceite para maquinaria es tóxico. Mantén lejos de tu boca y ojos los materiales que estuvieron en contacto con el aceite.
3. Observa qué pasa con la gota de aceite durante los próximos segundos. Anota tus observaciones en el cuaderno de ciencias.
4. Con la regla mide el diámetro de la mancha de aceite.
5. Determina la superficie de la mancha de aceite en centímetros cuadrados con la fórmula para calcular la superficie de un círculo ($A = \pi r^2$). El radio (r) es igual al diámetro medido en el paso 4 dividido por 2. Multiplica el radio por sí mismo para obtener el cuadrado del radio (r^2). Pi (π) es igual a 3.14.

Ejemplo

Si el diámetro es igual a 10 cm,

$r = 5$ cm, $r^2 = 25$ cm^2, $\pi = 3.14$

$$A = \pi r^2$$
$$A = 3.14 \times 25 \text{ cm}^2$$
$$A = 78.5 \text{ cm}^2$$

6. Anota tus respuestas en tu cuaderno de ciencias.

Experimentos

Análisis

7. ¿Qué pasó con la gota de aceite al entrar en contacto con el agua? ¿Esto te sorprendió?
8. ¿Cuál fue la superficie total abarcada por la mancha de aceite? (Asegúrate de mostrar tus cálculos).
9. ¿Qué prueba este experimento sobre la densidad del aceite en comparación con la del agua? Explica por qué.

Profundizar
¿Puedes inventar un método para limpiar el aceite del agua? Con permiso de tu maestro o maestra, prueba tu método de limpieza. ¿Piensas que el petróleo tiene el mismo comportamiento en el agua del mar? Idea un experimento para comprobar tu hipótesis.

Calcular la cantidad de gotas en un litro

Cuando derramas algo tóxico en el suelo, quizá pienses que son sólo "unas pocas gotas". Pero esas gotas se van acumulando. ¿Exactamente cuántas gotas marcan la diferencia? En esta actividad, aprenderás las consecuencias que pueden traer unas pocas gotas.

Procedimiento

10. Con una pipeta, cuenta la cantidad de gotas de agua necesarias para llenar 10 mL de la probeta graduada. Asegúrate de agregar las gotas lentamente para poder contar con exactitud.
11. Como hay 1,000 mL en un litro, multiplica el número de gotas en 10 mL por 100. Así obtendrás la cantidad de gotas en un litro.

Análisis

12. ¿Cuántas gotas de agua llenan un recipiente de 1L?
13. ¿Qué sucedería si alguien derramara 4 litros de petróleo en un lago?

Profundizar
Averigua cuánto petróleo transportan los buques cisterna. ¿Te imaginas el tamaño de la mancha de petróleo que se formaría si un buque cisterna derramase el petróleo que transporta?

Desde las profundidades

Cada año, el agua de algunas partes del mar "se invierte". Esto significa que el agua del fondo sube a la superficie y el agua superficial baja hasta el fondo. Este cambio anual lleva nutrientes frescos desde las profundidades del mar a los peces que habitan cerca de la superficie. ¡Éste es el mejor momento para salir de pesca! Pero el agua de algunas zonas nunca se invierte. Utiliza esta actividad para descubrir la razón.

Algunas zonas del océano son más calientes en las profundidades y otras en la superficie. El agua más salada se halla a veces en el fondo del mar; pero no siempre. Investigarás cómo estos factores ayudan a determinar si habrá inversión de las aguas.

Materiales

- 5 vasos de precipitados de 400 mL
- agua corriente
- colorante alimentario azul y rojo
- cuchara
- balde con hielo
- reloj o cronómetro
- placa calentadora
- guantes termorresistentes
- 4 trozos de envoltura plástica, de aproximadamente 30 × 20 cm
- sal

Haz una pregunta

1. ¿Por qué se invierten algunas partes del océano y otras no?

Realiza el experimento

2. Rotula los vasos de precipitados del 1 al 5. Llena los vasos 1 a 4 con agua corriente.
3. Agrega una gota de colorante alimentario azul al agua de los vasos 1 y 2. Revuelve.
4. Coloca el vaso 1 en un balde con hielo durante 10 minutos.
5. Agrega una gota de colorante rojo al agua de los vasos 3 y 4. Revuelve.
6. Coloca el vaso 3 sobre una placa calentadora a temperatura baja durante 10 minutos.
7. Agrega una cucharada de sal al agua del vaso 4 y revuelve.
8. Mientras el vaso 1 se enfría y el 3 se calienta, copia en tu cuaderno de ciencias la tabla de datos de la página siguiente.
9. Vierte la mitad del agua del vaso 1 en el 5. Vuelve a colocar el vaso 1 en el balde con hielo.
10. Acomoda una lámina de envoltura plástica en el vaso 5, de manera tal que el plástico repose sobre la superficie del agua y revista la mitad superior del vaso.

Tabla de observaciones	
Mezcla de agua	**Observaciones**
Agua caliente sobre agua fría	
Agua fría sobre agua caliente	
Agua salada sobre agua dulce	
Agua dulce sobre agua salada	

11. Ponte los guantes termorresistentes. Lentamente vierte la mitad del agua del vaso 3 en la mitad superior del vaso 5 revestido de plástico, para formar dos capas de agua. Vuelve a poner el vaso 3 sobre la placa calentadora y quítate los guantes.
12. Con mucho cuidado levanta una esquina de la envoltura plástica para que el agua caliente y roja se deposite sobre el agua fría y azul. **Cuidado:** La envoltura plástica puede estar caliente.

Observa

13. Espera unos 5 minutos y luego observa las capas del vaso 5. ¿Permaneció una capa encima de la otra? ¿Se produjo alguna mezcla o inversión? Anota tus observaciones en la tabla de datos.
14. Vacía y enjuaga el vaso 5 con agua corriente limpia.
15. Repite los pasos 9 a 14, esta vez con el agua tibia y roja del vaso 3 abajo y el agua fría y azul del vaso 1 arriba. (Utiliza guantes para vaciar el agua caliente).
16. Repite el procedimiento descrito en los pasos 9 a 14, esta vez con el agua corriente azul del vaso 2 abajo y el agua salada roja del vaso 1 arriba.
17. Por tercera vez, repite el procedimiento descrito en los pasos 9 a 14, esta vez con el agua salada roja del vaso 4 abajo y el agua potable azul del vaso 2 arriba.

Analiza los resultados

18. Compara los resultados de las cuatro pruebas. Explica por qué hubo inversión en algunos de los experimentos, pero no en todos.

Saca conclusiones

19. ¿Qué efecto tienen la temperatura y la salinidad sobre la densidad del agua?
20. ¿Qué reduce la temperatura del agua del mar? ¿Qué aumentaría la salinidad del agua del mar?
21. ¿Cómo explicarías que algunas partes del océano se invierten en primavera, mientras que otras no?

Profundizar

Sugiere un método para desarrollar un modelo que analice los efectos combinados de la temperatura y la salinidad sobre la densidad del agua. Considera usar más de dos muestras y tintes de agua.

Cambiar el curso de la corriente

Las mareas diarias son provocadas por dos "abultamientos" sobre la superficie del océano, uno del lado de la Tierra de cara a la Luna y el otro del lado opuesto. El abultamiento del lado que da hacia la Luna es provocado por la atracción gravitacional de la Luna sobre el agua. Pero el otro es un poco más difícil de explicar. Mientras que la Luna atrae el agua en un lado de la Tierra, la rotación conjunta de la Tierra y la Luna "empuja" el agua hacia el lado opuesto. El Sol también influye en las mareas, pero debido a que está tan lejos de la Tierra, su atracción sobre el agua es considerablemente menor que la de la Luna. En esta actividad, harás un modelo del movimiento de la Tierra y la Luna para investigar el abultamiento mareal en el lado de la Tierra que está "de espaldas" a la Luna.

Materiales

- 2 discos de cartón corrugado, uno grande y otro pequeño, marcados en el centro
- pegamento blanco
- una varilla, 1/4 de pulgada de diámetro y 36 cm de largo.
- cordel de 5 cm de longitud
- engrapadora con grapas
- 1 × 1 cm trozo de cartón
- lápiz con punta

Procedimiento

1. Traza una línea desde el centro de cada disco a lo largo de los pliegues en el cartón y hasta el borde del disco. Este es el radio.
2. Pon una gota de pegamento blanco en un extremo de la varilla. Pon el disco más grande sobre la mesa y alinea la varilla con la línea del radio que hiciste en el paso 1. Inserta aproximadamente 2.5 cm de la varilla en el borde del disco.
3. Agrega una gota de pegamento en el otro lado de la varilla y empuja ese extremo en el disco más pequeño a través de su radio. El montaje debería verse como una paleta grande con dos cabezas, como ves a continuación. Éste es un modelo del sistema Tierra-Luna.
4. Engrapa el cordel al extremo del disco grande en el lado opuesto a la varilla. Engrapa el cuadrado de cartón al otro lado del cordel. Este trozo más pequeño de cartón representa los océanos de la Tierra que están "de espaldas" a la Luna.

5. Coloca la punta del lápiz en el centro del disco más grande, como se indica en la figura de la página siguiente, y haz girar el modelo. **Cuidado:** Asegúrate de estar a una distancia prudente de las demás personas antes de hacer girar el modelo. Haz un pequeño agujero con tu lápiz en la parte inferior del disco, pero NO lo hagas atravesando el cartón. Anota tus observaciones en el cuaderno de ciencias.

6. Ahora encuentra el centro *de gravedad de tu modelo.* Éste es el punto donde el modelo se puede equilibrar sobre la punta del lápiz. **Pista:** puede resultar más fácil encontrar el centro de gravedad utilizando el extremo de goma del lápiz. Luego utiliza la punta del lápiz para equilibrar el modelo. Este punto de equilibrio debería estar justo en el interior del borde del disco más grande.
7. Coloca el lápiz en el centro de gravedad y haz girar el modelo alrededor del mismo. Es posible que desees hacer nuevamente un agujero en el disco. Anota tus observaciones en el cuaderno de ciencias.

Análisis

8. ¿Qué sucedió cuando trataste de hacer girar el modelo alrededor del centro del disco más grande? Este modelo, llamado "modelo centrado en la Tierra", representa la creencia incorrecta de que la Luna orbita entorno al centro de la Tierra.
9. ¿Qué sucedió cuando intentaste hacer girar el modelo alrededor de su centro de gravedad? Este punto, llamado *baricentro,* es el punto alrededor del cual giran tanto la Tierra como la Luna.
10. En cada caso, ¿qué sucedió con el cordel y el cuadrado de cartón al hacer girar el modelo?
11. ¿Qué modelo (el modelo centrado en la Tierra o el baricéntrico) explica por qué la Tierra tiene un abultamiento mareal en el lado que no mira a la Luna? Explica por qué.

Experimentos

Luna

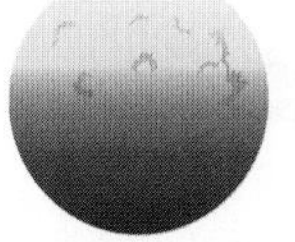

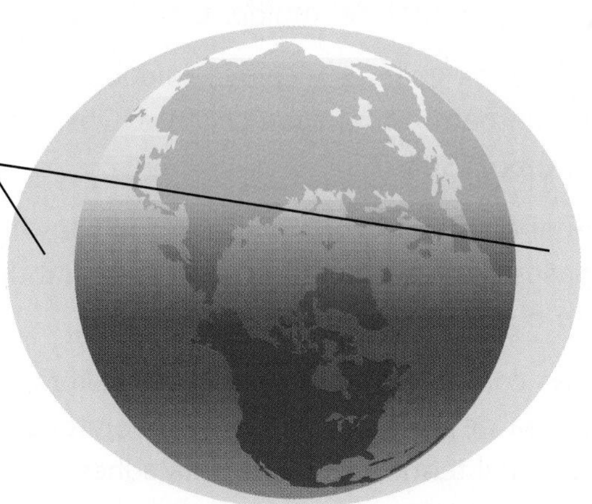

¡Está hirviendo!

Safety Industries, Inc., quisiera brindar al público alternativas más seguras que el termómetro de mercurio. Muchas comunidades se han quejado de la fragilidad de los termómetros de cristal y el envenenamiento por mercurio es preocupante. Así que nos gustaría que tu equipo de inventores ideara un prototipo que funcione con agua en vez de mercurio. Safety Industries ofrece un contrato al equipo que cree el mejor substituto del termómetro de mercurio. En esta actividad, diseñarás y probarás tu propio termómetro de agua. ¡Mucha suerte!

Haz una pregunta

1. ¿Qué hace subir el líquido en un termómetro? ¿Cómo puedo usar esta información para fabricar un termómetro?

Formula una hipótesis

2. Con un compañero o compañera piensa cómo diseñar un termómetro de agua. Dibuja tu diseño en el cuaderno de ciencias. Formula una hipótesis en una oración describiendo el funcionamiento del termómetro.

Comprueba la hipótesis

3. Tu diseño para fabricar el termómetro sólo empleará los materiales indicados en la lista. Igual que un termómetro de mercurio, el tuyo necesitará una cubeta y un tubo. Sin embargo, el líquido en tu termómetro será agua.
4. Para probar tu diseño, pon el molde de aluminio para hornear sobre una placa calentadora. Con cuidado vierte agua hasta la mitad del molde. Espera a que se caliente.
5. Ponte los guantes y coloca cuidadosamente la "cubeta" de tu termómetro en el agua caliente. Observa el nivel del agua en el tubo. ¿Sube?
6. Si el nivel del agua no sube, ajusta tu diseño y repite los pasos 3 a 5. Cuando el nivel suba, dibuja tu diseño definitivo en el cuaderno de ciencias.
7. Tras completar tu diseño, debes calibrar tu termómetro con ayuda de un termómetro de laboratorio fijando una ficha al tubo del termómetro con cinta adhesiva, de manera que la parte del tubo que sobresalga de la "cubeta" del termómetro esté en contacto con la ficha.

Materiales

- guantes termorresistentes
- molde de aluminio para hornear
- placa calentadora
- agua
- contenedores surtidos, como botellas de plástico, latas de bebidas gaseosas, recipientes para rollos fotográficos, frascos de medicinas, tubos de ensayo, globos y envases de yogur con tapa
- tubos surtidos, tales como popotes no flexibles y transparentes o tubería plástica de 5 mm de diámetro y 30 cm de largo
- arcilla
- colorante de alimentos
- jarra
- cinta adhesiva transparente
- ficha
- termómetro Celsius
- filtro cónico de papel o embudo
- 2 vasos grandes de poliestireno
- cubos de hielo
- regla métrica

8. Coloca el filtro cónico o embudo en el vaso de poliestireno. Con cuidado vierte agua caliente de la placa calentadora al filtro o embudo. Asegúrate de no salpicar o derramar agua.

9. Pon tu propio termómetro y uno de laboratorio en el agua caliente. Marca el nivel del agua a medida que suba en la ficha. Observa y registra la temperatura del termómetro de laboratorio y anota este valor en la ficha, al lado de la marca.

10. Repite los pasos 8 y 9 con agua caliente del grifo.

11. Repite los pasos 8 y 9 con agua helada.

12. Divide las marcas de la ficha en incrementos de igual tamaño y escribe las temperaturas correspondientes en la ficha.

Analiza los resultados

13. ¿Qué tan efectivo es tu termómetro para medir la temperatura?

14. Compara tu diseño con el de otros estudiantes. ¿Cómo modificarías tu diseño para que tu termómetro midiera aún mejor la temperatura?

Saca conclusiones

15. Voten para ver qué diseño debería ganar el contrato de Safety Industries. ¿Por qué eligieron ese termómetro? ¿En qué se diferenciaba de los demás?

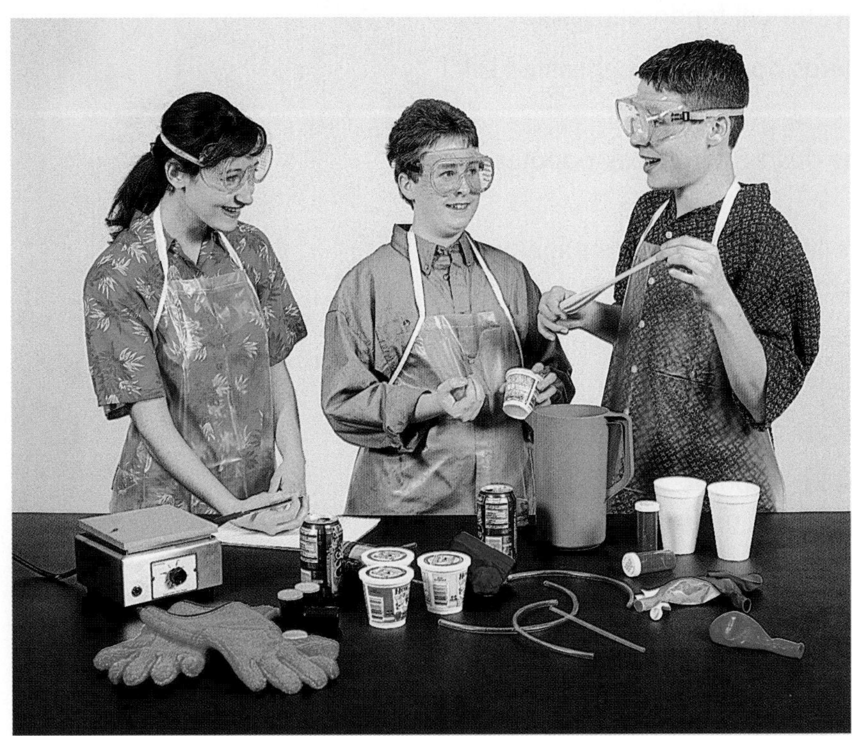

¡Vuela en bicicleta!

¡Tu amigo Daniel acaba de inventar una bicicleta voladora! El problema es que la bicicleta sólo puede volar cuando la velocidad del viento es de 3 m/s a 10 m/s. Si el viento no es lo bastante fuerte, la bicicleta no tendrá impulso suficiente para elevarse; si sopla demasiado, será difícil controlarla. Daniel necesita saber si hoy puede volar en su bicicleta. ¿Puedes crear un dispositivo que calcule la velocidad del viento?

Haz una pregunta

1. ¿Cómo puedo construir un dispositivo que mida la velocidad del viento?

Construye un anemómetro

2. Corta los bordes enrollados de los cinco vasos. Esto los hará más livianos y girarán más fácilmente.
3. Desde la orilla de uno de los vasos haz cuatro marcas consecutivas equidistantes a 1 cm.
4. Con la perforadora, haz un agujero en cada marca para que el vaso tenga cuatro agujeros equidistantes. Usa el lápiz afilado para hacer un agujero en el centro del fondo del vaso.
5. Pasa un popote por dos agujeros opuestos en el costado del vaso.
6. Repite el paso 5 con los otros dos agujeros. Los popotes deberían formar una X.
7. Mide 3 cm desde el fondo de los otros vasos de papel y marca cada lugar con un punto.
8. En cada punto, haz un agujero en los vasos con la perforadora.
9. Colorea el exterior de uno de los cuatro vasos.
10. Desliza un vaso sobre uno de los popotes, empujando éste a través del agujero. Gira la taza para que la parte inferior quede al lado derecho.
11. Dobla un lado del popote y engrápalo al interior de la taza directamente frente al agujero.
12. Repite los pasos 10 y 11 para cada uno de los vasos que faltan.
13. Empuja la tachuela a través de la intersección de los dos popotes.

Materiales

- tijeras
- 5 vasos pequeños de papel
- regla métrica
- perforadora
- 2 popotes de plástico rígido
- marcador de color
- engrapadora pequeña
- tachuelas
- lápiz afilado con goma de borrar
- arcilla
- cinta adhesiva
- cronómetro o reloj con segundero

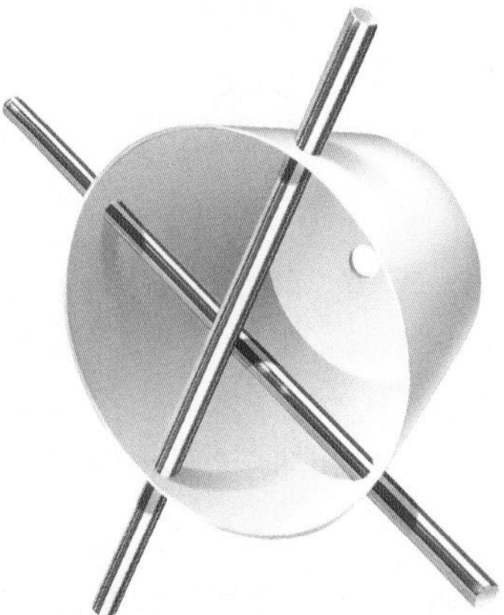

Experimentos

14. Empuja la goma del lápiz a través del agujero inferior en el vaso central. Empuja la tachuela hasta el fondo de la goma del lápiz.

15. Inserta el lado afilado del lápiz en un trozo de arcilla para formar una base. Esto le permitirá al dispositivo mantenerse erguido, como ves a la derecha.

16. Sopla los vasos para que giren. Ajusta la tachuela para que los vasos puedan girar libremente sin tambalear o caerse. ¡Felicitaciones! Has construido un anemómetro.

Realiza el experimento

17. Encuentra un área apropiada en el exterior para colocar el anemómetro verticalmente sobre una superficie lejos de objetos que puedan obstruir el viento, como edificios y árboles.

18. Marca la superficie en la base del anemómetro con cinta adhesiva. Rotula la cinta como "punto de inicio".

19. Sostén el vaso coloreado sobre el punto de inicio mientras tu compañero o compañera sostiene el reloj.

20. Libera el vaso coloreado. Mientras, tu compañero o compañera debe mirar el reloj. Cuando los vasos giran, cuenta las veces que el vaso coloreado cruza el punto de inicio en 10 segundos.

Analiza los resultados

21. ¿Cuántas veces cruzó el vaso coloreado el punto de inicio en 10 segundos?

22. Divide tu respuesta por 10 para obtener el número de revoluciones en 1 segundo.

23. Mide el diámetro de tu anemómetro (la distancia entre los bordes exteriores de los dos vasos) en centímetros. Multiplica este número por 3.14 para hallar la circunferencia del círculo descrito por los vasos del anemómetro.

24. Multiplica tu respuesta del paso 23 por el número de revoluciones por segundo (paso 22). Multiplica esa respuesta por 100 para encontrar la velocidad del viento en metros por segundo.

25. Compara tus resultados con los de tus compañeros y compañeras. ¿Obtuviste el mismo resultado? ¿Qué explicaría cualquier diferencia mínima en tus resultados?

Saca conclusiones

26. ¿Podrá Daniel volar en su bicicleta hoy? ¿Por qué?

¡Bajo presión!

Estás planeando un picnic con tus amigos y buscas el pronóstico del tiempo en el periódico. Esta tarde la temperatura debiera rondar los 80 grados. ¡Suena bastante agradable! Pero notas que el informe también incluye la lectura del barómetro. ¿Qué indica la lectura? En esta actividad, construirás tu propio barómetro y descubrirás qué te puede indicar este instrumento.

Materiales

- globo
- tijeras
- lata grande de café vacía de 10 cm de diámetro
- cinta adhesiva o liga elástica
- popote
- cinta adhesiva transparente
- ficha

Haz una pregunta

1. ¿Cómo puedo construir un instrumento que mida los cambios en la presión atmosférica?

Realiza el experimento

2. Estira e infla el globo. Deja salir el aire. Esto le permitirá a tu barómetro ser más sensible a los cambios en la presión atmosférica.
3. Corta el lado del globo que pones en tu boca para inflarlo. Estira el globo hasta ajustarlo sobre la boca de la lata de café. Fíjalo en la lata con la cinta adhesiva o la liga elástica.
4. Corta un lado del popote en ángulo para formar un puntero.

5. Coloca el popote con el puntero hacia afuera desde el centro del globo estirado de modo que 5 cm del extremo del popote cuelgue sobre el borde de la lata, como ves a la derecha. Pega el popote al globo con la cinta adhesiva.

6. Pega la ficha con cinta adhesiva a la lata cerca del popote. ¡Felicitaciones! ¡Has construido un barómetro!

7. Busca un área apropiada en el exterior para colocar el barómetro. Lleva un registro en la ficha de la ubicación del popote durante 3 a 4 días.

Analiza los resultados

8. ¿Qué factores influyen en el funcionamiento de tu barómetro? Explica tu respuesta.

9. ¿Qué indica el movimiento ascendente del popote?

10. ¿Qué indica el movimiento descendente del popote?

Saca conclusiones

11. Compara tus resultados con las presiones barométricas indicadas en el periódico. ¿Qué tipo de clima se asocia con las altas presiones? ¿Qué tipo de clima se asocia con las bajas presiones?

Profundizar

Ahora puedes calibrar tu barómetro. Reúne la sección del tiempo de tu periódico local correspondiente a los 3 o 4 días en que estabas probando tu barómetro. Busca la lectura diaria del barómetro en el periódico y regístrala junto a la marca de ese día en tu ficha. Divide las marcas de la ficha en incrementos regulares y escribe las presiones barométricas correspondientes en la ficha.

Observar el tiempo

Imagina que tienes una empresa consultora que brinda asistencia a la planificación de grandes eventos, como bodas, fiestas y eventos de celebridades. Una de tus responsabilidades es asegurarte de que el tiempo no estropee los planes de tus clientes. Para brindar el mejor servicio posible, has tomado un curso intensivo de lectura de mapas meteorológicos. ¿Habrá que posponer el partido de golf entre famosos por la lluvia? ¿Habrá que realizar la boda bajo techo para evitar que se moje la novia? Tu responsabilidad es responder "si" o "no".

Procedimiento

1. Estudia el modelo de estación y la leyenda en la página siguiente. Usa la leyenda para interpretar el mapa meteorológico en la última página de esta actividad.
2. La información del tiempo está representada en un mapa meteorológico mediante un modelo de estación. Un modelo de estación es un pequeño círculo que muestra la ubicación de la estación, con un grupo de símbolos y números alrededor del círculo que representan la información recogida en la misma. Estudia la siguiente tabla.

Símbolos del mapa del tiempo					
	Condiciones meteorológicas		**Nubosidad**	**Velocidad del viento (mph)**	
••	Lluvia ligera	○	Cielo despejado	◎	Calma
∴	Lluvia moderada	⦶	Una décima o menos		3-8
⁘	Lluvia abundante	◔	Dos a tres décimas		9-14
,	Llovizna	◕	Esporádica		15-20
∗∗	Nieve ligera	◐	Nueve décimas		21-25
⁂	Nieve moderada	●	Nublado		32-37
	Tormenta eléctrica	⊗	Cielo cubierto		44-48
	Lluvia helada	**Símbolos especiales**			55-60
∞	Neblina	▲▲▲▲	Frente frío		66-71
≡	Niebla	●●●●	Frente caliente		
		H	Alta presión		
		L	Baja presión		
		🌀	Huracán		

Modelo de estación

La velocidad del viento se representa con colas de cometa enteras y parciales.

Una línea indica la dirección de dónde proviene el viento.

Temperatura del aire

Un símbolo representa las condiciones actuales del tiempo. Si no hay símbolos, no hay precipitación.

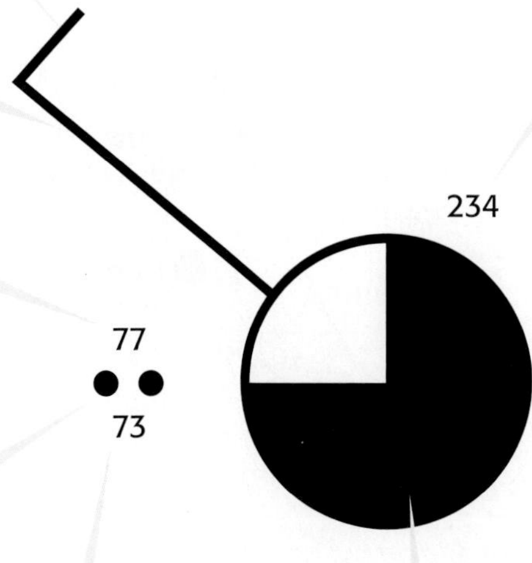

Presión atmosférica en milibares (mbar). Este número ha sido acortado en el modelo de estación. Para leer el número correctamente debes seguir algunas reglas simples.

- Si el primer número es mayor que 5, coloca un 9 delante del número y un punto decimal entre los dos últimos dígitos.
- Si es menor o igual que 5, coloca un 10 delante del número y un punto decimal entre los dos últimos dígitos.

Temperatura del punto de condensación

El sombreado indica nubosidad.

Interpretar modelos de estación

El modelo de estación de abajo es para Boston, Massachusetts. La temperatura actual en Boston es de 42°F y el punto de condensación es de 39°F. La presión barométrica es 1011.0 mbar. El cielo está nublado y cae una lluvia moderada. El viento proviene del sudoeste a 15–20 mph.

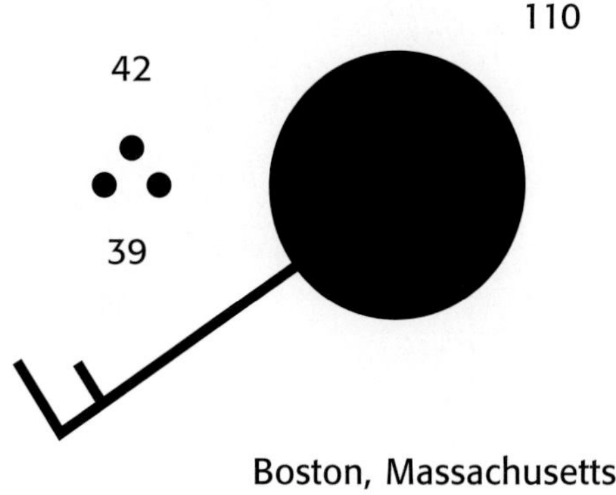

Boston, Massachusetts

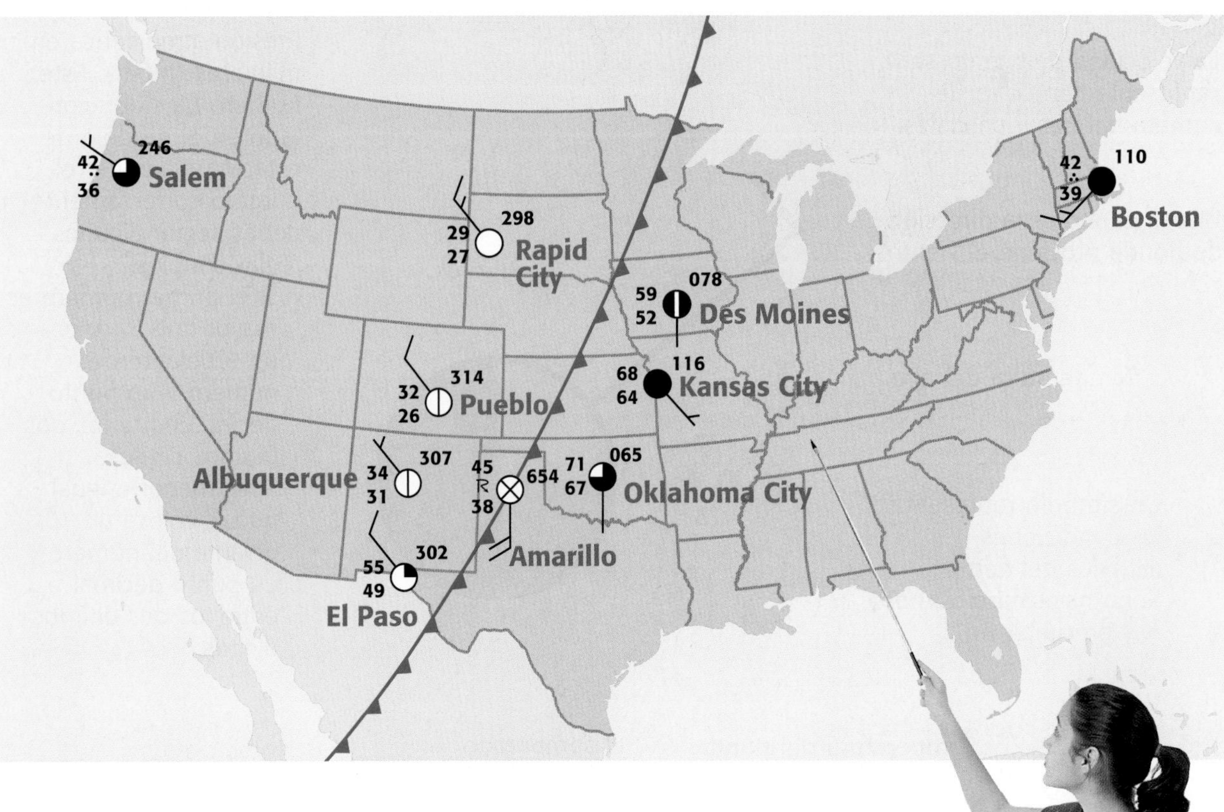

Experimentos

Análisis

3. Según el tiempo para el territorio de Estados Unidos, ¿qué estación del año es? Explica tu respuesta.
4. Interpreta el modelo de estación para Salem, Oregón. ¿Qué indican la temperatura, el punto de condensación, nubosidad, dirección del viento, velocidad del viento y presión atmosférica? ¿Hay precipitaciones? De ser así, ¿de qué tipo?
5. ¿Qué ocurre con la dirección del viento, la temperatura y la presión a medida que se aproxima el frente frío? ¿Qué sucede a medida que pasa?
6. Interpreta el modelo de estación para Amarillo, Texas.

¡Que nieve!

Si bien una pulgada de lluvia es buena para el jardín, 7 u 8 cm provocarían una inundación. ¿Qué ocurre con la nieve? ¿Cuánta es demasiada? Una ventisca puede dejar caer 40 cm en una noche. Te llega hasta las rodillas, pero ¿en qué se parece esta cantidad de nieve a la lluvia? Esta actividad te ayudará a descubrirlo.

Materiales

- 150 mL de hielo rallado
- vaso de precipitados de 100 mL
- regla métrica
- guantes termorresistentes
- placa calentadora
- probeta graduada

Procedimiento

1. Vierte 50 mL de hielo rallado en el vaso de precipitados. No compactes el hielo dentro del vaso. Esto representará tu nevada.
2. Utiliza la regla para medir la altura de la nieve en el vaso.
3. Enciende la placa calentadora a temperatura baja. **Cuidado:** usa guantes termorresistentes y anteojos protectores cuando trabajes con la placa.
4. Pon el vaso sobre la placa calentadora y déjalo hasta que se derrita toda la nieve.
5. Vierte el agua en una probeta graduada y anota la altura y volumen del agua en el cuaderno de ciencias.
6. Repite los pasos 1 a 5 dos veces más.

Análisis

7. ¿Qué diferencia de altura hubo antes y después de derretir la nieve en los tres experimentos? ¿Cuál fue la diferencia promedio?
8. ¿Por qué cambio el volumen al derretirse el hielo?
9. ¿Cuál fue la relación entre la altura de la nieve y la del agua?
10. Utiliza la relación que descubriste en el paso 9 para calcular cuánta agua producirían 50 cm de esta nieve. Usa la siguiente ecuación como guía.

$$\frac{\text{altura medida de la nieve}}{\text{altura medida del agua}} = \frac{\text{50 cm de nieve}}{\text{? cm de agua}}$$

11. ¿Por qué es importante saber el contenido de agua en una nevada?

Profundizar

En realidad, el hielo rallado no es nieve. Investiga cuánta agua generaría la nieve de verdad. ¿Produce cada nevada la misma relación entre la altura de la nieve y la profundidad del agua?

Experimentos

Lo que el viento se llevó

Los pilotos del Aeropuerto de Salga Volando necesitan tu ayuda immediata. Anoche, un relámpago destruyó la manga veleta naranja. Esta manga veleta ayudaba a los pilotos a medir la dirección del viento. Pero ahora el viento se la llevó y un avión necesita aterrizar. El piloto debe conocer la dirección del viento y cuenta con que tú construyas un dispositivo de medición.

Materiales

- plato de papel
- compás
- regla métrica
- transportador
- ficha
- tijeras
- engrapadora
- popote de plástico rígido
- lápiz afilado
- chincheta o tachuela
- brújula magnética
- roca pequeña

Haz una pregunta

1. ¿Cómo puedo medir la dirección del viento?

Realiza el experimento

2. Encuentra el centro del plato trazando alrededor de su borde con un compás. La punta del compás debe hacer un agujero en el centro del plato.
3. Con una regla traza una línea a través del centro del plato.
4. Con un transportador dibuja una segunda línea que pase por el centro del plato. Esta línea debe formar un ángulo de 90° con la línea que trazaste en el paso 3.
5. En el sentido de las manecillas del reloj, marca cada línea como *N, E, S* y *O.*
6. Usa un transportador para dibujar dos nuevas líneas que pasen por el centro del plato. Estas líneas deben formar un ángulo de 45° con las trazadas en los pasos 3 y 4.
7. En el sentido de las manecillas del reloj desde *N,* rotula estas líneas nuevas como *NE, SE, SO* y *NO*. El plato ahora se parece a la cara de una brújula magnética. Esta será la base de tu indicador de la dirección del viento. Te ayudará a leerla de un vistazo.

8. Mide y marca un cuadrado de 5 × 5 cm en una ficha. Recórtalo y dóblalo por la mitad para formar un triángulo.
9. Engrapa un extremo abierto del triángulo al popote, para que una punta del triángulo toque su punta.
10. Sujeta el lápiz en un ángulo de 90° en relación al popote. La goma de borrar debe tocar el punto de equilibrio del popote. Pasa una chincheta o tachuela a través del popote hasta perforar la goma. El popote debe girar sin caerse.
11. Busca un área apropiada en el exterior para medir la dirección del viento. No debe haber árboles ni edificios.
12. Pasa la punta afilada del lápiz por el centro del plato y clávalo en la tierra. Los rótulos de tu plato de papel deben mirar al cielo, como ves a continuación.
13. Usa la brújula para encontrar el norte magnético. Gira el plato de modo que la *N* del plato apunte al norte. Pon una piedra pequeña encima del plato para que no gire.
14. Observa el popote mientras gira. El triángulo apuntará en la dirección que sopla el viento.

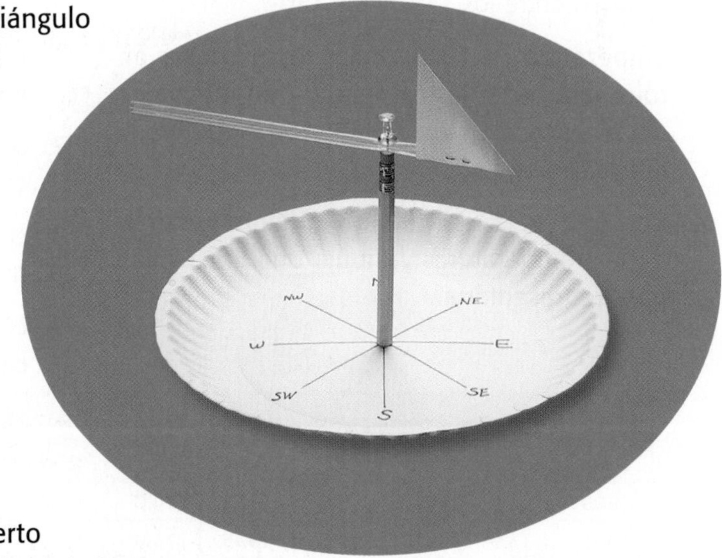

Analiza los resultados

15. ¿De qué dirección viene el viento?
16. ¿Hacia dónde sopla el viento?

Saca conclusiones

17. ¿Sería ésta una manera eficaz para los pilotos de medir la dirección del viento? ¿Por qué?
18. ¿Qué mejoras le sugerirías al Aeropuerto Salga Volando para calcular la dirección del viento con más exactitud?

Profundizar

Con esta herramienta mide y registra la dirección del viento durante varios días. ¿Qué cambios en la dirección del viento ocurren cuando se acerca un frente? ¿Y a medida que pasa?

Repasa la declinación magnética en el capítulo "Los mapas son modelos de la Tierra". ¿Cómo influiría la declinación magnética en el diseño de un instrumento para medir la dirección del viento?

Impacto global

Durante años los científicos han debatido el calentamiento global. ¿Está realmente aumentando la temperatura de la Tierra? Un factor importante en cualquier estudio científico es el tamaño de la muestra. En esta actividad, observarás un cuadro para determinar si la información indica una tendencia. Asegúrate de fijarte en cuánto parecen cambiar las tendencias al analizar los diferentes grupos de datos.

Materiales

- 4 lápices de colores
- regla métrica

Procedimiento

1. Observa la tabla a continuación. Muestra las temperaturas globales promedio de los últimos 100 años.
2. Dibuja una gráfica en tu cuaderno de ciencias. Denomina el eje horizontal "Tiempo" y marca la trama en intervalos de 5 años. Llama al eje vertical "Temperatura (°C)", con valores que fluctúen entre los 13°C y los 15°C.
3. Empezando en 1900, utiliza los números en rojo para trazar la temperatura en intervalos de 20 años. Conecta los puntos mediante líneas rectas.
4. Con una regla, calcula la pendiente general de las temperaturas y dibuja una línea roja para representarla.
5. Con colores diferentes, traza en la gráfica las temperaturas a intervalos de 10 y de 5 años. Conecta cada grupo de puntos y dibuja la pendiente promedio para cada grupo.

Análisis

6. Examina tu gráfica una vez completada y explica alguna tendencia que observes en la información. ¿Hubo un aumento o una disminución de la temperatura promedio en los últimos 100 años?
7. ¿Qué diferencias y similitudes observaste en cada grupo de información de la gráfica?
8. ¿Qué conclusiones puedes sacar de la información que graficaste en esta actividad?
9. ¿Qué pasaría si tu gráfico hubiera sido marcado en intervalos de un año? ¡Inténtalo!

Temperaturas globales promedio

Año	°C	Año	°C	Año	°C	Año	°C	Año	°C	Año	°C
1900	**14.0**	1917	13.6	1934	14.0	1951	14.0	1968	13.9	**1985**	**14.1**
1901	13.9	1918	13.6	**1935**	**13.9**	1952	14.0	1969	14.0	1986	14.2
1902	13.8	1919	13.8	1936	14.0	1953	14.1	**1970**	**14.0**	1987	14.3
1903	13.6	**1920**	**13.8**	1937	14.1	1954	13.9	1971	13.9	1988	14.4
1904	13.5	1921	13.9	1938	14.1	**1955**	**13.9**	1972	13.9	1989	14.2
1905	**13.7**	1922	13.9	1939	14.0	1956	13.8	1973	14.2	**1990**	**14.5**
1906	13.8	1923	13.8	**1940**	**14.1**	1957	14.1	1974	13.9	1991	14.4
1907	13.6	1924	13.8	1941	14.1	1958	14.1	**1975**	**14.0**	1992	14.1
1908	13.7	**1925**	**13.8**	1942	14.1	1959	14.0	1976	13.8	1993	14.2
1909	13.7	1926	14.1	1943	14.0	**1960**	**14.0**	1977	14.2	1994	14.3
1910	**13.7**	1927	14.0	1944	14.1	1961	14.1	1978	14.1	**1995**	**14.5**
1911	13.7	1928	14.0	**1945**	**14.0**	1962	14.0	1979	14.1	1996	14.4
1912	13.7	1929	13.8	1946	14.0	1963	14.0	**1980**	**14.3**	1997	14.4
1913	13.8	**1930**	**13.9**	1947	14.1	1964	13.7	1981	14.4	1998	14.5
1914	14.0	1931	14.0	1948	14.0	**1965**	**13.8**	1982	14.1	1999	
1915	**14.0**	1932	14.0	1949	13.9	1966	13.9	1983	14.3	**2000**	
1916	13.8	1933	13.9	**1950**	**13.8**	1967	14.0	1984	14.1	2001	

Para los pájaros

Tú y un compañero o compañera tienen un negocio de construcción de pajareras. Pero sus primeros clientes les dicen que los pájaros no desean vivir en las pajareras que han construido. Quieren que se les devuelva su dinero a menos que puedan resolver el problema. ¡Necesitas encontrar una solución ahora mismo! Recuerdas haber leído un artículo sobre los microclimas en una revista de ciencias. Las ciudades se calientan porque el pavimento y los edificios absorben mucha radiación solar. ¡Quizá las pajareras son demasiado calientes! ¿Cómo se las puede mantener más frías? Decides investigar los techos, pues cambiar los techos sería mucho más fácil que construir nuevas casas. Para ayudar a tus clientes y a los pájaros, decides probar diferentes colores y materiales para el techo para ver cómo influyen en su capacidad de absorción de los rayos solares.

Tu compañero o compañera probará el color y tú los materiales. Luego compartirán sus resultados y harán una recomendación en conjunto.

Materiales

- 4 trozos de cartón
- témperas de color negro, blanco y celeste.
- 4 termómetros Celsius
- cronómetro o reloj
- madera beige o marrón claro
- goma beige o marrón

Parte 1: Prueba de color

Haz una pregunta

1. ¿Cuál sería la mejor elección de color para el techo de la pajarera?

Formula una hipótesis

2. En tu cuaderno de ciencias anota el color que creas que mantendrá la pajarera más fresca.

Comprueba la hipótesis

3. Pinta un pedazo de cartón negro, otro blanco y un tercero de color azul.
4. Una vez que se haya secado la pintura, lleva los tres pedazos de cartón afuera y coloca un termómetro en cada pedazo.
5. En un área donde no dé sombra, coloca cada pedazo de cartón a la misma altura de modo que todos reciban la misma cantidad de luz solar. Deja los tres pedazos al Sol durante 15 minutos.
6. Coloca un termómetro afuera a la sombra para medir la temperatura ambiente.

Experimentos

7. En tu cuaderno de ciencias, registra la lectura del termómetro en cada trozo de cartón. También registra la temperatura exterior.

Analiza los resultados

8. ¿Acaso los tres termómetros registraron la misma temperatura después de 15 minutos? Explica por qué.
9. ¿Las lecturas de temperatura en cada uno de los tres trozos de cartón fueron idénticas a las de la temperatura exterior? Explica por qué.

Saca conclusiones

10. ¿Cómo se comparan tus observaciones con tu hipótesis?

Parte dos: Prueba material

Haz una pregunta

11. ¿Qué material sería la mejor alternativa para el techo de una pajarera?

Formula una hipótesis

12. En tu cuaderno de ciencias, escribe qué material crees que mantendrá la pajarera más fría.

Comprueba la hipótesis

13. Lleva la goma, la madera y el cuarto trozo de cartón afuera y pon un termómetro en cada uno.
14. En un área sin sombra, coloca cada material a la misma altura de modo que reciban la misma cantidad de luz solar. Deja los materiales a la luz del Sol por 15 minutos.
15. Deja un cuarto termómetro afuera en la sombra para medir la temperatura del aire.
16. En el cuaderno de ciencias, anota la temperatura de cada material. También registra la temperatura exterior.

Analiza los resultados

17. ¿Registró cada uno de los termómetros en los tres materiales la misma temperatura a los 15 minutos? Explica por qué.

18. ¿Las lecturas de temperatura de la goma, la madera y cartón fueron idénticas a la de la temperatura exterior? Explica por qué.

Saca conclusiones

19. ¿Cómo se comparan tus observaciones con tu hipótesis?

Parte tres: Compartir información

Comunica los resultados

Después que tú y tu compañero o compañera hayan finalizado las investigaciones, compartan los resultados. Luego trabajen juntos para diseñar un nuevo techo.

20. ¿Qué material utilizarías para construir los techos de las pajareras? ¿Por qué?

21. ¿De qué color pintarías los techos nuevos? ¿Por qué?

Profundizar

Haz tres muestras de diferentes colores para cada uno de los tres materiales. Al medir las temperaturas de cada una, ¿cómo se comparan los colores para cada material? ¿Es un mismo color el mejor para los tres materiales? ¿Cómo se comparan tus resultados con tu conclusión de la "Parte tres" de esta actividad? ¿Qué es más importante, el color o el material?

El asunto del bioma

Has sido contratado como asistente de un botánico muy famoso. Entre tus tareas está la recopilación de muestras de vegetación para estudiar los efectos de la actividad humana en las diferentes especies vegetales. Lamentablemente, te contrataron en el último minuto y nadie te ha explicado el plan para mañana. Te han entregado climatógrafos para tres biomas. Un *climatógrafo* es una gráfica que muestra los patrones de temperatura y precipitación de un área por el período de un año. Cada climatógrafo tiene dos ejes. El eje derecho indica la temperatura del bioma y el izquierdo indica la precipitación. Puedes utilizar la información de las gráficas para determinar el tipo de clima en cada bioma. También tienes un mapa general de los biomas, pero no hay nada marcado. Con esta información, debes determinar cómo será el medio ambiente para poder prepararte.

En esta actividad, utilizarás los climatógrafos y mapas para determinar a dónde viajarás. Puedes encontrar las ubicaciones exactas calcando los mapas generales y uniéndolos a la Figura 10 en el capítulo del clima. ¡Mucha suerte!

Bioma A

Procedimiento

1. Observa cada climatógrafo. Las áreas sombreadas muestran la precipitación promedio del bioma. La línea roja muestra la temperatura promedio.
2. Utiliza los climatógrafos para determinar los patrones climáticos para cada bioma. Compara los mapas con el mapa general en la Figura 10 para encontrar la ubicación exacta de cada región.

Análisis

3. Describe los patrones de precipitación de cada bioma contestando a las siguientes preguntas:
   a. ¿Cuándo llueve más en este bioma?
   b. ¿Crees que el bioma es seco o lluvioso?
4. Describe los patrones de temperatura de cada bioma contestando a las siguientes preguntas:
   a. ¿Cuáles son los meses más calurosos del año?
   b. ¿Tiene ciclos de temperatura, como las estaciones, o tiene la misma temperatura casi siempre?
   c. ¿Es caliente o frío? Explica por qué.
5. Nombra cada bioma.
6. ¿Dónde se ubica cada uno?

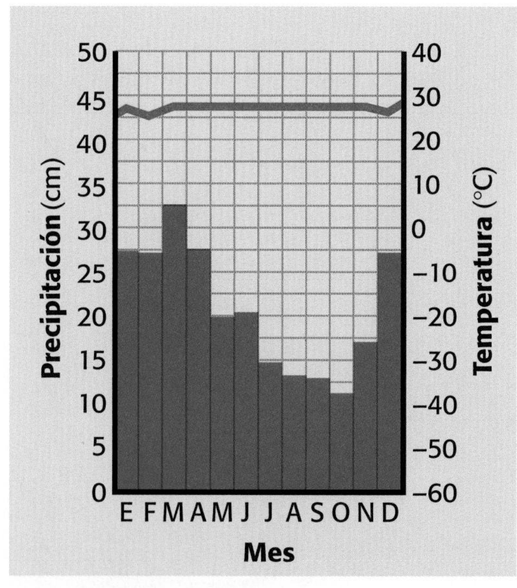

Bioma B

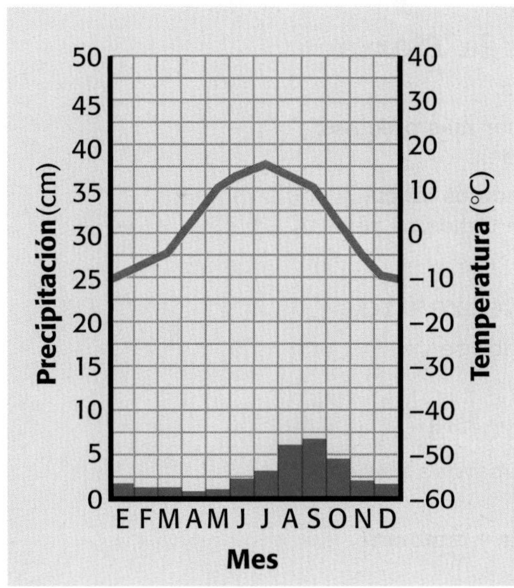

Bioma C

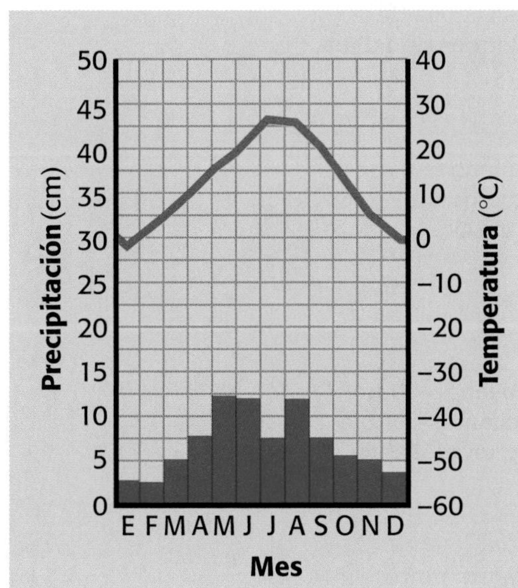

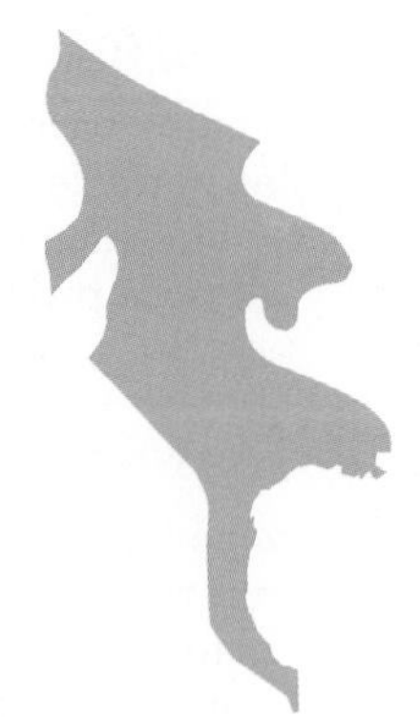

Experimentos

Profundizar

En una caja de cartón no más grande que una caja de zapatos, construye un modelo de uno o más biomas que hayas investigado. Incluye los elementos para representar el bioma, como las plantas y animales que habitan en la zona. Utiliza revistas, fotografías, lápices de colores, figuras plásticas, arcilla o lo que tu quieras. ¡Sé creativo!

Autoevaluación: Respuestas

Capítulo 2: Los mapas como modelos de la Tierra

Página 36: La Tierra rota alrededor de los polos geográficos.

Página 42: Las mediciones en un globo terráqueo pueden ser más precisas; en una mapa mundial habría una gran cantidad de distorsiones.

Página 47: Si las líneas están más unidas, el área representada es empinada. Si las líneas están más separadas, el área representada tiene una pendiente gradual o es plana.

Capítulo 3 : Los minerales y la corteza terrestre

Página 69: Estos minerales se forman en donde el agua salada se ha evaporado.

Capítulo 4: Las rocas: mezclas de minerales

Página 88: Las rocas de la Figura 10 aparecen en orden de mayor a menor velocidad de enfriamiento: basalto, riolita, gabro y granito.

Página 96: Una roca puede entrar en contacto con el magma y también estar sujeta a la presión subterránea.

Capítulo 5: Recursos energéticos

Página 123: Ambos dispositivos atrapan la energía de los saltos de agua.

Capítulo 6: Tectónica de placas

Página 153: Cuando ocurre el plegamiento, las capas de roca sedimentaria se doblan pero no se quiebran. Cuando aparecen las fallas, las capas de roca sedimentaria se quiebran a lo largo de una falla y los bloques de falla a cada lado de la falla se acercan relativamente.

Capítulo 7: Terremotos

Página 169: El movimiento convergente crea fallas inversas, mientras que el divergente crea fallas normales. El movimiento convergente produce terremotos profundos y violentos mientras que el divergente produce terremotos débiles y de poca profundidad.

Página 176: 120

Capítulo 8: Volcanes

Página 201: 1. La roca sólida se puede convertir en magma cuando libera presión, cuando la temperatura excede el punto de fusión o cuando cambia su composición. 2. El magma se forma en la corteza inferior y en el manto superior, de 25 a 160 km de profundidad.

Capítulo 9: Calor y tecnología térmica

Página 227: Dos substancias pueden tener la misma temperatura pero diferentes cantidades de energía térmica. A diferencia de la energía térmica, la temperatura no depende de la masa. Una pequeña cantidad de una substancia a una temperatura determinada tendrá menos energía térmica que una mayor cantidad de substancia a la misma temperatura.

Página 229: El vapor puede provocar quemaduras más severas que el agua hirviendo porque el vapor contiene más energía por unidad de masa.

Capítulo 10: El flujo de agua dulce

Página 252: Si un río redujera su velocidad, el arrastre en suspensión se depositaría.

Página 256: Un río puede reducir su velocidad en una curva o en su desembocadura en una gran extensión de agua.

Página 260: La capa de roca impermeable de un acuífero atrapa el agua en la capa permeable inferior. Esto genera la presión que se requiere para formar un pozo artesiano.

Capítulo 11: Erosión y sedimentación

Página 277: Un ola grande tiene más energía erosiva que una pequeña porque las grandes liberan más energía al romperse.

Página 283: La raíces de las plantas mantienen el sedimento en su lugar. Las depresiones por deflación se forman en áreas con poca vegetación porque no hay nada que mantenga el sedimento en su lugar; el viento se lleva el sedimento.

Página 289: Cuando un glaciar en movimiento se traslada a mayor velocidad o sobre un punto elevado, se puede formar una grieta. Esto ocurre porque el hielo no puede estirarse rápidamente mientras se mueve y entonces se fisura.

Capítulo 12: Interacciones de los seres vivos

Página 311: Los seres humanos son omnívoros. Un omnívoro come plantas y animales. Los seres humanos pueden comer carne y vegetales, productos animales, como la leche y los huevos; y productos vegetales, como granos y frutas.

Página 312: Una cadena alimenticia representa el flujo de energía de un organismo a otro. Una red alimenticia muestra que existen muchas trayectorias de energía entre los organismos.

Página 317: 1. Si un área sólo tiene agua suficiente para 10 organismos, la llegada de más organismos podría provocar una situación en que algunos no podrían consumir agua y muchos tendrían que emigrar o morir. 2. Un tiempo que favorece el crecimiento del alimento para los venados permitirá al bosque dar cobijo a más venados.

Capítulo 13: Explorar los océanos

Página 333: Si América del Norte y América del Sur continúan trasladándose hacia el Oeste y Asia sigue trasladándose hacia el Este, a la larga los continentes chocarían al otro lado de la Tierra.

Página 341: Los desgarres tectónicos se forman al separarse dos placas tectónicas; las trincheras oceánicas se forman cuando una placa oceánica se ve forzada a deslizarse bajo una placa continental u otra placa oceánica.

Capítulo 14: El movimiento del agua de los océanos

Página 367: Como Heyerdaal viajaba de Perú a una isla de la Polinesia ubicada al Oeste, habría notado que el viento soplaba desde el Este.

Capítulo 15: La atmósfera

Página 396: A medida que escalas una montaña, el aire se vuelve menos denso ya que existen menos moléculas que puedan absorber el calor. Así que aunque el aire frío es generalmente más denso que el caliente, éste se torna menos denso a mayor elevación.

Capítulo 16: Entender el tiempo

Página 425: La evaporación ocurre cuando el agua líquida se transforma en vapor de agua y retorna al aire. La humedad es la cantidad de vapor de agua que hay en el aire.

Capítulo 17: El clima

Página 456: El verano en Australia coincide con nuestros meses de invierno, de diciembre a febrero.

Página 462: Debido a la sequedad, el suelo desértico no tiene mucha materia orgánica que lo fertilice. Sin este fertilizante natural, las cosechas no podrían crecer.

Página 470: La órbita elíptica de la Tierra genera una mayor diferencia entre las estaciones. Cuando la órbita de la Tierra es más elíptica, los veranos suelen ser más calurosos porque la Tierra está más cerca del Sol y recibe más radiación solar. Sin embargo, los inviernos son más fríos porque la Tierra está más lejos del Sol y recibe menos radiación solar.

CONTENIDO

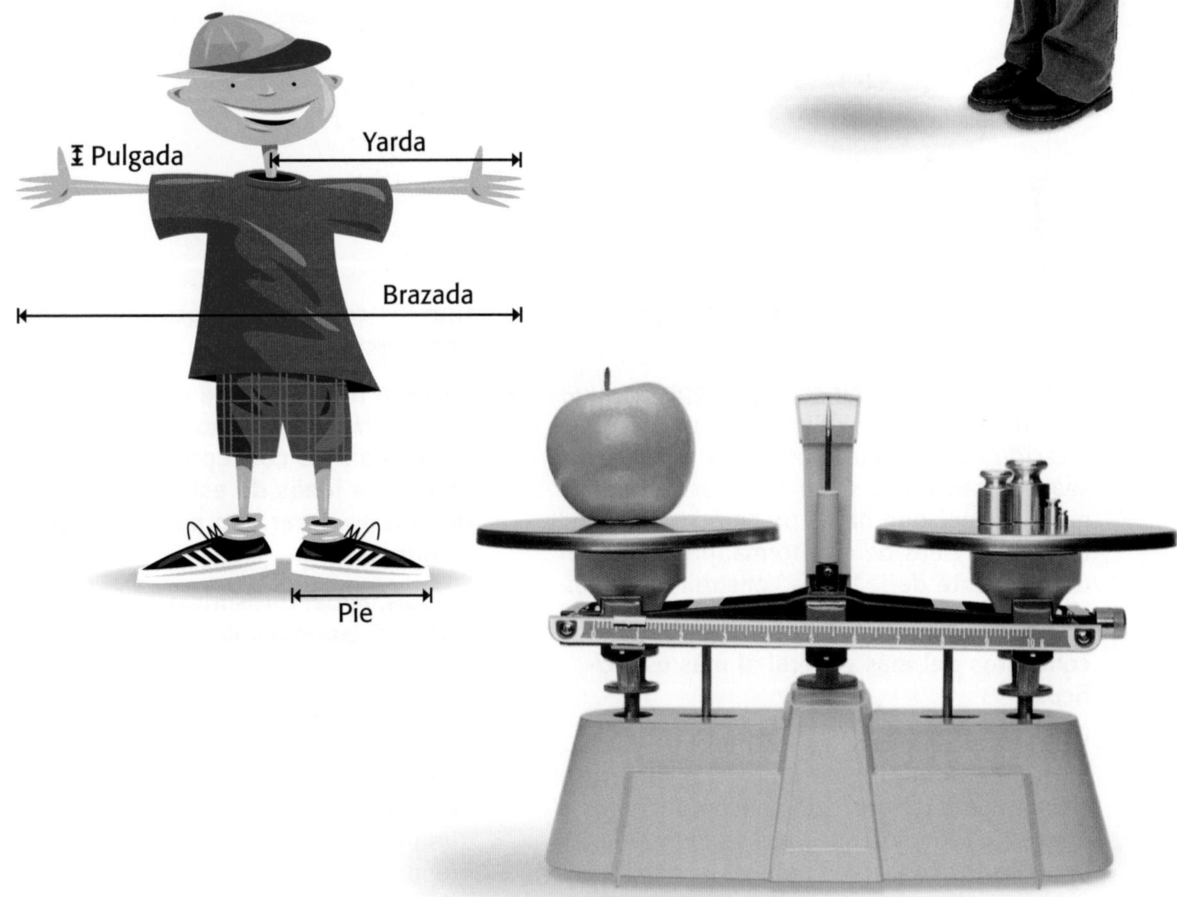

Organizar conceptos: una forma de relacionar ideas

¿Qué es un mapa de ideas?

¿Alguna vez has tratado de contarle a alguien un libro o un capítulo que acabas de leer y te diste cuenta de que sólo puedes recordar unas palabras o ideas aisladas? O quizá has memorizado unos datos para una prueba y semanas después ni siquiera recuerdas los temas de que se trataban.

En ambos casos, puede que hayas entendido las ideas o los conceptos por sí solos, pero no los relacionaste. Si pudieras unir las ideas de alguna manera, podrías entenderlas mejor y recordarlas por más tiempo. Un mapa de ideas te permite hacer esto. Es una manera de ver cómo las ideas o los conceptos se unen. Te ofrecen una "visión global."

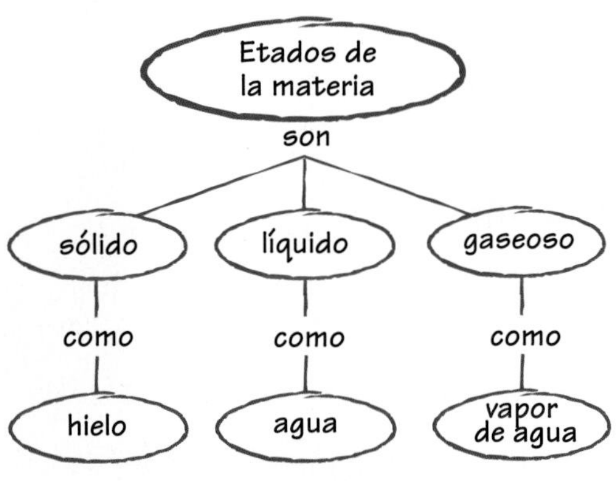

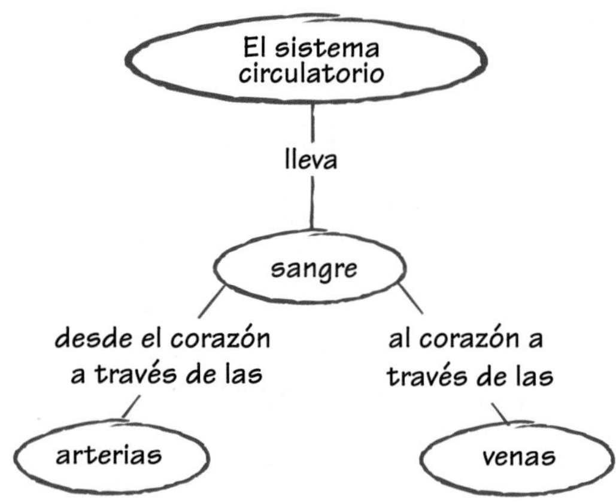

Como hacer un mapa de ideas

1 Haz una lista de las ideas o conceptos principales.

Podría ser útil escribir cada concepto en una hoja de papel aparte. Esto facilitará la reorganización de los conceptos tantas veces como sea necesario para saber cómo se relacionan. Una vez que hayas preparado algunos mapas de ideas de esta forma, puedes pasar directamente de la lista a construir el mapa.

2 Separa las hojas de papel y organiza los conceptos del más general al más específico.

Pon el concepto más general encima y enciérralo en un círculo. Debes preguntarte, "¿Cómo se relaciona este concepto con los demás?" A medida que veas las relaciones, organiza los conceptos del más general al más específico.

3 Une los conceptos relacionados con una línea recta.

4 En cada línea, escribe un verbo o una frase corta para demostrar cómo se relacionan los conceptos. Observa los mapas de ideas de esta página y luego intenta preparar uno para los siguientes términos:

plantas, agua, fotosíntesis, dióxido de carbono, energía solar

Se da una respuesta posible a la derecha, pero no la veas hasta que intentes preparar tu propio mapa.

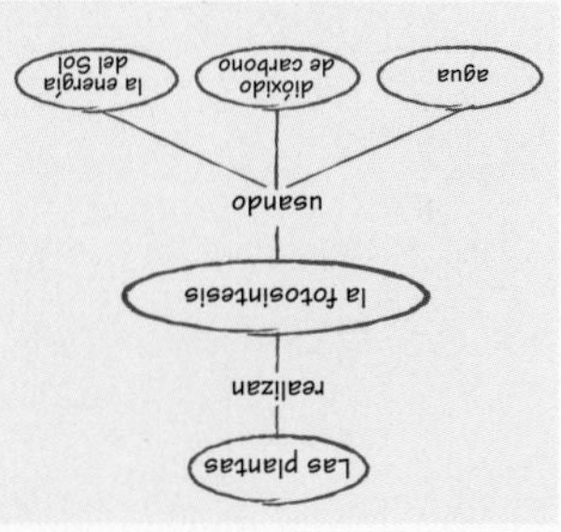

Sistema Internacional de Unidades

El Sistema Internacional de Unidades, o SI, es el sistema de medidas estándar para muchos científicos. El uso de las mismas medidas estándares facilita la comunicación entre ellos.

El SI funciona mediante la combinación de prefijos y unidades básicas. Cada unidad básica puede ser utilizada con distintos prefijos para definir mayor y menor cantidad. La siguiente tabla enumera los prefijos más comunes del SI.

Prefijos SI

Prefijo	Abreviatura	Factor	Ejemplo
kilo-	k	1,000	kilogramo, 1kg = 1,000 g
hecto-	h	100	hectolitro, 1 hL = 100 L
deca-	da	10	decámetro, 1 dam = 10m
		1	metro, litro
deci-	d	0.1	decigramo, 1 dg = 0.1 g
centi-	c	0.01	centímetro, 1 cm = 0.01 m
mili-	m	0.001	mililitro, 1 mL = 0.001 L
micro-	µ	0.000001	micrómetro, 1 µm = 0.000 001 m

Tabla de conversión SI

Unidades del SI	Del SI al Sistema Inglés	Del Sistema Inglés al SI
Longitud		
kilómetro (km) = 1,000 m	1 km = 0.621 mi	1 mi = 1.609 km
metro (m) = 100 cm	1 m = 3.281 pies	1 pie = 0.305 m
centímetro (cm) = 0.01 m	1 cm = 0.394 pulgadas	1 pulgada = 2.540 cm
milímetro (mm) = 0.001 m	1 mm = 0.039 pulgadas	
micrómetro (µm) = 0.000 001 m		
nanómetro (nm) = 0.000 000 001 m		
Área		
kilómetro cuadrado (km^2) = 100 hectáreas	1 km^2 = 0.386 mi^2	1 mi^2 = 2.590 km^2
hectárea (ha) = 10,000 m^2	1 ha = 2.471 acres	1 acre = 0.405 ha
metro cuadrado (m^2) = 10,000 cm^2	1 m^2 = 10.765 $pies^2$	1 pie^2 = 0.093 m^2
centímetro cuadrado (cm^2) = 100 mm^2	1 cm^2 = 0.155 $pulgadas^2$	1 $pulgada^2$ = 6.452 cm^2
Volumen		
litro (L) = 1,000 mL = 1 dm^3	1L = 1.057 fl qt	1 fl qt = 0.946 L
mililitro (mL) = 0.001 L = 1 cm^3	1 mL = 0.034 fl oz	1 fl oz = 29.575 mL
microlitro (µL) = 0.000 001 L		
Masa		
kilogramo (kg) = 1,000 g	1 kg = 2.205 lb	1 lb = 0.454 kg
gramo (g) = 1,000 mg	1 g = 0.035 oz	1 oz = 28.349 g
miligramo (mg) = 0.001 g		
microgramo (µg) = 0.000 001 g		

Escalas de temperatura

La temperatura se puede expresar con tres escalas distintas: Fahrenheit, Celsius y Kelvin. La unidad SI para medir la temperatura es el kelvin (K). A pesar de que 0 K es más frío que 0°C, un cambio de 1 K equivale a un cambio de 1°C.

Tres escalas de temperatura

	Fahrenheit	Celsius	Kelvin
Agua hirviendo	212°	100°	373
Temperatura del cuerpo	98.6°	37°	310
Temperatura ambiente	68°	20°	293
Agua se congela	32°	0°	273

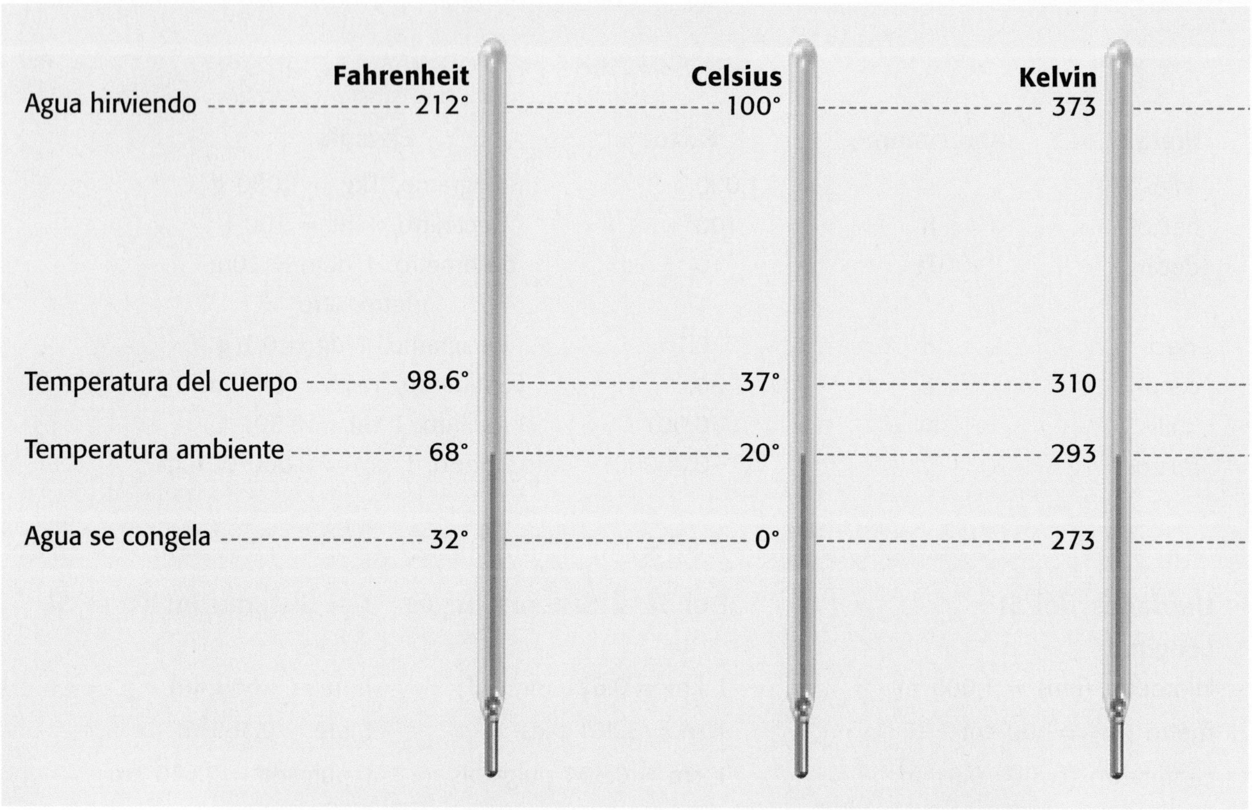

Tabla de conversión de temperaturas

Para convertir	Utiliza esta ecuación:	Ejemplo
Celsius a Fahrenheit °C ⟶ °F	$°F = \left(\frac{9}{5} \times °C\right) + 32$	Convertir 45°C a °F $°F = \left(\frac{9}{5} \times 45°C\right) + 32 = 113°F$
Fahrenheit a Celsius °F ⟶ °C	$°C = \frac{5}{9} \times (°F - 32)$	Convertir 68°F a °C $°C = \frac{5}{9} \times (68°F - 32) = 20°C$
Celsius a Kelvin °C ⟶ K	$K = °C + 273$	Convertir 45°C a K $K = 45°C + 273 = 318\ K$
Kelvin a Celsius K ⟶ °C	$°C = K - 273$	Convertir 32 K a °C $°C = 32\ K - 273 = -241°C$

Técnicas de medición

Cómo usar un cilindro graduado

Cuando utilizas un cilindro graduado para medir el volumen, debes tener en cuenta los siguientes procedimientos:

1. Asegúrate de que el cilindro esté sobre una superficie plana y nivelada.
2. Mueve la cabeza de modo que tus ojos estén al mismo nivel que la superficie del líquido.
3. Lee la marca que se encuentra cerca del nivel del líquido. En los cilindros de vidrio, lee la marca más cercana al centro de la curva.

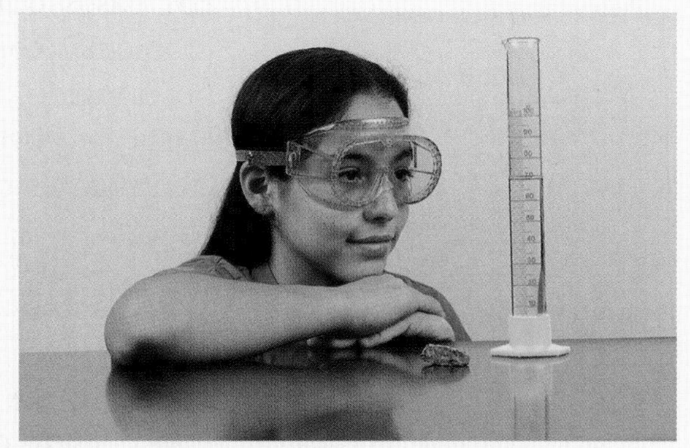

Cómo usar una vara o regla métrica

Al usar una vara o regla métrica, debes tener en cuenta los siguientes procedimientos:

1. Coloca la regla contra el objeto que deseas medir.
2. Debes alinear un borde del objeto con el cero del extremo de la regla.
3. Observa el otro borde del objeto para ver qué marca de la regla está más cerca de este borde. **Nota:** Cada línea entre los centímetros representa un milímetro, que es un décimo de centímetro.

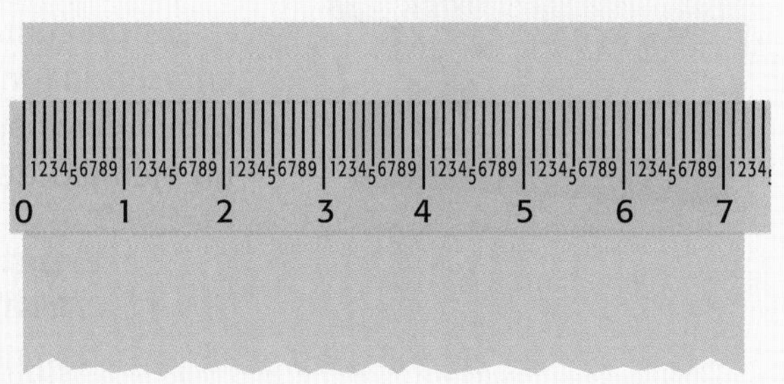

Cómo utilizar una balanza de triple tablón

Al usar una balanza de triple tablón debes tener en cuenta los siguientes procedimientos:

1. Asegúrate de que la balanza esté sobre una superficie plana y nivelada.
2. Coloca todas las contramasas en cero. Ajusta la perilla de balance hasta que la manecilla indique cero.
3. Coloca el objeto que quieres medir sobre el recipiente. **Cuidado:** No pongas objetos calientes o substancias químicas directamente sobre el recipiente de la balanza.
4. Mueve la contramasa más grande a lo largo del tablón hasta que alcance la última hendidura sin inclinar la balanza. Sigue el mismo procedimiento con la siguiente contramasa.
5. Luego, mueve la contramasa más pequeña hasta alcanzar el cero. Suma las lecturas obtenidas de los tres tablones para determinar la masa del objeto.
6. Al determinar la masa de cristales o polvos, debes utilizar un pedazo de papel de filtro. Primero, mide la masa del papel. Luego, agrega los cristales o el polvo sobre el papel y mide la masa nuevamente. La masa real de los cristales o el polvo es la masa total menos la masa del papel. Para encontrar la masa de líquidos, primero mide la masa de sus recipientes vacíos. Luego, mide la masa del líquido y el recipiente. La masa real del líquido es la masa total menos la masa del papel.

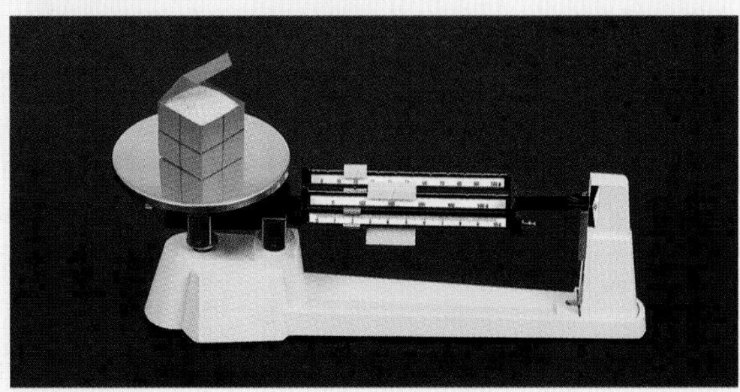

Método científico

Los pasos que se siguen para responder preguntas y resolver problemas constituyen el **método científico.** El método científico no es rígido. Se pueden seguir todos los pasos o sólo algunos. Hasta se pueden repetir algunos pasos. La meta del método científico es obtener respuestas y soluciones confiables.

Los seis pasos del método científico

Hacer una pregunta

1 Hacer una pregunta Las buenas preguntas son el producto de observaciones **cuidadosas.** Las observaciones se realizan al utilizar los sentidos para recopilar información. A veces puedes usar instrumentos, como microscopios y telescopios, para extender el alcance de tus sentidos. A medida que observas el mundo natural, descubrirás que tienes más preguntas que respuestas. Estas preguntas son el motor que impulsa el método científico.

Las preguntas *qué, por qué, cómo* y *cuándo* son importantes al enfocar una investigación y muchas veces llevan a una hipótesis. (Aprenderás acerca de las hipótesis en el próximo paso.) Aquí tienes un ejemplo de una pregunta que podría llevar a una investigación.

Pregunta: ¿Cómo afecta la precipitación ácida al crecimiento de las plantas?

Formular una hipótesis

2 Formular una hipótesis Después de hacer una pregunta, debes convertirla en una **hipótesis.** Una hipótesis es una afirmación clara de lo que tú crees que puede ser la respuesta a tu pregunta. Tu hipótesis representa tu mejor conjetura considerando tus observaciones y los conocimientos de que dispones. Una buena hipótesis debe poderse comprobar. Si no se pueden recopilar observaciones e información, o si no se puede diseñar un experimento para comprobar la hipótesis, ésta no es comprobable y no se puede continuar con la investigación.

He aquí una hipótesis que pudo haber derivado de la pregunta: "¿Cómo afecta la precipitación ácida al crecimiento de las plantas?"

Hipótesis: La precipitación ácida provoca el crecimiento lento de las plantas.

La hipótesis da información que conduce a distintos métodos de comprobación y también puede dar lugar a predicciones. Una **predicción** es lo que tú crees que resultará de tu experimento o recopilación de información. Generalmente se expresan en el formato: "Si..., entonces...". Por ejemplo: **Si** se deja la carne a temperatura ambiente, **entonces** se pudrirá más rápido que la que se guarda en el refrigerador. Es posible hacer más de una predicción para cada hipótesis. A continuación se presenta un ejemplo de predicción para la hipótesis que afirma que la precipitación ácida provoca el crecimiento lento de las plantas.

Predicción: Si una planta se riega solamente con precipitación ácida (que tiene un pH de 4), crecerá a la mitad de su velocidad normal.

3 **Comprobar la hipótesis** Una vez que hayas formulado una hipótesis y una predicción, debes comprobar tu hipótesis. Hay varias maneras de hacerlo. Quizá la más conocida sea la realización de un **experimento controlado.** En un experimento controlado se prueba un solo factor a la vez. Un experimento controlado consta de un **grupo de control** y uno o más **grupos experimentales.** Todos los factores de los grupos (control y experimental) son iguales con excepción de uno, llamado la **variable.** Al cambiar sólo un factor (la variable), se pueden ver los resultados sólo de ese cambio.

A menudo, la naturaleza de una investigación hace imposible un experimento controlado. Por ejemplo, los dinosaurios se extinguieron hace millones de años y el núcleo terrestre está cubierto de miles de metros de roca. Sería difícil, si no imposible, realizar experimentos controlados sobre este tipo de asuntos. En estas circunstancias, una hipótesis se puede comprobar mediante observaciones detalladas. Tomar medidas es una forma de hacer observaciones.

Comprobar la hipótesis

4 **Analizar los resultados** Cuando hayas finalizado tus experimentos y observaciones y recopilado tus datos, analiza toda la información reunida. A menudo se utilizan tablas y gráficas en este paso para organizar los datos.

Analizar los resultados

5 **Sacar conclusiones** Basándote en el análisis de tus datos, debes concluir si los resultados corroboran tu hipótesis. Si tu hipótesis se ve corroborada, es posible que tú (u otras personas) quieran repetir las observaciones o experimentos para verificar los resultados obtenidos. Si los datos no corroboran tu hipótesis, es posible que tengas que revisar si tu procedimiento tenía errores. Es probable que tengas que rechazar tu hipótesis y formular otra. Si no puedes llegar a una conclusión a partir de tus resultados, quizá tengas que realizar la investigación nuevamente o llevar a cabo otras observaciones o experimentos.

Sacar conclusiones

¿Corroboran tu hipótesis?

No

Sí

6 **Comunicar los resultados** Después de cualquier investigación científica, comunica los resultados. En un informe escrito u oral, puedes comunicar a los demás lo que has aprendido. Quizá ellos quieran repetir tu investigación para ver si obtienen los mismos resultados. Es posible que tu informe lleve a otra pregunta, que a su vez podría llevar a otra investigación.

Comunicar los resultados

El método científico en acción

El método científico no es una sucesión continua de pasos. Hay pasos que se pueden repetir una y otra vez, y otros pueden no ser necesarios. A menudo, los científicos descubren que al comprobar una hipótesis surgen nuevas preguntas e hipótesis que deben ser comprobadas. Otras veces, la comprobación de una hipótesis puede llevar directamente a una conclusión. Además, los pasos del método científico no siempre se siguen en el mismo orden. Sigue los pasos del siguiente diagrama y observa todos los trayectos que puede presentar el método científico.

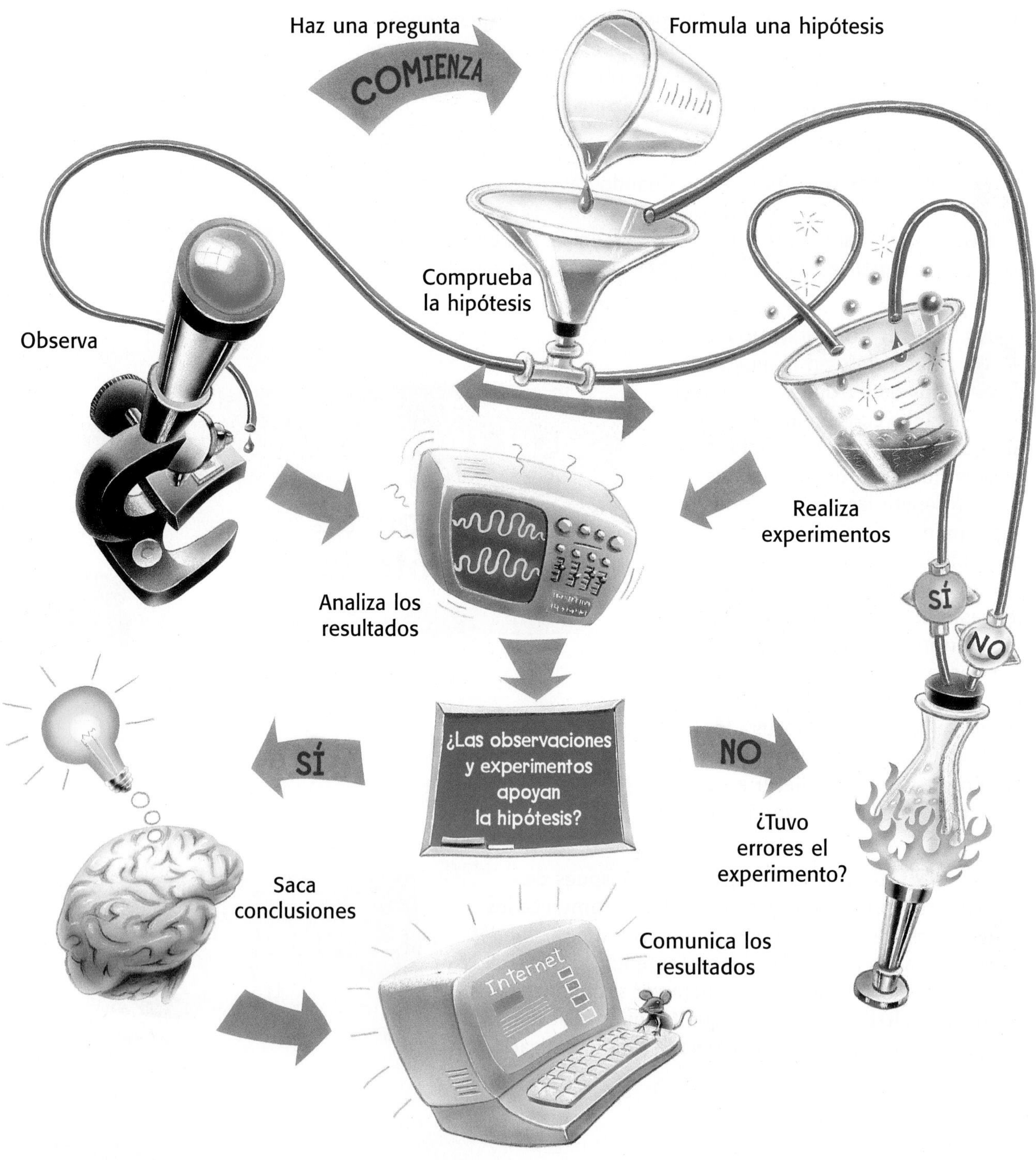

Hacer tablas y gráficas

Diagramas circulares

Un diagrama circular muestra cómo cada grupo de datos se relaciona con la totalidad. Cada parte del círculo representa una categoría de datos. El círculo entero representa todos los datos. Por ejemplo, un biólogo estudia un bosque de árboles de madera dura en Wisconsin y descubre cinco tipos de árboles diferentes. La tabla de datos de la derecha resume sus observaciones.

Árboles de madera dura de Wisconsin

Tipo de árbol	Cantidad encontrada
Roble	600
Arce	750
Haya	300
Abedul	1,200
Nogal americano	150
Total	3,000

Cómo hacer un diagrama circular

1. Para construir un diagrama circular con estos datos, primero debes encontrar el porcentaje de cada tipo de árbol. Para hacer esto, divide el número de árboles individuales entre el número total y multiplica por 100.

$$\frac{\text{600 robles}}{\text{3,000 árboles}} \times 100 = 20\%$$

$$\frac{\text{750 arces}}{\text{3,000 árboles}} \times 100 = 25\%$$

$$\frac{\text{300 hayas}}{\text{3,000 árboles}} \times 100 = 10\%$$

$$\frac{\text{1,200 abedules}}{\text{3,000 árboles}} \times 100 = 40\%$$

$$\frac{\text{600 nogales americanos}}{\text{3,000 árboles}} \times 100 = 5\%$$

2. Ahora, determina el tamaño de los círculos que constituyen el diagrama. Esto se puede lograr multiplicando cada porcentaje por 360°. Recuerda que un círculo tiene 360°.

$20\% \times 360° = 72°$ $\quad 25\% \times 360° = 90°$

$10\% \times 360° = 36°$ $\quad 40\% \times 360° = 144°$

$5\% \times 360° = 18°$

3. Luego, revisa que la suma de los porcentajes sea 100 y que la suma de los grados sea 360.

$20\% + 25\% + 10\% + 40\% + 5\% = 100\%$

$72° + 90° + 36° + 144° + 18° = 360°$

4. Con un compás, dibuja un círculo y marca el centro.

5. Luego, utiliza un transportador para dibujar los ángulos de 72°, 92°, 36°, 144° y 18° en el círculo.

6. Finalmente, rotula cada parte del diagrama y elige un título apropiado.

Una comunidad de árboles de madera dura de Wisconsin

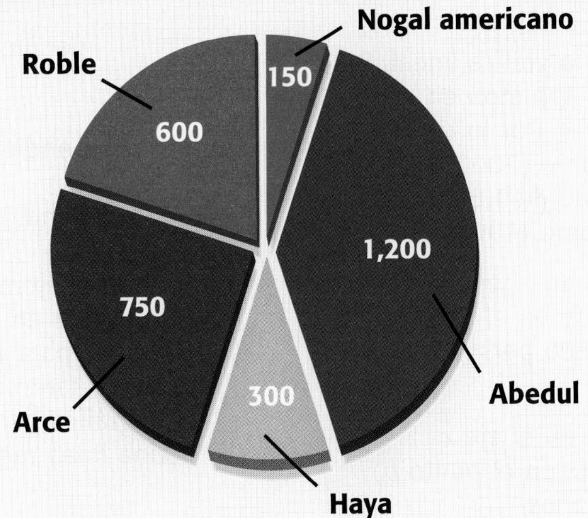

Gráfica lineal

La población de Appleton, 1900 a 2000	
Año	**Población**
1900	1,800
1920	2,500
1940	3,200
1960	3,900
1980	4,600
2000	5,300

Las gráficas lineales se usan generalmente para representar un cambio continuo. Por ejemplo, la clase de ciencias del Sr. Gómez analizó los registros de población para su ciudad, Appleton, entre 1900 y 2000. Examina los datos de la izquierda.

El año y la población son las *variables* ya que ambas cambian. La población está determinada por el año o depende de él. Así, la población es la **variable dependiente** y el año la **variable independiente.** Cada conjunto de datos se denomina **par de datos.** Para preparar una gráfica lineal, primero se deben organizar los pares de datos en una tabla similar a la de la izquierda.

Cómo hacer una gráfica lineal

1. Coloca la variable independiente a lo largo del eje (*x*) horizontal. Coloca la variable dependiente a lo largo del eje (*y*) vertical.
2. Rotula el eje *x* "Año" y el eje *y* "Población" Observa los valores más altos y más bajos de la población. Determina una escala para el eje *y* que provea el espacio suficiente para colocar estos valores. Debes usar la misma escala a lo largo de todo el eje. También debes encontrar una escala apropiada para el eje *x*.
3. Elige puntos de inicio razonables para cada eje.
4. Traza los pares de datos de la forma más precisa posible.
5. Elige un título que represente los datos en forma precisa.

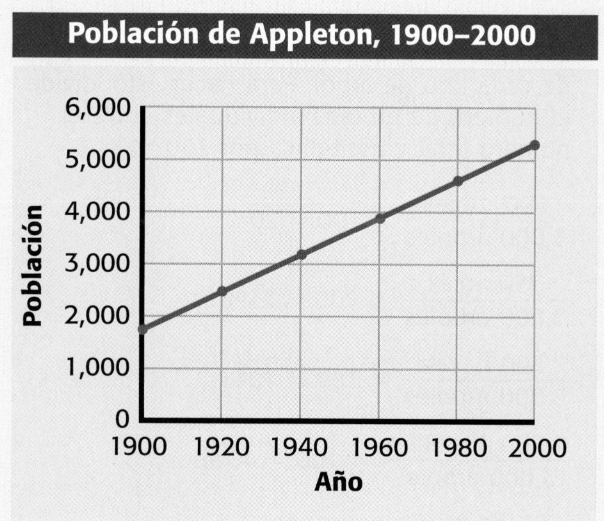

Cómo se determina la pendiente

La pendiente es la relación entre el cambio en el eje *y* el cambio en el eje *x*, o la "elevación sobre el curso".

1. Elige dos puntos en la gráfica lineal. Por ejemplo, la población de Appleton en el año 2000 fue de 5,300 personas. Por lo tanto, puedes definir el punto *a* como (2000, 5,300). En 1900, la población fue de 1,800 personas. Define el punto *b* como (1900, 1,800).
2. Encuentra el cambio en el eje *y*.
(*y* en el punto *a*) − (*y* en el punto *b*)
5,300 personas − 1,800 personas = 3,500 personas.
3. Encuentra el cambio en el eje *x*.
(*x* en el punto *a*) − (*x* en el punto *b*)
2000 − 1900 = 100 años
4. Calcula la pendiente de la gráfica dividiendo el cambio en *y* entre el cambio en *x*.

$$\text{pendiente} = \frac{\text{cambio en } y}{\text{cambio en } x}$$

$$\text{pendiente} = \frac{3{,}500 \text{ personas}}{100 \text{ años}}$$

$$\text{pendiente} = 35 \text{ personas por año.}$$

En este ejemplo, la población de Appleton aumenta en una cantidad fija cada año. La gráfica para estos datos es una línea recta. Por lo tanto, la relación es **lineal.** Cuando la gráfica para un conjunto de datos no es una línea recta, la relación **no es lineal.**

Cómo usar el álgebra para determinar la pendiente

La ecuación del paso 4 también se puede organizar así:

$$y = kx$$

en donde y representa el cambio en el eje y, k representa la pendiente y x representa el cambio en el eje x.

$$\text{pendiente} = \frac{\text{cambio en } y}{\text{cambio en } x}$$

$$k = \frac{y}{x}$$

$$k \times x = \frac{y \times x}{x}$$

$$kx = y$$

Gráfica de barras

Las gráficas de barras se utilizan para demostrar cambios que no son continuos. Dichas gráficas se pueden utilizar para representar tendencias cuando los datos han sido recopilados durante largos períodos de tiempo. Un meteorólogo recopiló los registros de precipitación que aparecen a la derecha para Hartford, Connecticut, entre el 1 y el 15 de abril de 1996 y utilizó una gráfica de barras para representar los datos.

Precipitación en Hartford, Connecticut, del 1 al 15 de abril de 1996

Fecha	Precipitación (cm)	Fecha	Precipitación (cm)
1 de abril	0.5	9 de abril	0.25
2 de abril	1.25	10 de abril	0.0
3 de abril	0.0	11 de abril	1.0
4 de abril	0.0	12 de abril	0.0
5 de abril	0.0	13 de abril	0.25
6 de abril	0.0	14 de abril	0.0
7 de abril	0.0	15 de abril	6.50
8 de abril	1.75		

Cómo hacer una gráfica de barras

1. Utiliza una escala apropiada y un punto de inicio razonable para cada eje.
2. Rotula los ejes y traza los datos.
3. Elige un título que represente los datos en forma precisa.

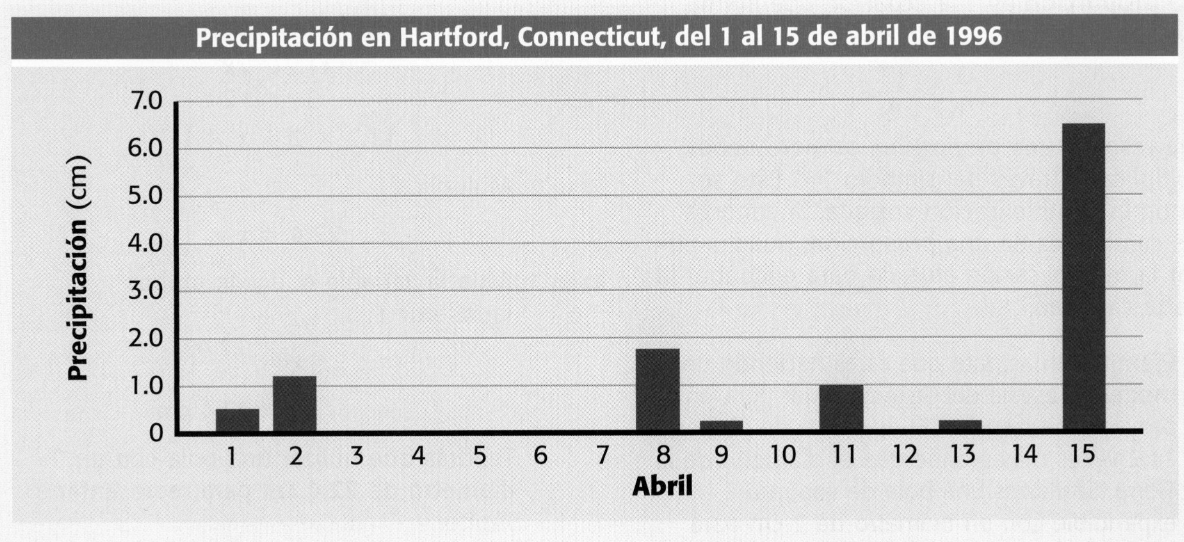

Repaso de matemáticas

Las ciencias requieren el conocimiento de muchos conceptos de matemáticas. Las siguientes páginas te ayudarán a repasar algunas técnicas matemáticas.

Promedios

El **promedio,** o la **media,** reduce una lista de números a una sola cifra que *aproxima* su valor.

Ejemplo: Encuentra el promedio del siguiente conjunto de números: 5, 4, 7, 8.

Paso 1: Encuentra la suma.

$$5 + 4 + 7 + 8 = 24$$

Paso 2: Divide la suma entre la cantidad de números en el conjunto. Debido a que existen cuatro números en este ejemplo, divide la suma entre 4.

$$\frac{24}{4} = 6$$

El promedio, o la media, es **6.**

Relaciones

Una **relación** es una comparación entre números y generalmente está escrita como fracción.

Ejemplo: Encuentra la relación que existe entre termómetros y estudiantes, si hay 36 termómetros y 48 estudiantes en tu clase.

Paso 1: Haz una relación.

$$\frac{36 \text{ termómetros}}{48 \text{ estudiantes}}$$

Paso 2: Reduce la fracción a su forma más simple.

$$\frac{36}{48} = \frac{36 \div 12}{48 \div 12} = \frac{3}{4}$$

La relación de termómetros en función de los estudiantes es de **3 a 4,** o $\frac{3}{4}$. La relación también se puede expresar como 3:4.

Proporciones

Una **proporción** es una ecuación que afirma que dos relaciones son iguales.

$$\frac{3}{1} = \frac{12}{4}$$

Para resolver una proporción, primero debes multiplicar a través del símbolo "=". Esto se denomina multiplicación cruzada. Si conoces tres cantidades en una proporción, puedes utilizar la multiplicación cruzada para encontrar la cuarta cantidad.

Ejemplo: Imagínate que estás haciendo un modelo a escala del Sistema Solar para un proyecto de ciencias. El diámetro de Júpiter es 11.2 veces más grande que el diámetro de la Tierra. Si utilizas una bola de espuma expandible con un diámetro de 2 cm para representar la Tierra, ¿qué diámetro debe tener la bola que representa a Júpiter?

$$\frac{11.2}{1} = \frac{x}{2 \text{ cm}}$$

Paso 1: Multiplica en forma cruzada.

$$\frac{11.2}{1} \times \frac{x}{2}$$

$$11.2 \times 2 = x \times 1$$

Paso 2: Multiplica.

$$22.4 = x \times 1$$

Paso 3: Aísla la variable al dividir ambos lados por 1.

$$x = \frac{22.4}{1}$$

$$x = 22.4 \text{ cm}$$

Tendrás que utilizar una bola con un diámetro de **22.4 cm** para representar a Júpiter.

Porcentajes

Un **porcentaje** es la relación entre un número determinado y 100.

Ejemplo: ¿Cuál es el 85 por ciento de 40?

Paso 1: Escribe el porcentaje nuevamente moviendo el decimal dos espacios a la izquierda.

.85

Paso 2: Multiplica el decimal por el número con el cual estás calculando el porcentaje.

$$0.85 \times 40 = 34$$

El 85% de 40 es **34.**

Decimales

Para **sumar** o **restar decimales,** alinea los dígitos en forma vertical de modo que los decimales también estén alineados. Luego, suma o resta las columnas de derecha a izquierda, llevando o tomando prestados números si es necesario.

Ejemplo: Suma los siguientes números: 3.1415 y 2.96.

Paso 1: Alinea los dígitos en forma vertical de modo que los decimales también estén alineados.

$$\begin{array}{r} 3.1415 \\ +\ 2.96 \\ \hline \end{array}$$

Paso 2: Suma las columnas de derecha a izquierda, llevando números cuando sea necesario.

$$\begin{array}{r} {\scriptstyle 1\ 1} \\ 3.1415 \\ +\ 2.96 \\ \hline 6.1015 \end{array}$$

El total es **6.1015.**

Fracciones

Los números te indican cuántos; **las fracciones** te indican *qué parte de un todo.*

Ejemplo: El salón de clases tiene 24 plantas. Tu maestro o maestra te pide que coloques 5 en un lugar con sombra. ¿A qué fracción corresponde esta cifra?

Paso 1: Escribe una fracción con el número total de partes del todo como el denominador.

$$\frac{?}{24}$$

Paso 2: Escribe el número de partes del todo representadas como el numerador.

$$\frac{5}{24}$$

$\mathbf{\frac{5}{24}}$ de las plantas estarán en la sombra.

Reducir fracciones

Generalmente es mejor expresar una fracción en su forma más simple. Esto se denomina *reducción* de una fracción.

Ejemplo: Reduce la fracción $\frac{30}{45}$ a su forma más simple.

Paso 1: Encuentra el número entero más grande que puede dividir tanto al numerador como al denominador sin residuo. Este número se denomina el máximo factor común (MFC).

factores del numerador 30: 1, 2, 3, 5, 6, 10, 15, 30

factores del denominador 45: 1, 3, 5, 9, 15, 45

Paso 2: Divide tanto el numerador como el denominador entre el máximo factor común, que en este caso es 15.

$$\frac{30}{45} = \frac{30 \div 15}{45 \div 15} = \frac{2}{3}$$

$\frac{30}{45}$ reducida a su forma más simple es $\mathbf{\frac{2}{3}}$.

Sumar y restar fracciones

Para **sumar** o **restar fracciones** que tienen el **mismo denominador,** simplemente suma o resta los numeradores.

Ejemplos:

$$\frac{3}{5} + \frac{1}{5} = ? \text{ y } \frac{3}{4} - \frac{1}{4} = ?$$

Paso 1: Sumar o restar los numeradores.

$$\frac{3}{5} + \frac{1}{5} = \frac{4}{} \text{ y } \frac{3}{4} - \frac{1}{4} = \frac{2}{}$$

Paso 2: Escribe la suma o diferencia sobre el denominador.

$$\frac{3}{5} + \frac{1}{5} = \frac{4}{5} \text{ y } \frac{3}{4} - \frac{1}{4} = \frac{2}{4}$$

Paso 3: Si fuese necesario, reduce la fracción a su forma más simple.

$\mathbf{\frac{4}{5}}$ no se puede reducir y $\frac{2}{4} = \mathbf{\frac{1}{2}}$

Para **sumar** o **restar fracciones** que tienen **diferentes denominadores,** primero debes encontrar el denominador común.

Ejemplos:

$$\frac{1}{2} + \frac{1}{6} = ? \text{ y } \frac{3}{4} - \frac{2}{3} = ?$$

Paso 1: Escribe las fracciones equivalentes con un denominador común.

$$\frac{3}{6} + \frac{1}{6} = ? \text{ y } \frac{9}{12} - \frac{8}{12} = ?$$

Paso 2: Suma o resta.

$$\frac{3}{6} + \frac{1}{6} = \frac{4}{6} \text{ y } \frac{9}{12} - \frac{8}{12} = \frac{1}{12}$$

Paso 3: Si fuese necesario, reduce la fracción a su forma más simple.

$\frac{4}{6} = \mathbf{\frac{2}{3}}$, y $\mathbf{\frac{1}{12}}$ no se puede reducir.

Multiplicar fracciones

Para **multiplicar fracciones,** debes multiplicar los numeradores y los denominadores y luego reducir la fracción a su forma más simple.

Ejemplo:

$$\frac{5}{9} \times \frac{7}{10} = ?$$

Paso 1: Multiplica los numeradores y los denominadores.

$$\frac{5}{9} \times \frac{7}{10} = \frac{5 \times 7}{9 \times 10} = \frac{35}{90}$$

Paso 2: Reduce.

$$\frac{35}{90} = \frac{35 \div 5}{90 \div 5} = \mathbf{\frac{7}{18}}$$

Dividir fracciones

Para **dividir fracciones**, primero debes escribir nuevamente el divisor (el número con el cual *se divide*) en forma invertida. Esto se denomina el recíproco del divisor. Luego puedes multiplicar y reducir si fuese necesario.

Ejemplo:

$$\frac{5}{8} \div \frac{3}{2} = ?$$

Paso 1: Escribe el divisor nuevamente como su recíproco.

$$\frac{3}{2} \rightarrow \frac{2}{3}$$

Paso 2: Multiplica.

$$\frac{5}{8} \times \frac{2}{3} = \frac{5 \times 2}{8 \times 3} = \frac{10}{24}$$

Paso 3: Reduce.

$$\frac{10}{24} = \frac{10 \div 2}{24 \div 2} = \mathbf{\frac{5}{12}}$$

Notación científica

La **notación científica** es una forma abreviada de representar números muy grandes o muy pequeños sin necesidad de agregar todos los ceros.

Ejemplo: Escribe 653,000,000 en notación científica.

Paso 1: Escribe el número sin los ceros.

653

Paso 2: Coloca el decimal después del primer dígito.

6.53

Paso 3: Encuentra el exponente contando el número de espacios que tuviste que correr el decimal.

6.53000000

El decimal se corrió ocho espacios hacia la izquierda. Por lo tanto, el exponente de 10 es 8 positivo. Recuerda que si el decimal se hubiese corrido a la derecha, el exponente sería negativo.

Paso 4: Escribe el número en notación científica.

$\mathbf{6.53 \times 10^8}$

Área

El **área** es el número de unidades cuadradas que se requieren para cubrir la superficie de un objeto.

Fórmulas:

Cuadrado= lado × lado

Rectángulo = longitud × ancho

Triángulo= $\frac{1}{2}$ base × altura

Ejemplos: Encuentra las áreas.

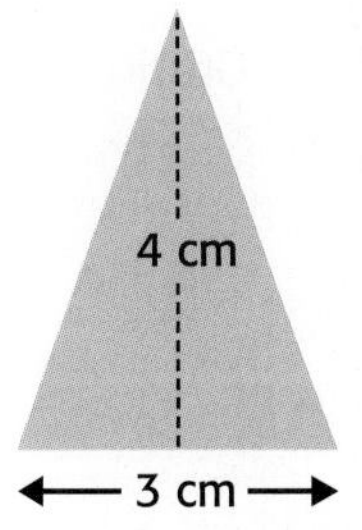

Triángulo

Área = $\frac{1}{2}$ × base × altura

Área = $\frac{1}{2}$ × 3 cm × 4 cm

Área = **6 cm^2**

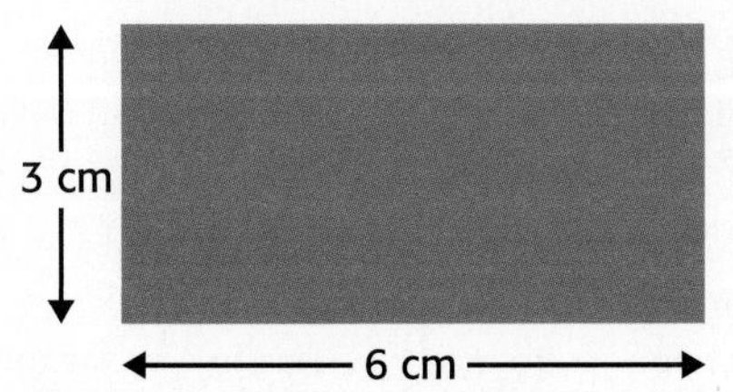

Rectángulo

Área = longitud × ancho

Área = 6 cm × 3 cm

Área = **18 cm^2**

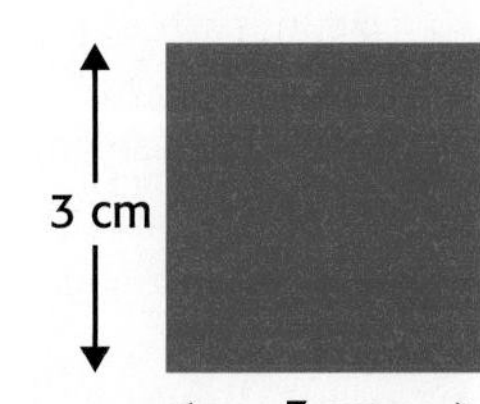

Cuadrado

Área = lado × lado

Área = 3 cm × 3 cm

Área = **9 cm^2**

Volumen

El **volumen** es la cantidad de espacio que ocupa un objeto.

Fórmulas:

Cubo =
lado × lado × lado

Prisma =
área de la base × altura

Ejemplos:
Encuentra el volumen de los sólidos.

Cubo

Volumen = lado × lado × lado

Volumen = 4 cm × 4 cm × 4 cm

Volumen = **64 cm^3**

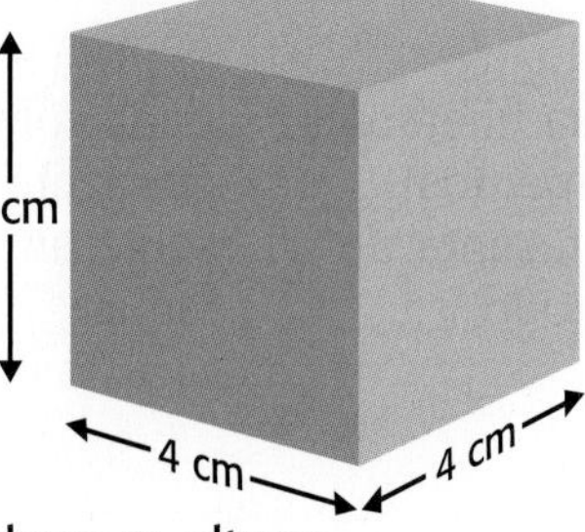

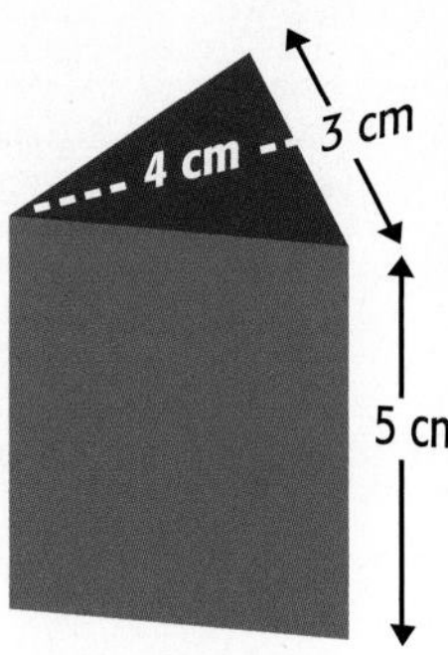

Prisma

Volumen = área de la base × altura

Volumen = (área de un triángulo) × altura

Volumen = $\left(\frac{1}{2} \times 3 \text{ cm} \times 4 \text{ cm}\right) \times 5 \text{ cm}$

Volumen = 6 cm^2 × 5 cm

Volumen= **30 cm^3**

APÉNDICE

Tabla periódica de los elementos

Cada cuadro de la tabla contiene el nombre del elemento y su símbolo químico, número atómico y masa atómica.

Número atómico — 6
Símbolo químico — C
Nombre del elemento — Carbono
Masa Atómica — 12.0

El color de fondo indica el tipo de elemento. El carbono es un no metal.

El color del símbolo químico indica el estado físico del elemento a temperatura ambiente. El carbono es un sólido.

Fondo
Metales
Metaloides
No metales

Símbolo químico
Sólido
Líquido
Gas

	Grupo 1	Grupo 2	Grupo 3	Grupo 4	Grupo 5	Grupo 6	Grupo 7	Grupo 8	Grupo 9
Período 1	1 H Hidrógeno 1.0								
Período 2	3 Li Litio 6.9	4 Be Berilio 9.0							
Período 3	11 Na Sodio 23.0	12 Mg Magnesio 24.3							
Período 4	19 K Potasio 39.1	20 Ca Calcio 40.1	21 Sc Escandio 45.0	22 Ti Titanio 47.9	23 V Vanadio 50.9	24 Cr Cromo 52.0	25 Mn Manganeso 54.9	26 Fe Hierro 55.8	27 Co Cobalto 58.9
Período 5	37 Rb Rubidio 85.5	38 Sr Estroncio 87.6	39 Y Itrio 88.9	40 Zr Circonio 91.2	41 Nb Niobio 92.9	42 Mo Molibdeno 95.9	43 Tc Tecnecio (97.9)	44 Ru Rutenio 101.1	45 Rh Rodio 102.9
Período 6	55 Cs Cesio 132.9	56 Ba Bario 137.3	57 La Lantano 138.9	72 Hf Hafnio 178.5	73 Ta Tántalo 180.9	74 W Wolframio 183.8	75 Re Renio 186.2	76 Os Osmio 190.2	77 Ir Iridio 192.2
Período 7	87 Fr Francio (223.0)	88 Ra Radio (226.0)	89 Ac Actinio (227.0)	104 Rf Ruterfordio (261.1)	105 Db Dubnio (262.1)	106 Sg Seaborgio (263.1)	107 Bh Bohrio (262.1)	108 Hs Hassio (265)	109 Mt Meitnerio (266)

Cada hilera de elementos representa un período.

Cada columna de elementos representa un grupo o familia.

Lantánidos	58 Ce Cerio 140.1	59 Pr Prosedimio 140.9	60 Nd Neodimio 144.2	61 Pm Promecio (144.9)	62 Sm Samario 150.4
Actínidos	90 Th Torio 232.0	91 Pa Protacnídio 231.0	92 U Uranio 238.0	93 Np Neptunio (237.0)	94 Pu Plutonio 244.1

Estos elementos se escriben debajo de la tabla para que ésta no se extienda.

Las líneas en zigzag nos recuerdan dónde se encuentran los metales, los no metales y los metaloides.

Grupo 10	Grupo 11	Grupo 12	Grupo 13	Grupo 14	Grupo 15	Grupo 16	Grupo17	Grupo 18
								2 **He** Helio 4.0
			5 **B** Boro 10.8	6 **C** Carbono 12.0	7 **N** Nitrógeno 14.0	8 **O** Oxígeno 16.0	9 **F** Flúor 19.0	10 **Ne** Neón 20.2
			13 **Al** Aluminio 27.0	14 **Si** Silicio 28.1	15 **P** Fósforo 31.0	16 **S** Azufre 32.1	17 **Cl** Cloro 35.5	18 **Ar** Argón 39.9
28 **Ni** Níquel 58.7	29 **Cu** Cobre 63.5	30 **Zn** Zinc 65.4	31 **Ga** Galio 69.7	32 **Ge** Germanio 72.6	33 **As** Arsénico 74.9	34 **Se** Selenio 79.0	35 **Br** Bromo 79.9	36 **Kr** Criptón 83.8
46 **Pd** Paladio 106.4	47 **Ag** Plata 107.9	48 **Cd** Cadmio 112.4	49 **In** Indio 114.8	50 **Sn** Estaño 118.7	51 **Sb** Antimonio 121.8	52 **Te** Telurio 127.6	53 **I** Yodo 126.9	54 **Xe** Xenón 131.3
78 **Pt** Platino 195.1	79 **Au** Oro 197.0	80 **Hg** Mercurio 200.6	81 **Tl** Talio 204.4	82 **Pb** Plomo 207.2	83 **Bi** Bismuto 209.0	84 **Po** Polonio (209.0)	85 **At** Astato (210.0)	86 **Rn** Radón (222.0)
110 **Uun** Ununnilium (271)	111 **Uuu** Unununium (272)	112 **Uub** Ununbium (277)						

Los nombres y símbolos de los elementos 110 – 112 son temporales. Están basados en el número atómico del elemento. Los nombres y los símbolos oficiales serán aprobados por un comité internacional de científicos.

63 **Eu** Europio 152.0	64 **Gd** Gadolíneo 157.3	65 **Tb** Terbio 158.9	66 **Dy** Disprosio 162.5	67 **Ho** Holmio 164.9	68 **Er** Erbio 167.3	69 **Tm** Tulio 168.9	70 **Yb** Iterbio 173.0	71 **Lu** Lutecio 175.0
95 **Am** Americio (243.1)	96 **Cm** Curio (247.1)	97 **Bk** Berkelio (247.1)	98 **Cf** Californio (251.1)	99 **Es** Einstenio (252.1)	100 **Fm** Fermio (257.1)	101 **Md** Mendelevio (258.1)	102 **No** Nobelio (259.1)	103 **Lr** Lawrencio (262.1)

El número en paréntesis es la masa del isótopo más estable del elemento.

Repaso de ciencias físicas

Átomos y elementos

Todos los objetos en el universo están compuestos de partículas de algún tipo de materia. La **materia** es todo lo que ocupa un espacio y tiene masa. Toda materia está compuesta de elementos. Un **elemento** es una substancia que no puede ser dividida en componentes más simples por medios químicos comunes. Esto se debe a que cada elemento sólo está compuesto de un tipo de átomo. Un **átomo** es la unidad más pequeña en la que se puede dividir un elemento sin que pierda sus propiedades.

Estructura atómica

Los atómos están compuestos de pequeñas partículas denominadas partículas subatómicas. Los tres tipos principales de partículas subatómicas son **electrones, protones** y **neutrones.** Los electrones tienen cargas eléctricas negativas mientras que los protones tienen cargas positivas y los neutrones no tienen carga eléctrica. Los protones y los neutrones se encuentran muy unidos para formar el **núcleo.** Los protones le dan al núcleo una carga positiva. Los electrones de un átomo se mueven en una región alrededor del núcleo conocida como **nube de electrones.** Los electrones de carga negativa son atraídos a los núcleos de carga positiva. Un atómo puede tener muchos niveles de energía en donde se pueden ubicar los electrones.

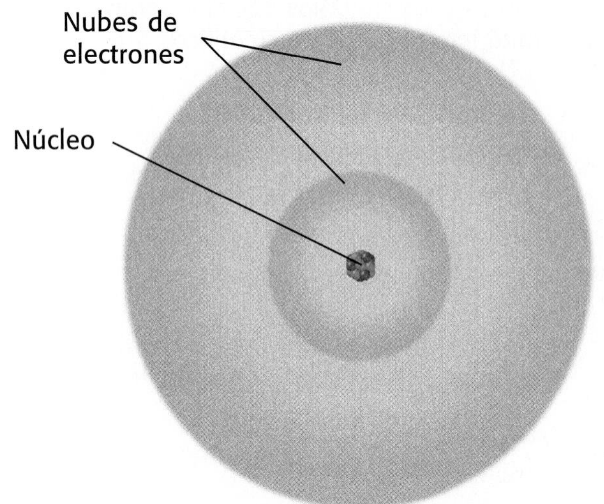

Número atómico

Para facilitar la identificación de los elementos, los científicos le han asignado un **número atómico** a cada tipo de átomo. El número atómico es equivalente al número de protones en un átomo. Los átomos que presentan el mismo número de protones son el mismo tipo de elemento. En un átomo no cargado, o neutro, existe un número equivalente de protones y electrones. Por lo tanto, el número atómico también equivale al número de electrones en un átomo no cargado. El número de neutrones, sin embargo, puede variar en un elemento determinado. Los átomos de un mismo elemento que tienen distintos números de neutrones se denominan **isótopos.**

Tabla periódica de los elementos

En la tabla periódica, los elementos están dispuestos de izquierda a derecha en orden de menor a mayor número atómico. Cada elemento en la tabla se encuentra en un cuadro separado. Cada elemento tiene uno o más electrones y uno o más protones que el elemento que se encuentra a su izquierda. Cada hilera horizontal de la tabla se denomina un **período.** Los cambios en las propiedades químicas a través de un período corresponden a los cambios en las disposiciones de los electrones de un elemento. Cada columna vertical de la tabla, llamada **grupo,** enumera los elementos con propiedades similares. Los elementos de un grupo tienen propiedades químicas similares porque tienen el mismo número de electrones en su nivel exterior de energía. Por ejemplo, los elementos helio, neón, argón, criptón, xenón y radón tienen propiedades similares y se conocen como gases nobles.

Moléculas y compuestos

Cuando los átomos de dos o más elementos se unen químicamente, la substancia resultante se denomina **compuesto.** Un compuesto es una substancia nueva con propiedades distintas a las de los elementos que lo componen. Por ejemplo, el agua (H_2O) es un compuesto que se forma cuando se unen los átomos de hidrógeno (H) y oxígeno (O). La unidad más pequeña de un compuesto que contiene todas sus propiedades se denomina **molécula.** Una fórmula química indica los elementos de un compuesto. También indica el número relativo de átomos de cada elemento presente. La fórmula química del agua es H_2O, lo cual indica que cada molécula de agua contiene dos elementos de hidrógeno y uno de oxígeno. El subíndice se usa después de un símbolo para indicar cuántos átomos de ese elemento se encuentran en una molécula del compuesto.

Ácidos, bases y pH

Un ion es un atómo o grupo de átomos que tiene una carga eléctrica debido a la pérdida o ganancia de uno o más electrones. Cuando un ácido como el ácido hidroclórico (HC1), se mezcla con agua, se divide en iones. Un **ácido** es un compuesto que produce iones de hidrógeno (H^+) en el agua. Luego, los iones de hidrógeno se mezclan con una molécula de agua para formar un ion hidronio (H_3O^+). Una **base,** sin embargo, es una substancia que produce iones hidróxido (OH^-) en el agua.

Para determinar si una solución es ácida o básica, los científicos utilizan el pH. El **pH** es la medida de la concentración de iones hidronio en una solución. La escala de pH fluctúa entre 0 y 14. El punto medio, pH = 7, es neutral, es decir ni ácido ni básico. Los ácidos tiene un pH de menos 7, las bases tienen un pH mayor de 7. Mientras menor sea el número, más ácida es la solución. Mientras más elevado sea el número, más básica será la solución.

Ecuaciones químicas

Una reacción química ocurre cuando sucede un cambio químico. (En un cambio químico, se forman nuevas substancias con nuevas propiedades.) Una ecuación química es una manera útil de describir una reacción química por medio de fórmulas químicas. La ecuación indica las substancias que reaccionan y los productos que se forman. Por ejemplo, cuando el carbono y el oxígeno se mezclan forman dióxido de carbono. A continuación se presenta la ecuación de la reacción: $C + O_2 \rightarrow CO_2$.

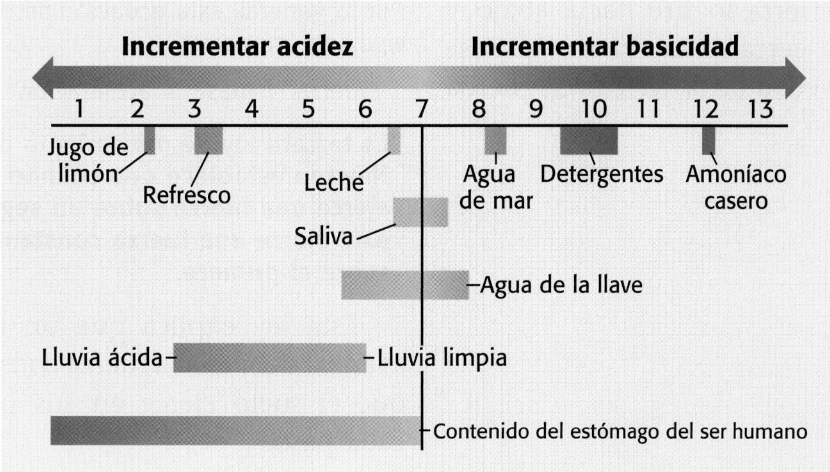

Leyes y ecuaciones físicas

Ley de la conservación de la energía

La ley de la conservación de la energía establece que la energía ni se crea ni se destruye.

La cantidad de energía en un sistema cerrado es siempre la misma. La energía puede cambiar de una forma a otra, pero los distintos átomos de energía en un sistema siempre corresponden a la misma cantidad de energía sin importar cuántas conversiones de energía hayan ocurrido.

Ley de la gravitación universal

La ley de la gravitación universal establece que todos los objetos del universo se atraen entre sí por la fuerza de la gravedad. La magnitud de la fuerza depende de la masa de los objetos y la distancia que existe entre ellos.

La primera parte de la ley explica por qué una bola de boliche es más difícil de levantar que una pelota de tenis de mesa. Como la bola de boliche tiene una masa mayor que la pelota de tenis de mesa, la cantidad de gravedad entre la Tierra y la bola es mayor que la cantidad de gravedad entre la Tierra y la pelota de tenis de mesa. La segunda parte de la ley explica por qué un satélite puede mantenerse en órbita alrededor de la Tierra. El satélite se coloca a una distancia suficientemente grande para evitar que la gravedad de la Tierra lo tire hacia abajo y suficientemente cerca para evitar que se escape de la gravedad de la Tierra y se pierda en el espacio.

Leyes del movimiento de Newton

La primera ley del movimiento de Newton establece que un objeto en reposo permanece en reposo, y un objeto en movimiento permanece en movimiento a una velocidad constante y en línea recta a menos que se aplique una fuerza sin equilibrio.

La primera parte de la ley explica por qué un balón de fútbol permanece sobre un árbol hasta que alguien lo baja o hasta que una ráfaga de viento lo tira. La segunda parte explica por qué un ciclista sale disparado hacia adelante al chocar contra la banqueta. Su bicicleta se para de manera abrupta, pero el ciclista sigue moviéndose, hasta que la gravedad y la banqueta lo detienen.

La segunda ley del movimiento de Newton establece que la aceleración de un objeto depende de la masa del objeto y la cantidad de fuerza aplicada.

La primera parte de la ley explica por qué la aceleración de una bola de boliche de 4 kg es mayor que la aceleración de una bola de boliche de 6 kg, si se aplica la misma fuerza a las dos. La segunda parte explica por qué la aceleración de una bola de boliche es mayor si se le aplica una fuerza mayor. La relación de aceleración (a), masa (m) y fuerza (F) se puede expresar matemáticamente con esta ecuación:

$$\text{aceleración} = \frac{fuerza}{masa} \qquad a = \frac{F}{m}$$

Por lo general, esta ecuación se organiza de la siguiente manera:

$$\text{fuerza} = \text{masa} \times \text{aceleración} \qquad F = m \times a$$

La tercera ley de movimiento de Newton Newton establece que cuando un objeto ejerce una fuerza sobre un segundo objeto, éste ejerce una fuerza constante y opuesta sobre el primero.

Esta ley explica que un corredor puede avanzar debido a la fuerza constante y opuesta que el suelo ejerce en sus pies después de cada paso.

Ecuaciones útiles

Velocidad promedio

$$\textbf{Velocidad promedio} = \frac{\textbf{distancia total}}{\textbf{tiempo total}}$$

Ejemplo: Un mensajero viaja una distancia de 136 km en 8 horas. ¿Cuál fue su velocidad promedio?

$$\frac{136 \text{ km}}{8 \text{ h}} = 17 \text{ km/h}$$

La velocidad promedio del mensajero fue de **17 km/h.**

Aceleración promedio

$$\textbf{Aceleración promedio} = \frac{\textbf{velocidad final} - \textbf{velocidad inicial}}{\textbf{el tiempo que tarda en cambiar de velocidad}}$$

Ejemplo: Calcula la aceleración promedio de un atleta olímpico de la carrera de 100 m, el cual alcanza un velocidad de 15m/s hacia el Sur. La carrera fue en línea recta y duró 10 segundos.

$$\frac{15 \text{ m/s} - 0 \text{ m/s}}{10 \text{ s}} = 1.5 \text{ m/s/s}$$

La aceleración promedio del atleta es de **1.5 m/s/s Sur.**

Fuerza neta

Fuerzas en la misma dirección

Cuando las fuerzas actúan en la misma dirección, suma las fuerzas para determinar la fuerza neta.

Ejemplo: Calcula la fuerza neta ejercida sobre un carro que está siendo empujado por dos personas. Una persona lo empuja con una fuerza de 13 N al Noreste y la otra persona lo empuja con una fuerza de 8 N en la misma dirección.

$$13 \text{ N} + 8 \text{ N} = 21 \text{ N}$$

La fuerza neta es **21 N Noreste.**

Fuerzas en direcciones opuestas

Cuando las fuerzas actúan en distintas direcciones, resta la fuerza mayor de la menor para determinar la fuerza neta.

Fuerza neta (continuación)

Ejemplo: Calcula la fuerza neta de una cuerda que está siendo tirada de cada extremo. Una persona tira de un extremo de la cuerda con una fuerza de 12 N Sur. Otra persona tira del otro extremo con una fuerza de 7 N Norte.

$$12 \text{ N} - 7 \text{ N} = 5 \text{ N}$$

La fuerza neta es de **5 N Sur.**

Densidad

$$\textbf{Densidad} = \frac{\textbf{Masa}}{\textbf{Volumen}}$$

Ejemplo: Calcula la densidad de una esponja con una masa de 10 g y un volumen de 40 mL.

$$\frac{10 \text{ g}}{40 \text{ mL}} = 0.25 \text{ g/mL}$$

La densidad de la esponja es de **0.25 g/mL.**

Presión

La presión es la fuerza que se ejerce en un área determinada. La unidad SI de presión es el pascal, que se abrevia Pa.

$$\textbf{Presión} = \frac{\textbf{Fuerza}}{\textbf{Área}}$$

Ejemplo: Calcula la presión del aire en una pelota de fútbol si el aire ejerce una fuerza de 10 N sobre una área de 0.5 m^2.

$$\text{Presión} = \frac{10 \text{ N}}{0.5 \text{ m}^2} = 20 \text{ N/m}^2 = 20 \text{ Pa}$$

La presión del aire dentro del balón de fútbol es de **20 Pa.**

Concentración

$$\textbf{Concentración} = \frac{\textbf{Masa del soluto}}{\textbf{Volumen del disolvente}}$$

Ejemplo: Calcula la concentración de una solución en donde se disuelven 10 g de azúcar en 125 mL de agua.

$$\frac{10 \text{ g de azúcar}}{125 \text{ mL de agua}} = 0.08 \text{ g/mL}$$

La concentración de la solución es **0.08 g/mL.**

Propiedades de minerales comunes

Mineral	Color	Brillo	Raya	Dureza
Silicatos				
Berilo	verde obscuro, rosado, blanco, verde-azul o amarillo claro	vítreo	ninguno	7.58
Clorita	verde	vítreo a nacarado	verde pálido	22.5
Granate	verde o rojo	vítreo	ninguno	6.5–7.5
Hornablenda (Anfíbol)	verde obscuro, café o negro	vítreo o sedoso	ninguno	56
Moscovita	incoloro, gris o café	vítreo o nacarado	blanco	22.5
Olivino	verde oliva	vítreo	ninguno	6.57
Ortoclasa	incoloro, blanco, rosado u otros colores	vítreo a nacarado	blanco o ninguno	6
Plagioclasa	azul grisáceo a blanco	vítreo	blanco	6
Cuarzo	incoloro o blanco; cualquier color cuando no es puro	vítreo o ceroso	blanco o ninguno	7
Minerales no silíceos				
Elementos naturales				
Cobre	rojo cobre	metálico	rojo cobre	2.53
Diamante	amarillo pálido o incoloro	vítreo	ninguno	10
Grafito	negro a gris	submetálico	negro	12
Carbonatos				
Aragonita	incoloro, blanco, o amarillo pálido	vítreo	blanco	3.5–4
Calcita	incoloro o blanco a bronceado	vítreo	blanco	3
Halogenuros				
Fluorita	verde claro, amarillo, morado, verde azulado u otros colores	vítreo	ninguno	4
Halita	incoloro o gris	vítreo	blanco	2.5–3
Óxidos				
Hematita	café rojizo a negro	metálico a térreo	rojo a café rojizo	5.6–6.5
Magnetita	hierro negro	metálico	negro	5–6
Sulfatos				
Anhídrido	incoloro, azuloso o violeta	vítreo a nacarado	blanco	3–3.5
Yeso	blanco, rosado, gris o incoloro	vítreo, nacarado, o sedoso	blanco	1–2.5
Sulfuro				
Galena	gris plomo	metálico	gris plomo a negro	2.5
Pirita	amarillo bronceado	metálico	verdoso, castaño, o negro	6–6.5

Densidad (g/cm³)	Clivaje, fractura, propiedades especiales	Usos comunes
2.6–2.8	1 dirección de clivaje; fractura irregular; hay variedades fluorescentes en luz UV	piedras preciosas, veta de berilio
2.6–3.3	1 dirección de clivaje; fractura irregular	
4.2	sin clivaje; fractura concoidal a astillosa	piedras preciosas, abrasivos
3.2	2 direcciones de clivaje; dentellado a astilloso fractura	
2.7–3	1 dirección de clivaje; fractura irregular	aislamiento eléctrico, material a prueba de incendios, lubricante
3.2–3.3	sin clivaje; fractura concoidal	piedras preciosas, réplicas
2.6	2 direcciones de clivaje; fractura irregular	porcelana
2.6–2.7	2 direcciones de clivaje; fractura irregular	cerámicas
2.6	sin clivaje; fractura concoidal	piedras preciosas, concreto, vidrio, porcelana, papel de lija, lentes
8.9	sin clivaje; fractura astillosa	alambres, latón, bronce, monedas
3.5	4 direcciones de clivaje; irregulares a fractura concoidal	piedras preciosas, perforación
2.3	1 dirección de clivaje; fractura irregular	lápices, pinturas, lubricantes, baterías
2.95	2 direcciones de clivaje; fractura irregular; reacciona con el ácido hidroclórico	fuente menor de bario
2.7	3 direcciones de clivaje; fractura irregular; reacciona con ácidos, doble refracción	cementos, mejorador del suelo, materiales de construcción
3.2	4 direcciones de clivaje; fractura irregular; hay variedades fluorescentes, doble refracción	ácido hidroclórico, acero, vidrio, fibra de vidrio, alfarería, esmalte
2.2	3 direcciones de clivaje; irregulares a fractura concoidal; gusto salado	curtido de pieles, fertilizante, saladura de carreteras con hielo
5.25	sin clivaje; fractura astillosa; magnético al ser calentado	mineral de hierro para acero, piedras preciosas, pigmentos
5.2	2 direcciones de clivaje; fractura irregular; magnético	mineral de hierro
2.89–2.98	3 direcciones de clivaje; concoidal a fractura astillosa	mejorador del suelo, ácido sulfúrico
2.2–2.4	3 direcciones de clivaje; concoidal a fractura astillosa	yeso, tabla prensada, mejorador del suelo
7.4–7.6	3 direcciones de clivaje; fractura irregular	baterías, pinturas
5	sin clivaje; fractura concoidal a astillosa	tintes, tintas, piedras preciosas

GLOSARIO

Glosario

A

abanico aluvial depósitos de aluvión en forma de abanico que se forman en la tierra seca (257)

abiótico conjunto de factores del medio ambiente que carecen de vida (306)

abrasión erosión y desgaste de las superficies de las rocas causado por otras rocas o partículas de arena (284)

acuífero capa rocosa que almacena y permite el flujo de agua subterránea (258)

afloramiento proceso en el cual el agua fría y llena de nutrientes de las profundidades del océano sube a la superficie y reemplaza el agua cálida, que ha sido arrastrada lejos de la costa por la acción del viento (373)

afluente corriente o río más pequeño que desemboca en uno más grande (250)

agua subterránea agua almacenada en cavernas o en el interior de rocas porosas bajo la superficie de la Tierra (258)

aislamiento substancia que reduce la transferencia de energía térmica (232)

aislante material que no es buen conductor de la energía térmica (222)

altitud altura de un objeto por encima de la superficie de la tierra (395)

altura de la ola distancia vertical entre la cresta de una ola y su seno (374)

alud movimiento súbito de una gran cantidad de material que se precipita cuesta abajo (295)

aluvión rocas y tierra depositadas por las corrientes de agua (255)

anemómetro aparato que se utiliza para medir la velocidad del viento (443)

anticlinal un pliegue en forma de taza que se forma en las capas de roca sedimentaria (152)

árboles de hoja caduca árboles con hojas que cambian de color en otoño y se caen en invierno (464)

árboles de hoja perenne árboles que conservan sus hojas durante todo el año (464)

arista línea irregular que se forma entre dos o más excavaciones naturales de la misma montaña (291)

arrastre movimiento muy lento de material cuesta abajo (297)

astenosfera capa parcialmente derretida del manto superior en la cual se mueven las placas tectónicas de la litosfera (138)

astronomía estudio de los objetos físicos que se encuentran más allá de la Tierra (9)

atmósfera mezcla de gases que rodea a un planeta como la Tierra (394)

átomo partícula más pequeña en la que se puede dividir un elemento sin perder ninguna de sus propiedades (61)

avalancha movimiento rápido cuesta abajo de una gran masa de roca o barro y tierra mezclada con una gran cantidad de agua (296)

B

barómetro instrumento que se usa para medir la presión del aire (443)

bentos conjunto de organismos que viven en el fondo del mar (344)

bioma región de grandes dimensiones caracterizada por un tipo de clima específico y ciertos tipos de comunidades animales y vegetales (460)

biomasa materia orgánica que contiene energía almacenada, como plantas, madera y desechos (124)

biosfera la parte de la Tierra en que existe la vida (309)

biótico factores del medio ambiente que poseen vida (306)

bloque de falla bloque de corteza terrestre a cada lado de una falla (153)

brecha sísmica área a lo largo de una falla donde han ocurrido relativamente pocos terremotos (176)

brillo manera en que la superficie de un mineral refleja la luz (64)

C

cabrilla ola blanca y espumosa con cresta alta, que rompe en el océano abierto antes de acercarse a la costa (377)

cadena alimenticia diagrama que representa el flujo de energía de las moléculas de alimento que pasa de un organismo a otro (312)

caída de rocas grupo de rocas que se desprenden y caen por una cuesta empinada (295)

caldera depresión circular que se forma cuando, al vaciarse una cámara de magma, la tierra que está sobre la misma se hunde (199)

calentamiento global un aumento en las temperaturas promedio mundiales (18, 402, 472)

calor transferencia de energía entre objetos que tienen temperaturas diferentes; la energía siempre se transfiere de los objetos de mayor a los de menor temperatura hasta que se alcanza el equilibrio térmico (219)

caloría cantidad de energía necesaria para elevar la temperatura de 1 gramo de agua en 1 °C; una caloría equivale a 4.184 joules (226)

calorímetro aparato que sirve para medir la capacidad de calentamiento de una substancia determinada (226)

cambio de estado conversión de la forma física de una substancia (229)

cambio físico cambio que afecta una o más propiedades físicas de una substancia; la mayoría de los cambios físicos son fácilmente reversibles (229)

cambio químico fenómeno que se produce cuando una o más substancias se transforman en substancias nuevas, con propiedades diferentes; no se puede revertir por medios físicos (230)

capacidad de carga población más grande que un medio ambiente dado puede mantener por un período largo de tiempo (317)

capacidad para calor específico la cantidad de energía que se necesita para cambiar la temperatura de 1 kg de una substancia en 1°C (224)

carbón combustible fósil sólido que se forma bajo la tierra a partir de la descomposición de material vegetal (112)

carnívoro que come animales (311)

carrera de marea la diferencia entre los niveles del agua del océano durante la marea alta y la marea baja (382)

carroñero animal que se alimenta de los cuerpos de animales muertos (311)

cauce la trayectoria de una corriente (251)

céfiros cinturones de viento que se encuentran en los hemisferios Norte y Sur entre 30 y 60 grados de latitud (407)

cero absoluto la temperatura más baja posible (0° K, -273° C) (217)

chimenea agujero o grieta de la corteza terrestre a través del cual sube el magma a la superficie (194)

ciclo del agua movimiento continuo de agua desde sus fuentes hacia el aire, la superficie y el interior de la tierra, hasta que regresa a las fuentes (248, 337, 424)

ciclo de las rocas proceso por el que una clase de roca se convierte en otra (82)

circo glaciar depresión de forma semicircular labrada por el hielo de los glaciares en las paredes de la montaña (291)

cirros nubes blancas y elevadas en forma de filamentos finos parecidos al plumón (429)

clima condiciones promedio del tiempo en un área determinada durante un período largo de tiempo (454)

clivaje tendencia de un mineral a romperse a lo largo de superficies planas (65)

coevolución cambios que tienen lugar a largo plazo en dos especies a causa de la interacción de la una con la otra (320)

combustible fósil recurso no renovable de energía que se forma a través de millones de años en el interior de la corteza terrestre, a partir de restos de organismos vivos (111)

combustión quemar combusible; específicamente, proceso por el cual el comustible se combina con oxígeno mediante una reacción química que produce energía térmica (234)

comensalismo relación simbiótica entre dos organismos en la que uno se beneficia sin afectar al otro (319)

competencia presencia de dos o más especies o individuos que tratan de usar los mismos recursos limitados (317)

compuesto substancia formada por dos o más elementos que se han unido o enlazado químicamente (61)

composición conjunto de minerales o elementos presentes en un tipo de roca (85)

compresión resultado de la acción de fuerzas opuestas sobre un material determinado (151)

comunidad conjunto de poblaciones de especies diferentes que viven e interactúan en un área determinada (308)

condensación cambio de estado de gas a líquido (337, 427)

condiciones atmosféricas extremas estado del tiempo que puede causar daños materiales e incluso la muerte de personas (436)

conducción transferencia de energía térmica de un material a otro por contacto directo; puede presentarse también dentro de una substancia (221)

conductor substancia que conduce bien la energía térmica (222)

cono volcánico volcán pequeño, de paredes abruptas, que se forma por erupciones moderadamente explosivas de material piroclástico (198)

consumidor organismo que obtiene su energía comiéndose a los productores o a otra clase de organismos (311)

contaminación de punto conocido contaminación que viene de una fuente en un área en particular (263)

contaminación sin fuente conocida contaminación que viene de muchas fuentes y cuyo origen no se puede relacionar con un punto específico (263, 354)

contaminación térmica calentamiento excesivo de una masa de agua (237)

contaminantes primarios contaminantes del aire provenientes de procesos de la naturaleza o la actividad de los seres humanos (411)

contaminantes secundarios contaminantes que se forman por reacciones químicas cuando los contaminantes primarios entran en contacto entre sí o con otras substancias naturales, como el vapor de agua (411)

convección transferencia de calor por la circulación o el movimiento de un líquido o un gas (222, 401)

corriente de convección movimiento circular de líquidos o gases ocasionado por diferencias en la densidad como resultado de diferencias de temperatura (222)

corriente litoral movimiento del agua cerca de la costa y paralelo a ella (279)

corriente profunda movimiento del agua del océano muy por debajo de la superficie (370)

corriente superficial movimiento de agua que ocurre en la superficie del océano o cerca de ella (367, 459)

corrientes en chorro cinturones angostos de vientos de alta velocidad que soplan en la tropósfera superior y en la estratosfera inferior (408)

corteza capa exterior delgada de la Tierra; capa superior de la litosfera (136)

cráter depresión en forma de embudo alrededor de la chimenea central de un volcán (199)

cresta punto más alto de una ola (374)

cresta divisoria área de tierras más altas que separa cuencas de drenaje (250)

cristal forma sólida y geométrica de un mineral producida por la distribución regular y periódica de los átomos que lo forman (61)

cuenca de drenaje terreno drenado por un sistema fluvial que incluye el río principal y sus afluentes (250)

cuenca profunda del océano porción de la superficie de la tierra que se encuentra bajo el océano y está formada por la corteza oceánica (340)

cúmulos nubes blancas y algodonosas con base plana (428)

curva de nivel indicador una línea de contorno más obscura y gruesa que generalmente se da cada quinta línea y está marcada por la elevación (47)

D

declinación magnética ángulo de corrección de la diferencia entre el norte geográfico y el norte magnético (36)

deflación eliminación de sedimentos finos como polvo y arena por la acción del viento (283)

deformación cambio en la forma de las rocas como consecuencia de presiones o fuerzas que éstas reciben (167)

delta depósito de aluvión en forma de abanico que forma un río al desembocar en un mar o un lago (256)

densidad cantidad de materia en un espacio dado; masa sobre unidad de volumen (66)

densidad relativa relación entre la densidad de un objeto y la del agua (66)

depredador animal que se come a otros animales (318)

deriva continental teoría que sostiene que los continentes pueden separarse uno de otro y que lo han hecho en el pasado (143)

deriva estratificada material rocoso que ha sido dividido y depositado en capas por el agua que fluye del hielo derretido de un glaciar (292)

deriva glacial material transportado y depositado por los glaciares (292)

desalinización evaporación del agua de mar para separar el agua de la sal (351))

descarga volumen de agua que transporta una corriente en un tiempo determinado (251)

descomponedor organismo que obtiene energía descomponiendo los restos de organismos muertos, y consumiendo y absorbiendo los nutrientes (311)

desgarre tectónico profunda fractura que se forma al separarse dos placas tectónicas (202, 341)

discontinuidad de Mohorovicic lugar del interior de la Tierra donde la velocidad de las ondas sísmicas aumenta bruscamente; marca el límite entre la corteza terrestre y el manto (181)

dorsal oceánica media cadena larga de montañas que se forma en el fondo del océano, donde se separan las placas tectónicas; usualmente se extiende a lo largo del centro de las cuencas oceánicas (145, 341)

duna montículo de arena acumulada por el viento (284)

dureza resistencia que opone un mineral a ser rayado por otro (66)

E

ecología estudio de las interacciones entre los organismos y su medio ambiente (306)

ecosistema comunidad de organismos y su medio ambiente (10, 308)

ecuador círculo imaginario situado a la misma distancia de los polos, que divide la Tierra en hemisferios Norte y Sur (37)

edad de hielo período en que el hielo se junta en latitudes altas y se mueve hacia las latitudes bajas (469)

efecto invernadero proceso natural de calentamiento de un planeta como la Tierra, que se produce cuando los gases de la atmósfera atrapan energía térmica (223, 402, 472)

elemento substancia pura que no puede separarse o dividirse en sustancias simples por procedimientos químicos comunes (60)

elevación la altura de un objeto sobre el nivel del mar; altura de los accidentes geográficos sobre el nivel del mar (46, 458)

elevación continental base del talud continental (340)

El Niño cambio periódico en la ubicación de las aguas superficiales cálidas y frías en el océano Pacífico ecuatorial (373)

energía eólica la energía del viento (122)

energía geotérmica energía producida por el calor de la corteza terrestre (125)

energía hidroeléctrica electricidad producida por caídas de agua (123)

energía nuclear forma de energía asociada con los cambios del núcleo de un átomo; constituye un recurso energético alternativo (118)

energía solar energía proveniente del Sol (119)

energía térmica totalidad de la energía cinética de las partículas que forman un objeto (220)

epicentro lugar de la superficie terrestre ubicado exactamente arriba del punto donde comienza un terremoto (172)

equilibrio térmico punto en el que dos objetos alcanzan la misma temperatura y no existe transferencia de energía térmica (220)

erosión remoción y traslado de materiales de la superficie del suelo provocados por el viento, el agua o el hielo (248)

esmog niebla fotoquímica producida por la reacción de la luz solar sobre los contaminantes en el aire (117)

esquistocidad textura de las rocas metamórficas en la que las partículas minerales están alineadas como las páginas de un libro (98)

estados de la materia formas físicas en las que puede existir una substancia (228)

estratos capas de roca sedimentaria que se forman a partir del depósito de sedimentos (91); también, nubes que se forman en capas (428)

estratificación superposición de las capas de roca sedimentaria (94)

estratosfera capa atmosférica que se encuentra por encima de la troposfera (397)

evaporación cambio de estado de líquido a vapor (337)

expansión aumento de volumen de una substancia debido al aumento en temperatura (216)

expansión de fondos marinos proceso por el que se forman nuevas cortezas oceánicas en las dorsales oceánicas medias a medida que las placas tectónicas se separan unas de otras (145)

F

factor limitante un recurso necesario que se encuentra en poca cantidad (316)

falla grieta en la corteza terrestre a lo largo de la cual se rompen y se deslizan los bloques por la acción de fuerzas tectónicas (153, 166)

falla de deslizamiento longitudinal falla en la que uno de los bloques de falla se mueve más allá del otro en forma horizontal (154)

falla inversa falla en que la pared colgante se mueve hacia arriba con respecto al muro de falla (153

falla normal falla en que la pared colgante se mueve hacia abajo en relación con la pared baja (153)

félsica rocas ígneas ligeras de color relativamente claro, ricas en silicio, aluminio, sodio y potasio (88)

foco sísmico punto del interior de la Tierra donde comienza un terremoto (172)

fotografía aérea fotografía tomada desde el aire (43)

fractura tendencia de un mineral a quebrarse a lo largo de superficies curvas o irregulares (65)

frente la línea divisoria que se forma entre dos masas diferentes de aire (434)

fuerza de Coriolis fuerza de desviación que se ejerce sobre objetos en movimiento, como corrientes oceánicas o vientos, ocasionada por la rotación de la Tierra (368, 405)

G

gas natural combustible fósil gaseoso (112)

gasohol mezcla de gasolina y alcohol que se utiliza como combustible (124)

gemas piedras preciosas de origen natural; cristales minerales raros que se valoran por su belleza y forma geométrica (71)

geología el estudio de la Tierra sólida (6)

glaciar masa enorme de hielo en movimiento (287)

gradiente medida del cambio en elevación sobre una distancia determinada (251)

grieta quebradura enorme que se forma donde un glaciar se acelera o fluye sobre una altura (289)

H

hábitat medio ambiente en el que un organismo vive (314)

herbívoro consumidor que come plantas (311)

hipótesis posible explicación o respuesta a una pregunta (14)

hipótesis de brecha expresa que las secciones de fallas activas que han tenido relativamente pocos terremotos van a ser probablemente los lugares donde ocurran terremotos fuertes en el futuro (176)

huésped organismo en el que vive un parásito (320)

humedad cantidad de vapor de agua o de condensación en el aire (425)

humedad relativa cantidad de humedad que contiene el aire comparada con la cantidad máxima que puede contener a una temperatura específica (425)

huracán sistema de tiempo tropical de grandes dimensiones en el que los vientos giran a velocidades de por lo menos 119 km/h (439)

I

intervalo de contorno diferencia en elevación entre una línea de contorno y la siguiente (47)

intrusiva tipo de roca ígnea que se forma cuando el magma se enfría y se solidifica bajo la superficie de la Tierra (89)

inversión magnética proceso por el cual los polos magnéticos del Norte y del Sur de la Tierra cambian de lugar (146)

isobaras líneas que conectan puntos que tienen igual presión atmosférica (445)

K

kilocaloría unidad de energía equivalente a 1,000 calorías; la kilocaloría también se denomina Caloría, que es la unidad de energía que se incluye en las etiquetas de los alimentos (226)

L

latitud distancia al norte o al sur del ecuador que se mide en grados (37, 455)

lava magma que fluye a la superficie de la Tierra (84, 194)

lavador aparato que se sujeta a las chimeneas para retirar algunos de los contaminantes más peligrosos y evitar que lleguen al aire (415)

límite convergente límite entre dos placas tectónicas en colisión (148)

límite divergente límite entre dos placas tectónicas que se separan (149)

líneas de contorno líneas que unen puntos de la misma elevación (46)

límite de transformación el límite entre dos placas tectónicas que se deslizan horizontalmente (149)

litosfera la capa externa rígida de la Tierra, que consta de la corteza y la capa superior del manto (138)

loess depósitos densos de sedimentos de grano fino arrastrados por el viento (286)

longitud distancia en grados al este o al oeste del primer meridiano (38)

longitud de onda distancia entre un punto determinado de una onda y el punto correspondiente que se encuentra en una onda adyacente, por ejemplo, la distancia comprendida entre dos crestas o valles adyacentes (374)

M

máficas rocas ígneas pesadas, de color relativamente obscuro, ricas en hierro, magnesio y calcio (88)

magma líquido caliente que se forma cuando las rocas se derriten total o parcialmente; puede contener cristales minerales (83, 194)

manga de viento instrumento que se usa para medir la dirección del viento (443)

manto capa de la Tierra situada entre la corteza y el núcleo (137)

mapa representación de la superficie de la Tierra (34)

mapa topográfico mapa que muestra los accidentes geográficos de la Tierra (46)

mareas movimientos diarios del agua del océano que cambian el nivel de la superficie (380)

mareas muertas mareas con rangos diarios mínimos que ocurren durante la luna creciente y la luna menguante (382)

mareas vivas mareas con rangos diarios máximos que ocurren durante la luna nueva y la luna llena (382)

marejada ascenso local del nivel del mar cerca de la costa causado por los vientos fuertes de una tormenta, por ejemplo, un huracán (379)

margen continental parte de la superficie de la Tierra bajo el océano formada por la corteza continental (340)

masa cantidad de materia de un objeto; su valor no cambia con la posición del objeto (24)

masa de aire gran masa de aire que tiene la misma temperatura y humedad en toda su extensión (432)

material piroclástico magma y fragmentos que los volcanes arrojan durante las erupciones explosivas (194)

medio ambiente bentónico el fondo del océano y todos los organismos que viven en él (345)

medio ambiente pelágico medio ambiente formado por el volumen total de agua del océano y los organismos que viven en ella; también se conoce como el medio ambiente marino (347)

mesosfera parte inferior y rígida del manto situada entre la astenosfera y el núcleo externo (139); también se llama así a la capa más fría de la atmósfera (398)

meteorología estudio de la atmósfera (8)

método científico serie de pasos que utilizan los científicos para responder preguntas y resolver problemas (13)

metro unidad básica de longitud del Sistema Internacional de Unidades (23)

microclima región de poca extensión que posee características climáticas únicas (468)

mineral sólido inorgánico de estructura cristalina que se forma naturalmente (60)

mineral no silíceo mineral que no contiene compuestos de silicio y oxígeno (63)

minería a cielo abierto proceso en que la roca y la tierra se quitan de la superficie de la Tierra para exponer los materiales que se van a ser extraer (115))

modelo representación de un objeto o sistema (19)

modelo de estación círculo pequeño que muestra la posición de una estación meteorológica, rodeado de símbolos y números que representan información sobre el tiempo (444)

monoclinal pliegue de las capas de roca sedimentaria con capas horizontales a ambos lados (152)

montaña de bloque de falla montaña que se forma cuando las fallas hacen que grandes bloques de corteza terrestre se hundan con respecto a otros bloques (156)

montaña de plegamiento montaña que se forma cuando las capas de roca se comprimen y son empujadas hacia arriba (155)

montaña submarina montaña individual formada por materiales volcánicos en la llanura abisal (341)

motor de combustión externa motor térmico en el que la combustión se realiza fuera del motor, como en las máquinas de vapor (234)

motor de combustión interna motor térmico en cuyo interior se realiza la combustión, por ejemplo, un motor de automóvil (234)

motor térmico máquina que utiliza calor para realizar un trabajo (234)

movimiento masivo el movimiento cuesta abajo de cualquier material (294)

muro de falla cara de falla que corresponde al lado inferior de una falla inclinada u horizontal (153)

mutualismo relación simbiótica en la que se benefician los dos organismos involucrados (319)

N

necton organismos del océano que nadan en forma independiente (344)

nicho modo de vida de un organismo y sus relaciones con su medio ambiente abiótico y biótico (314)

no foliada textura de la roca metamórfica en la que los granos de mineral no muestran ninguna alineación (98)

norte geográfico el polo Norte (36)

nube conjunto de millones de gotitas de agua o cristales de hielo diminutos suspendidos en el aire (428)

núcleo parte esférica central de la Tierra que se encuentra bajo el manto (137)

núcleo externo capa líquida del centro de la Tierra situada entre la mesosfera y el núcleo interno (139)

núcleo interno el centro esférico, sólido y denso de la Tierra (139)

O

observación uso de los sentidos con objeto de reunir información (14)

oceanografía estudio de los océanos (7)

ola de marea masa de agua que avanza a través de una bahía, un estuario o el canal de un río durante la marea alta, causando un ascenso muy súbito de la marea (383)

oleada olas ondulantes que se mueven en una procesión estable a través del océano (377)

omnívoro que come una variedad de organismos (311)

ondas P el tipo más rápido de onda sísmica, que puede pasar a través de sólidos, líquidos y gases; también se les llama ondas de presión u ondas primarias (170)

ondas S tipo de onda sísmica que está en segundo lugar en cuanto a velocidad; no pueden trasladarse a través de materiales líquidos; se llaman también ondas de corte o secundarias (170)

ondas sísmicas ondas de energía que se propagan a través de la Tierra (170)

orilla límite entre la tierra y una masa de agua (276)

ozono molécula de gas formada por tres átomos de oxígeno que absorbe la radiación ultravioleta del Sol (397)

P

parásito organismo que se alimenta de otra criatura viviente sin matarla (320)

parasitismo una asociación simbiótica en la que un organismo se beneficia a expensas del otro (320)

pared colgante el bloque de falla que está sobre una falla (153)

período del oleaje tiempo transcurrido entre el paso de dos crestas (o senos) por un punto fijo (375)

permeabilidad capacidad de la roca de dejar pasar el agua a través de sí misma (258)

petróleo mezcla aceitosa de compuestos orgánicos inflamables de donde se derivan los combustibles fósiles líquidos y otros productos; petróleo crudo (111)

pirámide de energía diagrama en forma de triángulo que muestra la pérdida de energía en cada nivel de la cadena alimenticia (313)

placas tectónicas trozos de la litosfera que se desplazan sobre la astenosfera (140)

plancton organismos muy pequeños que flotan en la superficie del mar o cerca de ella y constituyen la base de la red alimenticia del mismo (344)

planta de tratamiento de aguas negras fábrica que retira los desechos y limpia el agua que viene de las cloacas o los caños (264)

plataforma continental la parte más llana del margen continental (340)

playa área de la costa formada por materiales que han sido depositados por las olas (278)

plegamiento doblez de las capas rocosas provocado por movimientos de la corteza terrestre (152)

pliegue deformación de las capas de rocas que les da una apariencia ondulada (152)

población grupo de individuos de la misma especie que conviven al mismo tiempo en un área determinada (308)

porosidad cantidad de espacio vacío entre las partículas individuales de roca (258)

pozo artesiano manantial que se forma cuando el agua bajo presión del acuífero sube a la superficie a través de grietas naturales que se han formado en la roca (260)

pozo séptico un tanque subterráneo grande que reúne y limpia las aguas de desecho de una casa (265

precipitación agua sólida o líquida que cae del aire a la Tierra (337, 430)

precipitación ácida precipitación que contiene ácido debido a la contaminación del aire (116, 413)

presa organismo que le sirve de alimento a otro (318)

presión la cantidad de fuerza por unidad de superficie que se ejerce sobre un material determinado (151)

presión del aire medida de la fuerza con la que las moléculas de aire empujan una superficie (395)

primer meridiano línea de longitud que pasa a través de Greenwich (Inglaterra); representa 0 grados de longitud (38)

productor organismo que utiliza la energía solar para producir azúcares (310)

promontorio pico agudo en forma de pirámide que se forma cuando tres o más excavaciones naturales erosionan una montaña (291

pronóstico del tiempo predicción de las condiciones futuras del tiempo (442)

proyección acimutal proyección de un mapa que se hace transfiriendo el contenido del globo a un plano (42)

proyección cónica proyección de un mapa que resulta al transferir el contenido del globo a un cono (42)

proyección de Mercator mapa de proyección que resulta cuando el contenido del globo se transfiere a un cilindro (41)

psicrómetro instrumento que se utiliza para medir la humedad relativa (426)

punto caliente lugar de la superficie terrestre que está localizado directamente sobre la columna de magma que sube, llamada columna del manto (203)

punto de condensación temperatura a la cual el aire debe enfriarse para estar completamente saturado (427)

punto de referencia lugar fijo de la superficie terrestre desde donde se pueden describir la orientación y la ubicación (35)

puntos cardinales Norte, Sur, Este y Oeste (35)

R

radiación energía que se transfiere en forma de ondas electromagnéticas, como la luz visible o las ondas infrarrojas (223, 400)

raya el color de un mineral en polvo (65)

rebote elástico regreso súbito a su forma original de las rocas deformadas elásticamente (167)

reciclaje técnica que consiste en volver a procesar productos usados para obtener productos nuevos (110)

recuperación proceso de volver la tierra a su condición original luego de haber completado una explotación minera (71)

recurso energético recurso natural que los seres humanos usan para producir otras fuentes de energía (111)

recurso natural substancia natural, organismo o forma de energía que los seres vivos utilizan (108)

recurso no renovable recurso natural que no se puede remplazar, o que puede remplazarse solamente después de miles o millones de años (109)

recurso renovable recurso natural que puede usarse y remplazarse en un período de tiempo relativamente corto (109)

red alimenticia diagrama complejo que representa las variadas trayectorias de la energía en un ecosistema real (312)

región abisal parte ancha y plana de la cuenca de lo más profundo del océano (340)

relámpago descarga eléctrica que se produce entre dos superficies con cargas eléctricas opuestas (437)

relieve diferencia en elevación entre los puntos más altos y más bajos de un área de la que se está trazando un mapa (47)

resaca área entre el rompiente y la costa (376)

roca mezcla sólida formada por uno o más minerales y otros materiales (80

roca ígnea roca que se forma al enfriarse el magma (84)

roca metamórfica roca que se forma cuando la textura o la composición de la roca preexistente cambia a causa del calor o la presión (84)

roca sedimentaria roca que se forma cuando los sedimentos se comprimen y se unen, o cuando los minerales de lagos y océanos se cristalizan (84)

rompiente el área cerca de la costa donde las olas comienzan a romper (376)

S

salinidad medida de las sales y otros sólidos disueltos en un volumen determinado de líquido (334)

saltación movimiento de partículas del tamaño de granos de arena por una acción de rebote en la dirección en que sopla el viento (282)

sedimentación depósito o asentamiento de materiales (255)

sedimentos materiales arrastrados por una corriente de agua (252)

seno punto más bajo de una ola (374)

silicato mineral que contiene principalmente una combinación de los elementos silicio y oxígeno (62)

sílice compuesto químico formado por átomos de silicio y oxígeno (194)

simbiosis asociación estrecha y a largo plazo entre dos o más especies (319)

sinclinal pliegue en forma de depresión en las capas de roca sedimentaria (152)

sismograma trazado del movimiento de un terremoto creado por un sismógrafo (172)

sismógrafo instrumento colocado en la superficie de la Tierra o cerca de ella, que sirve para registrar las ondas sísmicas (172)

sismología estudio de los terremotos (166)

sistema de calefacción por energía solar sistema de calefacción que consta de colectores y tubos que distribuyen en un edificio la energía tomada del Sol (233)

sistema pasivo de calefacción por energía solar sistema que cuenta con paredes gruesas y ventanas grandes para utilizar la energía solar como fuente de calefacción (233)

superficie freática límite subterráneo donde se encuentran la zona de aireación y la de saturación (258)

T

talud continental la parte más escarpada del margen continental (340)

tectónica de placas teoría de que la litosfera de la Tierra está dividida en placas tectónicas que se mueven sobre la astenosfera (147)

teledetección proceso por el cual se reúne información sobre algo mediante observación a distancia (43)

témpano trozo grande que se separa de una plataforma de hielo y flota en el océano (288)

temperatura medida de lo caliente o frío que es algo; medida de la energía cinética promedio de las partículas que forman un objeto (25, 214)

tensión presión que se presenta se aplica fuerza para estirar un material determinado (151)

teoría explicación que unifica una gran variedad de hipótesis y observaciones que se han sometido a verificación a través de experimentos (19)

termoclina capa de agua marítima en que la temperatura del agua baja con más rapidez al aumentar la profundidad de lo que lo hace en otras zonas del océano (335)

termómetro instrumento que se utiliza para medir la temperatura del aire (442)

termosfera capa superior de la atmósfera (398)

terreno aluvial zona a lo largo de un río formada por los sedimentos depositados por las inundaciones (257)

textura tamaño, forma y la posición de las partículas que forman una roca (86)

tiempo condiciones atmosféricas en un momento y lugar específicos (424, 454)

tillita material rocoso no separado, depositado directamente por el hielo glacial cuando se derrite (293)

tira bimetálica tira larga y delgada formada por la superposición de dos metales diferentes; debido a que dos metales se expanden de manera diferente al calentarse, las tiras bimetálicas se pueden enrollar y desenrollar dependiendo de los cambios de temperatura; se utilizan en aparatos como los termostatos (218)

topografía karst áreas en que la cuales los efectos del agua se notan en la superficie (262)

tormentas eléctricas sistemas de tormentas pequeños e intensos que producen vientos fuertes, lluvia torrencial, relámpagos, y truenos (436)

tornado torbellino de aire con presión central baja, que toca la tierra y alrededor del cual los vientos alcanzan altas velocidades (438)

trinchera oceánica fractura aparentemente sin fondo de la cuenca profunda del océano, que se forma cuando una placa oceánica se ve forzada a deslizarse bajo una placa continental u otra placa oceánica (341)

trueno sonido que se produce por la expansión rápida del aire durante la descarga eléctrica de un rayo (437)

troposfera la capa más baja de la atmósfera (397)

tsunami ola que se forma cuando un gran volumen de agua del océano se mueve súbitamente hacia abajo o hacia arriba debido a un levantamiento sísmico de la corteza submarina (378)

V

valle en forma de U valle que se forma cuando un glaciar erosiona un valle de su forma original en "V" a una forma en "U" (291)

valle suspendido pequeño valle glaciar que se une al valle principal más profundo (291)

veleta instrumento que se usa para medir la dirección del viento (443)

veta depósito de minerales suficientemente grande y puro para explotarlo con el propósito de obtener ganancias (70)

viento aire en movimiento (404)

vientos alisios vientos que soplan entre los 30 grados de latitud y el ecuador (406)

vientos polares del levante cinturones de viento que se extienden desde los polos a 60 grados de latitud en ambos hemisferios (407)

vientos predominantes vientos que soplan principalmente en una dirección (457)

volcán montaña que se forma cuando la lava o el material piroclástico se acumulan alrededor de una chimenea volcánica (194)

volcán compuesto volcán formado por capas alternadas de lava y material piroclástico; también conocido como *estratovolcán* (198)

volcán de escudo volcán grande con cuestas poco empinadas que se forma por repetidas erupciones no explosivas de lava (198)

volcánica roca ígnea que se forma cuando la lava o el material piroclástico se enfría y se solidifica sobre la corteza terrestre (90)

volumen cantidad de espacio que ocupa o que contiene un cuerpo (23)

Z

zona de sombra área de la superficie terrestre donde no se pueden detectar ondas sísmicas directas de un terremoto determinado (181)

zona de subducción región donde una placa oceánica se hunde en la astenosfera en un límite convergente, localizada generalmente entre las placas continentales y las oceánicas (148)

zona polar las zonas climáticas de los extremos norte sur de la Tierra (466)

zona templada zona climática comprendida entre los trópicos y los polos (464)

zona tropical zona cálida situada alrededor del ecuador (461)

Índice

Los números en **negrita** se refieren a una ilustración en dicha página.

A

B

C

F

G

H

I

J

K

L

M

N

T

U

V

W

X

Y

Z

Créditos

Abbreviations used: (t) top, (c) center, (b) bottom, (l) left, (r) right, (bkgd) background

ILLUSTRATIONS

All illustrations, unless noted below, by Holt, Rinehart & Winston.

Table of Contents: Page ix(tl), Dan Stuckenschneider/Uhl Studios Inc; (br), Patrick Gnan; x(tr), Stephen Durke/Washington Artists; (bl), Mike Wepplo; xi(b), Will Nelson/Sweet Reps; xii(tl), Yuan Lee; (bl), Marty Roper/Planet Rep; xiiii(tl), Marty Roper/Planet Rep; (b), Dan Stuckenschneider/Uhl Studios Inc.

Chapter One Page 4(br), Barbara Hoopes-Ambler; 7(br), Craig Attebery/Jeff Lavaty; 9(b), David Schleinkofer/Mendola Ltd.; 10(tl), Robert Hynes; 12(b), Barbara Hoopes-Ambler; 14(all), 15(all), 16(tl), 16(cl), Carlyn Iverson; 16(b), 17(b), Christy Krames; 18(all), Dan Stuckenschneider/Uhl Studios Inc; 19(br), Stephen Durke/Washington Artists; 20(c), Jared Schneidman/Wilkinson Studios; 22(all), Stephen Durke/Washington Artists; 23(cl), MapQuest.com; 25(tr), Stephen Durke/Washington Artists; 26(cr), Christy Krames; 27(c), Dan Stuckenschneider/Uhl Studios Inc; 28(cr), Geoff Smith/Scott Hull; 29(cr), Sidney Jablonski; 30(c), Dan Stuckenschneider/Uhl Studios Inc.

Chapter Two Page 35(bl), John White/The Neis Group; 37(all), MapQuest.com; 38(tl), MapQuest.com; 39(all), MapQuest.com; 41(all), MapQuest.com; 42(all), MapQuest.com; pg. 44,45 MapQuest.com

Chapter Three Page 60(bl), Gary Locke/Suzanne Craig; 61(c), Stephen Durke/Washington Artists; 68(bkgd), Dan Stuckenschneider/Uhl Studios Inc; 70(bl), Jared Schneidman/Wilkinson Studios; 72(all), Stephen Durke/Washington Artists.

Chapter Four Page 81(tr), Marty Roper/Planet Rep; 82(all), 83(all), Dan Stuckenschneider/Uhl Studios Inc; 84(c), The Mazer Corporation; 85(all), Sidney Jablonski; 87(all), Keith Locke; 88(l), Dan Stuckenschneider/Uhl Studios Inc; 89(b), Dan Stuckenschneider/Uhl Studios Inc; 90(bl), Geoff Smith/Scott Hull; 91(bl), The Mazer Corporation; 92(bl), Robert Hynes; 96(b), Dan Stuckenschneider/Uhl Studios Inc; 97(c), Stephen Durke/Washington Artists; 97(b), Dan Stuckenschneider/Uhl Studios Inc; 100(br), Sidney Jablonski; 102(bl), Stephen Durke/Washington Artists; 103(cr), Sidney Jablonski.

Chapter Five Page 106(tl), Dan Stuckenschneider/Uhl Studios Inc; 108(b), Dan Stuckenschneider/Uhl Studios Inc; 110(bl), Blake Thornton/Rita Marie; 113(bl), Dan Stuckenschneider/Uhl Studios Inc; 114(all), Dan Stuckenschneider/Uhl Studios Inc; 115(tr), MapQuest.com; 121(tr), John Huxtable; 125(br), Dan Stuckenschneider/Uhl Studios Inc; 126(cr), Dan Stuckenschneider/Uhl Studios Inc; 126(br), John Huxtable; 129(tr), Sidney Jablonski.

Unit Three Page 133(cr), Terry Kovalcik.

Chapter Six Page 136(b), Dan Stuckenschneider/Uhl Studios Inc; 137(br), Dan Stuckenschneider/Uhl Studios Inc; 138(all), Dan Stuckenschneider/Uhl Studios Inc; 139(b), Dan Stuckenschneider/Uhl Studios Inc; 140(t), Dan Stuckenschneider/Uhl Studios Inc; 141(c), Dan Stuckenschneider/Uhl Studios Inc; 142(cl), Dan Stuckenschneider/Uhl Studios Inc; 143(tr), Dan Stuckenschneider/Uhl Studios Inc; 143(cl), MapQuest.com; 143(bl), 143(br), Stephen Durke/Washington Artists; 144(all), MapQuest.com; 145(all), Dan Stuckenschneider/Uhl Studios Inc; 146(cl), Stephen Durke/Washington Artists; 146(cr), Dan Stuckenschneider/Uhl Studios Inc; 147(b), Dan Stuckenschneider/Uhl Studios Inc; 148(b), 149(b), Dan Stuckenschneider/Uhl Studios Inc; 152(all), Dan Stuckenschneider/Uhl Studios Inc; 153(tr), Marty Roper/Planet Rep; 153(cr), Dan Stuckenschneider/Uhl Studios Inc; 153(br), Dan Stuckenschneider/Uhl Studios Inc; 155(tr), Dan Stuckenschneider/Uhl Studios Inc; 156(t), Tony Morse; 156(b), Dan Stuckenschneider/Uhl Studios Inc; 158(all), Dan Stuckenschneider/Uhl Studios Inc; 159(cr), Marty Roper/Planet Rep.

Chapter Seven Page 164(tr), Tony Morse; 166(bl), MapQuest.com; 167(all), 168(all), Dan Stuckenschneider/Uhl Studios Inc; 169(all), Dan Stuckenschneider/Uhl Studios Inc; 170(all), Stephen Durke/Washington Artists; 171(tr), Sidney Jablonski; 171(cl), Stephen Durke/Washington Artists; 172(bl), Dan Stuckenschneider/Uhl Studios Inc; 173(tr), Sidney Jablonski; 175(b), MapQuest.com; 177(t), Jared Schneidman/Wilkinson Studios; 178(all), Dan Stuckenschneider/Uhl Studios Inc; 179(br), Marty Roper/Planet Rep; 181(all), Dan Stuckenschneider/Uhl Studios Inc; 182(all), Sidney Jablonski; 184(c), Stephen Durke/Washington Artists; 184(br), Sidney Jablonski; 186(br), Dan Stuckenschneider/Uhl Studios Inc; 187(cr), Sidney Jablonski.

Chapter Eight Page 194(tl), Dan Stuckenschneider/Uhl Studios Inc; 197(bl), Geoff Smith/Scott Hull; 198(all), Patrick Gnan; 199(tr), Dan Stuckenschneider/Uhl Studios Inc; 200(br), Dan Stuckenschneider/Uhl Studios Inc; 201(tr), Stephen Durke/Washington Artists; 201(br), MapQuest.com; 202(all), 203(all), 204(all), Dan Stuckenschneider/Uhl Studios Inc; 206(br), Dan Stuckenschneider/Uhl Studios Inc; 207(l), Patrick Gnan; 207(cr), Dan Stuckenschneider/Uhl Studios Inc; 209(tr), Ross Culbert & Lavery.

Chapter Nine Page 214(b), Charles Thomas; 215(all), Stephen Durke/Washington Artists; 216(b), Terry Guyer; 217(tr), Dave Joly; 218(all), Dan Stuckenschneider/Uhl Studios Inc; 220(all), Stephen Durke/Washington Artists/Preface Inc.; 221(all), Stephen Durke/Washington Artists/Preface Inc.; 222(bl), Mark Heine; 223(c), Jared Schneidman/Wilkinson Studios; (br), Geoff Smith/Scott Hull, Scott Hull Assoc.; 226(cr), Stephen Durke/Washington Artists; 228(all), Stephen Durke/Washington Artists; 229(b), Preface Inc.; 231(br), Dan Stuckenschneider/Uhl Studios Inc; 232(cr), Dan Stuckenschneider/Uhl Studios Inc; 233(b), Dan Stuckenschneider/Uhl Studios Inc; 234(all), Dan Stuckenschneider/Uhl Studios Inc; 236(c), Dan Stuckenschneider/Uhl Studios Inc; 237(c), Dan Stuckenschneider/Uhl Studios Inc; 238(c), Dave Joly; 240(br), Dan Stuckenschneider/Uhl Studios Inc; 241(cr), Preface Inc.; 243(all), Stephen Durke/Washington Artists.

Unit Four Page 245(tc), MapQuest.com

Chapter Ten: Page 249(bkgd), Mike Wepplo; 250(br), MapQuest.com; 252(all), Dan Stuckenschneider/Uhl Studios Inc; 255(b), Marty Roper/Planet Rep; 258(cl), Stephen Durke/Washington Artists; 258(bl), Geoff Smith/Scott Hull; 259(tl), MapQuest.com; 260(all), Stephen Durke/Washington Artists; 264(b), John Huxtable; 265(tl), John Huxtable; 265(b), Sidney Jablonski; 267(c), MapQuest.com; 268(c), Mike Wepplo; 271(tr), Sidney Jablonski.

Chapter Eleven Page 274(t), Paul DiMare; 278(bl), Dan Stuckenschneider/Uhl Studios Inc; 280(bkgd), 281(bkgd), Mike Wepplo; 281(tr), 282(cl), Keith Locke; 282(b), Dean Fleming; 284(bl), Geoff Smith/Scott Hull; 285(c), Dan Stuckenschneider/Uhl Studios Inc; 288(cr), Sidney Jablonski; 291(bkgd), Robert Hynes; 301(tr), Sidney Jablonski.

Chapter Twelve Page 305(all), David Beck; 306(b), Will Nelson/Sweet Reps; 307(all), Will Nelson/Sweet Reps; 308(b), John White/The Neis Group; 310(b), Will Nelson/Sweet Reps; 312(b), John White/The Neis Group; 313(b), Will Nelson/Sweet Reps; 315(b), Will Nelson/Sweet Reps; 316(bl), Blake Thornton/Rita Marie; 321(cr), Mike Wepplo; 322(cl), Will Nelson/Sweet Reps; 324(br), David Beck; 325(cr), Rob Schuster.

Chapter Thirteen Page 330(t), Rainey Kirk/The Neis Group; 332(all), Geoff Smith/Scott Hull; 333(all), MapQuest.com; 334(tl), Ross Culbert & Lavery; 335(tr), MapQuest.com; 335(b), Ross Culbert & Lavery; 337(bkgd), Mike Wepplo; 338(tl), Sidney Jablonski; 339(cl), Marty Roper/Planet Rep;340(b), 341(b), Dan Stuckenschneider/Uhl Studios Inc; 342(b), Dan Stuckenschneider/Uhl Studios Inc; 343(cr), Craig Attebery/Jeff Lavaty; (br), Ross Culbert & Lavery; 344(all), Yuan Lee; 345(all), 346(all), 347(all), Jared Schneidman/Wilkinson Studios; 352(all), Jared Schneidman/Wilkinson Studios; 355(br), Mark Heine; 358(br), Sidney Jablonski; 360(tr), MapQuest.com; 360(cl), Bill Mayer; 361(tr), Ross Culbert & Lavery.

Chapter Fourteen Page 364(t), John Huxtable; 364(bl), Tony Morse; 366(tr), Dean Fleming; 367(tr), Stephen Durke/Washington Artists; 367(bl), MapQuest.com; 368(all), MapQuest.com; 369(c), MapQuest.com; 370(all), Stephen Durke/Washington Artists; 371(all), Jared Schneidman/Wilkinson Studios; 372(all), MapQuest.com; 374(all), Jared Schneidman/Wilkinson Studios; 375(all), Jared Schneidman/Wilkinson Studios; 376(all), Dean Fleming; 378(cr), Dan Stuckenschneider/Uhl Studios Inc; 379(tr), MapQuest.com; 380(c), Marty Roper/Planet Rep; 381(all), 382(all), Sidney Jablonski; 384(c), Stephen Durke/Washington Artists/Sam Dudgeon/HRW Photo; (bl), Dean Fleming; 385(cr), Marty Roper/Planet Rep; 387(cr), Sidney Jablonski.

Unit Six Page 390(bl), John Huxtable; (br), Annie Bissett; 391(cl), Terry Kovalcik.

Chapter Fifteen Page 394(br), Sidney Jablonski; 395(br), 396(all), 397(cr), 398(all), Stephen Durke/Washington Artists; 400(b), 401(b), Dan Stuckenschneider/Uhl Studios Inc; 402(c), John Huxtable; 404(bl), 405(tr), 406(br), Stephen Durke/Washington Artists; 408(all), 409(all), Stephen Durke/Washington Artists; 411(b), John Huxtable; 415(br), John Huxtable; 417(cl), Stephen Durke/Washington Artists; 419(cr), The Mazer Corporation.

Chapter Sixteen Page 424(b), Robert Hynes; 426(bl), The Mazer Corporation; 429(b), Stephen Durke/Washington Artists; 430(tl), Stephen Durke/Washington Artists; 432(b), MapQuest.com; 434(all), 435(all), Stephen Durke/Washington Artists; 437(tl), 440(b), Paul DiMare; 442(tr), Dan McGeehan/Koralik Associates; 445(cr), MapQuest.com; 449(cr), MapQuest.com.

Chapter Seventeen Page 452(tr), John White/The Neis Group; 455(br), Stephen Durke/Washington Artists; 456(c), Craig Attebery/Jeff Lavaty; 457(tc), Stephen Durke/Washington Artists; 458(b), Dan Stuckenschneider/Uhl Studios Inc; 459(cr), MapQuest.com; 460(cl), Stephen Durke/Washington Artists; 460(b), MapQuest.com; 461(tr), Stephen Durke/Washington Artists; 461(c), MapQuest.com; 461(br), 462(tr), 463(tr), Annie Bissett; 464(tl), Stephen Durke/Washington Artists; 464(c), MapQuest.com; 464(bc), 465(all), 466(tl), Annie Bissett; 466(bl), Stephen Durke/Washington Artists; 467(t), MapQuest.com; 467(br), 468(cl), Annie Bissett; 469(tr), Marty Roper/Planet Rep; 469(bl), MapQuest.com; 470(all), Sidney Jablonski; 471(tl), Dan Stuckenschneider/Uhl Studios Inc; 471(br), MapQuest.com; 472(c), Marty Roper/Planet Rep; 474(cr), Stephen Durke/Washington Artists; 474(bl), Craig Attebery/Jeff Lavaty; 476(tr), Terry Kovalcik; 477(cr), Sidney Jablonski.

LabBook Page 480 (tl), Stephen Durke/Washington Artists; 487(tr), Mark Heine; 488(cl), Marty Roper/Planet Rep; 496(br), Mark Heine; 501(all), Mark Heine; 504(br), Mark Heine; 506(c), Dan Stuckenschneider/Uhl Studios Inc; 514(cl), Sidney Jablonski; 515(c), MapQuest.com; 516(b), MapQuest.com; 518(tl), Marty Roper/Planet Rep; (br), Ralph Garafola; 519(tr), Ralph Garafola; 522(br), Dave Joly; 525(t), Mark Heine; 527(tr), Mark Heine; 537(tr), Blake Thornton/Rita Marie; (br), Lori Anzalone; 538(cr), Dean Fleming; 539(cr), Sidney Jablonski; 541(cr), Geoff Smith/Scott Hull; 544(bc), Mark Heine; 545(b), Sidney Jablonski; 548(br), Mark Heine; 549(tr), Mark Heine; 551(tl), Mark Heine; 554(t), MapQuest.com; 556(tl), Dan McGeehan/Koralik Associates; (br), Mark Heine; 559(cr), Marty Roper/Planet Rep; 562(cr), MapQuest.com; (br), Sidney Jablonski; 563(tl), Sidney Jablonski; (tr), MapQuest.com; (cl), Sidney Jablonski; (cr), MapQuest.com.

Appendix Page 567(cl), Blake Thornton/Rita Marie; 570(t), Terry Guyer; 574(all), Mark Mille/Sharon Langley; 582, 583(all), Kristy Sprott; 584(bl), Stephen Durke/Washington Artists; 585(b), Bruce Burdick.

PHOTOGRAPHY

Cover and Title Page: (tl), Jack Dykinga/Tony Stone Images; (tr), Barry Rosenthal/FPG International; (bl), David Parker/Science Photo Library/Photo Researchers; (br), Geospace/Science Photo Library/Photo Researchers; owl (cover, spine, back, title page) Kim Taylor/Bruce Coleman.

Table of Contents: Page v(tr), E.R. Degginger/Color-Pic, Inc; (cr), K. Segerstrom/USGS; vi (tl), Jean Miele/Stock Market; vii(tr), Mike Husar/DRK (bl), Walter H. Hodge/Peter Arnold; ix(bl), Tom Bean/DRK Photo; xi (tr), Gay Bumgarner/Tony Stone Images; xii(tr), James B. Wood; xii (bl), TOMS/NASA; xix(br), G.R. Roberts Photo Library.

Unit One Page 2(tr), Uwe Fink/University of Arizona, Department of Planetary Sciences, Lunar & Planetary Laboratory; (cl), Ed Reschke/Peter Arnold; (cl), T.A. Wiewandt/DRK Photo; (bl), National Air and Space Museum; (br), K. Segerstrom/USGS; 3(tl), Hulton Getty Images/Liaison International; (tr),

Adam Wooleitt/Woodfin Camp & Associates; (cl), Francois Gohier; (bl), Jason Laure/Woodfin Camp & Associates; (br), NASA.

Chapter One Page 4 (c), Dr. David Gillette; 6 (tr), Earth Imaging/Tony Stone Images; (bl), S. Schwabe/The Rob Palwer Blue Holes Foundation; 8(tl), Marit Jentof-Nilsen and Fritz Hasler - NASA Goddard Laboratory for Atmospheres; (bl), NCAR/MMM Blustein; 9(tr), Jean Miele/Stock Market; 11(tr), Mark Howard/Westfall Eco Images; (cr), Annie Griffiths/Westlight; 15(t), Brian Parker/Tom Stack & Associates; 19(cr), Paul Bagby/NASA; 23(tr), Otis Imboden/National Geographic Image Collection; (c), Alan Schein/Stock Market; 28(cl), Ken Lucas/Visuals Unlimited; 31(br), NASA.

Chapter Two Page 32(cr), Scala/Art Resource, NY; (bl), Victor Boswellings/National Geographic Image Collection; (bkgd), USGS; 34(br), Royal Geographical Society, London/The Bridgeman Art Library International Ltd.; 36(cr), Tom Van Sant/Stock Market; 43(tr), USGS; (br), Aerial Images and SOVINFORMSPUTNIK; 46(bl), USGS; 47(cl,cr), USGS; 48; USGS 51(cr), Tom Van Sant/Stock Market; 52(tr), Vladimir Pcholkin/FPG International; 53(cr), USGS; 54(bl), NASA/JPL; (br), Courtesy Lower Colorado River Authority, Austin, TX.

Unit Two Page 56(tl), Science Photo Library; (tr), Science VU/Visuals Unlimited; (bl), NASA/International Stock; (br), UPI/Corbis; (br), Thomas Laird/Peter Arnold; 57(tr), SuperStock; (cl), AP Wide World Photos; (cr), Francois Gohier; (bc), NASA/Science Photo Library/Photo Researchers.

Chapter Three Page 58(t), E.R. Degginger/Color-Pic; (t), Mike Husar/DRK Photo; 59(tr), Inga Spence/Tom Stack & Associates; 61(cr), Dr. Rainer Bode/Bode-Verlag Gmb; 62(c,cl), E.R. Degginger/Color-Pic; (bl), Pat Lanza/Bruce Coleman Inc.; 63(top to bottom),(top four), E.R. Degginger/Color-Pic; SuperStock; Ken Lucas/Visuals Unlimited Inc.; 64(tc), Jane Burton/Bruce Coleman Inc.; (tr), Liasion International; Luster Chart (row 1), E.R. Degginger/Color-Pic; John Cancalosi/DRK Photo; (row 2), Biophoto Associates/Photo Researchers, Inc; E.R. Degginger/Bruce Coleman Inc.; (row 3), E.R. Degginger/Color-Pic; Biophoto Associates/Photo Researchers; (row 4), E.R. Degginger/Color-Pic; 65(c), E.R. Degginger/Color-Pic; (cr), Erica and Harold Van Pelt/American Museum of Natural History; Fracture Chart(tl,br), Tom Pantages; 66 Harness Scale,(1), Ken Lucas/Visuals Unlimited Inc, (2,4,5,6), E.R. Degginger/Color-Pic; (3), Dane S. Johnson/Visuals Unlimited Inc.; (7), Carlyn Iverson/Absolute Science Illustration and Photography; (8), Mark A. Schneider/Visuals Unlimited Inc.; (9), Charles D. Winters/Photo Researchers, Inc; (10), Bard Wrisley/Liaison International; 67(tl,bc), E.R. Degginger/Color-Pic; (cr), Tom Pantages; 69(tl,cl), E.R. Degginger/Color-Pic; 70(cl), Kosmatsu Mining Systems; (cr), Wernher Krutein/Liasion International; (br), Index Stock Imagery; 71(cl), Historic Royal Palaces; 73(tr), Historic Royal Palaces; 74(bl), E.R. Degginger/Color-Pic; 76(tc), Ralph Wetmore/Tony Stone Images; (bl), Peter Menzel.

Chapter Four Page 78(t), Ron Ruhoff/Stock Imagery; (br), Kreb Photography; 80(c), Kenneth Garrett; (cl), Historical Collections, National Museum of Health and Medicine, AFIP; (bc), Fergus O'Brien/FPG International; (br), Peter Cummings/Tom Stack & Associates; 81(c), Breck P. Kent; (cr), NASA/Science Photo Library/Photo Researchers, Inc; (bl), A.F. Kersting; 85(tr,br), E.R. Degginger/Color-Pic; (cl), Walter H. Hodge/Peter Arnold; (bl), Spharry Taylor/Dorling Kindersley; (bcl), Breck P. Kent; (br), E.R. Degginger/Color-Pic; (granite), Pat Lanza/Bruce Coleman Inc.; 86(tc), Dorling Kindersley; (tr), Breck P. Kent; (cl), Breck P. Kent; (cr), E.R. Degginger/Color-Pic; 88(cl), Breck P. Kent; (cr), Breck P. Kent; (bl), Breck P. Kent; (br), E.R. Degginger/Color-Pic; 89(tr), Laurence Parent; 90(tl,cl), Breck P. Kent; (bl), Doug Martin/Photo Researchers; (cr), Peter French/Bruce Coleman Inc.; 91(br), Ed Cooper Photo; 92(tl), Breck P. Kent/Animals Animals Earth Scenes; (tr), Breck P. Kent; (cl), Joyce Photographics/Photo Researchers, Inc; (cr), E.R. Degginger/Color-Pic; (br), Breck P. Kent; 93(tl), Linda Pitkin/Masterfile; (tc), Stephen Frink/The Waterhouse; (tr), NASA; (bl), SuperStock; (bc), Breck P. Kent; (br), Ed Cooper; 94(tl), Franklin P. OSF/Animals Animals Earth Scenes; (cr), Breck P. Kent/Animals Animals Earth Scenes; (bl), Breck P. Kent; 95(bl), E.R. Degginger/Color-Pic; (br), George Wuethner; 97(tl), Dane S. Johnson/Visuals Unlimited; (tlc), Carlyn Iverson/Absolute Science Illustration and Photography; (tlb), Breck P. Kent; (tr), Breck P. Kent/Animals Animals Earth Scenes; (brt), Breck P. Kent; (brc), Tom Pantages; (br), Breck P. Kent/Animals Animals Earth Scenes; 98(b) Breck P. Kent99(tl), E.R. Degginger/Color-Pic; (tc), The Natural History Museum, London; (bl), Ray Simons/Photo Researchers; (bc), Breck P. Kent; 100(c), E.R. Degginger/Color-Pic; 101(cr), Doug Sokell/Tom Stack & Associates; 104(tc), Wolfgang Kaehler/Liaison International

Chapter Five Page 106(top to bottom), Florida Tech; Kaku Kurita/Liaison International; Greg Vaughn/Tom Stack & Associates; Kaku Kurita/Liaison International; Mark Burnett/Photo Researchers; Kaku Kurita/Liaison International; 107(tr), Greg Vaughn/Tom Stack & Associates; 108(cl), John Blaustein/Liaison International; (cr), Mark Lewis/Tony Stone Images; 109(tl), James Randklev/Tony Stone Images; (tc), Luc Cuyvers/Image Bank; (tr), Bruce Hands/Tony Stone Images; (bl), Ed Malles/Liaison International; (bc), John Zoiner Photographer; (br), Tom Lippert/Liaison International; 111(br), Telegraph Colour Library/FPG International; 112(cr,bl), John Zoiner; 114(tr), Horst Schafer/Peter Arnold; (cr), Paolo Koch/Photo Researchers; (cr), Brian Parker/Tom Stack & Associates; (br), C. Kuhn/Image Bank; 115(bl), Mark A. Leman/Tony Stone Images; (br), Tim Eagan/Woodfin Camp & Associates; 116(tl), Adam Hart-Davis/Science Photo Library/Photo Researchers; (cl), John Shaw/Tom Stack & Associates; (br), James Stanfield/National Geographic Image Collection; 117(tr), A. Ramey/Woodfin Camp & Associates; 118(bl), Sylvain Coffie/Tony Stone Images; 119(cl), Tom Myers/Photo Researchers; 120(tr), Alex Bartel/Science Photo Library/Photo Researchers; (bl), Joyce Photographics/Photo Researchers; 121(br), Hank Morgan/Science Source/Photo Researchers; 122(tl), Ed Collacott/Tony Stone Images; (bl), Mark Lewis/Liaison International; 123(tr), Craig Sands/National Geographic Image Collection; (bl), Tom Bean; 124(cr), G.R. Dick Roberts; 125(tr), Luis Castaneda/Image Bank; 128(tl), John Blaustein/Liaison International; (tr), Tom Myers/Photo Researchers Inc.; 130(tr), SuperStock; (cr), Bedford Recycled Plastic Timbers; (br), Kay Park-Rec Corp.; 131(cr), Culver Pictures Inc.

Unit Three Page 132(tc), Charles Scribner's Sons NY, 1906; (bl), USGS/NASA/Science Source/Photo Researchers; (bc), Steve Winter/National Geographic Society; 133(tl), FPG International; (tr), Culver Pictures Inc.; (cl), Lambert/Archive Photos; (bl), Randy Duchaine/Stock Market; (br), The Robotics Institute Carnegie Mellon University.

Chapter Six Page 134(b), Alex Stewart/Image Bank; (br), Wally Berg; 137(tr), James Watt/Animals Animals Earth Scenes; (br), World Perspective/Tony Stone Images; 149(tr), Emory Kristof/National Geographic Image Collection ; 150(tl), NASA; (cl), ESA/CE/Eurocontral/Science Photo Library/Photo Researchers; 152(bl), Sylvester Allred/Visuals Unlimited; (br), G.R. Dick Roberts; 154(tl), Tom Bean; (tr), Landform Slides; (c), Michael Collier; (br), G.R. Dick Roberts; 155(bl), William Manning/Stock Market; 157(tr), Michelle & Tom Grimm/Tony Stone Images; (br), David Falconer/DRK Photo; 160(br), NASA/Photo Researchers; 162(cl), Bob Krist; 163(tc), Martin Schwarzbach/Photo Deutsches Museum Munchen.

Chapter Seven Page 164(b), Haruyoshi Yamaguchi/SYGMA; 167(tr), Joe Dellingest/NOAA/USGS; 172(cl), Bob Paz/Caltech; 173(b), Earth Images/Tony Stone Images; 176(bl), Peter Cade/Tony Stone Images; 177(br), A. Ramey/Woodfin Camp & Associates; 179(bl), Paul Chesley/Tony Stone Images; 183(tr), NASA/JPL; (c), Astronomy online; (cr), SOHO(ESA & NASA); 185(cl), A. Ramey/Woodfin Camp & Associates; 186(tl), Chuck O'Rear/Westlight; 189(cr), David Madison/Bruce Coleman Inc.

Chapter Eight Page 190(t), David Hardy/Science Photo Library/Photo Researchers; (cr), Circus World Museum, Baraboo, Wisconsin; (bl), Library of Congress, LC-USZ62-25077; 192(bl), Robert W. Madden/National Geographic Society; (bc), Ken Sakamoto/Black Star; (br), Douglas Peebles Photography; 193(tr), Joyce Warren/USGS Photo Library; (bl), SuperStock; (br), Milton Rand/Tom Stack & Associates; 195(cr), Jim Yuskavitch; (bl), Karl Weatherly; (bc), Tui De Roy/Minden Pictures; (br), B. Murton/Southampton Oceanography Centre/Science Photo Library; 196(tl), Tom Bean/DRK Photo; (cl), Francois Gohier/Photo Researchers; (cr), Glenn Oliver/Visuals Unlimited Inc.; (br), E.R. Degginger/Color-Pic; 197(cl), Alberto Garcia/SABA; 198(tc), Jeff Greenberg/Visuals Unlimited; (c), Krafft/Explorer/Science Source/Photo Researchers; (bc), SuperStock; 199(cl), R. & E. Thane/Animals Animals Earth Scenes; (br), NASA/TSADO/Tom Stack & Associates; 204(cl), Andrew Rafkind/Tony Stone Images; 205(tr), Game McGimsey/USGS Alaska Volcano Observatory; (br), Gilles Bassignac/Liasion International; 206(c), Robert W. Madden/National Geographic Society; 208(tl), Krafft/Explorer/Science Source/Photo Researchers; (cl), Karl Weatherly; 210(tc), The Robotics Institute Carnegie Mellon University; 211(bl), NASA/Science Photo Library/Photo Researchers.

Chapter Nine Page 212(t), Solar Survival Architecture; 218(tl), Mark Burnett/Photo Researchers;; 235(cl), Dorling Kindersley LTD; (br), Peter Arnold Inc., NY; 240(tr), Dorling Kindersley LTD; 241(bl), Kees van den Berg/Photo Researchers; 242(tc), Dan Winters/Discover Magazine.

Unit Four Page 244(tc), The Age of Reptiles, a mural by Rudolph F. Zallinger. ©1996, 1975,1985,1989, Peabody Museum of Natural History, Yale University, New Haven, Connecticut, USA; (c), Tom Bean/Tony Stone Images; (bl), Dr. John Murphy; (br), Mike Roemer/Liaison International; 245(tr), John Eastcott/YVA MOMATIUK/DRK Photo; (cl), Stock Montage; (cr), Peter Essick/Aurora & Quanta; (bl), Price, R.-Survi OSF/Animals Animals Earth Scenes; (br), David Wong/South China Morning Post; (br), Telegraph Colour Library/FPG International.

Chapter Ten Page 248(c), Floyd Holdman/Royce Bair & Associates; 251(cr), Ed Reschke/Peter Arnold; (bl), Jim Wark/Peter Arnold; 253(tr), Laurence Parent; (br), Victor Brunelle/Stock Boston; 254(tl), G.R. Dick Roberts; (cl), Galen Rowell/Peter Arnold; 255(cr), Winfield Parks, Jr./National Geographic Image Collection; 256(tl), SuperStock; (cr), Earth Satellite Corporation/Science Photo Library; 257(tr), Martin G. Miller/Visuals Unlimited Inc.; (cr), Earth Satellite Corporation; 261(tl), Richard Reid/Animals Animals Earth Scenes; (bc), E.R. Degginger/Color-Pic; 262(cl), ChromoSohm/Sohm/Stock Boston; (cr), Leif Skoogfers/Woodfin Camp & Assoicates; 263(tr), Wayne Lynch/DRK Photo; (bl), Laurance B. Auippy/FPG International; 266(tl), Arthus Bertrand-Explorer/Photo Researchers; (c), George Herben/Visuals Unlimited Inc.; (cl), SuperStock; 269(tc), E.R. Degginger/Color-Pic; 270(tr), TSA/Tom Stack & Associates; (bl), Donald Nausbaum/Tony Stone Images; 272(br), Jeff & Alexa Henry; 273(tr), C.C. Lockwood/DRK Photo.

Chapter Eleven Page 274(cr), Los Angeles Times Photo by Ken Lubas; 276(b), Aaron Chang/Stock Market; 277(tr), Philip Long/Tony Stone Images; (bl), SuperStock; 278(top to bottom), SuperStock; Don Hebert/FPG International; Jonathan Weston/Adventure Photo & Film; Larry Ulrich; 279(tl), Index Stock; (cl), James Blank; (cr), NASA; (br), Tina Buckman/Index Stock Photographers; 280(tl), G.R. Dick Roberts; (bl), Jeff Foott/Tom Stack & Associates; (br), Jeff Foott/DRK Photo; 281(tl), Breck P. Kent; (cr), John S. Shelton; 283(tl), Breck P. Kent; (b), Tom Bean; 284(tr), Brown Brothers; 285(br), Mickey Gibson/Animals Animals; 286(cl), Michael Fogden/Bruce Coleman; (cr), Peter Arnold; 287(bl), SuperStock; 288(c), Barbara Gerlach/DRK; (bl), Colin Monteath/Hedgehog House New Zealand; 289(bl), Didier Givois Agence Vandystadt/Photo Researchers; 290(br), Tony Stone Images; (tl), Glenn M. Oliver/Visuals Unlimited; 292(tl), Breck P. Kent; (c), Norbert Rosing/Animals Animals Earth Scenes; (cl), Keith Gunnar/Bruce Coleman; (bl), Tom Bean; 293(tr), Tom Bean; 295(cr), A. J. Copley/Visuals Unlimted; (bl), G.R. Roberts; 296(tr), Jebb Harris/Orange County Register/SABA; (bl), Mike Yamashita/Woodfin Camp & Associates; 297(tl), John D. Cunningham/Visuals Unlimited; (tc), J & B Photographers/Animals Animals Earth Scenes; 298(cr), Brown Brothers; 299(c), Didier Givois Agence Vandystadt/Photo Researchers; 300(tr), Face of the Earth/Tom Stack & Associates; (bl), Micheal Fredericks/Animal Animals Earth Scenes; 302(cl), Richard Sisk/Panoramic Images; (cr), Jane Ellen Stevens/Paula Messina; 303(all), Gillian Cambers/UNESCO/Coping with beach erosion, Coastal Management Sourcebooks.

Chapter Twelve Page 304(all), Norbert Wu; 305(tr), Ed Reschke/Peter Arnold; 314(tl), Bruce Babbit/Liasion International; (bl), Rolf Peterson; 315(tr), Laguna Photo/Liaison International; (cr), Jeff Lepore/Photo Researchers; 316(tr), Jeff Foott/AUSCAPE; 317(bl), Ross Hamilton/Tony Stone Images; 318(tl), Gerald & Buff Corsi/Visuals Unlimited; (cl), Hans Pfletschinger/Peter Arnold; (bl), Michael Fogden & Patricia Fogden/Corbis; 319(tr), Telegraph Colour Library/FPG International; (tr), Peter Parks/Animals Animals Earth Scenes; 319(bl), Ed Robinson/Tom Stack & Associates; 320(tl), Gay Bumgarner/Tony Stone Images; (cl), Gregory G. Dimijian/Photo Researchers; (bl), Carol Hughes/Bruce Coleman; 321(tr), CSIRO Wildlife & Ecology; (br), David M. Dennis/Tom Stack & Associates; 323(tr), Gay Bumgarner/Tony Stone Images; 326(tl), Darlyne Murawskings/National Geographic Society; 327(tr), Sanford D. Porter/U.S. Department of Agriculture.

Unit Five Page 328(tl), Herman Melville: Classics Illustrated/Kenneth Spencer Research Library; (c), Science VU/WHOI-D. Foster/Visuals Unlimited; (bc), Mark

Votier/SYGMA; 329(tl), NASA; (tr), Peter Scoones/Woodfin Camp &Associates; (cl), Hulton-Deutsch Collection/Corbis; (cr), SAOLA/Wallet-Rosenfeld/Liaison International; (bl), Jeremy Horner/Corbis; (bc), Bassignac/Deville/Gaillar/Liaison International.

Chapter Thirteen Page 330(bc), Tom & Theresa Stack; 332(c), Tom Van Sant, Geosphere Project/Planetary Visions/Science Photo Library; 336(all), Charlie Barron/NASA SST; 338(cl), O. Brown, R. Evans and M. Carle, University of Miami, Rosenstiel School of Marine and Atmospheric Science, Miami, Florida.; 339(bc), James Wilson/Woodfin Camp & Associates; (br), Norbert Wu; 342(bl), W. Haxby, Lamont-Doherty Earth Observatory/Science Photo Library; 343(tr), NOAA/NSDS; 345(cr), Jim Zipp/Photo Researchers; 345(br), Mike Bacon/Tom Stack & Associates; 346(tl), James B. Wood; (cl), Al Giddings/Al Giddings Images; (bl), Japan Marine Science and Technology Center; 347(tr), E.R. Degginger/Color-Pic; (cr), Norbert Wu; 348(bl), Bruce Coleman Inc.; 349(tl), Breg Vaughn/Tom Stack & Associates; (br), Taylor Shellfish Farm; 350(br), TGS-NOPEC Geophysical Company; 351(bl), Institute of Oceanographic Sciences/NERC/Science Photo Library; (br), Charles D. Winters/Photo Researchers; 353(b), E.R. Degginger/Color-Pic; 354(cl), Tony Freeman/PhotoEdit; (br), Ron Chapple/FPG International; 355(tr), Ben Osborne/Tony Stone Images; (bl), Mobil Oil Corporation; 357(all), Information and photograph courtesy of the Texas General Land Office's Texas Adopt-A-Beach Program.; 358 James Wilson/Woodfin camp & Associates; 362(bl), Gilles Bassignac/Liaison International; 363(tr), SuperStock.

Chapter Fourteen Page 366(c), Hulton Getty Images/Liaison International; 373(cr), AP Wide World Photo/San Francisco Examiner, Lacy Atkins; 377(tr), C.C. Lockwood/Bruce Coleman Inc.; (bl), Darrell Wong/Tony Stone Images; (br), August Upitis/FPG International; 378(tl), Art Resource, NY; (bl), Dennis J. Sigrist, International Tsunami Center, Honolulu HI, National Geophysical Data Center; 383(tl), VOSCAR the Maine Photographer; (tr), VOSCAR the Maine Photographer; (cr), Russell Higgins; 385(cl), Art Resource, NY; 386(tl), Warren Bolster/Tony Stone Images; (br), Fred Whitehead/Animals Animals Earth Scenes; 388(tl), Todd Bigelow/Black Star; (br), Warren Bolster/Tony Stone Images; 389(tc), J.A.L. Cooke/Oxford Scientific Films/Animals Animals Earth Scenes; (tr), David M. Phillips/Animals Animals
Earth Scenes.

Unit Six Page 390(tl), Ronald Sheridan/Ancient Art & Architecture Collection; (tr), NASA; (c), SuperStock; (cr), The Huntington Library, Art Collections, and Botanical Gardens, San Marino, California/SuperStock; (bc), Lawrence Livermore Laboratory/Photo Researchers.

Chapter Fifteen: Page 392(tc), Paul Wager/Associated Press Brisbane Courier Mail; (bkgd), Michael Melford/Image Bank; 397(tr), SuperStock; 398(b), Photodisc; 399(cl), Johnny Johnson/DRK Photo; 403(cl), Renee Lynn/Photo Researchers; 404(tr), AP Photo/Jame Puebla; 407(cr), A&L Sinibaldi/Tony Stone Images; (bl), Luc Marescot/Liaison International; 408(tl), NASA/Science Photo Library/Photo Researchers; 410(c), Byron Augustin/Tom Stack & Associates; 411(tc), David Weintraub/Photo Researchers; (tr), Argus Potoarchiv/Peter Arnold; (cr), Bruce Forster/Tony Stone Images; 412(tl), Robert Ginn/PhotoEdit; (cr), Phil Schofield/Picture Quest; 413(tr), Gary Parker/Science Photo Library/Photo Researchers; (c), David Woodfall/Tony Stone Images; (cl), Jean Lauzon/Publiphoto/Photo Researchers; (br), TOMS/NASA; 415(tc), Chromosohm/Sohm/Photo Researchers; (cl), SuperStock; 418(tr), Salaber/Liaison International; (bl), Telegraph Colour Library/FPG International; 420(tc), Bill Thompson/Woodfin Camp & Associates; 421(tr), Steve Winter/Black Star.

Chapter Sixteen Page 422(cr), Duane A. Laverty/Waco Tribune Herald; (bl), Samuel Barricklow; (bkgd), Ted S. Warren/Austin American-Statesman/Liaison International; (cl), Gerry Ellis/Ellis Nature Photography; 428(cl), Eric Sander/Liaison Intiernational; (bl), NOAA; 429(tr), Joyce Photographics/Photo Researchers; 430(bl), Nuridsany Et Perennou/SS/Photo Researchers; (br), Jim Mone/AP Wide World Photos; 431(tr), Gene E. Moore; 433(tr), Rod Planck/Tom Stack & Associates; (br), Norman Lamer/The Stockhouse; 436(bl), Kent Wood/Peter Arnold; 437(br), Jean-Loup Charmet/Science Photo Library/Photo Researchers; 438(all), Howard B. Bluestein/Photo Researchers ; 439(tr), Red Huber/Orlando Sentinel/SYGMA; (br), rsd/gsfc/nasa; 440(tl), NASA/Science Photo Library/Photo Researchers; 441(cl), Victor R. Caivano/AP Wide World Photo; 443(tr), Tom Pantages; (cl), David Hwang; (br), G.R. Dick Roberts; 444(tl), Tom Bean; (cr), David R. Frazier Photo Library; 446(br), NASA/Science Photo Library/Photo Researchers; 447(c), Jean-Loup Charmet/Science Photo Library/Photo Researchers; 448(tr), Clyde H. Smith/Peter Arnold; 450(tl), Michael Lyon; (br), Salaber/Liaison International.

Chapter Seventeen Page 452(cl), Gunter Ziesler/Peter Arnold; (br), Richard Packwood/Oxford Scienctific Films/Animals Animals Earth Scenes; 454(tl), G.R. Dick Roberts; (tr), Index Stock; (c), Yvamomatiuk & John Eastcott/Woodfin Camp & Associates; (bl), Gary Retherford/Photo Researchers; (br), SuperStock; (bkgd), Tom Van Sant, Geosphere Project/Planetary Visions/Science Photo Library; 455(tc), Michael Newman/PhotoEdit; (cr), Kim Heacox/DRK Photo; 457(bl), Tom Van Sant, Geosphere Project/Planetary Visions/Science Photo Library/Photo Researchers; 458(bl), Larry Ulrich; (br), Paul Wakefield/Tony Stone Images; 461(bc), Michael Fogden/Bruce Coleman Inc.; 462(cl), Thomas A. Wiewandt; (cr), Larry Ulrich; 463(c), Nadine Zuber/Photo Researchers; 464(bl), Carr Clifton/Minden Pictures; 465(cl), Tom Bean/Tony Stone Images; (bc), Fred Hirschmann; 466(tr), Stephen Simpson/FPG International; 467(bl), Harry Wakjer/Alaska Stock; 468(tl), SuperStock; 471(tr), Roger Werth/Woodfin Camp & Associates; 473(tr), Leverett Bradley/Tony Stone Images; (cr), Jaques Janqoux/Tony Stone Images; 475(c), Danilo G. Donadoni/Bruce Coleman Inc.; 476(bl), Richard Pharaoh/International Stock; 478(c), George Bernard/Animals Animals Earth Scenes; 479(br), Hank Morgan/Photo Researchers.

Feature Borders: Unless otherwise noted below, all images copyright ©2001 PhotoDisc/HRW. Pages 30, 211, 243, 362, 478, Across the Sciences: all images by HRW. Pages 31, 55, 388, 450, Careers: sand bkgd and saturn, Corbis Images; DNA, Morgan Cain & Associates; scuba gear, ©1997 Radlund & Associates for Artville. Pages 131, Eureka: copyright ©2001 PhotoDisc/HRW. Pages 130, 189, 273, 303, 327, 363, Eye on the Environment: clouds and sea in bkgd, HRW; bkgd grass and red eyed frog, Corbis Images; hawks and pelican, Animals Animals/Earth Scenes; rat, John Grelach/Visuals Unlimited; endangered flower, Dan Suzio/PhotoResearchers, Inc. Pages 105, 326, 389, 420, Health Watch: dumbell, Sam Dudgeon/HRW Photo; aloe vera and EKG, Victoria Smith/HRW Photo; basketball, ©1997 Radlund & Associates for Artville; shoes and Bubbles, Greg Geisler. Pages 163, 421, Scientific Debate: Sam Dudgeon/HRW Photo. Pages 77, 451, Science Fiction: saucers, Ian Christopher/Greg Geisler; book, HRW; bkgd, Stock Illustration Source. Pages 54, 104, 162, 210, 242, 302, 479, Science Technology and Society: robot, Greg Geisler. Pages 76, 188, 272, Weird Science: mite, David Burder/Tony Stone; atom balls, J/B Woolsey Associates; walking stick and turtle, EclectiCollection.

LabBook "LabBook Header" "L", Corbis Images; "a", Letraset Phototone; "b" and "B", HRW; "o" and "k",images copyright ©2001 PhotoDisc/HRW. Page 492(cr), USGS; 495(tl), Ken Lucas/Visuals Unlimited Inc.; (b), James Tallon/Outdoor Exposure; 509(cl), Tom Bean; 512(cr), mgdc/noaa; 553(br), Kuni Stringer/AP Wide World Photos; 555(cr), Jay Malonson/AP Wide World Photos;

Sam Dudgeon/HRW Photo Page v(br); vi(bl,cl); viii(tl); xi(tl); xiii(tl); xv(b); xvi (br); xvii(tr,b); xviii(tr); 5(br); 21(cl); 23(cl,cr); 33(cr); 35(cr); 38(bl); 46(tr); 59(tc,b); 60(c); 62(cl); 65(tr,cl,bl,bc); 66(bl); 67(cl,tc,tr, Courtesy of Science Stuff, Austin, TX); 68(c,t,)Courtesy of Science Stuff, Austin, TX,); 69(br); 73(cl); 74(tl); 75(cl); 79(all); 84(br); 85(c,bcr); 86(tl); 92(c); 95(tl); 97(br,tc,c); 98(center 3) 105(tc); 107(br); 110(tr); 117(bl,br); 119(br); 124(tl); 134(tl,tr); 151(c); 165(br); 179(tr); 180(br); 188(c); 212(br); 213(cr); 219(bl); 224(tl); 247(br); 266(bl); 275(b); 294(all); 331(b); 350(br); 356(br); 365(bl); 367(tr); 374(tr); 391(tl,tr); 393(br); 397(br); 405(br); 412(cl,bl); 414(c); 423(br); 425(tr); 426(tl); 431(br); 442(bl); 453(br); 489(all); 490(br); 491(br); 493(tr); 495(bc,br); 497(tr,br); 498(br); 502(tr); 503(all); 505(br); 507(b); 508(br); 510(cl); 511(tc); 513(all); 516(tr); 523(br); 530(br); 531(br); 532(b,br); 534(all); 535(tr); 539(tr); 540(br); 547(bl); 550(tl); 551(bl); 557(cr); 560(b); 567(t,b); 571(b) Victoria Smith: Page 67(br); 68(tl) Courtesy of Science Stuff/Austin, TX ; 117(cl,cr); 191(br); 427(tr); 486(br); 495(tr) Courtesy of Science Stuff/Austin, TX; 499(all); 521(br); 524(br); 528(b); 545(tr); 554(cr): Andy Christiansen: Page 10 (bl, bc); 24(tl); 40(cl,b); 52(bl); 55(tl); 81(br); 108(c); 110(cl); 246(t); 354 (bl,bc,cr); 356(bkgd); 412(cl); 500(all); 514(br); 529(all); 542(br); 559(br); 561(bl): John Langford: Page x(tl); 215(br); 220(tl,bl); 221(br); 222(cr); 223(tr); 225(tr); 226(bl); 228(tr); 229(tr); 232(bl); 238(br): Peter Van Steen: Page viii(bl); 4(t); 24(cl,cr); 135(bl); 230(cr); 395(br); 571(t): Russell Dian: Page 497(cr): Paul Fraughton: Page 17(cr): Michael Lyon: Page 31(tl) :Ken Karp: Page 98(t): Ken Lax: Page 180(cl): Charlie Winters: Page 495(cr)

Reconocimientos continúan de la página iv.

Alyson Mike
Science Teacher
East Valley Middle School
East Helena, Montana

Michael Minium
Vice President of Program Development
United States Orienteering Federation
Forest Park, Georgia

Jan Nelson
Science Teacher
East Valley Middle School
East Helena, Montana

Dwight Patton
Science Teacher
Carroll T. Welch Middle School
Horizon City, Texas

Terry J. Rakes
Science Teacher
Elmwood Junior High School
Rogers, Arkansas

Steven Ramig
Science Teacher
West Point High School
West Point, Nebraska

Helen P. Schiller
Science Teacher
Northwood Middle School
Taylors, South Carolina

Bert J. Sherwood
Science Teacher
Socorro Middle School
El Paso, Texas

David M. Sparks
Science Teacher
Redwater Junior High School
Redwater, Texas

Larry Tackett
Science Teacher and Dept. Chair
Andrew Jackson Middle School
Cross Lanes, West Virginia

Walter Woolbaugh
Science Teacher
Manhattan Junior High School
Manhattan, Montana

Alexis S. Wright
Middle School Science Coordinator
Rye Country Day School
Rye, New York

John Zambo
Science Teacher
E. Ustach Middle School
Modesto, California

Gordon Zibelman
Science Teacher
Drexel Hill Middle School
Drexel Hill, Pennsylvania